图书在版编目（CIP）数据

四书五经：全6册 / 马博主编. -- 北京：线装书局，
2014.6
　ISBN 978-7-5120-1399-5

　Ⅰ. ①四… Ⅱ. ①马… Ⅲ. ①四书②五经 Ⅳ.
①B222.1②Z126.1

中国版本图书馆CIP数据核字(2014)第087962号

四书五经

主　　编：马　博
责任编辑：高晓彬
装帧设计：博雅圣轩藏书馆 Boyashengxuan Cangshuguan
出版发行：线装书局
　　　　　地　址：北京市西城区鼓楼西大街41号（100009）
　　　　　电　话：010-64045283 64041012
　　　　　网　址：www.xzhbc.com
经　　销：新华书店
印　　制：北京彩虹伟业印刷有限公司
开　　本：787mm×1092mm 1/16
印　　张：168
彩　　插：8
字　　数：2040千字
版　　次：2014年6月第1版第1次印刷
印　　数：0001－3000套

定　　价：1580.00元（全六册）

至圣先师孔子与《四书五经》

　　《四书五经》是中国传统文化的重要组成部分，是儒家思想的核心载体。四书指的是《大学》、《中庸》、《论语》和《孟子》；而五经指的是《周易》、《尚书》、《诗经》、《礼记》和《春秋左传》。《四书五经》包含内容极其广泛、深刻，在世界文化史、思想史上具有极高的地位，它翔实地记载了中华民族思想文化发展史上最活跃时期的政治、军事、外交、文化等各方面的史实资料及影响中国文化几千年的孔孟重要哲学思想。

— 大 学 —

　　《大学》是中国古代讨论教育理论的重要著作。经北宋程颢、程颐竭力尊崇，南宋朱熹又作《大学章句》，最终和《中庸》、《论语》、《孟子》并称"四书"；宋、元以后，《大学》成为学校官定的教科书和科举考试的必读书，对古代教育产生了极大的影响；到近代，孙中山先生赞赏《大学》中的格物、致知、诚意、正心，修身、齐家、治国、平天下的修养目标和修养方法，认为这些都是"应该要保存"的中国的"独有宝贝"。

— 中 庸 —

　　《中庸》是中国古代讨论教育理论的重要论著。《中庸》是被宋代学人提到突出地位上来的，宋一代探索中庸之道的文章不下百篇，南宋朱熹又作《中庸章句》。中庸之道的理论基础是天人合一，天人合一的天是善良美好的天，天人合一的人是像善良美好的天那样善良美好的人，天人合一就是人们自觉修养所达到像美好善良的天一样造福于人类和自然理想境界。

论 语

  《论语》是儒家学派的经典著作之一，由孔子的弟子及其再传弟子编撰而成，共二十篇，成书时间大约在春秋战国时期，与《大学》、《中庸》、《孟子》、《诗经》、《尚书》、《礼记》、《易经》和《春秋》并称"四书五经"。《论语》以语录体和对话文体为主，记录了孔子及其弟子言行，集中体现了孔子的政治主张、伦理思想、道德观念及教育原则等。

孟 子

  《孟子》是由孟子及其弟子万章、公孙丑等共同编撰完成的，是极具艺术感染力的一部儒家经典。全书效仿《论语》采用对话体的论文形式，记述了孟子与诸弟子的"疑难答问"以及孟子自己的"法度之言"，体现了孟子的思想学说。孟子一向以"好辩"著称，因此《孟子》的文章中也表现出了高超的辩论艺术，《孟子》散文风格气势浩然，源于其所提倡的注重人格修养的力量。

── 周 易 ──

　　《周易》乃群经之首，原为古代占筮之书及其解说，后被列入儒家经典。《周易》包括经、传两部分，经是在专门从事卜筮的巫史们长期经验和记录的基础上逐渐形成的；传是战国时人对经的解释说明，又称《易传》。《易经》分为六十四卦，《易传》分为七种，共十篇，《周易》是中国哲学思想的渊薮，奠定了中国哲学的一些基本范畴和基本观念，如"阴阳"，对立统一的思想等等，对中国文化的影响极为深远。

── 尚 书 ──

　　《尚书》是我国古代最早的一部历史文献汇编。书中记事内容上起原始时代的尧舜时期，下到春秋时期的秦穆公为止。《尚书》各篇，按时代先后，分为《虞夏书》、《商书》、《周书》几个部分。《虞夏书》不可能是当时的实录，而只能是后人根据传说整理或改写而成的；《商书》和《周书》各篇，大部分是当时的作品，也有一些篇目写成于春秋战国时期。

— 诗 经 —

　　《诗经》是我国第一部先秦乐歌总集,包括风、雅、颂,早在两千五百年前就已汇辑成书,它是我国诗歌发展史的光辉开端。《诗经》在艺术形式方面采用了赋、比、兴的手法,其所有的歌词本来都是可以演唱的,很多章句具有一唱三叹的特色。在诗歌中大量运用了双声、叠韵、重言、叠字、叠句、叠章的方式,反复咏叹,使诗句节奏分明,音韵铿锵,和谐婉转,有浓重的韵律美。

— 礼 记 —

　　《礼记》为战国至秦汉年间儒家学者解释说明经书《仪礼》而作,是中国古代一部重要的典章制度书籍。《礼记》是对《周礼》的解释,还吸收了先秦其他典籍中的一些思想内容,因而它保存了大量的上古三代的文化内容,与《仪礼》、《周礼》合称"三礼",集中体现了儒家政治、法律、历史、祭祀、历法、日常礼仪等方面的思想,对中国文化的影响非常深远,给后世的人们留下了许多可资借鉴的思想资源。

春秋左传

　　《春秋左传》相传是春秋末期的史官左丘明所著。记叙了春秋时期自鲁隐公元年（前722年）至鲁哀公二十七年（前468年）共二百五十多年间各诸侯国的政治、军事、经济、外交等方面的历史事实，着重记叙当时诸侯列国之间的矛盾和争夺。作品比较真实地反映了当时的情况，它所记载的许多史事已经成为我国传统文化的重要组成部分。《春秋左传》虽是一部历史著作，但却有较高的文学价值，其语言具有精炼、形象、表现力强的特点，它开创了历史文学的先河，对后代传记文学，特别是司马迁的《史记》有很大影响。

前　言

"四书五经"是儒家先哲们的思想和智慧的结晶,是表现中国儒家思想的经典著作与核心载体,体现出早期儒学形成的轨迹。"四书五经"是"四书"和"五经"的合称,涵盖了中国历史中思想文化发展最活跃时期的政治、军事、文化、宗教、经济等诸多方面的史料,在中国思想史上产生过不可估量的深远影响。

"四书"包括《大学》、《中庸》、《论语》和《孟子》。

《论语》是孔子及其部分弟子言行的汇编,由孔子弟子及再传弟子辑录整理。全书二十篇,五百一十二章,是研究孔子及儒家思想的主要资料。《论语》的哲思博大精深,大至治国,小至日常起居,无不蕴含着精警的启迪,反映了孔子在社会政治、哲学、伦理、教育诸多方面的真知灼见。其人文思想的光华,烛照千古,成为中华民族传统文化的重要标志。

《孟子》是记述儒家重要代表人物孟轲言行的著作,共七篇,二百六十章。《孟子》继承了《论语》中孔子关于"仁"的道德修养的论述,并发展为服务于政治统治的"仁政"学说。他认为"民为贵,社稷次之,君为轻",人性本善,主张"以不忍人之心(怜悯之心),行不忍人之政(怜悯体恤百姓的政治)"。

《大学》和《中庸》原为《礼记》中的两篇,其作者迄无定论。最初是北宋理学家程颢、程颐兄弟把它们从《礼记》中抽出,加以改编,使之独立成篇;南宋理学家朱熹又进行加工,作成章句,并把它们与《论语》《孟子》合编为《四书章句集注》(简称《四书集注》)。从此,这两篇进入儒家经典行列。

凝聚着先贤非凡智慧的"四书",不单是富含微言大义,也是古代士子们学习传统文化的入门书。《朱子语类》说:"四书"是"'六经'之阶梯"。到了元皇庆二年(1313年),这四部书对于安邦定国、选拔人才的重要性被进一步发现与重视,朝廷直接把它们定为考试科目,即考试必须在"四书"内出题,发挥题意则须以朱熹的《四书集注》为根据。不过,历史的天空变幻不定,近一个世纪以来,以"四书""五经"为主干的传统文化屡遭冷落,逐渐远离了大众的视野。但是,数千年来血脉不断,那些传统文化中修身处事的铮铮箴言,早已深入到中华民族的骨髓和血液之中。

"五经"指的是儒家的五种经典著作:《周易》、《尚书》、《诗经》、《礼记》和《春秋》。

《周易》分为"经"和"传"两部分。被称为"群经之首"的《周易》,讲究阴阳互应,刚柔相济,周而复始,生生不息。《易传》的出现使《周易》的德义精神、人文内涵得到真正的发扬光大,《周易》的价值已不是占卜算卦的神秘技艺,而是勃发出包罗宇宙、经纬人伦的深刻哲理。

《尚书》是我国上古时王室诰命、誓辞和追述古代史迹的著作汇编。汉代王充《论衡》称其为"上古帝王之书"。晋代刘勰《文心雕龙》说:"圣贤言辞,总为《尚书》。"其中为君治政、统军教民的理念、原则和措施具有普遍意义,所以,这部儒家经典也被视为帝王

教科书。

《诗经》是我国最早的诗歌总集,也是儒家最早传习的经典之一。《诗经》所收诗歌三百零五篇,最初只称《诗》。早在春秋时期,《诗经》就已广泛流传。当时的士大夫常在外交场引用《诗》中之句来表达自己的意见和愿望,孔子也以其为"六艺"之一教育弟子。《诗经》按其作品乐调和性质不同分为"风""雅""颂"三大类。"风"包括十五个诸侯国或地区的诗歌,称为"十五国风",共一百六十篇,大部分是民间歌谣;其中一些作品思想性、艺术性均较高,是《诗经》中的精华。"雅"为朝廷正声,是周王朝京都地区的乐歌,分"大雅"和"小雅",共一百零五篇。"大雅"全部是出自贵族之手的朝会宴享之作;"小雅"大部分是贵族作品,小部分是民间歌谣。"颂"是西周及诸侯国鲁国、宋国的统治者祭祀天地宗庙的祭礼歌辞,分为"周颂"、"鲁颂"和"商颂",共四十篇。作为儒家经典,《诗经》的作用远超出文学范畴,它不仅承担了教化功能,而且许多作品直接指斥暴政、乱德,具有强烈的讽刺意味。

《礼记》是战国到秦汉年间儒家学者解释说明经书《仪礼》的文章选集,是一部儒家思想的资料汇编。《礼记》虽只是解说《仪礼》之书,但由于涉及面广,其影响乃超出了《周礼》、《仪礼》。《礼记》有两种传本,一种是戴德所编,有85篇,今存40篇,称《大戴礼记》;另一种,也便是我们所见的《礼记》,是戴德其侄戴圣选编的四十九篇,称《小戴礼记》。

《春秋》是鲁国的编年史。从鲁隐公元年(前722年)到鲁哀公十四年(前481年),共记二百四十二年间的史事。记录中虽对当时政治事件都有自己的见解和评价,但文句过于简略,如同记事提纲,引得后人为其作注解,流传下来的有《左传》、《公羊传》和《穀梁传》。其中成书最早的《左传》,相传为春秋末年鲁国盲史官左丘明所作。由于《左传》已与《春秋》融为一体,历来被视为经书,从这个意义上说也属于"五经"之列。《左传》是我国最早的较为完善的编年体史书,记述方式灵活多样,有言有行,有述有评,叙事有条有理,写人栩栩如生。它记载了春秋时期许多重要史事,还保存了若干传说古史,有较高的史料价值和文学价值。

"五经"是中华优秀传统文化最重要的组成部分。它们像几根巨柱,巍然支撑着华夏精神文明的大厦,毫不掩饰地向后人展示了它们共有的特质:无论为官、治军、执教、经商、务工、做人,都要自强不息,敢于担当,以勇敢、谦逊、明智、勤奋、宽容的"正能量",战胜怯懦、自傲、昏庸、怠惰、狭隘的陋习,为中华民族的伟大复兴贡献一己之力。

总之,"四书五经"是中国古代最重要、最权威的典籍,构成了中国传统文化的基本框架,是中华文明的精神基础,同时也是先秦历史、文化和思想的记录和总结。它不仅是中国古代科举入仕必读的教科书,而且还被西方学者誉为世界四大思想宝库之一。时至今日,"四书五经"所载内容及哲学思想仍对现代人具有积极的教育意义和极强的参考价值。千百年来,"四书五经"启迪了中国人对自然与社会的深刻感受,启发了华夏儿女的智慧,上至帝王将相、下至黎民百姓,一生都追求"修身、齐家、治国、平天下"的古训,为中华民族文化的发展作出巨大的贡献;"四书五经"还具有极大的影响力,其中所蕴含的优秀文化正潜移默化地影响着人们,使我们既可以通过它了解中华民族的历史、现状以及将来,也可以在汲取传统文化精髓的过程中,增智广识、立德励志。

目 录

第一部分 《四书五经》原典

大学 ……………………………………………………………… (3)
中庸 ……………………………………………………………… (13)
论语 ……………………………………………………………… (33)
 学而篇第一 …………………………………………………… (33)
 为政篇第二 …………………………………………………… (36)
 八佾篇第三 …………………………………………………… (39)
 里仁篇第四 …………………………………………………… (43)
 公冶长篇第五 ………………………………………………… (45)
 雍也篇第六 …………………………………………………… (49)
 述而篇第七 …………………………………………………… (52)
 泰伯篇第八 …………………………………………………… (57)
 子罕篇第九 …………………………………………………… (60)
 乡党篇第十 …………………………………………………… (64)
 先进篇第十一 ………………………………………………… (67)
 颜渊篇第十二 ………………………………………………… (72)
 子路篇第十三 ………………………………………………… (76)
 宪问篇第十四 ………………………………………………… (81)
 卫灵公篇第十五 ……………………………………………… (86)
 季氏篇第十六 ………………………………………………… (91)
 阳货篇第十七 ………………………………………………… (94)
 微子篇第十八 ………………………………………………… (98)
 子张篇第十九 ………………………………………………… (101)
 尧曰篇第二十 ………………………………………………… (104)
孟子 ……………………………………………………………… (107)
 梁惠王章句上 ………………………………………………… (107)
 梁惠王章句下 ………………………………………………… (116)
 公孙丑章句上 ………………………………………………… (125)

公孙丑章句下	(134)
滕文公章句上	(142)
滕文公章句下	(149)
离娄章句上	(157)
离娄章句下	(165)
万章章句上	(172)
万章章句下	(181)
告子章句上	(189)
告子章句下	(196)
尽心章句上	(204)
尽心章句下	(212)
周易	(220)
乾	(221)
坤	(225)
屯	(227)
蒙	(229)
需	(231)
讼	(232)
师	(234)
比	(235)
小畜	(236)
履	(238)
泰	(240)
否	(241)
同人	(242)
大有	(244)
谦	(245)
豫	(246)
随	(247)
蛊	(248)
临	(250)
观	(251)
噬嗑	(252)
贲	(253)
剥	(254)
复	(255)

无妄	(257)
大畜	(258)
颐	(260)
大过	(261)
坎	(262)
离	(263)
咸	(264)
恒	(265)
遁	(267)
大壮	(268)
晋	(269)
明夷	(270)
家人	(272)
睽	(273)
蹇	(274)
解	(275)
损	(276)
益	(278)
夬	(279)
姤	(280)
萃	(281)
升	(283)
困	(284)
井	(285)
革	(286)
鼎	(288)
震	(289)
艮	(290)
渐	(291)
归妹	(293)
丰	(294)
旅	(296)
巽	(297)
兑	(298)
涣	(299)
节	(301)

中孚	(302)
小过	(303)
既济	(304)
未济	(305)
系辞上	(307)
系辞下	(314)
说卦	(322)
序卦	(325)
杂卦	(328)
尚书	(330)
虞书	(331)
尧典	(331)
舜典	(333)
大禹谟	(337)
皋陶谟	(340)
夏书	(342)
益稷	(342)
禹贡	(344)
甘誓	(349)
五子之歌	(350)
胤征	(351)
商书	(352)
汤誓	(352)
仲虺之诰	(353)
汤诰	(354)
伊训	(355)
太甲上	(357)
太甲中	(358)
太甲下	(359)
咸有一德	(360)
盘庚上	(361)
盘庚中	(363)
盘庚下	(364)
说命上	(365)
说命中	(366)
说命下	(368)

高宗肜日	(369)
西伯戡黎	(370)
微子	(370)
周书	(372)
泰誓上	(372)
泰誓中	(373)
泰誓下	(374)
牧誓	(375)
武成	(376)
洪范	(378)
旅獒	(382)
金縢	(383)
大诰	(385)
微子之命	(387)
康诰	(388)
酒诰	(391)
梓材	(394)
召诰	(395)
洛诰	(397)
多士	(400)
无逸	(402)
君奭	(404)
蔡仲之命	(407)
多方	(408)
立政	(410)
周官	(412)
君陈	(414)
顾命	(415)
康王之诰	(418)
毕命	(419)
君牙	(420)
冏命	(421)
吕刑	(422)
文侯之命	(425)
费誓	(426)
秦誓	(427)

诗经 …… (429)
风 …… (430)
周南 …… (430)
关雎 …… (430)
葛覃 …… (431)
卷耳 …… (431)
樛木 …… (433)
螽斯 …… (433)
桃夭 …… (434)
兔罝 …… (435)
芣苢 …… (435)
汉广 …… (436)
汝坟 …… (437)
麟之趾 …… (437)
召南 …… (438)
鹊巢 …… (438)
采蘩 …… (439)
草虫 …… (440)
采蘋 …… (441)
甘棠 …… (441)
行露 …… (442)
羔羊 …… (443)
殷其雷 …… (443)
摽有梅 …… (444)
小星 …… (445)
江有汜 …… (445)
野有死麕 …… (446)
何彼襛矣 …… (447)
驺虞 …… (447)
邶风 …… (448)
柏舟 …… (448)
绿衣 …… (449)
燕燕 …… (450)
日月 …… (451)
终风 …… (452)
击鼓 …… (452)

凯风	(453)
雄雉	(454)
匏有苦叶	(454)
谷风	(455)
式微	(457)
旄丘	(457)
简兮	(458)
泉水	(458)
北门	(459)
北风	(460)
静女	(461)
新台	(462)
二子乘舟	(462)
鄘风	(463)
柏舟	(463)
墙有茨	(463)
君子偕老	(464)
桑中	(465)
鹑之奔奔	(466)
定之方中	(467)
蝃蝀	(468)
相鼠	(468)
干旄	(469)
载驰	(470)
卫风	(471)
淇奥	(471)
考槃	(472)
硕人	(472)
氓	(473)
竹竿	(475)
芄兰	(476)
河广	(477)
伯兮	(477)
有狐	(478)
木瓜	(479)
王风	(479)

黍离 ......(479)
君子于役 ......(481)
君子阳阳 ......(481)
扬之水 ......(482)
中谷有蓷 ......(482)
兔爰 ......(483)
葛藟 ......(484)
采葛 ......(485)
大车 ......(485)
丘中有麻 ......(486)
郑风 ......(486)
缁衣 ......(486)
将仲子 ......(487)
叔于田 ......(488)
大叔于田 ......(488)
清人 ......(490)
羔裘 ......(490)
遵大路 ......(491)
女曰鸡鸣 ......(491)
有女同车 ......(492)
山有扶苏 ......(493)
萚兮 ......(494)
狡童 ......(494)
褰裳 ......(495)
丰 ......(495)
东门之墠 ......(496)
风雨 ......(496)
子衿 ......(497)
扬之水 ......(498)
出其东门 ......(499)
野有蔓草 ......(499)
溱洧 ......(500)
齐风 ......(501)
鸡鸣 ......(501)
还 ......(501)
著 ......(502)

东方之日 …………………………………… (503)
东方未明 …………………………………… (503)
南山 ………………………………………… (504)
甫田 ………………………………………… (505)
卢令 ………………………………………… (505)
敝笱 ………………………………………… (506)
载驱 ………………………………………… (506)
猗嗟 ………………………………………… (507)
魏风 ………………………………………… (508)
葛屦 ………………………………………… (508)
汾沮洳 ……………………………………… (508)
园有桃 ……………………………………… (509)
陟岵 ………………………………………… (510)
十亩之间 …………………………………… (511)
伐檀 ………………………………………… (512)
硕鼠 ………………………………………… (513)
唐风 ………………………………………… (514)
蟋蟀 ………………………………………… (514)
山有枢 ……………………………………… (515)
扬之水 ……………………………………… (516)
椒聊 ………………………………………… (517)
绸缪 ………………………………………… (517)
杕杜 ………………………………………… (518)
羔裘 ………………………………………… (519)
鸨羽 ………………………………………… (520)
无衣 ………………………………………… (520)
有杕之杜 …………………………………… (521)
葛生 ………………………………………… (522)
采苓 ………………………………………… (523)
秦风 ………………………………………… (524)
车邻 ………………………………………… (524)
驷驖 ………………………………………… (524)
小戎 ………………………………………… (525)
蒹葭 ………………………………………… (526)
终南 ………………………………………… (527)
黄鸟 ………………………………………… (527)

晨风	(529)
无衣	(529)
渭阳	(530)
权舆	(531)

陈风 ……………………………………… (531)
宛丘	(531)
东门之枌	(532)
衡门	(532)
东门之池	(533)
东门之杨	(534)
墓门	(534)
防有鹊巢	(535)
月出	(536)
株林	(536)
泽陂	(537)

桧风 ……………………………………… (537)
羔裘	(537)
素冠	(538)
隰有苌楚	(539)
匪风	(539)

曹风 ……………………………………… (540)
蜉蝣	(540)
候人	(540)
鸤鸠	(541)
下泉	(542)

豳风 ……………………………………… (543)
七月	(543)
鸱鸮	(546)
东山	(547)
破斧	(548)
伐柯	(549)
九罭	(550)
狼跋	(550)

小雅 ……………………………………… (551)
鹿鸣之什 ………………………………… (551)
| 鹿鸣 | (551) |

四牡 ………………………………………………… (552)
皇皇者华 ……………………………………………… (553)
常棣 ………………………………………………… (554)
伐木 ………………………………………………… (555)
天保 ………………………………………………… (556)
采薇 ………………………………………………… (557)
出车 ………………………………………………… (559)
杕杜 ………………………………………………… (560)
鱼丽 ………………………………………………… (562)
南有嘉鱼之什 ……………………………………… (563)
  南有嘉鱼 ………………………………………… (563)
  南山有台 ………………………………………… (564)
  蓼萧 ……………………………………………… (565)
  湛露 ……………………………………………… (566)
  彤弓 ……………………………………………… (567)
  菁菁者莪 ………………………………………… (567)
  六月 ……………………………………………… (568)
  采芑 ……………………………………………… (570)
  车攻 ……………………………………………… (572)
  吉日 ……………………………………………… (573)
鸿雁之什 …………………………………………… (574)
  鸿雁 ……………………………………………… (574)
  庭燎 ……………………………………………… (575)
  沔水 ……………………………………………… (575)
  鹤鸣 ……………………………………………… (576)
  祈父 ……………………………………………… (577)
  白驹 ……………………………………………… (578)
  黄鸟 ……………………………………………… (579)
  我行其野 ………………………………………… (580)
  斯干 ……………………………………………… (581)
  无羊 ……………………………………………… (583)
节南山之什 ………………………………………… (584)
  节南山 …………………………………………… (584)
  正月 ……………………………………………… (586)
  十月之交 ………………………………………… (589)
  雨无正 …………………………………………… (591)

小旻	(593)
小宛	(595)
小弁	(596)
巧言	(598)
何人斯	(599)
巷伯	(601)
谷风之什	(602)
谷风	(602)
蓼莪	(603)
大东	(604)
四月	(606)
北山	(607)
无将大车	(608)
小明	(609)
鼓钟	(610)
楚茨	(612)
信南山	(614)
甫田之什	(615)
甫田	(615)
大田	(617)
瞻彼洛矣	(618)
裳裳者华	(619)
桑扈	(620)
鸳鸯	(621)
頍弁	(621)
车辖	(623)
青蝇	(624)
宾之初筵	(625)
鱼藻之什	(627)
鱼藻	(627)
采菽	(628)
角弓	(629)
菀柳	(631)
都人士	(631)
采绿	(632)
黍苗	(633)

隰桑	(634)
白华	(635)
绵蛮	(636)
瓠叶	(638)
渐渐之石	(638)
苕之华	(639)
何草不黄	(640)

大雅 ……(641)
文王之什 ……(641)
  文王 ……(641)
  大明 ……(643)
  绵 ……(645)
  棫朴 ……(646)
  旱麓 ……(647)
  思齐 ……(648)
  皇矣 ……(649)
  灵台 ……(652)
  下武 ……(653)
  文王有声 ……(654)
生民之什 ……(655)
  生民 ……(655)
  行苇 ……(658)
  既醉 ……(659)
  凫鹥 ……(660)
  假乐 ……(662)
  公刘 ……(663)
  泂酌 ……(665)
  卷阿 ……(665)
  民劳 ……(667)
  板 ……(669)
荡之什 ……(671)
  荡 ……(671)
  抑 ……(673)
  桑柔 ……(676)
  云汉 ……(680)
  崧高 ……(682)

烝民	(684)
韩奕	(686)
江汉	(688)
常武	(690)
瞻卬	(692)
召旻	(694)
周颂	(695)
清庙之什	(695)
清庙	(695)
维天之命	(696)
维清	(696)
烈文	(697)
天作	(697)
昊天有成命	(698)
我将	(698)
时迈	(699)
执竞	(699)
思文	(700)
臣工之什	(700)
臣工	(700)
噫嘻	(701)
振鹭	(702)
丰年	(702)
有瞽	(703)
潜	(703)
雍	(704)
载见	(704)
有客	(705)
武	(706)
闵予小子之什	(706)
闵予小子	(706)
访落	(707)
敬之	(707)
小毖	(708)
载芟	(708)
良耜	(709)

丝衣 ……………………………………………… (711)
酌 ………………………………………………… (711)
桓 ………………………………………………… (712)
赉 ………………………………………………… (712)
般 ………………………………………………… (713)
鲁颂 ……………………………………………… (713)
　駉之什 ………………………………………… (713)
　　駉 …………………………………………… (713)
　　有駜 ………………………………………… (715)
　　泮水 ………………………………………… (716)
　　閟宫 ………………………………………… (718)
商颂 ……………………………………………… (722)
　那 ……………………………………………… (722)
　烈祖 …………………………………………… (723)
　玄鸟 …………………………………………… (723)
　长发 …………………………………………… (724)
　殷武 …………………………………………… (726)

礼记 ……………………………………………… (728)
　曲礼上第一 …………………………………… (729)
　曲礼下第二 …………………………………… (743)
　檀弓上第三 …………………………………… (751)
　檀弓下第四 …………………………………… (772)
　王制第五 ……………………………………… (791)
　月令第六 ……………………………………… (806)
　曾子问第七 …………………………………… (825)
　文王世子第八 ………………………………… (837)
　礼运第九 ……………………………………… (844)
　礼器第十 ……………………………………… (853)
　郊特牲第十一 ………………………………… (861)
　内则第十二 …………………………………… (874)
　玉藻第十三 …………………………………… (888)
　明堂位第十四 ………………………………… (901)
　丧服小记第十五 ……………………………… (905)
　大传第十六 …………………………………… (913)
　少仪第十七 …………………………………… (916)
　学记第十八 …………………………………… (923)

乐记第十九 ……………………………………… (928)
杂记上第二十 …………………………………… (944)
杂记下第二十一 ………………………………… (952)
丧大记第二十二 ………………………………… (963)
祭法第二十三 …………………………………… (976)
祭义第二十四 …………………………………… (979)
祭统第二十五 …………………………………… (990)
经解第二十六 …………………………………… (998)
哀公问第二十七 ………………………………… (1001)
仲尼燕居第二十八 ……………………………… (1005)
孔子闲居第二十九 ……………………………… (1008)
坊记第三十 ……………………………………… (1010)
中庸第三十一 …………………………………… (1017)
表记第三十二 …………………………………… (1027)
缁衣第三十三 …………………………………… (1035)
奔丧第三十四 …………………………………… (1040)
问丧第三十五 …………………………………… (1044)
服问第三十六 …………………………………… (1047)
间传第三十七 …………………………………… (1048)
三年问第三十八 ………………………………… (1051)
深衣第三十九 …………………………………… (1053)
投壶第四十 ……………………………………… (1054)
儒行第四十一 …………………………………… (1057)
大学第四十二 …………………………………… (1061)
冠义第四十三 …………………………………… (1066)
昏义第四十四 …………………………………… (1068)
乡饮酒义第四十五 ……………………………… (1071)
射义第四十六 …………………………………… (1074)
燕义第四十七 …………………………………… (1078)
聘义第四十八 …………………………………… (1080)
丧服四制第四十九 ……………………………… (1082)

春秋左传 ………………………………………… (1085)

隐公 ………………………………………………… (1086)
 隐公元年 ……………………………………… (1086)
 隐公二年 ……………………………………… (1090)
 隐公三年 ……………………………………… (1091)

- 隐公四年 ································· (1093)
- 隐公五年 ································· (1095)
- 隐公六年 ································· (1097)
- 隐公七年 ································· (1099)
- 隐公八年 ································· (1100)
- 隐公九年 ································· (1101)
- 隐公十年 ································· (1103)
- 隐公十一年 ······························· (1104)

桓公 ··· (1107)
- 桓公元年 ································· (1107)
- 桓公二年 ································· (1109)
- 桓公三年 ································· (1112)
- 桓公四年 ································· (1113)
- 桓公五年 ································· (1113)
- 桓公六年 ································· (1115)
- 桓公七年 ································· (1118)
- 桓公八年 ································· (1119)
- 桓公九年 ································· (1120)
- 桓公十年 ································· (1121)
- 桓公十一年 ······························· (1122)
- 桓公十二年 ······························· (1123)
- 桓公十三年 ······························· (1125)
- 桓公十四年 ······························· (1126)
- 桓公十五年 ······························· (1127)
- 桓公十六年 ······························· (1128)
- 桓公十七年 ······························· (1129)
- 桓公十八年 ······························· (1130)

庄公 ··· (1132)
- 庄公元年 ································· (1132)
- 庄公二年 ································· (1133)
- 庄公三年 ································· (1133)
- 庄公四年 ································· (1134)
- 庄公五年 ································· (1135)
- 庄公六年 ································· (1135)
- 庄公七年 ································· (1137)
- 庄公八年 ································· (1137)

庄公九年	(1139)
庄公十年	(1140)
庄公十一年	(1143)
庄公十二年	(1144)
庄公十三年	(1145)
庄公十四年	(1145)
庄公十五年	(1147)
庄公十六年	(1147)
庄公十七年	(1149)
庄公十八年	(1149)
庄公十九年	(1150)
庄公二十年	(1151)
庄公二十一年	(1152)
庄公二十二年	(1153)
庄公二十三年	(1155)
庄公二十四年	(1156)
庄公二十五年	(1157)
庄公二十六年	(1158)
庄公二十七年	(1158)
庄公二十八年	(1160)
庄公二十九年	(1161)
庄公三十年	(1162)
庄公三十一年	(1163)
庄公三十二年	(1164)
闵公	(1165)
闵公元年	(1165)
闵公二年	(1168)
僖公	(1172)
僖公元年	(1172)
僖公二年	(1174)
僖公三年	(1175)
僖公四年	(1176)
僖公五年	(1179)
僖公六年	(1182)
僖公七年	(1183)
僖公八年	(1185)

僖公九年 …………………………………… (1186)
僖公十年 ……………………………………… (1188)
僖公十一年 …………………………………… (1190)
僖公十二年 …………………………………… (1191)
僖公十三年 …………………………………… (1192)
僖公十四年 …………………………………… (1193)
僖公十五年 …………………………………… (1194)
僖公十六年 …………………………………… (1199)
僖公十七年 …………………………………… (1200)
僖公十八年 …………………………………… (1202)
僖公十九年 …………………………………… (1203)
僖公二十年 …………………………………… (1204)
僖公二十一年 ………………………………… (1205)
僖公二十二年 ………………………………… (1206)
僖公二十三年 ………………………………… (1209)
僖公二十四年 ………………………………… (1213)
僖公二十五年 ………………………………… (1218)
僖公二十六年 ………………………………… (1220)
僖公二十七年 ………………………………… (1222)
僖公二十八年 ………………………………… (1224)
僖公二十九年 ………………………………… (1232)
僖公三十年 …………………………………… (1233)
僖公三十一年 ………………………………… (1235)
僖公三十二年 ………………………………… (1236)
僖公三十三年 ………………………………… (1237)
文公 …………………………………………… (1242)
　文公元年 …………………………………… (1242)
　文公二年 …………………………………… (1244)
　文公三年 …………………………………… (1247)
　文公四年 …………………………………… (1249)
　文公五年 …………………………………… (1250)
　文公六年 …………………………………… (1251)
　文公七年 …………………………………… (1254)
　文公八年 …………………………………… (1258)
　文公九年 …………………………………… (1259)
　文公十年 …………………………………… (1261)

文公十一年	(1262)
文公十二年	(1264)
文公十三年	(1266)
文公十四年	(1268)
文公十五年	(1271)
文公十六年	(1273)
文公十七年	(1276)
文公十八年	(1278)
宣公	(1282)
宣公元年	(1282)
宣公二年	(1284)
宣公三年	(1288)
宣公四年	(1290)
宣公五年	(1293)
宣公六年	(1294)
宣公七年	(1295)
宣公八年	(1296)
宣公九年	(1297)
宣公十年	(1299)
宣公十一年	(1301)
宣公十二年	(1303)
宣公十三年	(1313)
宣公十四年	(1314)
宣公十五年	(1316)
宣公十六年	(1320)
宣公十七年	(1321)
宣公十八年	(1323)
成公	(1324)
成公元年	(1324)
成公二年	(1326)
成公三年	(1336)
成公四年	(1339)
成公五年	(1340)
成公六年	(1342)
成公七年	(1345)
成公八年	(1347)

成公九年 ……………………………………………… (1350)
成公十年 ……………………………………………… (1353)
成公十一年 …………………………………………… (1355)
成公十二年 …………………………………………… (1357)
成公十三年 …………………………………………… (1359)
成公十四年 …………………………………………… (1362)
成公十五年 …………………………………………… (1364)
成公十六年 …………………………………………… (1367)
成公十七年 …………………………………………… (1376)
成公十八年 …………………………………………… (1381)
襄公 ……………………………………………………… (1385)
  襄公元年 ……………………………………………… (1385)
  襄公二年 ……………………………………………… (1386)
  襄公三年 ……………………………………………… (1388)
  襄公四年 ……………………………………………… (1391)
  襄公五年 ……………………………………………… (1395)
  襄公六年 ……………………………………………… (1397)
  襄公七年 ……………………………………………… (1399)
  襄公八年 ……………………………………………… (1401)
  襄公九年 ……………………………………………… (1404)
  襄公十年 ……………………………………………… (1409)
  襄公十一年 …………………………………………… (1415)
  襄公十二年 …………………………………………… (1418)
  襄公十三年 …………………………………………… (1419)
  襄公十四年 …………………………………………… (1422)
  襄公十五年 …………………………………………… (1429)
  襄公十六年 …………………………………………… (1431)
  襄公十七年 …………………………………………… (1433)
  襄公十八年 …………………………………………… (1436)
  襄公十九年 …………………………………………… (1439)
  襄公二十年 …………………………………………… (1443)
  襄公二十一年 ………………………………………… (1445)
  襄公二十二年 ………………………………………… (1449)
  襄公二十三年 ………………………………………… (1452)
  襄公二十四年 ………………………………………… (1459)
  襄公二十五年 ………………………………………… (1462)

襄公二十六年	(1470)
襄公二十七年	(1478)
襄公二十八年	(1485)
襄公二十九年	(1491)
襄公三十年	(1499)
襄公三十一年	(1505)
昭公	(1512)
昭公元年	(1512)
昭公二年	(1524)
昭公三年	(1526)
昭公四年	(1532)
昭公五年	(1539)
昭公六年	(1545)
昭公七年	(1549)
昭公八年	(1556)
昭公九年	(1559)
昭公十年	(1561)
昭公十一年	(1565)
昭公十二年	(1568)
昭公十三年	(1574)
昭公十四年	(1583)
昭公十五年	(1586)
昭公十六年	(1589)
昭公十七年	(1593)
昭公十八年	(1596)
昭公十九年	(1599)
昭公二十年	(1602)
昭公二十一年	(1610)
昭公二十二年	(1615)
昭公二十三年	(1618)
昭公二十四年	(1622)
昭公二十五年	(1624)
昭公二十六年	(1632)
昭公二十七年	(1637)
昭公二十八年	(1642)
昭公二十九年	(1645)

昭公三十年 …… (1649)
昭公三十一年 …… (1652)
昭公三十二年 …… (1654)
定公 …… (1657)
　定公元年 …… (1657)
　定公二年 …… (1660)
　定公三年 …… (1661)
　定公四年 …… (1662)
　定公五年 …… (1669)
　定公六年 …… (1671)
　定公七年 …… (1673)
　定公八年 …… (1674)
　定公九年 …… (1678)
　定公十年 …… (1681)
　定公十一年 …… (1685)
　定公十二年 …… (1685)
　定公十三年 …… (1687)
　定公十四年 …… (1689)
　定公十五年 …… (1692)
哀公 …… (1693)
　哀公元年 …… (1693)
　哀公二年 …… (1697)
　哀公三年 …… (1700)
　哀公四年 …… (1702)
　哀公五年 …… (1703)
　哀公六年 …… (1705)
　哀公七年 …… (1708)
　哀公八年 …… (1711)
　哀公九年 …… (1713)
　哀公十年 …… (1715)
　哀公十一年 …… (1716)
　哀公十二年 …… (1721)
　哀公十三年 …… (1723)
　哀公十四年 …… (1726)
　哀公十五年 …… (1730)
　哀公十六年 …… (1733)

哀公十七年 …………………………………………………… (1737)
哀公十八年 …………………………………………………… (1741)
哀公十九年 …………………………………………………… (1742)
哀公二十年 …………………………………………………… (1742)
哀公二十一年 ………………………………………………… (1743)
哀公二十二年 ………………………………………………… (1745)
哀公二十三年 ………………………………………………… (1745)
哀公二十四年 ………………………………………………… (1746)
哀公二十五年 ………………………………………………… (1747)
哀公二十六年 ………………………………………………… (1749)
哀公二十七年 ………………………………………………… (1751)

第二部分　张居正注评《四书》

大学 ……………………………………………………………… (1757)
中庸 ……………………………………………………………… (1777)
论语 ……………………………………………………………… (1814)
　学而第一 ……………………………………………………… (1814)
　为政第二 ……………………………………………………… (1821)
　八佾第三 ……………………………………………………… (1829)
　里仁第四 ……………………………………………………… (1839)
　公冶长第五 …………………………………………………… (1847)
　雍也第六 ……………………………………………………… (1856)
　述而第七 ……………………………………………………… (1868)
　泰伯第八 ……………………………………………………… (1881)
　子罕第九 ……………………………………………………… (1889)
　乡党第十 ……………………………………………………… (1901)
　先进第十一 …………………………………………………… (1910)
　颜渊第十二 …………………………………………………… (1920)
　子路第十三 …………………………………………………… (1932)
　宪问第十四 …………………………………………………… (1944)
　卫灵公第十五 ………………………………………………… (1959)
　季氏第十六 …………………………………………………… (1974)
　阳货第十七 …………………………………………………… (1981)
　微子第十八 …………………………………………………… (1991)
　子张第十九 …………………………………………………… (1995)

尧曰第二十 ………………………………………………………（2005）
孟子 …………………………………………………………………（2009）
　　梁惠王章句上 ……………………………………………………（2009）
　　梁惠王章句下。……………………………………………………（2025）
　　公孙丑章句上 ……………………………………………………（2047）
　　公孙丑章句下 ……………………………………………………（2068）
　　滕文公章句上 ……………………………………………………（2085）
　　滕文公章句下 ……………………………………………………（2101）
　　离娄章句上 ………………………………………………………（2111）
　　离娄章句下 ………………………………………………………（2133）
　　万章章句上 ………………………………………………………（2155）
　　万章章句下 ………………………………………………………（2171）
　　告子章句上 ………………………………………………………（2191）
　　告子章句下 ………………………………………………………（2212）
　　尽心章句上 ………………………………………………………（2234）
　　尽心章句下 ………………………………………………………（2263）

第三部分　《四书五经》名句

《大学》名句 ………………………………………………………（2289）
《中庸》名句 ………………………………………………………（2297）
《论语》名句 ………………………………………………………（2302）
《孟子》名句 ………………………………………………………（2326）
《周易》名句 ………………………………………………………（2348）
《尚书》名句 ………………………………………………………（2358）
《诗经》名句 ………………………………………………………（2375）
《礼记》名句 ………………………………………………………（2377）
《春秋左传》名句 …………………………………………………（2391）

第四部分　《四书五经》故事

《大学》故事 ………………………………………………………（2407）
　　君子止于至善 ……………………………………………………（2407）
　　君子慎其独 ………………………………………………………（2408）
　　治国必先齐家 ……………………………………………………（2409）
《中庸》故事 ………………………………………………………（2411）

子路问强 …………………………………………………… (2411)
舜其大孝 …………………………………………………… (2411)
武王、周公行达孝 ………………………………………… (2413)
《论语》故事 ………………………………………………… (2414)
　季氏将伐颛臾 …………………………………………… (2414)
　孔子论诗 ………………………………………………… (2414)
　颜回好学而早死 ………………………………………… (2415)
　子路好勇 ………………………………………………… (2417)
　子贡善辩 ………………………………………………… (2418)
　子禽释疑 ………………………………………………… (2418)
　子贡赎人 ………………………………………………… (2419)
　知与不知 ………………………………………………… (2420)
　季氏违礼 ………………………………………………… (2420)
　孔子择婿 ………………………………………………… (2421)
　朽木不雕 ………………………………………………… (2422)
　师徒明志 ………………………………………………… (2422)
　冉有济私 ………………………………………………… (2423)
　闵损拒官 ………………………………………………… (2423)
　安贫乐道 ………………………………………………… (2424)
　以貌取人,失之子羽 ……………………………………… (2424)
　仁智之别 ………………………………………………… (2425)
　子见南子 ………………………………………………… (2426)
　信而好古 ………………………………………………… (2426)
　道与六艺 ………………………………………………… (2427)
　大智大勇 ………………………………………………… (2427)
　宰予昼寝 ………………………………………………… (2428)
　冉求自限 ………………………………………………… (2428)
　子路受牛 ………………………………………………… (2429)
　觚不觚 …………………………………………………… (2429)
　阳货馈豚 ………………………………………………… (2430)
　子路强辩 ………………………………………………… (2430)
　行藏之辩 ………………………………………………… (2431)
　富人子贡 ………………………………………………… (2431)
　瑚琏之器 ………………………………………………… (2432)
　夫子击磬 ………………………………………………… (2432)
　天之木铎 ………………………………………………… (2433)

子畏于匡 ……………………………………………… (2433)
罪无可祷 ……………………………………………… (2434)
司马牛之忧 …………………………………………… (2434)
陈蔡之野 ……………………………………………… (2435)
叶公问政 ……………………………………………… (2436)
子路问津 ……………………………………………… (2436)
子路请祷 ……………………………………………… (2437)
申枨之欲 ……………………………………………… (2438)
陈亢探异闻 …………………………………………… (2438)
伯牛有疾 ……………………………………………… (2439)
一以贯之 ……………………………………………… (2439)
子在川上 ……………………………………………… (2440)
泰山其颓 ……………………………………………… (2440)
《孟子》故事 …………………………………………… (2441)
以羊换牛 ……………………………………………… (2441)
缘木求鱼 ……………………………………………… (2443)
独乐乐不如众乐乐 …………………………………… (2444)
王顾左右而言他 ……………………………………… (2445)
齐人伐燕 ……………………………………………… (2445)
事半功倍 ……………………………………………… (2447)
孟子四十不动心 ……………………………………… (2448)
浩然正气 ……………………………………………… (2449)
不忍之心 ……………………………………………… (2450)
得道多助，失道寡助 ………………………………… (2451)
孟子不受召 …………………………………………… (2451)
孔距心知错 …………………………………………… (2452)
何谓大丈夫 …………………………………………… (2453)
古之君子于仕 ………………………………………… (2453)
食志和食功 …………………………………………… (2454)
陈仲子充廉士 ………………………………………… (2455)
无规矩不成方圆 ……………………………………… (2456)
后羿之过错 …………………………………………… (2457)
曾子和子思同遇寇 …………………………………… (2458)
齐人一妻一妾 ………………………………………… (2458)
舜号泣于旻天 ………………………………………… (2459)
齐东野语 ……………………………………………… (2460)

尧让天下	(2461)
禹不传于贤	(2462)
伊尹割烹要汤	(2463)
百里奚自鬻	(2463)
舍生取义	(2464)
礼仪与食色	(2465)
有仁义才有和平	(2465)
良臣之道	(2466)
慎子攻打齐国	(2467)
白圭定税率	(2468)
好善之人	(2468)
善养老人	(2470)
再作冯妇	(2470)
《周易》故事	(2471)
文王拘而演《周易》	(2471)
利见大人	(2472)
亢龙有悔	(2473)
箕子之明夷	(2475)
利用刑人巽发蒙	(2476)
王三锡命	(2477)
履霜,坚冰至	(2478)
含章可贞	(2480)
不克讼,归而逋	(2481)
师出以律,否臧凶	(2484)
黄裳元吉	(2485)
秦穆公卜卦擒晋惠公	(2486)
叔孙豹的宿命	(2487)
《尚书》故事	(2489)
尧禅让帝位给舜	(2489)
舜治天下	(2490)
大禹谋划政事	(2492)
皋陶的政治智慧	(2493)
甘誓	(2495)
五子之歌	(2495)
胤征羲和	(2496)
汤誓	(2496)

汤诰	(2497)
伊训	(2498)
盘庚迁都	(2499)
傅说说命	(2502)
西伯戡黎	(2504)
泰誓	(2504)
牧野誓师	(2506)
康叔建国	(2506)
周公还政	(2509)
蔡仲之命	(2511)
顾命	(2512)
康王之诰	(2513)
毕命	(2514)
君牙	(2515)
文侯之命	(2515)

《诗经》故事 (2517)
燕燕	(2517)
二子乘舟	(2518)
相鼠	(2518)
载驰	(2519)
硕人	(2521)
黍离	(2522)
有女同车	(2523)
还	(2524)
南山	(2524)
黄鸟	(2526)
株林	(2527)
北山	(2528)
大明	(2529)
绵	(2530)
皇矣	(2531)
生民	(2533)
公刘	(2534)

《礼记》故事 (2536)
| 孔子与丧礼 | (2536) |
| 曾子与丧礼 | (2538) |

丧欲速贫 …………………………………………（2540）
重耳仁亲以为宝 …………………………………（2541）
杜蒉罚酒 …………………………………………（2542）
文王世子 …………………………………………（2543）
魏文侯问乐 ………………………………………（2544）
孔子主持射礼 ……………………………………（2546）
曾子论孝 …………………………………………（2547）
童子汪踦舍身救国 ………………………………（2550）
孔子闲居 …………………………………………（2551）
投壶之礼 …………………………………………（2552）
石祁子知礼 ………………………………………（2553）
孔子论蜡祭 ………………………………………（2554）
赵文子论人 ………………………………………（2555）

《春秋左传》故事 ……………………………（2557）
郑伯克段于鄢 ……………………………………（2557）
石蜡大义灭亲 ……………………………………（2558）
卫宣姜之乱 ………………………………………（2559）
华督父乱政 ………………………………………（2561）
齐桓公夺位 ………………………………………（2562）
曹刿论战 …………………………………………（2564）
齐桓公伐楚 ………………………………………（2565）
庆父不死，鲁难未已 ……………………………（2567）
虞公贪婪失国 ……………………………………（2568）
竖刁、易牙之乱 …………………………………（2569）
宋襄公图霸 ………………………………………（2570）
宋、楚泓之战 ……………………………………（2572）
骊姬乱晋 …………………………………………（2574）
重耳四处流亡 ……………………………………（2576）
秦、晋韩原之战 …………………………………（2579）
城濮之战 …………………………………………（2580）
烛之武退秦师 ……………………………………（2582）
蹇叔哭师 …………………………………………（2584）
殽之战 ……………………………………………（2585）
赵盾执政 …………………………………………（2587）
晋、楚邲之战 ……………………………………（2588）
宋及楚平，尔虞我诈 ……………………………（2591）

齐晋鞌之战 …………………………………………………（2593）
楚归晋知罃 …………………………………………………（2595）
弭兵会盟 ……………………………………………………（2596）
吕相绝秦 ……………………………………………………（2597）
鄢陵之战 ……………………………………………………（2598）
晋景公病入膏肓 ……………………………………………（2601）
祁奚举贤 ……………………………………………………（2602）
师旷论卫人出其君 …………………………………………（2603）
蔡声子论"楚才晋用" ………………………………………（2604）
季札观乐 ……………………………………………………（2605）
栾氏之乱 ……………………………………………………（2607）
卫献公复国 …………………………………………………（2608）
子晳夺妻不得善终 …………………………………………（2612）
子产拜相 ……………………………………………………（2613）
晏婴、叔向论晋国衰败 ……………………………………（2615）
楚灵王辱晋 …………………………………………………（2617）
子革劝谏楚灵王 ……………………………………………（2618）
楚灵王多行不义必自毙 ……………………………………（2619）
平丘之会 ……………………………………………………（2621）
伍子胥奔吴 …………………………………………………（2622）
晏子论"和谐" ………………………………………………（2624）
齐国四姓之乱 ………………………………………………（2625）
专诸刺王僚 …………………………………………………（2627）
申包胥泣秦廷 ………………………………………………（2628）
夹谷山齐鲁会盟 ……………………………………………（2630）
齐国陈氏专权 ………………………………………………（2631）
吴越争霸 ……………………………………………………（2632）
黄池之会 ……………………………………………………（2634）

《四书五经》原典

四书五经 第一部分

马博◎主编

导　读

　　"四书五经"是"四书"和"五经"的合称，是中国儒家经典的书籍的合称。"四书"之名始立于宋代，指的是《大学》、《中庸》、《论语》和《孟子》，这些是古代必考的内容；而"五经"之名始称于汉武帝时，指的是《周易》、《尚书》、《诗经》、《礼记》和《春秋左传》。

　　作为儒家学派的经书，"四书"不仅保存了儒家先哲的思想和智慧，也体现出早期儒学形成的嬗递轨迹，它蕴含了儒家思想的核心内容，也是儒学认识论和方法论的集中体现。因此，在中国思想史上产生过深远的影响。这其中有许多优秀的思想精髓，是华夏无数先贤实践的思考的结晶，至今读来，仍不失其深刻的教育意义和启迪价值，堪称是源远流长的民族文化精华。毋庸讳言，"四书"中也夹杂着一些先人的思想的局限，这些局限已成为我们今天建设社会主义政治文明和精神文明的包袱，这无疑是需要加以扬弃的。因此，我们应当抱着去莠存良、古为今用的科学态度去学习、加以适当的理解，将前人的智慧在现在的社会闪光。

　　儒家本有六经，《诗经》、《尚书》、《仪礼》、《乐经》、《周易》、《春秋》。秦始皇"焚书坑儒"，据说经秦火一炬，《乐经》从此失传，东汉在此基础上加上《论语》、《孝经》，共七经；唐时加上《周礼》、《礼记》、《春秋公羊传》，《春秋穀梁传》、《尔雅》，共十二经；宋时加《孟子》，后有宋刻《十三经注疏》传世。《十三经》是儒家文化的基本著作，就传统观念而言，《易》、《诗》、《书》、《礼》、《春秋》谓之"经"，《左传》、《公羊传》、《穀梁传》属于《春秋经》之"传"，《礼记》、《孝经》、《论语》、《孟子》均为"记"，《尔雅》则是汉代经师的训诂之作。

　　中国古代的"四书五经"，几与耶教有圣经、伊教有古兰经相似，被用为科举中选拔人才的命题书和教科书。如果说今日学子不知"四书五经"为何物，恐怕会是件难堪的事。我们只要谈到中国传统文化，必然得提到"四书五经。""四书五经"是中国传统文化的重要组成部分，是儒家思想的核心载体，更是中国历史文化古籍中的宝典。儒家经典"四书五经"包含内容极其广泛、深刻，它在世界文化史、思想史上具有极高的地位。

大学

【导读】

　　《大学》是中国古代典籍名篇之一,原是《礼记》中的一篇,在唐代以前并没引起人们的特别关注。至唐代,韩愈等引用《大学》,开始为人所注目。到宋代,理学创始人程颢、程颐非常重视《大学》,称之为:"孔氏之遗书,而初学入德之门也。"南宋理学集大成者朱熹说:"天运循环,无往不复。宋德隆盛,治教休明。于是河南程氏两夫子出,而有以接乎孟氏之传。实始尊信此篇而表章之,既又为之次其简编,发其归趣,然后古者大学教人之法、圣经贤传之指,粲然复明于世。"后来朱熹又在二程基础上,重新别为次序,分经一章,传十章,并认为格物致知章已缺失,作了著名的《补传》。朱熹对大学的解释,是一种重新阐释,换言之,是从理学角度的新解。充分体现了心性之学,使《大学》升华为哲学。从此理学不仅接续道统之传,还有了自己的规模和节次。

　　朱熹说:《大学》是"外有以极其规模之大,而内有以尽其节目之详者也"。规模:"明明德"、"新民"、"止于至善",朱熹称之为"三纲领";节目:格物、致知、诚意、正心、修身、齐家、治国、平天下,朱熹称之为"八条目"。朱熹认为"古人为学次第者,独赖此篇之存"。一个"独"字,充分说明了本篇文献的重要性。由于朱熹把《大学》纳入《四书集注》之中,宋理宗时,理学名臣真德秀更作《大学衍义》,向皇帝进讲《大学》,《大学》成了政治读物。到元代文化转型期,《四书集注》成为各级学校必读书,士子求取功名利禄的考试书,整整五百九十二年,读书人昼夜攻读,不仅《大学》本文烂熟于心,就是章句也牢牢铭记。

朱熹

　　到近代,孙中山先生表彰《大学》。他赞赏《大学》中的格物、致知、诚意、正心、修身、齐家、治国、平天下的修养目标和修养方法,认为这些都是"应该要保存"的中国的"独有宝贝"。以《大学》为规模和节次的中华文明的影响,由此可见一斑。

第一章

【原文】

　　大学之道，在明明德，在亲民，在止于至善。知止而后有定，定而后能静，静而后能安，安而后能虑，虑而后能得。物有本末，事有终始，知所先后，则近道矣。

　　古之欲明明德于天下者，先治其国；欲治其国者，先齐其家；欲齐其家者，先修其身；欲修其身者，先正其心；欲正其心者，先诚其意；欲诚其意者，先致其知；致知在格物。

　　物格而后知至，知至而后意诚，意诚而后心正，心正而后身修，身修而后家齐，家齐而后国治，国治而后天下平。

　　白天子以至于庶人，壹是皆以修身为本。其本乱而末治者否矣，其所厚者薄，而其所薄者厚，未之有也。

【译文】

　　大学的宗旨在于彰显光明之德，在于革新人民的思想，在于追求至善的境界。知道了追寻至善过程中所要停留的位置之后，才能确定目标；确定目标之后，思想才能沉静下来；思想沉静下来之后，心才能有所安；心有所安之后，才能开始思虑；思虑之后，才能有所收获。世间万物都有它的根本和末节，万事都有它的开始和终结。知道事物之间的次序，那么距离"道"这个万事万物的规律就很近了。

　　古代想使光明之德能够在天下得以彰显和弘扬的人，先治理好自己的国家；想治理好自己的国家者，要先治理和整齐自己的家族；想治理好自己的家族者，先要修洁自身；想修洁自身者，先要端正自己的心；想端正自己的心，要先使自己的意念真诚；想做到意念真诚，先要获取知识和智慧；获取知识和智慧的途径就是认识和推究万事万物。

　　摸透和了解事物之后就能进一步获得知识和智慧，获得知识和智慧之后就能进一步使意念真诚，意念真诚之后就能进一步使内心端正，内心端正之后就能进一步达到修身的目的，自己做到修身之后就能进一步实现家族的治理和整齐，家族得到治理之后就能进一步去实现国家的治理，国家治理好之后就能进一步实现天下的平定。

　　上至天子，下至普通老百姓，都要以实现和提高自身的修养为根本。根本乱了，而想使其末梢和枝节得到治理，这是不可能的；所重视的是细枝末节，所轻视的是根本，从没有这种道理。

第二章

【原文】

《康诰》曰:"克明德。"《大甲》曰:"顾諟天之明命。"《帝典》曰:"克明峻德。"皆自明也。

【译文】

《尚书·康诰》说:"能够弘扬光明的品德。"《尚书·太甲》说:"顾念上天赋予的光明德性。"《尚书·尧典》说:"能够弘扬崇高的品德。"这些话都是说要自己弘扬光明的品德。

第三章

【原文】

汤之《盘铭》曰:"苟日新,日日新,又日新。"《康诰》曰:"作新民。"《诗》曰:"周虽旧邦,其命维新。"是故君子无所不用其极。

【译文】

商汤《盘铭》的铭文里说:"如果能一日自新,就能日日自新,每日自新。"《康诰》上说:"要造就新民。"《诗经》上说:"周虽是一个旧邦,但其所受的天命却是新的。"所以君子每一个方面都要竭尽全力。

第四章

【原文】

《诗》云:"邦畿千里,惟民所止。"《诗》云:"缗蛮黄鸟,止于丘隅。"子曰:"于止,知其所止,可以人而不如鸟乎!"《诗》云:"穆穆文王,於缉熙敬止!"为人君,止于仁;为人臣,止于敬;为人子,止于孝;为人父,止于慈;与国人交,止于信。

【译文】

《诗经·商颂·玄鸟》说:"天子的都城方圆千里,都是老百姓居住的地方。"《诗经·小雅·绵蛮》说:"绵绵蛮蛮叫着的黄鸟,栖息在山丘的一角。"孔子说:"就居止的地方来说,连黄鸟都知道它该栖息在什么地方,怎么人却不如鸟儿呢?"《诗经·大雅·文王》说:"深沉端庄、道德高尚的文王啊,不断地发扬他的光明美德,做事始终庄重谨慎。"做国君的,要做到仁爱;做臣子的,要做到恭敬;做子女的,要做到孝顺;做父亲的,要做到慈爱;与他人交往,要做到讲信用。

【原文】

《诗》云:"瞻彼淇澳,菉竹猗猗。有斐君子,如切如磋,如琢如磨。瑟兮僩兮,赫兮喧兮。有斐君子,终不可谖兮!"如切如磋者,道学也;如琢如磨者,自修也;瑟兮僩兮者,恂慄也;赫兮喧兮者,威仪也;有斐君子,终不可谖兮者,道盛德至善,民之不能忘也。

【译文】

《诗经·卫风·淇澳》说:"看那淇水弯弯的岸边,嫩绿的竹子郁郁葱葱。有一位文质彬彬的君子,研究学问如加工骨器,不断切磋;修炼自己如打磨美玉,反复琢磨。他是那样严谨,胸怀宽大,是那样的光明煊赫。这样一个文质彬彬的君子,真是令人难以忘怀啊!"这里所说的"如加工骨器,不断切磋",是指做学问的态度;这里所说的"如打磨美玉,反复琢磨",是指自我修炼的精神;说他"严谨宽大",是指他内心谨慎而有所戒惧;说他"光明煊赫",是指他仪表堂堂;说"这样一个文质彬彬的君子,真是令人难以忘怀啊",是指他品德非常高尚,达到了最完善的境界,所以使人难以忘怀。

【原文】

《诗》云:"於戏!前王不忘。"君子贤其贤而亲其亲,小人乐其乐而利其利,此以没世不忘也。

【译文】

《诗经·周颂·烈文》说:"啊,前代的君王真使人难忘啊!"这是因为君子们能够以前代的君王为榜样,尊重贤人,亲近亲人,一般平民百姓也都蒙受恩泽,享受安乐,获得利益。所以,虽然前代君王已经去世,但人们还是永远不会忘记他们。

第五章

【原文】

子曰:"听讼,吾犹人也,必也使无讼乎!"无情者不得尽其辞。大畏民志,此谓知本。

【译文】

孔子说:"审理诉讼,我和别人一样,会努力使社会上不再有诉讼!"使性情狡诈虚伪的人不能狡辩,使老百姓民心慑服,这叫知道本分。

第六章

【原文】

(此谓知本。)
〔所谓致知在格物者,言欲致吾之知,在即物而穷其理也。盖人心之灵莫不有知,而天下之物莫不有理,惟于理有未穷,故其知有不尽也。是以《大学》始教,必使学者即凡天下之物,莫不因其已知之理而益穷之,以求至乎其极。至于用力之久,而一旦豁然贯通焉,则众物之表里精粗无不到,而吾心之全体大用无不明矣。此谓物格。〕此谓知之至也。

【译文】

所说的要想获得知识,就必须认识、研究事物,是指要想获得知识,就必须接触事物而彻底穷尽它的道理。大概人的心都是灵动的,都具有认知能力,而天下事物都有一定的道理,只不过因为这些道理还没有被彻底认识,所以使人的知识很有限。因此,《大学》一开始就教人接触天下万事万物,用自己已有的知识去进一步探究,以彻底认识万事万物的道理。经过长期用功,总有一天会豁然贯通,到那时,万事万物的里外精粗都被认识得清清楚楚,而自己内心的一切道理都得到呈现,再也没有蔽塞。这就叫万事万物被认识、研究了,这就叫知识达到了顶点。

第七章

【原文】

所谓诚其意者，毋自欺也。如恶恶臭，如好好色，此之谓自谦，故君子必慎其独也。小人闲居为不善，无所不至，见君子而后厌然，揜其不善，而著其善。人之视己，如见其肺肝然，则何益矣。此谓诚于中，形于外，故君子必慎其独也。曾子曰："十目所视，十手所指，其严乎！"富润屋，德润身，心广体胖，故君子必诚其意。

【译文】

所谓的使意念真诚，是不要自欺欺人。就像厌恶难闻的气味，喜好好看的颜色，都发自内心，这就叫作自我满意。所以君子哪怕在自己独处的时候都要谨慎。小人独处的时候做不好的事情，什么都敢去做；见到君子时却躲闪回避，掩盖自己不好的言行，而突出美好的。他却不知道别人看他就像看透他的肺和肝一样清楚，这种掩盖有什么益处。这就叫作内心真诚而会表现在其形体之外，所以君子在独处的时候也必须谨慎。曾子说："十只眼睛都在看着你，十只手都指着你，这是多么严厉可怕啊！"财富可以润饰屋子，德行可以润饰身心，心胸宽广，身体会胖大而显得富态，所以君子必然会使自己的意念真诚。

第八章

【原文】

所谓修身在正其心者，身有所忿懥，则不得其正；有所恐惧，则不得其正；有所好乐，则不得其正；有所忧患，则不得其正。心不在焉，视而不见，听而不闻，食而不知其味。此谓修身在正其心。

【译文】

所谓修身要先端正自心，是因为心有愤怒，就不能够端正；心有恐惧，就不能够端正；心有偏好，就不能够端正；心有忧虑，就不能够端正。心思被不端正念头所困扰，就会心不在焉：虽然在看，但却看不明了；虽然在听，但却像没有听见一样；虽然在吃东西，但却不知道食物滋味。这就是说，修身必须要先端正自心。

第九章

【原文】

所谓齐其家在修其身者，人之其所亲爱而辟焉，之其所贱恶而辟焉，之其所畏敬而辟焉，之其所哀矜而辟焉，之其所敖惰而辟焉。故好而知其恶，恶而知其美者，天下鲜矣。故谚有之曰："人莫知其子之恶，莫知其苗之硕。"此谓身不修不可以齐其家。

【译文】

所谓的治理家族在于修身，是因为人对待他亲近和爱护的人会有所偏爱，对待他看不起或厌恶的人会有所偏颇，对待他敬畏的人会过分敬畏，对待他怜悯的人会有所同情，对待他傲慢怠惰的人会有所偏颇。故而，喜好某一事物而知道其不好的方面，厌恶某一事物而知道其美好的方面，这种情况在天下都是很少见的。故而有谚语这样说："由于溺爱没有人知道自己儿子的恶，由于贪婪没有人知道自己庄稼的丰硕。"这就是所谓不先修身就无法治理好其家族。

第十章

【原文】

所谓治国必先齐其家者，其家不可教而能教人者，无之。故君子不出家而成教于国。孝者，所以事君也；弟者，所以事长也；慈者，所以使众也。《康诰》曰："如保赤子。"心诚求之，虽不中不远矣。未有学养子而后嫁者也。一家仁，一国兴仁；一家让，一国兴让；一人贪戾，一国作乱。其机如此。此谓一言偾事，一人定国。尧、舜帅天下以仁，而民从之；桀纣帅天下以暴，而民从之。其所令反其所好，而民不从。是故君子有诸己而后求诸人，无诸己而后非诸人。所藏乎身不恕，而能喻诸人者，未之有也。故治国在齐其家。

【译文】

所谓治理国家必须先治好自己的家庭，是说连自己家人都不能管教好而能管教好别人，这是没有的事。所以，有修养的人不出家门就能完成对整个国家的教育。孝顺父母，可以用于侍奉君主；恭敬兄长，可以用于侍奉尊长；慈爱子女，可以用于对待民众。《康诰》说："爱人民如同爱护婴儿一样。"内心真有这种仁爱的追求，即使达不

到目标，也不会相差太远。要知道，没有谁先学会了养护孩子再去嫁人的啊！国君一家仁爱，一国人受到感化，也会兴起仁爱；国君一家礼让，一国人也会受到感化，兴起礼让；国君一人贪婪暴戾，一国人就会受到影响，纷纷作乱。其关联就是这样紧密。这就叫做：一句话可以败坏大事，一个人可以安定国家。尧、舜用仁政统率天下，老百姓就跟随着学仁爱；桀、纣用暴政统率天下，老百姓就跟随着学凶暴。国君的命令与自己的实际做法相反，老百姓是不会依从的。所以，品德高尚的君子，总是自己先做到，然后才要求别人做到；自己先不这样做，然后才要求别人不这样做。如果自己不采取这种推己及人的恕道，而晓喻他人按自己的意思去做，那是未曾有过的。所以说，君主要治理好国家必须先治理好自己的家庭。

【原文】

《诗》云："桃之夭夭，其叶蓁蓁。之子于归，宜其家人。"宜其家人，而后可以教国人。《诗》云："宜兄宜弟。"宜兄宜弟，而后可以教国人。《诗》云："其仪不忒，正是四国。"其为父子兄弟足法，而后民法之也。此谓治国在齐其家。

【译文】

《诗经·周南·桃夭》说："桃花美艳艳，桃叶绿蓁蓁。此女嫁来了，和睦一家人。"让自家人都和睦，然后才能教育一国的人都和睦。《诗经·小雅·蓼萧》说："兄弟和睦。"兄弟和睦了，然后才能教育一国的人都和睦。《诗经·曹风·鸤鸠》说："仪容无差错，教正四方国。"只有当一个人无论是作为父亲、儿子，还是兄长、弟弟都值得人效法时，老百姓才会去效法他。这就是要治理国家必须先治理好自己家庭的道理。

第十一章

【原文】

所谓平天下在治其国者，上老老而民兴孝，上长长而民兴弟，上恤孤而民不倍，是以君子有絜矩之道也。所恶于上，毋以使下；所恶于下，毋以事上；所恶于前，毋以先后；所恶于后，毋以从前；所恶于右，毋以交于左；所恶于左，毋以交于右。此之谓絜矩之道。

《诗》云："乐只君子，民之父母。"民之所好好之，民之所恶恶之，此之谓民之父母。《诗》云："节彼南山，维石岩岩。赫赫师尹，民具尔瞻。"有国者不可以不慎，辟则为天下僇矣。《诗》云："殷之未丧师，克配上帝。仪监于殷，峻命不易。"道得众则得国，失众则失国。是故君子先慎乎德。有德此有人，有人此有土，有土此有财，有财此有用。德者，本也；财者，末也。外本内末，争民施夺。是故财聚则民散，财散

则民聚。是故言悖而出者，亦悖而入；货悖而入者，亦悖而出。

【译文】

　　所谓平天下在于先治理好国家，是因为君王尊敬和赡养老者，老百姓就会兴起孝顺老者的风气；君王尊敬长者，老百姓就会兴起尊敬长者的风气；君王体恤孤弱的人，老百姓就不会背弃这样的好德行。因此，君子有做示范的方法。厌恶上级的做法，就不要以同样的方式去役使自己的下级；厌恶下级的做法，就不要用同样的方式去侍奉自己的上级；厌恶前辈的做法，就不要先于后辈而做同样的事情；厌恶后辈的做法，就不要在自己的前辈跟前做同样的事情；厌恶右边的人，就不要以同样的做法去和左边的人交往；厌恶左边的人，就不要以同样的做法去和右边的人交往。这就是所谓推己及人的絜矩之道。

　　《诗经》上说："那个快乐的君子啊，是老百姓的父母。"老百姓所喜好的，他同样喜好；老百姓所厌恶的，他同样厌恶；这样的就能称得上老百姓的父母。《诗经》上说："那高峻的南山，岩石磊磊。显赫的太师尹，老百姓都在看着你。"拥有国家的君王们不可不谨慎，偏离正道就会被天下人杀戮。《诗经》上说："殷商在没丧失民众的拥护时，能够与上界帝君相配。最好借鉴殷商的教训，上天授予的大命才不会变易。"道，得到民众的拥护就能拥有国家，失去民众的拥护就会失去国家。所以，君子在对待德行上要谨慎。有德行就会有人民，有人民就会有土地，有土地就会有财富，有财富就会有用度。德是根本，财富是末枝。外表重德行，而内心重财富，就会与民众争夺利益而实施掠夺。所以，聚敛钱财就会使民众离散，把钱财分散给民众，就会使民众聚集在自己周围。所以，有悖常理的言语说出来就会使有悖常理的事情发生，有悖常理而获得的钱财也会有悖常理地失去。

【原文】

　　《康诰》曰："惟命不于常！"道善则得之，不善则失之矣。《楚书》曰："楚国无以为宝，惟善以为宝。"舅犯曰："亡人无以为宝，仁亲以为宝。"《秦誓》曰："若有一个臣，断断兮无他技，其心休休焉，其如有容焉。人之有技，若己有之，人之彦圣，其心好之，不啻若自其口出，实能容之，以能保我子孙黎民，尚亦有利哉。人之有技，娼疾以恶之，人之彦圣，而违之俾不通，实不能容，以不能保我子孙黎民，亦曰殆哉。"唯仁人放流之，迸诸四夷，不与同中国。此谓唯仁人为能爱人，能恶人。见贤而不能举，举而不能先，命也；见不善而不能退，退而不能远，过也。好人之所恶，恶人之所好，是谓拂人之性，灾必逮夫身。

　　是故君子有大道，必忠信以得之，骄泰以失之。生财有大道，生之者众，食之者寡，为之者疾，用之者舒，则财恒足矣。仁者以财发身，不仁者以身发财。未有上好仁而下不好义者也，未有好义其事不终者也，未有府库财非其财者也。孟献子曰："畜马乘不察于鸡豚，伐冰之家不畜牛羊，百乘之家不畜聚敛之臣，与其有聚敛之臣，宁

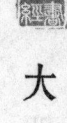

有盗臣。"此谓国不以利为利,以义为利也。长国家而务财用者,必自小人矣。彼为善之,小人之使为国家,灾害并至。虽有善者,亦无如之何矣!此谓国不以利为利,以义为利也。

【译文】

《康诰》里说:"只有天命不固定!"治国之道好,就能得到天命;不好,就会失去。《楚书》说:"楚国没有什么可以当宝贝的,只有把善当成宝贝。"舅犯说:"亡命在外的人没有什么东西可以当成宝贝,只把仁爱亲人当成宝贝。"《秦誓》说:"如果有一个大臣,专一于一件事而没有其他技能,他很宽容,如同能宽容一切。别人有技能,就像他自己有一样,别人聪明而有才智,他心里很喜欢,如同从他自己口中说出来一样,这是真正能宽容人的。这样的人来保我子孙和黎民百姓,还很有好处呢。别人有技能,他嫉妒和厌恶,别人聪明而有才智,他却故意妨碍不让他上通于国君,这是真正不能容人的人,这样的人不能保我子孙和黎民百姓,而且还有危险。"因此仁人会把他流放,把他驱赶到四方蛮夷偏远之地,不让他居住在中原。这就是说,只有仁人能关爱人,能厌恶坏人。见到贤人不能举荐他,举荐他又不能重用他,这是怠慢;见到不善的人而不能清退他,清退他而不能使他远离,这是犯错。喜欢人们所厌恶的东西,厌恶人们所喜好的东西,这是违背人性,灾祸必将降到他的身上。

所以君子有大道,必然以忠信来获得,因骄恣放纵而失去。生财有大原则,生产的人多,吃饭的人少,制作的人快,使用的人慢,则财富会一直丰足。仁者以财富发展自身,不仁者以自身去寻求发财。没有在上位者喜好仁而在下位的人不好义的,没有喜好义而事情不最终成功的,没有府库中的钱财不是自己的钱财的。孟献子说:"养得起车马的家庭不在乎鸡和猪,能伐冰的贵族之家不养牛羊,百乘之家不养聚敛钱财的家臣,与其有这样的家臣,还不如有一个家贼。"这是说国家不以钱财之利为利,而以义为利。统治一个国家而致力于获取钱财,这主意必然出自小人。他还认为这样是好的,要是使用小人来治理国家,那么灾难和祸害都将一起到来。即便有善良的人在,也会无可奈何!这说的是国家不以钱财之利为利,而以义为利。

中庸

【导读】

《中庸》是儒家重要经典,它同《易经》一样,都是儒家的理论渊薮。不过《易经》比《中庸》影响大,涵盖面广,而《中庸》是宋以后儒者研读的重点。儒学,特别是理学,许多概念、命题出自《中庸》,许多理学大家持守《中庸》的信条,许多儒者用《中庸》的方法论思考,从而可以看出,《中庸》对中华文明的形成有着深远的影响。

朱熹把《中庸》、《大学》、《论语》、《孟子》合在一起,称为"四书",并为之作章句集注。从元代开始,《四书章句集注》成为各级学校的必读书,成为士子求取功名利禄的阶梯,影响达七百年之久。

在《中庸章句》篇题之下,朱熹对"中庸"下了一个定义,指出:"中者,不偏不倚、无过不及之名。庸,平常也。""不偏不倚",出自本书"中立而不依"和改用《尚书·洪范》"无偏无陂";"无过不及",出自《论语·先进》。又用"平常"释"庸",借以指出中庸的合度性、日用性。是"放之则弥六合,卷之则退藏于密"的道理,都是实用的学问。善于阅读的人只要仔细玩味,便可以终身受用不尽。

第一章

【原文】

天命之谓性,率性之谓道,修道之谓教。道也者,不可须臾离也,可离非道也。是故君子戒慎乎其所不睹,恐惧乎其所不闻。莫见乎隐,莫显乎微,故君子慎其独也。喜怒哀乐之未发,谓之中;发而皆中节,谓之和。中也者,天下之大本也;和也者,天下之达道也。致中和,天地位焉,万物育焉。

【译文】

天赋与人的禀赋叫做性,遵循天性而行叫做道,按照道的原则修养叫做教。道是不可以片刻离开的,如果可以离开,那就不是道了。所以,君子在别人看不见的地方也是谨慎的,在别人听不见的地方也是有所戒慎畏惧的。越是隐秘的事情越是容易显

露，越是细微的事情越是容易显现。所以，君子在一个人独处独知的时候，更要谨慎。喜怒哀乐各种感情没有表现出来的时候，叫做中；表现出来以后符合节度，叫做和。中是天下的根本；和是天下普遍遵循的规律。达到中和的境界，天地便各在其位了，万物的生长就茂盛了。

第二章

【原文】

仲尼曰："君子中庸，小人反中庸。君子之中庸也，君子而时中；小人之中庸也，小人而无忌惮也。"

【译文】

孔子说："君子行中庸之道，小人反中庸。君子行中庸之道，能时刻坚持不偏不倚；小人反中庸而行，总是肆无忌惮。"

第三章

【原文】

子曰："中庸其至矣乎！民鲜能久矣！"

【译文】

孔子说："中庸大概是最高最好的德行了吧！但人们很少能够做到，这种状况已经很久了！"

第四章

【原文】

子曰："道之不行也，我知之矣，知者过之，愚者不及也；道之不明也，我知之矣，贤者过之，不肖者不及也。人莫不饮食也，鲜能知味也。"

【译文】

孔子说:"中庸之道之所以行不通,我知道其中原因:聪明的人做过了头,愚蠢的人做得不够;中庸之道不能被彰明,我知道啊,是因为贤良的人做过了头,无能的人做得不够。人没有不吃饭的,但很少有人真正知道饭的滋味。"

第五章

【原文】

子曰:"道其不行矣夫。"

【译文】

孔子说:"道大概不能实行了吧。"

第六章

【原文】

子曰:"舜其大知也与!舜好问而好察迩言,隐恶而扬善,执其两端,用其中于民,其斯以为舜乎!"

【译文】

孔子说:"舜,大概算是大智大慧之人吧!他好问,而且喜欢仔细考察身边近臣的言论。隐恶扬善,持事物之本末两端,以中庸之道来治理民众,也许这就是舜之所以为舜的原因吧!"

第七章

【原文】

子曰:"人皆曰予知,驱而纳诸罟擭陷阱之中,而莫之知辟也。人皆曰予知,择乎中庸而不能期月守也。"

【译文】

孔子说:"人人都说自己聪明,可是被驱赶到罗网陷阱之中,却不知道如何躲避。人人都说自己聪明,可是选择了中庸之道,却连一个月也不能坚持下来。"

第八章

【原文】

子曰:"回之为人也,择乎中庸,得一善,则拳拳服膺而弗失之矣。"

【译文】

孔子说:"颜回这个人,选择中庸之道,每次习得一个正确的思想或道理,就会紧紧地铭记于心而不失去它。"

颜回

第九章

【原文】

子曰:"天下国家可均也,爵禄可辞也,白刃可蹈也,中庸不可能也。"

【译文】

孔子说:"天下国家是可以治理的,官爵俸禄是可以辞让的,锋利的刀刃是可以践踏而过的,但中庸却是不容易做到的。"

第十章

【原文】

子路问强。子曰:"南方之强与?北方之强与?抑而强与?宽柔以教,不报无道,南方之强也,君子居之。衽金革,死而不厌,北方之强也,而强者居之。故君子和而

不流，强哉矫！中立而不倚，强哉矫！国有道，不变塞焉，强哉矫！国无道，至死不变，强哉矫！"

【译文】

子路向孔子询问什么是强。孔子说："你问的是南方的强？北方的强？还是你自己的强呢？以宽容怀柔来教化人们，不报复无道之人，这是南方的强；君子居住在那里。枕着兵器，穿着铠甲睡觉，战死都不怕，这是北方的强；强者就居住在那里。故而，君子和睦相处而不随波逐流，这是强健的样子！保持中立而不偏不倚，这是强健的样子！国家政治清明的时候，不改变自己一贯的主张，这是强健的样子！国家政治混乱无道的时候，至死也不改变自己的主张，这是强健的样子！"

第十一章

【原文】

子曰："素隐行怪，后世有述焉，吾弗为之矣。君子遵道而行，半途而废，吾弗能已矣。君子依乎中庸，遁世不见知而不悔，唯圣者能之。"

【译文】

孔子说："探寻隐僻的道理，做些怪诞的事情，后世也许会有人来记述他，称赞他，但我决不会这样做。君子按照中庸之道去做，但是半途而废，不能坚持下去，而我是决不会停止的。真正的君子遵循中庸之道，即使隐遁在世间一生不被人知道，也决不后悔，这只有圣人才能做得到。"

第十二章

【原文】

君子之道费而隐。夫妇之愚，可以与知焉，及其至也，虽圣人亦有所不知焉；夫妇之不肖，可以能行焉，及其至也，虽圣人亦有所不能焉。天地之大也，人犹有所憾。故君子语大，天下莫能载焉；语小，天下莫能破焉。《诗》云："鸢飞戾天，鱼跃于渊。"言其上下察也。君子之道，造端乎夫妇；及其至也，察乎天地。

【译文】

君子之道广大而又微妙，就算是普通男女那样无知的人都能知道一些，而等到君

子之道达到最高境界时,虽是圣人也不能全部知道;普通男女那样平庸的才能也能做到,而等到君子之道达到最高境界时,虽是圣人也不能完全做到。天地那么大,但人们仍觉得有所缺憾。所以,君子之道,说到它的广大,可以大到天下都无法承载;说小,可以小到天下无人能破开它。《诗经》说:"老鹰飞到天上,鱼儿在深潭里跳跃。"说的是它们上下观察。君子之道,开始于普通人的所知所行;等到它达到最高境界时,就能够观察天地之间的万事万物。

第十三章

【原文】

子曰:"道不远人。人之为道而远人,不可以为道。《诗》云:'伐柯伐柯,其则不远。'执柯以伐柯,睨而视之,犹以为远。故君子以人治人,改而止。忠恕违道不远,施诸己而不愿,亦勿施于人。君子之道四,丘未能一焉:所求乎子以事父,未能也;所求乎臣以事君,未能也;所求乎弟以事兄,未能也;所求乎朋友先施之,未能也。庸德之行,庸言之谨,有所不足,不敢不勉,有余不敢尽。言顾行,行顾言,君子胡不慥慥尔?"

【译文】

孔子说:"道是不能离开人的。如果有人实行道却离开人,那就不可能实行道了。《诗经·豳风·伐柯》说:'砍削斧柄,砍削斧柄,斧柄的式样就在眼前。'握着斧柄砍削树木来做斧柄,应该说不会有什么差异,但如果你斜眼去看,还会以为差异很大。所以君子根据为人的道理来治理人,只要他能改正错误实行道就行。一个人做到忠恕,离道也就不远了。什么叫忠恕呢?自己不愿意的事,也不要施加给别人。君子的道有四项,我孔丘连其中的一项也没有能够做到:用我所要求儿子侍奉父亲的标准来孝顺父亲,我没有能够做到;用我所要求臣下服事君王的标准来竭尽忠诚,我没有能够做到;用我所要求的弟弟对哥哥做到的敬重恭顺,我没有能够做到;用我所要求朋友应该先做到的,我没有能够做到。实践平常的道德,谨慎平常的言论,还有不足的地方,不敢不再努力;言谈要留有余地,不说过头话。言论要符合自己的行为,行为要符合自己的言论,这样的君子怎么会不忠厚诚实呢!"

第十四章

【原文】

君子素其位而行，不愿乎其外。素富贵，行乎富贵；素贫贱，行乎贫贱；素夷狄，行乎夷狄；素患难，行乎患难；君子无入而不自得焉。在上位不陵下，在下位不援上，正己而不求于人，则无怨。上不怨天，下不尤人。故君子居易以俟命，小人行险以徼幸。子曰："射有似乎君子，失诸正鹄，反求诸其身。"

【译文】

君子以其本来的地位而行事，不美慕本分以外的事情。本来富贵，就践行富贵之事；本来贫贱，就践行贫贱之事；本来是夷狄等边远民族，就践行夷狄之事；本来身处患难，就践行患难之事；君子无论在什么地方都能自得其所。处在上位的时候不欺凌处在下位的人，处在下位的时候不巴结处在上位的人，端正自己而不求于人就会无所怨言。不怨天尤人。所以，君子居于平易的境况以等待命运，小人践行危险之事而心存徼幸。孔子说："射箭和君子做事相似；没有射中靶心，应反过来寻找自身的原因。"

第十五章

【原文】

君子之道，辟如行远必自迩，辟如登高必自卑。《诗》曰："妻子好合，如鼓瑟琴。兄弟既翕，和乐且耽。宜尔室家，乐尔妻帑。"子曰："父母其顺矣乎！"

【译文】

君子实行中庸之道，就像走远路一样，必定要从近处开始；就像登高山一样，必定要从低处起步。《诗经·小雅·常棣》说："与妻子和和睦睦，就像弹琴鼓瑟一样。兄弟关系融洽，和顺又快乐。使你的家庭美满，使你的妻儿幸福。"孔子赞叹说："这样，父母也就称心如意了啊！"

第十六章

【原文】

子曰:"鬼神之为德,其盛矣乎!视之而弗见,听之而弗闻,体物而不可遗。使天下之人,齐明盛服,以承祭祀。洋洋乎!如在其上,如在其左右。《诗》曰:'神之格思,不可度思!矧可射思!'夫微之显,诚之不可掩如此夫!"

【译文】

孔子说:"鬼神的功德,很盛大啊!虽然看它而看不到,听它也听不到,但它体察万物而没有丝毫遗漏。使天下的人都斋戒、沐浴,穿着盛装来祭祀它。它仿佛是流动的,并且充满每个地方!上下左右无处不在。《诗经》上说:'神的来到,不可猜度!怎么能厌弃!'微妙而又显著,它是真实存在而不可掩盖啊!"

第十七章

【原文】

子曰:"舜其大孝也与!德为圣人,尊为天子,富有四海之内,宗庙飨之,子孙保之。故大德必得其位,必得其禄,必得其名,必得其寿。故天之生物,必因其材而笃焉。故栽者培之,倾者覆之。《诗》曰:'嘉乐君子,宪宪令德。宜民宜人,受禄于天。保佑命之,自天申之。'故大德者必受命。"

【译文】

孔子说:"舜可以说是个大孝之人了吧!论德行他是圣人,论地位他是尊贵的天子,论财富他拥有整个天下,后世在宗庙里祭祀他,子子孙孙都保持他的功业。所以,有大德的人必定得到他应得的地位,必定得到他应得的财富,必定得到他应得的名声,必定得到他应得的寿数。所以,上天生养万物,必定根据它们的资质而厚待它们。能成材的得到培育,不能成材的就遭到淘汰。《诗经·大雅·假乐》说:'高尚优雅的君子,有光明美好的德行。让人民安居乐业,享受上天赐予的福禄。上天保佑他,任用他,给他以重大的使命。'所以,有大德的人必会承受天命。"

第十八章

【原文】

　　子曰："无忧者其惟文王乎！以王季为父，以武王为子，父作之，子述之。武王缵大王、王季、文王之绪。壹戎衣而有天下，身不失天下之显名。尊为天子，富有四海之内。宗庙飨之，子孙保之。武王末受命，周公成文武之德，追王大王、王季，上祀先公以天子之礼。斯礼也，达乎诸侯大夫，及士庶人。父为大夫，子为士；葬以大夫，祭以士。父为士，子为大夫；葬以士，祭以大夫。期之丧达乎大夫。三年之丧，达乎天子。父母之丧，无贵贱，一也。"

【译文】

　　孔子说："没有忧虑的，大概是文王吧！因为王季是他的父亲，武王是他的儿子；父亲开创事业，儿子继承。武王继承太王、王季、文王未完成的事业。一穿上戎装去伐纣就拥有了天下，他不失为天下最显赫的名声。尊贵为天子，而其富拥有天下。宗庙供奉着他，子孙保守着他。武王是晚年受命的，故而周公成就了文王和武王的德行，追尊太王、王季，上以天子之礼节去祭祀先公。这种礼节，推广到诸侯、大夫、士以及平民百姓。父亲是大夫，儿子为士的，儿子当以大夫之礼安葬他的父亲，以士之礼祭祀他的父亲。父亲为士，儿子为大夫的，儿子当以士之礼安葬他的父亲，以大夫之礼祭祀他的父亲。服丧一年的礼制从平民推广到大夫，服丧三年的礼制从平民推广到天子。因为都是父母的丧礼，所以服丧没有贵贱的差别。"

第十九章

【原文】

　　子曰："武王、周公，其达孝矣乎！夫孝者：善继人之志，善述人之事者也。春秋修其祖庙，陈其宗器，设其裳衣，荐其时食。宗庙之礼，所以序昭穆也；序爵，所以辨贵贱也；序事，所以辨贤也；旅酬下为上，所以逮贱也；燕毛，所以序齿也。践其位，行其礼，奏其乐，敬其所尊，爱其所亲，事死如事生，事亡如事存，孝之至也。郊社之礼，所以事上帝也。宗庙之礼，所以祀乎其先也。明乎郊社之礼、禘尝之义，治国其如示诸掌乎！"

【译文】

孔子说:"周武王和周公,天下人都认为他们是最孝的人了吧!这样的孝,指的是善于继承先人的遗志,善于继承先人未竟的事业。每逢春秋举行祭祀之时,修整祖庙,陈列祖先遗留的重器,摆设先人的衣裳,供奉时令食品。宗庙中的祭礼,是用以序列左昭右穆各个辈分的;序列爵位,是用以辨别身份贵贱的;安排祭祀中各种职事,是用以判断子孙才能的;祭后众人轮流举杯劝酒时,晚辈向长辈敬酒,是用以显示先祖的恩惠下达到地位低贱者的身上的;祭毕宴饮时,依照头发的黑白来排列座次,是用以区分长幼次序的。供奉好先王的牌位,举行先王留下的祭礼,演奏先王时代的音乐,敬重先王所尊敬的人,爱护先王所爱的子孙臣民,侍奉死者如同他在世时一样,侍奉亡故的如同他活着时一样,这就是孝道的极致了。祭祀天地的礼节,是用来侍奉上帝的。祭祀宗庙的礼节,是用来祭祀自己祖先的。明白了祭天祭地的礼节和四时举行禘尝诸祭的意义,那么治理国家就如同观看手掌上的东西一样清楚简易了。"

第二十章

【原文】

哀公问政。子曰:"文武之政,布在方策。其人存,则其政举;其人亡,则其政息。人道敏政,地道敏树。夫政也者,蒲卢也。故为政在人,取人以身,修身以道,修道以仁。仁者,人也,亲亲为大;义者,宜也,尊贤为大;亲亲之杀,尊贤之等,礼所生也。在下位不获乎上,民不可得而治矣!故君子不可以不修身。思修身,不可以不事亲;思事亲,不可以不知人;思知人,不可以不知天。"

天下之达道五,所以行之者三。曰:君臣也,父子也,夫妇也,昆弟也,朋友之交也,五者天下之达道也。知、仁、勇:三者,天下之达德也,所以行之者一也。或生而知之,或学而知之,或困而知之,及其知之,一也;或安而行之,或利而行之,或勉强而行之,及其成功,一也。

子曰:"好学近乎知,力行近乎仁,知耻近乎勇。"知斯三者,则知所以修身;知所以修身,则知所以治人;知所以治人,则知所以治天下国家矣。凡为天下国家有九经,曰:修身也,尊贤也,亲亲也,敬大臣也,体群臣也,子庶民也,来百工也,柔远人也,怀诸侯也。修身则道立,尊贤则不惑,亲亲则诸父昆弟不怨,敬大臣则不眩,体群臣则士之报礼重,子庶民则百姓劝,来百工则财用足,柔远人则四方归之,怀诸侯则天下畏之。

齐明盛服,非礼不动,所以修身也;去谗远色,贱货而贵德,所以劝贤也;尊其位,重其禄,同其好恶,所以劝亲亲也;官盛任使,所以劝大臣也;忠信重禄,所以

劝士也；时使薄敛，所以劝百姓也；日省月试，既禀称事，所以劝百工也；送往迎来，嘉善而矜不能，所以柔远人也；继绝世，举废国，治乱持危，朝聘以时，厚往而薄来，所以怀诸侯也。凡为天下国家有九经，所以行之者，一也。

凡事豫则立，不豫则废。言前定则不跲，事前定则不困，行前定则不疚，道前定则不穷。在下位不获乎上，民不可得而治矣。获乎上有道：不信乎朋友，不获乎上矣；信乎朋友有道：不顺乎亲，不信乎朋友矣；顺乎亲有道：反诸身不诚，不顺乎亲矣；诚身有道：不明乎善，不诚乎身矣。

诚者，天之道也；诚之者，人之道也。诚者，不勉而中，不思而得，从容中道，圣人也。诚之者，择善而固执之者也。博学之，审问之，慎思之，明辨之，笃行之。有弗学，学之弗能弗措也；有弗问，问之弗知弗措也；有弗思，思之弗得弗措也；有弗辨，辨之弗明弗措也；有弗行，行之弗笃弗措也。人一能之己百之，人十能之己千之。果能此道矣，虽愚必明，虽柔必强。

【译文】

哀公向孔子咨询国家政事。孔子说："文王、武王关于国政方面的事都记录在简册等书籍上了。像文王、武王这样的人存在，其国政就能得到施行；这样的人不在了，其国政就会被废止。人的特点是迅速推行国政，土地的特点是迅速使草木生长。国政这个问题，就像蒲草和芦苇一样，得到土地的养分就能迅速生长。故而，树立国政在于人才，而选取人才在于那个人的自身素质，而提高自身素质在于道，修道在于仁爱。仁，是人的本性，以亲近自己的亲人为大；义，就是适宜，以尊敬贤人为大；亲近亲人和尊敬贤人都有亲疏高低之分，这是礼之所以产生的原因。处在下位的人得不到处于上位的人的信任，那么百姓就得不到很好的治理啊！所以，君子不可以不修养和提高自身；想到修身，就不可以不侍奉亲人；想到侍奉亲人，就不可以不知人；想到知人，就不可以不知天。"

天下的通行之道有五种，用来践行这五种通行之道的有三种德行。君臣之道、父子之道、夫妇之道、兄弟之道、朋友之交，这五种是天下通行之道。智慧、仁爱、勇敢，这三种是天下通行的德行，而践行这三种通行的德行的是"真诚"这一根本。有人是生来就知道，有人是学习之后才知道，有人遇到困惑之后才知道，等他们知道了，都是一样的。有人为了心安而去做，有人为了功利而去做，有人被勉强而去做，等他们成功了，都是一样的。

孔子说："好学就接近有智慧了，身体力行就接近有仁德了，知道羞耻就接近勇敢了。"知道这三者，就知道怎样修身了，就知道怎样治理人民了；知道怎样治理人民，就会知道怎样治理好天下和国家了。治理天下国家大致有九种方法，是修身、尊敬贤人、亲近亲人、敬重大臣、体恤臣下、像对待子女一样对待百姓、招抚各类能工巧匠、安抚远方的人、笼络诸侯。修身就会使道树立，尊敬贤人就会不困惑，亲近亲人就会使父母兄弟没有怨言，敬重大臣就不会迷惑，体恤群臣就会得到士人的重礼回报，爱

民如子就会使人们得到勉励，招抚各类能工巧匠就会使国家财用充足，安抚远方之人就会使四方人们归附自己，笼络诸侯就会使天下都敬畏自己。

斋戒、沐浴之后，穿上盛装，不在礼所规定范围内的事情不去做，这是用来修身的。摈弃谗言远离女色，轻视财货而重视德行，这是用来劝勉贤人的；使其地位尊崇，提高其俸禄，并和他的好恶相同，这是用来劝勉亲近亲人的人的。设置众多官员任由自己驱使，这是用来劝勉大臣的。提倡忠信而提高俸禄，这是用来劝勉士的。按季节时间役使并减轻赋税，这是用来劝勉百姓的。每天省察、每月考核，按所做的事情来给予口粮，这是用来劝勉百工的。送往迎来，嘉奖表现好的而怜悯无能的，这是用来安抚远方之人的。使诸侯断绝的世系得以延续，使破败的邦国再次兴起，使混乱的邦国得到治理和扶持，朝聘按时进行，使回赠给他们的礼物重于他们朝贡时带来的礼物，这是用来笼络诸侯的。治理天下国家大致有九种常用的方法，用来实行这些方法的原则，只有一个，"真诚"。

凡事预先准备就能成功，不预先准备就会荒废。言语预先准备就不会磕巴，事情预先准备就不会困窘，行动预先准备就不会忧苦。道路预先选定就不会走投无路。处在下位的人得不到在上位者的信任，那么人们就不能被治理好。要获得上级的信任有方法：自己得不到朋友的信任，就不能获得自己上级的信任。得到朋友的信任有方法：不能使亲人顺心，就得不到朋友的信任。使亲人顺心有方法：反省自己发现自己不真诚，就不能使亲人顺心。使自己真诚有方法：不明白什么是善，就不能够使自己心诚。

真诚，这是上天的准则；能做到真诚，这是做人的准则。真诚，是不用勉励都能坚持中道，不用过多思考就能得到所要的东西，从容地坚持中道，这是圣人。能做到真诚的人，选择善，并且能坚定地抓住而坚持不放弃。广博地学习，细心地求教，审慎地思考，明晰地辨别，笃实地去执行。除非不学，要学就没有学不会而放弃的；要么不问，要问就没有不问明白而放弃的；除非不思考，要思考就没有思考不出来而放弃的；要么不辨别，要辨别就没有辨不明而放弃的；要么不执行，要执行就没有不笃实而放弃的。别人做一遍就能做到的，自己做一百遍也要做到；别人十遍就能做到的，自己做一千遍也要做到。如果真能坚持这种方法，即使愚笨，也必然能变聪明；即使柔弱，也必然能变刚强。

第二十一章

【原文】

自诚明，谓之性；自明诚，谓之教。诚则明矣，明则诚矣。

【译文】

由真诚而自然明白道理，这叫做天性；由明白道理后做到真诚，这叫做人为的教

育。真诚也就会自然明白道理，明白道理后，也就会做到真诚。

第二十二章

【原文】

　　唯天下至诚，为能尽其性；能尽其性，则能尽人之性；能尽人之性，则能尽物之性；能尽物之性，则可以赞天地之化育；可以赞天地之化育，则可以与天地参矣。

【译文】

　　只有天下最真诚的人，能完全发挥其天性；能够发挥自己的天性，就能完全发挥别人的天性；能完全发挥人的天性，就能完全发挥万物的天性；能完全发挥万物的天性，就可以帮助天地化育万物；可以帮助天地化育万物，就可以与天地三并而立了。

第二十三章

【原文】

　　其次致曲，曲能有诚，诚则形，形则著，著则明，明则动，动则变，变则化，唯天下至诚为能化。

【译文】

　　一般的人致力于某一个善端，致力于某一个善端，也就能做到真诚。做到了真诚就会表现出来，表现出来就会逐渐显著，显著了就会发扬光大，发扬光大就会感动他人，感动他人就会引起转变，引起转变就能化育万物，只有天下最真诚的人能化育万物。

第二十四章

【原文】

　　至诚之道，可以前知。国家将兴，必有祯祥；国家将亡，必有妖孽；见乎蓍龟，动乎四体。祸福将至：善，必先知之；不善，必先知之。故至诚如神。

【译文】

懂得至诚之道，可以提前预知事物。国家将要兴盛，必然会有吉祥的征兆；国家将要灭亡，必然会有妖孽作怪；这些征兆可以从占卜中体现出来，可以从行动中觉察出来。祸和福将要到来：吉利的，必然预先知道；不吉利的，也必然预先知道。故而，最真诚的人如神灵一样。

第二十五章

【原文】

诚者自成也，而道自道也。诚者物之终始，不诚无物。是故君子诚之为贵。诚者，非自成己而已也，所以成物也。成己，仁也；成物，知也。性之德也，合外内之道也，故时措之宜也。

【译文】

真诚是自我完善的，道是自己运行的。真诚是事物的发端和归宿，没有真诚就没有了事物。因此君子以真诚为贵。不过，真诚并不是自我完善就够了，而是还要完善事物。自我完善是仁，完善事物是智。仁和智是出于本性的德行，是融合自身与外物的准则，所以适时施行才是合宜的。

第二十六章

【原文】

故至诚无息。不息则久，久则征，征则悠远，悠远则博厚，博厚则高明。博厚，所以载物也；高明，所以覆物也；悠久，所以成物也。博厚配地，高明配天，悠久无疆。如此者，不见而章，不动而变，无为而成。天地之道，可一言而尽也：其为物不贰，则其生物不测。天地之道：博也，厚也，高也，明也，悠也，久也。今夫天，斯昭昭之多，及其无穷也，日月星辰系焉，万物覆焉。今夫地，一撮土之多，及其广厚，载华岳而不重，振河海而不泄，万物载焉。今夫山，一卷石之多，及其广大，草木生之，禽兽居之，宝藏兴焉。今夫水，一勺之多，及其不测，鼋鼍蛟龙鱼鳖生焉，货财殖焉。《诗》云："维天之命，於穆不已！"盖曰天之所以为天也。"於乎不显！文王之德之纯！"盖曰文王之所以为文也，纯亦不已。

【译文】

　　故而，至诚不停息。不停息则能长久，长久则会有验证，有验证则会悠远而长久，悠远而长久则会博大而深厚，博大而深厚则会高明。博大深厚，用以承载万物；高明，用以覆盖万物；悠远而长久，用以成就万物。博大深厚和大地相配，高明和天相配，悠久无边际。像这样，看不见也能彰显，不动也能变化，无为也能成功。天地之间的规律，可以用一句话就完全概括了：它对待万物专一，则它化生万物就深不可测。天地之道，博大、深厚、高深、光明、悠远、长久。就像天，就一点点光明，待到它无穷之大时，日月星辰悬挂于其上，万物被它覆盖。就像大地，只有一小撮土，待到它广大而深厚之时，承载华山而不觉得沉重，江河、大海在它上面振荡也不会泄漏，万物都被它承载。就像大山，只有拳头大的石块，待到它广大之后，草木在上面生长，禽兽在上面居住，宝藏在上面产生。就像水，只有一勺之多，可到它浩瀚之时，鼋鼍蛟龙鱼鳖等都在里面生长，各种有价值的东西都在里面繁殖。《诗经》上说："上天之命，庄严肃穆而不停息！"大概说的是天之所以为天的原因。"啊！大显呀，文王的德行是多么的纯厚！"大概说的是文王之所以为文王的原因，纯厚而不停息。

第二十七章

【原文】

　　大哉圣人之道！洋洋乎！发育万物，峻极于天。优优大哉！礼仪三百，威仪三千，待其人而后行。故曰苟不至德，至道不凝焉。故君子尊德性而道问学，致广大而尽精微，极高明而道中庸。温故而知新，敦厚以崇礼。是故居上不骄，为下不倍。国有道其言足以兴，国无道其默足以容。《诗》曰："既明且哲，以保其身。"其此之谓与？

【译文】

　　伟大啊，圣人的道！浩瀚无边！生养万物，与天一样崇高。充足而宽裕！大的礼仪有三百项，细的仪节有三千条，这些都有待于有德之人来施行。所以说，如果不具备崇高的德行，就不能凝聚极高的道。因此，君子尊崇道德而又追求学问，既达到广博的地位而又穷尽精微之处，既达到高明的境界而又遵循中庸之道。温习已有的知识从而获得新知识，敦实笃厚而又崇尚礼仪。所以身居高位不骄傲，身在低位而不悖逆。国家政治清明时，他的言论足以振兴国家；国家政治黑暗时，他的沉默足以保全自己。《诗经·大雅·烝民》说："既明智又通达事理，可以保全自身。"大概说的就是这个意思吧？

第二十八章

【原文】

子曰:"愚而好自用,贱而好自专,生乎今之世,反古之道。如此者,灾及其身者也。"非天子,不议礼,不制度,不考文。今天下车同轨,书同文,行同伦。虽有其位,苟无其德,不敢作礼乐焉;虽有其德,苟无其位,亦不敢作礼乐焉。子曰:"吾说夏礼,杞不足征也;吾学殷礼,有宋存焉;吾学周礼,今用之,吾从周。"

【译文】

孔子说:"愚蠢而喜欢刚愎自用,卑贱而喜欢独断专行,生在当今的社会里,却反过来走古人的道路。像这样的话,灾祸将会降到他身上。"不是天子,不议论制礼之事,不制定制度,不考订文字。如今天下车轨的距离相同,书写的文字相同,行为规范和伦理相同。即使有天子的地位,但不具备圣人之德,是不敢制作礼乐的;即使有圣人之德,而没有天子之位,也是不敢制作礼乐的。孔子说:"我述说夏朝的礼制,杞国不足凭证;我学习殷商的礼制,现今有宋国保存着;我学习周朝的礼制,就是今天所用的,我遵从周礼。"

第二十九章

【原文】

王天下有三重焉,其寡过矣乎!上焉者,虽善无征,无征不信,不信民弗从。下焉者,虽善不尊,不尊不信,不信民弗从。

【译文】

治理天下能够做好议订礼仪、制订法度、考订文字这三件重大的事,那就很少有过失了吧!夏商的制度虽好,但没有验证,如果没有验证的话,就不能使人信服,不能使人信服,老百姓就不会遵从。像孔子这样身在下位的人,虽然有美德,但没尊贵的地位,没尊贵的地位,也不能使人信服,不能信服,老百姓就不会听从。

【原文】

故君子之道,本诸身,征诸庶民,考诸三王而不缪,建诸天地而不悖,质诸鬼神

而无疑，百世以俟圣人而不惑。质诸鬼神而无疑，知天也；百世以俟圣人而不惑，知人也。是故君子动而世为天下道，行而世为天下法，言而世为天下则。远之则有望，近之则不厌。

【译文】

所以君子治理天下应该以自身的德行为根本，并从老百姓那里得到验证。考查夏、商、周三代先王的制度而没有违背的地方，立于天地之间而不悖逆自然，质证于鬼神而没有疑问，等到百世以后圣人出现也不会产生疑惑。质证于鬼神而没有疑问，这是因为知道天理；等到百世以后圣人出现也不会产生疑惑，这是因为知道人情。因此君子的举动能世世代代为天下的先导，行为能世世代代成为天下的法度，语言能世世代代成为天下的准则。距离君子远的人常有仰望之情，距离君子近的人也没有厌倦之意。

【原文】

《诗》曰："在彼无恶，在此无射。庶几夙夜，以永终誉。"君子未有不如此而蚤有誉于天下者也。

【译文】

《诗经·周颂·振鹭》说："在那里没有人憎恶，在这里没有人厌烦。希望日夜操劳啊，使众人永远赞誉。"君子没有不这样做而能够早早在天下获得名望的。

第三十章

【原文】

仲尼祖述尧、舜，宪章文、武；上律天时，下袭水土。辟如天地之无不持载，无不覆帱，辟如四时之错行，如日月之代明。万物并育而不相害，道并行而不相悖，小德川流，大德敦化，此天地之所以为大也。

【译文】

孔子效法和遵循尧、舜、文王、武王之道；上遵天地和四时的规律，下因循河流和土地的规律。就如天地那样没有什么不承载，没有什么不覆盖；又如四季交错运行，日月交替发出光明。万物共同生长发育而不相互伤害，各种规律并行而不相互背离。小德像河流一样川流不息，大德敦厚而化育万物，这是天地之所以广大的原因。

第三十一章

【原文】

　　唯天下至圣，为能聪明睿知，足以有临也；宽裕温柔，足以有容也；发强刚毅，足以有执也；齐庄中正，足以有敬也；文理密察，足以有别也。'溥博渊泉，而时出之。溥博如天，渊泉如渊。见而民莫不敬，言而民莫不信，行而民莫不说。是以声名洋溢乎中国，施及蛮貊。舟车所至，人力所通，天之所覆，地之所载，日月所照，霜露所队，凡有血气者，莫不尊亲，故曰配天。

【译文】

　　惟有天下最圣明的人才能既聪明又睿智，能居于上位而治理天下；广大宽舒，温和柔顺，足以包容天下；奋发强劲，刚健坚毅，足以决断大事；整齐庄重，公平正直，足以敬业；文章条理，周详明辨，足以分辨是非。圣人道德广博深沉，随时表现于外。广阔的如同天空，深沉的如同潭水。他出现在民众面前，人们没有不敬重的；他说的话，人们没有不相信的；他的行为，人们没有不喜欢的。因此他的名声洋溢中原之地，传播到南蛮北貊等边远地区。凡是车船能到的地方，人力能通的地方，天所覆盖的地方，地所承载的地方，日月所照临的地方，霜露所降落的地方，凡是有血气的人，没有不尊敬他亲爱他，所以说，圣人的美德可以与天相配。

第三十二章

【原文】

　　唯天下至诚，为能经纶天下之大经，立天下之大本，知天地之化育。夫焉有所倚？肫肫其仁！渊渊其渊！浩浩其天！苟不固聪明圣知达天德者，其孰能知之？

【译文】

　　只有天下最真诚的人，能筹划天下的纲领，树立天下的大根本，知道天地的造化和孕育。除了至诚哪里还有什么依靠呢？他的仁爱多么纯厚！他的智慧多么深邃！他的德行像天一样浩大！若不是天生具备聪明和圣人般的智慧且能通达天德的人，谁能知道这样的道理？

第三十三章

【原文】

《诗》曰:"衣锦尚䌹。"恶其文之著也。故君子之道,暗然而日章;小人之道,的然而日亡。君子之道,淡而不厌,简而文,温而理,知远之近,知风之自,知微之显,可与入德矣。

【译文】

《诗经·卫风·硕人》说:"身穿锦绣衣服,外面再穿一件麻布罩衫。"这是厌恶锦衣的花纹过分显著。所以,君子之道表面暗淡而日益彰明;小人之道外表鲜明而日益消亡。君子之道,平淡而让人不厌,简略而有文采,温和而有条理,知道远是由近处开始的,知道风是从何处吹来的,知道隐微可以变得明显,这样,就可以进入有道德的境界了。

【原文】

《诗》云:"潜虽伏矣,亦孔之昭!"故君子内省不疚,无恶于志。君子之所不可及者,其唯人之所不见乎?

【译文】

《诗经·小雅·正月》说:"虽然潜伏在水底,但也被看得清清楚楚。"所以君子自我反省没有内疚,也就无愧于心了。君子的德行之所以高于一般人,大概就是在这些别人看不见的地方吧?

【原文】

《诗》云:"相在尔室,尚不愧于屋漏。"故君子不动而敬,不言而信。

【译文】

《诗经·大雅·抑》说:"看你独自在室内的时候,是不是能做到无愧于心。"所以,君子在未行动之前就怀有恭敬之心,在没说话之前就先有诚信之心。

【原文】

《诗》曰:"奏假无言,时靡有争。"是故君子不赏而民劝,不怒而民威于铁钺。

【译文】

《诗经·商颂·烈祖》说:"祭祀时心中默默祈祷,此时肃穆无言没有争执。"所以,君子不用赏赐而百姓也会互相劝勉,不用发怒而百姓畏惧甚于斧钺的刑罚。

【原文】

《诗》曰:"不显惟德,百辟其刑之。"是故君子笃恭而天下平。

【译文】

《诗经·周颂·烈文》说:"大大弘扬天子的德行,诸侯们都会来效法。"所以,君子笃实恭敬就能使天下太平。

【原文】

《诗》云:"予怀明德,不大声以色。"子曰:"声色之于以化民,末也。"

【译文】

《诗经·大雅·皇矣》说:"我怀念文王的美德,他从不厉声厉色。"孔子说:"用厉声厉色去教育老百姓,那是末节下策。"

【原文】

《诗》曰:"德𬨎如毛。"毛犹有伦。"上天之载,无声无臭。"至矣!

【译文】

《诗经·大雅·烝民》说:"德行犹如鸿毛。"犹如鸿毛还是有行迹可比。《诗经·大雅·文王》又说:"上天化生万物,既没有声音也没有气味。"这才是最高的境界啊!

论语

【导读】

　　《论语》，是中国古代儒家的一部重要经典，成书于战国初期，集中地反映了孔子的思想。《论语》以记言为主，故称语。论是论纂的意思。《论语》成于众手，记述者有孔子的弟子，有孔子的再传弟子，也有孔门以外的人，但以孔门弟子为主。

　　孔子思想体系的核心概念是"仁"。"仁"的最简单表述就是"爱人"，即对人尊重和有同情心。孔子把以"仁"为核心的伦理道德思想贯穿到政治领域，提出"仁政"的学说。提出富民、惠民的主张。反对一味使用严刑峻法，而要先用严格的道德标准要求自己、以身作则，通过道德感化搞好政治。

　　在天道观上，孔子不否认天命鬼神的存在，但又对其持怀疑态度，主张"敬鬼神而远之"。相对于天命而言，孔子更加注重人事，强调人的主观努力，把探讨和解决人世间的实际问题放在优先地位。从总体上说，孔子是尊重理性、否定迷信的，这一特点对数千年以来中国人的思想和精神产生了重大影响。

　　《论语》虽然只是孔子的言论和他与弟子们对话的辑纂，间或有对孔子生活片断的记录，缺乏严密的逻辑和完整的体系，然而，《论语》灵活的编纂形式事实上使该书的表现内容大为增加，多方位、多视角地体现出了孔子的思想、性格、才能、趣味及其所处的生活环境和时代背景，有利于读者全面、准确地了解孔子及其思想。

　　虽然对如何评价孔子及《论语》的历史价值和现实价值一直存在着种种争议，然而，不可否认的是：《论语》是对古代中国社会和中国人的心灵影响最大的一部经典。而且，即使是在现代社会，《论语》中提倡的"孝"的思想，要做君子而不做小人的思想，要注重自身道德修养等等，仍然在深刻地影响甚至支配着中国人的思想和言行。因此，在新的历史时期，如何正确认识《论语》的价值，把握其思想核心，汲取其中有生命力的内容，以服务于现代社会，仍然是摆在我们面前的重要课题。

学而篇第一

【原文】

　　子曰："学而时习之，不亦说乎？有朋自远方来，不亦乐乎？人不知而不愠，不亦

君子乎？"

有子曰："其为人也孝弟，而好犯上者，鲜矣！不好犯上，而好作乱者，未之有也。君子务本，本立而道生。孝弟也者，其为仁之本与！"

子曰："巧言令色，鲜矣仁。"

曾子曰："吾日三省吾身：为人谋而不忠乎？与朋友交而不信乎？传不习乎？"

子曰："道千乘之国，敬事而信，节用而爱人，使民以时。"

子曰："弟子入则孝，出则悌，谨而信，泛爱众，而亲仁。行有余力，则以学文。"

子夏曰："贤贤易色，事父母，能竭其力，事君，能致其身，与朋友交，言而有信；虽曰未学，吾必谓之学矣。"

子曰："君子不重则不威；学则不固。主忠信，无友不如己者，过则勿惮改。"

曾子曰："慎终，追远，民德归厚矣！"

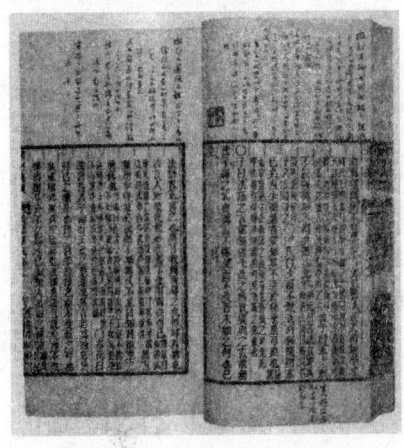

《论语纂注》书影

子禽问于子贡曰："夫子至于是邦也，必闻其政。求之与？抑与之与？"子贡曰："夫子温、良、恭、俭、让以得之。夫子之求之也，其诸异乎人之求之与？"

子曰："父在，观其志；父没，观其行；三年无改于父之道，可谓孝矣。"

有子曰："礼之用，和为贵。先王之道，斯为美，小大由之。有所不行，知和而和，不以礼节之，亦不可行也。"

有子曰："信近于义，言可复也。恭近于礼，远耻辱也。因不失其亲，亦可宗也。"

子曰："君子食无求饱，居无求安，敏于事而慎于言，就有道而正焉，可谓好学也已。"

子贡曰："贫而无谄，富而无骄，何如？"子曰："可也。未若贫而乐，富而好礼者也。"

子贡曰："《诗》云：'如切如磋，如琢如磨'，其斯之谓与？"子曰："赐也，始可与言《诗》已矣！告诸往而知来者。"

子曰："不患人之不己知，患不知人也。"

【译文】

孔子说："学过了，再定时地实习它，不也高兴吗？有学生从远方来（求教），不也快乐吗？别人不了解我，我不怀恨在心，不也是君子吗？"

有子说："他的为人呀，既孝顺父母，又尊敬兄长，却喜欢冒犯上级，这种人很少；不喜欢冒犯上级，却喜欢搞动乱，这种人是从来没有的。君子专心于树立基础，基础树立了，'道'也就产生了。孝顺父母，尊敬兄长，这就是'仁'的基础吧！"

孔子说:"满口花言巧语,满脸堆起讨好的笑,这种人,是没有多少仁德的。"
曾子说:"我每天多次反省:为别人办事是不是尽心尽力了呢?和朋友交往是不是

孔子讲学图,选自清·黎明绘《仿金廷标孝经图》。

真诚呢?老师传给我的本事是不是复习了呢?"
　　孔子说:"治理有一千辆兵车的国家,就要认真对待工作,诚实可靠,节约费用,爱护官吏,役使老百姓要在农闲时候。"
　　孔子说:"后生小子,在父母跟前,就孝顺他们;离开自己房子,便敬爱兄长;不多说话,说则诚实可信;爱人民,亲近有仁德的人。实行这些以后,有剩余力量,便去学习文献。"
　　子夏说:"对妻子,看重品德,不看重姿色;侍奉父母,能尽心竭力;服事君上,不惜献出生命;同朋友交往,说话诚实可靠。这样的人,虽说没专门学习过,我一定说他已经学习过了。"
　　孔子说:"君子,如果不庄重,就没有威严;读书,知识也不会巩固。要以忠、信两种品德为主。没有不如自己的朋友。有了错误,就不怕改正。"
　　曾子说:"谨慎地对待父母的去世,追念远代祖先,这就会使得老百姓归于忠厚老实了。"
　　子禽问子贡道:"他老人家一到哪个国家,一定听到那个国家的政事,是主动打听

来的呢？还是别人自动告诉的呢？"子贡说："是靠他老人家温和、善良、严肃、节俭、谦虚的美德取得的。他老人家的取得它，大概和别人的取得它，不相同吧？"

孔子说："当他父亲健在时，（因为他无权独立行动，）要观察他的志向；父亲死了，要考察他的行为；如果三年不改变他父亲的合理部分，就可以说是'孝'了。"

有子说："礼的作用，凡事都做得恰到好处，才是可贵的。过去圣明君王的治理国家，可贵的地方就在这里，他们小事大事都做得恰当。但是，如有行不通的地方，就为恰当而求恰当，而不用一定的规矩制度去加以节制，也是不行的。"

有子说："信守的诺言符合义，说的话就能实现。举止庄重合于礼，就能避免受侮辱。依靠亲近的人，也就可靠了。"

孔子说："君子，吃饭不要求能饱，居住不要求舒适，干事情勤劳敏捷，说话却谨慎，到有道的人那里去匡正自己，这样，就可以说是好学了。"

子贡说："贫穷而不阿谀奉承，有钱而不骄傲自大，怎么样？"孔子说："可以了；不过，还不如虽贫穷却乐于道，虽有钱却谦虚好礼呢。"

子贡说："《诗》上说：'要像对待骨、角、象牙、玉石一样，先切料，然后粗粗锉出模型，再精雕细刻，最后磨光。'就是这样的意思吧？"孔子说："赐呀，现在可以和你说说《诗》了。告诉你一点，你就能举一反三，有所发挥了。"

孔子说："别人不了解我，我不忧虑；我忧虑的是自己不了解别人。"

为政篇第二

【原文】

子曰："为政以德，譬如北辰，居其所而众星共之。"

子曰："《诗》三百，一言以蔽之，曰：'思无邪'。"

子曰："道之以政，齐之以刑，民免而无耻；道之以德，齐之以礼，有耻且格。"

子曰："吾十有五而志于学，三十而立，四十而不惑，五十而知天命，六十而耳顺，七十而从心所欲，不逾矩。"

孟懿子问孝。子曰："无违。"

樊迟御，子告之曰："孟孙问孝于我，我对曰，'无违'。"樊迟曰："何谓也？"子曰："生，事之以礼；死，葬之以礼，祭之以礼。"

孟武伯问孝。子曰："父母唯其疾之忧。"

子游问孝。子曰："今之孝者，是谓能养。至于犬马，皆能有养；不敬，何以别乎？"

子夏问孝。子曰："色难。有事，弟子服其劳；有酒食，先生馔。曾是以为孝乎？"

子曰："吾与回言，终日不违，如愚。退而省其私，亦足以发。回也不愚。"

子曰："视其所以，观其所由，察其所安，人焉廋哉？人焉廋哉？"

子曰："温故而知新，可以为师矣。"

子曰："君子不器。"

子贡问君子。子曰："先行其言，而后从之。"

子曰："君子周而不比，小人比而不周。"

子曰："学而不思则罔，思而不学则殆。"

子曰："攻乎异端，斯害也已。"

子曰："由，诲女知之乎！知之为知之，不知为不知，是知也。"

子张学干禄。子曰："多闻阙疑，慎言其余，则寡尤；多见阙殆，慎行其余，则寡悔。言寡尤，行寡悔，禄在其中矣。"

哀公问曰："何为则民服？"孔子对曰："举直错诸枉，则民服；举枉错诸直，则民不服。"

季康子问："使民敬、忠以劝，如之何？"子曰："临之以庄则敬，孝慈则忠，举善而教不能则劝。"

或谓孔子曰："子奚不为政。"子曰："《书》云：'孝乎惟孝，友于兄弟，施于有政。'是亦为政，奚其为为政？"

子曰："人而无信，不知其可也。大车无輗，小车无軏，其何以行之哉？"

子张问："十世可知也？"子曰："殷因于夏礼，所损益可知也；周因于殷礼，所损益可知也；其或继周者，虽百世可知也。"

子曰："非其鬼而祭之，谄也。见义不为，无勇也。"

为政以德

【译文】

孔子说："用道德来行使政令，自己便会像北极星一样，待在那里一动不动，别的星辰都环绕着它。"

孔子说："《诗》三百篇，用一句话来概括它，就是'思想纯正'。"

孔子说："用政法来诱导，用刑罚来整顿，老百姓只会暂时免于罪过，却没有羞耻之心。如果用道德来诱导，用礼教来整顿，老百姓不但有羞耻之心，而且人心归服。"

孔子说："我十五岁，有志于学问；三十岁，（学了礼仪，）说话做事能站得住脚；四十岁，（掌握了各种知识，）不会迷惑；五十岁，知晓了天命；六十岁，一听别人说

话，便能判别是非；到了七十岁，尽管随心所欲，也不会有任何念头越出规矩。"

孟懿子向孔子问孝道。孔子说："不要违背礼节。"

后来，樊迟为孔子驾车，孔子便告诉他说："孟孙向我问孝道，我答复他说，不要违背礼节。"樊迟道："这是什么意思？"孔子说："父母健在，按规定的礼节服侍他们；去世了，按规定的礼节埋葬他们，祭祀他们。"

孟武伯向孔子请教孝道。孔子说："做爹妈的只是为孩子的疾病发愁。"

子游问孝道。孔子说："今天的所谓孝，好像只要能养活爹妈就行了。但狗马也都能够得到饲养；若不恭恭敬敬地孝顺父母，那又怎样区别养活爹妈和饲养狗马呢？"

子夏问孝道。孔子说："儿子在父母跟前经常有快乐的表情，是很难的。有事情，年轻人出力，有吃有喝，年长的人受用。难道这可以算是孝吗？"

孔子说："我整天和颜回谈学问，他从不提反对意见和疑问，像个傻瓜。等他回家自己研究，却也能有所发挥。颜回呀，不傻。"

孔子说："考察一个人所结交的朋友；观察他为达到目的所采用的方式方法；了解他的心情，安于什么，不安于什么。那么，这个人能躲到哪里去呢？这个人能躲到哪里去呢？"

孔子说："既温习旧知识，又不断吸取新知识，这就可以做教师了。"

孔子说："君子不像器皿一般（，只有一定的用途）。"

子贡问怎样才能成为君子。孔子说："先实行了你要说的，再说出来（，这就算是一个君子了）。"

孔子说："君子团结，而不勾结；小人勾结，而不团结。"

孔子说："只是读书而不思考，就会受骗上当；只是冥思苦想，却不读书，就会越想越糊涂。"

孔子说："攻击那些不正确的言论，这样祸害就没有了。"

孔子说："由！教给你对待知或不知的正确态度吧！知道就是知道，不知道就是不知道，这就是叫做明智。"

子张向孔子学求官职得俸禄的方法。孔子说："多听，有疑问的地方，加以保留；其余足以自信的部分，谨慎地说出，就能减少错误。多看，有疑问的地方，加以保留；其余足以自信的部分，谨慎地实行，就能减少懊悔。言语少错误，行动少后悔，官职俸禄就在这里面了。"

鲁哀公问道："要怎样做老百姓才能服从呢？"孔子答道："提拔正直的人，把他放在不正直的人之上，老百姓就服从了；假若提拔不正直的人，把他放在正直的人之上，老百姓就不会服从。"

季康子问道："要使人民严肃认真，尽心尽力和互相劝勉，要如何做呢？"孔子说："你严肃认真地对待人民的事情，他们也会严肃认真地服从你的政令了；你孝顺父母，慈爱幼小，他们也就会对你尽心尽力了；你提拔好人，教育能力弱的人，他们也就会互相勉励了。"

有人对孔子说："你为什么不参与政治？"孔子说："《尚书》上说：'孝呀，只有孝顺父母，友爱兄弟，并把这种风气影响到大官那儿去。'这也算参与政治了啊，你说什么才算参政呢？"

孔子说："作为一个人，却不讲信用，不晓得那怎么可以。这好比大车没有固定横木的輗，小车没有固定横木的軏，如何能行走呢？"

孔子周游列国，游说诸侯，选自清焦秉贞绘《孔子圣迹图》，（美）圣路易斯美术馆藏。

子张问："今后十代（的礼仪制度）可以预知吗？"孔子说："殷朝沿袭夏朝的礼仪制度，所废除的和所增加的，可以知道；周朝沿袭殷朝的礼仪制度，所废除的和所增加的，也可以知道，那么，如果有继承周朝的，即使一百代，也是可以预知的。"

孔子说："不该我所祭祀的鬼神，而去祭祀他，这是献媚。眼见应该挺身而出的事情，却袖手旁观，是缺少勇气。"

八佾篇第三

【原文】

孔子谓季氏："八佾舞于庭，是可忍也，孰不可忍也？"
三家者以《雍》彻。子曰："'相维辟公，天子穆穆'，奚取于三家之堂？"
子曰："人而不仁，如礼何？人而不仁，如乐何？"
林放问礼之本。子曰："大哉问！礼，与其奢也，宁俭；丧，与其易也，宁戚。"
子曰："夷狄之有君，不如诸夏之亡也。"

季氏旅于泰山。子谓冉有曰："女弗能救与？"对曰："不能！"子曰："呜呼！曾谓泰山不如林放乎？"

子曰："君子无所争，必也射乎！揖让而升，下而饮，其争也君子。"

子夏问曰："'巧笑倩兮，美目盼兮，素以为绚兮。'何谓也？"子曰："绘事后素。"

曰："礼后乎？"子曰："起予者商也，始可与言《诗》已矣！"

子曰："夏礼，吾能言之，杞不足征也；殷礼，吾能言之，宋不足征也。文献不足故也，足，则吾能征之矣。"

子曰："禘，自既灌而往者，吾不欲观之矣。"

或问禘之说。子曰："不知也。知其说者之于天下也，其如示诸斯乎！"指其掌。

祭如在，祭神如神在。子曰："吾不与祭，如不祭。"

王孙贾问曰："'与其媚于奥，宁媚于灶'，何谓也？"子曰："不然，获罪于天，无所祷也。"

子曰："周监于二代，郁郁乎文哉！吾从周。"

子入太庙，每事问。或曰："孰谓鄹人之子知礼乎？入太庙，每事问。"子闻之曰："是礼也。"

子曰："射不主皮，为力不同科，古之道也。"

子贡欲去告朔之饩羊。子曰："赐也，尔爱其羊，我爱其礼。"

孔子，宋马远绘。

子曰："事君尽礼，人以为谄也。"

定公问："君使臣，臣事君，如之何？"孔子对曰："君使臣以礼，臣事君以忠。"

子曰："《关雎》乐而不淫，哀而不伤。"

哀公问社于宰我。宰我对曰："夏后氏以松，殷人以柏，周人以栗，曰使民战栗。"子闻之曰："成事不说，遂事不谏，既往不咎。"

子曰："管仲之器小哉！"

或曰："管仲俭乎？"曰："管氏有三归，官事不摄，焉得俭？"

"然则管仲知礼乎？"曰："邦君树塞门，管氏亦树塞门；邦君为两君之好，有反坫，管氏亦有反坫。管氏而知礼，孰不知礼？"

子语鲁大师乐，曰："乐其可知也：始作，翕如也；从之，纯如也，皦如也，绎如也，以成。"

仪封人请见，曰："君子之至于斯也，吾未尝不得见也。"从者见之。出，曰："二三子何患于丧乎？天下之无道也久矣，天将以夫子为木铎。"

子谓《韶》："尽美矣，又尽善也。"谓《武》："尽美矣，未尽善也。"

子曰："居上不宽，为礼不敬，临丧不哀，吾何以观之哉？"

【译文】

孔子谈到季氏，说："他用六十四人在庭院中奏乐舞蹈，这都可以狠心做出来，还有什么事不可以狠心做出来呢？"

仲孙、叔孙、季孙三家，当他们祭祀祖先的时候，（也用天子的礼）唱着《雍》这篇诗来撤除祭品。孔子说："（《雍》诗有这样两句：）'助祭的是诸侯，天子严肃静穆地在那里主祭。'这两句诗，用在三家主祭的大堂上，取它的哪一点意义呢？"

孔子说："作为一个人，却不仁，拿礼仪制度怎么办呢？作为一个人，却不仁，拿音乐怎么办呢？"

林放问礼的本质。孔子说："这可是个大问题呀！一般的礼仪，与其铺张浪费，宁可俭省朴素；丧礼呢，与其仪文过分周全，宁可过度悲哀。"

孔子说："野蛮人的国家虽然有君主，还不如中国没有君主呢。"

季氏打算去祭祀泰山。孔子对冉有说："你不能阻止他吗？"冉有答道："不能。"孔子道："竟可以说泰山还不如林放（懂礼，居然接受这不合规定的祭祀了）吗？"

孔子说："君子没有什么可争的事情。如果一定要举出一件有争的事，那么就是射箭比赛了！（但即使比箭时，也）先要相互作揖然后登堂；（比赛完毕，）走下堂来，然后（作揖）喝酒。这就是君子式的竞争啊。"

子夏问道："'有酒窝的脸儿笑得美啊，黑白分明的眼流转得媚啊，洁白的底子上画着花卉啊。'这几句诗说的什么？"孔子道："先有白色底子，然后画花。"

子夏道："是不是礼乐的产生在（仁义）以后呢？"孔子道："启发我的，是商呀！现在可以同你讨论《诗》了。"

孔子说："夏朝的礼，我能说出来，它的后代杞国不足以作证；殷朝的礼，我能说出来，它的后代宋国不足以作证。这是这两国的历史文献和贤者不够的缘故。若有足够的文献和贤者，我们就可以引以作证了。"

孔子说："禘祭，从第一次献酒以后，我就不想看了。"

有人向孔子请教关于禘祭的知识。孔子说："不知道呀！知道的人对于治理天下，应该像把东西放在这里一样容易吧？"一边说，他一边指着自己的手掌。

孔子祭祖的时候，便好像祖先真在那里；祭神的时候，便好像神真在那里。孔子说："我如果不能亲自参加祭祀，还不如不祭（决不请别人代理）。"

王孙贾问道："'与其讨好房屋西南角的神，宁可讨好灶君司命'，这是什么意思？"孔子说："不对，得罪了上天，祈祷也没有用。"

孔子说："周朝的典章制度借鉴了夏、商两代的，（又有所发展，完善，）多么丰富多彩呀！我主张周朝的。"

孔子到了周公庙，每件事情都发问。有人说："谁说鄹大夫的儿子懂得礼呢？他到了太庙，每件事都要问别人。"孔子听到了这话，便说："这正是礼呀。"

观乡人射，选自《孔子圣迹图》。

孔子说："比箭，不一定要穿破箭靶子，因为各人的力气大小不相同，这是古时的规矩。"

子贡要把鲁国每月初一告祭祖庙的那只活羊撤去不用。孔子说："赐呀！你舍不得那只羊，我舍不得那种礼。"

孔子说："服事君主，一切依照做臣子的礼节去做，别人却以为他在献媚讨好呢。"

鲁定公问："君主役使臣子，臣子服事君主，各自应该如何做？"孔子答道："君主役使臣子应该依礼，臣子服事君主应该尽忠。"

孔子说："《关雎》这首诗，快乐而不放荡，悲哀而不伤痛。"

鲁哀公向宰我发问，做社主要用什么材料的木头。宰我答道："夏代用松木，殷代用柏木，周代用栗木，意思是使人民有所畏惧而战栗。"孔子听说后，（责备宰我）说："已经做了的事不必再解释了，已经完成的事不必再挽救了，已经过去的事不必再追究了。"

孔子说："管仲的器量小得很哪！"

有人便问："管仲节俭吗？"孔子说："管氏收取了人民高额的地租，他手下的人员，（一人一职，）从不兼差，怎么能说是节俭呢？"

那人又问："那么，管仲懂得礼节吗？"孔子又说："国君宫殿门前，立了一个塞门，管氏也立了个塞门；国君招待外国君主，堂上有放置酒具的土堆，管氏也有这样的土堆。假如说管氏懂得礼节，那谁不懂得礼节呢？"

孔子把演奏音乐的道理告诉给鲁国的太师，他说："音乐，是可以透彻了解的，开始演奏时，翕翕地热烈，继续下去，纯纯地和谐，皦皦地清晰，绎绎地不绝，这样，然后完成。"

仪地的边防官请求孔子接见，说道："有道德学问的人到得这里，我从没有不和他见面的。"孔子的随行学生请求孔子接见了他。他告辞出来后说："你们这些人何必着急没有官位呢？天下黑暗的日子已经很久了，（圣人也该要出来了，）天老爷是要让他老人家来做人民的导师啊。"

孔子论到《韶》，说："美极了，而且好极了。"论到《武》，说："美极了，却还不够好。"

孔子说："居于上位不宽宏大量，行礼的时候不严肃认真，参加丧礼的时候不悲哀，这叫我怎么能看得下去呢？"

里仁篇第四

【原文】

子曰:"里仁为美。择不处仁,焉得知?"

子曰:"不仁者,不可以久处约,不可以长处乐。仁者安仁,知者利仁。"

子曰:"唯仁者能好人,能恶人。"

子曰:"苟志于仁矣,无恶也。"

子曰:"富与贵,是人之所欲也;不以其道得之,不处也。贫与贱,是人之所恶也;不以其道得之,不去也。君子去仁,恶乎成名?君子无终食之间违仁,造次必于是,颠沛必于是。"

子曰:"我未见好仁者、恶不仁者。好仁者,无以尚之;恶不仁者,其为仁矣,不使不仁者加乎其身。有能一日用其力于仁矣乎?我未见力不足者。盖有之矣,我未之见也。"

子曰:"人之过也,各于其党。观过,斯知仁矣。"

子曰:"朝闻道,夕死可矣。"

子曰:"士志于道,而耻恶衣恶食者,未足与议也。"

子曰:"君子之于天下也,无适也,无莫也,义之与比。"

子曰:"君子怀德,小人怀土;君子怀刑,小人怀惠。"

子曰:"放于利而行,多怨。"

子曰:"能以礼让为国乎?何有!不能以礼让为国,如礼何!"

子曰:"不患无位,患所以立;不患莫己知,求为可知也。"

子曰:"参乎!吾道一以贯之。"曾子曰:"唯。"子出。门人问曰:"何谓也?"曾子曰:"夫子之道,忠恕而已矣!"

子曰:"君子喻于义,小人喻于利。"

子曰:"见贤思齐焉,见不贤而内自省也。"

里仁为美

子曰:"事父母几谏。见志不从,又敬不违,劳而不怨。"
子曰:"父母在,不远游,游必有方。"
子曰:"三年无改于父之道,可谓孝矣。"
子曰:"父母之年,不可不知也;一则以喜,一则以惧。"
子曰:"古者言之不出,耻躬之不逮也。"
子曰:"以约失之者,鲜矣!"
子曰:"君子欲讷于言,而敏于行。"
子曰:"德不孤,必有邻。"
子游曰:"事君数,斯辱矣;朋友数,斯疏矣。"

【译文】

孔子说:"住的地方,要有仁德才好。选择一个住处,却没有仁德,怎么算得上聪明呢?"

孔子说:"不仁的人不可以长久地处于困境中,也不可以长久地处于安乐中。仁人安于仁,(因为他只有实行仁德才心安;)聪明人利用仁(,因为他认识到实行仁德对自己有长远而巨大的利益)。"

孔子说:"只有仁人才能够喜爱某人,厌恶某人。"

孔子说:"假如立志实行仁德,总没有坏处。"

孔子说:"有钱和当官,是人人所盼望的;不用正当的方法去得到它,君子不接受。贫困和地位低,是人人所厌恶的,不用正当的方法去抛弃它,君子不摆脱。君子抛弃了仁德,到哪里去成就他的声名呢?君子没有吃完一餐饭的时间离开仁德,仓促匆忙的时候,他也一定和仁德同在;颠沛流离的时候,他也一定和仁德同在。"

孔子说:"我没有见过爱好仁德和厌恶不仁德的人。爱好仁德的人,那是再好不过的了;厌恶不仁德的人,他行仁德,只是不使不仁德的东西加在自己身上。有谁能在某一天把自己的力量用在仁德上呢?我没有见过力量不够的。大概这种人还是有的,我没有见到罢了。"

孔子说:"(人是各种各样的,他们所犯的错误也是各种各样的。)什么样的错误就是由什么样的人犯的。观察某人所犯的错误,就可以知道他是怎样的人了。"

孔子说:"早晨得知了真理,要我晚上死都可以。"

孔子说:"读书人有志于真理,却又以吃粗粮穿破衣为耻辱,便不值得同他商议了。"

孔子说:"君子对于天下的事情,没规定要怎样干,也没规定不要怎样干,怎样干合理恰当,便那样干。"

孔子说:"君子怀念道德,小人怀念乡土;君子关心法度,小人关心恩惠。"

孔子说:"依据自己的利益而行事,会招致许多怨恨。"

孔子说:"能够用礼让来治理国家吗,这有什么困难呢?如果不能用礼让来治理国

家，又拿这礼仪怎么办呢？"

　　孔子说："不愁没有职位，只愁没有任职的本领；不怕没人知道自己，只求获得足以使别人知道自己的本领。"

　　孔子说："参呀！我的学说贯穿着一个基本概念。"曾子说："是的。"

　　孔子走出去以后，别的学生便问道："这是什么意思？"曾子说："他老人家的学说，只是忠和恕罢了。"

　　孔子说："君子懂得的是义，小人懂得的是利。"

　　孔子说："见到贤人，便应该想向他看齐；见到不贤的人，便应该反省（看自己有没有和他相同的缺点）。"

　　孔子说："侍奉父母，（如果他们做得不对，）要轻微婉转地劝止；看到自己的意见没有被听从，仍然恭恭敬敬，不冒犯他们；虽然忧愁，但不怨恨。"

　　孔子说："父母在世，不出远门；如果要出远门，必须有一定的去处。"

　　孔子说："如果多年不改变他父亲的合理部分，就可以说是'孝'了。"

孔子，选自《芥子园画传》。

　　孔子说："父母的年纪不能不时时记在心里：一来因（其高寿）而欢喜，一来又因（其寿高）而有所恐惧。"

　　孔子说："古时候言语不轻易出口，就是怕自身的行动赶不上。"

　　孔子说："因为约束自己而犯过失的，总不多见。"

　　孔子说："君子言语要谨慎迟钝，工作要勤劳敏捷。"

　　孔子说："有道德的人不会孤单，一定会有（志同道合的人来和他做）伙伴。"

　　子游说："对待君主过于烦琐，就会招致侮辱；对待朋友过于烦琐，反而会被疏远。"

公冶长篇第五

【原文】

　　子谓公冶长："可妻也。虽在缧绁之中，非其罪也。"以其子妻之。

子谓南容："邦有道，不废；邦无道，免于刑戮。"以其兄之子妻之。

子谓子贱："君子哉若人！鲁无君子者，斯焉取斯？"

子贡问曰："赐也何如？"子曰："女，器也。"曰："何器也？"曰："瑚琏也。"

或曰："雍也仁而不佞。"子曰："焉用佞？御人以口给，屡憎于人。不知其仁，焉用佞？"

子使漆雕开仕。对曰："吾斯之未能信。"子说。

子曰："道不行，乘桴浮于海。从我者，其由与？"子路闻之喜。子曰："由也，好勇过我，无所取材。"

孟武伯问子路仁乎？子曰："不知也。"又问。子曰："由也，千乘之国，可使治其赋也。不知其仁也。""求也何如？"子曰："求也，千室之邑，百乘之家，可使为之宰也。不知其仁也。""赤也何如？"子曰："赤也，束带立于朝，可使与宾客言也。不知其仁也。"

子谓子贡曰："女与回也孰愈？"对曰："赐也何敢望回？回也闻一以知十，赐也闻一以知二。"子曰："弗如也！吾与女弗如也。"

宰予昼寝。子曰："朽木不可雕也，粪土之墙不可杇也，于予与何诛？"子曰："始吾于人也，听其言而信其行；今吾于人也，听其言而观其行。于予与改是。"

子曰："吾未见刚者！"或对曰："申枨。"子曰："枨也欲，焉得刚？"

子贡曰："我不欲人之加诸我也，吾亦欲无加诸人。"子曰："赐也，非尔所及也。"

子贡曰："夫子之文章，可得而闻也；夫子之言性与天道，不可得而闻也。"

子路有闻，未之能行，唯恐有闻。

子贡问曰："孔文子何以谓之'文'也？"子曰："敏而好学，不耻下问，是以谓之'文'也。"

子谓子产："有君子之道四焉：其行己也恭，其事上也敬，其养民也惠，其使民也义。"

子曰："晏平仲善与人交，久而敬之。"

子曰："臧文仲居蔡，山节藻棁，何如其知也？"

子张问曰："令尹子文三仕为令尹，无喜色；三已之，无愠色。旧令尹之政，必以告新令尹。何如？"子曰："忠矣。"曰："仁矣乎？"曰："未知，焉得仁？""崔子弑齐君，陈文子有马十乘，弃而违之。至于他邦，则曰：'犹吾大夫崔子也。'违之。之一邦，则又曰：'犹吾大夫崔子也。'违之。何如？"子曰："清矣。"曰："仁矣乎？"曰："未知，焉得仁？"

季文子三思而后行。子闻之，曰："再，斯可矣。"

子曰："宁武子，邦有道，则知；邦无道，则愚。其知可及也，其愚不可及也。"

子在陈，曰："归与！归与！吾党之小子狂简，斐然成章，不知所以裁之！"

子曰："伯夷、叔齐不念旧恶，怨是用希。"

子曰："孰谓微生高直？或乞醯焉，乞诸其邻而与之。"

子曰:"巧言、令色、足恭,左丘明耻之,丘亦耻之。匿怨而友其人,左丘明耻之,丘亦耻之。"

颜渊、季路侍。子曰:"盍各言尔志?"子路曰:"愿车马衣裘,与朋友共,敝之而无憾。"颜渊曰:"愿无伐善,无施劳。"子路曰:"愿闻子之志!"子曰:"老者安之,朋友信之,少者怀之。"

子曰:"已矣乎!吾未见能见其过而内自讼者也。"

子曰:"十室之邑,必有忠信如丘者焉,不如丘之好学也。"

【译文】

孔子评论公冶长:"可以把女儿嫁给他。他虽然在监狱里关过,但不是他的罪过。"便把自己的女儿嫁给他。

孔子评论南容:"国家政治清明,(总有官做,)不被废弃;国家政治黑暗,也不致被刑罚。"便把哥哥的女儿嫁给他。

孔子评论宓子贱:"这个人,君子呀!假如鲁国没有君子,这个人从哪里取来这种好品德呢?"

子贡问道:"我是一个怎样的人?"孔子道:"你好比一个器皿。"子贡道:"什么器皿呀?"孔子道:"宗庙里盛黍稷的瑚琏。"

有人说:"冉雍这个人呀,有仁德,却缺乏口才。"孔子道:"何必要口才呢?伶牙俐齿地和人争论,常常会使人讨厌。我不晓得冉雍仁不仁,但何必要口才呢?"

孔子让漆雕开去做官。他答道:"我对这个还没有信心。"孔子听了很高兴。

孔子说:"我的主张行不通了,只好乘个木筏到海外去,跟从我的,大概只有仲由吧!"子路听到这话,得意扬扬。孔子说:"仲由太好勇了,他好勇的精神大大超过了我,这就没有什么可取的了!"

孟武伯问孔子子路是否有仁德。孔子说:"不知道。"他又问,孔子便说:"由呀,有一千辆兵车的(中等)国家,可以让他负责兵役和军政工作。至于他仁不仁,我不知道。"

(孟武伯继续问:)"冉求又怎么样呢?"孔子道:"求呀,千户人家的私邑,百辆兵车的大夫封地,可以让他去当头头。至于他仁不仁,我不知道。"

"公西赤又怎么样呢?"孔子道:"赤呀,穿着礼服,立于朝廷之上,可以让他接待外宾,办理交涉。至于他仁不仁,我不知道。"

孔子对子贡说:"你和颜回谁更强些?"子贡答道:"我呀,哪里敢望回的项背?回呀,听到一件事,便可以推知十件事;我呢,听到一件事,只能推知两件事。"孔子道:"赶不上他;我同意你的话,是赶不上他。"

宰予白天睡觉。孔子说:"腐烂了的木头雕刻不得,粪土似的墙壁粉刷不得;对于宰予啊,我说什么好呢?"孔子还说:"起先,我对别人,听到他的话,便相信他的行为;现在,我对别人,听到他的话,还要考察他如何行动。从宰予身上,我(吸取了

教训，)改变了态度。"

孔子说："我没见过刚直不阿的人。"有人答道："申枨是这样的人。"孔子道："申枨呀，他欲望太多，怎能做到刚直不阿？"

子贡道："我不想让别人骑在我头上，我也不想骑在别人头上。"孔子说："赐呀，这不是你能做到的呀。"

子贡说："老师关于文献方面的学问，我们听得到；老师关于人性和天道的言论，我们听不到。"

子路听到了新知识，还没来得及实践，只怕又听到（新知识）。

子贡问道："孔文子凭什么谥他为'文'？"孔子说："他聪敏灵活，好学深思，又不以向比他地位低的人发问为耻，所以用'文'字做他的谥号。"

孔子评论子产，说："他有四种行为合乎君子之道：他自己的容颜庄严恭敬，他对待君上负责认真，他教养人民用恩惠，他役使人民讲道理。"

孔子说："晏平仲善于和人交往，相处越久，别人越敬重他。"

孔子说："臧文仲替一只叫蔡的大乌龟盖了间房，有巨大的斗拱和画着藻草的梁上短柱，这个人的聪明又怎么样呢？"

子张问道："令尹子文好几次做令尹，没显出高兴的样子；好几次被罢免，没显出恼怒的样子。（每次去职，）一定把自己的政令全都告诉接位的人。他怎么样？"孔子道："可算是尽忠国家了。"子张道："算不算是仁呢？"孔子道："不晓得；这怎么能算仁呢？"

子张又问："崔杼无理地杀了齐庄公，陈文子有马四十匹，舍弃不要，离开齐国。到了外国，又说道：'这里掌权的和我们的崔子一样。'又离开。又到了一国，又说道：'这里掌权的和我们的崔子一样。'于是又离开。他怎么样？"孔子道："清白得很。"子张道："算不算仁呢？"孔子道："不晓得；这怎么能算是仁呢？"

季文子每件事要考虑多次才行动。孔子听说了这事，道："想两次，也就可以了。"

孔子说："宁武子在国家太平时节，便聪明；在国家昏暗时节，便装傻。他那聪明，别人赶得上；那装傻，别人就赶不上了。"

孔子在陈国，说："回去吧！回去吧！我们那里的学生们志向高大得很，文采又斐然可观，我都不知道怎样去指导他们了。"

孔子说："伯夷、叔齐两兄弟不记念过去的仇恨，怨恨他们的因此很少。"

孔子说："谁说微生高这人直爽？有人向他讨点儿醋，（他不说没有，）却到邻人那里转讨一点给那人。"

孔子说："花言巧语，胁肩谄笑，百依百顺的样子，左丘明认为可耻，我也认为可耻。内心怨恨某人，却装着与他亲热，这种行为，左丘明认为可耻，我也认为可耻。"

孔子坐着，颜渊、季路各站在孔子旁边。孔子道："你俩何不说说各自的志向？"

子路道："愿意把我的车马衣服皮袍同朋友共同使用，坏了也没什么遗憾。"

颜渊道："愿意不吹嘘自己的优点，不表白自己的功劳。"

子路问孔子道:"希望听听您的志向。"孔子说:"(我的志向是,)老者使他安逸,朋友使他信任我,年轻人使他怀念我。"

孔子说:"得了吧,我还没见过能看见自己的错误便自我批评的人呢。"

孔子说:"就是十户人家的地方,也一定有像我这样既忠心又信实的人,只是不如我喜欢学问罢了。"

雍也篇第六

【原文】

子曰:"雍也可使南面。"

仲弓问子桑伯子,子曰:"可也,简。"

仲弓曰:"居敬而行简,以临其民,不亦可乎?居简而行简,无乃大简乎?"子曰:"雍之言然。"

哀公问:"弟子孰为好学?"孔子对曰:"有颜回者好学,不迁怒,不贰过。不幸短命死矣,今也则亡,未闻好学者也。"

子华使于齐,冉子为其母请粟。子曰:"与之釜。"

请益。曰:"与之庾。"冉子与之粟五秉。

子曰:"赤之适齐也,乘肥马,衣轻裘。吾闻之也,君子周急不继富。"

孔子圣迹图(之一)

原思为之宰,与之粟九百,辞。子曰:"毋!以与尔邻里乡党乎!"

子谓仲弓曰:"犁牛之子骍且角,虽欲勿用,山川其舍诸?"

子曰:"回也,其心三月不违仁;其余则日月至焉而已矣。"

季康子问:"仲由可使从政也与?"子曰:"由也果,于从政乎何有?"曰:"赐也可使从政也与?"曰:"赐也达,于从政乎何有?"曰:"求也可使从政也与?"曰:"求也艺,于从政乎何有?"

季氏使闵子骞为费宰。闵子骞曰:"善为我辞焉。如有复我者,则吾必在汶上矣。"

伯牛有疾,子问之,自牖执其手,曰:"亡之,命矣夫!斯人也而有斯疾也!斯人也而有斯疾也!"

子曰："贤哉！回也。一箪食，一瓢饮，在陋巷。人不堪其忧，回也不改其乐。贤哉！回也。"

冉求曰："非不说子之道，力不足也。"子曰："力不足者，中道而废。今女画。"

子谓子夏曰："女为君子儒，无为小人儒。"

子游为武城宰。子曰："女得人焉耳乎？"曰："有澹台灭明者，行不由径。非公事，未尝至于偃之室也。"

子曰："孟之反不伐，奔而殿。将入门，策其马，曰：'非敢后也，马不进也。'"

子曰："不有祝鮀之佞，而有宋朝之美，难乎免于今之世矣！"

子曰："谁能出不由户？何莫由斯道也？"

子曰："质胜文则野，文胜质则史，文质彬彬，然后君子。"

子曰："人之生也直，罔之生也幸而免。"

子曰："知之者不如好之者，好之者不如乐之者。"

子曰："中人以上，可以语上也；中人以下，不可以语上也。"

樊迟问知。子曰："务民之义，敬鬼神而远之，可谓知矣。"问仁。曰："仁者先难而后获，可谓仁矣。"

子曰："知者乐水，仁者乐山；知者动，仁者静；知者乐，仁者寿。"

子曰："齐一变，至于鲁；鲁一变，至于道。"

子曰："觚不觚，觚哉！觚哉！"

宰我问曰："仁者，虽告之曰：'井有仁焉。'其从之也？"子曰："何为其然也？君子可逝也，不可陷也；可欺也，不可罔也。"

子曰："君子博学于文，约之以礼，亦可以弗畔矣夫。"

子见南子，子路不说。夫子矢之曰："予所否者，天厌之！天厌之！"

子曰："中庸之为德也，其至矣乎！民鲜久矣。"

子贡曰："如有博施于民而能济众，何如？可谓仁乎？"子曰："何事于仁，必也圣乎！尧、舜其犹病诸！夫仁者，己欲立而立人，己欲达而达人。能近取譬，可谓仁之方也已。"

【译文】

孔子说："冉雍呀，可以让他做一部门或一地方的长官。"

仲弓问到子桑伯子这个人。孔子道："他简单得好。"仲弓道："若存心严肃认真，而以简单行之，（识大体，不繁琐，）来治理百姓，不也可以吗？若存心简单，又以简单行之，不是太简单了吗？"孔子说："雍的这话是对的。"

鲁哀公问："你的学生中，哪个好学？"孔子答道："有一个叫颜回的人好学，不拿别人出气；也不再犯同样的过失。不幸短命死了，现在再没有这样的人了，再也没听过好学的人了。"

公西华被派出使齐国，冉有替他母亲向孔子请求小米。孔子道："给他一釜。"冉

有请求增加。孔子道："再给他一庾。"冉有却给了他五秉小米。孔子道："公西赤到齐国去，坐着肥马驾的车子，穿着又轻又暖的皮袍。我听说过：君子只是雪中送炭，不去锦上添花。"

原思任孔子家的总管，孔子给他小米九百，他不肯受。孔子道："别推辞！有多的，给你家乡（的穷人）吧！"

孔子谈到冉雍，说："耕牛的儿子长着赤色的毛，整齐的角，虽然不想用它作祭祀的牺牲，山川之神难道舍得放弃它吗？"

孔子说："颜回呀，他的心长久地不离开仁德，别的学生么，只是偶然想起一下罢了。"

季康子问孔子："仲由这人，可以让他治理政事吗？"孔子道："仲由果敢决断，让他治理政事有什么困难呢？"又问："端木赐可以让他治理政事吗？"孔子道："端木赐通情达理，让他治理政事有什么困难呢？"又问："冉求可以让他治理政事吗？"孔子道："冉求多才多艺，让他治理政事有什么困难呢？"

颜回，选自《清刻历代画像传》。

季氏叫闵子骞做他封地费的长官。闵子骞对来人说："好好地为我辞掉吧！如果再有人来找我，我一定会逃到汶水以北去了。"

伯牛生了病，孔子去慰问他，从窗子里握着他的手，道："活不成了，这就是命吧！这样的人呀，竟有这样的病呀！这样的人呀，竟有这样的病呀！"

孔子说："颜回真是贤良呀！一竹篮饭，一木瓢水，住在小巷子里，别人都受不了那穷苦的忧愁，颜回却不改变他自有的快乐。颜回真是贤良呀！"

冉求道："不是我不喜欢您的学说，只是力量不够。"孔子道："如果真是力量不够，走到半道会再走不动。现在你却没有开步走。"

孔子对子夏说："你要做个君子式的儒者，不要做那小人式的儒者！"

子游做武城的长官，孔子道："你在这儿得到什么人才没有？"他道："有个叫澹台灭明的，走路不插小道，不是公事，从不到我屋里来。"

孔子说："孟之反不夸耀自己，（在抵御齐国的战役中，右翼的军队溃退了，）他走在最后，掩护全军，将进城门，便鞭打马匹，一面说道：'不是我敢于殿后，是马匹不肯快走的缘故。'"

孔子说："假使没有祝鮀的口才，而仅有宋朝的美貌，在如今这年头恐怕难逃祸害了。"

孔子说："谁能够外出不经门户，为什么没人从我这条道上走呢？"

孔子说："朴实多于文采，就未免粗野；文采多于朴实，又未免虚浮。既有文采，又不乏朴实，这才是个君子。"

孔子说："真正的人活在世上，靠的是正直；不正直的人也得以活下来，那是他侥幸地免于祸害。"

孔子说："（对于任何学问和事业，）懂得它的人不如喜爱它的人，喜爱它的人又不如以它为乐的人。"

孔子说："智力中等以上的人，可以告诉他高深学问；智力中等以下的人，不可以告诉他高深的学问。"

樊迟问怎么样才算聪明。孔子说："一心一意使人民走向'义'，严肃地对待鬼神，却并不接近他，就可以说是聪明了。"又问怎样才算有仁德。孔子说："仁人在付出努力后才收获，这就是所谓仁德。"

孔子说："聪明人乐于水，仁人乐于山；聪明人活动，仁人沉静；聪明人快乐，仁人长寿。"

孔子说："齐国（的政治和教育）一有改革，便达到鲁国的程度；鲁国（的政治和教育）一有改革，便进而合于大道了。"

孔子说："觚不像个觚，这是觚吗！这是觚吗！"

宰我问道："有仁德的人，即便告诉他：'井里掉下一位仁人啦。'他是不是会跟着下去呢？"孔子道："怎么能是这样呢？君子可以让他一去不回，却不可以陷害他；可以欺骗他，却不可愚弄他。"

孔子说："君子广泛地学习文献，再用礼节约束自己，也可以不离经叛道了吧！"

孔子和南子相见，子路不高兴。孔子发誓道："我如果不对，老天厌弃我！老天厌弃我！"

孔子说："中庸作为一种道德，该是最高的了，大家已经缺乏它很久了。"

子贡道："假使有这么一个人，他广泛地给人民以好处，又能帮助大家过上好生活，怎么样？可以算是仁了吧？"孔子道："哪里仅仅是仁！那一定是圣了！尧舜大概还做不到呢！仁是什么？自己要站得住，同时使别人也站得住；自己要事事通达，同时使别人也事事通达。能够从眼前的事实中选择例子踏踏实实地去做，这就是实践仁德的方法了。"

述而篇第七

【原文】

子曰："述而不作，信而好古，窃比于我老彭。"

子曰:"默而识之,学而不厌,诲人不倦,何有于我哉?"

子曰:"德之不修,学之不讲,闻义不能徙,不善不能改,是吾忧也。"

子之燕居,申申如也,夭夭如也。

子曰:"甚矣吾衰也!久矣吾不复梦见周公。"

子曰:"志于道,据于德,依于仁,游于艺。"

子曰:"自行束脩以上,吾未尝无诲焉!"

子曰:"不愤不启,不悱不发;举一隅不以三隅反,则不复也。"

子食于有丧者之侧,未尝饱也。

子于是日哭,则不歌。

子谓颜渊曰:"用之则行,舍之则藏,惟我与尔有是夫!"子路曰:"子行三军,则谁与?"子曰:"暴虎冯河,死而无悔者,吾不与也。必也临事而惧,好谋而成者也。"

子曰:"富而可求也,虽执鞭之士,吾亦为之。如不可求,从吾所好。"

子之所慎:齐、战、疾。

子在齐闻《韶》,三月不知肉味。曰:"不图为乐之至于斯也!"

冉有曰:"夫子为卫君乎?"子贡曰:"诺。吾将问之。"入,曰:"伯夷、叔齐何人也?"曰:"古之贤人也。"曰:"怨乎?"曰:"求仁而得仁,又何怨!"出,曰:"夫子不为也。"

子曰:"饭疏食,饮水,曲肱而枕之,乐亦在其中矣!不义而富且贵,于我如浮云。"

子曰:"加我数年,五十以学《易》,可以无大过矣。"

子所雅言,《诗》、《书》、执礼,皆雅言也。

叶公问孔子于子路,子路不对。子曰:"女奚不曰:其为人也,发愤忘食,乐以忘忧,不知老之将至云尔。"

子曰:"我非生而知之者,好古,敏以求之者也。"

子不语怪、力、乱、神。

子曰:"三人行,必有我师焉!择其善者而从之,其不善者而改之。"

子曰:"天生德于予,桓魋其如予何?"

子曰:"二三子以我为隐乎?吾无隐乎尔。吾无行而不与二三子者,是丘也。"

子以四教:文、行、忠、信。

子曰:"圣人,吾不得而见之矣;得见君子者,斯可矣。"子曰:"善人,吾不得而见之矣;得见有恒者,斯可矣。亡而为有,虚而为盈,约而为泰,难乎有恒矣。"

子钓而不纲,弋不射宿。

子曰:"盖有不知而作之者,我无是也。多闻,择其善者而从之;多见而识之,知之次也。"

互乡难与言,童子见,门人惑。子曰:"与其进也,不与其退也。唯何甚!人洁己以进,与其洁也,不保其往也。"

子曰："仁远乎哉？我欲仁，斯仁至矣！"

陈司败问："昭公知礼乎？"孔子曰："知礼。"孔子退。揖巫马期而进之，曰："吾闻君子不党，君子亦党乎？君取于吴，为同姓，谓之吴孟子。君而知礼，孰不知礼？"巫马期以告。子曰："丘也幸，苟有过，人必知之。"

子与人歌而善，必使反之，而后和之。

子曰："文，莫吾犹人也。躬行君子，则吾未之有得。"

子曰："若圣与仁，则吾岂敢！抑为之不厌，诲人不倦，则可谓云尔已矣！"公西华曰："正唯弟子不能学也！"

子疾病，子路请祷。子曰："有诸？"子路对曰："有之。《诔》曰：'祷尔于上下神祇。'"子曰："丘之祷久矣。"

子曰："奢则不孙，俭则固。与其不孙也，宁固。"

子曰："君子坦荡荡，小人长戚戚。"

子温而厉，威而不猛，恭而安。

【译文】

孔子说："阐述而不创作，既相信又喜好古代文化，我私下敢和我那老彭相比。"

孔子说："（把所见所闻）默默地记在心里，努力学习而不厌弃，教导别人从不疲倦，这些事情对我有什么难呢？"

孔子说："品德不培养；学问不讲习；听到义的所在，却不能去追求；有错误不能改正，这些都是我所忧虑的呀！"

伯夷、叔齐

孔子在家闲居，很整齐，很和乐而舒展。

孔子说："我衰老得多么厉害呀！我好久好久没有梦见周公了！"

孔子说："志向在'道'，根据在'德'，依靠在'仁'，而游憩于礼、乐、射、御、书、数六艺之中。"

孔子说："只要是送一束干肉给我的，我从没有不教诲的。"

孔子说："教育学生，不到他想弄明白而不得的时候，不去开导他；不到他想说却说不出的时候，不去启发他。教给他东方，他却不能由此推知西、南、北三方，便不

再教他了。"

孔子在死了亲属的人旁边吃饭，从没吃饱过。

孔子在这一天哭过，就不再唱歌。

孔子对颜渊说："用我呢，就干起来；不用呢，就藏起来。只有我和你才能这样吧！"

子路道："您若统帅三军，谁会跟您？"

孔子道："徒手和老虎搏斗，不用船只去渡河，这样死了都不后悔的人，我是不会和他共事的。（我要找他共事的,）一定是面对任务便恐惧谨慎，善于谋略而能完成任务的人呀！"

孔子说："财富如果可以求得的话，就是做市场的守门卒我也肯干。如果求它不到，还是干我自己的吧。"

孔子所小心谨慎的事：斋戒、战争、疾病。

孔子在齐国听到了《韶》的乐章，好几个月尝不出肉味，说："想不到欣赏音乐达到了这种境界。"

冉有道："老师赞成卫君吗？"子贡道："好的，我去问问他。"

子贡到孔子房里，道："伯夷、叔齐是什么样的人？"孔子道："古代的贤人。"子贡道："（他俩因不肯做孤竹国国君而互相推让，双双跑到国外，）是不是又后悔抱怨呢？"孔子道："他们追求仁德，又得到了仁德，怨悔什么呢？"

子贡出来，道："老师不赞成卫君。"

孔子说："吃粗粮，喝冷水，弯着胳膊做枕头，这中间也有乐趣。干不正当的事而得来的富贵，我看来好像浮云。"

孔子说："让我多活几年，到五十岁的时候去学习《易》，便可以没有大过错了。"

孔子有说雅言的时候，读《诗》、读《书》，行礼，都说雅言。

叶公向子路问孔子的为人，子路不回答。孔子道："你为什么不说：他的为人，用起功来便忘记吃饭，快乐起来便抛却忧愁，不晓得衰老就要到来，如此罢了。"

孔子说："我不是生来就有知识的人，而是爱好古代文化，勤奋敏捷去求取知识的人。"

孔子不谈怪异、勇力、动乱和鬼神。

孔子说："几个人一起走路，其中一定有可以被我师法的人；我选择那些优点去学习，看出那些（自己也有的）缺点，然后改正。"

孔子说："天在我身上生就了优秀的品德，他桓魋能把我怎么样？"

孔子说："学生们，你们以为我有所隐瞒吗？我对你们无所隐瞒！我没有一点不向你们公开，我孔丘就是这样的人。"

孔子用四种内容教育学生：文献、实践、忠诚、信实。

孔子说："圣人，我不能看见了；能见到君子，就可以了。"

孔子又说："圣人，我不能看见了，能看见操守坚定的人，就可以了。本来没有，

却装作有；本来空虚，却装作充足；本来穷困，却硬充豪华，这样的人便难于坚定操守了。"

孔子钓鱼，不用大绳横断流水取鱼；用带生丝的箭射鸟；不射已归巢的鸟。

孔子说："大概有一种自己不懂却瞎编乱吹的人，我却没有这种毛病。多多地听，选择其中好的加以接受；多多地看，全记在心里。这样的知，是仅次于'生而知之'的。"

互乡这地方的人难于交谈，那里的一个童子得到孔子的接见，弟子们疑惑。孔子道："我们赞成他的进步，不赞成他的退步，事情何必做得太绝？别人收拾得干干净净而来，便应该赞成他的干净，不要死记住他的过去。"

孔子道："仁德难道很远吗？我要仁，这仁就来了。"

陈司败向孔子问鲁昭公懂不懂礼，孔子道："懂礼。"

孔子出去以后，陈司败便向巫马期作了个揖，请他走近自己，然后说道："我听说君子不偏袒谁，难道君子也偏袒吗？鲁君从吴国娶了位夫人，吴和鲁是同姓国家，（不便称她为吴姬，）于是叫她为吴孟子。鲁君要是算懂礼，那谁不懂礼？"

巫马期把这话转告给孔子。孔子道："我孔丘呀真幸运，如果有错处，人家一定晓得。"

孔子同别人一道唱歌，如果唱得好，一定请他再唱一遍，然后自己又和他。

孔子说："书本上的知识，大约我和别人差不多。身体力行地做个君子，那我还没有很大的收获。"

孔子道："讲到圣和仁，我怎么敢当？不过是学习和工作总不厌倦，教导别人总不疲劳，就是如此如此罢了。"公西华道；"这一点正是我们学不到的。"

孔子病重，子路要向神灵乞求延长孔子的寿命，请求孔子同意。孔子道："有这回事吗？"子路道："有的，《诔文》上说：'替你向天神地祇求寿。'"

弋射收获

孔子道："我早就求过寿了。"

孔子说："奢侈豪华就显得骄傲，省俭朴素就显得寒酸。与其骄傲，不如寒酸。"

孔子说："君子胸怀宽广平坦，小人却经常局促忧愁。"

孔子温和而严厉，有威仪而不凶猛，庄严而安详。

泰伯篇第八

【原文】

子曰:"泰伯,其可谓至德也已矣!三以天下让,民无得而称焉。"

子曰:"恭而无礼则劳,慎而无礼则葸,勇而无礼则乱,直而无礼则绞。君子笃于亲,则民兴于仁;故旧不遗,则民不偷。"

曾子有疾,召门弟子曰:"启予足!启予手!《诗》云:'战战兢兢,如临深渊,如履薄冰。'而今而后,吾知免夫!小子!"

曾子有疾,孟敬子问之。曾子言曰:"鸟之将死,其鸣也哀;人之将死,其言也善。君子所贵乎道者三:动容貌,斯远暴慢矣;正颜色,斯近信矣;出辞气,斯远鄙倍矣。笾豆之事,则有司存。"

曾子曰:"以能问于不能,以多问于寡;有若无,实若虚,犯而不校,昔者吾友尝从事于斯矣。"

曾子曰:"可以托六尺之孤,可以寄百里之命,临大节而不可夺也,君子人与?君子人也。"

曾子曰:"士不可以不弘毅,任重而道远。仁以为己任,不亦重乎?死而后已,不亦远乎?"

子曰:"兴于《诗》,立于礼,成于乐。"

子曰:"民可使由之,不可使知之。"

子曰:"好勇疾贫,乱也。人而不仁,疾之已甚,乱也。"

子曰:"如有周公之才之美,使骄且吝,其余不足观也已。"

子曰:"三年学,不至于谷,不易得也。"

子曰:"笃信好学,守死善道。危邦不

孔子治学图

入，乱邦不居。天下有道则见，无道则隐。邦有道，贫且贱焉，耻也。邦无道，富且贵焉，耻也。"

子曰："不在其位，不谋其政。"

子曰："师挚之始，《关雎》之乱，洋洋乎盈耳哉！"

子曰："狂而不直，侗而不愿，悾悾而不信，吾不知之矣。"

子曰："学如不及，犹恐失之。"

子曰："巍巍乎！舜、禹之有天下也，而不与焉。"

子曰："大哉！尧之为君也！巍巍乎！唯天为大，唯尧则之。荡荡乎！民无能名焉。巍巍乎！其有成功也！焕乎！其有文章！"

舜有臣五人而天下治。武王曰："予有乱臣十人。"孔子曰："才难，不其然乎？唐、虞之际，于斯为盛。有妇人焉，九人而已。三分天下有其二，以服事殷。周之德，其可谓至德也已矣。"

子曰："禹，吾无间然矣。菲饮食，而致孝乎鬼神；恶衣服，而致美乎黻冕；卑宫室，而尽力乎沟洫。禹，吾无间然矣！"

【译文】

孔子说："泰伯，真可以说是品德高尚至极了。他好几次把江山让给季历，老百姓不晓得怎样称赞他才好。"

孔子说："恭敬而不懂礼教，就未免劳倦；谨慎而不懂礼教，就显得懦弱；胆大而不懂礼教，就容易闯祸；直爽而不懂礼教，就尖酸刻薄。在上位的人对待亲族宽厚仁慈，老百姓就会走向仁德；在上位的人不遗弃他的老同事、老朋友，老百姓就不会对人冷漠无情。"

曾参病了，便把学生们召集拢来说："看着我的脚！看着我的手！《诗经》上说：'小心呀！谨慎呀！好像临近深水潭边，好像走在薄冰层上。'从今以后，我才晓得自己可以免于祸害刑戮了！同学们！"

曾参病了，孟敬子探问他。曾子说："鸟要死了，它的鸣声呀悲哀；人要死了，他说的话呀友善。在上位的人待人接物有三点是可贵的：让自己的表情严肃，就可以避免别人的粗暴和怠慢；使自己的脸色端庄，就容易令人信服；说话时，注意言辞和声调，就可以避免粗野和错误。至于礼仪的细节，自有主管人员。"

曾子说："有能力却向无能的人请教，知识丰富却向知识缺乏的人请教；有知识却像没知识；满腹诗书却像一无所有；被人冒犯，也不计较——从前我的一位朋友就曾经这样做过。"

曾子说："可以把幼小的孤儿和国家的命脉都托付给他，在大是大非面前，不能动摇他的理想、节操——这种人，是君子吗？是君子呀！"

曾子说："读书人不可以不刚强而有毅力，因为他肩负沉重的使命，要跋涉遥远的路途。以在天下实现仁德为己任，不是很沉重吗？到死方休，不是很遥远吗？"

孔子说:"读《诗》使我振奋,礼使我能在社会上站得住,音乐使我的所学得以完成。"

孔子说:"老百姓,可以使他们在我们指引的道路上走,不可以使他们知道那是为什么。"

孔子说:"以勇敢自喜却厌恶贫困,是一种祸害。对于不仁的人,痛恨太甚,也是一种祸害。"

孔子说:"假如才能的美好比得上周公,只要骄傲而且吝啬,别的方面也就不值得一看了。"

孔子说:"读书三年并没想到要做官,这是难能可贵的。"

孔子说:"坚定地相信我们的道,并努力学习它,誓死保卫它。危险的国家不去,祸乱的国家不住。天下太平,就出来工作;不太平,就隐居。国家政治清明,自己贫贱,是耻辱;政治黑暗,自己富贵,更是耻辱。"

孔子说:"不居于那个职位,便不考虑它的政务。"

曾参

孔子说:"当太师挚开始演奏时,当结尾演奏《关雎》的曲调时,满耳朵都是音乐啊!"

孔子说:"狂妄而不直率,幼稚而不老实,无能而不讲信用,这种人的心我是难以猜透的。"

孔子说:"做学问好像(追逐什么似的,)生怕赶不上;(赶上了,)还生怕丢了。"

孔子说:"崇高啊!舜和禹贵为天子,富有四海,却一点也不为自己。"

孔子说:"尧作为一个君主,真伟大啊!真高不可攀啊!只有天最高最大,只有尧能学习天。他的恩泽真是无处不到啊,老百姓真不知道怎样称赞他才好!他的功绩实在太崇高了,他的礼仪制度也真够美好了!"

舜有五位贤臣,天下便太平。武王也说:"我有十位能治理天下的臣子。"孔子因此说:"人才难得,不是这样吗?唐尧和虞舜之际直到武王时代,人才最为兴盛。武王的能臣中还有一位妇女,除开她,实际上只有九位能臣罢了。周文王得了天下的三分之二,仍然向商纣称臣。周朝的道德,可以说是最高的了!"

孔子说:"禹,我对他没有批评了。他自己吃得很差,却把祭品办得极丰盛;穿得

孔子退修《诗》、《书》，选自《孔子圣迹图》。

很差，却把祭服缝得极华美；住得很坏，却倾全力于沟渠水利。禹，我对他没有批评了。"

子罕篇第九

【原文】

子罕言利，与命，与仁。

达巷党人曰："大哉孔子！博学而无所成名。"子闻之，谓门弟子曰："吾何执？执御乎？执射乎？吾执御矣。"

子曰："麻冕，礼也；今也纯，俭，吾从众。拜下，礼也；今拜乎上，泰也。虽违众，吾从下。"

子绝四：毋意，毋必，毋固，毋我。

子畏于匡。曰："文王既没，文不在兹乎？天之将丧斯文也，后死者不得与于斯文也；天之未丧斯文也，匡人其如予何？"

太宰问于子贡曰："夫子圣者与？何其多能也？"子贡曰："固天纵之将圣，又多能也。"子闻之，曰："大宰知我乎！吾少也贱，故多能鄙事。君子多乎哉？不多也。"牢

曰："子云：'吾不试，故艺。'"

子曰："吾有知乎哉？无知也。有鄙夫问于我，空空如也；我叩其两端而竭焉。"

子曰："凤鸟不至，河不出图，吾已矣夫！"

子见齐衰者、冕衣裳者与瞽者，见之，虽少，必作；过之，必趋。

颜渊喟然叹曰："仰之弥高，钻之弥坚，瞻之在前，忽焉在后！夫子循循然善诱人，博我以文，约我以礼，欲罢不能。既竭吾才，如有所立卓尔。虽欲从之，末由也已。"

子疾病，子路使门人为臣。病间，曰："久矣哉，由之行诈也！无臣而为有臣，吾谁欺？欺天乎？且予与其死于臣之手也，无宁死于二三子之手乎！且予纵不得大葬，予死于道路乎？"

子贡曰："有美玉于斯，韫椟而藏诸，求善贾而沽诸？"子曰："沽之哉！沽之哉！我待贾者也！"

子欲居九夷。或曰："陋，如之何？"子曰："君子居之，何陋之有？"

子曰："吾自卫反鲁，然后乐正，《雅》、《颂》各得其所。"

子曰："出则事公卿，入则事父兄，丧事不敢不勉，不为酒困，何有于我哉！"

子在川上曰："逝者如斯夫！不舍昼夜。"

子曰："吾未见好德如好色者也。"

子曰："譬如为山，未成一篑，止，吾止也！譬如平地，虽覆一篑，进，吾往也！"

子曰："语之而不惰者，其回也与！"

子谓颜渊，曰："惜乎，吾见其进也，未见其止也！"

子曰："苗而不秀者有矣夫！秀而不实者有矣夫！"

子曰："后生可畏，焉知来者之不如今也？四十、五十而无闻焉，斯亦不足畏也已！"

子曰："法语之言，能无从乎？改之为贵。巽与之言，能无说乎？绎之为贵。说而不绎，从而不改，吾末如之何也已矣！"

子曰："主忠信，毋友不如己者，过则勿惮改。"

子曰："三军可夺帅也，匹夫不可夺志也。"

子曰："衣敝缊袍，与衣狐貉者立，而不耻者，其由也与！'不忮不求，何用不臧？'"子路终身诵之。子曰："是道也，何足以臧？"

子曰："岁寒，然后知松柏之后凋也。"

子曰："知者不惑，仁者不忧，勇者不惧。"

子曰："可与共学，未可与适道；可与适道，未可与立；可与立，未可与权。"

"唐棣之华，偏其反而。岂不尔思？室是远而。"子曰："未之思也，夫何远之有？"

【译文】

孔子很少（主动）谈到功利、命运和仁德。

达街的一个人说："孔子真伟大！学问广博，可惜没有足以使他成名的专长。"孔子听了这话，对学生们说："我干什么好呢？是赶大车呢？还是做弓箭手呢？我赶大车好了。"

孔子说："用麻来织礼帽，是合于礼的；今天都用丝来织，这样俭省，我同意大家的做法。臣见君，先在堂下磕头，然后升堂又磕头，这也是合于礼的。今天，大家都只升堂后磕一次头，这是骄泰的表现。虽然违反大家的意愿，我仍然主张先在堂下磕头。"

孔子绝对没有四种毛病——不臆测，不武断，不固执，不自以为是。

孔子被匡地的老百姓拘禁，便说："周文王去世以后，一切文化遗产不是都在我这里吗？天如果要灭绝这种文化，那我也不会掌握这种文化了呀！天如果不灭绝这种文化，那匡人能把我怎么样！"

太宰向子贡问道："孔老先生是位圣人吗？为什么这样多才多艺呢？"子贡道："这本来是老天让他成为圣人，又让他多才多艺的呀。"

孔子听到，便道："太宰知道我吗？我小时候贫穷，所以学会了不少鄙贱的技艺。真正的君子会有这样多的技巧吗？是不会的。"

牢说："孔子说过：'我不曾被国家所用，所以学得一些技艺。'"

孔子说："我有知识吗，没有呀。有个种田的向我求教，我一点也不知道；我从他那个问题的头和尾去盘问。（才揣测到一些意思，）然后尽量地告诉他。"

孔子说："凤凰不来，黄河也不再出现图画，我这一辈子算是完了吧！"

孔子看见穿丧服的人、穿戴礼帽礼服的人以及盲人，相见的时候，尽管他们年轻，孔子必定起身；走过的时候，一定快走几步。

颜渊感叹着说："我老师的道德文章，越抬头望，越高不可攀；越钻研，越觉得深奥。看看，似乎在前面，忽然间又到后面去了。（虽然如此高深和不可捉摸，可是）老师善于有步骤地诱导我们，用各种文献来丰富我的知识，用各种礼节来约束我的行为，使我想停止都不可能。我已经用尽我的才力，似乎能够独自工作了，要想再向前迈进一步，又不知怎样下手了。"

孔子病得厉害，子路便让孔子的学生们充当治丧的臣。后来，孔子的病渐渐好了，就道："太久了啊，仲由干这种骗人的勾当！我本没有到享受治丧之臣的级别，却定要为我设立！我欺哄谁呢，欺哄老天吗？我与其死在治丧之臣手里，还不如死在你们学生的手里呢！即使得不到隆重的葬礼，我会死在路上吗？"

子贡说："这里有一块美玉，把它放在柜子里藏起来呢？还是找一个识货的商人卖掉它呢？"孔子说："卖掉它，卖掉它！我是在等待识货的人呀。"

孔子想搬到九夷去住。有人说："那地方非常简陋，怎么办？"孔子说："有君子去住，有什么简陋呢？"

孔子说："我从卫国回到鲁国，才把音乐（的篇章）整理出来，使《雅》和《颂》各有适当的位置。"

孔子说:"出外便服事公卿,入门便服事父兄,有丧事不敢不礼节周全,不被酒所困扰,这些事对我有什么难呢?"

孔子在河边,叹道:"消逝的时光就像这河水一样吧!它日夜不停地流着。"

孔子说:"我还没见过喜爱道德赛过喜爱美貌的人。"

孔子说:"比如堆土成山,只要再加一筐土便大功告成,若不愿做下去,那是我自己停止的。又比如在平地上堆土成山,纵是刚倒下了一筐土,如果决心继续下去,还是要靠自己坚持啊!"

孔子说:"听我的话始终不懈怠的,也许只有颜回吧!"

孔子谈到颜渊,说:"可惜呀(他死得早)!我只看见他不断地进步,从没看见他止步。"

在川观水,选自《孔子圣迹图》。

孔子说:"庄稼长大了,却没来得及吐穗扬花,(就枯萎了,)是有的吧!吐穗扬花了,却没来得及灌浆结实,(就枯萎了,)是有的吧!"

孔子说:"年少的人是可敬畏的,怎么能断定他将来赶不上现在的人呢?到了四、五十岁还没有什么名声,也就不值得惧怕了。"

孔子说:"严肃而合乎原则的话,能够不接受吗?改正错误才可贵。顺从己意的话,能不悦耳吗?分析一下才可贵。盲目高兴,不加分析;假意接受,却不改正,这种人我是拿他没办法的。"

孔子说:"要以忠信两种品德为主。没有不如自己的朋友。有了错误就不怕改正。"

孔子说:"一国军队,可以使它丧失主帅;一个男子汉,却不能强迫他改变志向。"

孔子说道:"穿着破烂的旧丝棉袍子和穿着狐貉裘的人一道站着,而不觉得惭愧的,恐怕只有仲由吧!《诗经》说:'不妒嫉,不贪求,有什么不好?'"子路听了,便

老念这两句诗。孔子又说:"仅仅这个样子,怎么能够好起来?"

孔子说:"天寒地冻,才晓得松柏是最后落叶的呀!"

孔子说:"聪明人不会疑惑,仁德的人永远乐观,勇敢的人无所畏惧。"

孔子说:"可以同他一道学习的人,未必可以同他一道取得某项成就;可以同他一道取得某项成就的人,未必可以同他一道事事依礼而行;可以同他一道事事依礼而行的人,未必可以同他一道通权达变。"

古诗上说:"唐棣树的花儿,随风翻到这翻到那;难道我不想念你,只因家远在天涯。"孔子道:"他不是真正的想念呀,真的想念,又有什么远呢?"

乡党篇第十

【原文】

孔子于乡党,恂恂如也,似不能言者。其在宗庙、朝廷,便便言,唯谨尔。

孔子问道图

朝,与下大夫言,侃侃如也;与上大夫言,訚訚如也。君在,踧踖如也,与与如也。

君召使摈,色勃如也,足躩如也。揖所与立,左右手。衣前后,襜如也。趋进,翼如也。宾退,必复命曰:"宾不顾矣。"

入公门,鞠躬如也,如不容。立不中门,行不履阈。过位,色勃如也,足躩如也,其言似不足者。摄齐升堂,鞠躬如也,屏气似不息者。出,降一等,逞颜色,怡怡如也。没阶,趋进,翼如也。复其位,踧踖如也。

执圭,鞠躬如也,如不胜。上如揖,下如授。勃如战色,足蹜蹜如有循。享礼,有容色。私觌,愉愉如也。

君子不以绀緅饰。红紫不以为亵服。当暑，袗絺绤，必表而出之。缁衣羔裘，素衣麑裘，黄衣狐裘。亵裘长，短右袂。必有寝衣，长一身有半。狐貉之厚以居。去丧，无所不佩。非帷裳，必杀之。羔裘玄冠不以吊。吉月，必朝服而朝。

齐，必有明衣，布。

齐，必变食，居必迁坐。食不厌精，脍不厌细。食饐而餲，鱼馁而肉败，不食。色恶，不食。臭恶，不食。失饪，不食。不时，不食。割不正，不食。不得其酱，不食。肉虽多，不使胜食气。唯酒无量，不及乱。沽酒市脯，不食。不撤姜食，不多食。祭于公，不宿肉。祭肉不出三日。出三日，不食之矣。食不语，寝不言。虽疏食、菜羹、瓜祭，必齐如也。

席不正，不坐。

乡人饮酒，杖者出，斯出矣。乡人傩，朝服而立于阼阶。

问人于他邦，再拜而送之。

康子馈药，拜而受之。曰："丘未达，不敢尝。"

厩焚。子退朝，曰："伤人乎？"不问马。

君赐食，必正席先尝之；君赐腥，必熟而荐之；君赐生，必畜之。侍食于君，君祭，先饭。疾，君视之，东首，加朝服，拖绅。君命召，不俟驾行矣。

入太庙，每事问。

朋友死，无所归。曰："于我殡。"朋友之馈，虽车马，非祭肉，不拜。

寝不尸，居不容。见齐衰者，虽狎，必变。见冕者与瞽者，虽亵，必以貌。凶服者式之。式负版者。有盛馔，必变色而作。迅雷风烈，必变。

升车，必正立，执绥。车中不内顾，不疾言，不亲指。

色斯举矣，翔而后集。曰："山梁雌雉，时哉！时哉！"子路共之，三嗅而作。

【译文】

孔子回到故乡，非常恭顺，好像不能说话的样子。他在宗庙里、朝廷上，便能明白晓畅地说出自己的意见，只是说得不多。

上朝时，（在君主到来之前，）同下大夫说话，温和而快乐；同上大夫说话，正直而恭敬。君主来了，便显出恭敬而局促的样子，行步却从容安详。

鲁君召他接待国宾，面色矜持庄重，脚步也快起来。向两旁的人作揖，不停地左右拱手，衣服一俯一仰，却很整齐。快步向前，如鸟儿展翅。贵宾退下后，一定向君主报告："客人已经不回头了。"

走进朝廷大门，他的仪容十分敬畏，好像无处容身。站，不站在门中间；走，不踩门坎。经过国君座位，面色矜持，脚步也快，言语也好像中气不足。提起下摆朝堂上走，恭敬谨慎，憋住气好像不呼吸。出来，下一级台阶，面色舒展，怡然自得。下完台阶，轻快地向前走几步，如同鸟儿舒展翅膀。回到自己的位置，又显出恭敬局促的样子。

（孔子出使外国，举行典礼，）拿着圭，恭敬谨慎得好像举不起来。向上举好像作揖，向下好像在交给别人。面色凝重如同在作战，脚步紧凑好像踩着一条线似的。献礼物时，满脸和气。和外国君臣私下相见，就显得轻松愉快。

君子不用天青色和铁灰色作为镶边，浅红色和紫色的布不用来作为平常居家的衣服。暑天，穿着粗的或细的葛布单衣，里面一定穿背心，使它露在外面。黑衣配紫羔，白衣配麑裘，黄衣配狐裘。居家的皮袄较长，但右袖要做得短些。睡觉一定有小被，约有一个半人长。用狐貉皮的厚毛作为坐垫。

丧服满了以后，什么东西都可以佩带。不是（上朝和祭祀穿的）用整幅布做的裙子，一定裁去一些。紫羔和黑色礼帽都不穿戴着去吊丧。大年初一，必定着上朝的礼服去朝贺。

斋戒沐浴的时候，一定有浴衣，用布做的。斋戒时，一定改变食谱；居住也一定搬迁地方（，不与妻妾同房）。

粮食不嫌舂得精，鱼和肉不嫌切得细。粮食霉烂发臭，鱼和肉腐烂，都不吃。食物颜色难看，不吃。气味难闻，不吃。烹调不当，不吃。不到应该吃的时候，不吃。不按一定方法砍割的肉，不吃。没有一定量的调味的酱醋，不吃。席面上肉虽然多，吃它不超过主食。只有酒不限量，但不喝醉。买来的酒和肉干不吃。吃完了，姜不撤除，但吃得不多。

参与国家祭祀典礼，不把祭肉留到第二天。其他的祭肉保留不超过三天。如若过了三天，便不吃了。

吃饭时不交谈，睡觉时不说话。

即使是糙米饭蔬菜汤，也一定得先祭一祭，祭时必恭恭敬敬，就像斋戒了一般。

坐席摆的方向不合礼制，不坐。

行乡饮酒礼后，要等持杖的老人都出去了，自己才出去。

本地的人们迎神驱鬼，穿着朝服站在东边的台阶上。

托人给在外国的朋友问好送礼，便向受托者拜两次送行。

季康子送药给孔子，孔子拜而接受，却说："我对这药的药性不很了解，不敢试服。"

马棚失了火。孔子从朝廷回来，道："伤了人吗？"不问到马。

国君赐给熟食，孔子一定摆正座位先尝一尝。国君赐给生肉，一定先煮熟，再给祖宗进供。国君赐给活物，一定养着它。和国君一同吃饭，当他举行饭前祭礼的时候，自己先吃饭（，不吃菜）。

孔子病了，国君来探问，他便把脸朝东，把朝服盖在身上，拖着大带。

国君召见，不等车辆驾好马，立即先步行。

到了周公庙，孔子每件事情都发问。

朋友死了，没人收殓，孔子便道："丧葬由我来料理。"

朋友的赠品，即使是车马，只要不是祭肉，孔子接受时也不行礼。

孔子睡觉不像死尸一样（直躺），平日坐着，也不像接见客人或自己做客人一样（，跪着，屁股放在足跟上）。

孔子看见穿齐衰孝服的人，即便是最亲密的，也一定改变态度，（表示同情。）看见戴礼帽的人和盲人，即使常相见，也一定有礼貌。

在车中遇着运送死人衣物的人，便把身体微微向前一俯，手伏着车前的横木，（表示同情。）遇见背负国家图籍的人，也手伏车前横木。

一有丰盛的菜肴，一定神采飞扬，站立起来。

遇见疾雷、大风，一定改变态度。

上车后，一定先端正地站好，拉着扶手带（登车）。在车中，不向内回顾，不很快地说话，不用手指指点点。

（孔子在山谷中行走，看见几只野鸡。）孔子的脸色刚一动，野鸡便飞向空中，盘旋一阵，又都停在一处。孔子道："这些山梁上的母野鸡啊，得其时呀！得其时呀！"子路向它们拱拱手，它们又振一振翅膀飞去了。

先进篇第十一

【原文】

子曰："先进于礼乐，野人也；后进于礼乐，君子也。如用之，则吾从先进。"

子曰："从我于陈、蔡者，皆不及门也。"德行：颜渊，闵子骞，冉伯牛，仲弓；言语：宰我，子贡；政事：冉有，季路；文学：子游，子夏。

子曰："回也非助我者也！于吾言无所不说。"

子曰："孝哉闵子骞！人不间于其父母昆弟之言。"

南容三复白圭，孔子以其兄之子妻之。

季康子问："弟子孰为好学？"孔子对曰："有颜回者好学，不幸短命死矣！今也则亡。"

颜渊死，颜路请子之车以为之椁。子曰："才不才，亦各言其子也。鲤也死，有棺而无椁。吾不徒行以为之椁，以吾从大夫之后，不可徒行也。"

颜渊死。子曰："噫！天丧予！天丧予！"

颜渊死，子哭之恸。从者曰："子恸矣。"曰："有恸乎？非夫人之为恸而谁为！"

颜渊死，门人欲厚葬之，子曰："不可。"门人厚葬之。子曰："回也，视予犹父也，予不得视犹子也。非我也，夫二三子也。"

季路问事鬼神。子曰："未能事人，焉能事鬼？"曰："敢问死。"曰："未知生，焉知死？"

闵子侍侧，訚訚如也；子路，行行如也；冉有、子贡，侃侃如也。子乐。"若由也，不得其死然。"

鲁人为长府。闵子骞曰："仍旧贯，如之何？何必改作？"子曰："夫人不言，言必有中。"

子曰："由之瑟，奚为于丘之门？"门人不敬子路。子曰："由也升堂矣，未入于室也。"

子贡问："师与商也孰贤？"子曰："师也过，商也不及。"曰："然则师愈与？"子曰："过犹不及。"

季氏富于周公，而求也为之聚敛而附益之。子曰："非吾徒也，小子鸣鼓而攻之，可也！"

柴也愚，参也鲁，师也辟，由也喭。

子曰："回也其庶乎！屡空。赐不受命，而货殖焉，亿则屡中。"

子张问善人之道。子曰："不践迹，亦不入于室。"

子曰："论笃是与，君子者乎？色庄者乎？"

子路问："闻斯行诸？"子曰："有父兄在，如之何其闻斯行之？"冉有问："闻斯行诸？"子曰："闻斯行之！"公西华曰："由也问：'闻斯行诸？'子曰：'有父兄在。'求也问：'闻斯行诸？'子曰：'闻斯行之！'赤也惑，敢问。"子曰："求也退，故进之；由也兼人，故退之。"

子畏于匡，颜渊后。子曰："吾以女为死矣。"曰："子在，回何敢死？"

季子然问："仲由、冉求可谓大臣与？"子曰："吾以子为异之问，曾由与求之问。所谓大臣者，以道事君，不可则止。今由与求也，可谓具臣矣。"曰："然则从之者与？"子曰："弑父与君，亦不从也。"

子路使子羔为费宰。子曰："贼夫人之子。"子路曰："有民人焉，有社稷焉。何必读书，然后为学？"子曰："是故恶夫佞者。"

子路、曾皙、冉有、公西华侍坐。子曰："以吾一日长乎尔，毋吾以也！居则曰：'不吾知也！'如或知尔，则何以哉？"子路率尔而对曰："千乘之国，摄乎大国之间，加之以师旅，因之以饥馑，由也为之，比及三年，可使有勇，且知方也。"夫子哂之。"求，尔何如？"对曰："方六七十，如五六十，求也为之，比及三年，可使足民。如其礼乐，以俟君子。""赤，尔何如？"对曰："非曰能之，愿学焉！宗庙之事，如会同，端章甫，愿为小相焉。""点，尔何如？"鼓瑟希，铿尔，舍瑟而作。对曰："异乎三子者之撰！"子曰："何伤乎？亦各言其志也。"曰："莫春者，春服既成，冠者五六人，童子六七人，浴乎沂，风乎舞雩，咏而归。"夫子喟然叹曰："吾与点也。"三子者出，曾皙后。曾皙曰："夫三子者之言何如？"子曰："亦各言其志也已矣。"曰："夫子何哂由也？"曰："为国以礼，其言不让，是故哂之。""唯求则非邦也与？""安见方六七十如五六十而非邦也者？""唯赤则非邦也与？""宗庙会同，非诸侯而何？赤也为之小，孰能为之大？"

【译文】

孔子说:"先学习礼乐而后做官的是未曾有过爵禄的山野之人,先有了官位而后学习礼乐的是卿大夫的子弟。如果让我选用人才,我主张选用先学习礼乐的人。"

圣门四科,选自《孔子圣迹图》。

孔子说:"跟着我在陈国、蔡国之间忍饥挨饿的人,都不在我这里了。"

(孔子的学生各有千秋。)德行好的有颜渊、闵子骞、冉伯牛、仲弓。能说会道的有宰我、子贡。擅长处理政务的有冉有、季路。熟悉古代文献的有子游、子夏。

孔子说:"颜回呀,不是对我有所帮助的人,他对我的话没有不喜欢的。"

孔子说:"孝顺呀,闵子骞!别人对于他爹娘兄弟称赞他的话没有异议。"

南容经常把"白圭之玷,尚可磨也;斯言之玷,不可为也(白圭上的污点还可以磨掉,说错了话,就无法挽回了)"几句诗挂在嘴上,孔子便把自己的侄女嫁给他。

季康子问:"你的学生中,哪个好学?"孔子答道:"有一个叫颜回的好学,不幸短命死了,现在再没有这样的人了。"

颜渊死了,他父亲颜路请求孔子卖掉车子来替颜渊置办外椁。孔子道:"不管有才还是没才,但总是各自的儿子呀!从前我儿子鲤死了,也只有内棺,而无外椁。我不能(卖掉车子)步行来替他买椁。因为我也曾随行于大夫行列之后,是不能步行的。"

颜渊死了,孔子道:"咳!老天爷要我的命呀!老天爷要我的命呀!"

颜渊死了,孔子哭得很伤心。随从孔子的人说:"先生太伤心了!"孔子道:"真是太伤心了吗?我不为这个人伤心,又为谁伤心呢!"

颜渊死了,孔子的学生们想要很丰厚地埋葬他。孔子道:"不可以。"学生们仍然

很丰厚地埋葬了他。孔子道："颜渊呀，你对待我好像对待父亲呀！我却不能像对待儿子一样对待你呀！这不能怪我呀，是你的那些同学干的呀！"

子路问怎样服事鬼神。孔子道："人还不能服事，又怎能去服事鬼？"

子路又道："我冒昧地请问死是怎么回事？"孔子道："生的道理还没有弄明白，怎么能够懂得死？"

闵子骞站在孔子身旁，显得恭敬而正直；子路显得很刚强；冉有、子贡显得温和、愉快。孔子乐了："像仲由呀，怕是不得好死。"

鲁国翻修金库——长府。闵子骞道："仍像原来的样子如何？为什么一定要翻修呢？"孔子道："这人平日不大开口，一开口却十分中肯。"

孔子道："仲由弹瑟，为什么到我这里来弹呢？"听了这话，学生们便瞧不起子路。孔子道："由呀，学问已经不错了，只是还不够精深罢了。"

子贡问孔子："颛孙师（子张）和卜商（子夏）两个人谁强？"孔子道："师呀，有点过分；商呢，有点赶不上。"子贡道："那么，师强一点么？"孔子道："过分和赶不上一个样。"

季氏比周公还有钱，而冉求还替他搜括，增加更多的财富。孔子道："冉求不是我们的人，你们学生大张旗鼓地去攻击他，是可以的。"

高柴愚笨，曾参迟钝，颛孙师偏激，仲由卤莽。

孔子说："颜回的学问道德差不多了吧，可是常常穷得没办法。端木赐不安本分，囤积投机，猜测行情，却每每猜对了。"

子张问怎样做才是善人。孔子说："不踩着别人的脚印走，道德文章也难以到家。"

孔子说："总是推许言论笃实的人，他是真正的君子呢？还是故作深沉的人呢？"

子路问："听到就干起来吗？"孔子道："父亲兄长还健在，怎么能听到就干起来？"冉有问："听到就干起来吗？"孔子道："听到就干起来。"

公西华道："仲由问听到就干起来吗，您说'父亲兄长还健在，（不能这样做；）'冉求问听到就干起来吗，您却说'听到就干起来。'我给弄糊涂了，大胆地来问问您。"孔子道：冉求平时做事退缩，所以我给他打气；仲由却有两个人的胆量，所以我要给他泼点冷水。"

孔子在匡被围困了之后，颜渊最后才来。孔子道："我还以为你死了。"颜渊道："您还健在，我怎么敢死呢？"

季子然问："仲由和冉求可以说是大臣吗？"孔子道："我以为您是问别人，原来问的是由与求呀。我们所说的大臣，应心怀仁义来服事君主，如果这样行不通，就宁愿辞职不干。如今由和求这两个人，可以说是具备相当才能的臣子了。"季子然又问："那么，他们会服从上级吗？"孔子道："杀父亲和君主的事，他们也不会服从的。"

子路叫子羔去做费县县长。孔子道："这是害了别人的儿子！"子路道："那地方有老百姓，有土地和五谷，为什么定要读书才叫做学问呢？"孔子道："所以我讨厌巧舌如簧的人。"

子路、曾皙、冉有、公西华四人陪孔子坐着。孔子说道："因为我年纪比你们都大，（老了，）没有人用我了。你们平日说：'人家不了解我呀！'如果有人了解你们，

四子待业，选自《孔子圣迹图》。

（打算请你们出去，）那你们怎么办呢？"

子路不假思索地答道："一千辆兵车的国家，局促地处在几个大国之间，外面有军队侵犯它，国内又常闹灾荒。我去治理，等到三年以后，可以使人人有勇气，而且懂得大道理。"孔子微微一笑。又问："冉求！你怎么样？"答道："方圆六七十里或者五六十里的小国家，我去治理，等到三年以后，可以使人民丰衣足食。至于修明礼乐，那只有等待贤人君子了。"孔子又问："公西赤！你怎么样？"答道："不是说我已经很有能力了，我愿意这样学习：祭祀的工作或者同外国会盟，我穿着礼服，戴着礼帽，做一个小司仪者。"又问："曾点！你怎么样？"他弹瑟正近尾声，铿地一声把瑟放下，站起来答道："我的志向和他们三位所讲的不同。"孔子道："有什么关系呢，正是要各人说出自己的志向呀！"曾皙便道："暮春时节，春天衣服都已穿定了，我和五六位成年人、六七个小孩，在沂水中洗洗澡，在舞雩台上吹吹风，再唱着歌儿回家。"孔子长叹一声说："我同意曾点的主张呀！"子路、冉有、公西华三人都出去了，曾皙后走。曾皙问道："那三位同学的话怎样？"孔子道："也不过各人说说自己的志向罢了。"曾皙又道："先生为什么对仲由微笑呢？"孔子道："治理国家应该讲求礼，可是他的话一点都不谦让，所以笑笑他。""难道冉求所讲的就不是国家吗？"孔子道："怎么见得方圆六七十里或五六十里地就不够一个国家呢？""公西赤所讲的不是国家吗？"孔子道："有宗庙，有国际间的盟会，不是国家是什么？（我笑仲由不是说他不能治理国家，而是笑他说话的内容和态度不够谦虚。譬如公西赤，他是个十分懂得礼仪的人，但他只说愿意学着做一个小司仪者。）如果他只做一个小司仪者，又有谁来做大司仪者呢？"

颜渊篇第十二

【原文】

颜渊问仁。子曰:"克己复礼为仁。一日克己复礼,天下归仁焉。为仁由己,而由人乎哉?"颜渊曰:"请问其目。"子曰:"非礼勿视,非礼勿听,非礼勿言,非礼勿动。"

颜渊曰:"回虽不敏,请事斯语矣!"

仲弓问仁。子曰:"出门如见大宾,使民如承大祭。己所不欲,勿施于人。在邦无怨,在家无怨。"仲弓曰:"雍虽不敏,请事斯语矣!"

司马牛问仁。子曰:"仁者,其言也讱。"曰:"其言也讱,斯谓之仁已乎?"子曰:"为之难,言之得无讱乎?"

司马牛问君子。子曰:"君子不忧不惧。"曰:"不忧不惧,斯谓之君子已乎?"子曰:"内省不疚,夫何忧何惧?"

司马牛忧曰:"人皆有兄弟,我独亡!"子夏曰:"商闻之矣:死生有命,富贵在天。君子敬而无失,与人恭而有礼,四海之内,皆兄弟也。君子何患乎无兄弟也?"

子张问明。子曰:"浸润之谮,肤受之愬,不行焉,可谓明也已矣。浸润之谮,肤受之愬,不行焉,可谓远也已矣。"

子贡问政。子曰:"足食,足兵,民信之矣。"子贡曰:"必不得已而去,于斯三者何先?"曰:"去兵。"子贡曰:"必不得已而去,于斯二者何先?"曰:"去食。自古皆有死,民无信不立。"

棘子成曰:"君子质而已矣,何以文为?"子贡曰:"惜乎!夫子之说君子也。驷不及舌。文犹质也,质犹文也。虎豹之鞟犹犬羊之鞟。"

哀公问于有若曰:"年饥,用不足,如之何?"有若对曰:"盍彻乎?"曰:"二,吾犹不足,如之何其彻也?"对曰:"百姓足,君孰与不足?百姓不足,君孰与足?"

子张问崇德、辨惑。子曰:"主忠信,徙义,崇德也。爱之欲其生,恶之欲其死;既欲其生,又欲其死,是惑也。'诚不以富,亦祗以异。'"

齐景公问政于孔子,孔子对曰:"君君、臣臣、父父、子子。"公曰:"善哉!信如君不君、臣不臣、父不父、子不子,虽有粟,吾得而食诸?"

子曰:"片言可以折狱者,其由也与!"子路无宿诺。

子曰:"听讼,吾犹人也。必也使无讼乎!"

子张问政。子曰:"居之无倦,行之以忠。"

子曰:"博学于文,约之以礼,亦可以弗畔矣夫!"

子曰:"君子成人之美,不成人之恶;小人反是。"

季康子问政于孔子。孔子对曰:"政者,正也。子帅以正,孰敢不正?"

季康子患盗,问于孔子。孔子对曰:"苟子之不欲,虽赏之不窃。"

季康子问政于孔子曰:"如杀无道,以就有道,何如?"孔子对曰:"子为政,焉用杀?子欲善而民善矣!君子之德,风;小人之德,草;草上之风,必偃。"

子张问:"士何如斯可谓之达矣?"子曰:"何哉,尔所谓达者?"子张对曰:"在邦必闻,在家必闻。"子曰:"是闻也,非达也。夫达也者,质直而好义,察言而观色,虑以下人。在邦必达,在家必达。夫闻也者,色取仁而行违,居之不疑。在邦必闻,在家必闻。"

樊迟从游于舞雩之下,曰:"敢问崇德、修慝、辨惑。"子曰:"善哉问!先事后得,非崇德与?攻其恶,无攻人之恶,非修慝与?一朝之忿,忘其身以及其亲,非惑与?"

樊迟问仁。子曰:"爱人。"问知。子曰:"知人。"樊迟未达。子曰:"举直错诸枉,能使枉者直。"樊迟退,见子夏,曰:"乡也吾见于夫子而问知,子曰:'举直错诸枉,能使枉者直',何谓也?"

子夏曰:"富哉言乎!舜有天下,选于众,举皋陶,不仁者远矣。汤有天下,选于众,举伊尹,不仁者远矣。"

子贡问友。子曰:"忠告而善道之,不可则止,毋自辱焉。"

曾子曰:"君子以文会友,以友辅仁。"

【译文】

颜渊问仁德。孔子道:"抑制自己,使言语行动都回复到传统的礼所允许的范围,就是仁。一旦这样做了,天下的人都会称许你是仁人。实践仁德,全靠自己,难道还靠别人不成?"

颜渊道:"请问行动的纲领。"孔子道:"不合礼的事不看,不合礼的话不听,不合礼的话不说,不合礼的事不做。"颜渊道:"我虽不敏捷,也要实行您这话。"

仲弓问仁德。孔子道:"出门(工作)好像去接待贵宾,役使百姓好像去承担大祀典,(事事严肃认真,小心谨慎。)自己所不喜欢的事物,就不强加于别人。在工作岗位上不对工作有怨言,就是不在工作岗位上也没有怨言。"仲弓道:"我虽然不敏捷,也要实行您这话。"

司马牛问仁德。孔子道:"仁人,他的言语迟钝。"司马牛道:"言语迟钝,这就叫做仁了吗?"孔子道:"做起来不容易,说话能够不迟钝吗?"

司马牛问怎样才能成为一个君子。孔子道:"君子不忧愁,不恐惧。"司马牛道:"不忧愁,不恐惧,这样就可以叫做君子了吗?"孔子道:"自己问心无愧,那有什么可以忧愁和恐惧的呢?"

司马牛忧愁地说:"别人都有兄弟,只有我没有。"子夏道:"我听说过:死生听之

克服传颜,选自《孔子圣迹图》。

命运,富贵由天安排。君子只是对待工作严肃认真,不出差错,对待别人辞色恭谨,合乎礼节。普天之下,到处都有兄弟!君子又何必着急没有兄弟呢?"

子张问怎样做才算是个明白人。孔子道:"点滴而来、日积月累的谗言和肌肤所受、急迫切身的诬告在你这里都行不通,那你可以算是看得明白的人了。点滴而来、日积月累的谗言和肌肤所受、急迫切身的诬告在你这里都行不通,那你可以算是看得远的了。"

子贡问怎样去治理政事。孔子道:"充足粮食,充足军备,百姓对政府就有信心了。"子贡道:"如果迫不得已,在粮食、军队和人民的信心三者之中一定要去掉一项,先去掉哪一项?"孔子道:"去掉军备。"子贡道:"如果迫不得已,在粮食和人民的信心两者之中一定要去掉一项,先去掉哪一项?"孔子道:"去掉粮食。(没有粮食,不过一死,但)自古以来谁都免不了死亡。如果人民对政府缺乏信心,国家是站不起来的。"

棘子成道:"君子只要有好的本质就行了,要那些文彩(那些仪节、那些形式)干什么?"子贡道:"可惜呀,先生这样谈论君子。一言既出,驷马难追。本质和文彩,是同等重要的。假若把虎豹和犬羊两类兽皮拔去有文彩的毛,那这两类皮革就很难区别了。"

鲁哀公向有若问道:"年成不好,国家用度不足,该怎么办?"有若答道:"为什么不实行十分抽一的税率呢?"哀公道:"十分抽二,我还不够,怎么能十分抽一呢?"答道:"如果百姓的用度够,您怎么会不够?如果百姓的用度不够,您又怎么会够?"

子张问怎样提高品德,辨别迷惑。孔子道:"以忠诚信实为主,唯义是从,就可以提高品德。爱一个人,希望他长寿,厌恶起来,恨不得他马上死去。既要他长寿,又

要他短命，这便是迷惑。就如诗经中说的'诚不以富，亦祇以异（尽管不是嫌贫爱富那样势力，但也是如同见异思迁、喜新厌旧一样可笑啊）。'"

齐景公向孔子问政治。孔子答道："君要像个君，臣要像个臣，父亲要像父亲，儿子要像儿子。"景公道："对呀！若真是君不像君，臣不像臣，父不像父，子不像子，虽然有很多粮食，我能吃得上吗？"

孔子说："根据一方面的言语就可以判决案件的，大概只有仲由吧！"子路从不拖延诺言。

孔子说："审理诉讼，我同别人差不多。一定要使诉讼的事件完全消灭才好。"

子张问政治。孔子道："在位不要疲倦懈息，执行政令要忠心。"

孔子说："君子广泛地学习文献，再用礼节约束自己，也可以不离经叛道了吧！"

孔子说："君子成全别人的好事，不促成别人的坏事。小人却和这相反。"

司马牛，选自《芥子园画传》。

季康子向孔子问政治。孔子答道："政字的意思就是端正。您自己带头端正，谁敢不端正呢？"

季康子苦于盗贼太多，向孔子求教。孔子答道："假如您不贪求太多的财货，就是奖励偷抢，他们也不会干。"

季康子向孔子请教政治，说道："假若杀掉坏人来亲近好人，怎么样？"孔子答道："您治理政治，为什么要杀戮？您想把国家搞好，百姓就会好起来。领导人的作风好比风，老百姓的作风好比草。风向哪边吹，草向哪边倒。"

子张问："读书人要如何做才可以叫做达？"孔子道："你所说的达是什么意思？"子张答道："在朝廷做官时一定有名望，在大夫家工作时一定有名望。"孔子道："这是闻，不是达。怎样才是达呢？品质正直，遇事讲理，善于观察别人的颜色，从思想上愿意对别人退让。这样，他在朝廷做官必定事事通达，在大夫家也一定事事通达。至于闻，表面上似乎爱好仁德，实际行为却不如此，而自己竟以仁人自居毫不怀疑。这种人，做朝廷的官时一定会骗取名望，在大夫家工作时也一定会骗取名望。"

樊迟陪同孔子在舞雩台下游玩，他说："请问怎样提高自己的品德，怎样消除别人对自己不显露的怨恨，怎么辨别出哪种是糊涂事。"孔子道："问得好！首先付出劳动，然后收获，不是提高品德了吗？批判自己的坏处，不去批判别人的坏处，不就消除无形的怨恨了吗？因为偶然的忿怒，便忘记自己，甚至忘记了爹娘，不是糊涂吗？"

景公尊让，选自《孔子圣迹图》。

樊迟问什么是仁，孔子道："爱人。"又问什么是智，孔子道："善于了解别人。"樊迟还不理解。孔子道："提拔正直的人，使他地位在不正直的人之上，能够使不正直的人正直。"樊迟退了出来，找到子夏，说道："刚才我去见老师，请教什么是智，他说：'提拔正直的人，使他地位在不正直的人之上，能够使不正直的人正直。'这是什么意思？"子夏答道："这话的意义多么丰富啊！舜有了天下，在众人之中挑选，提拔了皋陶，坏人就难以得势了。汤有了天下，在众人之中挑选，提拔了伊尹，坏人就难以得势了。"

子贡问如何对待朋友。孔子道："忠心地劝告他，好好地引导他，他不听从，也就罢了，不要自找侮辱。"

曾子说："君子用文章学问来聚会朋友，用朋友来帮助我培养仁德。"

子路篇第十三

【原文】

子路问政。子曰："先之，劳之。"请益，曰："无倦。"

仲弓为季氏宰，问政。子曰："先有司，赦小过，举贤才。"曰："焉知贤才而举之？"子曰："举尔所知。尔所不知，人其舍诸？"

子路曰："卫君待子而为政，子将奚先？"子曰："必也正名乎！"子路曰："有是哉，子之迂也！奚其正？"子曰："野哉，由也！君子于其所不知，盖阙如也。名不正，则言不顺；言不顺，则事不成；事不成，则礼乐不兴；礼乐不兴，则刑罚不中；刑罚不中，则民无所错手足。故君子名之必可言也，言之必可行也。君子于其言，无所苟而已矣。"

樊迟请学稼。子曰："吾不如老农。"请学为圃。曰："吾不如老圃。"樊迟出。子曰："小人哉，樊须也！上好礼，则民莫敢不敬；上好义，则民莫敢不服；上好信，则民莫敢不用情。夫如是，则四方之民襁负其子而至矣，焉用稼？"

子曰："诵《诗》三百，授之以政，不达；使于四方，不能专对；虽多，亦奚以为？"

子曰："其身正，不令而行；其身不正，虽令不从。"

子曰："鲁卫之政，兄弟也。"

子谓卫公子荆："善居室。始有，曰：'苟合矣！'少有，曰：'苟完矣。'富有，曰：'苟美矣。'"

子适卫，冉有仆。子曰："庶矣哉！"冉有曰："既庶矣，又何加焉？"曰："富之。"曰："既富矣，又何加焉？"曰："教之。"

子曰："苟有用我者，期月而已可也，三年有成。"

子曰："'善人为邦百年，亦可以胜残去杀矣。'诚哉是言也！"

子曰："如有王者，必世而后仁。"

子曰："苟正其身矣，于从政乎何有？不能正其身，如正人何！"

冉子退朝。子曰："何晏也？"对曰："有政。"子曰："其事也。如有政，虽不吾以，吾其与闻之。"

定公问："一言而可以兴邦，有诸？"孔子对曰："言不可以若是。其几也，人之言曰：'为君难，为臣不易。'如知为君之难也，不几乎一言而兴邦乎！"曰："一言而丧邦，有诸？"孔子对曰："言不可以若是。其几也，人之言曰：'予无乐乎为君。唯其言而莫予违也。'如其善而莫之违也，不亦善乎！如不善而莫之违也，不几乎一言而丧邦乎！"

叶公问政。子曰："近者说，远者来。"

子夏为莒父宰，问政。子曰："无欲速，无见小利。欲速则不达，见小利则大事不成。"

叶公语孔子曰："吾党有直躬者，其父攘羊，而子证之。"孔子曰："吾党之直者异于是。父为子隐，子为父隐，直在其中矣。"

樊迟问仁。子曰："居处恭，执事敬，与人忠；虽之夷狄，不可弃也。"

子贡问曰："何如斯可谓之士矣？"子曰："行己有耻，使于四方，不辱君命，可谓

士矣。"曰："敢问其次。"曰："宗族称孝焉，乡党称弟焉。"曰："敢问其次。"曰："言必信，行必果，硁硁然小人哉！抑亦可以为次矣。"曰："今之从政者何如？"子曰："噫！斗筲之人，何足算也！"

子曰："不得中行而与之，必也狂狷乎！狂者进取，狷者有所不为也。"

子曰："南人有言曰：'人而无恒，不可以作巫医。'善夫！""不恒其德，或承之羞。"子曰："不占而已矣。"

子曰："君子和而不同，小人同而不和。"

子贡问曰："乡人皆好之，何如？"子曰："未可也。""乡人皆恶之，何如？"子曰："未可也。不如乡人之善者好之，其不善者恶之。"

子曰："君子易事而难说也。说之不以道，不说也；及其使人也，器之。小人难事而易说也。说之虽不以道，说也；及其使人也，求备焉。"

子曰："君子泰而不骄，小人骄而不泰。"

子曰："刚、毅、木、讷，近仁。"

子路问曰："何如斯可谓之士矣？"子曰："切切偲偲、怡怡如也，可谓士矣。朋友切切偲偲，兄弟怡怡。"

子曰："善人教民七年，亦可以即戎矣。"

子曰："以不教民战，是谓弃之。"

【译文】

子路问政治。孔子道："自己带头，然后让老百姓勤劳地工作。"子路请求再讲一点。孔子又道："永远不要松劲。"

仲弓当了季氏的管家，向孔子问政治。孔子道："给下属做榜样，原谅别人的小过失，推举贤能的人。"仲弓道："怎样去识别贤能的人并提拔他们呢？"孔子道："推举你所知道的；你所不知道的，别人难道会舍弃他吗？"

子路对孔子说："卫君等着您去治理国政，您准备首先干什么？"孔子道："那一定是纠正名分上的用词不当吧！"子路道："您的迂腐竟到了如此地步吗！这又何必纠正？"孔子道："你怎么这样粗野！君子对于他所不懂的，大概采取保留态度，（而不会像你这样乱说。）用词不当，言语就不能顺理成章，言语不顺理成章；工作就不能搞好；工作搞不好，国家的礼乐制度也就举办不起来；礼乐制度举办不起来，刑罚也就不会得当；刑罚不得当，百姓就会（无所适从，）连手脚都不晓得摆在哪里好。所以君子用一个词，一定可以说得出用它的道理来；而顺理成章的话也一定行得通。君子对于措词说话要没有一点马虎的地方，才肯罢休。"

樊迟请求学种庄稼。孔子道："我不如老农夫。"又请求学种蔬菜。孔子道："我不如老菜农。"樊迟出去了。孔子道："樊迟真是小人！在上位者讲礼节，老百姓就没人敢不尊敬；在上位者讲道理，老百姓就没人敢不服从；在上位者讲信誉，老百姓就没人敢不说真话。能做到这样，四面八方的老百姓都会背负着小儿女来投靠，为什么要

自己种地呢?"

孔子说:"熟读《诗》三百篇,把政治任务交给他,却不能办好;让他出使外国,又不能独当一面;即使书读得再多,又有什么用处呢?"

孔子说:"当权者自己行得正,不发命令,政令也能贯彻。自己行为不检点,即使三令五申,老百姓也不会听从。"

孔子说:"鲁国和卫国的政治,像兄弟一般(,相差无几)。"

孔子谈到卫国的公子荆,说:"他善于居家过日子,刚有一点,便说:'差不多够了。'增加了一点,又说道:'差不多完备了。'多有一点,便说道:'差不多完美了。'"

孔子到卫国,冉有替他驾车子。孔子道:"人真多呀!"冉有道:"人口已经众多了,又该干什么呢?"孔子说:"让他们富起来。"冉有道:"已经富裕了,又该干什么呢?"孔子道:"教育他们。"

子路,选自《芥子园画传》。

孔子说:"如有用我主持国家政事的,一年也就差不多了,三年便会很有成绩。"

孔子说:"'善人治理国家一百年,也可以克服残暴免除杀戮了。'这话说得真对呀!"

孔子说:"假如有王者兴起,一定需要三十年才能使仁政大行。"

孔子说:"假若端正了自己,治理国家还有什么困难呢?连本身都不能端正,又怎能端正别人呢?"

冉有下朝回来。孔子道:"今天为什么回得晚了呢?"答道:"有政务。"孔子道:"那只是事务罢了。如果有政务,虽然不用我了,我也会知道的。"

鲁定公问:"一句话兴盛国家,有这事吗?"孔子答道:"说话可不能像这样地简单机械。不过,大家都说:'做君主很难,做臣子不容易。'如果知道做君主的艰难,(事事自然会认真谨慎地去干,)这不就接近一句话便兴盛国家了吗?"定公又道:"一句话丧失国家,有这事吗?"孔子答道:"说话可不能像这样地简单机械。不过,大家都说:'我做君主没有别的快乐,只是我说任何话都没人敢违抗。'如果说的话正确而没人敢违抗,不也好吗?如果说的话不正确也没人敢违抗,这不就接近一句话便丧失国家了吗?"

叶公问政治。孔子道:"近处的人使他高兴,远方的人使他来投奔。"

子夏做了莒父的县长,问政治。孔子道:"不要图快,不要顾小利。图快,反而达

不到目的，顾小利，大事就办不成功。"

叶公告诉孔子道："我那里有个坦白直率的人，他父亲偷了羊，他便告发。"孔子道："我们那里坦白直率的人和你们的不同：父亲替儿子隐瞒，儿子替父亲隐瞒。直率就在这里面。"

樊迟问仁。孔子道："平日容貌态度端正庄严，工作严肃认真，对别人忠心诚意。这几种品德，纵是到了野蛮人的国度，也是不能废弃的。"

子贡问道："怎样才可以叫做'士'？"孔子道："以羞耻之心约束自己的行动，出使各国，不负君主的使命，这就可以叫做'士'了。"子贡道："请问次一等的。"孔子道："宗族称赞他孝顺父母，乡里称赞他恭敬兄长。"子贡又道："请问再次一等的。"孔子道："言语一定信实，行为一定坚决，这是不问黑白而只管自己贯彻言行的小人呀！但也可以说是再次一等的'士'了。"子贡道："现在的执政诸公怎么样？"孔子道："咳！这班器识狭小的人算什么东西！"

孔子说："得不到言行合乎中庸的人和他相交，那一定要结交激进的人和直筒子脾气的人吧！激进者一意向前，直筒子脾气的人也不肯做坏事。"

孔子说："南方人有句话说：'人假若没有恒心，连巫医都做不了。'这话说得好呀！"《易·恒卦》的爻辞说："三心二意，翻云覆雨，总有人招致羞耻。"孔子又说："这话的意思是叫无恒心的人不必去占卦罢了。"

孔子说："君子追求在正确前提下的和谐，却不肯盲从；小人只会盲从，却不肯坚持正确立场。"

子贡问道："一乡的人都喜欢他，这个人怎么样？"孔子道："还不行。"子贡又道："一乡的人都厌恶他，这个人怎么样？"孔子道："还不行。最好一乡的好人都喜欢他，一乡的坏人都厌恶他。"

孔子说："在君子手下工作很容易，讨他的欢喜却难。不用正当的方式去讨他的欢喜，他是不会欢喜的；等到他使用人的时候，却衡量各人的才德去分配任务。在小人手下工作很难，讨他的欢喜却容易。用不正当的方式去讨他的欢喜，他会欢喜；等到他使用人的时候，便会百般挑剔，求全责备。"

孔子说："君子安详舒泰，而不盛气凌人；小人盛气凌人，而不安详舒泰。"

孔子说："刚强、果断、质朴、说话谨慎，有这四种品德的人近于仁德。"

子路问道："怎么样才可以叫做'士'了呢？"孔子道："互相批评，和睦相处，就可以叫做'士'了。朋友之间，互相批评；兄弟之间，和睦相处。"

孔子说："善人教导人民七八年，也能够叫他们作战了。"

孔子道："用没有被训练过的人民去作战，这等于糟踏生命。"

宪问篇第十四

【原文】

宪问耻。子曰："邦有道，谷；邦无道，谷，耻也。"

"克、伐、怨、欲不行焉，可以为仁矣？"子曰："可以为难矣，仁则吾不知也。"

子曰："士而怀居，不足以为士矣！"

子曰："邦有道，危言危行；邦无道，危行言孙。"

子曰："有德者必有言，有言者不必有德；仁者必有勇，勇者不必有仁。"

南宫适问于孔子曰："羿善射，奡荡舟，俱不得其死然。禹、稷躬稼，而有天下。"夫子不答。南宫适出。子曰："君子哉若人！尚德哉若人！"

子曰："君子而不仁者有矣夫，未有小人而仁者也。"

子曰："爱之，能勿劳乎？忠焉，能勿诲乎？"

子曰："为命，裨谌草创之，世叔讨论之，行人子羽修饰之，东里子产润色之。"

或问子产。子曰："惠人也。"问子西。曰："彼哉！彼哉！"问管仲。曰："人也。夺伯氏骈邑三百，饭疏食，没齿无怨言。"

子曰："贫而无怨难，富而无骄易。"

子曰："孟公绰为赵魏老则优，不可以为滕薛大夫。"

子路问成人。子曰："若臧武仲之知，公绰之不欲，卞庄子之勇，冉求之艺，文之以礼乐，亦可以为成人矣。"曰："今之成人者何必然？见利思义，见危授命，久要不忘平生之言，亦可以为成人矣。"

子问公叔文子于公明贾曰："信乎？夫子不言、不笑、不取乎？"公明贾对曰："以告者过也。夫子时然后言，人不厌其言；乐然后笑，人不厌其笑；义然后取，人不厌其取。"子曰："其然，岂其然乎？"

子曰："臧武仲以防求为后于鲁，虽曰不要君，吾不信也。"

子曰："晋文公谲而不正，齐桓公正而不谲。"

子路曰："桓公杀公子纠，召忽死之，管仲不死。"曰："未仁乎？"子曰："桓公九合诸侯，不以兵车，管仲之力也。如其仁！如其仁！"

子贡曰："管仲非仁者与？桓公杀公子纠，不能死，又相之。"子曰："管仲相桓公，霸诸侯，一匡天下，民到于今受其赐。微管仲，吾其被发左衽矣！岂若匹夫匹妇之为谅也，自经于沟渎而莫之知也。"

公叔文子之臣大夫僎与文子同升诸公。子闻之曰："可以为文矣。"

子言卫灵公之无道也，康子曰："夫如是，奚而不丧？"孔子曰："仲叔圉治宾客，

祝鮀治宗庙，王孙贾治军旅。夫如是，奚其丧？"

子曰："其言之不怍，则为之也难！"

陈成子弑简公。孔子沐浴而朝，告于哀公曰："陈恒弑其君，请讨之。"公曰："告夫三子！"孔子曰："以吾从大夫之后，不敢不告也。君曰'告夫三子'者。"之三子告，不可。孔子曰："以吾从大夫之后，不敢不告也。"

子路问事君。子曰："勿欺也，而犯之。"

子曰："君子上达，小人下达。"

子曰："古之学者为己，今之学者为人。"

蘧伯玉使人于孔子。孔子与之坐而问焉，曰："夫子何为？"对曰："夫子欲寡其过而未能也。"使者出。子曰："使乎！使乎！"

子曰："不在其位，不谋其政。"

曾子曰："君子思不出其位。"

子曰："君子耻其言而过其行。"

子曰："君子道者三，我无能焉：仁者不忧，知者不惑，勇者不惧。"子贡曰："夫子自道也。"

子贡方人。子曰："赐也贤乎哉！夫我则不暇。"

子曰："不患人之不己知，患其不能也。"

子曰："不逆诈，不亿不信，抑亦先觉者，是贤乎！"

微生亩谓孔子曰："丘何为是栖栖者与？无乃为佞乎？"孔子曰："非敢为佞也，疾固也。"

子曰："骥不称其力，称其德也。"

或曰："以德报怨，何如？"子曰："何以报德？以直报怨，以德报德。"

子曰："莫我知也夫！"子贡曰："何为其莫知子也？"子曰："不怨天，不尤人；下学而上达。知我者其天乎！"

公伯寮愬子路于季孙。子服景伯以告，曰："夫子固有惑志，于公伯寮，吾力犹能肆诸市朝。"子曰："道之将行也与，命也。道之将废也与，命也。公伯寮其如命何！"

子曰："贤者辟世，其次辟地，其次辟色，其次辟言。"子曰："作者七人矣。"

子路宿于石门。晨门曰："奚自？"子路曰："自孔氏。"曰："是知其不可而为之者与？"

子击磬于卫。有荷蒉而过孔氏之门者，曰："有心哉！击磬乎！"既而曰："鄙哉！硁硁乎！莫己知也，斯己而已矣。深则厉，浅则揭。"子曰："果哉！末之难矣。"

子张曰："《书》云：'高宗谅阴，三年不言。'何谓也？"子曰："何必高宗？古之人皆然。君薨，百官总己以听于冢宰三年。"

子曰："上好礼，则民易使也。"

子路问君子。子曰："修己以敬。"曰："如斯而已乎？"曰："修己以安人。"曰："如斯而已乎？"曰："修己以安百姓。修己以安百姓，尧、舜其犹病诸！"

原壤夷俟。子曰："幼而不孙弟，长而无述焉，老而不死，是为贼！"以杖叩其胫。

阙党童子将命。或问之曰："益者与？"子曰："吾见其居于位也，见其与先生并行也。非求益者也，欲速成者也。"

【译文】

原宪问什么叫耻辱。孔子道："国家政治清明，可以做官领薪俸；国家政治黑暗，做官领薪俸，这就是耻辱。"原宪又说："一个人，好胜、自夸、怨恨和贪心都没有表现过，可以说是仁德之人么？"孔子说："可以说是难能可贵了，至于仁德，我不知道。"

孔子说："作为一个读书人，却贪图安逸，真不配做读书人了。"

孔子说："政治清明，言语正直，行为正直；政治黑暗，行为正直，言语谦逊。"

孔子道："有道德的人一定有名言，但有名言的人不一定有道德。仁人一定勇敢，但勇敢的人不一定仁。"

南宫适向孔子问道："羿擅长射箭，奡擅长水战，都没有得到好死。禹和稷自己下地种田，却得到了天下。（怎样理解这些历史？）"孔子没有答复。南宫适退出去后，孔子道："这个人，好一个君子！这个人，多么尊尚道德！"

孔子说："君子之中不仁的人是有的吧，小人之中却不会有仁人。"

孔子说："爱他，能不磨砺他吗？忠于他，能不教诲他吗？"

孔子说："郑国外交辞令的撰写过程，由裨谌打草稿，世叔提意见，外交官子羽修改，东里的子产做文辞上的加工。"

有人向孔子问子产是怎样的人物。孔子道："他是宽厚慈惠的人。"又问到子西。孔子道："他呀，他呀！"又问到管仲。孔子道："他是个人才。剥夺了伯氏骈邑三百户的封地，使他只能吃粗粮，却到死也没有怨言。"

孔子说："贫穷却没有怨恨，很难；富贵却不骄傲，倒容易做到。"

孔子说："孟公绰，让他做晋国卿大夫赵氏、魏氏的家臣，是能胜任愉快的，但没有能力做滕、薛这类小国的大夫。"

子路问怎样才是全人。孔子道："智慧像臧武仲，清心寡欲像孟公绰，勇敢像卞庄子，多才多艺像冉求，再用礼乐来成就他的文采，也可以说是全人了。"等了一会儿，又道："现在的全人哪里一定要这样？看见利益能想起该不该得，遇到危险肯付出生命，经过长久的穷困日子都不忘记平日的诺言，也可以说是全人了。"

孔子向公明贾问到公叔文子，说："他老人家不说话，不笑，不取，是真的吗？"公明贾答道："这是传话的人说错了。他老人家到该说话的时候才说话，别人便不讨厌他的话；快乐了才笑，别人便不讨厌他的笑；应该取才取，别人便不讨厌他的取。"孔子道："如此吗？真的如此吗？"

孔子说："臧武仲（逃到齐国之前，）凭借着他的封地防城请求立其子弟继他为鲁国卿大夫，虽然有人说他不是要挟国君，但我是不相信的。"

孔子说:"晋文公好搞阴谋诡计,不光明正大;齐桓公光明正大,不搞阴谋诡计。"

子路道:"齐桓公杀了公子纠(公子纠的师傅),召忽因此自杀(但是他的另一师傅),管仲却活着。"接着又道:"管仲怕是不仁吧?"孔子道:"齐桓公多次主持诸侯间的盟会,消弭了战祸,这都是管仲的力量。这就是管仲的仁德!这就是管仲的仁德!"

子贡道:"管仲该不是仁人吧,桓公杀了公子纠,他不但不能以身殉难,还去辅相他。"孔子道:"管仲辅相桓公,称霸诸侯,使天下一切都得以匡正,人民到今天还感受到他的好处。如果没有管仲,我们都会披散着头发,衣襟向左边开着,(沦落为夷狄了。)他难道要像普通老百姓一样守着小节小信,在山沟里自杀,死了还没人知道吗?"

公叔文子的家臣大夫僎,(由于文子的推荐)和文子一道做了国家的大臣。孔子知道这事,便道:"这便可以谥为'文'了。"

孔子讲到卫灵公的昏乱,康子道:"既然这样,为什么不败亡?"孔子道:"他有仲叔圉接待宾客,祝鮀管理祭祀,王孙贾统率军队,像这样,怎么会败亡?"

孔子说:"那个人大言不惭,他实行就不容易。"

陈恒杀了齐简公。孔子斋戒沐浴后朝见鲁哀公,报告道:"陈恒杀了他的君主,请您出兵讨伐他。"哀公道:"你向季孙、仲孙、孟孙三人去报告吧!"(退了出来,)道:"因为我曾忝为大夫,不敢不来报告,但是君上却对我说:'给那三人报告吧,!'"孔子又去报告三位大臣,不肯出兵。孔子道:"因为我曾忝为大夫,不敢不报告。"

子路问怎样服事人君。孔子道:"不要(阳奉阴违地)欺骗他,却可以(当面)触犯他。"

孔子说:"君子通达于仁义,小人通达于财利。"

孔子说:"古代学者是为了提高自己的道德文章做学问,现代学者做学问却是为了装门面给人家看。"

蘧伯玉派一位使者访问孔子。孔子给他让座,而后问道:"他老人家干些什么?"使者答道:"他老人家想减少过错却还没能做到。"使者出去后,孔子道:"好一位使者!好一位使者!"

孔子说:"不居于那个职位,便不考虑它的政务。"

曾子说:"君子所思虑的不超出自己的职责范围。"

孔子说:"说得多,做得少,君子以为耻。"

孔子说:"君子所行的三件事,我一件也没能做到:仁德的人不忧虑,聪明的人不迷惑,勇敢的人不畏惧。"子贡道:"他老人家所刻画的正是他自己呀!"

子贡讥评别人。孔子对他道:"你就够好了吗?我却没有这闲工夫。"

孔子说:"不着急别人不知道我,只着急自己没有能力。"

孔子说:"不预先怀疑别人的欺诈,也不无根据地猜测别人的不老实,却能及早发觉,这样的人是一位贤者吧!"

微生亩对孔子道:"你为什么要这样忙忙碌碌呢?难道是要逞你的口才吗?"孔子

道："我不是敢逞口才，而是讨厌那种顽固不化的人。"

孔子说："称千里马叫做骥，不是称赞它的力气，而是称赞它的品质。"

有人对孔子说："拿恩惠来报答怨恨，怎么样？"孔子道："那又拿什么来报答恩惠呢？应该拿公平正直来报答怨恨，拿恩惠来报答恩惠。"

孔子叹道："没有人知道我呀！"子贡道："为什么没有人知道您呢？"孔子道："不怨恨天，不责备人，学习一些平常的知识，却透彻了解很高的道理。知道我的，只有天吧！"

公伯寮在季孙那里污蔑子路。子服景伯告诉孔子，并且说："他老人家固然已经被公伯寮迷惑了，可是我的力量还能把他（公伯寮）的尸首在街头示众。"孔子道："我的主张将实现吗？全听凭命运呀；我的主张将永不实现吗？也听凭命运呀。公伯寮能奈何我的命运吗？"

孔子说："有些贤者逃避乱世而隐居，次一等的择地而处，再次一等的避免不好的脸色，再次一等的躲避恶言。"孔子又说："这样的人出现过七位了。"

子路在石门住了一晚，（第二天清早进城，）司门者道："从哪里来？"子路道："从孔家来。"司门者道："就是那个知道做不到却偏要去做的人吗？"

孔子在卫国，一天正敲着磬，有一个挑着草筐子的人恰在门前走过，便说道："这个敲磬是有深意的呀！"等一会又说道："磬声铿铿的，可鄙呀！（它好像在说，没有人知道我呀！）没人知道自己，也就别干了。水深，索性连衣裳走过去；水浅，无妨撩起衣裳走过去。"孔子道："好坚决！这样就没什么难的了。"

子张道："《尚书》说：'殷高宗守孝，住在凶庐，三年不言语。'这是什么意思？"孔子道："不仅仅高宗，古人都是这样：国君死了，（新君三年不问政事，）所有官员都听命于宰相。"

孔子说："在上位的人若遇事依礼而行，就容易使百姓听从指挥。"

子路问怎样才能成为一个君子。孔子道："修养自己来严肃认真地对待工作。"子路道："这样就够了吗？"孔子道："修养自己来使上层人物安乐。"子路道："这样就够了吗？"孔子道："修养自己来使所有老百姓安乐。修养自己来使所有老百姓安乐，

子产，选自《历代名臣像解》。

管仲射小白，汉画像石。

尧舜大概还没有完全做到呢！"

原壤两腿像八字一样张开坐在地上，等着孔子。孔子骂道："你小时候不懂礼节，长大了没什么值得一说的成绩，老了还白吃粮食，真是个害人精。"说完，用拐杖敲了敲他的小腿。

阙党的一个童子来向孔子传达信息。有人问孔子道："这小孩是肯求上进的人吗？"孔子道："我看见他（大模大样地）坐在位上，又看见他和长辈并肩而行。这不是个肯求上进的人，只是一个想走捷径的人。"

卫灵公篇第十五

【原文】

卫灵公问陈于孔子。孔子对曰："俎豆之事，则尝闻之矣；军旅之事，未之学也。"明日遂行。

在陈绝粮，从者病，莫能兴。子路愠见曰："君子亦有穷乎？"子曰："君子固穷，小人穷斯滥矣。"

子曰："赐也，女以予为多学而识之者与？"对曰："然，非与？"曰："非也。予一以贯之。"

子曰："由！知德者鲜矣。"

子曰："无为而治者，其舜也与！夫何为哉？恭己正南面而已矣。"

子张问行。子曰："言忠信，行笃敬，虽蛮貊之邦，行矣；言不忠信，行不笃敬，虽州里，行乎哉？立，则见其参于前也；在舆，则见其倚于衡也。夫然后行！"子张书诸绅。

子曰："直哉史鱼！邦有道，如矢；邦无道，如矢。君子哉蘧伯玉！邦有道，则仕；邦无道，则可卷而怀之。"

子曰："可与言，而不与之言，失人；不可与言，而与之言，失言。知者不失人，亦不失言。"

子曰:"志士仁人,无求生以害仁,有杀身以成仁。"

子贡问为仁。子曰:"工欲善其事,必先利其器。居是邦也,事其大夫之贤者,友其士之仁者。"

颜渊问为邦。子曰:"行夏之时,乘殷之辂,服周之冕,乐则《韶》舞。放郑声,远佞人。郑声淫,佞人殆。"

子曰:"人无远虑,必有近忧。"

子曰:"已矣乎!吾未见好德如好色者也。"

子曰:"臧文仲其窃位者与?知柳下惠之贤而不与立也。"

子曰:"躬自厚而薄责于人,则远怨矣!"

子曰:"不曰'如之何、如之何'者,吾末如之何也已矣。"

子曰:"群居终日,言不及义,好行小慧,难矣哉!"

子曰:"君子义以为质,礼以行之,孙以出之,信以成之。君子哉!"

子曰:"君子病无能焉,不病人之不己知也。"

子曰:"君子疾没世而名不称焉。"

子曰:"君子求诸己,小人求诸人。"

子曰:"君子矜而不争,群而不党。"

子曰:"君子不以言举人,不以人废言。"

子贡问曰:"有一言而可以终身行之者乎?"子曰:"其'恕'乎!己所不欲,勿施于人。"

子曰:"吾之于人也,谁毁谁誉?如有所誉者,其有所试矣。斯民也,三代之所以直道而行也。"

子曰:"吾犹及史之阙文也,有马者借人乘之。今亡矣夫!"

子曰:"巧言乱德。小不忍则乱大谋。"

子曰:"众恶之,必察焉;众好之,必察焉。"

子曰:"人能弘道,非道弘人。"

子曰:"过而不改,是谓过矣。"

子曰:"吾尝终日不食,终夜不寝,以思,无益,不如学也。"

子曰:"君子谋道不谋食。耕也,馁在其中矣;学也,禄在其中矣。君子忧道不忧贫。"

子曰:"知及之,仁不能守之,虽得之,必失之。知及之,仁能守之,不庄以莅之,则民不敬。知及之,仁能守之,庄以莅之,动之不以礼,未善也。"

子曰:"君子不可小知而可大受也,小人不可大受而可小知也。"

子曰:"民之于仁也,甚于水火。水火,吾见蹈而死者矣,未见蹈仁而死者也。"

子曰:"当仁,不让于师。"

子曰:"君子贞而不谅。"

子曰:"事君,敬其事而后其食。"

子曰:"有教无类。"

子曰:"道不同,不相为谋。"

子曰:"辞达而已矣。"

师冕见,及阶,子曰:"阶也。"及席,子曰:"席也。"皆坐,子告之曰:"某在斯,某在斯。"师冕出。子张问曰:"与师言之道与?"子曰:"然。固相师之道也。"

【译文】

卫灵公问孔子军队如何布阵。孔子答道:"礼仪的事情,我曾经听到过;军队的事情,却从没学过。"第二天便离开了卫国。

孔子困陈,选自《孔子圣迹图》。

孔子在陈国断绝了粮食供应,跟随的人都饿病了,爬不起来。子路拉长了脸来见孔子,说:"难道君子也有一筹莫展的时候吗?"孔子道:"君子行不通时,仍然坚持着;小人行不通时,便无所不为了。"

孔子道:"赐呀,你以为我是学得多又记得住的人吗?"子贡答道:"对啊,难道不是这样的吗?"孔子道:"不是的,我有一个基本观念来贯穿它。"

孔子对子路说:"由!懂得'德'的人真是少之又少啊。"

孔子说:"自己从容安静而使天下太平的大概只有舜吧?他干了什么呢?庄严端正地坐于朝廷罢了。"

子张问怎样才能到处行得通。孔子道:"言语忠诚老实,行为忠厚严肃,纵是到了野蛮人的国度,也行得通。言语欺诈无信,行为刻薄轻浮,即使在本乡本土,能行得通吗?站着的时候,就(仿佛)看见'忠信笃敬'几个字在我们面前;在车箱里,也(仿佛)看见它靠在前面的横木上;(时刻牢记着它,)才能到处行得通。"子张把这些

话写在大带上。

孔子说："好一个刚直不阿的史鱼！政治清明，他像箭一般直，政治黑暗，他也像箭一般直。好一个君子蘧伯玉！政治清明就出来做官，政治黑暗就可把自己的本领收藏起来。"

孔子说："可以同他谈而不同他谈，这是错过人才；不可同他谈却同他谈，这是浪费言语。聪明人既不错过人才，也不浪费言语。"

孔子说："志士仁人，不贪生怕死因而损害仁德，只勇于牺牲生命来成全仁德。"

子贡问如何成就仁德。孔子道："工匠要把事情干好，一定先要完善他的工具。我们住在这个国家，就要敬奉那些大臣中的贤人，结交那些士人中的仁人。"

颜渊问如何治理国家。孔子道："用夏朝的历法，坐殷朝的车子，戴周朝的礼帽，音乐就用《韶》和《武》。放弃郑国的乐曲，斥退小人。郑国的乐曲淫秽，小人危险。"

孔子说："一个人没有长远的考虑，一定会有眼前的忧患。"

孔子说："算了吧，我还从没见过喜欢美德如同喜欢美貌一样的呢！"

孔子说："臧文仲大概是个做官不管事的人，他明知柳下惠贤良，却不给他官位。"

孔子说："多责备自己而少责备别人，便不会招致怨恨了。"

孔子说："（一个人）不想想'怎么办，怎么办'，对这种人，我也不知道该拿他怎么办了。"

孔子说："一群人整天混在一起，不说一句有道理的话，只喜欢卖弄小聪明，这种人真难造就！"

孔子说："君子（对于事业），以道义为原则，依礼节实行它，用谦逊的言语说出它，用诚实的态度完成它。这才是真君子呀！"

孔子说："君子只惭愧自己没有能力，不怨恨别人不知道自己。"

孔子说："君子深感遗憾的是到死而名字不被人家称述。"

孔子说："君子要求自己，小人要求别人。"

孔子说："君子庄矜而不争执，合群而不闹宗派。"

孔子说："君子不因某人一句话（说得好）便提拔他，也不因某人是坏人而鄙弃他的好话。"

子贡问道："有没有一句话可以终身奉行呢?"孔子道："大概是'恕'吧！自己所不想要的任何事物，都不要加给别人。"

孔子说："我对于别人，诋毁了谁，称赞了谁？假如我对他有所称赞，一定是考验过他的。夏、商、周三代的人都是这样做的，所以那时能直道而行。"

孔子说："我还能看到史书存疑的地方。"（孔子说:）"有马的人（自己不会训练，）先给别人使用，这种精神，今天没有了吧！"

孔子说："花言巧语足以败坏道德。小事情不忍耐，便会败坏大事情。"

孔子说："大家厌恶他，一定要去考察；大家喜爱他，也一定要去考察。"

孔子说:"人能够弘扬道德,不是道德来光大人。"

孔子说:"有错误而不改正,这本身就是一个错误!"

孔子说:"我曾经整天不吃,整夜不睡,去想,但却没有益处,不如去学习。"

孔子说:"君子用心力于学术,不用心力于衣食。耕田,也常常饿肚皮;学习,却常得到俸禄。君子只着急得不到道,不着急得不到财。"

孔子说:"聪明才智足以得到它,仁德不足以保持它,就是得到,也一定会丧失。聪明才智足以得到它,仁德足以保持它,不用严肃态度来对待它,百姓也不会认真(地生活和工作)。聪明才智足以得到它,仁德足以保持它,且能用严肃的态度来对待它,假如不用礼来感动它,也不是尽善尽美的。"

孔子说:"君子不可以用小事情来考验他,却可以接受重大任务;小人不可以接受重大任务,却可以用小事情考验他。"

孔子说:"百姓需要仁德,急于需要水火。往水火里去,我看见死了人的,却从没见过因实践仁德而死了的。"

过庭诗礼,选自《孔子圣迹图》。

孔子说:"面临着仁德,就是老师,也不同他谦让。"

孔子说:"君子讲大信,却不讲小信。"

孔子说:"对待君上,认真工作,把拿俸禄的事放在后面。"

孔子说:"人人我都教育,没有(贫富、地域等等)区别。"

孔子说:"主张不同,不互相商议。"

孔子说:"言辞,足以达意便行了。"

师冕来见孔子,走到阶沿,孔子道:"这是阶沿了。"走到坐席边,孔子道:"这是

坐席了。"都坐定了,孔子告诉他说:"某人在这里,某人在这里。"师冕辞出后,子张问道:"这是同盲人讲话的方式吗?"孔子道:"对的,这本来是帮助盲人的方式。"

季氏篇第十六

【原文】

　　季氏将伐颛臾。冉有、季路见于孔子,曰:"季氏将有事于颛臾。"孔子曰:"求!无乃尔是过与?夫颛臾,昔者先王以为东蒙主,且在邦域之中矣,是社稷之臣也。何以伐为?"冉有曰:"夫子欲之,吾二臣者皆不欲也。"孔子曰:"求!周任有言曰:'陈力就列,不能者止。'危而不持,颠而不扶,则将焉用彼相矣?且尔言过矣,虎兕出于柙,龟玉毁于椟中,是谁之过与?"冉有曰:"今夫颛臾,固而近于费。今不取,后世必为子孙忧。"孔子曰:"求!君子疾夫舍曰欲之而必为之辞。丘也闻有国有家者,不患贫而患不均,不患寡而患不安。盖均无贫,和无寡,安无倾。夫如是,故远人不服,则修文德以来之。既来之,则安之。今由与求也,相夫子,远人不服,而不能来也;邦分崩离析,而不能守也;而谋动干戈于邦内。吾恐季孙之忧,不在颛臾,而在萧墙之内也。"

　　孔子曰:"天下有道,则礼乐征伐自天子出;天下无道,则礼乐征伐自诸侯出。自诸侯出,盖十世希不失矣;自大夫出,五世希不失矣;陪臣执国命,三世希不失矣。天下有道,则政不在大夫。天下有道,则庶人不议。"

　　孔子曰:"禄之去公室五世矣,政逮于大夫四世矣,故夫三桓之子孙微矣。"

　　孔子曰:"益者三友,损者三友。友直,友谅,友多闻,益矣;友便辟,友善柔,友便佞,损矣。"

　　孔子曰:"益者三乐,损者三乐。乐节礼乐,乐道人之善,乐多贤友,益矣;乐骄乐,乐佚游,乐宴乐,损矣。"

　　孔子曰:"侍于君子有三愆:言未及之而言谓之躁,言及之而不言谓之隐,未见颜色而言谓之瞽。"

　　孔子曰:"君子有三戒:少之时,血气未定,戒之在色;及其壮也,血气方刚,戒之在斗;及其老也,血气既衰,戒之在得。"

　　孔子曰:"君子有三畏:畏天命,畏大人,畏圣人之言。小人不知天命而不畏也,狎大人,侮圣人之言。"

　　孔子曰:"生而知之者,上也;学而知之者,次也;困而学之,又其次也。困而不学,民斯为下矣!"

　　孔子曰:"君子有九思:视思明,听思聪,色思温,貌思恭,言思忠,事思敬,疑

思问，忿思难，见得思义。"

孔子曰："见善如不及，见不善如探汤。吾见其人矣，吾闻其语矣。隐居以求其志，行义以达其道。吾闻其语矣，未见其人也。"

齐景公有马千驷，死之日，民无德而称焉。伯夷叔齐饿于首阳之下，民到于今称之。其斯之谓与？

陈亢问于伯鱼曰："子亦有异闻乎？"对曰："未也。尝独立，鲤趋而过庭。曰：'学《诗》乎？'对曰：'未也。''不学《诗》，无以言。'鲤退而学《诗》。他日，又独立，鲤趋而过庭。曰：'学礼乎？'对曰：'未也。''不学礼，无以立！'鲤退而学礼。闻斯二者。"陈亢退而喜曰："问一得三：闻《诗》，闻礼，又闻君子之远其子也。"

邦君之妻，君称之曰夫人，夫人自称曰小童；邦人称之曰君夫人；称诸异邦曰寡小君；异邦人称之，亦曰君夫人。

【译文】

季氏准备攻打颛臾。冉有、子路两人谒见孔子，说道："季氏要对颛臾下手了。"

孔子道："冉求！这难道不该责备你吗？颛臾，上代的君王曾经授权它主持东蒙山的祭祀，而且它早就在我们最初被封时的疆域之内，这正是我国安危与共的藩属，为什么要攻打它呢？"

冉有道："季孙要这么干，我们两人本来都是不同意的。"

孔子道："冉求！周任有句话说：'能够贡献自己的力量，再去任职；如果不行，就该辞职。'譬如瞎子遇到危险，不去扶持，将要摔倒，又不去挽扶，那又何必要助手呢？你的话不对。老虎犀牛从笼里逃出来，龟壳美玉毁坏在匣子里，这是谁的责任呢？"

冉有道："颛臾，城墙牢固而且离季孙的采邑费城很近。如今不去占领它，日子久了，一定会给子孙留下祸害。"

孔子道："冉求！君子讨厌那种不说自己贪心却一定要找些说辞的态度。我听说过：无论诸侯或者大夫，不必着急财富不多，只需着急财富不均；不必着急人民太少，只需着急境内不安。财富平均，便无所谓贫穷；境内安定团结，便不会觉得人少；境内平安，便不会倾危。这样的话，远方的人还不归服，便可修仁义礼乐的政教来招致他们。他们来了，就得使他们安心。如今仲由和冉求两人辅相季孙，远方的人不归服，而不能招致，国家支离破碎，却不能保全；反而想在国境之内大动干戈。我恐怕季孙的忧愁不在颛臾，却在鲁君呀！"

孔子说："天下太平，制礼作乐以及出兵都由天子决定；天下混乱，制礼作乐以及出兵便由诸侯决定了。由诸侯决定，大约传到十代还能维持的，就很少了；由大夫决定，传到五代还能维持的就很少了；若是由大夫的家臣操纵国家命运，传到三代便很少还能维持。天下太平，国家的最高政治权力就不会由大夫掌握。天下太平，老百姓

就不会议论纷纷。"

孔子说："国家政权离开了鲁君，已经五代了；政权到了大夫手里，已经四代了，所以桓公的三房子孙现在也衰微了。"

孔子说："有益的朋友有三种，有害的朋友有三种。同正直的人交友，同信实的人交友，同见多识广的人交友，便有益了。同阿谀奉承的人交友，同口蜜腹剑的人交友，同夸夸其谈的人交友，便有害了。"

孔子说："有益的快乐有三种，有害的快乐有三种。以得到礼乐的调节为乐，以宣扬别人的好处为乐，以交了不少有益的朋友为乐，就有益了。以骄傲为乐，以浪游不归为乐，以饮食荒淫为乐，就有害了。"

孔子说："陪着君子说话容易犯三种过失：没轮到他说话而说，叫做急躁；该说话了却不说，叫做隐瞒；不看看脸色便贸然开口，叫做瞎子。"

孔子说："君子有三件事情应该警惕戒备：年轻时，血气未定，便要警戒，莫迷恋女色；到了壮年，血气正旺盛，便要警戒，莫好胜喜斗；等到年老了，血气已经衰弱，便要警戒，莫贪得无厌。"

孔子说："君子有三怕：怕天命，怕王公大人，怕圣人的言语。小人不懂得天命，因而不怕它；轻视王公大人，轻侮圣人的言语。"

孔子说："生来就知道的是上等，学习然后知道的次一等；遇到困难，才去学习，是再次一等；遇到困难也不学，老百姓就是这种最下等的了。"

孔子说："君子有九种考虑：看的时候，考虑是否看明白了；听的时候，考虑是否听清楚了；脸上的表情，考虑是否温和；举止容貌，考虑是否端庄；言语谈吐，考虑是否忠诚老实；工作态度，考虑是否严肃认真；遇到疑问，考虑如何向人请教；要生气了，考虑有什么后患；看见可得的，考虑自己是否该得。"

孔子说："看见善良，努力追求，好像赶不上似的；遇见邪恶，使劲避开，好像手快挨到沸水了，我见过这样的人，也听过这样的话。避世隐居以求保全他的意志，依义而行以求贯彻他的主张，我听过这样的话，却还没见过这样的人。"

齐景公有马四千匹，死了以后，老百姓没有哪个感戴称颂他，伯夷叔齐两人饿死在首阳山下，老百姓现在还称颂他们，这是什么道理呢？

陈亢向孔子的儿子伯鱼问道："您在老师那儿，也得着与众不同的传授吗？"答道："没有。他曾经一个人站在庭中，我恭敬地走过。他问我：'学诗没有？'我答：'没有。'他便说：'不学诗，便不会说话。'我退回便学诗。过了几天，他又一个人站在庭中，我又恭敬地走过。他问道：'学礼没有？'我答：'没有。'他便说：'不学礼，便没法在社会上立足。'我退回便学礼。就听到这两件。"陈亢回去非常高兴地说："我问一件事，知道了三件事。知道诗，知道礼，又知道君子对儿子与学生一视同仁。"

国君的妻子，国君称她为夫人，她自称为小童；国内的人称她为君夫人，但对外国人便称她为寡小君；外国人也称她为君夫人。

阳货篇第十七

【原文】

　　阳货欲见孔子，孔子不见，归孔子豚。孔子时其亡也，而往拜之，遇诸涂。谓孔子曰："来！予与尔言。"曰："怀其宝而迷其邦，可谓仁乎？"曰："不可。好从事而亟失时，可谓知乎？"曰："不可。日月逝矣，岁不我与。"孔子曰："诺。吾将仕矣。"

　　子曰："性相近也，习相远也。"

　　子曰："唯上知与下愚不移。"

　　子之武城，闻弦歌之声。夫子莞尔而笑曰："割鸡焉用牛刀？"子游对曰："昔者偃也闻诸夫子曰：'君子学道则爱人，小人学道则易使也。'"子曰："二三子！偃之言是也。前言戏之耳！"

　　公山弗扰以费畔，召，子欲往。子路不说，曰："末之也已，何必公山氏之之也？"子曰："夫召我者而岂徒哉？如有用我者，吾其为东周乎！"

　　子张问仁于孔子。孔子曰："能行五者于天下，为仁矣。""请问之。"曰："恭，宽，信，敏，惠。恭则不侮，宽则得众，信则人任焉，敏则有功，惠则足以使人。"

　　佛肸召，子欲往。子路曰："昔者由也闻诸夫子曰：'亲于其身为不善者，君子不入也。'佛肸以中牟畔，子之往也，如之何？"子曰："然。有是言也。不曰坚乎，磨而不磷；不曰白乎，涅而不缁。吾岂匏瓜也哉？焉能系而不食？"

　　子曰："由也，女闻六言六蔽矣乎？"对曰："未也。""居！吾语女。好仁不好学，其蔽也愚；好知不好学，其蔽也荡；好信不好学，其蔽也贼；好直不好学，其蔽也绞；好勇不好学，其蔽也乱；好刚不好学，其蔽也狂。"

　　子曰："小子！何莫学夫《诗》？《诗》可以兴，可以观，可以群，可以怨。迩之事父，远之事君。多识于鸟兽草木之名。"

　　子谓伯鱼曰："女为《周南》、《召南》矣乎？人而不为《周南》、《召南》，其犹正墙面而立也与！"

　　子曰："礼云礼云，玉帛云乎哉？乐云乐云，钟鼓云乎哉？"

　　子曰："色厉而内荏，譬诸小人，其犹穿窬之盗也与？"

　　子曰："乡原，德之贼也！"

　　子曰："道听而涂说，德之弃也！"

　　子曰："鄙夫可与事君也与哉？其未得之也，患不得之；既得之，患失之。苟患失之，无所不至矣。"

　　子曰："古者民有三疾，今也或是之亡也。古之狂也肆，今之狂也荡；古之矜也

廉，今之矜也忿戾；古之愚也直，今之愚也诈而已矣。"

子曰："巧言令色，鲜矣仁。"

子曰："恶紫之夺朱也，恶郑声之乱雅乐也，恶利口之覆邦家者。"

子曰："予欲无言。"子贡曰："子如不言，则小子何述焉？"子曰："天何言哉？四时行焉，百物生焉，天何言哉？"

孺悲欲见孔子，孔子辞以疾。将命者出户，取瑟而歌，使之闻之。

宰我问："三年之丧，期已久矣。君子三年不为礼，礼必坏；三年不为乐，乐必崩。旧谷既没，新谷既升，钻燧改火，期可已矣。"子曰："食夫稻，衣夫锦，于女安乎？"曰："安。""女安，则为之！夫君子之居丧，食旨不甘，闻乐不乐，居处不安，故不为也。今女安，则为之！"宰我出。子曰："予之不仁也！子生三年，然后免于父母之怀。夫三年之丧，天下之通丧也。予也有三年之爱于其父母乎？"

子曰："饱食终日，无所用心，难矣哉！不有博弈者乎，为之犹贤乎已。"

子路曰："君子尚勇乎？"子曰："君子义以为上。君子有勇而无义为乱，小人有勇而无义为盗。"

子贡曰："君子亦有恶乎？"子曰："有恶，恶称人之恶者，恶居下流而讪上者，恶勇而无礼者，恶果敢而窒者。"曰："赐也亦有恶乎？""恶徼以为知者，恶不孙以为勇者，恶讦以为直者。"

子曰："唯女子与小人为难养也，近之则不孙，远之则怨。"

子曰："年四十而见恶焉，其终也已。"

【译文】

阳货想要孔子来拜会他，孔子不去，他便派人送给孔子一头（蒸熟了的）小猪，（想让孔子到他家来道谢。）孔子趁他不在家的时候，去拜谢，结果在归途上遇着了。他对孔子叫道："来！我要和你说话。"（孔子走了过去。）他又道："怀有一身本领，却听任国事混乱不堪，这可以叫做仁爱吗？"（孔子不作声。）他又接着说："不可以！一个人喜欢做官，却屡屡错过机会，这可以叫做聪明吗？"（孔子仍不做声。）他又一次接着说："不可以！时光一去，就再不回来了呀！"孔子这才说道："好吧，我打算做官了。"

孔子说："各人的本性都相差不远，只因所受的影响不同，才拉开了距离。"

孔子说："只有上等的智者和下等的愚人是改变不了的。"

孔子到了（子游当县长的）武城，听到了弹琴瑟唱诗歌的声音。孔子微微一笑，说道："杀鸡，哪里用得着宰牛的刀？（治理这个小地方，用得着教育吗？）"子游答道："以前我听老师说过，做官的学习了，就会有仁爱之心；老百姓学习了，就容易使唤。（可见教育总是有用的。）"孔子说："同学们！言偃的话是对的。我刚才的话不过是和他开玩笑罢了。"

公山弗扰盘踞费邑准备造反，叫孔子去，孔子准备去。子路很不高兴，说："没地

拜胩遇途，选自《孔子圣迹图》。

方去就算了，又何必去公山氏那里呢？"孔子道："那个叫我去的人，难道是白白召我吗？假若有人用我，我将使周文王周武王之道在东方复兴。"

子张向孔子问仁。孔子道："能够处处实行五种品德，便是仁人了。"子张道："请问哪五种？"孔子道："庄重、宽厚、诚实、勤敏、慈惠。庄重就不致遭受侮辱，宽厚就能得到大众的拥戴，诚实就会得到别人的任用，勤敏工作，效率就会提高，作出大的贡献，慈惠就能够使唤人。"

佛肸叫孔子去，孔子打算动身。子路道："从前我听老师说过：'亲自做坏事的人那里，君子是不去的。'如今佛肸盘踞中牟谋反，您却要去，怎么说得过去呢？"孔子道："对，我有过这话。但是，你不知道吗？最坚固的东西，磨也磨不薄；最白的东西，染也染不黑。我难道是匏瓜吗？哪里只能系在腰间而不让人吃呢？"

孔子道："仲由呀，你听过有六种品德便会有六种弊病吗？"子路答道："没有。"孔子道："坐下！我告诉你。爱仁德，而不爱学问，它的弊病就是容易受人愚弄；爱玩弄小聪明，而不爱学问，它的弊病就是放荡而无基础；爱诚实，而不爱学问，它的弊病就是（容易被人利用，反而）害了自己；爱直率，而不爱学问，它的弊病就是说话尖刻，刺痛人心；爱勇敢，而不爱学问，它的弊病就是捣乱闯祸；爱刚强，而不爱学问，它的弊病就是胆大妄为。"

孔子说："同学们，你们中间为什么没有人研究诗？读诗，可以培养想象力，可以提高观察力，可以锻炼合群性，可以学会讽刺方法。近呢，可以运用其中的道理来服事父母；远呢，可以用来服事君上；而且能多多记住鸟兽草木的名称。"

孔子对伯鱼说："你研究过《周南》和《召南》了吗？人如果不研习《周南》和《召南》，那就如同脸对着墙壁站着呢！"

孔子说："礼呀礼呀，难道只是指玉帛等等礼物吗？乐呀乐呀，难道只是指钟鼓等等乐器吗？"

孔子说:"脸色严厉,内心怯弱,若用坏人作比喻,怕像个挖洞跳墙的小偷吧!"

孔子说:"不分是非的好好先生是足以败坏道德的小人。"

孔子说:"听到小道消息就四处传播,这是应该革除的作风。"

孔子说:"鄙夫,难道能同他共同服事君上吗?当他没有得到职位的时候,生怕得不到;已经得到了,又怕失去。假如生怕失去,那就什么事也做得出来了。"

孔子说:"古代的人民还有三种(可贵的)毛病,现在呀,或许连这些也没有了。古代的狂人肆意直言,现在的狂人便放荡无羁了;古代矜持的人还有些不能触犯的地方,现在矜持的人却只是一味恼羞成怒、无理取闹罢了;古代的愚人还直率,现在的愚人只是耍耍欺诈手段罢了。"

孔子说:"满口花言巧语,满脸堆起讨好的笑,这种人,是没有多少仁德的。"

孔子说:"我憎恶紫色夺去了大红色的光彩和地位,憎恶郑国的乐曲破坏了典雅的乐曲,憎恶强嘴利舌颠覆国家的人。"

孔子说:"我想不说话了。"子贡道:"您假如不说话,那我们传述什么呢?"孔子道:"天说了什么呢,四季还是照样运行,百物还是照样生长,天说了什么呢?"

孺悲来,要会晤孔子,孔子托言有病,拒绝见他。传命的人刚出房门,孔子便取下瑟边弹边唱,故意使孺悲听见。

瑟敬孺悲,选自《孔子圣迹图》。

宰我问道:"父母死了,要守孝三年,为期也太久了。君子三年不去习礼仪,礼仪一定会被废弃;三年不去演奏音乐,音乐一定会失传。陈谷既已吃完,新谷又已登场;

打火用的燧木又经过了一个轮回，一年，应该是够了。"孔子道："（父母死了，不到三年，）你便吃那白米饭，穿那花缎衣，你心里安不安呢？"宰我道："安。"孔子便抢着说："你觉得安，你就这样做吧！君子守孝，吃美味不晓得甜，听音乐不觉得快乐，住在家里不以为舒适，才不这样做。如今你既然心安理得，就去这样做好了。"宰我退出去后，孔子道："宰予真不仁呀！儿女生下来，三年后才能脱离父母的怀抱。替父母守孝三年，天下都是这样的。宰予难道就没有从他父母那里得到怀抱三年的爱护吗？"

孔子说："整天吃饱了撑着，什么事也不做，不行的呀！不是有掷采下棋的游戏吗？干干也比闲着好。"

子路问道："君子尊尚勇敢吗？"孔子道："君子认为义是最值得尊尚的，君子只有勇，没有义，就会捣乱造反；小人只有勇，没有义，就会做土匪强盗。"

子贡道："君子也有所憎恶的事吗？"孔子道："有憎恶的事；憎恶专讲别人坏话的人，憎恶在下位而诋毁上级的人，憎恶勇敢却不懂礼节的人，憎恶勇于贯彻自己的主张，却顽固不化，一条道走到黑的人。"孔子又道："赐，你也有所憎恶的事吗？"子贡随即答道："我憎恶偷袭别人的成绩来作为自己的聪明的人，憎恶毫不谦虚却自以为勇敢的人，憎恶揭发别人阴私却自以为直率的人。"

孔子道："只有女子和小人是难以打交道的，亲近了，他便无礼；疏远了，他又怨恨。"

孔子说："到了四十岁还被人讨厌，他这一生呀就算完了。"

微子篇第十八

【原文】

微子去之，箕子为之奴，比干谏而死。孔子曰："殷有三仁焉。"

柳下惠为士师，三黜。人曰："子未可以去乎？"曰："直道而事人，焉往而不三黜？枉道而事人，何必去父母之邦？"

齐景公待孔子，曰："若季氏，则吾不能，以季、孟之间待之。"曰："吾老矣，不能用也。"孔子行。

齐人归女乐，季桓子受之，三日不朝。孔子行。

楚狂接舆歌而过孔子曰："凤兮！凤兮！何德之衰？往者不可谏，来者犹可追。已而！已而！今之从政者殆而！"孔子下，欲与之言。趋而辟之，不得与之言。

长沮、桀溺耦而耕，孔子过之，使子路问津焉。长沮曰："夫执舆者为谁？"子路曰："为孔丘。"曰："是鲁孔丘与？"曰："是也。"曰："是知津矣。"问于桀溺。桀溺曰："子为谁？"曰："为仲由。"曰："是鲁孔丘之徒与？"对曰："然。"曰："滔滔者

天下皆是也，而谁以易之？且而与其从辟人之士也，岂若从辟世之士哉？"耰而不辍。子路行以告。夫子怃然曰："鸟兽不可与同群，吾非斯人之徒与而谁与？天下有道，丘不与易也。"

子路从而后，遇丈人，以杖荷蓧。子路问曰："子见夫子乎？"丈人曰："四体不勤，五谷不分，孰为夫子？"植其杖而芸。子路拱而立。止子路宿，杀鸡为黍而食之，见其二子焉。明日，子路行以告。子曰："隐者也。"使子路反见之。至则行矣。子路曰："不仕无义。长幼之节，不可废也；君臣之义，如之何其废之？欲洁其身，而乱大伦。君子之仕也，行其义也。道之不行，已知之矣。"

逸民：伯夷、叔齐、虞仲、夷逸、朱张、柳下惠、少连。子曰："不降其志，不辱其身，伯夷、叔齐与！"谓："柳下惠、少连，降志辱身矣。言中伦，行中虑，其斯而已矣。"谓："虞仲、夷逸，隐居放言。身中清，废中权。我则异于是，无可无不可。"

大师挚适齐，亚饭干适楚，三饭缭适蔡，四饭缺适秦。鼓方叔入于河，播鼗武人于汉，少师阳、击磬襄入于海。

周公谓鲁公曰："君子不施其亲，不使大臣怨乎不以。故旧无大故，则不弃也。无求备于一人。"

周有八士：伯达、伯适、仲突、仲忽、叔夜、叔夏、季随、季騧。

【译文】

（纣王荒淫残暴，）微子便离开了他，箕子沦为奴隶，比干进谏而被杀。孔子说："殷朝有三位仁人。"

柳下惠当法官，好几次被撤职。有人对他说："您不可以离开鲁国吗？"他道："正直地工作，到哪里去不多次被撤职？不正直地工作，为什么一定要离开祖国呢？"

齐景公讲到怎样对待孔子时说："用鲁君对待季氏的规格，那我做不到；我要给他次于季氏而高于孟氏的待遇。"又道："我老了，没什么作为了。"孔子便离开了齐国。

齐国送了许多歌姬舞女给楚国，季桓子接受了，三天不上朝，孔子就离职走了。

楚国的狂人接舆一边走过孔子的车子，一边唱着歌："凤凰啊，凤凰啊！为什么美的德行会如此衰微？过去的已不可劝止，未来的还可以追回。算了吧，算了吧！现在的执政者们危乎其危！"孔子下车，想和他谈谈，他却连忙躲开，孔子没和他谈成。

长沮、桀溺两人一同耕田，孔子从那里路过，让子路去问渡口。长沮问子路："那位驾车子的是谁？"子路道："是孔丘。"他又道："是鲁国的那位孔丘吗？"子路道："是的。"长沮道："他啊，早晓得渡口在哪儿了。"又去问桀溺。桀溺道："您是谁？"子路道："我是仲由。"桀溺道："您是鲁国孔丘的门徒吗？"答道："是的。"桀溺便道："像洪水一样的坏东西到处都是，你们同谁去改革它呢？你与其跟着（孔丘那种）逃避坏人的人，为什么不跟着（我们这些）逃避整个社会的人呢？"说完，仍旧不停地干农活。子路回来把这些报告给孔子。孔子很失望地说："我们既然不可以同飞禽走兽合群共处，若不同人群打交道，又同什么去打交道呢？如果天下太平，我就不会同你

们一道来从事改革了。"

子路跟随着孔子，掉了队，碰到一个老头儿，用棍子挑着除草用的工具。子路问道："您看见我的老师了吗？"老头儿道："你这人，四肢不劳动，五谷不认识，谁认识你的老师？"说完，便扶着棍子去踩草，子路拱着手恭敬地站着。老头儿便留子路到他家住宿，杀鸡、做饭给子路吃，又叫他两个儿子出来相见。第二天，子路赶上了孔子，报告了这件事。孔子道："这是位隐士。"叫子路返回去再看看他。子路到了那里，他却走开了。子路便道："不做官是不对的。长幼间的关系，是不可能废弃的；君臣间的关系，怎么能不管呢？你原想不沾污自身，却不知这样做便违反了君臣间的伦常。君子出来做

子路问津，明仇英绘。

官，只是为了尽义务。至于我们的政治主张行不通，早就知道了。"

古今被遗落的贤人有伯夷、叔齐、虞仲、夷逸、朱张、柳下惠、少连。孔子道："不动摇自己意志，不辱没自己身份的，是伯夷、叔齐吧！"又说："柳下惠、少连降低自己意志，屈辱自己身份了，可是言语合乎法度，行为经过思虑，那也不过如此罢了。"又说："虞仲、夷逸逃世隐居，放肆直言。行为廉洁，被废弃的是他的权术。我就和他们这些人不同，没有什么可以，也没有什么不可以。"

太师挚到了齐国，亚饭乐师干到了楚国，三饭乐师缭到了蔡国，四饭乐师缺到了秦国，击鼓乐师方叔入居黄河之边，摇小鼓乐师武逃居汉水之滨，少阳师和击磬的襄避居到海边。

周公对鲁公说道："君子不怠慢他的亲族，不让大臣抱怨没被信用。老臣故人没有严重过失，就不要抛弃他。不要对某一人求全责备！"

周朝有八个有教养的人：伯达、伯适、仲突、仲忽、叔夜、叔夏、季随、季騧。

子张篇第十九

【原文】

子张曰:"士见危致命,见得思义,祭思敬,丧思哀,其可已矣。"

子张曰:"执德不弘,信道不笃,焉能为有?焉能为亡?"

子夏之门人问交于子张。子张曰:"子夏云何?"对曰:"子夏曰:'可者与之,其不可者拒之。'"子张曰:"异乎吾所闻,君子尊贤而容众,嘉善而矜不能。我之大贤与,于人何所不容?我之不贤与,人将拒我,如之何其拒人也?"

子夏曰:"虽小道,必有可观者焉;致远恐泥,是以君子不为也。"

子夏曰:"日知其所亡,月无忘其所能,可谓好学也已矣。"

子夏曰:"博学而笃志,切问而近思,仁在其中矣。"

子夏曰:"百工居肆以成其事,君子学以致其道。"

子夏曰:"小人之过也必文。"

子夏曰:"君子有三变:望之俨然,即之也温,听其言也厉。"

子夏曰:"君子信而后劳其民,未信,则以为厉己也;信而后谏,未信,则以为谤己也。"

子夏曰:"大德不逾闲,小德出入可也。"

子游曰:"子夏之门人小子,当洒扫、应对、进退,则可矣,抑末也。本之则无,如之何?"子夏闻之,曰:"噫!言游过矣!君子之道,孰先传焉?孰后倦焉?譬诸草木,区以别矣。君子之道,焉可诬也?有始有卒者,其惟圣人乎!"

子夏曰:"仕而优则学,学而优则仕。"

子游曰:"丧致乎哀而止。"

子游曰:"吾友张也,为难能也。然而未仁。"

曾子曰:"堂堂乎张也,难与并为仁矣。"

曾子曰:"吾闻诸夫子:人未有自致者也,必也亲丧乎!"

曾子曰:"吾闻诸夫子:孟庄子之孝也,其他可能也,其不改父之臣与父之政,是难能也。"

孟氏使阳肤为士师。问于曾子,曾子曰:"上失其道,民散久矣。如得其情,则哀矜而勿喜。"

子贡曰:"纣之不善,不如是之甚也。是以君子恶居下流,天下之恶皆归焉。"

子贡曰:"君子之过也,如日月之食焉:过也,人皆见之;更也,人皆仰之。"

卫公孙朝问于子贡曰:"仲尼焉学?"子贡曰:"文、武之道,未坠于地,在人。贤

者识其大者，不贤者识其小者。莫不有文、武之道焉。夫子焉不学？而亦何常师之有？"

叔孙武叔语大夫于朝，曰："子贡贤于仲尼。"子服景伯以告子贡。子贡曰："譬之宫墙，赐之墙也及肩，窥见室家之好。夫子之墙数仞，不得其门而入，不见宗庙之美、百官之富。得其门者或寡矣。夫子之云，不亦宜乎！"

叔孙武叔毁仲尼。子贡曰："无以为也！仲尼不可毁也。他人之贤者，丘陵也，犹可逾也；仲尼，日月也，无得而逾焉。人虽欲自绝，其何伤于日月乎？多见其不知量也！"

陈子禽谓子贡曰："子为恭也，仲尼岂贤于子乎？"子贡曰："君子一言以为知，一言以为不知，言不可不慎也。夫子之不可及也，犹天之不可阶而升也。夫子之得邦家者，所谓立之斯立，道之斯行，绥之斯来，动之斯和。其生也荣，其死也哀。如之何其可及也！"

【译文】

子张说："读书人看见危险便肯献出生命，看见有所得便考虑是否该得，祭祀时想到要严肃恭敬，居丧时记着要悲痛哀伤，那也就可以了。"

子张说："不坚守道德，不忠于信仰，（这种人，）有他也可，无他也可。"

子夏的学生向子张请教怎样交朋友。子张道："子夏说了些什么？"答道："子夏说，可以交的去结交他，不可以交的拒绝他。"子张道："这不同于我所听到的：君子尊敬贤人，也容纳普通人；鼓励好人，可怜无能的人。我是大好人吗，什么人容不下呢？我是坏人吗，别人将拒绝我，我还如何去拒绝别人呢？"

子夏说："即便是小技艺，也一定有值得一看的地方；恐怕它影响远大目标，所以君子不去从事。"

子夏说："每天知道所未知的，每月复习所已能的，就可以说是好学了。"

子夏说："广泛地学习，坚守自己的志向；恳切地发问，多考虑当前的问题，仁德就在这中间了。"

子夏说："工匠们待在工棚里完成他们的任务，君子则通过学习来求得那个道。"

子夏说："小人对于错误一定加以掩饰。"

子夏说："君子有三变：远望着庄严令人敬畏；走近又显得和蔼可亲；听他说话，则严厉不苟。"

子夏说："君子必须得到信任以后才去动员百姓；否则百姓会以为你在折磨他们。必须得到信任以后才去进谏，否则君上会以为你在诽谤他。"

子夏说："一个人在大是大非上要站稳立场，小节上放松一点没多大关系。"

子游道："子夏的学生，叫他们做做打扫、接待客人、应对进退的工作，是可以的；不过这都只是末节。学术的根底他们却缺乏，这怎么可以呢？"

子夏听了这话，便道："咳！言游说错了！君子的学术，哪一项先传授，哪一项后

讲述呢？学术好比草木，是要区别为各种各类的。君子的学术，如何可以歪曲？（按部就班，循序渐进传授学术而）有始有终的，大概只有圣人吧！"

子夏说："做官了，有空闲便去学习；学习了，有空闲便去做官。"

子游说："居丧，真正做到了哀伤也就够了。"

子游说："我的朋友子张是难能可贵的了，然而还算不上仁。"

曾子说："子张真够得上是威仪堂堂了，然而却难以携带别人一同进入仁德。"

曾子说："我听老师说过，平常时候，人的感情不可能自动地得以发挥，如果有，那一定是父母亡故的时候吧！"

曾子说："我听老师说过：孟庄子的孝，别的都容易做到，而他留用父亲的旧臣，按父亲的既定方针办，则是难以做到的。"

孟氏任命阳肤做法官，阳肤向曾子求教。曾子道："居上位的人行事不依法度，百姓早就散漫无纪了。你如果能审出罪犯的真情，便应该同情他，切不要自鸣得意！"

子夏，选自《芥子园画传》。

子贡说："商纣的坏，不像现在传说的这么厉害。所以君子憎恶居于下流，一居下流，天下的坏事都归结于他了。"

子贡说："君子的过失好比日食月食：错的时候，每个人都见得到；改的时候，每个人都仰望着。"

卫国的公孙朝向子贡问道："孔仲尼的学问是从哪里学来的？"子贡道："周文王周武王的道，并没有失传，散在人间。贤能的人便抓住大处，不贤能的人只抓些末节。无处没有文王武王之道。我的老师何处不学，又为什么要有一定的老师，专门的传授呢？"

叔孙武叔在朝廷中对官员们说："子贡比他老师仲尼要强些。"子服景伯便把这话告诉子贡。子贡道："好比围墙，我家的围墙只有肩膀那么高，谁都可以探望到房屋的美好。我老师的围墙却有好几丈高，找不到大门走进去，就看不到里面宗庙的雄伟，房舍的多种多样。能够找着大门的人或许不多吧，那么，武叔他老人家这么说，不也

是自然的吗？"

叔孙武叔毁谤仲尼。子贡道："不要这样做！仲尼是骂不倒的。别人的贤能，好比山丘，还可以越过；仲尼，简直是太阳和月亮，是不可逾越的。一个人若是要自绝于太阳月亮，那对太阳月亮有什么损害呢，只是表示他不自量力罢了。"

陈子禽对子贡说："您太谦虚了，仲尼难道比您还强吗？"子贡道："有身份的人可以因一句话表现出他的智慧，也可因一句话表现出他的无知，所以说话不可不谨慎。他老人家的不可超越，犹如青天的不可以用梯子爬上去。他老人家如果得国而为诸侯，或者得到采邑而为卿大夫，那正如我们所说的——叫百姓人人能立足于社会，百姓自会人人能立足于社会；一引导百姓，百姓自会前进；一安抚百姓，百姓自会从远方来投靠；一动员百姓，百姓自会同心协力。他老人家，生得光荣，死得可惜，又怎么能够超越得了呢？"

子贡，选自《芥子园画传》。

尧曰篇第二十

【原文】

尧曰："咨！尔舜！天之历数在尔躬。允执其中。四海困穷，天禄永终。"舜亦以命禹。

曰："予小子履，敢用玄牡，敢昭告于皇皇后帝：有罪不敢赦。帝臣不蔽，简在帝心。朕躬有罪，无以万方；万方有罪，罪在朕躬。"

周有大赉，善人是富。"虽有周亲，不如仁人。百姓有过，在予一人。"

谨权量，审法度，修废官，四方之政行焉。兴灭国，继绝世，举逸民，天下之民归心焉。所重：民、食、丧、祭。宽则得众，信则民任焉，敏则有功，公则说。

子张问于孔子曰："何如斯可以从政矣？"子曰："尊五美，屏四恶，斯可以从政矣。"子张曰："何谓五美？"子曰："君子惠而不费，劳而不怨，欲而不贪，泰而不骄，威而不猛。"子张曰："何谓惠而不费？"子曰："因民之所利而利之，斯不亦惠而不费乎！择可劳而劳之，又谁怨？欲仁而得仁，又焉贪？君子无众寡，无大小，无敢慢，斯不亦泰而不骄乎！君子正其衣冠，尊其瞻视，俨然人望而畏之，斯不亦威而不猛乎！"子张曰："何谓四恶？"子曰："不教而杀谓之虐；不戒视成谓之暴；慢令致期谓之贼；犹之与人也，出纳之吝谓之有司。"

孔子曰："不知命，无以为君子也。不知礼，无以立也。不知言，无以知人也。"

【译文】

尧（让位给舜的时候,）说道："啧啧！你这位舜，上天的大命已经落在你身上了，诚实地保持着那正道吧！如果天下的百姓都困苦贫穷，上天给你的禄位也会永远终止。"舜（让位给禹的时候,）也说了这番话。

（汤）说："我履谨用黑色牡牛作为牺牲，明明白白地告于光明而伟大的天帝：有罪的人（我）不敢擅自去赦免他。您的臣仆（的善恶）我也不隐瞒掩盖，（对此,）您心里是早就明白的。如我本人有罪，就不要牵连天下万方；天下万方有罪，也都归我一人来承担。"

周朝大封诸侯，使善人都富贵起来。"我虽然有至亲，却不如有仁德之人。百姓如果有过错，应该由我来担承。"

检验并审定度量衡，修复已废弃的机关工作，全国的政令就会通行。复兴被灭亡的国家，承续已断绝的后代，提拔被遗落的人才，天下的百姓就都会心悦诚服了。

所重视的有：人民、粮食、丧礼、祭祀。

舜，选自《二十四孝图》。

宽厚就会得到群众的拥护，勤敏就会有功绩，公平就会使百姓高兴。

子张问孔子道："要怎样才可以治理政事呢？"孔子道："尊尚五美，摒弃四恶，这样就可以从政了。"子张道："什么叫五美？"孔子道："君子为人民谋利益，自己却无所耗费；劳动百姓，百姓却不怨恨；欲仁欲义，而不贪财贪色；安泰矜持却不骄傲；威严而不凶猛。"子张道："为人民谋利益，自己却无所耗费，这是什么意思？"孔子道："把人民引向能得到利益的地方而使他们受惠，这不是为人民谋利益而自己无所耗费吗？选择可以劳动的时间和地点，再去劳动他们，又有谁怨恨呢？自己需要仁德便得到了仁德，还需贪求什么呢？不管人多人少，不管势力大小，君子都不敢怠慢他们，这不就是安泰矜持却不骄傲吗？君子衣冠整齐，目不斜视，庄严地使人望着便生出敬畏之心，这不是威严而不凶猛吗？"子张道："什么是四恶？"孔子道："不加以教育便横加杀戮叫做虐；不加申诫便要成绩叫做暴；起先懈怠，突然限期叫做贼；同是给人以财物，却出手悭吝，叫做小家子气。"

孔子说："不懂得命运，没有可能作为君子；不懂得礼，没有可能立足于社会，不懂得分辨人家的言语，没有可能认识人。"

孟子

【导读】

作为孔子之后儒家学派最杰出的代表人物，孟子早年受业于孔子的孙子子思的门人，其学说与子思的关系非常密切。孟子学成以后，曾效仿孔子广收门徒，周游列国，游说从政，试图实现其"仁政"的理想。作为当时的一名学者，在各诸侯国受到了当权者的礼遇，但其思想与政见却始终没有受到重视和采用。晚年和门徒专心著书立作，曾序《诗》、《书》，极大地发扬了孔子的学术思想。

《孟子》是由孟子及其弟子万章、公孙丑等共同编撰完成的，全书效仿《论语》采用对话体的论文形式，记述孟子与诸弟子的"疑难答问"以及孟子自己的"法度之言"，体现了孟子的思想学说。全书共七篇：《梁惠王》、《公孙丑》、《滕文公》、《离娄》、《万章》、《告子》、《尽心》，每篇开头都是取一个重要的字眼命名。

在百家争鸣的战国中期，孟子一向以"好辩"著称，因此《孟子》的文章中也表现出了高超的辩论艺术，《孟子》散文风格气势浩然，源于其所提倡的注重人格修养的力量，孟子本人又善于运用比喻，所以文章中比喻与寓言的运用也比比皆是。总体来说《孟子》是极具艺术感染力的一部儒家经典。

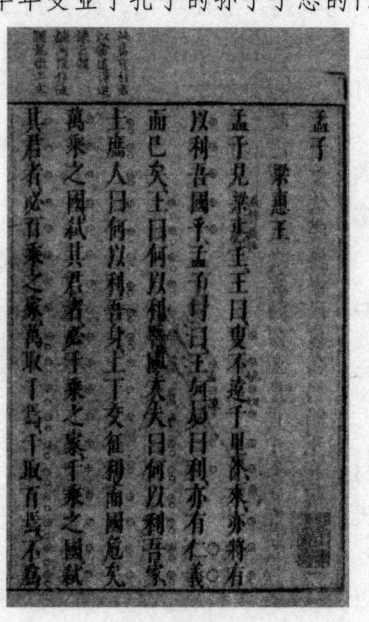

宋·《孟子》书影

梁惠王章句上

【原文】

孟子见梁惠王。王曰："叟！不远千里而来，亦将有以利吾国乎？"

孟子对曰："王！何必曰利？亦有仁义而已矣。王曰：'何以利吾国？'大夫曰：'何以利吾家？'士庶人曰：'何以利吾身？'上下交征利而国危矣。万乘之国，弑其君者，必千乘之家；千乘之国，弑其君者，必百乘之家。万取千焉，千取百焉，不为不多矣。苟为后义而先利，不夺不餍。未有仁而遗其亲者也，未有义而后其君者也。王亦曰仁义而已矣，何必曰利？"

孟子见梁惠王。王立于沼上，顾鸿雁麋鹿，曰："贤者亦乐此乎？"

孟子对曰："贤者而后乐此，不贤者，虽有此不乐也。《诗》云：'经始灵台，经之营之，庶民攻之，不日成之。经始勿亟，庶民子来。王在灵囿，麀鹿攸伏。麀鹿濯濯，白鸟鹤鹤。王在灵沼，於牣鱼跃。'文王以民力为台为沼，而民欢乐之，谓其台曰灵台，谓其沼曰灵沼，乐其有麋鹿鱼鳖。古之人与民偕乐，故能乐也。《汤誓》曰：'时日害丧，予及女偕亡。'民欲与之偕亡，虽有台池鸟兽，岂能独乐哉？"

梁惠王曰："寡人之于国也，尽心焉耳矣。河内凶，则移其民于河东，移其粟于河内。河东凶亦然。察邻国之政，无如寡人之用心者。邻国之民不加少，寡人之民不加多，何也？"

孟子对曰："王好战，请以战喻。填然鼓之，兵刃既接，弃甲曳兵而走。或百步而后止，或五十步而后止。以五十步笑百步，则何如？"

曰："不可，直不百步耳，是亦走也。"

曰："王如知此，则无望民之多于邻国也。

"不违农时，谷不可胜食也；数罟不入洿池，鱼鳖不可胜食也；斧斤以时入山林，材木不可胜用也。谷与鱼鳖不可胜食，材木不可胜用，是使民养生丧死无憾也。养生丧死无憾，王道之始也。

"五亩之宅，树之以桑，五十者可以衣帛矣。鸡豚狗彘之畜，无失其时，七十者可以食肉矣。百亩之田，勿夺其时，数口之家可以无饥矣。谨庠序之教，申之以孝悌之义，颁白者不负戴于道路矣。七十者衣帛食肉，黎民不饥不寒，然而不王者，未之有也。

"狗彘食人食而不知检，涂有饿莩而不知发；人死，则曰：'非我也，岁也。'是何异于刺人而杀之，曰：'非我也，兵也。'王无罪岁，斯天下之民至焉。"

梁惠王曰："寡人愿安承教。"孟子对曰："杀人以梃与刃，有以异乎？"曰："无以异也。""以刃与政，有以异乎？"曰："无以异也。"曰："庖有肥肉，厩有肥马，民有饥色，野有饿莩，此率兽而食人也。兽相食，且人恶之；为民父母，行政，不免于率兽而食人，恶在其为民父母也？仲尼曰：'始作俑者，其无后乎！'为其象人而用之也。如之何其使斯民饥而死也？"

梁惠王曰："晋国，天下莫强焉，叟之所知也。及寡人之身，东败于齐，长子死焉；西丧地于秦七百里；南辱于楚。寡人耻之，愿比死者壹洒之，如之何则可？"孟子对曰："地方百里而可以王。王如施仁政于民，省刑罚，薄税敛，深耕易耨，壮者以暇日修其孝悌忠信，入以事其父兄，出以事其长上，可使制梃以挞秦、楚之坚甲利兵矣。

彼夺其民时，使不得耕耨以养其父母。父母冻饿，兄弟妻子离散。彼陷溺其民，王往而征之，夫谁与王敌？故曰：'仁者无敌。'王请勿疑！"

孟子见梁襄王，出，语人曰："望之不似人君，就之而不见所畏焉。卒然问曰：'天下恶乎定？'吾对曰：'定于一。''孰能一之？'对曰：'不嗜杀人者能一之。''孰能与之？'对曰："天下莫不与也。王知夫苗乎？七八月之间旱，则苗槁矣。天油然作云，沛然下雨，则苗浡然兴之矣。其如是，孰能御之？今夫天下之人牧，未有不嗜杀人者也。如有不嗜杀人者，则天下之民皆引领而望之矣。诚如是也，民归之，由水之就下，沛然谁能御之？'"

齐宣王问曰："齐桓、晋文之事，可得闻乎？"孟子对曰："仲尼之徒无道桓文之事者，是以后世无传焉，臣未之闻也。无以，则王乎？"曰："德何如则可以王矣？"曰："保民而王，莫之能御也。"曰："若寡人者，可以保民乎哉？"曰："可。"曰："何由知吾可也？"曰："臣闻之胡龁曰，王坐于堂上，有牵牛而过堂下者，王见之，曰：'牛何之？'对曰：'将以衅钟。'王曰：'舍之！吾不忍其觳觫，若无罪而就死地。'对曰：'然则废衅钟与？'曰：'何可废也？以羊易之！'——不识有诸？"曰："有之。"曰："是心足以王矣。百姓皆以王为爱也，臣固知王之不忍也。"王曰："然。诚有百姓者。齐国虽褊小，吾何爱一牛？即不忍其觳觫，若无罪而就死地，故以羊易之也。"曰："王无异于百姓之以王为爱也。以小易大，彼恶知之？王若隐其无罪而就死地，则牛羊何择焉？"王笑曰："是诚何心哉？我非爱其财，而易之以羊也，宜乎百姓之谓我爱也。"曰："无伤也，是乃仁术也，见牛未见羊也。君子之于禽兽也，见其生，不忍见其死；闻其声，不忍食其肉。是以君子远庖厨也。"

王说，曰："《诗》云：'他人有心，予忖度之。'夫子之谓也。夫我乃行之，反而求之，不得吾心。夫子言之，于我心有戚戚焉。此心之所以合于王者，何也？"曰："有复于王者曰：'吾力足以举百钧，而不足以举一羽；明足以察秋毫之末，而不见舆薪。'则王许之乎？"曰："否。""今恩足以及禽兽，而功不至于百姓者，独何与？然则一羽之不举，为不用力焉；舆薪之不见，为不用明焉；百姓之不见保，为不用恩焉。故王之不王，不为也，非不能也。"曰："不为者与不能者之形何以异？"曰："挟太山以超北海，语人曰：'我不能。'是诚不能也。为长者折枝，语人曰：'我不能。'是不为也，非不能也。故王之不王，非挟太山以超北海之类也；王之不王，是折枝之类也。老吾老，以及人之老；幼吾幼，以及人之幼。天下可运于掌。《诗》云：'刑于寡妻，至于兄弟，以御于家邦。'言举斯心加诸彼而已。故推恩足以保四海，不推恩无以保妻子。古之人所以大过人者，无他焉，善推其所为而已矣。今恩足以及禽兽，而功不至于百姓者，独何与？权，然后知轻重；度，然后知长短。物皆然，心为甚。王请度之！"

"抑王兴甲兵，危士臣，构怨于诸侯，然后快于心与？"王曰："否。吾何快于是？将以求吾所大欲也。"曰："王之所大欲，可得闻与？"王笑而不言。曰："为肥甘不足于口与？轻暖不足于体与？抑为采色不足视于目与？声音不足听于耳与？便嬖不足使

令于前与？王之诸臣皆足以供之，而王岂为是哉？"曰："否。吾不为是也。"曰："然则王之所大欲可知已，欲辟土地，朝秦、楚，莅中国而抚四夷也。以若所为求若所欲，犹缘木而求鱼也。"王曰："若是其甚与？"曰："殆有甚焉。缘木求鱼，虽不得鱼，无后灾。以若所为求若所欲，尽心力而为之，后必有灾。"曰："可得闻与？"曰："邹人与楚人战，则王以为孰胜？"曰："楚人胜。"曰："然则小固不可以敌大，寡固不可以敌众，弱固不可以敌强。海内之地方千里者九，齐集有其一。以一服八，何以异于邹敌楚哉？盖亦反其本矣。今王发政施仁，使天下仕者皆欲立于王之朝，耕者皆欲耕于王之野，商贾皆欲藏于王之市，行旅皆欲出于王之途，天下之欲疾其君者，皆欲赴愬于王。其若是，孰能御之？"

王曰："吾惛，不能进于是矣。愿夫子辅吾志，明以教我。我虽不敏，请尝试之。"曰："无恒产而有恒心者，惟士为能。若民，则无恒产，因无恒心。苟无恒心，放辟邪侈，无不为已。及陷于罪，然后从而刑之，是罔民也。焉有仁人在位罔民而可为也？是故明君制民之产，必使仰足以事父母，俯足以畜妻子，乐岁终身饱，凶年免于死亡。然后驱而之善，故民之从之也轻。今也制民之产，仰不足以事父母，俯不足以畜妻子，乐岁终身苦，凶年不免于死亡。此惟救死而恐不赡，奚暇治礼义哉？王欲行之，则盍反其本矣！五亩之宅，树之以桑，五十者可以衣帛矣。鸡豚狗彘之畜，无失其时，七十者可以食肉矣。百亩之田，勿夺其时，八口之家可以无饥矣。谨庠序之教，申之以孝悌之义，颁白者不负戴于道路矣。老者衣帛食肉，黎民不饥不寒，然而不王者，未之有也。"

【译文】

孟子晋见梁惠王。惠王说："老头儿，您不辞千里长途的辛劳而来，是不是将给我国带来利益呢？"孟子答道："王呀，为什么定要说利呢？只要有仁义就行了。如果王只是说'怎样才有利于我的国家呢'？大夫也说'怎样才有利于我的封地呢'？那一般士子和老百姓也都会说'怎样才有利于我自己呢？'这样，上上下下都互相追逐私利，国家便危险了。在拥有一万辆兵车的国家里，杀掉它的国君的，一定是拥有一千辆兵车的大夫；在拥有一千辆兵车的国家里，一定是拥有一百辆兵车的大夫。在一万辆里头，他就拥有一千辆；在一千辆里头，他就拥有一百辆，这些大夫的产业不能不说是很多的了。但如果他轻公义，重私利，那不把国君的一切都夺去，他是不会满足的。从没有讲'仁'的人遗弃父母的，也没有讲'义'的人怠慢君上的。王只要讲仁义就可以了，为什么一定要说'利'呢？"

孟子晋见梁惠王。王站在池塘边，一边欣赏着鸟兽，一边说道："有德行的人也享受这种快乐吗？"孟子答道："只有有德行的人才能体会到这种快乐，没有德行的人纵然有这一切，也没法享受。怎么这样说呢？我拿周文王和夏桀的史实作例子来说明吧。《诗经·大雅·灵台篇》中写道：'开始筑灵台，经营又经营。大家齐努力，很快就完成。王说不要急，百姓更卖力。王到鹿宛中，母鹿正安逸。母鹿亮又肥，白鸟羽毛洁。

王到灵沼上,满池鱼跳跃。'周文王虽然用了百姓的力量来筑高台挖深池,可是百姓高兴这样做,他们管这台叫做'灵台',管这池叫做'灵沼',还高兴那里有许多麋鹿和鱼鳖。古时候的圣君贤王因为能与老百姓一同快乐,所以能得到真正的快乐。(夏桀却恰恰相反,百姓诅咒他死,他却自比太阳,说道,太阳什么时候消灭,我才什么时候死亡。)《汤誓》中便记载着老百姓的怨歌:'太阳呀,你什么时候灭亡呢?我宁肯和你一道去死!'老百姓恨不得与他同归于尽,纵然有高台深池,奇禽异兽,他又怎么能够独自享受呢?"

周代驹尊,陕西省郿县出土

梁惠王(对孟子)说:"我对于国家,可算是操心到家了。河内地方遭了灾,我便把那里的一些百姓迁到河东,还把河东的一些粮食运到河内。河东遭了灾也这样对待。考察邻国的政治,没有一个国家能像我这样替百姓打算的。尽管这样,邻国的百姓并不减少,我的百姓并不增多,这是为什么呢?"孟子答道:"王喜欢战争,就请让我用战争来打个比喻吧。战鼓咚咚一响,枪尖刀锋一接触,就扔掉盔甲拖着兵器逃跑。有的一口气跑了一百步停住脚,有的一口气跑了五十步停住脚。那些跑了五十步的战士竟耻笑跑了一百步的战士(说他太胆小),这怎么样?"王说:"这不行,他只不过没跑到一百步罢了,但他也逃跑了呀。"

孟子说:"王如果懂得这个道理,就不要指望老百姓比邻国多了。如果在农忙时,不去(征兵征工,)妨碍耕作,那粮食便会吃不完了。如果密网不拿到大池去捕鱼,那鱼鳖也就吃不完了。如果砍伐树木有一定的时间,木材也就用不尽了。粮食和鱼鳖吃不完,木材用不尽,这样就使老百姓对生老病死没有什么不满了。老百姓对生老病死没有什么不满,这就是王道的开端呀。在五亩大小的庭院里栽植桑树,五十岁以上的人就能够穿上丝棉袄了。鸡和猪狗的饲养,都能按时按量,七十岁以上的人都可以吃上肉了。一家人百亩的耕地,不要让他们失去耕种收割的时机,一家几口人就可以吃得饱饱的了。好好地办些学校,反复地用孝顺父母敬爱兄长的大道理教育他们,那么,须发斑白的老人也就用不着背负或头顶着重物奔波于道路上了。七十岁以上的人有丝棉袄穿,有肉吃,平民百姓不受冻饿,这样还不能使天下归服的,是绝不会有的事。(可是现在富贵人家的)猪狗吃掉了老百姓的粮食,却不晓得去检查和制止;道路上有

饿死的人，也没想到要打开仓库来赈济。老百姓死了，就说'不怪我呀，怪年成不好。'这种说法和拿刀子杀了人，却说'不怪我呀，怪兵器吧'有什么不同呢？王假如不去怪罪年成，（而切切实实地去改革政治，）这样，天下的百姓都会来投奔了。"

战国时期农耕图，选自元王祯《农书》。

梁惠王（对孟子）说："我很高兴得到您的教诲。"孟子答道："杀人用棍子与用刀子，有什么不同吗？"王说："没有什么不同。""用刀子与用政治（杀人），有什么不同吗？"王说："也没有什么不同。"孟子又说："厨房里有肥肥的肉，马栏里有健壮的马，老百姓却面色菜黄，郊野外也横着饿死的尸体，这等于（居上位的人）率领禽兽来吃人。兽类自相残杀，人尚且厌恶它；作为老百姓的父母官来主持政治，还不免率领禽兽来吃人，这又怎么配做老百姓的父母官呢？孔子曾说：'最开始制作木偶土偶用来殉葬的人，该会断子绝孙吧！'这是因为木偶土偶很像人形，却用来殉葬。（用土偶木偶殉葬，尚且不可，）又怎么能让老百姓活活饿死呢？"

梁惠王（对孟子）说："魏国的强大，天下没有比得上的，这您是知道的。但到了我这时候，东边先败在齐国手里，连大儿子都死了；西边又被迫割了七百里土地给秦国；南边又被楚国所羞辱（被夺去了八个城池）。我觉得这实在是奇耻大辱，希望为死难者报仇雪恨，您说要怎样办才行呢？"孟子答道："只要纵横各一百里的小国就可以行仁政使天下归服，（何况像魏国这样的大国呢？）您如果向百姓施行仁政，减免刑罚，减轻赋税，使百姓能够深耕细作，早除秽草；让年轻人在闲暇时间能讲求孝顺父母、敬爱兄长、为人忠心、诚实守信的德行，并用来在家里事奉父兄，在朝廷服侍上级，这样，就是造些木棒也足以抗击披坚执锐的秦楚大军了。那秦国楚国（却相反），侵占

了老百姓的生产时间，使他们不能耕种来养活父母，于是父母受冻挨饿，兄弟妻儿东逃西散。那秦王楚王使他们的百姓陷在痛苦的深渊里，您去讨伐他们，那还有谁来与您为敌呢？老话讲得好：'仁德的人无敌于天下。'您不要疑虑了吧！"

孟子谒见了梁襄王，出来以后，告诉别人说："远远望去，不像个国君的样子；走过去，也看不出一点威严。他开口就问道：'天下要如何安定？'我答道：'天下统一，就会安定。'他又问：'谁能统一天下？'我又答：'不好杀人的国君，就能统一天下。'他又问：'那有谁来跟随他呢？'我又答：'天下的人没有不跟随他的。您熟悉禾苗吗？七八月间天旱，禾苗就枯槁了。这时，一团浓浓的乌云出现，哗啦哗啦地下起大雨来，禾苗又茁壮茂盛地生长起来。这样的话，谁能阻挡得住呢？当今各国的君王，没有一个不好杀人的。如有一位不好杀人的，那么，天下的老百姓都会伸长着脖子来盼望他了。真的这样，百姓的归附他跟随他，就好像水向下奔流一般，汹涌澎湃，谁能阻挡？'"

齐宣王问孟子道："齐桓公、晋文公的事迹，您可以讲给我听吗？"孟子答道："孔子的门徒们没有谈到齐桓公、晋文公的事迹的，所以这些事迹后代也没有流传，我也没听说过。您如果定要我说，就说说'王道'吧！"宣王问道："要有怎样的道德才能够实行王道呢？"孟子说："通过安定百姓的生活去实现王道，便没有人能够阻挡。"宣王说："像我这样的人，可以使百姓的生活安定吗？"孟子说："能够。"宣王说："凭什么晓得我能够呢？"孟子说："我听胡龁说：王坐在殿堂上，有人牵着牛从殿下走过，王看见了，便问：'这牛牵到哪里去？'那人答道：'准备杀它来祭钟。'王便道：'放了它吧！我实在不忍心看到它那哆哆嗦嗦的样子，没一点罪过，却被送往屠宰场！'那人便道：'那么，就不祭钟了吗？'王又道：'怎么可以不祭呢？用只羊来代替吧！'——有这么回事吗？"宣王说："有的。"

孟子说："凭这种好心就可以实行王道了。老百姓都以为王是舍不得，我早就知道王是不忍心呀。"宣王说："对呀，确实有这样的百姓。齐国虽狭小，我又何至于舍不得一头牛？我只是不忍心看到它那哆哆嗦嗦的样子，没一点罪过，却被送进屠宰场，才用羊来替换它。"孟子说："百姓说王舍不得，王也不必奇怪。您以小的换取大的，他们怎么会知道王的心意呢？如果说可怜它没一点罪过便被送进屠宰场，那么宰牛和宰羊又有什么不同呢？"宣王笑着说："这到底是一种什么心理呢？我确实不是吝惜钱财才去用羊来代替牛。（您这么一说，）百姓说我舍不得真是理所当然的了。"孟子说："这也没什么关系。这种怜悯心正是仁爱呀。因为王只看见了牛的可怜相，却没有看见那只羊。君子对于飞禽走兽，看见它们活着，便不忍心再看到它们死去；听到它们悲鸣哀号，便不忍心再吃它们的肉。君子总是离厨房远远的，就是这个道理。"宣王高兴地说："有两句诗说：'别人想的啥，我能猜到它。'您正是这样的。我只是这样做了，再扪心自问（这样做的道理），却想不出个所以然来。经您老这么一说，我的心便豁然明亮了。但我的这种心思合于王道，又是为什么呢？"孟子说："假如有个人向王报告说：'我的臂力能够举起三千斤，却拿不起一根羽毛；我的眼力能把鸟儿秋天生的细毛

看得一清二楚,却看不见眼前的一车柴火。'您肯相信这话吗?"宣王说:"不。"

孟子马上接着说:"如今王的好心好意足以使动物沾光,却不能使老百姓得到好处,这是为什么呢?这样看来,一根羽毛都拿不起,只是不肯出力气的缘故;一车子柴火都看不见,只是不肯用眼睛的缘故;老百姓过不上安定的生活,只是不肯施恩的缘故。所以王的不肯实行王道,只是不肯干,不是不能干。"宣王说:"不肯干和不能干在表现上有什么不同呢?"孟子说:"把泰山夹在胳膊底下跳过北海,告诉别人说:'这个我办不到。'这是真的不能。替老年人按摩肢体,告诉别人说:'这个我办不到。'这是不肯干,不是不能干。王的不行仁政不是属于把泰山夹在胳膊底下跳过北海一类,而是属于替老年人按摩肢体一类的。

宰羊,选自《北京民间风俗百图》。

"尊敬我家里的长辈,并推广到尊敬别人家里的长辈;爱护我家里的儿女,并推广到爱护别人家里的儿女。(如果一切政治措施都由这一原则出发,)治理天下就如同在手心转动小球那般容易了。《诗》上说:'先给妻子做榜样,再推广到兄弟,进而推广到封邑和国家,这就是说把这样的好心意扩大到其他方面就行了。所以由近及远地把恩惠推广开去,便足以安定天下;不这样,甚至连自己的妻子都保护不了。古代的圣贤之所以远远地超越一般人,没有别的法子,只是他们善于推行他们的好行为罢了。如今您的好心好意足以使动物沾光,百姓却得不着好处,这是为什么呢?

"称一称,才晓得轻重;量一量,才知道长短。什么东西都如此,人的心更需要这样。王,您考虑一下吧!

"难道说,动员全国军队,让将士冒着危险去和别国结仇构怨,这样做您心里才痛快吗?"

宣王说:"不,我为什么非要这样做才快活呢?所以这样做,是追求满足我最大的欲望呀。"孟子说:"王的最大欲望是什么呢?我可以听听吗?"宣王笑而不答。孟子便说:"为了肥美的食品不够吗?为了轻暖的衣裳不够穿吗?或者是为了鲜艳的色彩不够看吗?为了美妙的音乐不够听吗?为了献媚的宠臣不够您使唤吗?这些,您的臣下都能尽量供给,您难道是为了这些吗?"宣王说:"不,我不是为了这些。"孟子说:"那

么，您的最大欲望可以知道了。您是想要扩张国土，让秦楚等国都来朝纳贡，自己作为天下的盟主，同时安抚四周围的落后民族，不过，以您这样的行为想满足您这样的欲望，就好像爬到树上去捉鱼一样。"宣王说："像这样严重吗？"孟子说："恐怕比这更严重呢。爬上树去捉鱼，虽然捉不到，却没有灾祸。以您这样的行为去满足您这样的欲望，费尽心思去干，（不但达不到目的，）还有灾祸在后头。"

宣王说："（这是什么道理呢？）我可以听听吗？"孟子说："如果邹国和楚国打仗，您以为谁会打胜呢？"宣王说："楚国会胜。"孟子说："这样看来，小国本来就不可与大国为敌，人口少的国家也不可与人口多的国家为敌，弱国不可与强国为敌。现在中国的土地，有九个纵横各一千里那么大，齐国全部土地不过它的九分之一。凭九分之一想叫九分之八归服，这跟邹国与楚国为敌有什么不同呢？（既然这条路根本行不通，那么，）为什么不从根基着手呢？现在王如果能改革政治，施行仁德，便会使天下的士大夫都想到齐国来做官，庄稼汉都想到齐国来种地，行商坐贾都想到齐国来做生意，来往的旅客也都想取道齐国，各国痛恨本国君主的人也都想到您这里来控诉。果然做到这样，又有谁能抵挡得住呢？"宣王说："我头脑昏乱，对您的理想不能再进一层地体会，希望您老人家辅导我达到目的，明明白白地教导我。我虽不聪明，也不妨试它一试。"

孟子说："没有固定的产业而有坚定的信念，只有士人才能够做到。至于一般人，如果没有固定的产业，便也没有坚定的信念。没有坚定的信念，就会胡作非为，违法乱纪，什么事都干得出来。等到他犯了法，然后再处以刑罚，这等于陷害。哪有仁爱的人坐了朝廷却做出陷害老百姓的事呢？所以英明的君主规定人们的产业，一定要使他们上足以赡养父母，下足以抚养妻儿；好年成，丰衣足食；坏年成，也不致饿死。然后再把他们引上善良的道路，老百姓也就很容易地听从了。现在呢，规定人民的产业，上不足以赡养父母，下不足以抚养妻儿；好年成，也是艰难困苦；坏年成，只有死路一条。这样，每个人拯救自己还怕来不及，哪有闲工夫学习礼义呢？

"王如果要施行仁政，为什么不从根基着手呢？每家给他五亩土地建立宅院，四周围遍植桑树，五十岁以上的人就可以穿上丝棉袄了。鸡、狗和猪这类畜牲，都有时间去饲养，七十岁以上的人就可以有肉吃了。一家人给他百亩田地，不去耽误他的农时，八口之家就可以不饿肚子了。办好各级学校，反复地用孝顺父母、敬爱兄长的大道理来开导他们，须发斑白的人就不至于要自己头顶或背负着物件在路上行走了。老年人都达到穿棉袄、吃肉食的小康水平，一般人都达到温饱水平，这样还不能使天下归服的，那是从来没有的事。"

梁惠王章句下

【原文】

　　庄暴见孟子，曰："暴见于王，王语暴以好乐，暴未有以对也。"曰："好乐何如？"孟子曰："王之好乐甚，则齐国其庶几乎！"他日，见于王，曰："王尝语庄子以好乐，有诸？"王变乎色，曰："寡人非能好先王之乐也，直好世俗之乐耳。"曰："王之好乐甚，则齐其庶几乎！今之乐由古之乐也。"曰："可得闻与？"曰："独乐乐，与人乐乐，孰乐？"曰："不若与人。"曰："与少乐乐，与众乐乐，孰乐？"曰："不若与众。""臣请为王言乐。今王鼓乐于此，百姓闻王钟鼓之声，管籥之音，举疾首蹙頞而相告曰：'吾王之好鼓乐，夫何使我至于此极也？父子不相见，兄弟妻子离散。'今王田猎于此，百姓闻王车马之音，见羽旄之美，举疾首蹙頞而相告曰：'吾王之好田猎，夫何使我至于此极也？父子不相见，兄弟妻子离散。'此无他，不与民同乐也。今王鼓乐于此，百姓闻王钟鼓之声，管籥之音，举欣欣然有喜色而相告曰：'吾王庶几无疾病与，何以能鼓乐也？'今王田猎于此，百姓闻王车马之音，见羽旄之美，举欣欣然有喜色而相告曰：'吾王庶几无疾病与，何以能田猎也？'此无他，与民同乐也。今王与百姓同乐，则王矣。"

　　齐宣王问曰："文王之囿方七十里，有诸？"孟子对曰："于传有之。"曰："若是其大乎？"曰："民犹以为小也。"曰："寡人之囿方四十里，民犹以为大，何也？"曰："文王之囿方七十里，刍荛者往焉，雉兔者往焉，与民同之。民以为小，不亦宜乎？臣始至于境，问国之大禁，然后敢入。臣闻郊关之内，有囿方四十里，杀其麋鹿者，如杀人之罪。则是方四十里为阱于国中，民以为大，不亦宜乎？"

　　齐宣王问曰："交邻国有道乎？"孟子对曰："有。惟仁者为能以大事小，是故汤事葛，文王事昆夷。惟智者为能以小事大，故太王事獯鬻，勾践事吴。以大事小者，乐天者也；以小事大者，畏天者也。乐天者保天下，畏天者保其国。《诗》云：'畏天之威，于时保之。'"王曰："大哉言矣！寡人有疾，寡人好勇。"对曰："王请无好小勇。夫抚剑疾视，曰：'彼恶敢当我哉！'此匹夫之勇，敌一人者也。王请大之！《诗》云：'王赫斯怒，爰整其旅，以遏徂莒，以笃周祜，以对于天下。'此文王之勇也。文王一怒而安天下之民。《书》曰：'天降下民，作之君，作之师。惟曰其助上帝宠之。四方有罪无罪惟我在，天下曷敢有越厥志？'一人衡行于天下，武王耻之。此武王之勇也。而武王亦一怒而安天下之民。今王亦一怒而安天下之民，民惟恐王之不好勇也。"

　　齐宣王见孟子于雪宫。王曰："贤者亦有此乐乎？"孟子对曰："有。人不得，则非其上矣。不得而非其上者，非也；为民上而不与民同乐者，亦非也。乐民之乐者，民

亦乐其乐,忧民之忧者,民亦忧其忧。乐以天下,忧以天下,然而不王者,未之有也。昔者齐景公问于晏子曰:'吾欲观于转附、朝儛,遵海而南,放于琅邪,吾何修而可以比于先王观也?'晏子对曰:'善哉问也!天子适诸侯曰巡狩。巡狩者,巡所守也。诸侯朝于天子曰述职。述职者,述所职也。无非事者。春省耕而补不足,秋省敛而助不给。夏谚曰:'吾王不游,吾何以休?吾王不豫,吾何以助?一游一豫,为诸侯度。'今也不然,师行而粮食,饥者弗食,劳者弗息。睊睊胥谗,民乃作慝。方命虐民,饮食若流。流连荒亡,为诸侯忧。从流下而忘反,谓之流;从流上而忘反,谓之连;从兽无厌谓之荒;乐酒无厌谓之亡。先王无流连之乐,荒亡之行。惟君所行也。'景公悦,大戒于国,出舍于郊,于是始兴发补不足。召大师曰:'为我作君臣相说之乐!'盖《徵招》、《角招》是也。其《诗》曰:'畜君何尤?'畜君者,好君也。"

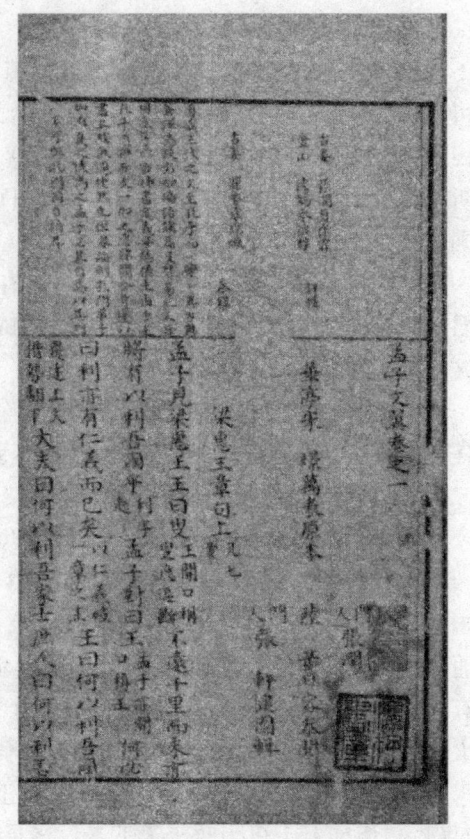

《孟子文翼》书影

齐宣王问曰:"人皆谓我毁明堂,毁诸?已乎?"孟子对曰:"夫明堂者,王者之堂也。王欲行王政,则勿毁之矣。"王曰:"王政可得闻与?"对曰:"昔者文王之治岐也,耕者九一,仕者世禄,关市讥而不征,泽梁无禁,罪人不孥。老而无妻曰鳏,老而无夫曰寡,老而无子曰独,幼而无父曰孤。此四者,天下之穷民而无告者。文王发政施仁,必先斯四者。《诗》云:'哿矣富人,哀此茕独。'"王曰:"善哉言乎!"曰:"王如善之,则何为不行?"王曰:"寡人有疾,寡人好货。"对曰:"昔者公刘好货,《诗》云:'乃积乃仓,乃裹餱粮,于橐于囊。思戢用光。弓矢斯张,干戈戚扬,爰方启行。'故居者有积仓,行者有裹囊也,然后可以爰方启行。王如好货,与百姓同之,于王何有?"王曰:"寡人有疾,寡人好色。"对曰:"昔者太王好色,爱厥妃。《诗》云:'古公亶父,来朝走马,率西水浒,至于岐下,爰及姜女,聿来胥宇。'当是时也,内无怨女,外无旷夫。王如好色,与百姓同之,于王何有?"

孟子谓齐宣王曰:"王之臣有托其妻子于其友而之楚游者,比其反也,则冻馁其妻子,则如之何?"王曰:"弃之。"曰:"士师不能治士,则如之何?"王曰:"已之。"曰:"四境之内不治,则如之何?"王顾左右而言他。

孟子见齐宣王,曰:"所谓故国者,非谓有乔木之谓也,有世臣之谓也。王无亲臣

矣，昔者所进，今日不知其亡也。"王曰："吾何以识其不才而舍之？"曰："国君进贤，如不得已，将使卑逾尊，疏逾戚，可不慎与？左右皆曰贤，未可也；诸大夫皆曰贤，未可也；国人皆曰贤，然后察之。见贤焉，然后用之。左右皆曰不可，勿听；诸大夫皆曰不可，勿听；国人皆曰不可，然后察之。见不可焉，然后去之。左右皆曰可杀，勿听；诸大夫皆曰可杀，勿听；国人皆曰可杀，然后察之。见可杀焉，然后杀之。故曰国人杀之也。如此，然后可以为民父母。"

齐宣王问曰："汤放桀，武王伐纣，有诸？"孟子对曰："于传有之。"曰："臣弑其君，可乎？"曰："贼仁者谓之'贼'，贼义者谓之'残'。残贼之人，谓之'一夫'。闻诛一夫纣矣，未闻弑君也。"

孟子见齐宣王曰："为巨室，则必使工师求大木。工师得大木，则王喜，以为能胜其任也。匠人斫而小之，则王怒，以为不胜其任矣。夫人幼而学之，壮而欲行之，王曰'姑舍女所学而从我'，则何如？今有璞玉于此，虽万镒，必使玉人雕琢之。至于治国家，则曰'姑舍女所学而从我'，则何以异于教玉人雕琢玉哉？"

齐人伐燕，胜之。宣王问曰："或谓寡人勿取，或谓寡人取之。以万乘之国伐万乘之国，五旬而举之，人力不至于此。不取，必有天殃。取之，何如？"孟子对曰："取之而燕民悦，则取之。古之人有行之者，武王是也。取之而燕民不悦，则勿取。古之人有行之者，文王是也。以万乘之国伐万乘之国，箪食壶浆以迎王师，岂有他哉？避水火也。如水益深，如火益热，亦运而已矣。"

齐人伐燕，取之。诸侯将谋救燕。宣王曰："诸侯多谋伐寡人者，何以待之？"孟子对曰："臣闻七十里为政于天下者，汤是也。未闻以千里畏人者也。《书》曰：'汤一征，自葛始。'天下信之，东面而征，西夷怨；南面而征，北狄怨，曰：'奚为后我？'民望之，若大旱之望云霓也。归市者不止，耕者不变，诛其君而吊其民，若时雨降，民大悦。《书》曰：'徯我后，后来其苏。'今燕虐其民，王往而征之，民以为将拯己于水火之中也，箪食壶浆，以迎王师。若杀其父兄，系累其子弟，毁其宗庙，迁其重器，如之何其可也？天下固畏齐之强也，今又倍地而不行仁政，是动天下之兵也。王速出令，反其旄倪，止其重器，谋于燕众，置君而后去之，则犹可及止也。"

邹与鲁哄。穆公问曰："吾有司死者三十三人，而民莫之死也。诛之，则不可胜诛；不诛，则疾视其长上之死而不救，如之何则可也？"孟子对曰："凶年饥岁，君之民老弱转乎沟壑，壮者散而之四方者，几千人矣；而君之仓廪实，府库充，有司莫以告，是上慢而残下也。曾子曰：'戒之戒之！出乎尔者，反乎尔者也。'夫民今而后得反之也。君无尤焉！君行仁政，斯民亲其上，死其长矣。"

滕文公问曰："滕，小国也，间于齐、楚。事齐乎？事楚乎？"孟子对曰："是谋非吾所能及也。无已，则有一焉：凿斯池也，筑斯城也，与民守之，效死而民弗去，则是可为也。"

滕文公问曰："齐人将筑薛，吾甚恐，如之何则可？"孟子对曰："昔者大王居邠，狄人侵之，去，之岐山之下居焉。非择而取之，不得已也。苟为善，后世子孙必有王

者矣。君子创业垂统，为可继也。若夫成功，则天也。君如彼何哉？强为善而已矣。"

滕文公问曰："滕，小国也。竭力以事大国，则不得免焉，如之何则可？"孟子对曰："昔者大王居邠，狄人侵之。事之以皮币，不得免焉；事之以犬马，不得免焉；事之以珠玉，不得免焉。乃属其耆老而告之曰：'狄人之所欲者，吾土地也。吾闻之也：君子不以其所以养人者害人。二三子何患乎无君？我将去之。'去邠，逾梁山，邑于岐山之下居焉。邠人曰：'仁人也，不可失也。'从之者如归市。或曰：'世守也，非身之所能为也。'效死勿去。君请择于斯二者。"

鲁平公将出，嬖人臧仓者请曰："他日君出，则必命有司所之。今乘舆已驾矣，有司未知所之，敢请！"公曰："将见孟子。"曰："何哉！君所为轻身以先于匹夫者，以为贤乎？礼义由贤者出，而孟子之后丧逾前丧，君无见焉！"公曰："诺。"乐正子入见，曰："君奚为不见孟轲也？"曰："或告寡人曰：'孟子之后丧逾前丧。'是以不往见也。"曰："何哉？君所谓逾者，前以士，后以大夫；前以三鼎，而后以五鼎与？"曰："否。谓棺椁衣衾之美也。"曰："非所谓逾也，贫富不同也。"乐正子见孟子曰："克告于君，君为来见也。嬖人有臧仓者沮君，君是以不果来也。"曰："行，或使之；止，或尼之。行止，非人所能也。吾之不遇鲁侯，天也。臧氏之子焉能使予不遇哉？"

【译文】

（齐国的大臣）庄暴来见孟子，说道："我去朝见王，王告诉我，他爱好音乐，我不知道该怎样回答。"接着又说："爱好音乐，究竟好不好？"孟子说："王如果非常爱好音乐，那齐国便会很不错了。"过了些时，孟子谒见齐王，问道："您曾经告诉庄暴，说您爱好音乐，有这回事吗？"齐王脸红了，不好意思地说："我并不是爱好古代的严肃音乐，只是爱好流行乐曲罢了。"孟子说："只要您非常爱好音乐，那齐国便会很不错了。无论是现代流行音乐，或者古代严肃音乐都是一样的。"齐王说："这道理我可以听听吗？"孟子说："一个人欣赏音乐快乐，与别人一块欣赏音乐也快乐，哪一种更快乐呢？"齐王说："跟别人一起欣赏快乐。"孟子说："跟少数人欣赏音乐固然快乐，跟多数人欣赏音乐也快乐，究竟哪一种更快乐呢？"齐王说："跟多数人一起欣赏更快乐。"

孟子马上说道："请让我为王说说'乐'的道理吧。假使王在这里奏乐，老百姓听到鸣钟击鼓的声音，又听到吹奏箫管的声音，大家都觉得讨厌，皱着眉头互相议论道：'我们国王这样爱好音乐，为什么使我困苦到这步田地呢？父子不能见面，兄弟妻儿东逃西散？'假使王在这里打猎，老百姓听到车马的声音，看到仪仗的华丽，大家都觉得讨厌，皱着眉头议论道：'我们国王这样爱好打猎，为什么使我困苦到这步田地呢？父子不能见面，兄弟妻儿东逃西散？'（为什么老百姓会这样呢？）这没有别的原因，就是因为王只图自己快乐而不与大家一同娱乐的缘故。

"假使王在这里奏乐，老百姓听到鸣钟击鼓的声音，又听到吹奏箫管的声音，全都眉开眼笑地互相告诉：'我们国王大概很健康吧，要不然怎么能够奏乐呢？'假使王在

这里打猎,老百姓听到车马的声音,看到仪仗的华丽,全都眉开眼笑地互相告诉:'我们国王大概很健康吧,要不这样,怎么能够打猎呢?'(为什么老百姓会这样呢?)这没有别的原因,只是因为王同百姓一同娱乐罢了。如果王同百姓一同娱乐,就可以使天下归服了。"

齐宣王(问孟子)道:"听说周文王有一处狩猎场,纵横各七十里,真有这回事吗?"孟子答道:"史书上记载着呢。"宣王说:"真有这么大吗?"孟子说:"老百姓还嫌小呢。"宣王说:"我的狩猎场纵横只有四十里,老百姓还嫌太大了,这又是为什么呢?"孟子说:"文王的狩猎场纵横各七十里,割草打柴的去,打鸟捕兽的也去,和老百姓一同使用。老百姓以为太小,不是很自然的吗?(而您恰恰相反。)我刚到边界,就打听齐国最严格的禁令,然后才敢入境。我听说首都郊外有一处狩猎场,纵横各四十里,谁要宰了里头的麋鹿,就和犯了杀人罪一样惩治。那么,对老百姓来说,是在国内布置了一个纵横四十里的大陷阱。他们认为太大了,不是应该的吗?"

齐宣王问道:"和邻国打交道有什么原则和方法吗?"孟子答道:"有的。只有仁爱的人才能够以大国的身份服事小国,所以商汤服事葛伯,文王服事昆夷。只有聪明的人才能够以小国的身份服事大国,所以太王服事獯鬻,勾践服事夫差。以大国身份服事小国的,是天性快乐的人;以小国身份服事大国的,是谨慎畏惧的人。天性快乐的人足以安定天下,谨慎畏惧的人足以保护自己的国家。《诗》说得好:'害怕上帝有威灵,(因此谨慎又小心,)所以能得到安定。'"宣王说:"这话说得真好!不过,我有个小毛病,就是喜爱勇武(,恐怕不能够服事别国)。"孟子答道:"那么,王就不是喜爱小勇。有一种人,只会手按着剑柄瞪着眼睛说:'他怎么敢抵挡我呢?'这只是普通人的勇武,只能抵得住一个人。希望王能把它扩大。

"《诗》说:'我王赫然一发怒,整肃军阵如猛虎,阻止侵莒的敌人,增添周室的福禄,报答天下的向往。'这便是文王的勇武。文王一发怒便使天下的人民生活安定。《书》说:'天降生了芸芸众民,也替他们降生了君主,也替他们降生了师傅,这些君主和师傅的唯一责任,就是帮助上帝来爱护人民。因此,四方之大,有罪者和无罪者,都由我负责。普天之下,谁敢超越他的本分(胡作非为)?'当时有一个纣王在世上横行霸道,武王便认为这是奇耻大辱。这便是武王的勇。武王也一发怒而使天下的人民生活安定。如今王若是也一怒而安定天下的人民,那么,人民还生怕王不喜爱勇武呢。"

齐宣王在他的别墅雪宫里接见孟子。宣王问道:"有道德的贤人也有这种快乐吗?"孟子答道:"有的,他们要是得不到这种快乐,就会讲国王的坏话的。得不到快乐就讲国王的坏话,固然不对;作为老百姓的统治者有快乐一人独享而不同老百姓一同享受,也是不对的。把老百姓的快乐当做他自己的快乐的,老百姓也会把他的快乐当做自己的快乐;把老百姓的忧愁当做他自己的忧愁的,老百姓也会把他的忧愁当做自己的忧愁。和天下的人同忧同乐,这样还不能使天下归服于他的,是从来不曾有的事。当年齐景公问晏子道:'我想到转附山和朝儛山去观光,然后沿着海岸南行,一直到琅邪,

我该怎么办才能够和过去的圣王贤君的巡游相比拟呢?'晏子答道:'问得好呀!天子到诸侯的国家去叫做巡狩。巡狩,就是巡视各诸侯所守的疆土的意思。诸侯去朝见天子叫做述职。述职就是报告在他职责内的工作的意思。这一切都是工作。春天巡视耕种情况,对贫穷农户加以补助;秋天考察收获情况,对缺粮农户加以补助。夏朝的谚语说:"我王不出来游,我便劳作不休;我王不出来走,我的补助哪有?我王四处亮相,给诸侯树立榜样。如今就不同了:国王仪仗还没动,官吏四处筹粮米。饿汉越发没饭吃,苦力累死难休息。大家切齿又骂娘,铤而走险揭竿起。既违天命又害民。挥霍的粮食如水东流。流连荒亡无节制,诸侯愁得皱眉头!"(流连荒亡是什么意思呢?)顺流而下地游玩,乐而忘返叫做流,溯流而上地游玩,乐而忘返叫做连,无厌倦地打猎叫做荒,不知节制地喝酒叫做亡。过去的圣王贤君都没有这种流连荒亡的行为。(视察工作的出巡和只知自己快乐的流连荒亡,)您从事哪一种,您自己选择吧!'景公听了,大为高兴。先在都城内做好准备,然后驻扎郊外,拿出钱粮,救济穷人。景公又把乐宫长叫来,对他说:'给我创作一篇君臣同乐的乐曲!'这篇乐曲就是《徵招角招》,歌词说:'畜君有什么不对呢?'畜君,就是喜爱国君的意思。"

齐宣王问道:"别人都劝我把明堂毁掉,到底是毁呢,还是不毁?"孟子答道:"明堂是什么呢?是有道德而能统一天下的王者的殿堂。您如果要实行王政,就不要把它给毁了。"王说:"实行王政的事,我可以听听吗?"答道:"从前周文王治理岐地,对农夫的税率是九分抽一;做官的人可以世代承袭俸禄;在关卡和市场只稽查,不征税;湖泊可以任意捕鱼,没有禁令;罪犯只惩罚他本人,不株连家属。老了没妻子的叫鳏夫,老了没丈夫的叫寡妇,没有儿女的老人叫孤独者,死了父亲的儿童叫孤儿。这四种人是世上最穷苦无依的人。周文王实行仁政,一定最先照顾他们。《诗》说得好:'有钱人生活没困难,可怜那些无依无靠的人吧!'"宣王说:"这话说得真好!"孟子说:"您如果认为这话好,那为什么不实行呢?"

宣王说:"我有个小毛病,我喜爱钱财(,实行王政怕有困难)。"孟子说:"从前公刘也喜爱钱财,《诗》说:'粮食堆满仓,用来做干粮,还装满橐囊。百姓安居国威

观乐,汉画像石。

扬。箭上弦，弓开张，梭镖大斧都上场，浩浩荡荡向前方。'留在家里的人都有存粮，行军的人都有干粮，这样才能'浩浩荡荡向前方。'王如果喜爱钱财，能跟老百姓一道，对您实行王政有什么困难呢？"王又说："我有个毛病，我喜爱女人（，实行王政怕有困难）。"孟子答道："从前太王也喜爱女人，十分娇宠他的妃子。《诗》说：'古公亶父清早骑着马，沿着漆水西，来到岐山下。视察民众的住宅，姜女始终伴随着他。'这一时代，既没有老处女，也找不到单身汉。王如果喜爱女人，能跟老百姓一道，对您实行王政有什么困难呢？"

孟子对齐宣王说："您有一个臣子把妻儿托付给朋友照顾，自己游楚国去了。等他回来的时候，他的妻儿却在挨饿受冻。对待这样的朋友，该怎么办呢？"王说："和他绝交。"孟子说："司法长官不能约束他的下级，那该怎么办？"王说："撤他的职！"孟子说："国内治理得不好，那该怎么办？"齐王左右张望，把话题扯到别处去了。

畋猎，汉画像石，陕西清涧。

孟子谒见齐宣王，说道："我们所说的'故国'，并不是说那个国家有高大的树木的意思，而是有建有功勋的老臣的意思。您现在没有亲信的臣子了。过去所用的人到今天想不到都罢免了。"王问："我怎样去识别那些没才能的人从而不用他呢？"孟子答道："国君选拔贤人，如不得已要起用新人，就不得不把卑贱者提拔到尊贵者之上，把疏远的人提拔到亲近者之上，对这种事能不慎重吗？因此，左右亲近的人都说某人好，还不行；各位大夫都说某人好，还不行；全国的人都说某人好，然后去调查；发现他真的不错，然后起用他。左右亲近的人都说某人不好，不要听信；各位大夫都说某人不好，也不要听信；全国的人都说某人不好，然后去调查，发现他真的不好，再罢免他。左右亲近的人都说某人该杀，不要听信；各位大夫都说某人该杀，也不要听信；全国的人都说某人该杀，然后去调查；发现他真的该杀，再杀他。所以说，他是全国人杀的。只有这样，才能做百姓的父母。"

齐宣王问道："商汤流放夏桀，周武王讨伐商纣王，有这回事吗？"孟子答道："史书上有这样的记载。"宣王说："做臣子的弑他的君主，这是可以的吗？"孟子说："破

坏仁爱的人叫做'贼',破坏道义的人叫做'残'。残贼俱全的人,我们叫他做'一夫',我只听说过武王诛杀了一夫殷纣,没有听说过他是以臣弑君的。"

孟子谒见齐宣王,说:"建筑一所大房子,就一定要派工师去寻找大木料。工师得到了大木料,王就高兴,认为他能够尽到他的责任。如果木工把木料砍小了,王就会发怒,认为他担负不了他的责任。(可见要学好一门手艺是很难的。)有些人,从小学习一门手艺,长大了便想运用实行。可是王却对他说:'暂时放下你所学的,听从我的话吧!'这又怎么行呢?假如这里有一块没雕琢过的玉石,虽然它非常值钱,也一定要请玉匠来雕琢它。可是一说到治理国家,你却(对政治家)说:'暂时放下你所学的,听从我的话吧!'这跟您要让玉匠按照你的办法雕琢玉石,又有什么两样呢?"

齐国攻打燕国,大胜。齐宣王问道:"有些人劝我不要吞并燕国,也有些人劝我吞并它。(我想:)凭着一个万乘之国去攻打另一个万乘之国,只用五十天便打下来了,光靠人力是做不到的呀(一定是天意如此)。如果我们不把它吞并,上天会(认为我们违反了他的意旨,因而)降下灾害来。吞并它,怎么样?"孟子答道:"如果吞并它,燕国老百姓很高兴,便吞并它。古人有这样做的,周武王便是。如果吞并它,燕国老百姓不高兴,就不要吞并它。古人有这样做的,周文王便是。凭着一个万乘之国去攻打燕国这个万乘之国,燕国的百姓却用箪盛着饭,用壶盛着酒来欢迎您的军队,难道会有别的意思吗?只不过想逃开那水深火热的苦日子罢了。如果他们的灾难更深了,那只是统治者由燕转为齐罢了。"

齐国讨伐燕国,占领了它。别的国家在酝酿救助燕国。宣王问道:"许多国家正在酝酿要攻打我,要怎样对待呢?"孟子答道:"我听说过,

商后期玉人,1976年河南安阳殷墟妇好墓出土。

有凭着方圆七十里的土地来统一天下的,商汤就是,还没听说过拥有方圆一千里的国土而害怕别国的。《书》说过:'商汤征伐,从葛国开始。'天下的人都很相信他,因此,出征东面,西方国家的百姓便不高兴;出征南面,北方国家的老百姓便不高兴,都说:'为什么把我们放到后面呢?'人们盼望他,就好像久旱以后盼望乌云和虹霓一样。(汤征伐时,)做买卖的依然来来往往,种庄稼的照常埋头耕耘,因为他们知道这支队伍只是来诛杀那暴虐的国君来抚慰那被残害的百姓的,这正像降了一场及时雨呀,

因而十分高兴。《书》又说：'盼望我王，他来了，我们才有活命！'如今燕国的君主虐待百姓，您去征伐他，那里的百姓认为您是要把他们从水深火热中拯救出来，因此都提着饭筐和酒壶来欢迎您的军队。而您呢，却杀掉他们的父兄，掳掠他们的子弟，毁坏他们的宗庙祠堂，搬走他们的传世宝器，这怎么可以呢？天下各国本来就害怕齐国强大，如今它的土地又扩大了一倍，而且还暴虐无道，这自然会引起各国兴兵动武。您赶快发出命令，遣回老老小小的俘虏，停止搬运燕国的宝器，再与燕国的人士商量，择立一位燕王，然后撤军。这样做，要使各国停止兴兵，还是来得及的。"

邹国和鲁国发生了边界纠纷。邹穆公问孟子道："这一次冲突，我的官员牺牲了三十三个，老百姓却没有一个为他们死难的。杀了他们吧，又杀不了那么多；不杀吧，又十分气愤他们瞪着两眼看着长官被杀却不去救。该怎么办好呢？"孟子答道："灾荒年岁，您的百姓，年老的弃尸于山沟荒野之中，年轻力壮的便四处逃荒，这样的将近一千了。而您的谷仓里堆满了粮食，库房里装满了财宝。这种情形，您的官员们谁也不来报告，这就是在上位的人不关心老百姓，并且还残害他们。曾子说过：'提高警惕，提高警惕！你怎样去对待人家，人家将怎样回报你。'现在，您的百姓可得着报复的机会了。您不要责备他们吧！您如果实行仁政，您的百姓自然就会爱护他们的上级，情愿为他们的长官牺牲了。"

滕文公问道："滕国是一个弱小的国家，位于齐、楚两大国中间。是服事齐国呢，还是服事楚国呢？"孟子答道："这个问题不是我的能力所能回答的。如您定要我说，就只有一个主意：把护城河挖深，把城墙筑牢，与百姓来保卫它，宁愿死，也不离去，这样，还是有办法的。"

滕文公问道："齐国人准备加强薛邑的城池，我很害怕，怎么办才好呢？"孟子答道："从前太王住在邠地，狄人来侵犯，他便搬迁到岐山下定居。他并不是主动选取了这个地方，完全是出于不得已。要是一个君主能实行仁政，后代子孙也一定会有成为帝王的。有德的君子创立功业，传于子孙，正是为了能代代相传。至于成不成功，自有天命。您奈何得了齐人吗，只有努力实行仁政罢了。"

滕文公问道："滕是个弱小的国家，尽心竭力地服事大国，仍然难免于祸害，怎么办才好呢？"孟子答道："从前太王住在邠地，狄人来侵犯他。用皮裘和布帛去笼络，不能幸免；用好狗名马去笼络，不能幸免；用珍珠宝玉去笼络，仍然不能幸免。太王便召集邠地德高望重的老年人，向他们宣布：'狄人所要的，乃是我们的土地。我听说过：有德行的人不让本来用以养人的东西成为祸害。你们何必害怕没有君主呢？（狄人不也可以做你们的君主吗？）我要走了（免得连累你们）。'于是离开邠地，翻过梁山，在岐山之下重新建筑一个城邑定居下来。邠地的老百姓说：'这是一位有仁德的人呀，我们不能失去他。'追随而去的好像赶集的一样多。也有人说：'这是祖宗传下来叫我们世世代代加以保守的基业，不是我本人能擅自做主把它丢弃的，宁愿死，也不离开。'以上两条道路，您可以在其中选择。"

鲁平公准备外出，他所宠幸的小臣臧仓来请示道："平日您外出，一定要告诉管事

富豪贵族车骑出行，汉画像石，山东嘉祥宋山。

的人您到哪里去。现在车马都预备好了，管事的人还不知道您要到哪里去，因此我冒昧地来请示。"平公说："我要去拜访孟子。"臧仓说："您轻视了自己的身份而先去拜访一个普通人，究竟是为了什么呢？您以为他是贤德的人吗？礼义应该是由贤者实践的，而孟子办他母亲的丧事的花费大大超过了他以前办父亲丧事的花费，（这是贤德的人所应有的行为吗？）您不要去看他！"平公说："好吧。"

乐正子入宫见平公，问道："您为什么不去看孟轲呀？"平公说："有人告诉我，'孟子办他母亲丧事的花费大大超过了他以前办父亲丧事的花费'，所以不去看他了。"乐正子说："您所说的'超过'是什么意思呢？是指父丧用士礼，母丧用大夫礼吗？是指父丧用三只鼎摆放祭品，而母丧用五只鼎摆放祭品吗？"平公说："不，我指的是棺椁衣衾的精美。"乐正子说："那便不能叫'超过'，只是前后贫富不同罢了。"

乐正子去见孟子，说道："我跟鲁君说了，他刚要来看您，可是有一个被宠幸的小臣名叫臧仓的阻止了他，所以他不来了。"孟子说："一个人要干件事情，是有一种力量在指使他；就是不干，也有一种力量在阻止他。干与不干，不是单凭人力所能做到的。我不能和鲁侯见面，是由于天命。臧家那个小子，他怎么能使我和鲁侯见不上面呢？"

公孙丑章句上

【原文】

公孙丑问曰："夫子当路于齐，管仲、晏子之功，可复许乎？"孟子曰："子诚齐人也，知管仲、晏子而已矣。或问乎曾西曰：'吾子与子路孰贤？'曾西蹴然曰：'吾先子之所畏也。'曰：'然则吾子与管仲孰贤？'曾西艴然不悦，曰'尔何曾比予于管仲？管仲得君，如彼其专也，行乎国政，如彼其久也，功烈如彼其卑也，尔何曾比予于是？'"曰："管仲，曾西之所不为也，而子为我愿之乎？"曰："管仲以其君霸，晏子以其君显。管仲、晏子犹不足为与？"曰："以齐王，由反手也。"曰："若是，则弟子之惑滋甚。且以文王之德，百年而后崩，犹未洽于天下。武王、周公继之，然后大行。今言

王若易然，则文王不足法与？"曰："文王何可当也？由汤至于武丁，贤圣之君六七作，天下归殷久矣，久则难变也。武丁朝诸侯有天下，犹运之掌也。纣之去武丁未久也，其故家遗俗，流风善政，犹有存者。又有微子、微仲、王子比干、箕子、胶鬲——皆贤人也——相与辅相之，故久而后失之也。尺地，莫非其有也，一民，莫非其臣也；然而文王犹方百里起，是以难也。齐人有言曰：'虽有智慧，不如乘势；虽有镃基，不如待时。'今时则易然也。夏后、殷、周之盛，地未有过千里者也，而齐有其地矣。鸡鸣狗吠相闻，而达乎四境，而齐有其民矣。地不改辟矣，民不改聚矣，行仁政而王，莫之能御也。且王者之不作，未有疏于此时者也；民之憔悴于虐政，未有甚于此时者也。饥者易为食，渴者易为饮。孔子曰：'德之流行，速于置邮而传命。'当今之时，万乘之国行仁政，民之悦之，犹解倒悬也。故事半古之人，功必倍之，惟此时为然。"

公孙丑问曰："夫子加齐之卿相，得行道焉，虽由此霸王，不异矣。如此，则动心否乎？"孟子曰："否！我四十不动心。"曰："若是，则夫子过孟贲远矣。"曰："是不难，告子先我不动心。"曰："不动心有道乎？"曰："有。北宫黝之养勇也，不肤挠，不目逃，思以一毫挫于人，若挞之于市朝，不受于褐宽博，亦不受于万乘之君；视刺万乘之君，若刺褐夫，无严诸侯，恶声至，必反之。孟施舍之所养勇也，曰：'视不胜犹胜也；量敌而后进，虑胜而后会，是畏三军者也。舍岂能为必胜哉？能无惧而已矣。'孟施舍似曾子，北宫黝似子夏。夫二子之勇，未知其孰贤，然而孟施舍守约也。昔者曾子谓子襄曰：'子好勇乎？吾尝闻大勇于夫子矣。自反而不缩，虽褐宽博，吾不惴焉；自反而缩，虽千万人，吾往矣。'孟施舍之守气，又不如曾子之守约也。"曰："敢问夫子之不动心与告子之不动心，可得闻与？""告子曰：'不得于言，勿求于心；不得于心，勿求于气。'不得于心，勿求于气，可；不得于言，勿求于心，不可。夫志，气之帅也；气，体之充也。夫志至焉，气次焉；故曰：'持其志，无暴其气。'""既曰'志至焉，气次焉'，又曰'持其志，无暴其气'者，何也？"曰："志壹则动气，气壹则动志也。今夫蹶者趋者，是气也，而反动其心。"

"敢问夫子恶乎长？"曰："我知言，我善养吾浩然之气。""敢问何谓浩然之气？"曰："难言也。其为气也，至大至刚，以直养而无害，则塞于天地之间。其为气也，配义与道。无是，馁也。是集义所生者，非义袭而取之也。行有不慊于心，则馁矣。我故曰：告子未尝知义，以其外之也。必有事焉而勿正，心勿忘，勿助长也。无若宋人然：宋人有闵其苗之不长而揠之者，芒芒然归，谓其人曰：'今日病矣！予助苗长矣！'其子趋而往视之，苗则槁矣。天下之不助苗长者寡矣。以为无益而舍之者，不耘苗者也；助之长者，揠苗者也，非徒无益，而又害之。""何谓知言？"曰："诐辞知其所蔽，淫辞知其所陷，邪辞知其所离，遁辞知其所穷。生于其心，害于其政；发于其政，害于其事。圣人复起，必从吾言矣。"

"宰我、子贡善为说辞，冉牛、闵子、颜渊善言德行，孔子兼之，曰：'我于辞命，则不能也。'然则夫子既圣矣乎？"曰："恶！是何言也！昔者子贡问于孔子曰：'夫子圣矣乎？'孔子曰：'圣则吾不能，我学不厌，而教不倦也。'子贡曰：'学不厌，智也；

教不倦，仁也。仁且智，夫子既圣矣乎。'夫圣，孔子不居，是何言也！""昔者窃闻之：子夏、子游、子张皆有圣人之一体，冉牛、闵子、颜渊则具体而微。敢问所安？"曰："姑舍是。"曰："伯夷、伊尹何如？"曰："不同道。非其君不事，非其民不使；治则进，乱则退，伯夷也。何事非君，何使非民；治亦进，乱亦进，伊尹也。可以仕则仕，可以止则止，可以久则久，可以速则速，孔子也。皆古圣人也，吾未能有行焉。乃所愿，则学孔子也。""伯夷、伊尹于孔子，若是班乎？"曰："否。自有生民以来，未有孔子也。""然则有同与？"曰："有。得百里之地而君之，皆能以朝诸侯，有天下；行一不义，杀一不辜，而得天下，皆不为也。是则同。"曰："敢问其所以异。"曰："宰我、子贡、有若，智足以知圣人，污不至阿其所好。宰我曰：'以予观于夫子，贤于尧、舜远矣！'子贡曰：'见其礼而知其政，闻其乐而知其德，由百世之后，等百世之王，莫之能违也。自生民以来，未有夫子也！'有若曰：'岂惟民哉？麒麟之于走兽，凤凰之于飞鸟，太山之于丘垤，河海之于行潦，类也。圣人之于民，亦类也。出于其类，拔乎其萃，自生民以来，未有盛于孔子也！'"

　　孟子曰："以力假仁者霸，霸必有大国；以德行仁者王，王不待大。汤以七十里，文王以百里。以力服人者，非心服也，力不赡也；以德服人者，中心悦而诚服也，如七十子之服孔子也。《诗》云：'自西自东，自南自北，无思不服。'此之谓也。"

　　孟子曰："仁则荣，不仁则辱。今恶辱而居不仁，是犹恶湿而居下也。如恶之，莫如贵德而尊士，贤者在位，能者在职。国家闲暇，及是时，明其政刑。虽大国，必畏之矣。《诗》云：'迨天之未阴雨，彻彼桑土，绸缪牖户。今此下民，或敢侮予。'孔子曰：'为此诗者，其知道乎！能治其国家，谁敢侮之？'今国家闲暇，及是时，般乐怠敖，是自求祸也。祸福无不自己求之者。《诗》云：'永言配命，自求多福。'《太甲》曰：'天作孽，犹可违。自作孽，不可活。'此之谓也。"

　　孟子曰："尊贤使能，俊杰在位，则天下之士皆悦，而愿立于其朝矣；市，廛而不征，法而不廛，则天下之商皆悦，而愿藏于其市矣；关，讥而不征，则天下之旅皆悦，而愿出于其路矣；耕者，助而不税，则天下之农皆悦，而愿耕于其野矣；廛，无夫里之布，则天下之民皆悦，而愿为之氓矣。信能行此五者，则邻国之民仰之若父母矣。率其子弟，攻其父母，自有生民以来未有能济者也。如此，则无敌于天下。无敌于天下者，天吏也。然而不王者，未之有也。"

　　孟子曰："人皆有不忍人之心。先王有不忍人之心，斯有不忍人之政矣。以不忍人之心，行不忍人之政，治天下可运之掌上。所以谓人皆有不忍人之心者，今人乍见孺子将入于井，皆有怵惕恻隐之心，非所以内交于孺子之父母也，非所以要誉于乡党朋友也，非恶其声而然也。由是观之，无恻隐之心，非人也；无羞恶之心，非人也；无辞让之心，非人也；无是非之心，非人也。恻隐之心，仁之端也；羞恶之心，义之端也；辞让之心，礼之端也；是非之心，智之端也。人之有是四端也，犹其有四体也。有是四端而自谓不能者，自贼者也；谓其君不能者，贼其君者也。凡有四端于我者，知皆扩而充之矣，若火之始然，泉之始达。苟能充之，足以保四海；苟不充之，不足

以事父母。"

孟子曰："矢人岂不仁于函人哉？矢人唯恐不伤人，函人唯恐伤人。巫匠亦然。故术不可不慎也。孔子曰：'里仁为美。择不处仁，焉得智？'夫仁，天之尊爵也，人之安宅也。莫之御而不仁，是不智也。不仁、不智，无礼、无义，人役也。人役而耻为役，由弓人而耻为弓，矢人而耻为矢也。如耻之，莫如为仁。仁者如射，射者正己而后发；发而不中，不怨胜己者，反求诸己而已矣。"

孟子曰："子路，人告之以有过，则喜。禹，闻善言，则拜。大舜有大焉，善与人同，舍己从人，乐取于人以为善。自耕稼、陶、渔以至为帝，无非取于人者。取诸人以为善，是与人为善者也。故君子莫大乎与人为善。"

孟子曰："伯夷，非其君不事，非其友不友。不立于恶人之朝，不与恶人言。

管仲，选自《历代名臣像解》。

立于恶人之朝，与恶人言，如以朝衣朝冠坐于涂炭。推恶恶之心，思与乡人立，其冠不正，望望然去之，若将浼焉。是故诸侯虽有善其辞命而至者，不受也。不受也者，是亦不屑就已。柳下惠不羞污君，不卑小官；进不隐贤，必以其道；遗佚而不怨，厄穷而不悯。故曰：'尔为尔，我为我，虽袒裼裸裎于我侧，尔焉能浼我哉？'故由由然与之偕而不自失焉，援而止之而止。援而止之而止者，是亦不屑去已。"孟子曰："伯夷隘，柳下惠不恭。隘与不恭，君子不由也。"

【译文】

公孙丑问道："您如果在齐国当权，管仲、晏子的功业可以复兴吗？"孟子说："你真是一个齐国人，就知道管仲、晏子。曾经有人问曾西：'您和子路相比，谁强？'曾西不安地说：'他是我父亲所敬畏的人。'那人又问：'那么，您和管仲相比，谁强？'曾西马上变了脸色，不高兴地说：'你为什么竟把我和管仲相比？管仲得到君上的信赖是那样地专一，掌握国家的权柄是那样地长久，而功绩却那样地卑小。你为什么竟把我和他相比？'"停了一会儿，孟子又说："管仲是曾西不愿相比的人，而你以为我愿意学他吗？"

公孙丑说："管仲辅佐桓公使他称霸天下；晏子辅佐景公使他名扬诸侯。管仲、晏子难道还不值得学习吗？"孟子说："以齐国来统一天下，易如反掌。"公孙丑说："您

这样说，我的疑惑便更深了。像文王那样的德行，而且活了将近一百岁，他推行的德政，还没有周遍于天下；武王、周公继承了他的事业，然后才大大地推行了王道（，统一了天下）。现在你把统一天下说得那么容易，那么，文王也不值得效法了吗？"孟子说："文王谁又比得上呢？从汤到武丁，贤明的君主有六七起之多，天下的人归服殷朝已经很久了，时间一久便很难变动，武丁使诸侯来朝，把天下治理好，就好像在手掌中运转小球一样。纣王的年代上距武丁并不太久，当时的勋旧世家、善良习俗、先民遗风、仁惠政教还有些存在的，又有微子、微仲、王子比干、箕子、胶鬲——他们都是贤德的人——共同来辅助他，所以经历相当长久的时间才亡了国。当时，没有哪一尺土地不是纣王所有，没有哪一个百姓不归纣王所管，然而文王还是凭着方圆一百里的土地来创立丰功伟业，所以是很困难的。齐国有句俗话：'纵然聪明，还得趁形势；纵有锄头，还得等农时。'以现在的形势要推行王政，就容易了。即便在夏、商、周最兴旺发达的时候，土地也没有超过方圆一千里的，现在齐国却有这么广阔的国土了；鸡鸣狗叫的声音，此起彼伏，处处相闻，一直传到四方边境，齐国有这样众多的人口了。国土不必再开拓了，百姓也不必再增加了，只要实行仁政来统一天下，就没有谁能够阻止得了。而且统一天下的贤明君主不出现的时间，从来没有这样长久过；老百姓被暴虐的政治所折磨，也从来没有这样厉害过。肚子饥饿的人不苛择食物，口舌干枯的人不苛择饮料。孔子说过：'德政的流行，比驿站传达政令还迅速。'现在这个时代，拥有万辆兵车的大国实行仁政，老百姓的高兴，就好像被人倒挂着而被解救了一般。所以，花古人一半的时间和精力，完成相当于他们两倍的伟业，只有当今这个时代。"

公孙丑问道："老师假若做了齐国的卿相，能够实现自己的主张，从此小则可以成霸业，大则可以成王业，那是不足奇怪的。如果遇到这种情况，您是不是（有所恐惧疑惑）而动心呢？"孟子说："不，我从四十岁以后就不再动心了。"公孙丑说："这么看来，老师比孟贲强多了。"孟子说："这个不难，告子能不动心比我还早呢。"

公孙丑说："不动心有方法吗？"孟子说："有。北宫黝的培养勇气：肌肤被刺，毫不颤动；眼睛被戳，眨也不眨。他觉得输给对手一点点，就好像在大庭广众中挨了鞭子抽一样。既不能忍受卑贱的人的侮辱，也不能忍受大国君主的侮辱；他把刺杀大国的君主看成刺杀卑贱的人一样；对各国的君主毫不畏惧，挨了骂，一定回敬。孟施舍的培养勇气又有所不同，他说：'我对待不能战胜的敌人，跟对待足以战胜的敌人一样（无所畏惧）。如果先估量敌人的力量这才前进，先考虑胜败这才交锋，这种人若碰到数量众多的军队一定会害怕。我又怎能做到每战必胜呢？不过能够无所畏惧罢了。'——孟施舍的养勇像曾子，北宫黝的养勇像子夏。这两个人的勇气，我也不知谁强谁弱，（但从培养方法而论，）孟施舍的比较简单易行。从前曾子对子襄说：'你喜欢勇敢吗？我曾经从孔老师那里听到过关于大勇的理论：扪心自问，自己不占理，对方即便是最下贱的人，我不去恐吓他；扪心自问，自己占了理，即便有千军万马，我也勇往直前。'——孟施舍的养勇只是保持一股无所畏惧的盛气，（曾子却以理的曲直为

断。）孟施舍自然又不如曾子这一方法的简单易行。"

公孙丑说："我冒昧地问问，老师您的不动心和告子的不动心，我可以领教领教吗？"孟子说："告子曾说：'言语上赢不了，就不要找思想帮忙；思想上赢不了，就不要找意气帮忙。'（我认为：）思想上赢不了，就不找意气帮忙，是对的；言语上赢不了，就不去找思想帮忙，是不对的。因为思想意志是意气感情的统帅，意气感情是充满体内的力量。思想意志到了哪里，意气感情也就充溢于那里。所以我说：'要坚定思想意志，也不要滥用思想感情。'"公孙丑说："您既然说'思想意志到了哪里，意气感情也就充溢于那里'，可是您又说：'要坚定思想意志，也不要滥用意气感情。'这是为什么呢？"孟子说："专心致志于某一方面，意气感情也将随之而去；情感专一于某一方面，思想意志也必然受到影响。比如跌倒与奔跑，这主要是体气与意气的投入，但必然影响到思想，引起心的波动。"

晏子，选自《历代名臣像解》。

公孙丑问道："请问，老师擅长哪一方面？"孟子说："我能透彻了解别人的话语，还善于培养我的浩然之气。""请问，什么叫做浩然之气呢？"孟子说："一下子很难说清楚。这种气呀，最伟大，最坚强。用正义去培养它，一点也不伤害它，就会充满在天地之间。这种气呀，必须与道和义相配合，缺乏它，就没有力量了。这种气是由正义日积月累而产生的，不是一两次行侠仗义就能取得的。只要做一次问心有愧的事，它就疲软了。所以我说，告子是不懂义的，因为他把它看作心外之物。（其实义是心内固有的。）一定要培养它，但不要有特定的目的；时刻记住它，但也不要违背规律地帮助它生长——不要学那个宋国人的样。宋国有一个担心禾苗生长不快而去把它拔高的人，十分疲倦地回家，对家里人说：'今天累坏了！我帮助禾苗生长了！'他儿子赶快跑去一看，禾苗都枯槁了。其实天下不帮助禾苗生长的人是很少的。以为培养工作没好处而放弃不干的，就是种庄稼不锄草的懒汉；违背规律去帮助它生长的就是拔苗的人。这种助长行为，非但没有益处，反而会伤害它。"

公孙丑问："怎样才算透彻了解别人的话语呢？"孟子答道："说得不全面的话我知道它哪里片面；说得过头的话我知道它哪里有缺陷；不合正道的话我知道它哪里有偏差；躲躲闪闪的话我知道它哪里没道理。这四种话，从思想中产生，必然会在政治上

造成危害；如果它由执政的人说出，一定会危害国家的各项事业。如果圣人再出现，也一定赞成我这话的。"公孙丑说："宰我、子贡善于讲话，冉牛、闵子、颜渊善于阐述道德，但是他还说：'我对于辞令，太不擅长。'（而您既透彻了解别人的话语，又善于养浩然之气，言语道德兼而有之，）那么，您已经是位圣人了吗？"孟子说："哎呀！这叫什么话！从前子贡问孔子说：'老师已经是圣人了吗？'孔子说：'圣人，我算不上；我不过学习不知厌倦，教人不嫌疲劳罢了。'子贡便说：'学习不知厌倦，这是智；教人不嫌疲劳，这是仁。既仁且智，老师已经是圣人了。'圣人，孔子都不敢自居，（你却说我是，）这叫什么话呢！"

公孙丑说："从前我曾听说过，子夏、子游、子张都各有孔子的一些长处；冉牛、闵子、颜渊大体近于孔子，却不如他那样博大精深。请问老师，您以他们中的哪一位自居？"孟子说："暂且不谈这个。"公孙丑又问："伯夷和伊尹怎么样？"孟子答道："也不相同。不是他理想的君主，他不去服事；不是他理想的百姓，他不去使唤；天下太平就出来做官，天下昏乱就深居简出，伯夷就是这样的。任何君主都可以去服事，任何百姓都可以去使唤；太平也做官，不太平也做官，伊尹就是这样的。应该做官就做官，应该辞职就辞职，应该继续干就继续干，应该马上走就马上走，孔子就是这样的。他们都是古代的圣人，可惜我都没有做到；至于我所希望的，是学习孔子。"

公孙丑问："伯夷、伊尹与孔子，能等量齐观吗？"孟子答道："不，自有人类以来，没有比得上孔子的。"公孙丑又问："那么，在这三位圣人中，有相同的地方吗？"孟子答道："有。如果得到方圆一百里的土地，而以他们为君王，他们都能够使诸侯来朝觐，都能够统一天下。如果叫他们做一件不合道义的事，杀一个没有错误的人，从而得到天下，他们也都不会干的。这就是他们三人相同的地方。"

公孙丑说："请问，他们不同的地方又在哪里呢？"孟子说："宰我、子贡、有若三人，他们的聪明才智足以了解圣人，（即使）他们再不好，也不致偏袒他们所爱好的人。（但他们都不约而同地称颂孔子。）宰我说：'以我来看老师，比尧、舜都强多了。'子贡说：'看见一国的礼制，就了解它的政治；听到一国的音乐，就知道它的德教。即使从百代以后去评价百代以来的君王，任何一个君王都不能违离孔子之道。自有人类以来，没有人能够比得上他老人家的。'有若说：'难道仅仅人类有高下的不同吗？麒麟对于走兽，凤凰对于飞鸟，太山对于土堆，河海对于小溪，何尝不是同类？圣人对于百姓，亦是同类，但远远超出了他那一类，大大高出了他那一群。自有人类以来，还没有比孔子更伟大的。'"

孟子说："仗着实力然后假借仁义的名义以号召征伐的，可以称霸诸侯，称霸一定要凭借国力的强大；依靠道德来实行仁义的，可以使天下归服，这样做不必以强大国家为基础——汤就仅仅用他方圆七十里的土地，文王也就仅仅用他方圆百里的土地（实行了仁政，而使人心归服）。仗着实力来使人服从的，人家不会心悦诚服，只是因为他本身的实力不够的缘故；依靠道德来使人服从的，人家才会心悦诚服，就好像七十多位大弟子的归服孔子一样。《诗》说过：'从东从西，从南从北，无不心悦诚服。'

正是这个意思。"

孟子说:"(诸侯卿相)如果实行仁政,就会得到荣誉;如果不行仁政,就会招致屈辱。如今这些人,害怕受屈辱,却依然自处于不仁之地;这正好比害怕潮湿,却又自处于低洼之地一样。若真害怕受屈辱,最好是崇尚道德而尊敬士人,让贤人居于高位,让能人担任要职。国家既无内忧外患,趁着这时修明政治法典,即便是强大的邻国也一定畏惧它了。《诗》说:'趁雨没下云没起,桑树根上剥些皮,门儿窗儿都修理。下面的人们,谁敢把我欺!'孔子说:'这诗的作者真懂道理呀!能治理好他的国家,谁敢侮辱他?如今国家没有内忧外患,追求享乐,怠惰游玩,这等于自己寻求祸害。祸害和幸福没有不是自己找来的。《诗》说:'我们永远要与天命相配,自己去追求更多的幸福。'《太甲》也说:'天降的灾祸还可以躲避,自作的罪孽,逃也逃不掉。'正是这个意思。"

孟子说:"尊重有道德的人,使用有能力的人,杰出的人物都有官位,那么天下的士子都会高兴,都愿意到这个朝廷来谋取一官半职了;在市场,划出空地来储藏货物,却不征收货物税;如果滞销,依法征购,不让它长久积压,那么天下的商人都会高兴,愿意把货物存放在那市场上了;关卡,只稽查而不征税,那么天下的旅客都会高兴,愿意经过那里的道路了;对耕田的人实行井田制,只助耕公田,不再征税,那么天下的农夫都会高兴,愿意在那里的田野里种庄稼了;人们居住的地方,没有那些额外的雇役钱和地税,那么天下的百姓都会高兴,愿意在那里侨居了。真正能够做到这五项,那么邻近国家的老百姓都会像对待爹娘一样爱戴他了。(如果邻国之君要率领人民来攻打他,便好比)率领儿女去攻打他们的父母,从有人类以来,这种事没有能够成功的,能这样,便会天下无敌。天下无敌的人叫做'天吏'。如此而不能统一天下的,是从来不曾有过的。"

孟子说:"人人都有同情心,先王因为有同情心,于是就有同情别人的政治了。凭着同情心来实行同情别人的政治,治理好天下就像手掌运转一个小球一样容易。我之所以说人人都有同情心,道理就在于:现在忽然看见一个小孩子就要掉到井里去了,每个人都会产生惊骇同情的心情。这种心情的产生,不是为了要和这小孩的爹妈攀交情,不是为了要在乡里朋友间博得声誉,也不是讨厌那小孩的哭声才这样的。从这一点来看,一个人如果没有同情之心,便不算是人;如果没有羞耻之心,便不算是人;如果没有推让之心,便不算是人;如果没有是非之心,便不算是人。同情之心是仁的萌芽,羞耻之心是义的萌芽,推让之心是礼的萌芽,是非之心是智的萌芽。人有这四种萌芽,就好比他有手足四肢一般自然。有这四种萌芽却自己认为不行的人,是自暴自弃的人。认为他的君主不行的人,是残害那君主的人。凡是具有这四种萌芽的人,如果晓得把它们扩充起来,那就会像刚点燃的星星之火,(终成燎原之势;)刚涌出的涓涓之流(终必汇为江河)。真的能够扩充,便足以安定天下;如果不肯扩充,(让它自生自灭,)最终连赡养爹妈都办不到。"

孟子说:"造箭的人难道比造甲的人本性要残忍些吗?(如果不是这样,为什么)

造箭的人生怕他的箭不能伤害人,而造甲的人却生怕他的甲不能抵御刀箭而伤人呢?做巫的和做木匠的也是这样。(巫惟恐自己的法术不灵,病人不得痊愈;木匠惟恐病人好了,棺材销不出去。)可见一个人选择谋生之术不能不谨慎。孔子说:'与仁共处是好的。自己不选择与仁共处,怎么能说是聪明呢?'仁,是上天赐与的最尊贵的爵位,是人最安逸的住宅。没有人来阻止你,你却不仁,这是不明智的。不仁、不智、无礼、无义,这种人只能做别人的仆役。作为一个仆役而自以为耻,就好比造弓的人以造弓为耻,造箭的人以造箭为耻一样。如果真以为耻,不如好好地去实践仁义。实行仁义的人好比比赛射箭的人一样:射箭的人先必须端正自己的姿势然后才能开弓;如果没有射中,不能埋怨那些胜过自己的人,只是反过来审查自己哪里没做好罢了。"

孟子说:"子路,别人把他的错误指点给他,他便高兴。禹听到了善言,就给人敬礼。伟大的舜更是了不得,他对于行善,没有别人和自己的区分,抛弃自己的不是,接

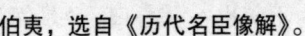

伯夷,选自《历代名臣像解》。

受人家的是,非常快乐地吸取别人的优点来自己行善。从他种庄稼、做瓦器、做渔夫一直到做天子,没有一处优点不是从别人那里吸取来的。吸取别人的优点来自己行善,这就是偕同别人一道行善。所以君子最高的德行就是偕同别人一道行善。"

孟子说:"伯夷,不是他理想的君主,不去服事;不是他理想的朋友,不去结交。不站在坏人的朝廷里,不同坏人说话;站在坏人的朝廷里,同坏人说话,就好比穿戴着礼服礼帽坐在稀泥或炭灰之上。把这种厌恶坏人坏事的心情推广开来,他便觉得如果同乡下佬站在一块,那人的帽子没有戴正,便咬牙切齿地离去,好像自己会被弄脏似的。所以当时的各国君主虽然有好言好语来招致他的,但他却不接受。他之所以不接受,就是因为他自己不屑于去接受。柳下惠却不以侍奉坏君为耻,不以自己官职小为卑下;入朝做官,不隐藏自己的才能,但一定要按自己的原则办事;不被起用,也不怨恨;艰难困苦,也不忧愁。所以他说:'你是你,我是我,你纵然赤身露体站在我身边,怎么能玷污我呢?'所以无论什么人他都高兴地相处,而且极其自然,不失常态。牵住他,叫他留住,他就留住。叫他留住就留住,也是因为他用不着离开的缘故。"孟子又说:"伯夷太狭隘,柳下惠太油滑。狭隘和油滑,都是君子所不取的。"

公孙丑章句下

【原文】

孟子曰:"天时不如地利,地利不如人和。三里之城,七里之郭,环而攻之而不胜。夫环而攻之,必有得天时者矣;然而不胜者,是天时不如地利也。城非不高也,池非不深也,兵革非不坚利也,米粟非不多也;委而去之,是地利不如人和也。故曰:域民不以封疆之界,固国不以山谿之险,威天下不以兵革之利。得道者多助,失道者寡助。寡助之至,亲戚畔之;多助之至,天下顺之。以天下之所顺,攻亲戚之所畔;故君子有不战,战必胜矣。"

孟子将朝王,王使人来曰:"寡人如就见者也,有寒疾,不可以风。朝,将视朝,不识可使寡人得见乎?"对曰:"不幸而有疾,不能造朝。"明日,出吊于东郭氏。公孙丑曰:"昔者辞以病,今日吊,或者不可乎?"曰:"昔者疾,今日愈,如之何不吊?"王使人问疾,医来。孟仲子对曰:"昔者有王命,有采薪之忧,不能造朝。今病小愈,趋造于朝,我不识能至否乎?"使数人要于路,曰:"请必无归而造于朝!"不得已而之景丑氏宿焉。景子曰:"内则父子,外则君臣,人之大伦也。父子主恩,君臣主敬。丑见王之敬子也,未见所以敬王也。"曰:"恶!是何言也!齐人无以仁义与王言者,岂以仁义为不美也?其心曰,'是何足与言仁义也'云尔,则不敬莫大乎是。我非尧、舜之道,不敢以陈于王前,故齐人莫如我敬王也。"景子曰:"否,非此之谓也。礼曰:'父召,无诺;君命召,不俟驾。'固将朝也,闻王命而遂不果,宜与夫礼若不相似然。"曰:"岂谓是与?曾子曰:'晋、楚之富,不可及也。彼以其富,我以吾仁;彼以其爵,我以吾义。吾何慊乎哉?'夫岂不义而曾子言之?是或一道也。天下有达尊三:爵一,齿一,德一。朝廷莫如爵,乡党莫如齿,辅世长民莫如德。恶得有其一以慢其二哉?故将大有为之君,必有所不召之臣,欲有谋焉,则就之。其尊德乐道,不如是,不足有为也。故汤之于伊尹,学焉而后臣之,故不劳而王;桓公之于管仲,学焉而后臣之,故不劳而霸。今天下地丑德齐,莫能相尚,无他,好臣其所教,而不好臣其所受教。汤之于伊尹,桓公之于管仲,则不敢召。管仲且犹不可召,而况不为管仲者乎?"

陈臻问曰:"前日于齐,王馈兼金一百而不受;于宋,馈七十镒而受;于薛,馈五十镒而受。前日之不受是,则今日之受非也;今日之受是,则前日之不受非也。夫子必居一于此矣。"孟子曰:"皆是也。当在宋也,予将有远行,行者必以赆;辞曰:'馈赆。'予何为不受?当在薛也,予有戒心;辞曰:'闻戒,故为兵馈之。'予何为不受?若于齐,则未有处也。无处而馈之,是货之也。焉有君子而可以货取乎?"

孟子之平陆，谓其大夫曰："子之持戟之士，一日而三失伍，则去之否乎？"曰："不待三。""然则子之失伍也亦多矣。凶年饥岁，子之民，老羸转于沟壑，壮者散而之四方者，几千人矣。"曰："此非距心之所得为也。"曰："今有受人之牛羊而为之牧之者，则必为之求牧与刍矣。求牧与刍而不得，则反诸其人乎？抑亦立而视其死与？"曰："此则距心之罪也。"他日，见于王曰："王之为都者，臣知五人焉。知其罪者惟孔距心。为王诵之"。王曰："此则寡人之罪也。"

孟子谓蚔鼃曰："子之辞灵丘而请士师，似也，为其可以言也。今既数月矣，未可以言与？"蚔鼃谏于王而不用，致为臣而去。齐人曰："所以为蚔鼃则善矣，所以自为则吾不知也。"公都子以告。曰："吾闻之也，有官守者，不得其职则去；有言责者，不得其言则去。我无官守，我无言责也，则吾进退，岂不绰绰然有馀裕哉？"

孟子为卿于齐，出吊于滕，王使盖大夫王驩为辅行。王驩朝暮见。反齐滕之路，未尝与之言行事也。公孙丑曰："齐卿之位，不为小矣。齐滕之路，不为近矣。反之而未尝与言行事，何也？"曰："夫既或治之，予何言哉？"

孟子自齐葬于鲁，反于齐，止于嬴。充虞请曰："前日不知虞之不肖，使虞敦匠事。严，虞不敢请。今愿窃有请也：木若以美然。"曰："古者棺椁无度，中古，棺七寸，椁称之。自天子达于庶人，非直为观美也，然后尽于人心。不得，不可以为悦；无财，不可以为悦。得之为，有财，古之人皆用之，吾何为独不然？且比化者无使土亲肤，于人心独无恔乎？吾闻之，君子不以天下俭其亲。"

沈同以其私问曰："燕可伐与？"孟子曰："可。子哙不得与人燕，子之不得受燕于子哙。有仕于此，而子悦之，不告于王而私与之吾子之禄爵，夫士也，亦无王命而私受之于子，则可乎？何以异于是？"齐人伐燕。或问曰："劝齐伐燕，有诸？"曰："未也。沈同问'燕可伐与'，吾应之曰'可'。彼然而伐之也。彼如曰：'孰可以伐之？'则将应之曰：'为天吏，则可以伐之。'今有杀人者，或问之：'人可杀与？'则将应之曰：'可。'彼如曰：'孰可以杀之？'则将应之曰：'为士师，则可以杀之。'今以燕伐燕，何为劝之哉？"

燕人畔。王曰："吾甚惭于孟子。"陈贾曰："王无患焉。王自以为与周公孰仁且智？"王曰："恶！是何言也！"曰："周公使管叔监殷，管叔以殷畔。知而使之，是不仁也；不知而使之，是不智也。仁智，周公未之尽也，而况于王乎？贾请见而解之。"见孟子，问曰："周公何人也？"曰："古圣人也。"曰："使管叔监殷，管叔以殷畔也，有诸？"曰："然。"曰："周公知其将畔而使之与？"曰："不知也。""然则圣人且有过与？"曰："周公，弟也；管叔，兄也。周公之过，不亦宜乎？且古之君子，过则改之；今之君子，过则顺之。古之君子，其过也，如日月之食，民皆见之，及其更也，民皆仰之；今之君子，岂徒顺之，又从为之辞。"

孟子致为臣而归。王就见孟子，曰："前日愿见而不可得，得侍同朝，甚喜。今又弃寡人而归，不识可以继此而得见乎？"对曰："不敢请耳，固所愿也。"他日，王谓时子曰："我欲中国而授孟子室，养弟子以万钟，使诸大夫国人皆有所矜式。子盍为我言

之!"时子因陈子而以告孟子,陈子以时子之言告孟子。孟子曰:"然。夫时子恶知其不可也?如使予欲富,辞十万而受万,是为欲富乎?季孙曰:'异哉子叔疑!使己为政,不用,则亦已矣,又使其子弟为卿。人亦孰不欲富贵?而独于富贵之中有私龙断焉。'古之为市也,以其所有易其所无者,有司者治之耳。有贱丈夫焉,必求龙断而登之,以左右望而罔市利。人皆以为贱,故从而征之。征商自此贱丈夫始矣。"

孟子去齐,宿于昼。有欲为王留行者,坐而言。不应,隐几而卧。客不悦,曰:"弟子齐宿而后敢言,夫子卧而不听,请勿复敢见矣。"曰:"坐!我明语子。昔者鲁缪公无人乎子思之侧,则不能安子思;泄柳、申详无人乎缪公之侧,则不能安其身。子为长者虑,而不及子思。子绝长者乎?长者绝子乎?"

孟子去齐。尹士语人曰:"不识王之不可以为汤武,则是不明也;识其不可,然且至,则是干泽也。千里而见王,不遇故去,三宿而后出昼,是何濡滞也?士则兹不悦。"高子以告。曰:"夫尹士恶知予哉?千里而见王,是予所欲也。不遇故去,岂予所欲哉?予不得已也。予三宿而出昼,于予心犹以为速,王庶几改之!王如改诸,则必反予。夫出昼,而王不予追也,予然后浩然有归志。予虽然,岂舍王哉!王由足用为善,王如用予,则岂徒齐民安?天下之民举安。王庶几改之!予日望之!予岂若是小丈夫然哉?谏于其君而不受,则怒,悻悻然见于其面,去则穷日之力而后宿哉?"尹士闻之,曰:"士诚小人也。"

孟子去齐,充虞路问曰:"夫子若有不豫色然。前日虞闻诸夫子曰:'君子不怨天,不尤人。'"曰:"彼一时,此一时也。五百年必有王者兴,其间必有名世者。由周而来,七百有馀岁矣。以其数,则过矣;以其时考之,则可矣。夫天未欲平治天下也,如欲平治天下,当今之世,舍我其谁也?吾何为不豫哉?"

孟子去齐,居休。公孙丑问曰:"仕而不受禄,古之道乎?"曰:"非也。于崇,吾得见王,退而有去志,不欲变,故不受也。继而有师命,不可以请。久于齐,非我志也。"

【译文】

孟子说:"天时不如地利,地利不如人和。比如有一座小城,它的每一边只有三里长,外郭每边也只有七里。敌人围攻它,却不能取胜。能够围而攻之,一定得到了合乎天时的战机,然而不能取胜,这就说明得天时不如占地利。(又比如,另一守城者,)城墙不是不高,护城河不是不深,兵器甲胄不是不锐利坚固,粮食不是不多;(然而敌人来,)便弃城而逃,这就说明占地利不如得人和。所以我说,限制人民不必用国家的疆界,保护国家不必靠山川的险阻,威慑天下不必凭兵器的锐利。行仁政的人得到的帮助多,不行仁政的人得到的帮助少。帮助的人少到了顶点,连亲戚都背叛他;帮助的人多到了顶点,普天下都顺从他。拿全天下顺从的力量去攻打连亲戚都背叛的人,那么,仁君圣主要么不用战争手段,若用战争手段,就必然胜利。"

孟子准备去朝见齐王,这时王派了个人来传话:"我本应该来看你,但是感冒了,

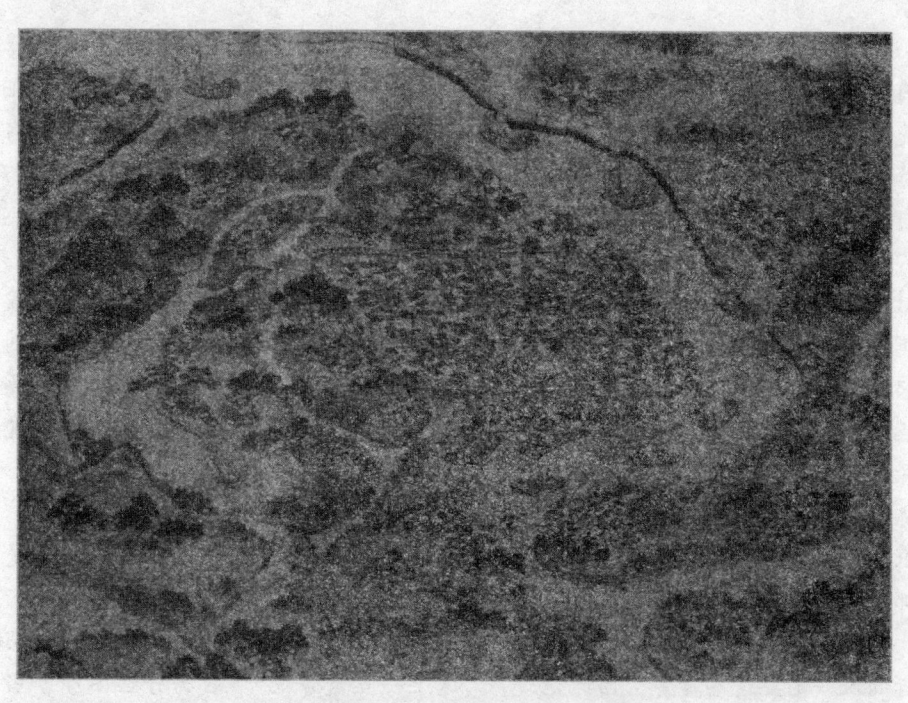

古城池，选自《无款南游道里图卷》。

不能吹风。如果你肯来朝，我也将临朝办公，不知道你能让我见上面吗？"孟子答道："很不幸，我也有病，不能上朝。"第二天，孟子要到东郭大夫家去吊丧。公孙丑说："昨天托辞有病谢绝王的召见，今天又去吊丧，大概不可以吧？"孟子说："昨天生了病，今天好了，为什么不去吊丧呢？"

齐王打发人来探病，并且有医生同来。孟仲子对来人说："昨天王有命令来，他得了小病，不能奉命上朝。今天刚好一点，已经上朝去了，但我不晓得他能走得到不？"接着孟仲子派了好几个人分别在孟子归家的路上去拦截他，说道："您无论如何不要回去，一定要赶快上朝廷去。"孟子没有办法，只好躲到景丑家去歇宿。

景丑说："在家庭里有父子，在家庭外有君臣，这是人与人之间最重要的关系。父子之间以慈爱为主，君臣之间以恭敬为主。我只看见王对你很尊敬，却没看见你对王是如何恭敬的。"孟子说："哎，这算什么话呀！在齐国人中，没有一个拿仁义的道理向王进言的，他们难道以为仁义不好吗？（不是的。）他们心里是这样想的：'这个王哪里值得和他谈仁义呢？'他们对王就是这样的。这才是最大的不尊敬呢。我呢，不是尧舜之道，不敢拿来向王陈述，所以说，在齐国人中间没有谁有我这么恭敬王的。"景丑说："不，我指的不是这个。礼经上说过，父亲召唤，'唯'一声就起身，不说'诺'；君主召唤，不等车马驾好就先走。你呢，本来准备朝见王，一听到王召见你，反而不去了。这似乎和礼经上所说的有点不相合吧。"

孟子说："原来你说的是这个呀！曾子说过：'晋国和楚国的财富，我们是赶不上的。但他凭他的财富，我凭我的仁；他凭他的爵位，我凭我的义，我比他又少了什么

呢?'这些话如果不合道理,曾子难道肯说吗?大概是有些道理的。天下公认为尊贵的东西有三样:爵位是一个,年龄是一个,道德是一个。在朝廷中,先论爵位;在乡党中,先论年龄;至于辅助君主统治百姓自然以道德为上。他怎么能凭着爵位来侮慢我的年龄和道德呢?所以大有作为的君主一定有他不能召唤的臣子;如有什么事要商量,就亲自到臣那儿去。他要尊尚道德,乐行仁政;不这样做,便不足与他一道干事业了。因此,商汤对于伊尹,先向他学习,然后以他为臣,所以不大费力气便统一了天下;桓公对于管仲,也是先向他学习,然后以他为臣,所以不大费力气而称霸于诸侯。当今天下各大国土地大小相当,行为作风也不相上下,谁也不能超过谁,这没有别的缘故,只是因为这些国家的君主喜欢以听从他的话的人为臣,却不喜欢以能够教导他的人为臣。商汤对于伊尹,桓公对于管仲,就不敢召唤。管仲还不可以召唤,何况不屑于做管仲的人呢?"

陈臻问道:"过去在齐国,齐王送您上等金一百镒,您不接受;后来在宋国,宋君送您七十镒,您受了;在薛,田家送您五十镒,您也受了。如果过去的不接受是正确的,那今天的接受便错了;如果今天的接受是正确的,那过去的不接受便错了。二者之中,老师一定有一个错误。"孟子说:"都是正确的。当在宋国的时候,我准备远行,对远行的人一定要送些盘费,因此他说:'送上一点盘费吧。'我为什么不受?当在薛的时候,我听说路上有危险,须要戒备,因此他说:'听说您须要戒备,送点钱给您买兵器吧。'我为什么不受?至于在齐国,就没有什么理由。没有什么理由却要送我一些钱,这实际上是用金钱收买我。哪里有正人君子能够用金钱来收买的呢?"

孟子到了平陆,对当地长官孔距心说:"如果你的战士一天三次掉队,你开除他吗?"答道:"用不着三次(,我就开除他了)。"孟子说:"那么,你自己掉队的地方也很多了。灾荒年成,你的百姓,年老体弱抛尸露骨于山沟中的,年轻力壮盲流到四方的,几近一千人了。"答道:"这种事情不是我的力量所能做到的。"孟子说:"比如有人接受别人的牛羊而替人放牧,那一定要替牛羊寻找牧场和草料了。如果找不到牧场和草料,是把牛羊退还原主呢,还是站在那儿看着它们一个个死掉呢?"答道:"这就是距心的罪过了。"过了些时,孟子朝见齐王,说:"王的地方长官,我认识了五位。明白自己的罪过的,只有孔距心一个人。"于是把前一晌的问答复述了一遍。王说:"这个也是我的罪过呢!"

孟子对蚔蛙说:"你辞去灵丘县长,却要做治狱官,似乎很有道理,因为可以向王进言。现在,你已上任几个月了,还不能向王进言吗?"蚔蛙向王进谏而不被采纳,因此辞职而去。齐国有人便说:"孟子替蚔蛙考虑的主意是不错的;但是他怎样替自己考虑,那我还不知道。"公都子把这话转告孟子。孟子说:"我听说过:有固定职位的,不能尽到他的职责,便可以离去;有进言的责任的,如果进谏不被采纳,也可以离去。我既没有固定的职位,也没有进言的责任,那么我的行动,不是宽松得有很大的回旋余地吗?"

孟子在齐国做卿,奉命到滕国去吊丧,齐王还派盖邑的县长王驩做副使同行。王

骡同孟子朝夕相处，来回于齐滕两国的旅途，孟子却没和他一起谈过公事。公孙丑说："齐国卿的官位，也不算小了；齐滕间的路程，也不算短了；但来回一趟，却没和王骡谈过一回公事，这是为什么呢？"孟子答道："他既然独断专行，我还说什么呢？"

金棺银椁

孟子从齐国运送母亲的遗体到鲁国埋葬后返回齐国，到了嬴县，停了下来。充虞恭敬地问道："承您看得起我，让我总管棺椁的制造工作。当时大家都很忙，我便不敢请教。今天才来请教：棺木似乎太好了。"孟子答道："上古对于棺椁的尺寸，没有一定的规矩；到了中古，才规定棺厚七寸，椁的厚度与棺相称。从天子一直到老百姓，讲究棺椁，不单单为了美观，而是要这样，才算尽了孝子之心。被法度限制，不能用上等木料，当然不称心；没有财力，买不起上等木料，还是不称心。有用上等木料的地位，又有用上等木料的财力，古人又都这样做了，我为什么单单不这样做呢？而且，只是为了不使死者的遗体挨着泥土，对孝子来说，难道就称心快意了吗？我听说过：在任何情况下，都不应当在父母身上去省钱。"

沈同凭着他与孟子的私交问道："燕国可以讨伐吗？"孟子答道："可以，燕王子哙不可以任意把燕国让给别人；相国子之也不可以随便从子哙那里接受燕国。比如有个士人，你很喜欢他，便不跟王说一声就把你的俸禄官位都送给他；他呢，也没得到王的任命就从你那里接受了俸禄官位，这样可以吗？——子哙子之私相授受的事和这个例子又有什么不同呢？"

齐国讨伐了燕国。有人问孟子道："你曾经劝齐国伐燕国，有这回事吗？"孟子答道："没有，沈同曾凭着私交问我，说：'燕国可以讨伐吗？'我答应道：'可以。'他们就这样去打燕国了。他如果再问：'谁可以去讨伐它？'那我便会说：'是天吏，才有资格去讨伐。'比如这里有一个杀人犯，有人问道：'这犯人该杀吗？'那我会说：'该杀。'如果他再问：'谁可以杀他？'那我就会回答：'只有执法官才可以去杀他'。如今却是'燕国第二'去讨伐燕国，我为什么去劝他呢？"

燕国人叛乱，反抗齐国的占领。齐王说："我对于孟子感到非常惭愧。"陈贾说："王不要难过。王自己想想，您和周公比，谁更仁更智呢？"齐王说："哎！这算什么话呀！（我怎敢和周公相比？）"陈贾说："周公让管叔监督殷国遗民，管叔却率领他们叛乱；如果这一点周公早就预料到了，却仍派管叔去监督，那便是他不仁；如果周公未能预见到，那便是他不智。仁和智，连周公都没有完全做到，何况您呢？我请求您让我去见见孟子，以便解释解释。"

陈贾来见孟子，问道："周公是怎样的人？"答道："古代的圣人。"陈贾说："他让管叔来监督殷朝遗民，管叔却率领他们叛乱，有这回事吗？"答道："有的。"问道："周公是早晓得他会叛乱，还要派他去的吗？"答道："这是周公没有料到的。"陈贾说："这样说来，圣人也会有过错吗？"孟子答道："周公是弟弟，管叔是哥哥，（难道弟弟会疑心哥哥吗？）周公的这种错误，难道不也是合乎情理的吗？而且，古代的君子，有了错误，随时改正；今天的君子，有了错误，仍将错就错。古代的君子，他的过错，就像日食月食一般，老百姓人人都看得到；当他改正时，人人都抬头望着。今天的君子，又何止是将错就错，他还要编造一番大道理来掩饰。"

孟子辞去官职准备回老家，齐王到孟子家中相见，说："过去想见到您而不可能；后来能够同朝共事，我真高兴；现在您又将抛弃我回家乡去，不晓得我们今后还可以相见不？"答道："这个，我只是不敢请求罢了，本来是很希望的。"

过了几天，齐王对时子说："我想在临淄城中给孟子一幢房屋，用万钟之粟来养着他的学生，使各位大夫和百姓都有个榜样。你何不替我去向孟子谈谈！"

时子便托陈臻把齐王的话转告孟子；陈臻也就把时子的话告诉了孟子。孟子说："那时子哪晓得这事是做不得的呢？假使我想发财，辞去十万钟的俸禄来接受这一万钟的赠予，有这种发财法吗？季孙说过：'奇怪呀子叔疑！自己要做官，别人不用，也就算了，却还要让他的儿子兄弟来做卿大夫。谁不想升官发财，而他却想把升官发财的事都垄断起来。'（什么叫'垄断'呢？）古代做买卖，都是以货易货的，有关部门只是管理管理罢了。却有那么个卑鄙的汉子，一定要找一个高坡登上去，左边望望，右边望望，巴不得把所有买卖的好处由他一口独吞。别人都觉得这家伙卑劣，因此征他的税。向商人征税就由此开始了。"

孟子离开齐国，在昼县过夜。有一位想替齐王挽留孟子的人恭敬地坐着同孟子说话，孟子却不愿理睬，伏在靠几上打瞌睡。那人很不高兴地说："为了同您说话，我昨天就整洁身心，想不到您竟打瞌睡，不听我说，以后再也不敢同您相见了。"（说着，起身要走。）孟子说："坐下来！让我明白地告诉你。过去，（鲁缪公是如何对待贤者的呢？）他如果没有人在子思身边，就不能使子思安心；如果泄柳、申详没有人在鲁缪公身边，也就不能使自己安心。你替我这个老人考虑一下，却没想到子思在鲁缪公那里享有多高规格的待遇；（你不去劝齐王改变态度，却用空话留我，）那么，是你对我做得绝呢，还是我对你做得绝？"

孟子离开了齐国，尹士对别人说："不晓得齐王不能够做商汤、周武，那便是孟子

周公，选自《历代名臣像解》。

的糊涂；晓得他不行，然而还要来，那便是他贪求富贵。老远地跑来，不相融洽而走，在昼县歇了三夜才离开，为什么这样慢腾腾地呢？我很不喜欢这种情形。"

高子便把这话告诉给孟子。孟子说："那尹士哪能了解我呢？大老远地来和齐王见面，是我的希望；不相融洽而走，难道也是我所希望的吗？我只是不得已罢了。我在昼县歇了三晚才离去，但我心里还是以为太快了，我总是希望王或许会改变态度的；王如果改变态度，那一定会召我返回。我出了昼县，王还没有追回我，我才铁定了回乡的念头。即便这样，我难道肯抛弃王吗？王也还可以行仁政；王如果用我，又何止齐国的百姓得到太平，天下的百姓都将得到太平。王或许会改变态度的！我天天盼啊盼啊！我难道非要像这种小家子气的人一样；向王进谏，王不接受，便大发脾气，满脸不高兴；一旦离开，就非得走得筋疲力尽，不到太阳落山不肯落脚吗？"

尹士听了这话后说："我真是个小人。"

孟子离开齐国，在路上，充虞问道："您的脸色看上去不太快活似的。可以前我听您讲过：'君子不抱怨天，不责怪人。'"孟子说："那是一个时候，现在又是一个时候，（情况不同了。从历史上看来，）每过五百年一定有位圣君兴起，这期间还会有命世之才脱颖而出。从周武王以来，到现在已经七百多年了。论年数，已过了五百，论时势，也该是圣君贤臣出来的时候了。上苍大概不想让天下太平了吧；如果要让天下太平，当今这个时代，除了我，又有谁呢！我为什么不快活呢？"

孟子离开齐国。居于休地。公孙丑问道："做官却不受俸禄，合乎古道吗？"孟子说："不，在崇，我见到了齐王，回来便有离开的意思；不想改变，所以不接受俸禄。不久，齐国有战事，不可以申请离开。然而长久地淹留在齐国，并不是我的心愿。"

滕文公章句上

【原文】

　　滕文公为世子，将之楚，过宋而见孟子。孟子道性善，言必称尧、舜。世子自楚反，复见孟子。孟子曰："世子疑吾言乎？夫道一而已矣。成𫍯谓齐景公曰：'彼，丈夫也；我，丈夫也，吾何畏彼哉？'颜渊曰：'舜，何人也？予，何人也？有为者亦若是。'公明仪曰：'文王，我师也；周公岂欺我哉？'今滕，绝长补短，将五十里也，犹可以为善国。《书》曰：'若药不瞑眩，厥疾不瘳。'"

　　滕定公薨。世子谓然友曰："昔者孟子尝与我言于宋，于心终不忘。今也不幸至于大故，吾欲使子问于孟子，然后行事。"然友之邹，问于孟子。孟子曰："不亦善乎！亲丧，固所自尽也。曾子曰：'生，事之以礼；死，葬之以礼，祭之以礼，可谓孝矣。'诸侯之礼，吾未之学也。虽然，吾尝闻之矣。三年之丧，齐疏之服，飦粥之食，自天子达于庶人，三代共之。"然友反命，定为三年之丧。父兄百官皆不欲，曰："吾宗国鲁先君莫之行，吾先君亦莫之行也，至于子之身而反之，不可。且《志》曰：'丧祭从先祖。'"曰："吾有所受之也。"谓然友曰："吾他日未尝学问，好驰马试剑。今也父兄百官不我足也，恐其不能尽于大事，子为我问孟子。"然友复之邹问孟子。孟子曰："然。不可以他求者也。孔子曰：'君薨，听于冢宰。歠粥，面深墨，即位而哭，百官有司莫敢不哀，先之也。'上有好者，下必有甚焉者矣。君子之德，风也；小人之德，草也。草尚之风，必偃。是在世子。"然友反命。世子曰："然。是诚在我。"五月居庐，未有命戒。百官族人可，谓曰知。及至葬，四方来观之，颜色之戚，哭泣之哀，吊者大悦。

　　滕文公问为国。孟子曰："民事不可缓也。《诗》云：'昼尔于茅，宵尔索绹；亟其乘屋，其始播百谷。'民之为道也，有恒产者有恒心，无恒产者无恒心。苟无恒心，放辟邪侈，无不为已。及陷乎罪，然后从而刑之，是罔民也。焉有仁人在位罔民而可为也？是故贤君必恭俭礼下，取于民有制。阳虎曰：'为富不仁矣，为仁不富矣。'夏后氏五十而贡，殷人七十而助，周人百亩而彻，其实皆什一也。彻者，彻也。助者，藉也。龙子曰：'治地莫善于助，莫不善于贡。'贡者，校数岁之中以为常。乐岁，粒米狼戾，多取之而不为虐，则寡取之；凶年，粪其田而不足，则必取盈焉。为民父母，使民盻盻然，将终岁勤动，不得以养其父母，又称贷而益之，使老稚转乎沟壑，恶在其为民父母也？夫世禄，滕固行之矣。《诗》云：'雨我公田，遂及我私。'惟助为有公田。由此观之，虽周亦助也。设为庠序学校以教之。庠者，养也。校者，教也。序者，射也。夏曰校，殷曰序，周曰庠；学则三代共之，皆所以明人伦也。人伦明于上，小

民亲于下。有王者起，必来取法，是为王者师也。"《诗》云：'周虽旧邦，其命惟新。'文王之谓也。子力行之，亦以新子之国！"

使毕战问井地。孟子曰："子之君将行仁政，选择而使子，子必勉之！夫仁政，必自经界始。经界不正，井地不钧，谷禄不平，是故暴君污吏必慢其经界。经界既正，分田制禄可坐而定也。夫滕，壤地褊小，将为君子焉，将为野人焉。无君子，莫治野人；无野人，莫养君子。请野九一而助，国中什一使自赋。卿以下必有圭田，圭田五十亩。余夫二十五亩。死徙无出乡，乡田同井，出入相友，守望相助，疾病相扶持，则百姓亲睦。方里而井，井九百亩，其中为公田。八家皆私百亩，同养公田。公事毕，然后敢治私事。所以别野人也。此其大略也。若夫润泽之，则在君与子矣。"

有为神农之言者许行，自楚之滕，踵门而告文公曰："远方之人闻君行仁政，愿受一廛而为氓。"文公与之处。其徒数十人，皆衣褐，捆屦、织席以为食。陈良之徒陈相与其弟辛负耒耜而自宋之滕，曰："闻君行圣人之政，是亦圣人也，愿为圣人氓。"陈相见许行而大悦，尽弃其学而学焉。

陈相见孟子，道许行之言曰："滕君则诚贤君也。虽然，未闻道也。贤者与民并耕而食，饔飧而治。今也滕有仓廪府库，则是厉民而以自养也，恶得贤？"孟子曰："许子必种粟而后食乎？"曰："然。""许子必织布而后衣乎？"曰："否。许子衣褐。""许子冠乎？"曰："冠。"曰："奚冠？"曰："冠素。"曰："自织之与？"曰："否。以粟易之。"曰："许子奚为不自织？"曰："害于耕。"曰："许子以釜甑爨，以铁耕乎？"曰："然。""自为之与？"曰："否。以粟易之。""以粟易械器者，不为厉陶冶；陶冶亦以其械器易粟者，岂为厉农夫哉？且许子何不为陶冶，舍皆取诸其宫中而用之？何为纷纷然与百工交易？何许子之不惮烦？"曰："百工之事固不可耕且为也。""然则治天下独可耕且为与？有大人之事，有小人之事。且一人之身，而百工之所为备，如必自为而后用之，是率天下而路也。故曰或劳心，或劳力；劳心者治人，劳力者治于人；治于人者食人，治人者食于人，天下之通义也。"

"当尧之时，天下犹未平，洪水横流，泛滥于天下，草木畅茂，禽兽繁殖，五谷不登，禽兽偪人，兽蹄鸟迹之道交于中国。尧独忧之，举舜而敷治焉。舜使益掌火，益烈山泽而焚之，禽兽逃匿。禹疏九河，瀹济、漯而注诸海，决汝、汉，排淮、泗而注之江，然后中国可得而食也。当是时也，禹八年于外，三过其门而不入，虽欲耕，得乎？后稷教民稼穑，树艺五谷。五谷熟而民人育。人之有道也，饱食、暖衣、逸居而无教，则近于禽兽。圣人有忧之，使契为司徒，教以人伦：父子有亲，君臣有义，夫妇有别，长幼有叙，朋友有信。放勋曰：'劳之来之，匡之直之，辅之翼之，使自得之，又从而振德之。'圣人之忧民如此，而暇耕乎？尧以不得舜为己忧，舜以不得禹、皋陶为己忧。夫以百亩之不易为己忧者，农夫也。分人以财谓之惠，教人以善谓之忠，为天下得人者谓之仁。是故以天下与人易，为天下得人难。孔子曰：'大哉尧之为君！惟天为大，惟尧则之，荡荡乎民无能名焉！君哉舜也！巍巍乎有天下而不与焉！'尧、舜之治天下，岂无所用其心哉？亦不用于耕耳。"

"吾闻用夏变夷者,未闻变于夷者也。陈良,楚产也,悦周公、仲尼之道,北学于中国。北方之学者,未能或之先也。彼所谓豪杰之士也。子之兄弟事之数十年,师死而遂倍之!昔者孔子没,三年之外,门人治任将归,入揖于子贡,相向而哭,皆失声,然后归。子贡反,筑室于场,独居三年,然后归。他日,子夏、子张、子游以有若似圣人,欲以所事孔子事之,强曾子。曾子曰:'不可,江汉以濯之,秋阳以暴之,皜皜乎不可尚已。'今也南蛮鴃舌之人,非先王之道,子倍子之师而学之,亦异于曾子矣。吾闻出于幽谷迁于乔木者,未闻下乔木而入于幽谷者。《鲁颂》曰:'戎狄是膺,荆舒是惩。'周公方且膺之,子是之学,亦为不善变矣。""从许子之道,则市贾不贰,国中无伪。虽使五尺之童适市,莫之或欺。布帛长短同,则贾相若;麻缕丝絮轻重同,则贾相若;五谷多寡同,则贾相若;屦大小同,则贾相若。"曰:"夫物之不齐,物之情也。或相倍蓰,或相什百,或相千万。子比而同之,是乱天下也。巨屦小屦同贾,人岂为之哉?从许子之道,相率而为伪者也,恶能治国家?"

墨者夷之因徐辟而求见孟子。孟子曰:"吾固愿见,今吾尚病,病愈,我且往见,夷子不来!"他日,又求见孟子。孟子曰:"吾今则可以见矣。不直,则道不见,我且直之。吾闻夷子墨者,墨之治丧也,以薄为其道也。夷子思以易天下,岂以为非是而不贵也。然而夷子葬其亲厚,则是以所贱事亲也。"徐子以告夷子。夷子曰:"儒者之道,古之人若保赤子,此言何谓也?之则以为爱无差等,施由亲始。"徐子以告孟子。孟子曰:"夫夷子信以为人之亲其兄之子为若亲其邻之赤子乎?彼有取尔也。赤子匍匐将入井,非赤子之罪也。且天之生物也,使之一本,而夷子二本故也。盖上世尝有不葬其亲者,其亲死,则举而委之于壑。他日过之,狐狸食之,蝇蚋姑嘬之。其颡有泚,睨而不视。夫泚也,非为人泚,中心达于面目,盖归反虆梩而掩之。掩之诚是也,则孝子仁人之掩其亲,亦必有道矣。"徐子以告夷子。夷子怃然为间,曰:"命之矣。"

【译文】

滕文公做太子的时候,要到楚国去,经过宋国,会见了孟子。孟子和他讲人性本是善良的道理,总要提到尧舜。太子从楚国回来,又来见孟子。孟子说:"太子怀疑我的话吗?天下的真理就这么一个。成覸对齐景公说:'他是个男子汉,我也是个男子汉,我为什么怕他呢?'颜渊说:'舜是什么样的人,我也是什么样的人,有作为的人也会像他那样。'公明仪说:'文王是我的老师,周公难道会骗我吗?'现在的滕国,取长补短,也还有方圆五十里土地,还可以治理成一个好国家。《书经》说:'那药不叫人晕头涨脑,那种病就好不了的。'"

滕文公去世,太子对他的师傅然友说:"过去在宋国,孟子曾和我谈了许多,我一直难以忘怀。现在不幸父亲去世,我想请您到孟子那里问问,然后再办丧事。"然友便到邹国去问孟子。孟子说:"好得很啊!父母去世,本来就应该把亲情发泄得淋漓尽致。曾子说:'父母健在时,依礼去侍奉,他们去世了,依礼去埋葬,依礼去祭祀。这可以算是尽到孝心了。'诸侯的礼节,我虽然没有学过;但也听说实行三年的丧礼,穿

着粗布缉边的孝服，吃着稀粥，从天子一直到老百姓，夏、商、周三代都是这样的。"

然友回国传达了孟子的话，太子便决定行三年的丧礼。滕国的父老官吏都不愿意，说道："我们的宗国的历代君主没有实行过，我国的列祖列宗也没有实行过，到你这一代却来改变祖先的做法，这是要不得的。而且《志》说过：'丧礼祭礼一律依照祖宗成法。'道理就在于我们是从这一传统继承下来的。"

太子便对然友说："我过去不曾做过学问，只喜欢跑马弄剑。现在，我要实行三年的丧礼，父老们官吏们都对我不满，恐怕这一丧礼不能够使我尽心竭力，您再替我去问问孟子吧！"

于是，然友又到邹国去问孟子。

孟子说："嗯！这种事是求不得别人的。孔子说过：'君主去世，太子把一切政务交给首相，喝着粥，面色墨黑，就临孝子之位便哭，大小官吏没有人敢不悲哀，这是因为太子带头的缘故。'在上位的有什么爱好，在下面的人一定爱好得更加利害。君子的德好像风，小人的德好像草，风向哪边吹，草就向哪边倒。这一件事情完全决定于太子。"

然友回来向太子转达。太子说："对，这应当决定于我。"

于是太子居于丧庐中五月，不曾颁布过任何命令和禁令。官吏们同族们都很赞成，认为知礼。等待举行葬礼的时候，四方人都来观礼，太子表情的悲戚，哭泣的哀痛，使来吊丧的人都非常满意。

滕文公问孟子怎样治理国家。孟子说："老百姓生产和生活的事是拖不得的。《诗》上说：'白天把茅草割，晚上把绳儿搓；赶紧修理房屋，按时播种五谷。'人民有一个基本情况：有固定产业的人才有一定的原则，没有一定产业的人便不会有一定的原则。没有一定的原则的人，就会胡作非为违法乱纪，什么事都做得出来。等到他们犯了罪，然后加以处罚，这等于陷害。哪有仁人坐了朝廷却做得出陷害老百姓的事来呢？所以贤明的君主一定要敬业、节俭、礼遇臣下，尤其是取之于民要依照一定的制度，不能乱摊派，乱收费。阳虎曾经说过：'要想发财就不能仁爱，要想仁爱就不能发财。'

"古代的税收制度：夏代每家五十亩地而行'贡'法，商朝每家七十亩地而行'助'法，周朝每家一百亩地而行'彻'法。这三法的税率都是十分抽一。'彻'是'通'的意思，（即分别不同情况通盘计算出的十分之一的税率；）'助'是借助的意思，（因为要借助人民的劳力来耕种公有土地。）龙子说过：'田税最好的是助法，最不好的是贡法。'贡法是比较若干年的收成得一个常数。（不管灾年和丰年，都必须按这常数来交纳。）丰年，到处撒着谷米，多征收一点也不算暴虐，却并不多收。灾年，收到的秸秆连肥田都不够，却非收足那个常数不可。一国的君主号称是百姓的父母，却让他们一年到头辛辛苦苦，而结果却连他们自己的父母都养不活，还不得不借高利贷来交足税款，终于一家老小抛尸露骨于山沟，这算是哪门子'为民父母'呢？做大官的人都有一定的田租收入，子孙相传，这种办法，滕国早就实行了，（为什么老百姓却不能有一定的田地收入呢？）周朝的一篇诗说：'雨先下到公田，然后再落到私田！'只

有助法才有公田有私田。这样看来，就是周朝，也是实行助法的。

稻田，明沈周绘。

"（人民的生活有了着落，）便要兴办'庠'、'序'、'学'、"校"来教育他们。'庠'是教养的意思，'校'是教导的意思，'序'是陈列的意思。（地方学校，）夏代叫'校'，商代叫'序'，周代叫'庠'；至于大学，三代都叫'学'。学习的目的都是为了让人明白人与人相处的大道理。人与人相处的大道理，诸侯、卿、大夫、士都明白了，小小老百姓自然会亲密地团结在一起了。如果有圣王兴起，也一定会来学习效法，这样便做了圣王的老师了。《诗》上又说：'岐周虽然是一个古老的国家，国运却充满着新气象。'这是赞美文王的诗。你努力实行吧，也来使你的国家气象一新！"

滕文公派毕战来向孟子问井田制。孟子说："你的国君准备实行仁政，选中你来问我，你一定要好好干！实行仁政，一定要从划分整理田界开始。田界划分得不正确，井田的大小就不均匀，作为俸禄的田租收入也就不会公平合理，所以暴虐的君王和贪官污吏一定要打乱正确的田间界限。田间界限正确了，人民土地的分配，官吏俸禄的厘定，都可以毫不费力地决定了。滕国土地狭小，但也得有官吏和劳动人民。没有官吏，便没人治理劳动人民；没有劳动人民，也没有人养活官吏。我建议：郊野用九分抽一的助法，城市用十分抽一的贡法。公卿以下的官吏一定有供祭祀的圭田，每家五十亩；如果还有剩余的劳动力，每一劳动力再给二十五亩。无论埋葬或搬家，也不离开本乡本土。一井田中的各家平日出入，互相友爱；防御盗贼，互相帮助；一有疾病，互相照顾，百姓之间便亲爱和睦了。办法是：每一方里的土地划为一个井田，每一井田划为九百亩，当中一百亩是公田，以外八百亩分给八家作私田。这八家共同来耕种公有田，先把公有田种完毕，再来料理私人的事务，这便是区别官吏和劳动人民的办法。这不过是一个大概，至于怎样去使它完善，那就在于你的国君和你本人了。"

有一位信奉神农氏学说的叫许行的人，从楚国到了滕国，登门谒见滕文公，告诉他说："我这来自远方的人听说您实行仁政，希望得到一处住所，做您的百姓。"文公给了他住房。他的门徒好几十人，都穿着粗麻编成的衣服，以打草鞋织席子为生。

陈良的门徒陈相和他弟弟陈辛背着农具，从宋国到了滕国，也对文公说："听说您

实行圣人的政治,那您也是圣人了。我愿意做圣人的百姓。"

陈相见了许行,非常高兴,便完全抛弃了以前信奉的学说而向许行学习。

陈相来看孟子,转述许行的话说:"滕君确实是个贤明的君主,尽管这样,但是也还不真懂得道理。贤人要和人民一道耕种,才吃;自己做饭,而且也要替百姓办事。如今滕国有谷仓,有存财物的府库,这都是损害别人来奉养自己,又怎能叫做贤明呢?"孟子说:"许子一定要自己种庄稼才吃饭吗?"陈良说:"对。""许子一定要自己织布才穿衣吗?""不,许子只穿粗麻编成的衣。""许子戴帽子吗?"答道:"戴。""戴什么帽子?"答道:"戴白绸帽子。""是自己织的吗?"答道:"不,用粟米换来的。""许子为什么不自己织呢?"答道:"因为妨碍做农活。""许子也用铁锅瓦罐做饭,用铁器耕田吗?"答道:"用。""自己做的吗?"答道:"不,用粟米换来的。""农夫用粟米换取锅碗瓢盆和农具,不能说损害了瓦匠铁匠;那瓦匠铁匠用他们的产品来换取粟米,又难道损害了农夫吗?况且许子为什么不亲自干瓦匠活铁匠活,啥东西都藏在家里以备用?为什么许子要一件一件地和各种工匠做买卖?为什么许子这样不怕麻烦?"

陈相答道:"各种工匠的工作本来就不可能一边耕种一边又能干得了的。""难道治理天下就能够一边耕种一边又能干得了吗?(可见必须有分工。)有官吏的工作,有小民的工作。只要是一个人,各种工匠的产品对他就是必不可少的;如果每件东西都要靠自己制造才去用它,那是率领天下的人疲于奔命。所以我说,有的人劳动脑力,有的人劳动体力;脑力劳动者管理人,体力劳动者被人管理;被管理者向别人提供生活消费物资,管理者所必需的生活消费物资仰仗于别人,这是通行天下的共同原则。当尧的时候,天下还不太平,洪水成灾,泛滥天下,草木茂密地生长,鸟兽成群地繁殖,谷物却没有收成,飞鸟禽兽威逼人类,到处都是它们的脚迹。尧一个人为这事忧虑,于是把舜选拔出来总管治理工作。舜命令伯益主持放火工作,益便将山野沼泽的草木尽行焚毁,迫使鸟兽逃跑隐匿。禹又疏浚九河,把济水漯水疏导入海,挖掘汝水汉水,疏通淮水泗水,引导流入长江,中国才可以耕种,人民才有饭吃。在这一时期,禹八年在外,

伯益,选自《历代名臣像解》。

好几次经过自己的家门都不进去，即使想亲自耕种，可能吗？

"后稷教导百姓种庄稼，栽培谷物。谷物成熟了，老百姓便得到了养育。人之所以为人，光是吃得饱，穿得暖，住得安逸，却没有教育，那也和禽兽差不多。圣人又为这事忧虑，便让契做了司徒的官，主管教育。用关于人与人之间关系的大道理来教育人民——父子间有骨肉之亲，君臣间有礼义之道，夫妻间有内外之别，老少间有尊卑之序，朋友间有诚信之德。尧说：'督促他们，纠正他们，帮助他们，使他们各得其所，然后加以提携和教诲。'圣人为百姓考虑这样呕心沥血，还有空闲来耕种吗？

"尧为得不到舜这样的人而忧虑，舜为得不到禹和皋陶这样的人而忧虑。为了自己的田地耕种得不好而忧虑的，那是农夫。把钱财分给别人的行为，叫做惠；教导大家都学好的行为，叫做忠；为天下找到好人才的行为便叫做仁。把天下让给人家比较容易做到，为天下找到好的人才却很难。所以孔子说：'尧作为天子真是伟大！只有天最伟大，也只有尧能效法天。尧的圣德广阔无边，老百姓都找不到恰当的词来形容了！舜真是个好天子！天下坐得稳如泰山，却不去享受它，占有它！'尧舜的治理天下，难道不用心思吗？只是不把这心思用于如何种庄稼罢了。

"我只听说用中国的方式来改变落后国家的，没有听说过用落后国家的方式来改变中国的。陈良土生土长在楚国，却喜欢周公和孔子的学说，北上中国来学习。北方的读书人，还没有超过他的，他真是所谓豪杰之士啊！你们兄弟向他学习了几十年，老师一死，你们竟背叛了他！从前，孔子死了，守孝三年之后，门徒们在收拾行李准备回去前，走进子贡住处作揖告别，相对而哭，都泣不成声，这才回去。子贡又回到墓地重新筑屋，独自住了三年，这才回去。过了些时，子夏、子张、子游认为有若有些像圣人，便想像服事孔子那样服事他，勉强曾子同意。曾子说：'不行，比如曾经用江汉之水洗涤过，曾经在夏日之下暴晒过，真是白得不能再白了。（谁还能与孔子相比呢？）'如今许行这南蛮子，说话就像鸟叫，也敢来非议我们祖先圣王之道，而你俩却违背师道去向他学，那就和曾子的态度恰好相反了。我只听说过鸟儿飞出幽暗的山谷迁往高大的树木，没有听说离开高大的树木再飞进幽暗的山谷的。《鲁颂》说过，'猛攻戎狄，痛惩荆楚'。（荆楚这样的国家，）周公还要攻击它，你却向它学，真是越变越坏了。"

尧，选自《乾隆年制历代帝王像真迹》。

陈相说："如果按许子说的办，市场上的物价就能一致。人人没有欺假，即使打发个小孩子上市场，也没有人会欺骗他。布匹丝绸的长短一样，价钱便一样；麻线丝棉的轻重一样，价钱便一样；谷米的多少一样，价钱便一样；鞋的大小一样，价钱也一样。"

孟子说："各种物品的质量不一样，这是自然的。（它们的价格，）有的相差一倍五倍，有的相差十倍百倍，有的相差千倍万倍；你要（不分精粗优劣，）完全使它们一致，只是扰乱天下罢了。好鞋和坏鞋一样价钱，人们肯干吗？按许子说的办，是率领大家走向虚伪，哪能够治理国家呢？"

墨家信徒夷之凭着徐辟的关系要求见孟子。孟子说："我本来愿意见他，不过我现在正病着；病好了，我打算去看他，他不必来！"过了一段时间，又要求见孟子。孟子说："我现在可以见他了。但不说直话，真理表现不出。我就说直话吧。我听说夷子是墨家信徒，墨家的办理丧事，以薄为合理，夷子也想用这一套来改革天下，自然认为不这样就不足为贵了；但是他给父母亲的葬礼却安排得很丰厚，那便是拿他所看不起的东西来对待父母亲了。"

徐子把这话转达给夷子。夷子说："儒家的学说认为，古代君王爱护百姓就好像爱护婴儿一般。这话是什么意思呢？我以为便是，人们之间的爱没有亲疏厚薄的区别，只是由双亲开始实行罢了。（这样看来，墨家的兼爱之说和儒家学说并不矛盾，而我厚葬父母，也没有什么说不过去了。）"徐子又把这话告诉了孟子。孟子说："夷子真正以为人们爱他的侄儿和爱他邻居家的婴儿一样的吗？夷子只不过抓住了一点：婴儿在地上爬行，快要跌到井里去了，这自然不是婴儿的罪过。（这时候，无论是谁的孩子，无论谁看见了，都会去救的，夷子以为这就是爱无等次，其实，这是人的恻隐之心。）况且天生万物，只有一个根源，夷子却以为有两个根源，道理就在这里。大概上古曾经有不埋葬父母的人，父母死了，就抬着扔到山沟里。过了些时候，再经过那里，就发现狐狸在撕咬着，苍蝇蚊子在咀吮着那尸体。那个人不禁额头上冒出了汗，斜着眼睛，不敢正视。这一种汗，不是流给别人看的，而是心中的悔恨在面目上的流露。大概后来他回家取了箩筐铲子把尸体埋了。埋葬尸体诚然是对的，那么，孝子仁人埋葬他的父母，自然有他的道理了。"徐子把这话又转达给夷子，夷子十分怅惘地停了一会，说："我懂得了。"

滕文公章句下

【原文】

陈代曰："不见诸侯，宜若小然。今一见之，大则以王，小则以霸。且《志》曰

'枉尺而直寻'，宜若可为也。"孟子曰："昔齐景公田，招虞人以旌，不至，将杀之。志士不忘在沟壑，勇士不忘丧其元。孔子奚取焉？取非其招不往也。如不待其招而往，何哉？且夫枉尺而直寻者，以利言也。如以利，则枉寻直尺而利，亦可为与？昔者赵简子使王良与嬖奚乘，终日而不获一禽。嬖奚反命曰：'天下之贱工也。'或以告王良。良曰：'请复之。'强而后可，一朝而获十禽。嬖奚反命曰：'天下之良工也。'简子曰：'我使掌与女乘。'谓王良。良不可，曰：'吾为之范我驰驱，终日不获一；为之诡遇，一朝而获十。《诗》云："不失其驰，舍矢如破。"我不贯与小人乘，请辞。'御者且羞与射者比，比而得禽兽，虽若丘陵，弗为也。如枉道而从彼，何也？且子过矣！枉己者，未有能直人者也。"

景春曰："公孙衍、张仪岂不诚大丈夫哉？一怒而诸侯惧，安居而天下熄。"孟子曰："是焉得为大丈夫乎？子未学礼乎？丈夫之冠也，父命之；女子之嫁也，母命之，往送之门，戒之曰：'往之女家，必敬必戒，无违夫子！'以顺为正者，妾妇之道也。居天下之广居，立天下之正位，行天下之大道；得志，与民由之；不得志，独行其道。富贵不能淫，贫贱不能移，威武不能屈，此之谓大丈夫。"

周霄问曰："古之君子仕乎？"孟子曰："仕。《传》曰：'孔子三月无君，则皇皇如也，出疆必载质。'公明仪曰：'古之人三月无君，则吊。'" "三月无君则吊，不以急乎？"曰："士之失位也，犹诸侯之失国家也。《礼》曰：'诸侯耕助，以供粢盛；夫人蚕缫，以为衣服。牺牲不成，粢盛不絜，衣服不备，不敢以祭。惟士无田，则亦不祭。'牲杀、器皿、衣服不备，不敢以祭，则不敢以宴，亦不足吊乎？" "出疆必载质，何也？"曰："士之仕也，犹农夫之耕也。农夫岂为出疆舍其耒耜哉？"曰："晋国亦仕国也，未尝闻仕如此其急。仕如此其急也，君子之难仕，何也？"曰："丈夫生而愿为之有室，女子生而愿为之有家。父母之心，人皆有之。不待父母之命、媒妁之言，钻穴隙相窥，逾墙相从，则父母国人皆贱之。古之人未尝不欲仕也，又恶不由其道。不由其道而往者，与钻穴隙之类也"。

彭更问曰："后车数十乘，从者数百人，以传食于诸侯，不以泰乎？"孟子曰："非其道，则一箪食不可受于人；如其道，则舜受尧之天下，不以为泰——子以为泰乎？"曰："否！士无事而食，不可也。"曰："子不通功易事，以羡补不足，则农有馀粟，女有馀布；子如通之，则梓匠轮舆皆得食于子。于此有人焉，入则孝，出则悌，守先王之道，以待后之学者，而不得食于子。子何尊梓匠轮舆而轻为仁义者哉？"曰："梓匠轮舆，其志将以求食也；君子之为道也，其志亦将以求食与？"曰："子何以其志为哉？其有功于子，可食而食之矣。且子食志乎？食功乎？"曰："食志。"曰："有人于此，毁瓦画墁，其志将以求食也，则子食之乎？"曰："否。"曰："然则子非食志也，食功也。"

万章问曰："宋，小国也，今将行王政，齐楚恶而伐之，则如之何？"孟子曰："汤居亳，与葛为邻。葛伯放而不祀。汤使人问之曰：'何为不祀？'曰：'无以供牺牲也。'汤使遗之牛羊。葛伯食之，又不以祀。汤又使人问之曰：'何为不祀？'曰：'无以供粢

盛也。'汤使亳众往为之耕，老弱馈食。葛伯率其民，要其有酒食黍稻者夺之，不授者杀之。有童子以黍肉饷，杀而夺之。《书》曰：'葛伯仇饷。'此之谓也。为其杀是童子而征之，四海之内皆曰：'非富天下也，为匹夫匹妇复雠也。'汤始征，自葛载，十一征而无敌于天下。东面而征，西夷怨；南面而征，北狄怨。曰：'奚为后我？'民之望之，若大旱之望雨也。归市者弗止，芸者不变，诛其君，吊其民，如时雨降。民大悦。《书》曰：'徯我后，后来其无罚！''有攸不惟臣，东征，绥厥士女，篚厥玄黄，绍我周王见休，惟臣附于大邑周。'其君子实玄黄于篚以迎其君子，其小人箪食壶浆以迎其小人。救民于水火之中，取其残而已矣。《太誓》曰：'我武惟扬，侵于之疆，则取于残，杀伐用张，于汤有光。'不行王政云尔。苟行王政，四海之内皆举首而望之，欲以为君，齐、楚虽大，何畏焉？"

孟子谓戴不胜曰："子欲子之王之善与？我明告子。有楚大夫于此，欲其子之齐语也，则使齐人傅诸？使楚人傅诸？"曰："使齐人傅之。"曰："一齐人傅之，众楚人咻之，虽日挞而求其齐也，不可得矣；引而置之庄岳之间数年，虽日挞而求其楚，亦不可得矣。子谓薛居州，善士也，使之居于王所。在于王所者，长幼卑尊皆薛居州也，王谁与为不善？在王所者，长幼卑尊皆非薛居州也，王谁与为善？一薛居州，独如宋王何？"

公孙丑问曰："不见诸侯，何义？"孟子曰："古者不为臣不见。段干木逾垣而辟之，泄柳闭门而不纳，是皆已甚；迫，斯可以见矣。阳货欲见孔子而恶无礼。大夫有赐于士，不得受于其家，则往拜其门。阳货瞰孔子之亡也，而馈孔子蒸豚。孔子亦瞰其亡也，而往拜之。当是时，阳货先，岂得不见？曾子曰：'胁肩谄笑，病于夏畦。'子路曰：'未同而言，观其色赧赧然，非由之所知也。'由是观之，则君子之所养，可知已矣。"

戴盈之曰："什一，去关市之征，今兹未能，请轻之，以待来年，然后已，何如？"孟子曰："今有人日攘其邻之鸡者，或告之曰：'是非君子之道。'曰：'请损之，月攘一鸡，以待来年，然后已。'如知其非义，斯速已矣，何待来年？"

公都子曰："外人皆称夫子好辩，敢问何也？"孟子曰："予岂好辩哉？予不得已也。天下之生久矣，一治一乱。当尧之时，水逆行，泛滥于中国，蛇龙居之，民无所定。下者为巢，上者为营窟。《书》曰：'洚水警余。'洚水者，洪水也。使禹治之。禹掘地而注之海，驱蛇龙而放之菹。水由地中行，江、淮、河、汉是也。险阻既远，鸟兽之害人者消，然后人得平土而居之。尧、舜既没，圣人之道衰，暴君代作。坏宫室以为污池，民无所安息；弃田以为园囿，使民不得衣食。邪说暴行又作，园囿、污池、沛泽多而禽兽至。及纣之身，天下又大乱。周公相武王诛纣，伐奄三年讨其君，驱飞廉于海隅而戮之，灭国者五十，驱虎、豹、犀、象而远之，天下大悦。《书》曰：'丕显哉，文王谟！丕承哉，武王烈！佑启我后人，咸以正无缺。'世衰道微，邪说暴行有作，臣弑其君者有之，子弑其父者有之。孔子惧，作《春秋》。《春秋》，天子之事也。是故孔子曰：'知我者其惟《春秋》乎！罪我者其惟《春秋》乎！'圣王不作，诸侯放

恣，处士横议，杨朱、墨翟之言盈天下。天下之言不归杨，则归墨。杨氏为我，是无君也；墨氏兼爱，是无父也。无父无君，是禽兽也。公明仪曰：'庖有肥肉，厩有肥马；民有饥色，野有饿莩，此率兽而食人也。'杨墨之道不息，孔子之道不著，是邪说诬民，充塞仁义也。仁义充塞，则率兽食人，人将相食。吾为此惧，闲先圣之道，距杨墨，放淫辞，邪说者不得作。作于其心，害于其事；作于其事，害于其政。圣人复起，不易吾言矣。昔者禹抑洪水而天下平，周公兼夷狄，驱猛兽而百姓宁，孔子成《春秋》而乱臣贼子惧。《诗》云：'戎狄是膺，荆舒是惩，则莫我敢承。'无父无君，是周公所膺也。我亦欲正人心，息邪说，距诐行，放淫辞，以承三圣者，岂好辩哉？予不得已也。能言距杨、墨者，圣人之徒也。"

匡章曰："陈仲子岂不诚廉士哉？居於陵，三日不食，耳无闻，目无见也。井上有李，螬食实者过半矣，匍匐往，将食之，三咽，然后耳有闻，目有见。"孟子曰："于齐国之士，吾必以仲子为巨擘焉。虽然，仲子恶能廉？充仲子之操，则蚓而后可者也。夫蚓，上食槁壤，下饮黄泉。仲子所居之室，伯夷之所筑与？抑亦盗跖之所筑与？所食之粟，伯夷之所树与？抑亦盗跖之所树与？是未可知也。"曰："是何伤哉？彼身织屦，妻辟纑，以易之也。"曰："仲子，齐之世家也，兄戴，盖禄万钟。以兄之禄为不义之禄而不食也，以兄之室为不义之室而不居也，辟兄离母，处于於陵。他日归，则有馈其兄生鹅者，己频顣曰：'恶用是鶂鶂者为哉？'他日，其母杀是鹅也，与之食之。其兄自外至，曰：'是鶂鶂之肉也。'出而哇之。以母则不食，以妻则食之；以兄之室则弗居，以於陵则居之，是尚为能充其类也乎？若仲者，蚓而后充其操者也。"

【译文】

陈代说："不去谒见诸侯，似乎太拘泥小节了吧；如今见一次诸侯，大则可以实行仁政，统一天下；小则可以国富民安，称霸中国。而且《志》上说'弯曲一尺，伸直一寻'，好像应该试一试。"孟子说："从前齐景公田猎，用旌去召唤猎场管理员，管理员不去，景公便准备杀他。——志士坚守志节，不怕死无葬身之地，弃尸山沟；勇士见义勇为，不怕丢掉脑袋。孔子到底看重他哪一点呢？就是看重他不是自己所应接受的召唤之礼，硬是不去。如果我竟不等待诸侯的招致便去，那又是怎样的呢？而且你所说的弯曲一尺，伸直一寻，完全是从利的观点来考虑的。如果唯利是图，那么即使弯曲一寻，伸直一尺，也有小利益，不是也可以干一干吗？从前，赵简子命令王良替他的宠幸小臣奚驾车打猎，整天都没打到一只野兽。奚向简子汇报说：'王良是天底下最没本事的驾车人。'有人把这话告诉了王良。王良说：'希望再来一次。'奚勉强答应了，一个早上就打中十只野兽。奚又汇报说：'王良是天底下最有本事的驾车人。'赵简子便说：'我让他专门给你驾车好了。'把这告诉王良，王良不肯，说道：'我给他按规矩奔驰，整天打不着一只；我给他违背规矩奔驰，一早上就打中了十只。可是《诗》上说："按照规矩而奔驰，箭一放出便中的。"我不习惯替小人来驾车，这差事我不能担任。'驾车者尚且羞于与坏的射手为伍；与他为伍，即使打得的禽兽堆成山，也不肯

干。如果我们先委屈我们的理想与主张而追随诸侯，那我们又算是什么人呢？况且你错了，因为自己不正直的人从来不能够使别人正直。（教育别人尚且不够格，又如何能实行仁政，统一天下呢？）"

景春说："公孙衍和张仪难道不是真正的大丈夫吗？一发脾气，诸侯个个害怕；安静下来，天下顿时太平。"孟子说："这个怎么能叫做大丈夫呢？你没有学过礼吗？男子行加冠礼时，父亲要加以训导；女子出嫁的时候，母亲要加以训导，把她送到门口，告诫她说：'到了你家里，一定要恭敬，一定要谨慎，不要违背丈夫！'以顺从为最高原则的，是做妇人的道理。（至于男子，）应住在天下最宽广的住宅——仁——里，站在天下最正确的位置——理——上，走着天下最光明的大道——义；得志时，同老百姓一道走在这条大路上；不得志时，一个人也要走这条路。富贵不能乱我之心，贫贱不能变我之志，威武不能屈我之节，这样才叫做大丈夫。"

周霄问道："古代的君子做官吗？"孟子答道："做官。《传记》上说：'孔子要是三个月没有君主任用他，就焦急不安；离开一个国家，一定要带着见面礼（，以便和别国国君见面）。'公明仪也说：'古代的人三个月没有君主任用，就要去安慰他。'"周霄便说："三个月没找到君主就去安慰他，不是太性急了吗？"孟子答道："士失掉官位，就像诸侯失去国家一样。《礼》说过：'诸侯亲自参加耕种，是为了供给祭品；夫人亲自养蚕缫丝，是为了供给祭服。牛羊不肥壮，祭品不洁净，祭服不具备，不敢用来祭祀。士若没有（供祭祀用的）田地，那也不能祭祀。'牛羊、祭具、祭服不具备，不敢用来祭祀，也就不能举行宴会，这不也应该安慰他吗？"

周霄又问："离开国界一定要带上见面礼，又是什么意思呢？"孟子答道："士的做官，就好像农民的耕田；农民难道因为离开国界便舍弃他的农具吗？"周霄说："魏国也是一个可以做官的国家，我却没听说过找官位是这样迫不及待。找官位既迫不及待，君子却不轻易做官，又是什么道理呢？"孟子说："男孩一生下来，父母便惟愿他早有妻室；女孩一生下来，父母便惟愿她早有婆家。做父母的，人人都有这样的心情。但是，若是不等爹妈开口，不经过媒人介绍，自己便挖墙洞扒门缝来互相窥望，翻过墙去私奔，那么，爹妈和周围的人都会轻视他。古代的人不是不想做官，但是又讨厌不经由合乎礼义的道路去找官做。不经合乎

驾车，汉画像石。

礼义的道路而奔向仕途的，正和男女挖墙洞扒门缝（翻墙去私奔）一样。"

彭更问道："跟随的车几十辆，跟随的人几百个，从这一国吃到那一国，这不是太过分了吗？"孟子答道："如果不合理，就是一篮子饭也不接受；如果合理，舜甚至接受了尧的天下，也不觉得过分——你以为过分了吗？"彭更说："不是这意思。但读书人不干事，吃白饭，是不可以的。"孟子说："你如果不将各行各业的产品互相流通，用多余的来弥补不够的，就会使农民有多余的米，妇女有多余的布；如果能互通有无，那么木匠车工都能够从你那儿得到吃的。假定这里有个人，在家孝顺父母，出外尊敬长辈，严守着先王的礼法道义，用来培养晚辈学者，却不能从你那儿得到吃的；那么，你为什么尊贵木匠车工而轻视仁义之士呢？"彭更说："木匠车工，他们的动机就是为了谋碗饭吃；君子研究学问，推行仁政，他的初衷也是为了谋碗饭吃吗？"孟子说："你为什么非要追究动机呢？他们对你有功绩，可以给他们吃的，就给他们吃的得了。况且，你给他们吃的，是凭动机呢？还是凭功绩呢？"彭更说："凭动机。"孟子说："比方这里有个泥瓦工，把屋瓦打碎，在新刷的墙壁上乱画，他的动机也是为了弄到吃的，你给他吃的吗？"彭更说："不。"孟子说："那么，你并不是凭动机，而是凭功绩了。"

万章问道："宋是个小国家，如今想推行仁政，齐楚两个国家却因此厌恶，要出兵讨伐它，怎么办呢？"孟子说："汤居住在亳地，与葛国为邻；葛伯放荡得很，竟不祭祀鬼神。汤派人去问：'为什么不祭祀？'答道：'没有牛羊做祭品。'汤便送给他牛羊。葛伯把牛羊吃了，却不用来祭祀。汤又派人去问：'为什么不祭祀？'答道：'没有谷物做祭品。'汤便派亳地的民众去替他们耕种，老弱的人给耕田者去送饭。葛伯却带领他的百姓拦住那些提着酒菜好饭的人进行抢劫，不给的就杀掉。有个小孩去送饭和肉，葛伯竟把他杀了，抢了饭和肉。《书》上说：'葛伯仇视送饭者。'正是这个意思。汤便为了这小孩的被杀去征讨葛伯，天下的人都说：'汤不是为了天下的财富，而是为老百姓报仇雪恨呀。'汤的作战，便是从伐葛开始，出征十一次，战无不胜，天下没人能与他匹敌。向东方出征，西方的人便不高兴；向南方出征，北方的人便不高兴，说道：'为什么把我们这儿排在后边？'老百姓盼望他，就和大旱之年盼望下雨一般。（作战的时候，）做买卖的照常营业，干农活的照样耕田，杀掉那暴虐的君主，抚慰那可怜的百姓，这正像下了一场及时雨啊，老百姓自然非常高兴。《书》上说：'等待我王，王来了我们不再受苦！'又说：'攸国不服，周王便东行讨伐，来安定那些男男女女，他们把黄色黑色的束帛放在筐中，请求介绍和周王相见，以得到荣光，作为大周国的臣民。'这说明了周朝初年东征攸国的情况，官员们把黑色的黄色的束帛装满筐子来迎接官员，老百姓提着饭篮和酒壶来迎接士兵，可见这次出征只是把老百姓从水深火热中拯救出来，而杀掉那残暴的君主罢了。《泰誓》上说：'我们的威武要发扬，攻到邢国的疆土上，杀掉那残暴的君王，把那该死的都砍光，这功绩比汤还辉煌。'不实行王政便罢了，如果实行王政，天下的人都要抬起头来盼望，要拥护他来做君主；齐国楚国纵是强大，又有什么可怕呢？"

孟子对戴不胜说："你想你的君王学好吗？我明白告诉你。这里有位楚国的大臣，希望他儿子会说齐国话，那么，找齐国人来教呢？还是找楚国人来教呢？"答道："找齐国人来教。"孟子说："一个齐国人教他，却有许多楚国人在起哄，即使你每天鞭打他，逼他说齐国话，也不能达到目的；如果把他带到临淄城里的庄街、岳里住上几年，就是每天鞭打他，逼他说楚国话，那也做不到了。你说薛居州是个好人，要他住在王宫里（影响王，使他学好）。如果住在王宫里的人，不论大的小的，贱的贵的，都是好人，那王和谁去干坏事呢？如果住在王宫里的人，不论大的小的，贱的贵的，都不是好人，那王又和谁去干好事呢？一个薛居州能把宋王怎么样呢？"

拜谒，汉画像石，四川成都扬子山二号墓出土。

公孙丑问道："不去谒见诸侯，是什么道理？"孟子说："古代，一个人如果不是诸侯的臣属，就不去谒见。（从前魏文侯去看段干木，）段干木却跳过墙去躲开他。（鲁缪公去看泄柳，）泄柳却关紧大门不加接纳，这些都做得太过分；迫不得已，也就可以相见了。阳货想要孔子来看他，又不愿自己失礼，（径自召唤，便利用了）大夫对士有所赏赐，当时士如果不在家，不能亲自接受并拜谢，便要亲自去大夫家答谢（这一礼节）。阳货探听到孔子外出的时候，给他送去一只蒸小猪；孔子也探听到阳货不在家，才去答谢。在那时候，阳货若是（不要花招，）先去看孔子，孔子哪会不去看他？曾子说：'肩膀抬得高高，满脸谄媚的笑，这比大热天在菜地浇粪还吃不消。'子路说：'分明不想和这种人谈话，却勉强应付几句，脸上又显出惭愧的表情，这是我所不赞成的。'从这一点来看，君子如何培养自己的节操，就认识得很清楚了。"

戴盈之说："税率定为十分之一，不准乱设卡乱收费，今年还不能完全做到，想先减轻一些，等到明年，再完全实行，怎么样？"孟子说："现在有个人每天偷邻居一只鸡，有人告诉他说：'这不是正派人的行为。'他便说：'想先减少一些，先每个月偷一只，等到明年，再洗手不干。'——如果晓得这种行为不合道义，就赶快住手得了，为什么要等到明年呢？"

公都子说："别人都说您喜欢辩论，请问，这是为什么？"孟子说："我难道喜欢辩论吗？我这样做是迫不得已呀。自从有人类以来，已经很久了，总是太平一阵子，又

混乱一阵子。当唐尧的时候，大水倒流，到处泛滥，大地成为蛇和龙的居所，人们无处安身。低地的人们在树上搭巢，高地的人们便挖相连的洞窟。《尚书》说：'洚水警告我们。'洚水就是洪水。命令禹来治理，禹疏通河道，把水都引向海里，把蛇和龙都赶回草泽中。水在河床中流动，长江、淮河、黄河、汉水便是这样。危险既已消除，害人的野兽也无影无踪，人们才能够在平原上居住。

"尧舜死了以后，圣人之道逐渐衰微，残暴的君主不断出现。他们毁掉民居来挖掘深池，使百姓无处安身；毁坏良田来营造园林，使老百姓不得穿、不得吃。荒谬的学说、残暴的行为随之兴起，园林、深池、草泽多了起来，禽兽也就来了。到商纣的时候，天下又大乱。周公辅佐武王，诛杀了纣王；他又讨伐奄国，经过三年征战，又诛杀了奄君；并把飞廉驱赶到海边，也把他杀了。被灭掉的国家一共五十多个，同时，把老虎、豹子、犀牛、大象赶到了远方，天下的百姓都非常高兴。《尚书》说过：'文王的谋略多么光明！武王的功烈多么伟大！帮助我们，启发我们，使大家都正确而没有缺点。'

"世道又逐渐变坏了，荒谬的学说、残暴的行为又起来了：有臣子杀死君王的，也有儿子杀掉父亲的。孔子对这非常忧虑，于是写了《春秋》这部书。著作历史，（褒扬善的，鞭挞恶的，）这本是天子的职责，（孔子不得已而做了。）所以孔子说：'了解我的，恐怕是通过《春秋》这部书吧！怪罪我的，恐怕也是通过《春秋》这部书吧！'

"（自那以后，）圣王也没再出现，诸侯肆无忌惮，一般士人也胡言乱说，杨朱、墨翟的言论遍及天下。于是所有的主张不是站在杨朱的立场，就是站在墨翟的立场。杨朱派主张一切为自己，这便是目无君上；墨翟派主张爱要一视同仁，这便是目无父母。无视父母和君上，这便成了禽兽。公明仪说过：'厨房里有肥肉，马厩里有肥马；百姓却面色蜡黄，野外躺着饿死者的尸体，这就是率领着禽兽来吃人。'杨朱、墨翟的言论不消除，孔子的学说就没法发扬光大。这便是荒谬的学说蒙蔽了百姓，而挤占了仁义所占有的空间。仁义被排挤到一边，也就等于率领着禽兽来吃人了，人们也将你吃我，我吃你了。我因而深为忧惧，便出来捍卫古代圣人的学说，反对杨、墨的谬说，驳斥错误的言论，使发表谬论的人不能得逞。种种荒谬的念头，从心里产生，便会危害工作；危害了工作，也就危害了政治。即使圣人再度兴起，也会同意我这番话的。

"从前大禹制伏了洪水，天下才得到太平；周公兼并了夷狄，赶跑了猛兽，百姓才得到安宁；孔子写了《春秋》，叛臣和逆子便有所畏惧。《诗》说：'攻击戎狄，惩罚荆舒，就所向无敌。'像杨、墨这样目无父母君上的人，正是周公所要惩罚的。我也要端正人心，消灭邪说，反对偏颇的行为，排斥荒唐的言论，以继承大禹、周公、孔子三位圣人的事业。我难道喜欢辩论吗？我实在是迫不得已呀。能够以言论来反对杨、墨的，也就是圣人的门徒了。"

匡章说："陈仲子难道不真是一个廉洁的人吗？住在於陵，三天没吃东西，耳朵不能听了，眼睛不能看了。井上有个李子，已被金龟子吃掉了大半；他爬过去，拿来吃，咽了几口，耳朵才能听，眼睛才能看。"孟子说："在齐国人士中间，我一定要把仲子

孔子著《诗》、《书》，选自《孔子圣迹图》。

看作大拇哥。但是，他怎能叫做廉洁？要推广他的这种'操守'，那只有把人变成蚯蚓才行。那蚯蚓，吃着地面上的沃土，喝着地底下的黄泉。（廉洁到了极点，但仲子还不能与它相比，为什么呢？）他所住的房屋，是廉洁得像伯夷一样的人所盖的呢？还是贪婪得像盗跖一样的人所盖的呢？他所吃的谷米，是像伯夷一样的人所种的呢？还是像盗跖一样的人所种的呢？这个还是不知道的。"

匡章说："那有什么关系呢？他亲自编草鞋，他妻子绩麻练麻，用这些换来的。"

孟子说："仲子是齐国的宗族大家，他哥哥陈代，从盖邑收入的俸禄便有几万石之多。他却认为他哥哥的俸禄是不义之物，不去吃它；认为他哥哥的住宅是不义之产，不去住它。避开哥哥，远离母亲，住在於陵那地方。有一天回到家，恰巧有一个人来送给他哥哥一只活鹅，他便皱着眉头说：'要这种呃呃叫的东西干什么？'过了些时候，他母亲杀了这只鹅，做成菜给他吃。刚好他哥哥从外面回家，便说：'这就是那呃呃叫的东西的肉呀。'他便跑出门去，呕了出来。母亲做的东西不吃，却吃妻子做的；哥哥的房子不住，却住在於陵，这还能算是推广廉洁之义到了顶点吗？像仲子的这种行为，若要加以推广，只有把人变成蚯蚓才行。"

离娄章句上

【原文】

孟子曰："离娄之明，公输子之巧，不以规矩，不能成方圆；师旷之聪，不以六

律，不能正五音；尧、舜之道，不以仁政，不能平治天下。今有仁心仁闻而民不被其泽，不可法于后世者，不行先王之道也。故曰：徒善不足以为政，徒法不能以自行。《诗》云：'不愆不忘，率由旧章。'遵先王之法而过者，未之有也。圣人既竭目力焉，继之以规矩准绳，以为方员平直，不可胜用也；既竭耳力焉，继之以六律正五音，不可胜用也；既竭心思焉，继之以不忍人之政，而仁覆天下矣。故曰：为高必因丘陵，为下必因川泽，为政不因先王之道，可谓智乎？是以惟仁者宜在高位。不仁而在高位，是播其恶于众也。上无道揆也，下无法守也，朝不信道，工不信度，君子犯义，小人犯刑，国之所存者幸也。故曰：城郭不完，兵甲不多，非国之灾也；田野不辟，货财不聚，非国之害也。上无礼，下无学，贼民兴，丧无日矣。《诗》曰：'天之方蹶，无然泄泄。'泄泄犹沓沓也。事君无义，进退无礼，言则非先王之道者，犹沓沓也。故曰：责难于君谓之恭，陈善闭邪谓之敬，吾君不能谓之贼。"

孟子曰："规矩，方员之至也；圣人，人伦之至也。欲为君，尽君道；欲为臣，尽臣道。二者皆法尧、舜而已矣。不以舜之所以事尧事君，不敬其君者也；不以尧之所以治民治民，贼其民者也。孔子曰：'道二，仁与不仁而已矣。'暴其民甚，则身弑国亡；不甚，则身危国削。名之曰'幽'、'厉'，虽孝子慈孙，百世不能改也。《诗》云：'殷鉴不远，在夏后之世。'此之谓也。"

孟子曰："三代之得天下也以仁，其失天下也以不仁。国之所以废兴存亡者亦然。天子不仁，不保四海；诸侯不仁，不保社稷；卿大夫不仁，不保宗庙；士庶人不仁，不保四体。今恶死亡而乐不仁，是犹恶醉而强酒。"

孟子曰："爱人不亲，反其仁；治人不治，反其智；礼人不答，反其敬。行有不得者皆反求诸己，其身正而天下归之。《诗》云：'永言配命，自求多福。'"

孟子曰："人有恒言，皆曰'天下国家'。天下之本在国，国之本在家，家之本在身。"

孟子曰："为政不难，不得罪于巨室。巨室之所慕，一国慕之；一国之所慕，天下慕之。故沛然德教溢乎四海。"

孟子曰："天下有道，小德役大德，小贤役大贤；天下无道，小役大，弱役强。斯二者，天也。顺天者存，逆天者亡。齐景公曰：'既不能令，又不受命，是绝物也。'涕出而女于吴。今也小国师大国而耻受命焉，是犹弟子而耻受命于先师也。如耻之，莫若师文王。师文王，大国五年，小国七年，必为政于天下矣。《诗》云：'商之孙子，其丽不亿。上帝既命，侯于周服。侯服于周，天命靡常。殷士肤敏，祼将于京。'孔子曰：'仁不可为众也。夫国君好仁，天下无敌。'今也欲无敌于天下而不以仁，是犹执热而不以濯也。《诗》云：'谁能执热，逝不以濯？'"

孟子曰："不仁者可与言哉？安其危而利其菑，乐其所以亡者。不仁而可与言，则何亡国败家之有？有孺子歌曰：'沧浪之水清兮，可以濯我缨；沧浪之水浊兮，可以濯我足。'孔子曰：'小子听之！清斯濯缨，浊斯濯足矣。自取之也。'夫人必自侮，然后人侮之；家必自毁，而后人毁之；国必自伐，而后人伐之。《太甲》曰：'天作孽，犹

可违。自作孽，不可活。'此之谓也。"

孟子曰："桀纣之失天下也，失其民也。失其民者，失其心也。得天下有道：得其民，斯得天下矣。得其民有道：得其心，斯得民矣。得其心有道：所欲与之聚之，所恶勿施尔也。民之归仁也，犹水之就下、兽之走圹也。故为渊驱鱼者，獭也；为丛驱爵者，鹯也；为汤武驱民者，桀与纣也。今天下之君有好仁者，则诸侯皆为之驱矣。虽欲无王，不可得已。今之欲王者，犹七年之病求三年之艾也。苟为不畜，终身不得。苟不志于仁，终身忧辱，以陷于死亡。《诗》云：'其何能淑，载胥及溺。'此之谓也。"

孟子曰："自暴者，不可与有言也；自弃者，不可与有为也。言非礼义，谓之自暴也。吾身不能居仁由义，谓之自弃也。仁，人之安宅也；义，人之正路也。旷安宅而弗居，舍正路而不由，哀哉！"

孟子曰："道在迩而求诸远，事在易而求诸难——人人亲其亲，长其长，而天下平。"

孟子曰："居下位而不获于上，民不可得而治也。获于上有道，不信于友，弗获于上矣。信于友有道，事亲弗悦，弗信于友矣。悦亲有道，反身不诚，不悦于亲矣。诚身有道，不明乎善，不诚其身矣。是故诚者，天之道也。思诚者，人之道也。至诚而不动者，未之有也。不诚，未有能动者也。"

孟子曰："伯夷辟纣，居北海之滨，闻文王作，兴曰：'盍归乎来！吾闻西伯善养老者。'太公辟纣，居东海之滨，闻文王作，兴曰：'盍归乎来！吾闻西伯善养老者。'二老者，天下之大老也，而归之，是天下之父归之也。天下之父归之，其子焉往？诸侯有行文王之政者，七年之内，必为政于天下矣。"

孟子曰："求也为季氏宰，无能改于其德，而赋粟倍他日。孔子曰：'求非我徒也，小子鸣鼓而攻之可也。'由此观之，君不行仁政而富之，皆弃于孔子者也，况于为之强战？争地以战，杀人盈野；争城以战，杀人盈城，此所谓率土地而食人肉，罪不容于死。故善战者服上刑，连诸侯者次之，辟草莱、任土地者次之。"

孟子曰："存乎人者，莫良于眸子。眸子不能掩其恶。胸中正，则眸子瞭焉；胸中不正，则眸子眊焉。听其言也，观其眸子，人焉廋哉！"

孟子曰："恭者不侮人，俭者不夺人。侮夺人之君，惟恐不顺焉，恶得为恭俭？恭俭岂可以声音笑貌为哉？"

淳于髡曰："男女授受不亲，礼与？"孟子曰："礼也。"曰："嫂溺，则援之以手乎？"曰："嫂溺不援，是豺狼也。男女授受不亲，礼也。嫂溺，援之以手者，权也。"曰："今天下溺矣，夫子之不援，何也？"曰："天下溺，援之以道。嫂溺，援之以手。——子欲手援天下乎？"

公孙丑曰："君子之不教子，何也？"孟子曰："势不行也。教者必以正。以正不行，继之以怒。继之以怒，则反夷矣。'夫子教我以正，夫子未出于正也。'则是父子相夷也。父子相夷，则恶矣。古者易子而教之，父子之间不责善。责善则离，离则不

祥莫大焉。"

孟子曰："事，孰为大？事亲为大。守，孰为大？守身为大。不失其身而能事其亲者，吾闻之矣。失其身而能事其亲者，吾未之闻也。孰不为事？事亲，事之本也。孰不为守？守身，守之本也。曾子养曾晳，必有酒肉。将彻，必请所与。问有馀必曰：'有。'曾晳死，曾元养曾子，必有酒肉。将彻，不请所与。问有馀，曰：'亡矣。'——将以复进也。此所谓养口体者也。若曾子，则可谓养志也。事亲若曾子者，可也。"

孟子曰："人不足与適也，政不足与间也。唯大人为能格君心之非。君仁，莫不仁；君义，莫不义；君正，莫不正。一正君而国定矣。"

孟子曰："有不虞之誉，有求全之毁。"

孟子曰："人之易其言也，无责耳矣。"

孟子曰："人之患在好为人师。"

乐正子从于子敖之齐。乐正子见孟子。孟子曰："子亦来见我乎？"曰："先生何为出此言也？"曰："子来几日矣？"曰："昔者。"曰："昔者！则我出此言也，不亦宜乎？"曰："舍馆未定。"曰："子闻之也，舍馆定，然后求见长者乎？"曰："克有罪。"

孟子谓乐正子曰："子之从于子敖来，徒餔啜也。我不意子学古之道而以餔啜也。"

孟子曰："不孝有三，无后为大。舜不告而娶，为无后也，君子以为犹告也。"

孟子曰："仁之实，事亲是也；义之实，从兄是也；智之实，知斯二者弗去是也；礼之实，节文斯二者是也；乐之实，乐斯二者，乐则生矣；生则恶可已也，恶可已，则不知足之蹈之，手之舞之。"

孟子曰："天下大悦而将归己，视天下悦而归己，犹草芥也，惟舜为然。不得乎亲，不可以为人。不顺乎亲，不可以为子。舜尽事亲之道而瞽瞍厎豫，瞽瞍厎豫而天下化，瞽瞍厎豫而天下之为父子者定，此之谓大孝。"

【译文】

孟子说："就是有离娄的视力，公输般的手艺，如果不用圆规和曲尺，也不能画好方形和圆形；就是有师旷审音的耳力，如果不用六律，也不能校正五音。就是有尧舜之道，如果不行仁政，也不能治理好天下。现在有些诸侯，虽然有好心肠和好名声，但是老百姓却受不到他的恩惠，他的政治也不能成为后世的样板，这就是因为不去实行前代圣王之道的缘故。所以说，光有好心，不足以治理政治；光有好法，它自己也不能自动运作。（必须两者都有。）《诗》上说：'不出错，不遗忘，都按既定方针办。'依循前代圣王的法度而犯错误的，是从来没有过的事。圣人既已用尽了视力，又用圆规、曲尺、水平仪、绳墨来制造方的、圆的、平的、直的各种器物，各种器物就用之不尽了；圣人既已用尽了听力，又用六律来校正五音，各种音阶也就运用无穷了；圣人既已用尽了脑力，又实行仁政，那么，仁德便衣被天下了。所以说，筑高台一定要依靠山陵，挖深池一定要依赖沼泽；管理政治不依靠前代圣王之道，能说是聪明吗？

因此，只有仁人应该处于统治地位。不仁的人而处于统治地位，就会把他的罪恶传播给群众。在上的没有道德规范，在下的没有法律制度，朝廷不相信道义，工匠不相信尺度，官吏触犯义理，百姓触犯刑法，这样的国家还能存在的，真是太侥幸了。所以说，城墙不坚固，军备不充足，不是国家的灾难；田野没开辟，经济不富裕，不是国家的祸害；如果在上的人没有礼义，在下的人没有教育，违法乱纪的人都起来了，离国家灭亡的日子也就没几天了。《诗》上说：'上天正在动，不要喋喋不休！'喋喋不休就是啰唆重复的意思。事君不义，进退无礼，一说话便诋毁前代圣人之道，这样便是'喋喋不休'。所以说，用仁政来要求君主才叫做'恭'；向君主宣讲仁义，堵塞异端，这才叫'敬'；如果认为君主不能为善，这便是'贼'。"

孟子说："圆规和曲尺是方圆的极致，圣人是为人的极致。要做君主，就要尽君主之道；要做臣子，就要尽臣子之道。这两者都只要效法尧和舜就行了。不像舜服事尧那样服事君上，便是对君主的不恭敬；不像尧治理百姓那样治理百姓，便是对老百姓的残害。孔子说：'治理国家的方法有两种，行仁政和不行仁政罢了。'暴虐百姓太厉害，本身便会被杀，国家会被灭亡；不太厉害，本身也会危险，国力会被削弱，死了的谥号叫做'幽'，叫做'厉'，即使他有孝子贤孙，经历一百代也背着一个坏名声。《诗》说过：'殷商的镜子离它不远，就是前一代的夏朝。'说的正是这个意思。"

孟子说："夏、商、周三代的获得天下是由于仁，它们的失去天下是由于不仁。国家的兴起和衰败，生存和灭亡也是这样。天子如果不仁，便不能保有天下；诸侯如果不仁，便不能保有国家，卿大夫如果不仁，便不能保有他的祖庙；士和百姓如果不仁，便不能保全自己的身体。现在有的人怕死却乐于不仁，这就好比怕醉却偏要喝酒一样。"

孟子说："我爱别人，别人却不亲近我，便反问自己仁爱是否足够；我治理别人，却没治理好，便反问自己知识智慧是否足够；我礼貌待人，可人家却不理睬，便反问自己恭敬是否到了家。任何事情没有达到预期的效果都要反躬自问。自己确实端正了，天下的人都会归附于他。《诗》说得好：'与天意相配的周朝万岁呀！幸福都得自己寻求。'"

孟子说："有句话大家都喜欢挂在口头，就是'天下国家'。可见天下的基础是国，国的基础是家，而家的基础则是每个人。"

孟子说："从事政治并不难，只要不得罪那些有影响的贤明的卿大夫便行了。因为他们所敬慕的，一国的人都会敬慕；一国人所敬慕的，天下的人都会敬慕，因此德教就可以浩浩荡荡地洋溢于天下。"

孟子说："政治清明的时候，道德高的人统治道德不高的人，非常贤能的人统治不太贤能的人；政治黑暗的时候，便是大的统治小的，强的统治弱的。这两种情况，都取决于天。顺从天的生存，违背天的灭亡。齐景公说过：'既不能命令别人，又不接受别人的命令，只有绝路一条。'因此流着眼泪把女儿嫁到吴国去了。如今小国以大国为师，却以听命于人为耻，这就好比学生以听命于老师为耻一样。如果真以为耻，最好

以文王为师。以文王为师,大国只要五年,小国只要七年,就一定可以号令天下了。《诗》说过:'商代的子孙,数目已不到十万。上帝既已授命于武王,他们也只好臣服于周。上国的子孙如今却臣服于周,可见天意没有一定。殷国的臣子也都聪明漂亮,如今只好酹酒于地,助祭于周京。'孔子也说过:'仁德的力量,不取决于人多人少。君主如果爱好仁,就将无敌于天下。'如今一些诸侯一心只想无敌于天下,却又不行仁政,这就好比苦于暑热却不肯洗澡一样。《诗》上说:'谁能不以炎热为苦,却不去沐浴?'"

孟子说:"不仁的人难道可以同他商议吗?眼见别人处于危险之中,他却安之若素;别人遭了灾,他趁火打劫,捞他一把;那足以导致别人亡国败家的惨祸,他当做快乐来追求。不仁的人如果还可以同他商议,那怎么会发生亡国败家的惨祸呢?从前有个小孩歌唱道:'沧浪的水清啊,可以洗我的帽缨;沧浪的水浊啊,可以洗我的双脚。'孔子说:'同学们听好了!水清就洗帽缨,水浊就洗双脚,这是由水本身决定的。'所以人必先有自取侮辱的行为,别人才侮辱他;家必先有自取毁坏的因素,别人才毁坏它;国必先有自取讨伐的原因,别人才讨伐它。《尚书·太甲篇》说过:'天造作的罪孽还可以逃避;自己造作的罪孽,逃也逃不掉。'正是这个意思。"

孟子说:"桀和纣的丧失天下,是由于失去了老百姓;失去了老百姓,是由于失去了民心。获得天下有方法:得到了老百姓,就得到天下了;获得老百姓有方法:赢得了民心,就得到老百姓了;获得民心也有方法:他们所希望的,替他们聚积起来;他们所厌恶的,不要加在他们头上,如此罢了。老百姓的向仁德仁政归附,就如同水的流向下游,兽的奔向旷野一样。所以,为深潭把鱼赶来的是水獭,为森林把鸟雀赶来的是鹞鹰,为商汤、周武把百姓赶来的,就是桀和纣了。当今天下的君主中如果有好施行仁政的,那其他诸侯都会为他把百姓赶来的。即使他不想统一天下,也是办不到的。但是如今这些希望用仁政来统一天下的人,就比如害了七年的痼疾,要用三年的陈艾来医治,平时如果不积蓄,终身都会得不到。如果无意于仁政,那一辈子都将陷于忧患与屈辱之中,一直到死亡。《诗》上说:'那如何能办得好,全都落水淹死了。'正是这个意思。"

孟子说:"自己残害自己的人,不能和他谈出有价值的话;自己抛弃自己的人,不能和他做出有价值的事。开口便非议礼义,这便叫做自己残害自己;认为自己不能以仁居心,不能实践道义,这便叫做自己抛弃自己。仁是人类最安适的住宅;义是人类最正确的道路。把最安适的住宅空着不去住,把最正确的道路丢掉不去走,可悲呀!"

孟子说:"道在近处却往远处求,事情容易却往难处做——只要人人都亲爱自己的父母,尊敬自己的长辈,天下就太平了。"

孟子说:"职位低下,又得不到上级的信任,是不能够把百姓治理好的。要得到上级的信任,有一定的方法:(首先要得到朋友的信任,)得不到朋友的信任,也就得不到上级的信任了。要使朋友信任,也有一定的方法:(首先要得到父母的欢心,)侍奉父母而不能叫他们高兴,朋友也就不信任你了。叫父母高兴,也有一定的方法:(首先

要诚心诚意,) 若是反躬自问, 心意不诚, 也就不能叫父母高兴了。要使自己诚心诚意, 也有一定的方法:(首先要明白什么是善,) 不明白什么是善, 也就不能使自己诚心诚意了。所以诚是大自然的规律, 追求诚是做人的规律。诚心到顶点却不能叫人动心的, 是从来不曾有过的事; 不诚心, 没有能感动别人的。"

孟子说:"伯夷避开纣王, 住在北海边上, 听说文王兴起来了, 便说:'何不到西伯那里去呢, 我听说他是善于养老的人。'姜太公避开纣王, 住在东海边上, 听说文王兴起来了, 便说:'何不到西伯那里去呢? 我听说他是善于养老的人。'这两位老人, 是天下最有声望的老人; 他们归于西伯, 这等于天下的父亲都归于西伯了。天下的父亲都去了, 他们的儿子还有哪里可去呢? 如果诸侯中间有实行文王的政治的, 顶多七年, 就一定能掌握天下的政权了。"

孟子说:"冉求当了季康子的总管, 不能改变他的行为, 田赋反而增加了一倍。孔子说:'冉求不是我的学生, 同学们大张旗鼓地攻击他都可以。'从这里看来, 君主不实行仁政, 反而去帮助他搜刮财富的人, 都是被孔子所唾弃的; 何况替那不仁的君主努力作战的人呢? (这些人) 为争夺土地而战, 杀得尸横遍野; 为争夺城池而战, 杀死的人满城, 这真可以叫做带领土地来吃人肉, 一死不足以赎出他们的罪过。所以战争贩子应该受最重的刑罚, 摇唇鼓舌, 推销合纵连横战略构想的人该受次一等的刑罚, (为了替君主搜刮财富而让百姓背井离乡去) 开垦草莽以尽地利的人该受再次一等的刑罚。"

孟子说:"观察一个人, 最好是观察他的眼睛。(因为眼睛是心灵的窗口, 它) 不能掩盖一个人丑恶的灵魂。心正, 眼睛就明亮; 心不正, 眼睛就昏暗。听一个人说话的时候, 注意观察他的眼睛, 这人的善恶能往哪里躲呢?"

孟子说:"恭敬别人的人不会侮辱别人, 节俭的人不会掠夺别人。侮辱人掠夺人的诸侯, 只怕别人不顺从自己, 又如何能恭敬和节俭? 恭敬和节俭难道可以靠甜言蜜语和笑容可掬装出来吗?"

淳于髡问:"男女之间, 不亲手递接东西, 这是礼制吗?"孟子答道:"是礼制。"淳于髡说:"那嫂子掉在水里, 用手去拉她吗?"孟子说:"嫂子掉在水里, 不去拉她, 这简直是豺狼。男女之间不亲手递接, 这是通常的礼制; 嫂子掉在水里, 用手去拉她, 这是变通的办法。"淳于髡说:"现在全天下的人都遭灭顶之灾了, 您不去救援, 这是为什么?"孟子说:"天下的人都在水里, 要用'道'去救援; 嫂子在水里, 用手去救援——你难道要单枪匹马用一双手救援天下的人吗?"

公孙丑问:"君子不亲自教育孩子, 为什么呢?"孟子答道:"由于情势行不通, 教育一定要讲正理, 用正理讲不通, 跟着就容易发怒, 一发怒, 就反而伤感情了。(孩子会说:)'您用正理教我, 可是您的行为却不出于正理。'这样, 父子间就互相伤感情了。父子间互伤感情, 这可不好。古时候交换小孩来教育, 使父子之间不因求好而互相责备。为求好而互相责备, 就会变得隔膜, 父子之间生疏隔膜可是最不好的。"

孟子说:"侍奉谁最重要? 侍奉父母最重要。守护什么最重要? 守护自己(的良

心）最重要。不失去自己的良心又能侍奉父母的，我听说过；失去了良心又能侍奉父母的，我没有听说过。侍奉的事都应该做，但侍奉父母是根本；守护的事都应该做，但守护自己的良心是根本。从前曾子奉养他的父亲曾皙，每餐一定都有酒有肉；撤席时一定要问剩下的给谁。曾皙若问是否还有剩余，一定答道：'还有。'曾皙死了，曾元养曾子，也一定有酒有肉；撤席时便不问剩下的给谁了；曾子若问是否还有剩余，便说：'没有了。'准备下餐再给曾子吃。这个叫作口体之养。至于曾子，才可以叫作顺从亲意之养。侍奉父母能做到像曾子那样，就可以了。"

孟子说："当政的小人不值得去谴责，他们的政治也不值得去非议；只有大人才能够纠正君主的不正确思想。君主仁，没有人不仁；君主义，没有人不义；君主正，没有人不正。一把君主端正了，国家也就安定了。"

孟子说："有意料不到的赞扬，也有过于苛求的诋毁。"

孟子说："说话太随便，这人便不值得责备了。"

孟子说："人的毛病在喜欢做别人的老师。"

乐正子跟随王子敖到了齐国。乐正子去见孟子。孟子说："你也来看我吗？"乐正子答道："老师为什么讲出这样的话呀？"孟子问："你来几天了？"答道："昨天才来。"孟子说："昨天，那我说这样的话，不也是应该的吗？"乐正子说："住所没有找好。"孟子说："你听说过，要住所找好了才来求见长辈吗？"乐正子说："我有罪。"

孟子对乐正子说："你跟着王子敖来，只是吃吃喝喝罢了。我没想到你学习古人的大道，竟是为了吃吃喝喝。"

孟子说："不孝顺父母的事有三种，其中以没有子孙为最大。舜不先禀告父母就娶妻，为的是怕没有子孙，（因为先禀告，他那狠毒的爹瞽瞍就会从中作梗。）虽然他没有禀告，君子却认为他实际上同禀告了一样。"

孟子说："仁的实质就是侍奉父母；义的实质就是顺从兄长；智的实质就是明白这二者的道理并坚持下去；礼的实质是对这二者加以恰如其分的调节与修饰；乐的实质就是以这二者为乐事，快乐于是就发生了；快乐一发生，又如何能止得住呀？止不住，就会不知不觉地手舞足蹈起来了。"

孟子说："天底下的人都很喜欢自己，而且将归附自己，却把这看成草芥一般，只有舜是这样的。不能得到父母的欢心，不可以做人；不能顺从父母的旨意，不能做儿子。舜尽心竭力侍奉父母，结果瞽瞍变得高兴了；瞽瞍高兴了，天下的风俗也就开始变好；瞽瞍高兴了，天下父子间的伦常也由此确定了，这便叫做大孝。"

离娄章句下

【原文】

孟子曰:"舜生于诸冯,迁于负夏,卒于鸣条,东夷之人也。文王生于岐周,卒于毕郢,西夷之人也。地之相去也,千有馀里;世之相后也,千有馀岁。得志行乎中国,若合符节,先圣后圣,其揆一也。"

子产听郑国之政,以其乘舆济人于溱洧。孟子曰:"惠而不知为政。岁十一月,徒杠成;十二月,舆梁成,民未病涉也。君子平其政,行辟人可也,焉得人人而济之?故为政者,每人而悦之,日亦不足矣。"

孟子告齐宣王曰:"君之视臣如手足,则臣视君如腹心;君之视臣如犬马,则臣视君如国人;君之视臣如土芥,则臣视君如寇雠。"王曰:"礼,为旧君有服,何如斯可为服矣?"曰:"谏行言听,膏泽下于民;有故而去,则君使人导之出疆,又先于其所往;去三年不反,然后收其田里。此之谓三有礼焉。如此,则为之服矣。今也为臣,谏则不行,言则不听,膏泽不下于民;有故而去,则君搏执之,又极之于其所往;去之日,遂收其田里。此之谓寇雠。寇雠,何服之有?"

孟子曰:"无罪而杀士,则大夫可以去;无罪而戮民,则士可以徙。"

孟子曰:"君仁,莫不仁;君义,莫不义。"

孟子曰:"非礼之礼,非义之义,大人弗为。"

孟子曰:"中也养不中,才也养不才,故人乐有贤父兄也。如中也弃不中,才也弃不才,则贤不肖之相去,其间不能以寸。"

孟子曰:"人有不为也,而后可以有为。"

孟子曰:"言人之不善,当如后患何?"

孟子曰:"仲尼不为已甚者。"

孟子曰:"大人者,言不必信,行不必果,惟义所在。"

孟子曰:"大人者,不失其赤子之心者也。"

孟子曰:"养生者不足以当大事,惟送死可以当大事。"

孟子曰:"君子深造之以道,欲其自得之也。自得之,则居之安;居之安,则资之深;资之深,则取之左右逢其原,故君子欲其自得之也。"

孟子曰:"博学而详说之,将以反说约也。"

孟子曰:"以善服人者,未有能服人者也。以善养人,然后能服天下。天下不心服而王者,未之有也。"

孟子曰:"言无实不祥。不祥之实,蔽贤者当之。"

徐子曰："仲尼亟称于水，曰：'水哉，水哉！'何取于水也？"孟子曰："源泉混混，不舍昼夜，盈科而后进，放乎四海。有本者如是，是之取尔。苟为无本，七八月之间雨集，沟浍皆盈，其涸也，可立而待也。故声闻过情，君子耻之。"

孟子曰："人之所以异于禽兽者几希，庶民去之，君子存之。舜明于庶物，察于人伦，由仁义行，非行仁义也。"

孟子曰："禹恶旨酒而好善言。汤执中，立贤无方。文王视民如伤，望道而未之见。武王不泄迩，不忘远。周公思兼三王，以施四事，其有不合者，仰而思之，夜以继日；幸而得之，坐以待旦。"

孟子曰："王者之迹熄而《诗》亡，《诗》亡然后《春秋》作。晋之《乘》，楚之《梼杌》，鲁之《春秋》，一也。其事则齐桓、晋文，其文则史。孔子曰：'其义则丘窃取之矣。'"

孟子曰："君子之泽五世而斩，小人之泽五世而斩。予未得为孔子徒也，予私淑诸人也。"

孟子曰："可以取，可以无取，取伤廉；可以与，可以无与，与伤惠；可以死，可以无死，死伤勇。"

逢蒙学射于羿，尽羿之道，思天下惟羿为愈己，于是杀羿。孟子曰："是亦羿有罪焉。"公明仪曰："宜若无罪焉。"曰："薄乎云尔，恶得无罪？郑人使子濯孺子侵卫，卫使庾公之斯追之。子濯孺子曰：'今日我疾作，不可以执弓，吾死矣夫！'问其仆曰：'追我者谁也？'其仆曰：'庾公之斯也。'曰：'吾生矣。'其仆曰：'庾公之斯，卫之善射者也。夫子曰吾生，何谓也？'曰：'庾公之斯学射于尹公之他，尹公之他学射于我。夫尹公之他，端人也，其取友必端矣。'庾公之斯至，曰：'夫子何为不执弓？'曰：'今日我疾作，不可以执弓。'曰：'小人学射于尹公之他，尹公之他学射于夫子。我不忍以夫子之道反害夫子。虽然，今日之事，君事也，我不敢废。'抽矢，扣轮，去其金，发乘矢而后反。"

孟子曰："西子蒙不洁，则人皆掩鼻而过之。虽有恶人，斋戒沐浴，则可以祀上帝。"

孟子曰："天下之言性也，则故而已矣。故者以利为本。所恶于智者，为其凿也。如智者若禹之行水也，则无恶于智矣。禹之行水也，行其所无事也。如智者亦行其所无事，则智亦大矣。天之高也，星辰之远也，苟求其故，千岁之日至，可坐而致也。"

公行子有子之丧，右师往吊。入门，有进而与右师言者，有就右师之位而与右师言者。孟子不与右师言，右师不悦，曰："诸君子皆与驩言，孟子独不与驩言，是简驩也。"孟子闻之，曰："礼，朝廷不历位而相与言，不逾阶而相揖也。我欲行礼，子敖以我为简，不亦异乎？"

孟子曰："君子所以异于人者，以其存心也。君子以仁存心，以礼存心。仁者爱人，有礼者敬人。爱人者，人恒爱之；敬人者，人恒敬之。有人于此，其待我以横逆，则君子必自反也：我必不仁也，必无礼也，此物奚宜至哉？其自反而仁矣，自反而有

礼矣，其横逆由是也，君子必自反也，我必不忠。自反而忠矣，其横逆由是也。君子曰：'此亦妄人也已矣。如此，则与禽兽奚择哉？于禽兽又何难焉？'是故君子有终身之忧，无一朝之患也。乃若所忧则有之：舜，人也；我，亦人也。舜为法于天下，可传于后世，我由未免为乡人也，是则可忧也。忧之如何？如舜而已矣。若夫君子所患则亡矣。非仁无为也，非礼无行也。如有一朝之患，则君子不患矣。"

禹、稷当平世，三过其门而不入，孔子贤之。颜子当乱世，居于陋巷，一箪食，一瓢饮；人不堪其忧，颜子不改其乐，孔子贤之。孟子曰："禹、稷、颜回同道。禹思天下有溺者，由己溺之也；稷思天下有饥者，由己饥之也，是以如是其急也。禹、稷、颜子易地则皆然。今有同室之人斗者，救之，虽被发缨冠而救之，可也。乡邻有斗者，被发缨冠而往救之，则惑也，虽闭户可也。"

公都子曰："匡章，通国皆称不孝焉。夫子与之游，又从而礼貌之，敢问何也？"孟子曰："世俗所谓不孝者五：惰其四支，不顾父母之养，一不孝也；博弈好饮酒，不顾父母之养，二不孝也；好货财，私妻子，不顾父母之养，三不孝也；从耳目之欲，以为父母戮，四不孝也；好勇斗很，以危父母，五不孝也。章子有一于是乎？夫章子，子父责善而不相遇也。责善，朋友之道也。父子责善，贼恩之大者。夫章子，岂不欲有夫妻子母之属哉？为得罪于父，不得近，出妻屏子，终身不养焉。其设心以为不若是，是则罪之大者，是则章子而已矣。"

曾子居武城，有越寇。或曰："寇至，盍去诸？"曰："无寓人于我室，毁伤其薪木。"寇退，则曰："修我墙屋，我将反。"寇退，曾子反。左右曰："待先生如此其忠且敬也，寇至，则先去以为民望；寇退，则反，殆于不可。"沈犹行曰："是非汝所知也。昔沈犹有负刍之祸，从先生者七十人，未有与焉。"子思居于卫，有齐寇。或曰："寇至，盍去诸？"子思曰："如伋去，君谁与守？"孟子曰："曾子、子思同道。曾子，师也，父兄也。子思，臣也，微也。曾子、子思易地则皆然。"

储子曰："王使人瞯夫子，果有以异于人乎？"孟子曰："何以异于人哉？尧、舜与人同耳。"

齐人有一妻一妾而处室者。其良人出，则必餍酒肉而后反。其妻问所与饮食者，则尽富贵也。其妻告其妾曰："良人出，则必餍酒肉而后反，问其与饮食者，尽富贵也，而未尝有显者来，吾将瞯良人之所之也。"蚤起，施从良人之所之，遍国中无与立谈者。卒之东郭墦间，之祭者，乞其馀；不足，又顾而之他，此其为餍足之道也。其妻归，告其妾，曰："良人者，所仰望而终身也，今若此。"与其妾讪其良人，而相泣于中庭，而良人未之知也，施施从外来，骄其妻妾。由君子观之，则人之所以求富贵利达者，其妻妾不羞也而不相泣者，几希矣。

【译文】

孟子说："舜出生在诸冯，迁居到负夏，死在鸣条，那么他是东方民族的人。文王生在岐周，死在毕郢，那么他是西方民族的人。两地相隔一千多里；时代相差一千多

年。他们得志时在中国的所作所为，几乎一模一样，古代的圣人和后代的圣人，他们的道路是相同的。"

子产主持郑国的行政，用他的专车帮助别人渡过溱水和洧水。孟子评论道："是个好人，却并不懂得政治。如果十一月修成走人的桥，十二月修成走车的桥，百姓就不会为渡河发愁了。君子只要修平政治，他外出时鸣锣开道都可以，哪能够一个一个地帮人渡河呢？如果从事政治的人一个一个地去讨人欢心，时间也就会太不够用了。"

孟子告诉齐宣王说："君主把臣子当做自己的手脚，那臣子就会把君主当做自己的腹心；君主把臣子当做狗马，那臣子就会把君主当做一般的人；君主把臣子当做泥土草芥，那臣子就会把君主当做仇敌。"

宣王说："礼制规定，已经离职的臣子对过去的君主还得服一定的孝服；君主怎样对待臣子，臣子才会为他服孝呢？"孟子说："忠告他接受，建议他听从；好政策落实到群众。有事情不得不离开，君主一定派人引导他离开国境，又先派人到他要去的地方布置一番。离开好几年还不回来，才收回他的土地和住房。这个叫做三有礼。这样做，臣子就会为他服孝了。现在做臣子的，忠告，他不接受；建议，他不听从。群众也得不到实惠。臣子有什么事不得不离开，那君主还把他绑起来；还到他要去的地方捣乱，叫他走投无路。离开那一天，马上收回他的土地和住房。这个叫仇敌。对仇敌般的旧君，臣子干嘛要服孝呢？"

孟子说："士人并没犯罪，却被杀掉，那么大夫就可以离得远远的！群众并没犯罪，却被杀掉，那么士人就可以卷铺盖走路！"

孟子说："君主如果仁，便没有人不仁；君主如果义，便没有人不义。"

孟子说："不是礼的'礼'，不是义的'义'，有德行的人是不干的。"

孟子说："品质好的人来教养那些品质不好的人，有才能的人来教养那些没能的人，所以人人都喜欢有好父兄。如果品质好的人不去教养那些品质不好的人，有才能的人不去教养那些没才能的人，那么，所谓好，所谓不好，他们中间的距离也就相近得不能用分寸来计量了。"

孟子说："人要有所不为，才能有所作为。"

孟子说："说人家的坏话，有了后患，又怎么办呢？"

孟子说："仲尼是做事从不做过头的人。"

孟子说："有德行的人，说话不一定句句守信，行为不一定贯彻始终，只要时时刻刻秉持着义便行了。"

孟子说："有德行的人便是能保持天真纯朴的一颗童心的人。"

孟子说："养活父母不算什么大事情，只有给他们送终才算得上是件大事情。"

孟子说："君子依循正确的方法来得到高深的造诣，就是要求他自觉地有所得。自觉地有所得，就能牢固地掌握它而不动摇；牢固地掌握它而不动摇，就能积蓄很深；积蓄很深，便能取之不尽，左右逢源，所以君子要自觉地有所得。"

孟子说："广博地学习，详细地解说，（是为了融会贯通以后，）能回到用浅显的话

语表述高深的道理的地步。"

孟子说:"拿善来使人服输,没有能够使人服输的;拿善来教养人,这才能使天下的人都归服。天下人不心服而能统一天下的,是从来没有过的事。"

孟子说:"说话空洞无物,不解决任何问题,很不好。这种不好的后果,必须由阻碍德才兼备者进入执政层的人来承担。"

徐子说:"孔子好几次称赞水,说:'水呀,水呀!'他看中了水的哪一点呢?"孟子说:"泉水滚滚向下流,昼夜不息,把坑坑坎坎灌满后,又继续奔流,一直到海洋之中。有本源的都是这样,孔子正看中了这一点。如果没有本源,纵然七八月间大雨滂沱,把大小沟渠都灌满了;但是它的干涸,也就是一会儿的功夫。所以名誉超过实际的,君子引以为耻。"

孟子说:"人和禽兽不同的地方只那么一点点,一般百姓丢弃它,君子保存了它。舜懂得事物的道理,了解人类的常情,于是顺着仁义的道路前行,不是把仁义当做工具、手段来使用的啊。"

孟子说:"禹不喜欢美酒,却喜欢至理名言。汤秉持中正之道,能破格提拔德才兼备的人。文王总把百姓当做伤员一样,(加以怜爱;)追求真理又好像总看不到它,(从不松懈。)武王不轻侮在朝廷中的近臣,不遗忘散在四方的远臣。周公想要兼学夏、商、周三代的君王,来实践禹、汤、文、武的事业;如果有不合于当日情况的,便抬着头夜以继日地考虑;总算想通的话,便坐着等到天亮(马上付诸实施)。"

孟子说:"圣王派人采诗的事终止了,《诗》也就没有了;《诗》没有了,孔子便创作了《春秋》。(各国都有叫做'春秋'的史书,)晋国的又叫《乘》,楚国的又叫《梼杌》,鲁国的只叫《春秋》,都是一个样:记载的事情不过齐桓公、晋文公之类,所用的笔法不过一般史书的笔法。(而孔子的《春秋》就不同,)他说:'《诗》三百篇所寓有的褒善贬恶的大义,我在《春秋》里借用了。'"

孟子说:"君子的流风余韵五代以后便断绝了,小人的流风余韵,五代以后也断绝了。我没有能够做孔子的学生,我是私下从别人那里学来的。"

孟子说:"可以拿,也可以不拿,拿了便对廉洁有损害;可以给,也可以不给,给了便是滥用了恩惠;可以死,可以不死,死了便是对勇德的亵渎。"

古时候,逢蒙跟羿学射箭,完全学到了羿的本领,便想,天下只有羿比自己强了,因此便把羿给杀了。孟子说:"这事羿也有错误。"公明仪说:"好像没什么错误吧。"孟子说:"错误不大罢了,怎能说一点也没有呢?郑国从前派子濯孺子侵犯卫国,卫国便派庾公之斯来追击他。子濯孺子说:'今天我的病发作了,拿不了弓,我算死定了。'他又问驾车的人道:'追我的是谁呀?'驾车的人答道:'庾公之斯。'他便说:'我可以活命了。'驾车的人说:'庾公之斯是卫国有名的射手,您反说能活命了,这是什么道理呀?'答道:'庾公之斯跟尹公之他学射,尹公之他又跟我学射。那尹公之他可是个正派人,他选取的朋友学生一定也正派。'庾公之斯追上了,问道:'老师为何不拿弓?'子濯孺子说:'今天我的病发作了,拿不了弓。'庾公之斯便说:'我跟尹公之他

学射，尹公之他又跟您学射。我不忍心拿您的本领反过来伤害您。但是，今天的事情是国家的公事，我又不敢完全废弃。'便抽出箭，在车轮上敲了几下，去掉箭头，发射四箭然后就回去了。"

孟子说："如果西施弄得满身污秽，那别人走过的时候，也会捂着鼻子；纵是面目丑恶的人，如果他斋戒沐浴，也就可以祭祀上帝。"

孟子说："天下的人讨论人性，只要能弄清楚它的来龙去脉便行了。要弄清它的来龙去脉，首先在于顺其自然。我们讨厌聪明，是因为聪明容易让人钻牛角尖。

习射，汉画像石。

如果聪明像禹疏导河道一样让它顺其自然，就不必讨厌聪明了。禹的治理水患，就是让水的运行像没事一样（顺着它的本性流向下游，奔腾入海）。如果聪明人也都能像没事一样（顺着大自然的法则而行），那聪明也就不小了。天极高，星辰极远，只要能弄清楚它的来龙去脉，以后一千年的冬至，都可以坐着推算出来。"

公行子死了儿子，右师去吊唁。他一进门，就有人走上前同他说话；（他坐下后，）又有人走近他的座位同他说话。孟子不同他说话，他不高兴，说道："各位大夫都同我说话，只有孟子不同我说话，这是简慢我王驩呀。"孟子听说了，讲道："依礼节，在朝廷中，谈话不能越位，作揖也不能越过石阶。我依礼而行，子敖却以为我简慢了他，这不也奇怪吗？"

孟子说："君子和一般人不同的地方，就在于居心不同。君子心里老惦记着仁，惦记着礼。仁人爱别人，有礼的人尊敬别人。爱别人的人，别人总是爱他；尊敬别人的人，别人总是尊敬他。假如这里有个人，对待我蛮横无礼。那君子一定反躬自问，我一定不够仁，一定不够有礼，不然，这种态度怎么会来呢？反躬自问，我实在仁，实在有礼，那人的蛮横无礼还是原样，君子一定又反躬自问，我一定不够忠心。反躬自问，我实在忠心耿耿，那人的蛮横无礼还是原样，君子就会说：'这不过是个妄人罢了，这样不讲理，那和禽兽有什么区别呢？对于禽兽又有什么好责备的呢？'所以君子有长期的忧虑，却没有突发的痛苦。这样的忧虑是有的：舜是人，我也是人。舜是天下人的榜样，能流芳百世，我却仍然不免是个乡巴佬。这个才是值得忧虑的事。有了忧虑怎么办呢？尽力向舜学习罢了。至于君子的别的痛苦，那是没有的。不是仁爱的事不干，不合礼节的事不做。即使有意外飞来的横祸，君子也不以为痛苦了。"

禹、稷处于政治清明的年代，几次经过自家门口都不进去，孔子认为他们贤明。颜子处于政治昏乱的年代，住在狭窄的巷子里，一篮子饭，一瓜瓢水，别人都忍受不

了那苦日子，他却不改变自己乐观向上的生活态度，孔子认为他贤良。孟子说："禹、稷和颜回（处世的态度表面上看去恰恰相反，其实）道理是一样的。禹觉得天下有人遭了水淹，就好像是自己淹了他一样；稷觉得天下有人饿着肚子，就好像是自己饿了他一样，所以他们拯救百姓才这样急迫。禹、稷和颜子如果互相交换地位，也都会那样做的。假若有同住一室的人互相斗殴，我去救他，就是披散着头发，连帽子也不系好去救都可以；如果本乡的邻居家在斗殴，也披着头发帽带也不系好去救，那就是糊涂了；即使把门关着都是可以的。（颜回的行为正好比这样。）"

公都子说："匡章，全国都说他不孝，您却同他来往，还相当敬重他，请问这是为什么？"孟子说："一般人所说的不孝的事有五件：四肢不勤，不赡养父母，一不孝；好下棋喝酒，不赡养父母，二不孝；好钱财，偏爱妻室儿女，不赡养父母，三不孝；放纵耳目的欲望，使父母蒙受羞辱，四不孝；逞勇敢好打架，危及父母，五不孝。章子在这五项之中占了一项吗？章子不过是父子中间以善相责而把关系弄僵了罢了。以善相责，这是朋友相处之道；父子之间以善相责，是最伤感情的事。那章子，难道不想有夫妻母子的团聚吗？就因为得罪了父亲，不能和他亲近，因此把自己的妻室也赶出去；把儿子也赶走了，终身不要他们赡养。他觉得不这样做，那罪过可更大了，这就是章子的为人啊。"

曾子住在武城时，越国军队来侵犯。有人便说："敌寇要来了，何不离开一下呢？"曾子说："（好吧，但是）不要使别人借住在我这里，破坏那些树木。"敌寇退了，曾子便说："把我的墙屋修理修理吧，我要回来了。"敌寇退了，曾子也回来了。他旁边的人说："武城军民对您是这样地忠诚恭敬，敌人来了，便早早地走开，给百姓做了个坏榜样；敌寇退了，马上回来，这恐怕不可以吧？"沈犹行说："这个不是你们所晓得的。从前先生住在我那里，有个名叫负刍的捣乱，跟随先生的七十个人也都早早地走开了。"

子思住在卫国，齐国军队来侵犯。有人说："敌人来了，何不走开呢？"子思说："如果连我也走开了，君主同谁来守城呢？"

孟子说："曾子、子思其实殊途同归。曾子是老师，是前辈；子思是臣子，是小官。曾子、子思如果对换地位，他们也会像对方那样做的。"

储子说："王派人来窥探您，看来真有什么跟一般人不同的地方吗？"孟子说："有什么跟别人不同的地方呢？尧舜也同一般人一样呢。"

齐国有一个人，家里有一妻一妾。那丈夫每次外出，一定吃饱喝足才回家。他妻子问他一同赴宴的都是些什么人，他总是回答不是大款便是大官。他妻子便告诉他的妾说："丈夫外出，总是吃饱喝足才回家，问他一同赴宴的是什么人，总回答不是大款便是大官，但我从来没见过有什么显贵人物到咱家来。我准备偷偷地看看他究竟到什么地方去了。"

第二天大清早起来，她便远远地跟在丈夫后面走；走遍全城，没有一个人站住同她丈夫谈话的。最后一直走到东郊外的墓地，他便走向祭扫坟墓的人那儿，讨些残汤

剩菜；不够，又东张西望地走到别人那去讨——这就是他吃饱喝足的办法。

他妻子回家后，便把所看到的告诉他的妾，并且说："丈夫，是我们需要仰仗一辈子的人，现在他却这样……"于是她俩一道在庭中咒骂着，哭泣着，而那丈夫还不知道，高高兴兴地从外边回来，又在妻妾面前吹牛皮，耍威风。

由君子看来，有些人所用的乞求升官发财的方法，能不使他妻妾引为羞耻而共同哭泣的，是很少的！

万章章句上

【原文】

　　万章问曰："舜往于田，号泣于旻天，何为其号泣也？"孟子曰："怨慕也。"万章曰："'父母爱之，喜而不忘。父母恶之，劳而不怨。'然则舜怨乎？"曰："长息问于公明高曰：'舜往于田，则吾既得闻命矣。号泣于旻天，于父母，则吾不知也。'公明高曰：'是非尔所知也。'夫公明高以孝子之心，为不若是恝。我竭力耕田，共为子职而已矣。父母之不我爱，于我何哉？帝使其子九男二女，百官牛羊仓廪备，以事舜于畎亩之中，天下之士多就之者，帝将胥天下而迁之焉。为不顺于父母，如穷人无所归。天下之士悦之，人之所欲也，而不足以解忧；好色，人之所欲，妻帝之二女，而不足以解忧；富，人之所欲，富有天下，而不足以解忧；贵，人之所欲，贵为天子，而不足以解忧。人悦之、好色、富贵，无足以解忧者，惟顺于父母可以解忧。人少，则慕父母；知好色，则慕少艾；有妻子，则慕妻子；仕则慕君，不得于君则热中。大孝终身慕父母。五十而慕者，予于大舜见之矣。"

　　万章问曰："《诗》云：'娶妻如之何？必告父母。'信斯言也，宜莫如舜。舜之不告而娶，何也？"孟子曰："告则不得娶。男女居室，人之大伦也。如告，则废人之大伦，以怼父母，是以不告也。"万章曰："舜之不告而娶，则吾既得闻命矣。帝之妻舜而不告，何也？"曰："帝亦知告焉则不得妻也。"万章曰："父母使舜完廪，捐阶，瞽瞍焚廪。使浚井，出，从而掩之。象曰：'谟盖都君咸我绩，牛羊父母，仓廪父母，干戈朕，琴朕，弤朕，二嫂使治朕栖。'象往入舜宫，舜在床琴。象曰：'郁陶思君尔。'忸怩。舜曰：'惟兹臣庶，汝其于予治。'不识舜不知象之将杀己与？"曰："奚而不知与？象忧亦忧，象喜亦喜。"曰："然则舜伪喜者与？"曰："否。昔者有馈生鱼于郑子产，子产使校人畜之池。校人烹之，反命曰：'始舍之，圉圉焉；少则洋洋焉；攸然而逝。'子产曰：'得其所哉！得其所哉！'校人出，曰：'孰谓子产智？予既烹而食之，曰，得其所哉，得其所哉。故君子可欺以其方，难罔以非其道。彼以爱兄之道来，故诚信而喜之，奚伪焉？"

孟子讲学图

万章问曰:"象日以杀舜为事。立为天子则放之,何也?"孟子曰:"封之也,或曰放焉。"万章曰:"舜流共工于幽州,放驩兜于崇山,杀三苗于三危,殛鲧于羽山,四罪而天下咸服,诛不仁也。象至不仁,封之有庳。有庳之人奚罪焉?仁人固如是乎——在他人则诛之,在弟则封之?"曰:"仁人之于弟也,不藏怒焉,不宿怨焉,亲爱之而已矣。亲之,欲其贵也;爱之,欲其富也。封之有庳,富贵之也。身为天子,弟为匹夫,可谓亲爱之乎?""敢问或曰放者,何谓也?"曰:"象不得有为于其国,天子使吏治其国而纳其贡税焉,故谓之放。岂得暴彼民哉?虽然,欲常常而见之,故源源而来,'不及贡,以政接于有庳'。此之谓也。"

咸丘蒙问曰:"语云:盛德之士,君不得而臣,父不得而子。舜南面而立,尧帅诸侯北面而朝之,瞽瞍亦北面而朝之。舜见瞽瞍,其容有蹙。孔子曰:'于斯时也,天下殆哉,岌岌乎!'不识此语诚然乎哉?"孟子曰:"否!此非君子之言,齐东野人之语也。尧老而舜摄也。《尧典》曰:'二十有八载,放勋乃徂落,百姓如丧考妣。三年,四海遏密八音。'孔子曰:'天无二日,民无二王。'舜既为天子矣,又帅天下诸侯以为尧三年丧,是二天子矣。"咸丘蒙曰:"舜之不臣尧,则吾既得闻命矣。《诗》云:'普天之下,莫非王土。率土之滨,莫非王臣。'而舜既为天子矣,敢问瞽瞍之非臣,如何?"曰:"是诗也,非是之谓也。劳于王事而不得养父母也。曰:'此莫非王事,我独贤劳也。'故说诗者不以文害辞,不以辞害志。以意逆志,是为得之,如以辞而已矣,《云汉》之诗曰:'周馀黎民,靡有孑遗。'信斯言也,是周无遗民也。孝子之至,莫大

乎尊亲。尊亲之至，莫大乎以天下养。为天子父，尊之至也。以天下养，养之至也。《诗》曰：'永言孝思，孝思维则。'此之谓也。《书》曰：'祗载见瞽瞍，夔夔斋栗，瞽瞍亦允若。'是为父不得而子也？"

万章曰："尧以天下与舜，有诸？"孟子曰："否。天子不能以天下与人。""然则舜有天下也，孰与之？"曰："天与之。""天与之者，谆谆然命之乎？"曰："否。天不言，以行与事示之而已矣。"曰："以行与事示之者，如之何？"曰："天子能荐人于天，不能使天与之天下。诸侯能荐人于天子，不能使天子与之诸侯。大夫能荐人于诸侯，不能使诸侯与之大夫。昔者，尧荐舜于天而天受之，暴之于民而民受之。故曰：天不言，以行与事示之而已矣。"曰：敢问荐之于天而天受之，暴之于民而民受之，如何？曰："使之主祭，而百神享之，是天受之；使之主事而事治，百姓安之，是民受之也。天与之，人与之，故曰天子不能以天下与人。舜相尧二十有八载，非人之所能为也，天也。尧崩，三年之丧毕，舜避尧之子于南河之南，天下诸侯朝觐者，不之尧之子而之舜；讼狱者，不之尧之子而之舜；讴歌者，不讴歌尧之子而讴歌舜，故曰天也。夫然后之中国，践天子位焉。而居尧之宫，逼尧之子，是篡也，非天与也。《太誓》曰：'天视自我民视，天听自我民听。'此之谓也。"

万章问曰："人有言，'至于禹而德衰，不传于贤而传于子'，有诸？"孟子曰："否，不然也。天与贤，则与贤；天与子，则与子。昔者，舜荐禹于天，十有七年，舜崩。三年之丧毕，禹避舜之子于阳城，天下之民从之，若尧崩之后不从尧之子而从舜也。禹荐益于天，七年，禹崩。三年之丧毕，益避禹之子于箕山之阴。朝觐讼狱者不之益而之启，曰：'吾君之子也。'讴歌者不讴歌益而讴歌启，曰：'吾君之子也。'丹朱之不肖，舜之子亦不肖。舜之相尧、禹之相舜也，历年多，施泽于民久。启贤，能敬承继禹之道。益之相禹也，历年少，施泽于民未久。舜、禹、益相去久远，其子之贤不肖，皆天也，非人之所能为也。莫之为而为者，天也；莫之致而至者，命也。匹夫而有天下者，德必若舜、禹，而又有天子荐之者，故仲尼不有天下。继世以有天下，天之所废，必若桀、纣者也，故益、伊尹、周公不有天下。伊尹相汤以王于天下，汤崩，太丁未立，外丙二年，仲壬四年。太甲颠覆汤之典刑，伊尹放之于桐，三年，太甲悔过，自怨自艾，于桐处仁迁义，三年，以听伊尹之训己也，复归于亳。周公之不有天下，犹益之于夏、伊尹之于殷也。孔子曰：'唐虞禅，夏后殷周继，其义一也。'"

万章问曰："人有言'伊尹以割烹要汤'，有诸？"孟子曰："否，不然。伊尹耕于有莘之野，而乐尧、舜之道焉。非其义也，非其道也，禄之以天下弗顾也，系马千驷弗视也。非其义也，非其道也，一介不以与人，一介不以取诸人。汤使人以币聘之，嚣嚣然曰：'我何以汤之聘币为哉？我岂若处畎亩之中，由是以乐尧、舜之道哉？'汤三使往聘之，既而幡然改曰：'与我处畎亩之中，由是以乐尧、舜之道，吾岂若使是君为尧、舜之君哉？吾岂若使是民为尧、舜之民哉？吾岂若于吾身亲见之哉？天之生此民也，使先知觉后知，使先觉觉后觉也，予，天民之先觉者也。予将以斯道觉斯民也。非予觉之而谁也？'思天下之民，匹夫匹妇有不被尧、舜之泽者，若己推而内之沟中，

其自任以天下之重如此，故就汤而说之以伐夏救民。吾未闻枉己而正人者也，况辱己以正天下者乎？圣人之行不同也，或远或近，或去或不去，归洁其身而已矣。吾闻其以尧、舜之道要汤，未闻以割烹也。《伊训》曰：'天诛造攻自牧宫，朕载自亳。'"

万章问曰："或谓孔子于卫主痈疽，于齐主侍人瘠环，有诸乎？"孟子曰："否，不然也。好事者为之也。于卫主颜雠由。弥子之妻与子路之妻，兄弟也。弥子谓子路曰：'孔子主我，卫卿可得也。'子路以告。孔子曰：'有命。'孔子进以礼，退以义，得之不得曰'有命'。而主痈疽与侍人瘠环，是无义无命也。孔子不悦于鲁、卫，遭宋桓司马将要而杀之，微服而过宋。是时孔子当厄，主司城贞子，为陈侯周臣。吾闻观近臣，以其所为主；观远臣，以其所主。若孔子主痈疽与侍人瘠环，何以为孔子？"

万章问曰："或曰：'百里奚自鬻于秦养牲者五羊之皮、食牛，以要秦穆公。'信乎？"孟子曰："否，不然。好事者为之也。百里奚，虞人也。晋人以垂棘之璧与屈产之乘，假道于虞以伐虢。宫之奇谏，百里奚不谏。知虞公之不可谏而去之秦，年已七十矣，曾不知以食牛干秦穆公之为污也，可谓智乎？不可谏而不谏，可谓不智乎？知虞公之将亡而先去之，不可谓不智也。时举于秦，知穆公之可与有行也而相之，可谓不智乎？相秦而显其君于天下，可传于后世，不贤而能之乎？自鬻以成其君，乡党自好者不为，而谓贤者为之乎？"

【译文】

万章问道："舜到田地里去，向着天一面诉苦，一面哭泣，他为什么要哭诉呢？"孟子答道："由于对父母一方面怨恨，一方面怀恋的缘故。"万章说："（曾子说过）'父母喜爱他，虽然高兴，却不因此而懈怠；父母厌恶他，虽然忧愁，却不因此而怨恨。'那么，舜怨恨父母吗？"孟子说："从前长息曾经问过公明高，他说：'舜到田里去，我是已经懂得的了；他向天诉苦哭泣，这样来对待父母，我却还不懂得那是为什么。'公明高说：'这不是你所能懂得的。'公明高的意思，以为孝子的心理是不能像这样地满不在乎的：我尽力耕田，好好地尽我做儿子的职责罢了；父母不喜爱我，叫我有什么办法呢？帝尧打发他的孩子九男二女跟百官一起带着牛羊、粮食等等

舜耕于野，选自《清刻历代画像传》。

东西到田野中去为舜服务；天下的士人也有很多到舜那里去，尧也把整个天下让给了舜。舜却只因为没有得着父母的欢心，便好像鳏寡孤独的人找不着依靠一般。天下的士人喜爱他，是谁都愿意的，却不足以消除忧愁；美丽的姑娘，是谁都爱好的，他娶了尧的两个女儿，却不足以消除忧愁；财富，是谁都希望获得的，富而至于占有天下，却不足以消除忧愁；尊贵，是谁都希望获得的，尊贵而至于做了君主，却不足以消除忧愁。大家都喜爱他、美丽的姑娘、财富和尊贵都不足以消除忧愁，只有得到父母的欢心才可以消除忧愁。人在幼小的时候，就怀恋父母；长大成人，有了情欲，懂得喜欢女子，便想念年轻而貌美的人；有了妻子儿女，便依恋妻子儿女；做了官，便讨好君主，得不着君主的欢心，便内心焦急得发热；只有最孝顺的人才终身怀恋父母。到了五十岁的年纪还怀恋父母的，我在伟大的舜身上见到了。"

万章问道："《诗》说过：'娶妻该怎么办？一定要事先报告父母。'相信这句话的，应该没有人赶得上舜。但是，舜却事先不向父母报告，娶了妻子，又是什么道理呢？"孟子答道："报告便娶不成。男女结婚，是人与人之间的大伦常。如果舜事先报告了，那么，这一大伦常在舜身上便被废弃了，结果便将怨恨父母，所以他便不报告了。"万章说："舜不报告父母而娶妻，那我懂得这道理了；尧给舜以妻子，也不向舜的父母说一声，又是什么道理呢？"孟子说："尧也知道，假若事先一加说明，便会嫁娶不成了。"万章问道："舜的父母打发舜去修缮谷仓，等舜上了屋顶，便抽去梯子，他父亲瞽瞍还放火焚烧那谷仓。（幸而舜设法逃下来了。）于是又打发舜去淘井，（他不知道舜从旁边的洞穴）出来了，便用土填塞井眼。舜的兄弟象说：'谋害舜都是我的功劳，牛羊分给父母，仓廪分给父母，干戈归我，琴归我，弤弓归我，两位嫂嫂要她们替我铺床叠被。'象便向舜的住房走去，舜却坐在床边弹琴，象说：'我好想念你呀！'但却显得十分不自在。舜说：'我想念着这些臣下和百姓，你替我管理管理吧！'我弄

舜之二妃娥皇和女英，选自明蒋应镐绘图本。

不清楚，舜是否知道象要杀他。"

　　孟子答道："为什么不知道呢？象忧愁，他也忧愁；象高兴，他也高兴。"万章说："那么，舜的高兴是假装的吗？"孟子说："不；从前有一个人送条活鱼给郑国的子产，子产使主管池塘的人畜养起来，那人却煮着吃了，回报说：'刚放在池塘，它还要死不活的；一会儿，摇摆着尾巴活动起来了，突然间远远地不知去向。'子产说：'它得到了好地方呀！得到了好地方呀！'那人出来了，说道：'谁说子产聪明，我已经把那条鱼煮着吃了，他还说："得到了好地方呀！得到了好地方呀！"'所以对于君子，可以用合乎人情的方法来欺骗他，不能用违反道理的诡诈欺罔他。象既然假装着敬爱兄长的样子来，舜因此真诚地相信而高兴起来，为什么是假装的呢？"

　　万章问道："象天天把谋杀舜的事情作为他的工作，等舜做了天子，却仅仅流放他，这是什么道理呢？"孟子答道："其实是封他为诸侯，有人说是流放罢了。"万章说："舜流放共工到幽州，发配驩兜到崇山，驱逐三苗之君到三危，把鲧充军到羽山，这四个人被治了罪，天下便都归服了，就因为讨伐了不仁的人的缘故。象最不仁，却以有庳之国来封他。有庳国的百姓又有什么罪过呢？对别人，就加以惩处；对弟弟，就封以国土，难道仁人的做法竟是这样的吗？"孟子说："仁人对于弟弟，不忍气吞声，也不耿耿于怀，只是亲他爱他罢了。亲他，便想让他贵；爱他，便想让他富。把有庳国土封给他，就是让他又富又贵。本人做了天子，弟弟却是一个老百姓，可以说是亲爱吗？"万章说："我请问，为什么有人说是流放呢？"孟子说："象不能在他国土上为所欲为，天子派遣了官吏来给他治理国家，缴纳贡税，所以有人说是流放。象难道能够暴虐地对待他的百姓吗？（自然不能。）就算这样，舜还是想常常看到象，象也不断地来和舜相见。（古书上说，）'不必等到规定的朝贡的时候，平常也假借政治上的需要来相接待。'就是这个意思。"

　　咸丘蒙问道："俗话说，'道德最高的人，君主不能拿他当臣子，父亲不能拿他当儿子。'舜（便是这种人，）做了天子，尧便率诸侯向北面去朝他，他父亲瞽瞍也向北面去朝他。舜看见了瞽瞍，容貌局促不安。孔子说道：'在这个时候，天下真岌岌可危呀！'不晓得这话可不可信？"孟子答道："不；这不是君子的言语，而是齐东野人的话。不过是尧老了时，让舜摄政罢了。《尧典》上说过：'过了二十八年，放勋才逝世。群臣好像死了父母一样，服丧三年，老百姓也停止一切音乐。'孔子说过：'天上没有两个太阳，人间没有两个天子。'假若舜真在尧死以前做了天子，同时又率领天下的诸侯为尧服丧三年，这便是同时有两个天子了。"

　　咸丘蒙说："舜不以尧为臣，我已经领受你的教诲了。《诗》又说过：'普天之下，无不是天子的土地；四面八方，无不是天子的臣民。'舜既做了天子，请问瞽瞍却不是臣民，又是什么道理呢？"孟子说："《北山》这首诗，不是你所说的那意思，而是说作者勤劳国事以致不能够奉养父母。他说：'这些事没有一件不是天子之事呀，为什么独我一人这么辛劳呢？'所以解说诗的人，不要拘于文字而误解词句，也不要拘于词句而误解原意。用自己切身的体会去推测作者的本意，这就对了。假如拘于词句，那

《云汉》诗说过：'周朝剩余的百姓，没有一个存留。'相信了这一句话，是周朝没有留一个人了。孝子孝的极点，没有超过尊敬他的双亲的；尊敬双亲的极点，没有超过拿天下来奉养父母的。瞽瞍做了天子的父亲，可说是尊贵到极点了；舜以天下来奉养他，可说是奉养的顶点了。《诗》又说过：'永远地讲究孝道，孝道便是天下的法则。'这正是这个意思。《书》又说过：'舜恭敬小心地来见瞽瞍，态度谨慎恐惧，瞽瞍也因之真正顺理而行了。'这难道是'父亲不能够以他为子'吗？"

万章问道："尧拿天下授予舜，有这么回事吗？"孟子答道："不；天子不能够拿天下授予人。"万章又问："那么，舜得到了天下，是谁授予的呢？"答道："天授予的。"又问道："天授予的，是通过反复叮咛告诉他的吗？"答道："不是，天不说话，拿行动和工作来表示罢了。"问道："拿行动和工作来表示，是怎样的呢？"答道："天子能把人推荐给天，却不能强迫天把天下给与他；（正如）诸侯能把人推荐给天子，却不能强迫天子把诸侯之位给与他；大夫能把人推荐给诸侯，却不能强迫诸侯把大夫之位给与他。从前，尧将舜推荐给天，天接受了；又把舜公开介绍给百姓，百姓也接受了；所以说，天不说话，拿行动和工作来表示罢了。"问道："我大胆地问，把他推荐给天，天接受了；公开介绍给百姓，百姓也接受了，这是怎样的呢？"答道："叫他主持祭祀，所有神明都来享用，这便是天接受了；叫他主持政务，工作井井有条，百姓都满意他，这便是百姓接受了。天授予他，百姓授予他，所以说，天子不能够拿天下授予人。舜辅佐尧二十八年，这不是某一人的意志所能做到的，而是天意。尧逝世了，三年之丧完毕，舜（为着要使尧的儿子能够继承天下，）自己便回避到南河的南边去。可是，天下诸侯朝见天子的，不到尧的儿子那里，却到舜那里；打官司的，也不到尧的儿子那里，却到舜那里；民歌手们，也不歌颂尧的儿子，而歌颂舜，所以说，这是天意。这样，舜才回到首都，坐了朝廷。如果自己居住于尧的宫室，逼迫尧的儿子（让位给自己），这是篡夺，而不是天授了。《太誓》说过：'百姓的眼睛就是天的眼睛，百姓的耳朵就是天的耳朵。'正是这个意思。"

万章问道："有人说：'到禹的时候道德就衰微了，天下不传给贤良，却传给儿子。'这样的话可靠么？"孟子答道："不，不是这样的；天让授予贤良，便授予贤良，天让授予儿子，便授予儿子。从前，舜把禹推荐给天，十七年之后，舜逝世了，三年之丧完毕，禹（为着要让位给舜的儿子，）便回到阳城去。可是，天下百姓跟随禹，就好像尧死了以后他们不跟随尧的儿子却跟随舜一样。禹把益荐给天，七年之后，禹死了，三年之丧完毕，益（又为着让位给禹的儿子，）便回避到箕山之北去。当时朝见天子的人，打官司的人都不去益那里，而去启那里，说道：'他是我们君主的儿子呀。'民歌手也不歌颂益，而歌颂启，说道：'他是我们君主的儿子呀。'尧的儿子丹朱不好，舜的儿子也不好。而且舜辅佐尧，禹辅佐舜，经过的年岁多，为老百姓谋幸福的时间长。（启和益就不同。）启很贤明，能够认真地继承禹的传统。益辅佐禹，经过的年岁少，为百姓谋幸福的时间短。舜、禹、益之间相距时间的长短，以及他们儿子的好坏，都是天意，不是人力所能做到的。没有人叫他们这样做，而竟这样做了的，便是天意；

夏后启，选自明蒋应镐绘本。

没有人叫他来，而竟这样来了的，便是命运。凭一个老百姓的身份而得到天下的，他的德行必然要像舜和禹一样，而且还要有天子推荐他，所以孔子（虽是圣人，因没有天子的推荐，）便不能得到天下。世袭而拥有天下却要被天所废弃的，一定要像夏桀、商纣那样残暴无道，所以益、伊尹、周公（虽是圣人，因为所逢的君主不像桀纣，）便不能得到天下。伊尹辅佐汤行王道于天下，汤死了，太丁未立就死了，外丙在位二年，仲壬在位四年，（太丁的儿子太甲又继承王位。）太甲破坏了汤的法度，伊尹便流放他到桐邑。三年之后，太甲悔过，自己怨恨，自己改悔，就在桐邑，便能够以仁居心，唯义是从；三年之后，完全听从伊尹对自己的教训了，然后又回到亳都做天子。周公的不能得到天下，正好像益在夏朝、伊尹在殷朝一样。孔子说过：'唐尧虞舜以天下让贤，夏商周三代却世世代代传于子孙，道理是一样的。'"

万章问道："有人说：'伊尹使自己做了厨子切肉做菜以便向汤有所干求。'有这么回事吗？"孟子答道："不，不是这样的；伊尹耕作于莘国的郊野，而以尧舜之道为乐。如果不合道义，纵使把天下给他做俸禄，他也不回头看一眼；纵使有四千匹马系在那里，他也不看一眼。如果不合道义，一点也不给与别人，一点也不从别人那儿拿走。汤曾使人拿礼物去聘请他，他却平静地说：'我要汤的聘礼干嘛呢？我何不待在田野里，就这样以尧舜之道自娱呢？'汤几次使人去聘请他，不久，他便完全改变了态度，说：'我与其待在田野里，就这样以尧舜之道自娱，又何不使当今的君主做尧舜一样的君主呢？又何不使现在的百姓做尧舜时代一样的百姓呢？（尧舜的盛世，）我何不使它在我这个时代亲眼见到呢？上天生育人民，就是要让先知先觉者来使后知后觉者有所觉悟。我呢，是百姓中间的先觉者；我就得拿尧舜之道使当代的人民有所觉悟。不是我去唤醒他们，又有谁呢？'伊尹是这样想的：在天下的百姓中，只要有一个男子或一

伊尹，选自《历代古人像赞》。

个妇女，没有被尧舜之道的雨露所灌溉，便好像自己把他推进山沟中让他去死一样。他是像这样地把匡扶天下的重担挑在自己肩上，所以一到汤那里，便用讨伐夏桀、拯救百姓的道理来说服汤。我没有听说过，先让自己受委屈，却能够匡正别人的；何况先使自己遭受侮辱，却能够匡正天下的呢？圣人的行为，可能各有不同，有的疏远君主，有的靠拢君主，有的离开朝廷，有的留恋朝廷，归根到底，都得使自己身体干干净净而已。我只听说过伊尹用尧舜之道向汤干求，没有听说过他切肉做菜的事。《伊训》说过：'上天的讨伐，最初是在夏桀宫室里由他自己造成的，我呢，不过从殷都亳邑开始打算罢了。'"

万章问道："有人说，孔子在卫国住在（卫灵公所宠幸的宦官）痈疽家里，在齐国，也住在宦官瘠环家里。真有这一回事吗？"孟子说："不，不是这样的；这是好事之徒造的谣。孔子在卫国，住在颜雠由家中。弥子瑕的妻子和子路的妻子是姊妹。弥子瑕对子路说：'孔子住在我家中，卫国卿相的位置便可以得到。'子路把这话告诉了孔子。孔子道：'一切听从命运。'孔子依礼法而进，依道义而退，所以他当不当官都听从命运。如果他住在痈疽和宦官瘠环家中，这种行为，便是无视礼义和命运了。孔子在鲁国和卫国不得意，又碰上了宋国的司马桓魋预备拦截他并将他杀死，只得化装悄悄地走过宋国。这时候，孔子正处在困难的境地，便住在司城贞子家中，做了陈侯周的臣子。我听说过，观察在朝的臣子，看他所招待的客人；观察外来的臣子，看他所寄居的主人。如果孔子真的以痈疽和宦官瘠环为主人，还怎么能算'孔子'呢？"

万章问道："有人说：'百里奚把自己卖给秦国养牲畜的人，得价五张羊皮，替人家饲养牛，以此来干求秦穆公。'是真的吗？"孟子答道："不，不是这样的；这是好事之徒捏造的。百里奚是虞国人。晋人用垂棘的美玉和屈地所产的良马向虞国借路，来攻打虢国。当时的虞国的大臣宫之奇谏阻虞公，劝他不要允许；百里奚却不去劝阻。他知道虞公是不可以劝阻的，因而离开虞国，搬到秦国，这时已经七十岁了。他竟不知道用饲养牛的方法来干求秦穆公是一种恶浊行为，可以说是聪明吗？但是，他预见到虞公不可以劝阻，便不去劝阻，谁又能说这不聪明呢？他又预见到虞公将要被灭亡，因而早早离开，又不能说不聪明。当他在秦国被推举出来的时候，便知道秦穆公是一位可以帮助而有作为的君主，因而辅佐他，谁又能说这不聪明呢？为秦国的卿相，使穆公在天下有显赫的名望，而且足以流传于后代，不是贤者，能够如此吗？卖掉自己

来成全君主，乡村中洁身自爱的人尚且不肯，反说贤者肯干吗？"

万章章句下

【原文】

孟子曰："伯夷，目不视恶色，耳不听恶声。非其君不事，非其民不使。治则进，乱则退。横政之所出，横民之所止，不忍居也。思与乡人处，如以朝衣朝冠坐于涂炭也。当纣之时，居北海之滨，以待天下之清也。故闻伯夷之风者，顽夫廉，懦夫有立志。伊尹曰：'何事非君？何使非民？'治亦进，乱亦进，曰：'天之生斯民也，使先知觉后知，使先觉觉后觉。予，天民之先觉者也。予将以此道觉此民也。'思天下之民，匹夫匹妇有不与被尧、舜之泽者，如己推而内之沟中——其自任以天下之重也。柳下惠不羞污君，不辞小官。进不隐贤，必以其道。遗佚而不怨，厄穷而不悯。与乡人处，由由然不忍去也。'尔为尔，我为我，虽袒裼裸裎于我侧，尔焉能浼我哉？'故闻柳下惠之风者，鄙夫宽，薄夫敦。孔子之去齐，接淅而行。去鲁，曰：'迟迟吾行也。'去父母国之道也。可以速而速，可以久而久，可以处而处，可以仕而仕，孔子也。"孟子曰："伯夷，圣之清者也；伊尹，圣之任者也；柳下惠，圣之和者也；孔子，圣之时者也。孔子之谓集大成。集大成也

百里奚牧牛，选自明陈洪绶绘《博古叶子》。

者，金声而玉振之也。金声也者，始条理也；玉振之也者，终条理也。始条理者，智之事也；终条理者，圣之事也。智，譬则巧也；圣，譬则力也。由射于百步之外也，其至，尔力也；其中，非尔力也。"

北宫锜问曰："周室班爵禄也，如之何？"孟子曰："其详不可得闻也，诸侯恶其害己也，而皆去其籍；然而轲也尝闻其略也。天子一位，公一位，侯一位，伯一位，子、

男同一位，凡五等也。君一位，卿一位，大夫一位，上士一位，中士一位，下士一位，凡六等。天子之制，地方千里，公侯皆方百里，伯七十里，子、男五十里，凡四等。不能五十里，不达于天子，附于诸侯，曰附庸。天子之卿受地视侯，大夫受地视伯，元士受地视子、男。大国地方百里，君十卿禄，卿禄四大夫，大夫倍上士，上士倍中士，中士倍下士，下士与庶人在官者同禄，禄足以代其耕也。次国地方七十里，君十卿禄，卿禄三大夫，大夫倍上士，上士倍中士，中士倍下士，下士与庶人在官者同禄，禄足以代其耕也。小国地方五十里，君十卿禄，卿禄二大夫，大夫倍上士，上士倍中士，中士倍下士，下士与庶人在官者同禄，禄足以代其耕也。耕者之所获，一夫百亩，百亩之粪，上农夫食九人，上次食八人，中食七人，中次食六人，下食五人。庶人在官者，其禄以是为差。"

万章问曰："敢问友。"孟子曰："不挟长，不挟贵，不挟兄弟而友。友也者，友其德也，不可以有挟也。孟献子，百乘之家也，有友五人焉：乐正裘，牧仲，其三人则予忘之矣。献子之与此五人者友也，无献子之家者也。此五人者，亦有献子之家，则不与之友矣。非惟百乘之家为然也，虽小国之君亦有之。费惠公曰：'吾于子思则师之矣，吾于颜般则友之矣。王顺、长息，则事我者也。'非惟小国之君为然也，虽大国之君亦有之。晋平公之于亥唐也，入云则入，坐云则坐，食云则食。虽疏食菜羹，未尝不饱，盖不敢不饱也。然终于此而已矣，弗与共天位也，弗与治天职也，弗与食天禄也。士之尊贤者也，非王公之尊贤也。舜尚见帝。帝馆甥于贰室，亦飨舜，迭为宾主，是天子而友匹夫也。用下敬上，谓之贵贵；用上敬下，谓之尊贤。贵贵尊贤，其义一也。"

万章问曰："敢问交际何心也？"孟子曰："恭也。"曰："'却之却之为不恭'，何哉？"曰："尊者赐之。曰：'其所取之者义乎不义乎，'而后受之，以是为不恭，故弗却也。"曰："请无以辞却之，以心却之，曰：'其取诸民之不义也。'而以他辞无受，不可乎？"曰："其交也以道，其接也以礼，斯孔子受之矣。"万章曰："今有御人于国门之外者，其交也以道，其馈也以礼，斯可受御与？"曰："不可。《康诰》曰：'杀越人于货，闵不畏死，凡民罔不譈。'是不待教而诛者也。殷受夏，周受殷，所不辞也。于今为烈，如之何其受之？"曰："今之诸侯取之于民也，犹御也。苟善其礼际矣，斯君子受之，敢问何说也？"曰："子以为有王者作，将比今之诸侯而诛之乎？其教之不改而后诛之乎？夫谓非其有而取之者盗也，充类至义之尽也。孔子之仕于鲁也，鲁人猎较，孔子亦猎较。猎较犹可，而况受其赐乎？"曰："然则孔子之仕也，非事道与？"曰："事道也。""事道奚猎较也？"曰："孔子先簿正祭器，不以四方之食供簿正。"曰："奚不去也？"曰："为之兆也。兆足以行矣，而不行，而后去，是以未尝有所终三年淹也。孔子有见行可之仕，有际可之仕，有公养之仕。于季桓子，见行可之仕也。于卫灵公，际可之仕也。于卫孝公，公养之仕也。"

孟子曰："仕非为贫也，而有时乎为贫。娶妻非为养也，而有时乎为养。为贫者，辞尊居卑，辞富居贫。辞尊居卑，辞富居贫，恶乎宜乎？抱关击柝。孔子尝为委吏矣，

曰：'会计当而已矣。'尝为乘田矣，曰：'牛羊茁壮长而已矣。'位卑而言高，罪也。立乎人之本朝而道不行，耻也。"

万章曰："士之不托诸侯，何也？"孟子曰："不敢也。诸侯失国，而后托于诸侯，礼也。士之托于诸侯，非礼也。"万章曰："君馈之粟，则受之乎？"曰："受之。""受之何义也？"曰："君之于氓也，固周之。"曰："周之则受，赐之则不受，何也？"曰："不敢也。"曰："敢问其不敢何也？"曰："抱关击柝者皆有常职以食于上。无常职而赐于上者，以为不恭也。"曰："君馈之则受之，不识可常继乎？"曰："缪公之于子思也，亟问，亟馈鼎肉。子思不悦，于卒也，摽使者出诸大门之外，北面稽首再拜而不受，曰：'今而后知君之犬马畜伋。'盖自是台无馈也。悦贤不能举，又不能养也，可谓悦贤乎？"曰："敢问国君欲养君子，如何斯可谓养矣？"曰："以君命将之，再拜稽首而受。其后廪人继粟，庖人继肉，不以君命将之。子思以为鼎肉使己仆仆尔亟拜也，非养君子之道也。尧之于舜也，使其子九男事之，二女女焉，百官牛羊仓廪备，以养舜于畎亩之中，后举而加诸上位，故曰王公之尊贤者也。"

万章曰："敢问不见诸侯，何义也？"孟子曰："在国曰市井之臣，在野曰草莽之臣，皆谓庶人。庶人不传质为臣，不敢见于诸侯，礼也。"万章曰："庶人，召之役则往役，君欲见之，召之则不往见之，何也？"曰："往役，义也。往见，不义也。且君之欲见之也，何为也哉？"曰："为其多闻也，为其贤也。"曰："为其多闻也，则天子不召师，而况诸侯乎？为其贤也，则吾未闻欲见贤而召之也。缪公亟见于子思，曰：'古千乘之国以友士，何如？'子思不悦，曰：'古之人有言：事之云乎？岂曰友之云乎？'子思之不悦也，岂不曰：'以位，则子，君也；我，臣也；何敢与君友也？以德，则子事我者也，奚可以与我友？'千乘之君求与之友而不可得也，而况可召与？齐景公田，招虞人以旌，不至，将杀之。志士不忘在沟壑，勇士不忘丧其元。孔子奚取焉？取非其招不往也。"曰："敢问招虞人何以？"曰："以皮冠。庶人以旃，士以旂，大夫以旌。以大夫之招招虞人，虞人死不敢往。以士之招招庶人，庶人岂敢往哉？况乎以不贤人之招招贤人乎？欲见贤人而不以其道，犹欲其入而闭之门也。夫义，路也；礼，门也。惟君子能由是路，出入是门也。《诗》云：'周道如底，其直如矢。君子所履，小人所视。'"万章曰："孔子，君命召，不俟驾而行，然则孔子非与？"曰："孔子当仕，有官职，而以其官召之也。"

孟子谓万章曰："一乡之善士斯友一乡之善士，一国之善士斯友一国之善士，天下之善士斯友天下之善士。以友天下之善士为未足，又尚论古之人。颂其诗，读其书，不知其人，可乎？是以论其世也，是尚友也。"

齐宣王问卿。孟子曰："王何卿之问也？"王曰："卿不同乎？"曰："不同。有贵戚之卿，有异姓之卿。"王曰："请问贵戚之卿。"曰："君有大过则谏，反覆之而不听，则易位。"王勃然变乎色。曰："王勿异也。王问臣，臣不敢不以正对。"王色定，然后请问异姓之卿。曰："君有过则谏，反覆之而不听，则去。"

【译文】

孟子说:"伯夷,眼睛不看丑恶的事物,耳朵不听丑恶的声音。不是他理想的君主,不去侍奉;不是他理想的百姓,不去使唤。天下太平,就出来做事;天下混乱,就退居田野。施行暴政的国家,住有暴民的地方,他都不忍心去居住。他想同乡巴佬相处,就好比穿戴着礼服礼帽坐在泥涂或炭灰之上。当商纣的时候,住在北海海边,等待天下的清平。所以听到伯夷的风节的人,贪得无厌的人都廉洁起来了,懦弱的人也都有独立不屈的意志了。伊尹说:'哪个君主,不可以侍奉?哪个百姓,不可以使唤?'因此天下太平也出来做官,天下混乱也出来做官,并且说:'上天生育这些百姓,就是要让先知先觉的人来开导后知后觉的人。我是这些人之中的先觉者,我将以尧舜之道来开导这些人。'他这样想:在天下的百姓中,只要有一个男子或一个妇女没有沾溉尧舜之道的雨露,便好像自己把他推进山沟送死一般——这便是他把天下的重担自己挑起来的态度。

柳下惠,汉画像石,山东嘉祥武氏祠。

"柳下惠不以侍奉坏君为可羞,也不以官小而辞掉。立于朝廷,便不隐藏自己的才能,但一定按他的原则办事。被遗弃,也不怨恨;遭困穷,也不忧愁。同乡巴佬相处,高高兴兴地不忍离开。(他说,)'你是你,我是我,你纵然在我旁边赤身露体,哪能就

沾染着我呢？'所以听到柳下惠风节的人，胸襟狭小的人也宽大起来了，刻薄的人也厚道起来了。孔子离开齐国，不等把米淘完，漉干就走；离开鲁国，却说：'我们慢慢走吧，这是离开祖国的态度。'应该马上走就马上走，应该继续干就继续干，应该不做官就不做官，应该做官就做官，这便是孔子。"

孟子又说："伯夷是圣人之中清高的人，伊尹是圣人之中负责的人，柳下惠是圣人之中随和的人，孔子则是圣人之中识时务的人。孔子，可以叫他为集大成者。'集大成'的意思，（譬如奏乐，）就像先敲镈钟，最后用特磬收束，（有始有终的）一样。先敲镈钟，是节奏条理的开始；用特磬收束，是节奏条理的终结。条理的开始在于智，条理的终结在于圣。智好比技巧，圣好比气力。犹如在百步以外射箭，射到，是你的力量；射中，却不是你的力量。"

北宫锜问道："周朝制定的官爵和俸禄的等级制度是怎样的呢？"孟子答道："详细情况已经不能够知道了，因为诸侯厌恶它妨碍自己，都把那些文献毁灭了。但是，我也曾经大略听到些。天子为一级，公一级，侯一级，伯一级，子和男共为一级，一共五级。君为一级，卿一级，大夫一级，上士一级，中士一级，下士一级，共六级。天子直接管理的土地纵横各一千里，公和侯各一百里，伯七十里，子、男各五十里，一共四级。土地不够五十里的国家，不能直接与天子发生关系，而附属于诸侯，叫做附庸。天子的卿所受的封地同于侯，大夫所受的封地同于伯，元士所受的封地同于子、男。公侯大国土地纵横各一百里，君主的俸禄为卿的十倍，卿为大夫的四倍，大夫为上士的二倍，上士为中士的二倍，中士为下士的二倍，下士的俸禄则和老百姓而在公家当差的相同，所得俸禄也足以抵偿他们的耕种的收入了。中等国家土地为方七十里，君主的俸禄为卿的十倍，卿为大夫的三倍，大夫为上士的二倍，上士为中士的二倍，中士为下士的二倍，下士的俸禄则和在公家当差的老百姓相同，所得俸禄也足以抵偿他们的耕种的收入了。农夫所分得的是，一夫一妇分田百亩。百亩田地的施肥耕种，上等的农夫可以养九个人，其次的养活八个人，中等的养活七个人，其次六个人，下等的五个人。老百姓在公家当差的，他们的俸禄也比照这个分等级。"

万章问道："请问交朋友的原则。"孟子答道："交朋友不要倚仗自己年纪大，不要倚仗自己地位高，不要倚仗自己兄弟的富贵。所谓交朋友，正是看中了对方的品德，因此绝不能有所倚仗。孟献子是位具有一百辆车马的大夫，他有五位朋友：乐正裘，牧仲，其余三位，我忘记了。献子同这五位相交，他心目中并不存有自己是大夫的观念。这五位，如果也存在着献子是位大夫的观念，也就不会同他交友了。不单单是有一百辆车马的大夫这样，就是小国的君主也有朋友。费惠公说：'我对子思，则以他为老师；对于颜般，则以他为朋友；至于王顺和长息，那不过是替我工作的人罢了。'不单单小国的君主是这样，就是大国之君也有朋友。晋平公的对于亥唐，亥唐叫他进去，便进去；叫他坐，便坐；叫他吃饭，便吃饭。纵使糙米饭蔬菜汤，不曾不饱，因为不敢不饱。然而晋平公也只是做到这一点罢了。不同他一起共有官位，不同他一起治理政事，不同他一起享受俸禄，这只是一般士人尊敬贤者的态度，不是王公尊敬贤者所

应有的态度。舜谒见尧，尧请他这位女婿住在另一处官邸中，也请他吃饭，（舜有时也做东道，）互为客人和主人，这是天子同老百姓交友的范例。以职位卑下的人尊敬高贵的人，叫做尊重贵人；以高贵的人尊敬职位卑下的人，叫做尊敬贤者。尊重贵人和尊敬贤者，道理是相同的。"

迎宾，汉画像石。

万章问道："请问交际的时候，当如何存心？"孟子答道："毕恭毕敬。"万章说："（俗话说，）'一再拒绝人家的礼物，这是不恭敬。'为什么呢？"孟子说："尊贵的人有所赐与，还要去想想：'他取得这种礼物是合于义的呢？还是不合于义的呢？'然后才接受，这是不恭敬的。因此便不拒绝。"万章说："我说，我不用嘴巴拒绝他的礼物，只是在心里不接受罢了，心里说，'这是他取自百姓的不义之财呀'，因而用别的借口来拒绝，难道不可以吗？"孟子说："他依规矩同我交往，依礼节同我接触，这样，孔子都会接受礼物的。"

万章说："如今有一个在国都郊野拦路抢劫的人，他也依了规矩同我交往，也依礼节向我馈赠，这种赃物，便可以接受了吗？"孟子说："不可以；《康诰》说：'杀人劫物，横蛮不怕死，这种人，是人人切齿痛恨的。'这是不必先去教育他就可以诛杀的。殷商接受了夏朝的这种法律，周朝接受了殷商的这种法律，没有更改。现在抢杀行为更为厉害，怎样能够接受呢？"

万章说："今天这些诸侯，他们的财物取自民间，也和拦路抢劫差不多。假若把交际的礼节搞好，君子也就接受了，请问这又是什么道理呢？"孟子说："你以为若有圣王兴起，对于今天的诸侯，还是一律看待全部诛杀呢？还是先行教育，如再不改悔，然后诛杀呢？而且，不是自己所有，而去取得它，把这种行为说成抢劫，这只是提到原则性高度的话。孔子在鲁国做官的时候，鲁国人争夺猎物，孔子也争夺猎物。争夺猎物都可以，何况接受赐与呢？"

万章说："那么，孔子的做官，不是为着行道吗？"孟子说："为着行道。""既为着行道，为什么又来争夺猎物呢？"孟子说："孔子先用文书规定祭祀所用器物和祭品，不用别处的食物来供祭祀（，所争夺来的猎物原为着祭祀，既不能用来供祭祀，便无所用之，争夺猎物的风气自然可以逐渐衰灭了）。"

万章说："孔子为什么不辞官而走呢？"孟子说："孔子做官，先得试行一下。试行

的结果，他的主张可以行得通，而君主却不肯实行下去，这才离开，所以孔子不曾在一个朝廷停留整整三年。孔子有因可以行道而做官，也有因为君主对他的礼遇不错而做官，也有因国君养贤而做官。对于鲁国的季桓子，是因为可以行道而做官；对于卫灵公，是因为礼遇不错而做官；对于卫孝公，是因为国君养贤而做官。"

　　孟子说："做官不是因为贫穷，但有时候也因为贫穷。娶妻不是为着孝养父母，但有时候也为着孝养父母。因为贫穷而做官的，便该拒绝高官，居于卑位；拒绝厚禄，只受薄俸。拒绝高官，居于卑位；拒绝厚禄，只受薄俸，那居于什么位置才合宜呢？就是去守门打更也行。孔子也曾经做过管理仓库的小吏，他说：'出入的数字都对了。'也曾经做过管理牲畜的小吏，他说：'牛羊都壮实地长大了。'位置低下，而议论朝廷大事，这是罪行；在那君主的朝廷上做官，而自己正义的主张不能实现，这是耻辱。"

　　万章说："士人不仰仗诸侯生活，这是为什么呢？"孟子说："不敢这样。诸侯丧失了自己的国家，然后仰仗别国诸侯，这是合于礼的；士仰仗诸侯，是不合于礼的。"万章道："君主如果送给他谷米，那接受不呢？"孟子说："接受。""接受又有个什么说法呢？"答道："君主对于流亡者，本来可以周济他。"问道："周济他，就接受；赐与他，就不接受，又有个什么说法呢？"答道："不敢呀。"问道："不敢接受，又是为什么呢？"答道："守门打更的人都有一定的职务，因而接受上面的给养。没有一定的职务，却接受上面的赐与的，这被认为是不恭敬的。"

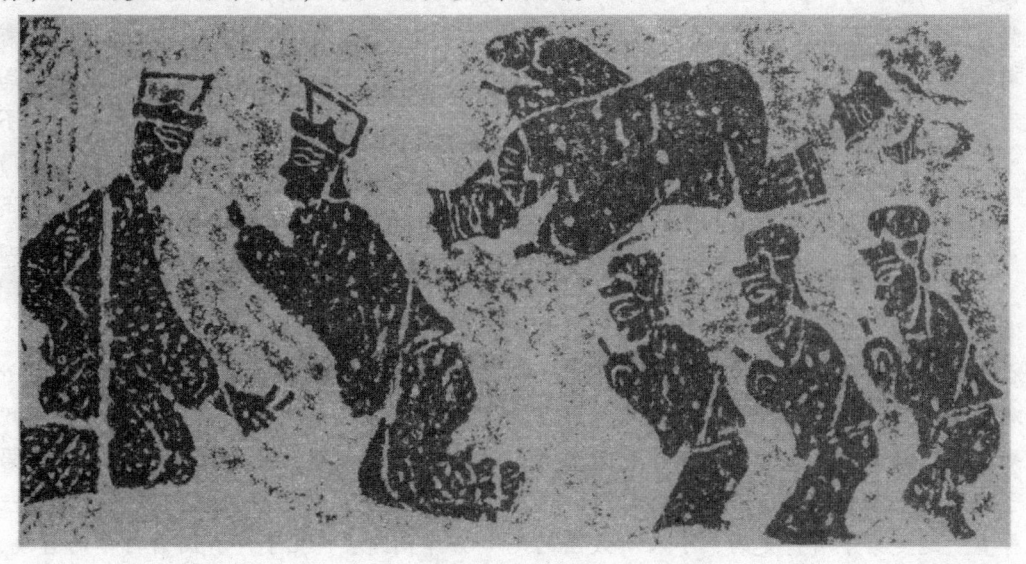

进谒，汉画像石。

　　问道："君主给他馈赠，他也就接受，不知道经常这样可以吗？"答道："鲁缪公对于子思，就是屡次问候，屡次送给他肉食，子思很不高兴。最后一次，子思便把来人赶出大门，自己朝北面先磕头后作揖地拒绝了，说道：'今天才知道君主把我当成犬马一样地畜养。'大概从此才不给子思送礼了。喜悦贤人，却不能重用，又不能有礼貌地照顾生活，可以说是喜悦贤人吗？"问道："国君要在生活上照顾君子，要怎样才能照

顾得好呢？"答道："先称述君主的旨意送给他，他便先作揖后磕头，接受了。然后管理仓库的人经常送来谷米，掌管伙食的人经常送来肉食，这些都不用称述君主的旨意了，（接受者也就可以不再作揖磕头了。）子思以为为着一块肉便使自己一次一次地作揖行礼，这便不是照顾君子生活的方式了。尧对于舜，使自己的九个儿子向他学习，把自己的两个女儿嫁给他，而且各种官吏，以及牛羊、仓库无不具备，来使舜在田野之中得着周到的生活照顾，然后提拔他到很高的职位上，所以说，这是王公尊敬贤者的范例。"

万章问道："请问士子不去谒见诸侯，这是什么道理呢？"孟子答道："不曾有过职位的人，住在城市，便叫做市井之臣；住在乡野，便叫做草莽之臣，这都叫做老百姓。老百姓不送见面礼物而为臣属，不敢去谒见诸侯，这是合于礼的。"万章说："老百姓，召他去服役，便去服役；君主若要接见他，召唤他，却不去谒见，这又为什么呢？"孟子说："去服役，是应该的；去谒见，是不应该的。而且君主想去同他会晤，为的是什么呢？"万章说："为的是他见闻广博，为的是他品德高洁。"

孟子说："如果为的是他见闻广博，（那便应以他为师。）天子还不能召唤老师，何况诸侯呢？如果为的是他品德高洁，那我也不曾听说过想要同贤人相见却随便召唤的。鲁缪公屡次去访晤子思，说道：'古代具有千辆兵车的国君若同士人交友，是怎样的呢？'子思不高兴，说道：'古代人的话，是说以士人为师吧，难道说是同士人交友吗？'子思的不高兴，难道不是这样的意思吗：'论地位，那你是君主，我是臣下，哪敢同你交朋友呢？论道德，那你是向我学习的人，怎能同我交朋友呢？'千乘之国的国君求同他交朋友都做不到，何况召唤呢？齐景公田猎，用旌来召唤猎场管理员，他不来，准备杀他。有志之士不怕（死无葬身之地，）弃尸山沟；勇敢的人（见义勇为，）不怕丧失脑袋。孔子对这一管理员取他哪一点呢？就是取不是该召他的礼，他硬是不去。"

问道："召唤猎场管理员该用什么呢？"答道："用皮帽子。召唤老百姓用全幅红绸做的曲柄旗，召唤士用有铃铛的旗，召唤大夫才用有羽毛的旗。用召唤大夫的旗帜去召唤猎场管理员，猎场管理员死也不敢去；用召唤士人的旗帜去召唤老百姓，老百姓难道敢去吗？何况用召唤不贤之人的礼节去召唤贤人呢？想同贤人会晤，却不依循规矩礼节，就正好像要请他进来却关闭着大门。义好比是大路，礼好比是大门。只有君子能从这一条大路行走，由这处大门出进。《诗》说：'大路像磨刀石一样平，像箭一样直。这是君子所行走的，小人所效法的。'"万章问道："孔子，有国君之命的召唤，不等车马驾好自己便先行走去，那么，孔子错了吗？"

答道："那是因为孔子正在做官，有职务在身，国君用他担任的官职去召唤他。"

孟子对万章说道："一个乡村的优秀人物才结交那一乡村的优秀人物，全国性的优秀人物才结交全国性的优秀人物，天下性的人物才结交天下性的优秀人物。认为结交天下性的优秀人物还不够，便又追论古代的人物。吟咏他们的诗歌，研究他们的著作，不了解他的为人，可以吗？所以要讨论他那一个时代。这就是追溯历史与古人交朋

友。"

齐宣王问关于公卿的事情。孟子说:"王所问的是哪一种类的公卿?"王说:"公卿还不一样吗?"孟子说:"不一样;有和王室同宗族的公卿,有非王族的公卿。"王说:"我请问和王室同宗族的公卿。"孟子说:"君王若有重大错误,他便加劝阻;反复劝阻了还不听从,就把他废弃,改立别人。"宣王突然变了脸色。孟子说:"王不要奇怪。王问我,我不敢不拿老实话答复。"宣王脸色正常了,又请问非王族的公卿。孟子说:"君王若有错误,便加劝阻;反复劝阻了还不听从,自己就离职。"

告子章句上

【原文】

告子曰:"性,犹杞柳也;义,犹桮棬也。以人性为仁义,犹以杞柳为桮棬。"孟子曰:"子能顺杞柳之性而以为桮棬乎?将戕贼杞柳而后以为桮棬也?如将戕贼杞柳而以为桮棬,则亦将戕贼人以为仁义与?率天下之人而祸仁义者,必子之言夫!"

告子曰:"性犹湍水也,决诸东方则东流,决诸西方则西流。人性之无分于善不善也,犹水之无分于东西也。"孟子曰:"水信无分于东西,无分于上下乎?人性之善也,犹水之就下也。人无有不善,水无有不下。今夫水,搏而跃之,可使过颡;激而行之,可使在山。是岂水之性哉?其势则然也。人之可使为不善,其性亦犹是也。"

告子曰:"生之谓性。"孟子曰:"生之谓性也,犹白之谓白与?"曰:"然。""白羽之白也,犹白雪之白;白雪之白,犹白玉之白与?"曰:"然。""然则犬之性犹牛之性;牛之性,犹人之性欤?"

告子曰:"食、色,性也。仁,内也,非外也;义,外也,非内也。"孟子曰:"何以谓仁内义外也?"曰:"彼长而我长之,非有长于我也。犹彼白而我白之,从其白于外也,故谓之外也。"曰:"(异于)白马之白也,无以异于白人之白也。不识长马之长也,无以异于长人之长欤?且谓长者义乎?长之者义乎?"曰:"吾弟则爱之,秦人之弟则不爱也,是以我为悦者也,故谓之内。长楚人之长,亦长吾之长,是以长为悦者也,故谓之外也。"曰:"耆秦人之炙,无以异于耆吾炙,夫物则亦有然者也,然则耆炙亦有外欤?"

孟季子问公都子曰:"何以谓义内也?"曰:"行吾敬,故谓之内也。""乡人长于伯兄一岁,则谁敬?"曰:"敬兄。""酌则谁先?"曰:"先酌乡人。""所敬在此,所长在彼,果在外,非由内也。"公都子不能答,以告孟子。孟子曰:"敬叔父乎?敬弟乎?彼将曰:'敬叔父。'曰:'弟为尸,则谁敬?'彼将曰:'敬弟。'子曰:'恶在其敬叔父也?'彼将曰:'在位故也。子亦曰:'在位故也。'庸敬在兄,斯须之敬在乡人。'"

季子闻之，曰："敬叔父则敬，敬弟则敬，果在外，非由内也。"公都子曰："冬日则饮汤，夏日则饮水，然则饮食亦在外也？"

公都子曰："告子曰：'性无善无不善也。'或曰：'性可以为善，可以为不善。是故文、武兴，则民好善；幽、厉兴，则民好暴。'或曰：'有性善，有性不善。是故以尧为君而有象，以瞽瞍为父而有舜，以纣为兄之子且以为君，而有微子启、王子比干。'今曰'性善'，然则彼皆非欤？"孟子曰："乃若其情，则可以为善矣，乃所谓善也。若夫为不善，非才之罪也。恻隐之心，人皆有之；羞恶之心，人皆有之；恭敬之心，人皆有之；是非之心，人皆有之。恻隐之心，仁也；羞恶之心，义也；恭敬之心，礼也；是非之心，智也。仁义礼智，非由外铄我也，我固有之也，弗思耳矣。故曰：'求则得之，舍则失之。'或相倍蓰而无算者，不能尽其才者也。《诗》曰：'天生蒸民，有物有则。民之秉彝，好是懿德。'孔子曰：'为此诗者，其知道乎！故有物必有则，民之秉彝也，故好是懿德。'"

孟子曰："富岁，子弟多赖；凶岁，子弟多暴。非天之降才尔殊也，其所以陷溺其心者然也。今夫麰麦，播种而耰之，其地同，树之时又同，浡然而生，至于日至之时，皆熟矣。虽有不同，则地有肥硗，雨露之养、人事之不齐也。故凡同类者，举相似也，何独至于人而疑之？圣人与我同类者。故龙子曰：'不知足而为屦，我知其不为蒉也。'屦之相似，天下之足同也。口之于味，有同耆也，易牙先得我口之所耆者也。如使口之于味也，其性与人殊，若犬马之与我不同类也，则天下何耆皆从易牙之于味也？至于味，天下期于易牙，是天下之口相似也。惟耳亦然。至于声，天下期于师旷，是天下之耳相似也。惟目亦然。至于子都，天下莫不知其姣也。不知子都之姣者，无目者也。故曰：口之于味也，有同耆焉；耳之于声也，有同听焉；目之于色也，有同美焉。至于心，独无所同然乎？心之所同然者何也？谓理也，义也。圣人先得我心之所同然耳。故理义之悦我心，犹刍豢之悦我口。"

孟子曰："牛山之木尝美矣，以其郊于大国也，斧斤伐之，可以为美乎？是其日夜之所息，雨露之所润，非无萌蘖之生焉，牛羊又从而牧之，是以若彼濯濯也。人见其濯濯也，以为未尝有材焉，此岂山之性也哉？虽存乎人者，岂无仁义之心哉？其所以放其良心者，亦犹斧斤之于木也，旦旦而伐之，可以为美乎？其日夜之所息，平旦之气，其好恶与人相近也者几希，则其旦昼之所为，有梏亡之矣。梏之反覆，则其夜气不足以存。夜气不足以存，则其违禽兽不远矣。人见其禽兽也，而以为未尝有才焉者，是岂人之情也哉？故苟得其养，无物不长；苟失其养，无物不消。孔子曰：'操则存，舍则亡；出入无时，莫知其乡。'惟心之谓与？"

孟子曰："无或乎王之不智也。虽有天下易生之物也，一日暴之，十日寒之，未有能生者也。吾见亦罕矣，吾退而寒之者至矣，吾如有萌焉何哉？今夫弈之为数，小数也；不专心致志，则不得也。弈秋，通国之善弈者也。使弈秋诲二人弈，其一人专心致志，惟弈秋之为听。一人虽听之，一心以为有鸿鹄将至，思援弓缴而射之，虽与之俱学，弗若之矣。为是其智弗若与？曰：非然也。"

孟子曰："鱼，我所欲也，熊掌，亦我所欲也；二者不可得兼，舍鱼而取熊掌者也。生，亦我所欲也，义，亦我所欲也；二者不可得兼，舍生而取义者也。生亦我所欲，所欲有甚于生者，故不为苟得也；死亦我所恶，所恶有甚于死者，故患有所不辟也。如使人之所欲莫甚于生，则凡可以得生者，何不用也？使人之所恶莫甚于死者，则凡可以辟患者，何不为也？由是则生而有不用也，由是则可以辟患而有不为也，是故所欲有甚于生者，所恶有甚于死者。非独贤者有是心也，人皆有之，贤者能勿丧耳。一箪食，一豆羹，得之则生，弗得则死，呼尔而与之，行道之人弗受；蹴尔而与之，乞人不屑也。万钟则不辨礼义而受之。万钟于我何加焉？为宫室之美、妻妾之奉、所识穷乏者得我与？乡为身死而不受，今为宫室之美为之；乡为身死而不受，今为妻妾之奉为之；乡为身死而不受，今为所识穷乏者得我而为之，是亦不可以已乎？此之谓失其本心。"

孟子曰："仁，人心也；义，人路也。舍其路而弗由，放其心而不知求，哀哉！人有鸡犬放，则知求之；有放心而不知求。学问之道无他，求其放心而已矣。"

孟子曰："今有无名之指，屈而不信，非疾痛害事也，如有能信之者，则不远秦、楚之路，为指之不若人也。指不若人，则知恶之；心不若人，则不知恶，此之谓不知类也。"

孟子曰："拱把之桐梓，人苟欲生之，皆知所以养之者。至于身，而不知所以养之者，岂爱身不若桐梓哉？弗思甚也。"

孟子曰："人之于身也，兼所爱。兼所爱，则兼所养也。无尺寸之肤不爱焉，则无尺寸之肤不养也。所以考其善不善者，岂有他哉？于己取之而已矣。体有贵贱，有小大。无以小害大，无以贱害贵。养其小者为小人，养其大者为大人。今有场师，舍其梧槚，养其樲棘，则为贱场师焉。养其一指而失其肩背，而不知也，则为狼疾人也。饮食之人，则人贱之矣，为其养小以失大也。饮食之人无有失也，则口腹岂适为尺寸之肤哉？"

公都子问曰："钧是人也，或为大人，或为小人，何也？"孟子曰："从其大体为大人，从其小体为小人。"曰："钧是人也，或从其大体，或从其小体，何也？"曰："耳目之官不思，而蔽于物。物交物，则引之而已矣。心之官则思，思则得之，不思则不得也。此天之所与我者。先立乎其大者，则其小者不能夺也。此为大人而已矣。"

孟子曰："有天爵者，有人爵者。仁义忠信，乐善不倦，此天爵也；公卿大夫，此人爵也。古之人修其天爵，而人爵从之。今之人修其天爵，以要人爵；既得人爵，而弃其天爵，则惑之甚者也，终亦必亡而已矣。"

孟子曰："欲贵者，人之同心也。人人有贵于己者，弗思耳矣人之所贵者，非良贵也。赵孟之所贵，赵孟能贱之。《诗》云：'既醉以酒，既饱以德。'言饱乎仁义也，所以不愿人之膏粱之味也。令闻广誉施于身，所以不愿人之文绣也。"

孟子曰："仁之胜不仁也，犹水胜火。今之为仁者，犹以一杯水救一车薪之火也，不熄，则谓之水不胜火。此又与于不仁之甚者也，亦终必亡而已矣。"

孟子曰："五谷者，种之美者也。苟为不熟，不如荑稗。夫仁亦在乎熟之而已矣。"

孟子曰："羿之教人射，必志于彀。学者亦必志于彀。大匠诲人，必以规矩，学者亦必以规矩。"

【译文】

告子说："人的本性好比榉柳树，义理好比杯盘；把人的本性纳于仁义，正好比用榉柳树来制成杯盘。"孟子说："您是顺着榉柳树的本性来制成杯盘呢？还是毁伤榉柳树的本性来制成杯盘呢？如果要毁伤榉柳树的本性后才制成杯盘，那不也要毁伤人的本性后才纳之于仁义吗？率领天下的人来祸害仁义的，一定是您的这种学说吧！"

告子说："人性好比急流水，东方开了缺口便向东流，西方开了缺口便向西流。人性的没有善和不善，正好比水性的不管东流西流。"孟子说："水诚然没有东流西流的定向，难道也没有向上或者向下的定向吗？人性的善良，正好比水性的向下流。人没有不善良的，水没有不向下流的。当然，拍水使它跳起来，可以高过额角；戽水使它倒流，可以引上高山，这难道是水的本性吗？形势使它这样罢了。人所以能够做坏事，它的本质也正是这样。"

告子说："天生的资质叫做性。"孟子说："天生的资质叫做性，好比一切东西的白色叫做白吗？"答道："是这样。""白羽毛的白如同白雪的白，白雪的白如同白玉的白吗？"答道："是这样。""那么，狗性如同牛性，牛性如同人性吗？"

告子说："饮食男女，这是本性。仁是内在的东西，不是外在的东西；义是外在的东西，不是内在的东西。"孟子说："为什么说仁是内在的东西，义是外在的东西呢？"答道："因为他年纪大，于是我才尊敬他，这尊敬不是我本有的；正好比那东西是白的，我便认它作白东西，这是由于那东西的白被我认识的缘故，所以说是外在的东西。"孟子说："白马的白和白人的白或者无所不同，但是不知道对老马的怜悯和对老者的尊敬心，是不是也没有什么不同呢？而且，您说的所谓义，是说老者呢？还是说尊敬老者的人呢？"答道："是我的弟弟便爱他，是秦国人的弟弟便不爱他，这是因我自己高兴这样做，所以说仁是内在的东西。尊敬楚国的老者，也尊敬我自己的老者，这是因为他们都是老者的缘故。所以说义是外在的东西。"孟子说："喜欢吃秦国人的烧肉，和喜欢吃自己的烧肉无所不同，各种事物也有这样的情形，那么，难道喜欢吃烧肉的心也是外在的东西吗？（那不和您说的饮食是本性的论点相矛盾了吗？）"

孟季子问公都子："为什么说义是内在的东西呢？"答道："恭敬从我的内心发出，所以说是内在的东西。""本乡人比大哥大一岁，那你尊敬谁？"答道："恭敬哥哥。""那么，先给谁斟酒？"答道："先给本乡长者斟酒。""你心里恭敬的是大哥，却向本乡长者敬礼，可见义毕竟是外在的东西，不是由内心发出的。"公都子不能对答，便来告诉孟子。孟子说："（你可以说，）'恭敬叔父呢？还是恭敬弟弟呢？'他会说：'恭敬叔父。'你又说：'弟弟若做了受祭的代理人，那又恭敬谁呢？'他会说：'恭敬弟弟。'你便说：'那为什么又说恭敬叔父呢？'他会说：'这是由于弟弟在那个位子的缘故。'

那你也可以说：'那也是由于本乡长者在那个位子的缘故。平常的恭敬在于哥哥，暂时的恭敬在于本地长者。"季子听到了这话，又说："对叔父也是恭敬，对弟弟也是恭敬，毕竟义是外在的，不是由内心出发的。"公都子说："冬天喝热水，夏天喝凉水，那么，难道饮食（便不是由于本性，）也是外在的了吗？"

公都子说："告子说：'本性没有什么善良，也没有什么不善良。'也有人说：'本性可以使它善良，也可以使它不善良；所以周文王、武王在上，百姓便趋向善良；周幽王、厉王在上，百姓便趋向横暴。'也有人说：'有些人本性善良，有些人本性不善良；所以凭着尧这样的圣人为君，却有像这样不好的百姓；凭着瞽瞍这样坏的父亲，却有舜这样好的儿子；凭着纣这样恶的侄儿，而且贵为君主，却有微子启、王子比干这样的仁人。'如今老师说本性善良，那么，他们的说法都错了吗？"

孟子说："从天生的资质看，可以使它善良，这便是我所谓的人性善良。至于有些人不善良，不能归罪于他的资质。同情心，人人都有；羞耻心，人人都有；恭敬心，人人都有；是非心，人人都有。同情心属于仁，羞耻心属于义，恭敬心属于礼，是非心属于智。这仁义礼智，不是由外人给与我的，是我本身就有的，不过不曾探索它罢了。所以说：'一经探求，便会得到；一加放弃，便会失掉。'人与人之间相差一倍、五倍甚至无数倍的，就是不能充分发挥他们人性的本质的缘故。《诗》说：'天生育众民，每一样事物，都有它的规律。百姓把握了那些不变的规律，于是乎喜爱优良的品德。'孔子说：'这篇诗的作者真懂得道呀！有事物，便有它的规律；百姓把握了这些不变的规律，所以喜爱优良的品德。'"

孟子说："丰年，少年子弟多半懒惰；荒年，少年子弟多半强暴，不是天生的资质这样不同，是由于环境使他们心情变坏的缘故。用大麦作比喻吧，播了种，耪了地，如果地土一样，种植的时候一样，便会蓬勃地生长，到了夏至，都会成熟了。即便有所不同，那便是由于土地的肥瘠，雨露的多少，人工的勤惰不同的缘故。所以一切同类之物，无不大体相同，为什么一讲到人类就怀疑了呢？圣人也是我们的同类。龙子曾经说过：'不看清脚样去编草鞋，我准知道编不成筐子。'草鞋的相似，是因为普天之下的人的脚大体相同。口对于味道，有相同的嗜好；易牙早就摸准了这一嗜好。假使口对于味道，人人不同，而且像狗马和我们人类本质上的不相同一样，那么，凭什么天下的人都追随着易牙的口味呢？一讲到口味，天下都期望做到易牙那样，这就说明了天下人口味觉大体相同。耳朵也这样。一讲到声音，天下都期望做到师旷那样，这就说明了天下人的听觉大体相同。眼睛也这样。一讲到子都，天下没有人不知道他美丽。不认为子都美丽的，那是没有眼睛的人。所以说，口对于味道，有相同的嗜好；耳对于声音，有相同的听觉；眼睛对于容色，有相同的美感。谈到心，就偏偏没有相同的地方吗？心相同的地方是什么呢？是理，是义。圣人早就懂得了我们内心的相同的理义。所以理义使我心高兴，正和猪狗牛羊肉合乎我的口味一般。"

孟子说："牛山的树木曾经是很茂盛的，因为它长在大都市的郊外，老用斧子去砍伐，还能够茂盛吗？当然，它日日夜夜在生长着，雨水露珠在滋润着，不是没有新条

嫩芽生长出来，但紧跟着就放羊牧牛，所以变成那样光秃秃了。人们看见那光秃秃的样子，便以为这山不曾有过大树木，这难道是山的本性吗？在某些人身上，难道没有仁义之心吗？他之所以丧失他的良心，也正像斧子的对于树木一般。天天去砍伐它，能够茂盛吗？他在白天黑夜里发出来的善心，他在天刚亮时呼吸到的清明之气，那时节他心里的好恶跟一般人相近的，也有一点点。可是一到第二天白昼，他的所作所为又把它消灭了。反复地消灭，那么，他夜里产生出的善念自然不能存在；夜里产生出的善念不能存在，便和禽兽差不离了。别人看到他简直是禽兽，便以为他不曾有过善良的本质。这难道也是这些人的本性吗？所以，如果得到滋养，没有东西不生长；失掉滋养，没有东西不消亡。孔子说过：'抓住它，就存在；放弃它，就亡失；出出进进没有一定时候，也不知道它何去何从。'这是指人心而说的吧。"

　　孟子说："王的不明智，不足奇怪。纵使有一种最容易生长的植物，晒它一天，冷它十天，没有能够再长的。我和王相见的次数也太少了，我退居在家，把他冷淡得也到了极点了，我对于他善良之心的萌芽能有什么帮助呢？譬如下棋，这只是小技艺，但如果不一心一意，也就学不好。弈秋是全国的下棋圣手。假使让他教导两个人，一个人一心一意，只听弈秋的话。另一个呢，虽然听着，而心里却以为有只天鹅快要飞来，想拿起弓箭去射它。这样，纵使和那人一道学习，成绩一定不如人家。是因为他的才智不如人家吗？不是这样的。"

　　孟子说："鱼是我想得到的，熊掌也是我想得到的；如果两者不能同时得到，便舍弃鱼而要熊掌。生命是我想保有的，义也是我想拥有的；如果两者不能并有，便舍弃生命而要义。生命本是我想保有的，但我希望保有更有超过生命的，所以我不干苟且偷生的事；死亡本是我所厌恶的，但是我所厌恶的更有超过死亡的，所以有的祸害我不躲避。如果人们想拥有的没有超过生命的，那么，一切可以求得生存的手段，哪有不使用的呢？如果人们所厌恶的没有超过死亡的，那么，一切可以避免祸害的事情，哪有不干的呢？（然而，有些人）由此而行，便可以得到生存，却不去做；由此而行，便可以避免祸害，却不去干，这样便可知有比生命更值得拥有的东西，也有比死亡更令人厌恶的东西。这种心不仅仅贤人有，人人都有，不过贤人能够保持它罢了。一筐饭，一碗汤，得着便能活下去，得不着便死亡，吆喝着给他，就是过路的饿人都不会接受；脚踏过再给与他，就是乞丐也不屑于要；（然而有的人对）万钟的俸禄却不问合于礼义与否，欣然接受了。万钟的俸禄对我有什么好处呢？为着住宅的华丽、妻妾的侍奉和我所认识的贫苦人感激我吗？过去宁肯死亡而不接受的，今天却为着住宅的华丽而接受了；过去宁肯死亡而不接受的，今天却为着妻妾的侍奉而接受了；过去宁肯死亡而不接受的，今天却为着我所认识的贫苦人的感激而接受了，这些不是可以罢手的吗？这样便叫丧失了本性。"

　　孟子说："仁是人的心，义是人的路。放弃了那条正路而不走，丢失了那善良的心而不晓得去找回，真可悲呀！一个人，有鸡和狗走失了，便晓得去找回，有善良的心丧失了，却不晓得去寻求。学问之道没其他的，就是把那丧失了的良心找回来罢了。"

孟子说:"现在有个人,他无名指弯曲而不能伸直,虽然不痛苦,也不妨碍做事,如果有人能够使它伸直,就是走向秦国楚国,也不嫌远,为的是无名指不及别人。无名指不及别人,就知道厌恶;心性不及别人,竟不知道厌恶,这个叫做不晓得轻重。"

孟子说:"一两把粗的桐树梓树,假若要使它生长起来,都晓得如何去培养。至于本身,却不晓得如何去培养,难道爱自己还不及爱桐树梓树吗?真是太不动用脑筋了。"

孟子说:"人对于身体,哪一部分都爱护。都爱护便都保养。没有一尺一寸的皮肤肌肉不爱护,便没有一尺一寸的皮肤肌肉不保养。考察他护养得好或者不好,难道有别的方法吗?只是看他所注重的是身体的哪一部分罢了,身体有重要部分,也有次要部分;有小的部分,也有大的部分。不要因为小的部分损害大的部分,不要因为次要部分损害重要部分,保养小的部分的就是小人,保养大的部分的便是君子。如果有一位园艺师,放弃梧桐梓树,却去培养酸枣荆棘,那就是位很坏的园艺师。如果有人只保养他的一个手指,却丧失了肩头背脊,自己还不明白,那是糊涂虫了。只晓得讲究吃喝(而不晓得培养心志)的人,人家都轻视他;因为他保养了小的部分,丧失了大的部分。如果讲究吃喝的人不影响心志的培养,那么,吃喝的目的又怎么能只是为着口腹的那小部分呢?"

公都子问道:"同样是人,有些是君子,有些是小人,什么缘故?"孟子答道:"求满足身体重要器官的需要的是君子,求满足身体次要器官的欲望的是小人。"问道:"同样是人,有人要求满足重要器官的需要,有人要求满足次要器官的欲望,又是什么缘故?"答道:"耳朵眼睛这类器官不会思考,故易为外物所蒙蔽。(因此,耳目不过是一物罢了。)一与外物相接触,便被引向迷途了。心这个器官职在思考,一思考便可求得事物的真谛,不思考便得不到。这个器官是天特意给我们人类的。因此,这是重要器官,要先把它树立起来,那么,次要的器官便不能把这善性夺去了。这样便成了君子了。"

孟子说:"有自然的爵位,有人为的爵位。仁义忠信,不疲倦地好善,这是自然的爵位;公卿大夫,这是人为的爵位。古代的人修养他自然的爵位,于是人为的爵位也跟着来了。现在的人修养他自然的爵位,来追求人为的爵位;已经得到了人为的爵位,便放弃他自然的爵位,那就太糊涂了,到头来连人为的爵位也会丧失掉的。"

孟子说:"希望尊贵,这是人们的共同心理。但每人自己都有值得尊贵的东西,只是不去思考它罢了。别人所尊贵的,不一定是真正值得尊贵的。赵孟所尊贵的,赵孟同样可以使它下贱。《诗》说:'酒已经醉了,德已经饱了。'这是说仁义之德很富足了,也就不必羡慕别人的肥肉细米了;人人都晓得的好名声在我身上,也就不必羡慕别人的绣花衣裳了。"

孟子说:"仁胜过不仁,正像水可以扑灭火一样。如今行仁的人,好像用一杯水来救一车木柴的火焰;火焰不熄灭,便说水不能扑灭火,这些人又和很不仁的人相同了,到头来连他们已行的这点点仁都会消亡的。"

孟子说:"五谷是庄稼中的好品种,如果不能成熟,反而不及稊米和稗子。仁,也在于使它成熟罢了。"

孟子说:"羿教人射箭,一定拉满弓;学习的人也一定要求努力拉满弓。技艺精湛的木工带徒弟,一定依照规矩,学习的人也一定要依照规矩。"

告子章句下

【原文】

任人有问屋庐子曰:"礼与食孰重?"曰:"礼重。""色与礼孰重?"曰:"礼重。"曰:"以礼食,则饥而死;不以礼食,则得食,必以礼乎?亲迎,则不得妻;不亲迎,则得妻,必亲迎乎?"屋庐子不能对。明日之邹,以告孟子。孟子曰:"於!答是也,何有?不揣其本,而齐其末,方寸之木可使高于岑楼。金重于羽者,岂谓一钩金与一舆羽之谓哉?取食之重者与礼之轻者而比之,奚翅食重?取色之重者与礼之轻者而比之,奚翅色重?"往应之曰:'紾兄之臂而夺之食,则得食;不紾,则不得食,则将紾之乎?踰东家墙而搂其处子,则得妻;不搂,则不得妻;则将搂之乎?'"

曹交问曰:"人皆可以为尧、舜,有诸?"孟子曰:"然。""交闻文王十尺,汤九尺。今交九尺四寸以长,食粟而已,如何则可?"曰:"奚有于是?亦为之而已矣。有人于此,力不能胜一匹雏,则为无力人矣。今日举百钧,则为有力人矣。然则举乌获之任,是亦为乌获而已矣。夫人岂以不胜为患哉?弗为耳。徐行后长者谓之弟,疾行先长者谓之不弟。夫徐行者,岂人所不能哉?所不为也。尧、舜之道,孝弟而已矣。子服尧之服,诵尧之言,行尧之行,是尧而已矣。子服桀之服,诵桀之言,行桀之行,是桀而已矣。"曰:"交得见于邹君,可以假馆,愿留而受业于门。"曰:"夫道若大路然,岂难知哉?人病不求耳。子归而求之,有馀师。"

公孙丑问曰:"高子曰:《小弁》,小人之诗也。"孟子曰:"何以言之?"曰:"怨。"曰:"固哉,高叟之为诗也!有人于此,越人关弓而射之,则己谈笑而道之,无他,疏之也。其兄关弓而射之,则己垂涕泣而道之,无他,戚之也。《小弁》之怨,亲亲也。亲亲,仁也。固矣夫,高叟之为诗也!"曰:"《凯风》何以不怨?"曰:"《凯风》,亲之过小者也;《小弁》,亲之过大者也。亲之过大而不怨,是愈疏也;亲之过小而怨,是不可矶也。愈疏,不孝也;不可矶,亦不孝也。孔子曰:'舜其至孝矣,五十而慕。'"

宋牼将之楚,孟子遇于石丘,曰:"先生将何之?"曰:"吾闻秦、楚构兵,我将见楚王说而罢之。楚王不悦,我将见秦王说而罢之。二王我将有所遇焉。"曰:"轲也请无问其详,愿闻其指。说之将何如?"曰:"我将言其不利也。"曰:"先生之志则大矣,

先生之号则不可。先生以利说秦、楚之王，秦、楚之王悦于利，以罢三军之师，是三军之士乐罢而悦于利也。为人臣者怀利以事其君，为人子者怀利以事其父，为人弟者怀利以事其兄，是君臣、父子、兄弟终去仁义，怀利以相接，然而不亡者，未之有也。先生以仁义说秦、楚之王，秦、楚之王悦于仁义，而罢三军之师，是三军之士乐罢而悦于仁义也。为人臣者怀仁义以事其君，为人子者怀仁义以事其父，为人弟者怀仁义以事其兄，是君臣、父子、兄弟去利，怀仁义以相接也，然而不王者，未之有也。何必曰利？"

　　孟子居邹。季任为任处守，以币交，受之而不报。处于平陆，储子为相，以币交，受之而不报。他日，由邹之任，见季子；由平陆之齐，不见储子。屋庐子喜曰："连得间矣！"问曰："夫子之任，见季子，之齐，不见储子，为其为相与？"曰："非也。《书》曰：'享多仪，仪不及物曰不享，惟不役志于享。'为其不成享也。"屋庐子悦。或问之，屋庐子曰："季子不得之邹，储子得之平陆。"

　　淳于髡曰："先名实者，为人也；后名实者，自为也。夫子在三卿之中，名实未加于上下而去之，仁者固如此乎？"孟子曰："居下位，不以贤事不肖者，伯夷也。五就汤，五就桀者，伊尹也。不恶污君，不辞小官者，柳下惠也。三子者不同道，其趋一也。一者何也？曰：仁也。君子亦仁而已矣，何必同？"曰："鲁缪公之时，公仪子为政，子柳、子思为臣，鲁之削也滋甚。若是乎，贤者之无益于国也！"曰："虞不用百里奚而亡，秦穆公用之而霸。不用贤则亡，削何可得与？"曰："昔者王豹处于淇，而河西善讴。绵驹处于高唐，而齐右善歌；华周杞梁之妻善哭其夫而变国俗。有诸内，必形诸外。为其事而无其功者，髡未尝睹之也。是故无贤者也，有则髡必识之。"曰："孔子为鲁司寇，不用，从而祭，燔肉不至，不税冕而行。不知者以为为肉也，其知者以为为无礼也。乃孔子则欲以微罪行，不欲为苟去。君子之所为，众人固不识也。"

　　孟子曰："五霸者，三王之罪人也。今之诸侯，五霸之罪人也。今之大夫，今之诸侯之罪人也。天子適诸侯曰巡狩，诸侯朝于天子曰述职。春省耕而补不足，秋省敛而助不给。入其疆，土地辟，田野治，养老尊贤，俊杰在位，则有庆，庆以地。入其疆，土地荒芜，遗老失贤，掊克在位，则有让。一不朝，则贬其爵，再不朝，则削其地，三不朝，则六师移之。是故天子讨而不伐，诸侯伐而不讨。五霸者，搂诸侯以伐诸侯者也。故曰，五霸者，三王之罪人也。五霸，桓公为盛。葵丘之会诸侯，束牲、载书而不歃血。初命曰：'诛不孝，无易树子，无以妾为妻。'再命曰：'尊贤育才，以彰有德。'三命曰：'敬老慈幼，无忘宾旅。'四命曰：'士无世官，官事无摄，取士必得，无专杀大夫。'五命曰：'无曲防，无遏籴，无有封而不告。'曰：'凡我同盟之人，既盟之後，言归于好。'今之诸侯皆犯此五禁，故曰，今之诸侯，五霸之罪人也。长君之恶其罪小，逢君之恶其罪大。今之大夫皆逢君之恶，故曰，今之大夫，今之诸侯之罪人也。"

　　鲁欲使慎子为将军。孟子曰："不教民而用之，谓之殃民。殃民者，不容于尧、舜之世。一战胜齐，遂有南阳，然且不可——"慎子勃然不悦，曰："此则滑釐所不识

也。"曰："吾明告子：天子之地方千里，不千里，不足以待诸侯。诸侯之地方百里，不百里，不足以守宗庙之典籍。周公之封于鲁，为方百里也，地非不足，而俭于百里。太公之封于齐也，亦为方百里也，地非不足也，而俭于百里。今鲁方百里者五，子以为有王者作，则鲁在所损乎，在所益乎？徒取诸彼以与此，然且仁者不为，况于杀人以求之乎？君子之事君也，务引其君以当道，志于仁而已。"

孟子曰："今之事君者皆曰：'我能为君辟土地，充府库。'今之所谓良臣，古之所谓民贼也。君不乡道，不志于仁，而求富之，是富桀也。'我能为君约与国，战必克。'今之所谓良臣，古之所谓民贼也。君不乡道，不志于仁，而求为之强战，是辅桀也。由今之道，无变今之俗，虽与之天下，不能一朝居也。"

白圭曰："吾欲二十而取一，何如？"孟子曰："子之道，貉道也。万室之国，一人陶，则可乎？"曰："不可，器不足用也。"曰："夫貉，五谷不生，惟黍生之。无城郭、宫室、宗庙、祭祀之礼，无诸侯币帛饔飧，无百官有司，故二十取一而足也。今居中国，去人伦，无君子，如之何其可也？陶以寡，且不可以为国，况无君子乎？欲轻之于尧、舜之道者，大貉小貉也；欲重之于尧、舜之道者，大桀小桀也。"

白圭曰："丹之治水也愈于禹。"孟子曰："子过矣。禹之治水，水之道也，是故禹以四海为壑。今吾子以邻国为壑。水逆行谓之洚水。洚水者，洪水也——仁人之所恶也。吾子过矣。"

孟子曰："君子不亮，恶乎执？"

鲁欲使乐正子为政。孟子曰："吾闻之，喜而不寐。"公孙丑曰："乐正子强乎？"曰："否。""有知虑乎？"曰："否。""多闻识乎？"曰："否。""然则奚为喜而不寐？"曰："其为人也好善。""好善足乎？"曰："好善优于天下，而况鲁国乎？夫苟好善，则四海之内皆将轻千里而来告之以善。夫苟不好善，则人将曰：'訑訑，予既已知之矣。'訑訑之声音颜色距人于千里之外。士止于千里之外，则谗谄面谀之人至矣。与谗谄面谀之人居，国欲治，可得乎？"

陈子曰："古之君子何如则仕？"孟子曰："所就三，所去三。迎之致敬以有礼；言，将行其言也，则就之。礼貌未衰，言弗行也，则去之。其次，虽未行其言也，迎之致敬以有礼，则就之。礼貌衰，则去之。其下，朝不食，夕不食，饥饿不能出门户，君闻之，曰：'吾大者不能行其道，又不能从其言也。使饥饿于我土地，吾耻之。'周之，亦可受也，免死而已矣。"

孟子曰："舜发于畎亩之中，傅说举于版筑之间，胶鬲举于鱼盐之中，管夷吾举于士，孙叔敖举于海，百里奚举于市。故天将降大任于是人也，必先苦其心志，劳其筋骨，饿其体肤，空乏其身，行拂乱其所为，所以动心忍性，曾益其所不能。人恒过，然后能改。困于心，衡于虑，而后作。征于色，发于声，而后喻。入则无法家拂士，出则无敌国外患者，国恒亡。然后知生于忧患而死于安乐也。"

孟子曰："教亦多术矣，予不屑之教诲也者，是亦教诲之而已矣。"

【译文】

有一位任国人问屋庐子道:"礼和食哪样重要?"答道:"礼重要。""娶妻和礼哪样重要?"答道:"礼重要。"问道:"如果按着礼节去找吃的,便会饿死;不按着礼节去找吃的,便会得着吃的,那一定要按着礼节行事吗?如果按照亲迎礼,便得不到妻子;如果不行亲迎礼,便会得到妻子,那一定要行亲迎礼吗?"屋庐子不能对答,第二天便去邹国,把这话告诉孟子。

孟子说:"答复这个有什么困难呢?如果不度量基底部是否一致,而只比较它的顶端,那一寸厚的木块(若放在高处,)可以使它比尖角高楼还高。金子比羽毛重,难道说三钱多重的金子比一大车的羽毛还重吗?拿吃的重要方面和礼的细节相比较,何止说吃更重要?拿婚姻的重要方面和礼的细节相比较,何止说娶妻重要?你这样去答复他吧:'扭折哥哥的胳膊,抢夺他的食物,便得到吃的;不扭,便得不着吃的,那会去扭吗?爬过东邻的墙去搂抱女子,便得到妻室;不去搂抱,便得不着妻室,那会去搂抱吗?'"

曹交问道:"人人都可以做尧舜,有这话吗?"孟子答道:"有的。"曹交问:"我听说文王身高一丈,汤身高九尺,如今我有九尺四寸多高,只会吃饭罢了,要怎样才成呢?"孟子说:"这有什么关系呢?只要去做就行了。要是有人,自己以为一只小鸡都提不起来,便是毫无力气的人了;如果说能够举起三千斤,便是很有力气的人了。那么,举得起乌获所能举的重量的,也就是乌获了。一个人怎能以不胜任为忧呢?只是不去做罢了。慢慢地走在长者之后,便叫悌;飞快地走,抢在长者之前,便叫不悌。慢慢地走,难道是人所不能的吗?只是不做罢了。尧舜之道,也不过就是孝和悌而已。你穿尧的衣服,说尧的话,做尧的所作所为,便是尧了。你穿桀的衣服,说桀的话,做桀的所作所为,便是桀了。"曹交说:"我准备去谒见邹君,向他借个地方住,情愿留在您门下学习。"孟子说:"道就像大路一样,难道难于了解吗?只怕人不去寻求罢了。你回去自己寻求罢,老师多得很呢。"

公孙丑问道:"高子说,《小弁》是小人写的诗。是吗?"孟子说:"为什么这样说呢?"答道:"因为它吐露了幽怨。"孟子说:"高老先生的讲诗真是太拘泥了!这里有个人,若是越国人张开弓去射他,事后他可以有说有笑地讲述这事;这没有别的缘故,只是因为越国人和他关系疏远。若是他哥哥张开弓去射他,事后他会哭哭啼啼地讲述着这事;这没有别的原故,因为哥哥是亲人。《小弁》的怨恨,正是热爱亲人的缘故。热爱亲人,是仁的表现。高老先生的讲诗实在是太拘泥了!"

公孙丑说:'《凯风》为什么不吐诉幽怨呢?"答道:'《凯风》这篇诗,是由于母亲的过错小;《小弁》这一篇诗,却是由于父亲的过错大。父母的过错大,却不抱怨,是更疏远父母的表现;父母的过错小,却去抱怨,反而激怒了自己。更把父母疏远是不孝,反而使自己激怒也是不孝。孔子说:'舜是最孝顺的人吧,五十岁还依恋父母。'

因膰去鲁，选自《孔子圣迹图》。

宋径到楚国去，孟子在石丘碰到了他，孟子问道："先生准备往哪里去？"答道："我听说秦楚两国交兵，我打算去谒见楚王，向他进言，劝他罢兵。如果楚王不高兴我的话，我又打算去谒见秦王。向他进言，劝他罢兵。在两个国王中，我总会有所遇合。"孟子说："我不想问得太详细，只想知道你的大意，你将怎样去进言呢？"答道："我打算说，交兵是不利的。"孟子说："先生的志向是很好的了，可是先生的提法却不行。先生用利来向秦王、楚王进言，秦王、楚王因为喜欢有利，于是停止军事行动，这就将使军队的官兵乐于罢兵，因而喜欢利。做臣属的为求利而服事君主，做儿子的为求利而服事父亲，做弟弟的为求利而服事哥哥，这就会使君臣、父子、兄弟之间都完全失去仁义，为了求利而打交道，这样而国家不灭亡的，是没有的事情。如果先生用仁义来向秦王、楚王进言，秦王、楚王因为喜欢仁义的缘故，而停止军事行动，这就会使军队的官兵乐于罢兵，因而喜欢仁义。做臣属的满怀仁义来服事君主，做儿子的满怀仁义来服事父亲，做弟弟的满怀仁义来服事哥哥，这就会使君臣、父子、兄弟之间都去掉利的观念，满怀仁义来打交道，这样的国家不以德政统一天下的，也是没有的事。为什么一定要说到'利'呢？"

当孟子住在邹国的时候，季任留守任国，代理国政，送礼物来和孟子交友，孟子接受了礼物，并不回报。又当孟子住在平陆的时候，储子做齐国的卿相，也送礼物来和孟子交友，孟子接受了，并不回报。过一段时间，孟子从邹国到任国，拜访了季子；

从平陆到齐都，却不去拜访储子。屋庐子高兴地说："我找到了老师的岔子了。"便问道："老师到任国，拜访季子；到齐都，不拜访储子，是因为储子只是卿相吗？"答道："不是；《尚书》说过，享献之礼可贵的是仪节，如果仪节不够，礼物虽多，只能叫做没有享献，因为他的心意并没有用在这上面。这是因为他没有完成那享献的缘故。"屋庐子高兴得很。有人问他。他说："季子不能够亲身去邹国，储子却能够亲身去平陆，（他为什么只送礼而不自己去呢？）"

淳于髡说："重视名誉功业是为了济世救民，轻视名誉功业是为了独善其身。您贵为齐国三卿之一，名誉和功业都还没在君主和臣民之间显示出来。您就要离开，仁人原来是这样的吗？"孟子说："处在卑贱的地位，不拿自己贤人的身份去服事不肖的人的，有伯夷在；五次往汤那里去，又五次往桀那里去的，有伊尹在；不讨厌恶浊的君主，不拒绝卑微职位的，有柳下惠在。三个人的行为不相同，但总方向是一样的。这一样的是什么呢？应该说，就是仁。君子只要仁就行了，为什么一定要相同呢？"淳于髡说："当鲁缪公的时候，公仪子主持国政，泄柳和子思也都立于朝廷，鲁国的削弱却更厉害，贤人对国家的无用像这样的呀！"孟子说："虞国不用百里奚，因而灭亡；秦穆公用了百里奚，因而称霸。不用贤人就会遭致灭亡，即使要求在削地求和的境况下勉强存在，都是办不到的。"淳于髡说："从前王豹住在淇水旁边，河西的人都会唱歌；緜驹住在高唐，齐国西部地方都会唱歌；华周杞梁的妻子痛哭她们的丈夫，因而改变了国家风尚。里面有什么，一定会表现在外面。如果从事某种工作，却见不到功绩的，我不曾看过这样的事。所以今天是没有贤人；如果有贤人，我一定会知道他。"孟子说："孔子做鲁国司寇的官，不被重用，跟随着去祭祀，祭肉也不见送来，于是匆忙地离开。不知道孔子的人以为他是为了祭肉的缘故，知道孔子的人晓得他是为鲁国失礼而离开。至于孔子，却是要自己背一点小罪名而走，不想随便离开。君子的作为，一般人本来是不知道的。"

孟子说："五霸，是三王的罪人，现在的诸侯，又是五霸的罪人；现在的大夫，又是现在诸侯的罪人。天子巡行诸侯的国家叫做巡狩，诸侯朝见天子叫做述职。（天子的巡狩，）春天考察耕种情况，补助不足的人；秋天考察收获情况，周济不够的人。一进到某国的疆界，如果土地已经开辟，庄稼长得很好，老人被赡养，贤者被尊贵，出色的人才立于朝廷，那么就有赏赐；赏赐用土地。如果一进到某国的疆界，土地荒废，老人被遗弃，贤者不被任用，搜括钱财的人立于朝廷，那么就有责罚。（诸侯的述职，）一次不朝，就降低爵位；两次不朝，就削减土地；三次不朝，就把军队开去。所以天子的用武力是'讨'，不是'伐'；诸侯则是'伐'，不是'讨'。五霸呢，是挟持一部分诸侯来攻伐另一部分诸侯的人，所以我说，五霸，是三王的罪人。五霸，齐桓公最了不得。在葵丘的一次盟会，捆绑了牺牲，把盟约放在它身上，（因为相信诸侯不敢负约，）便没有歃血。第一条盟约说，诛责不孝之人，不要废立太子，不要立妾为妻。第二条盟约说，尊贵贤人，养育人才，来表彰有德者。第三条盟约说，恭敬老人，慈爱幼小，不要怠慢贵宾和旅客。第四条盟约说，士人的官职不要世代相传，公家职务不

要兼摄，录用士子一定要得当，不要独断专行地杀戮大夫。第五条盟约说，不要到处筑堤，不要禁止邻国来采购粮食，不要有所封赏而不报告（盟主）。最后说，所有参与盟会的人从订立盟约以后，完全恢复旧日的友好。今日的诸侯都违犯了这五条禁令，所以说，今天的诸侯是五霸的罪人。臣下助长君主的恶行，这罪行还小；臣下逢迎君主的恶行，（给他找出理论根据，使他无所忌惮）这罪行可大了。而今天的大夫，都逢迎君主的恶行，所以说，今天的大夫，又是诸侯的罪人。"

鲁国打算叫慎子做将军。孟子说："不先教导百姓便用他们打仗，这叫做祸害老百姓。祸害老百姓的人，在尧舜的时代，是容不得的。只打一次仗便胜了齐国，因而得到了南阳，这样尚且不可以——"慎子一下子变了脸色，不高兴地说："这是我所不了解的了。"孟子说："我明白地告诉你吧。天子的土地纵横一千里；如果不到一千里，便不够接待诸侯。诸侯的土地纵横一百里；如果不到一百里，便不够来奉守历代相传的礼法制度。周公被封于鲁，是应该纵横一百里的；土地并不是不够，但实际上少于一百里。太公被封于齐，也应该是纵横一百里的；土地并不是不够，但实际上少于一百里，如今鲁国有五个纵横一百里，你以为假如有圣主明王兴起，鲁国的土地在被减少之列呢？还是在被增加之列呢？不用兵力，白白地取自那国来给与这国，仁人尚且不干，何况杀人来求得土地呢？君子的

葵丘会盟，选自明刊本《新镌绣像列国志》。

服事君王，只是专心一意地引导他趋向正路，有志于仁罢了。"

孟子说："今天服事君主的人都说：'我能够替君主开拓土地，充实府库。'今天的所谓好臣子正是古代的所谓百姓的戕害者。君主不向往道德，无意于仁，却想使他钱财富足，这等于使夏桀钱财富足。（又说：）'我能够替君主邀结盟国，每战一定胜利。'今天的所谓好臣子正是古代所谓百姓的戕害者。君主不向往道德，无意于仁，却想替他勉强作战，这等于帮助夏桀。顺着现在这条路走下去，也不改变如今的风俗习气，纵使把整个天下给他，他也是一天都坐不稳的。"

白圭说："我想定税率为二十抽一，怎么样？"孟子说："你的方针是貉国的方针。一万户的国家，只有一个人制作瓦器，那可以吗？"答道："不可以，瓦器会不够用

的。"孟子说:"貉国,各种谷类都不生长,只生长糜子;又没有城墙、房屋、祖庙和祭祀的礼节,也没有各国间的互相往来,致送礼物和飨宴,也没有各种衙署和官吏,所以二十抽一便够了。如今在中国,不要社会间的一切伦常,不要各种官吏,那怎么能行呢?做瓦罾的太少,尚且不能够使一个国家搞好,何况没有官吏呢?想要比尧舜的十分抽一的税率还轻的,是大貉小貉;想要比尧舜的十分抽一的税率还重的,是大桀小桀。"

白圭说:"我治理水患比大禹还强。"孟子说:"您错了。禹的治理水患,是顺着水的本性疏导的,所以禹使水流注到四海。如今您先生却使水流到邻近的国家去。水逆流而行叫做洚水——洚水就是洪水——是有仁爱之心的人所最厌恶的。先生您错了。"

孟子说:"君子不讲诚信,如何能有操守?"

鲁国打算叫乐正子治理国政。孟子说:"我听到这消息,高兴得睡不着。"公孙丑说:"乐正子很坚强吗?"答道:"不。""有智慧,有主意吗?"答道:"不。""见多识广吗?"答道:"不。""那你为什么高兴得睡不着呢?"答道:"他的为人喜欢听取善言。""喜欢听取善言就够了吗?"答道:"喜欢听取善言,用这个来治理天下都是能够应付裕余的,何况仅仅治理鲁国呢?假如喜欢听取善言,那四面八方的人都会从千里之外赶来把善言告诉他;假如不喜欢听取善言,那别人会(模仿他的话)说:'呵呵!我早已都晓得了!'呵呵的声音面色就会把别人拒绝于千里之外了。士人在千里之外停止不来,那进谗言而当面奉承的人就会来了。同进谗言而当面奉承的人住在一起,要把国家治理好,做得到吗?"

陈子说:"古代的君子要怎样才出来做官?"孟子说:"就职的情况有三种,离职的情况也有三种,礼貌地恭敬地来迎接,对他的言论又打算实行,便就职。礼貌虽未衰减,但言论已不实行了,便离开。其次,虽然没有实行他的言论,还是很有礼貌很恭敬地来迎接,也便就职。礼貌衰减,便离开。最下的,早上没饭吃,太阳落山也没饭吃,饿得不能够走出房门,君主知道了,便说:'我上者不能实行他的学说,又不听从他的言论,使他在我国土上饿着肚皮,我引为耻辱。'于是周济他,这也可以接受,免于死亡罢了。"

孟子说:"舜从田野之中发达起来,傅说从筑墙的工作中被提拔起来,胶鬲从鱼盐的工作中被提拔起来,管夷吾从狱官的手里被释放而被提拔起来,孙叔敖从海边被提拔起来,百里奚从市场被提拔起来。所以天将把重大任务落到某人身上,一定先要苦恼他的心志,劳动他的筋骨,饥饿他的肠胃,穷困他的身子,他的每一行为总是不能如意,这样,便可以震动他的心意,坚韧他的性情,增加他的能力。一个人常常犯错误才能改正;心意困苦,思虑阻塞,才能有所发奋而创造;表现在面色上,吐发在言语中,才能被人了解。一个国家,国内没有有法度的大臣和足为辅弼的士子,国外没有相与抗衡的邻国和外患的,经常容易被灭亡。这样,就可以知道忧愁患害足以使人生存,安逸快乐足以使人死亡的道理了。"

孟子说:"教育也有很多方式,我不屑于去教诲他,这也是一种教诲呢。"

尽心章句上

【原文】

孟子曰："尽其心者，知其性也。知其性，则知天矣。存其心，养其性，所以事天也。殀寿不贰，修身以俟之，所以立命也。"

孟子曰："莫非命也，顺受其正。是故知命者不立乎岩墙之下。尽其道而死者，正命也；桎梏死者，非正命也。"

孟子曰："求则得之，舍则失之，是求有益于得也，求在我者也。求之有道，得之有命，是求无益于得也，求在外者也。"

孟子曰："万物皆备于我矣。反身而诚，乐莫大焉。强恕而行，求仁莫近焉。"

孟子曰："行之而不著焉，习矣而不察焉，终身由之而不知其道者，众也。"

孟子曰："人不可以无耻。无耻之耻，无耻矣。"

孟子曰："耻之于人大矣。为机变之巧者，无所用耻焉。不耻不若人，何若人有？"

孟子曰："古之贤王好善而忘势。古之贤士何独不然？乐其道而忘人之势，故王公不致敬尽礼，则不得亟见之。见且由不得亟，而况得而臣之乎？"

孟子谓宋勾践曰："子好游乎？吾语子游。人知之，亦嚣嚣；人不知，亦嚣嚣。"曰："何如斯可以嚣嚣矣？"曰："尊德乐义，则可以嚣嚣矣。故士穷不失义，达不离道。穷不失义，故士得己焉；达不离道，故民不失望焉。古之人，得志，泽加于民；不得志，修身见于世。穷则独善其身，达则兼善天下。"

孟子曰："待文王而后兴者，凡民也。若夫豪杰之士，虽无文王犹兴"。

孟子曰："附之以韩、魏之家，如其自视欿然，则过人远矣。"

孟子曰："以佚道使民，虽劳不怨。以生道杀民，虽死不怨杀者。"

孟子曰："霸者之民，驩虞如也。王者之民，皞皞如也。杀之而不怨，利之而不庸，民日迁善而不知为之者。夫君子所过者化，所存者神，上下与天地同流，岂曰小补之哉？"

孟子曰："仁言不如仁声之人人深也。善政不如善教之得民也。善政，民畏之；善教，民爱之。善政得民财，善教得民心。"

孟子曰："人之所不学而能者，其良能也；所不虑而知者，其良知也。孩提之童无不知爱其亲者；及其长也，无不知敬其兄也。亲亲，仁也；敬长，义也；无他，达之天下也。"

孟子曰："舜之居深山之中，与木石居，与鹿豕游。其所以异于深山之野人者几希。及其闻一善言，见一善行，若决江河，沛然莫之能御也。"

孟子曰："无为其所不为，无欲其所不欲，如此而已矣。"

孟子曰："人之有德慧术知者，恒存乎疢疾。独孤臣孽子，其操心也危，其虑患也深，故达。"

孟子曰："有事君人者，事是君则为容悦者也。有安社稷臣者，以安社稷为悦者也。有天民者，达可行于天下而后行之者也。有大人者，正己而物正者也。"

孟子曰："君子有三乐，而王天下不与存焉。父母俱存，兄弟无故，一乐也。仰不愧于天，俯不怍于人，二乐也；得天下英才而教育之，三乐也。君子有三乐，而王天下不与存焉。"

孟子曰："广土众民，君子欲之，所乐不存焉。中天下而立，定四海之民，君子乐之，所性不存焉。君子所性，虽大行不加焉，虽穷居不损焉，分定故也。君子所性，仁义礼智根于心，其生色也睟然，见于面，盎于背，施于四体，四体不言而喻。"

孟子曰："伯夷辟纣，居北海之滨，闻文王作，兴曰：'盍归乎来？吾闻西伯善养老者。'太公辟纣，居东海之滨，闻文王作，兴曰：'盍归乎来？吾闻西伯善养老者。'天下有善养老，则仁人以为己归矣。五亩之宅，树墙下以桑，匹妇蚕之，则老者足以衣帛矣。五母鸡，二母彘，无失其时，老者足以无失肉矣。百亩之田，匹夫耕之，八口之家足以无饥矣。所谓西伯善养老者，制其田里，教之树畜，导其妻子使养其老。五十非帛不暖，七十非肉不饱。不暖不饱，谓之冻馁。文王之民无冻馁之老者，此之谓也。"

孟子曰："易其田畴，薄其税敛，民可使富也。食之以时，用之以礼，财不可胜用也。民非水火不生活，昏暮叩人之门户求水火，无弗与者，至足矣。圣人治天下，使有菽粟如水火。菽粟如水火，而民焉有不仁者乎？"

孟子曰："孔子登东山而小鲁，登泰山而小天下，故观于海者难为水，游于圣人之门者难为言。观水有术，必观其澜。日月有明，容光必照焉。流水之为物也，不盈科不行；君子之志于道也，不成章不达。"

孟子曰："鸡鸣而起，孳孳为善者，舜之徒也；鸡鸣而起，孳孳为利者，跖之徒也。欲知舜与跖之分，无他，利与善之间也。"

孟子曰："杨子取为我，拔一毛而利天下，不为也。墨子兼爱，摩顶放踵利天下，为之。子莫执中。执中为近之。执中无权，犹执一也。所恶执一者，为其贼道也，举一而废百也。"

孟子曰："饥者甘食，渴者甘饮，是未得饮食之正也，饥渴害之也。岂惟口腹有饥渴之害？人心亦皆有害。人能无以饥渴之害为心害，则不及人不为忧矣。"

孟子曰："柳下惠不以三公易其介。"

孟子曰："有为者辟若掘井，掘井九轫而不及泉，犹为弃井也。"

孟子曰："尧、舜，性之也；汤、武，身之也；五霸，假之也。久假而不归，恶知其非有也？"

公孙丑曰："伊尹曰：'予不狎于不顺，放太甲于桐，民大悦。太甲贤，又反之，

民大悦。'贤者之为人臣也，其君不贤，则固可放与？"孟子曰："有伊尹之志则可，无伊尹之志则篡也。"

公孙丑曰："《诗》曰：'不素餐兮。'君子之不耕而食，何也？"孟子曰："君子居是国也，其君用之，则安富尊荣；其子弟从之，则孝悌忠信。'不素餐兮'，孰大于是？"

王子垫问曰："士何事？"孟子曰："尚志。"曰："何谓尚志？"曰："仁义而已矣。杀一无罪，非仁也。非其有而取之，非义也。居恶在？仁是也。路恶在？义是也。居仁由义，大人之事备矣。"

孟子曰："仲子，不义与之齐国而弗受，人皆信之，是舍箪食豆羹之义也。人莫大焉亡亲戚君臣上下。以其小者信其大者，奚可哉？"

桃应问曰："舜为天子，皋陶为士，瞽瞍杀人，则如之何？"孟子曰："执之而已矣。""然则舜不禁与？"曰："夫舜恶得而禁之？夫有所受之也。""然则舜如之何？"曰："舜视弃天下犹弃敝蹝也。窃负而逃，遵海滨而处，终身䜣然，乐而忘天下。"

孟子自范之齐，望见齐王之子，喟然叹曰："居移气，养移体，大哉居乎！夫非尽人之子与？"孟子曰："王子宫室、车马、衣服多与人同，而王子若彼者，其居使之然也。况居天下之广居者乎？鲁君之宋，呼于垤泽之门。守者曰：'此非吾君也，何其声之似我君也？'此无他，居相似也。"

孟子曰："食而弗爱，豕交之也；爱而不敬，兽畜之也。恭敬者，币之未将者也。恭敬而无实，君子不可虚拘。"

孟子曰："形、色，天性也。惟圣人然后可以践形。"

齐宣王欲短丧。公孙丑曰："为期之丧，犹愈于已乎？"孟子曰："是犹或紾其兄之臂，子谓之姑徐徐云尔，亦教之孝悌而已矣。"王子有其母死者，其傅为之请数月之丧。公孙丑曰："若此者何如也？"曰："是欲终之而不可得也。虽加一日愈于已，谓夫莫之禁而弗为者也。"

孟子曰："君子之所以教者五：有如时雨化之者，有成德者，有达财者，有答问者，有私淑艾者。此五者，君子之所以教也。"

公孙丑曰："道则高矣，美矣，宜若登天然，似不可及也。何不使彼为可几及而日孳孳也？"孟子曰："大匠不为拙工改废绳墨，羿不为拙射变其彀率。君子引而不发，跃如也。中道而立，能者从之。"

孟子曰："天下有道，以道殉身；天下无道，以身殉道。未闻以道殉乎人者也。"

公都子曰："滕更之在门也，若在所礼，而不答，何也？"孟子曰："挟贵而问，挟贤而问，挟长而问，挟有勋劳而问，挟故而问，皆所不答也。滕更有二焉。"

孟子曰："于不可已而已者，无所不已。于所厚者薄，无所不薄也。其进锐者，其退速。"

孟子曰："君子之于物也，爱之而弗仁；于民也，仁之而弗亲。亲亲而仁民，仁民而爱物。"

孟子曰："知者无不知也，当务之为急；仁者无不爱也，急亲贤之为务。尧、舜之知而不遍物，急先务也；尧、舜之仁不遍爱人，急亲贤也。不能三年之丧，而缌、小功之察；放饭流歠，而问无齿决，是之谓不知务。"

【译文】

孟子说："把善良的本心尽量发挥，这就是懂得了人的本性。懂得了人的本性，就懂得天命了。保持了人的本心，培养人的本性，这就是对待天命的方法。短命也好，长寿也好，我都不三心二意，只是培养身心，等待天命，这就是安身立命的方法。"

孟子说："无一不是命运，但顺理而行，所接受的便是正命；所以懂得命运的人不站在有倾倒危险的墙壁之下。尽力行道而死的人所受的是正命，犯罪而死的人所受的不是正命。"

孟子说："（有些东西）探求，便会得到；放弃，便会失掉，这样的探求，有益于收获，因为所探求的正存在于我本身。探求有一定的方式，得到与否却听从命运，这种探求无益于收获，因为所探求的存在于我本身之外。"

孟子说："一切我都具备了。反躬自问，自己是忠诚踏实的，便是最大的快乐。不懈地按推己及人的恕道去做，达到仁德的道路没有比这更直接的了。"

孟子说："如此做去，却不明白其当然；习惯了却不探求其所以然，一生都在这条大路走着，却不了解这是什么道路的，这是一般的人。"

孟子说："人不可以没有羞耻，不知羞耻的那种羞耻，真是不知羞耻呀！"

孟子说："羞耻对于人关系重大，于机谋巧诈事情的人是没有地方用得着羞耻的。不以赶不上别人为羞耻，怎样能赶上别人呢？"

孟子说："古代的贤君乐于善言善行，因而忘记自己的富贵权势；古代的贤士何尝不是这样？乐于走他自己的道路，因而也忘记了别人的富贵权势，所以王公不对他恭敬尽礼，就不能够多次地和他相见。相见的次数尚且不能够多，何况要他作为臣下呢？"

孟子对宋勾践说："你喜欢游说各国的君主吗？我告诉你游说的态度，别人理解我，我也自得其乐；别人不理解我，我也自得其乐。"宋勾践说："要怎样才能够自得其乐呢？"答道："崇尚德，喜爱义，就可以自得其乐了。所以，士人穷困时，不失掉义，得意时，不离开道。穷困时不失掉义，所以自得其乐；得意时不离开道，所以百姓不致失望。古代的人，得意，恩泽普施于百姓，不得意，修养个人品德，以此表现于世。穷困便独善其身，得意便兼善天下。"

孟子说："一定要等待文王出来而后奋发的，是一般百姓。至于出色的人才，纵使没有文王，也能奋发起来。"

孟子说："用春秋时晋国六卿中的韩、魏两家大臣的财富来增强他，如果他并不自满，这样的人就远远超出一般人。"

孟子说："在求老百姓安逸的原则下来役使百姓，百姓虽然劳苦，也不怨恨，在求

老百姓生存的原则下来杀人，那人虽被杀死，也不会怨恨杀他的人。"

孟子说："霸主的（功业显著，）百姓欢喜快乐，圣王的（功德浩荡，）百姓心情舒畅，杀了他，也不怨恨；给了他，也不认为应该酬谢，天天向好的方面发展，也不知道谁使他这样。圣人经过之处，人们受到感化，驻足之处，所起的作用，更神秘莫测，上与天，下与地同时运转，难道只是小小的补益吗？"

孟子说："仁德的言语赶不上仁德的音乐深入人心，良好的政治赶不上良好的教育深得民心。良好的政治，百姓怕它；良好的教育，百姓爱它。良好的政治得到百姓的财，良好的教育得到百姓的心。"

孟子说："人不待学习便能做到的，这是良能；不待思考便会知道的，这是良知。两三岁的小孩儿没有不爱他父母的，等到他长大，没有不知道恭敬兄长的。亲爱父母是仁，恭敬兄长是义，这没有其他原因，因为这两种品德可以通行于天下。"

孟子说："舜住在深山的时候，和木石为伴，与猪鹿同游，跟深山中一般人不同的地方极少；等到他听到一句好的言语，看到一桩好的行为，（便采用推行，）这种力量，好像江河决了口，汹涌澎湃，谁也阻挡不了。"

孟子说："不做我不愿做的事，不要我不想要的东西。这样就行了。"

孟子说："人之所以有道德、智慧、本领、知识，经常是由于他有灾患。只有孤立之臣、庶孽之子，他们时常提高警惕，考虑患害也深，所以才通达事理。"

孟子说："有侍奉君主的人，那是侍奉某一君主，就一味讨他喜欢的人；有安定国家之臣，那是以安定国家为乐的人；有天民，那是他的道能行于天下时，然后去实行的人；有大人，那是端正了自己，外物便随着端正了的人。"

孟子说："君子有三种乐趣，但是以德服天下并不在其中。父母都健在，兄弟没灾患，是第一种乐趣；抬头无愧于天，低头无愧于人，是第二种乐趣；得到天下优秀人才而对他们进行教育，是第三种乐趣。君子有三种乐趣，但是以德服天下并不在其中。"

孟子说："拥有广大的土地，众多的人民，是君子的希望，但是乐趣不在这儿；居于天下的中央，安定天下的百姓，君子以此为乐，但是本性不在这儿。君子的本性，纵使他的理想通行于天下，也并不因此而增，纵使穷困隐居也不因此而减，这是因为本分已固定了的缘故。君子的本性，仁义礼智根植于他心中，而表现在外的是安逸祥和，它表现在颜面，反映于肩背，延伸到手足四肢，在手足四肢的动作上，不必言语，别人一目了然。"

孟子说："伯夷避开纣王，住在北海海滨，听说文王兴起来了，兴奋地说：'何不归到西伯那里去呢？我听说他是善于养老的人。'姜太公避开纣王，住在东海海边，听说文王兴起来了，兴奋地说：'何不归到西伯那里去呢！我听说他是善于养老的人。'天下有善于养老的人，那仁人便把他作自己的依靠了。五亩地的房屋，在墙下栽培桑树，妇女养蚕缫丝，老年人足以有丝棉穿了。五只母鸡，二只母猪，加以饲养，使它们繁殖，老年人足以有肉吃了。百亩的土地，男子去耕种，八口人的家庭足以吃饱了。

所谓西伯善于养老,就在于他制定了土地制度,教育人民栽种畜牧,引导他们的妻子儿女去奉养老人,五十岁,没有丝棉便穿不暖,七十岁,没有肉便吃不饱,穿不暖,吃不饱,叫做挨冻受饿。文王的百姓没有挨冻受饿的老人,就是这个意思。"

孟子说:"搞好耕种,减轻税收,可以使百姓富足。按时食用,依礼消费,财物是用不尽的。百姓没有水和火便活不下去,黄昏夜晚敲别人的门房来求水火,没有不给与的,为什么呢?因为水火极多的缘故。圣人治理天下,要使粮食好比水火那么多。粮食同水火那样多了,百姓哪有不仁爱的呢?"

孟子说:"孔子上了东山,便觉得鲁国小了;上了泰山,便觉得天下也不大了;所以对于看过海洋的人,别的水便难于吸引他了;对于曾在圣人之门学习过的人,别的议论也就难于吸引他了。看水有方法,一定要看它的壮阔的波澜。太阳月亮都有光辉,一点儿缝隙都一定照到。流水这个东西不把土坎流满,不再向前流;君子的有志于道,没有一定的成就,也就不能通达。"

孟子说:"鸡叫便起来,努力行善的人,是舜一类人物;鸡叫便起来,努力求利的人,是盗跖一类人物。要晓得舜和盗跖的分别,没有别的,求利和求善的区别罢了。"

孟子说:"杨子主张为我,拔一根汗毛而有利于天下,都不肯干。墨子主张兼爱,摩秃头顶,走破脚跟,只要对天下有利,一切都干,子莫就主张中道。主张中道便差不多了。但是主张中道如果没有灵活性,便是拘泥于一点。为什么厌恶拘泥一点呢?因为它有损于仁义之道,只是拿起一点而废弃了其余的缘故。"

孟子说:"肚子饿的人觉得什么食物都好吃,干渴的人觉得任何饮料都甘甜。他不能知道饮料食品的正常滋味,是由于受了饥饿干渴损害的缘故。难道仅仅口舌肚皮有饥饿干渴的损害吗?人心也有这种损害。如果人们(能够经常培养心志,)不使它遭受口舌肚皮那样的饥饿干渴,那(自然容易进入圣贤的境界,)不会以赶不上别人为忧虑了。"

孟子说:"柳下惠不因为有大官做便改变他的操守。"

孟子说:"做一件事情譬如掏井,掏到六七丈深还不见泉水,还是一眼废井。"

孟子说:"尧舜的实行仁义,是习于本性,因其自然;商汤和周武王便是亲身体验,努力推行;五霸便是借来运用,以此谋利。但是,借得长久了,总不归还,你又怎能知道他不(弄假成真,)终于变成他自己的呢?"

公孙丑说:"伊尹说过:'我不亲近违背义礼的人,因此把太甲放逐到桐邑,百姓大为高兴。太甲变好了,又让他回来(复位),百姓大为高兴。'贤人作为臣属,君王不好,就可以放逐吗?"孟子说:"有伊尹那样的心迹,未尝不可,如果没有伊尹那样的心迹,便是篡夺了。"

公孙丑说:"《诗》说,'不白吃饭呀',可是君子不种庄稼,也来吃饭,为什么呢?"孟子说:"君子居住在一个国家,君王用他,就会平安、富足、尊贵而有名誉;少年子弟信从他,就会孝父母、敬兄长、忠心而守信实。'不白吃饭',还有比这更好的吗?"

制作车轮的作坊，汉画像石，山东嘉祥洪山村。

　　王子垫问道："士做什么事？"孟子答道："要使自己的志行高尚。"问道："怎样才算自己的志行高尚？"答道："行仁和义罢了。杀一个无罪的人，是不仁；不是自己所有，却取了过来，是不义。他住在哪里呢？仁便是；他走在哪里呢？义便是。住在仁的屋宇里，走在义的大路上，便够格做一个大写的人了。"

　　孟子说："陈仲子，假定不合理地把齐国交给他，他都不会接受，别人都相信他，（但是）他那种义也只是抛弃一筐饭一碗汤的义。人的罪过没有比不要父兄君臣尊卑还大的，而因为他有小节操，便相信他的大节操，怎样可以呢？"

　　桃应问道："舜做天子，皋陶做法官，如果瞽瞍杀了人，那怎么办？"孟子答道："把他逮捕起来罢了。""那么，舜不阻止吗？"答道："舜怎么能阻止呢？他去逮捕是有根据的。""那么，舜该怎么办呢？"答道："舜把抛弃天子之位看成抛弃破鞋一样。偷偷地背着父亲而逃走，沿着海边住下来，一辈子快乐得很，把曾经做过天子的事忘记掉。"

　　孟子从范邑到齐都，远远地望见了齐王的儿子，长叹一声道："环境改变气度，奉养改变体质，环境真是重要呀！他难道不也是人的儿子吗？（为什么就显得特别不同了呢？）"又说："王子的住所、车马和衣服多半和别人相同，为什么王子却像那样呢？是因为他的居住环境使他这样的；何况以'仁'为自己住所的人呢？鲁君到宋国去，在宋国的东南城门下呼喊，守门的说：'这不是我的君主呀，为什么他的声音那么像我们的君主呢？'这没有别的缘故，环境相似罢了。"

　　孟子说："养活他而不爱怜他，等于养猪；爱怜他而不恭敬他，等于畜养狗马。恭敬之心是在致送礼物以前就具备了的。只有恭敬的外表，没有恭敬的实质，君子便不

可以被这种虚假的礼仪所拘束。"

孟子说："人的身体容貌是天生的,(这种外表的美要靠内在的美来充实它,)只有圣人才能做到(不愧于这一天赋)。"

齐宣王想要缩短守孝的时间。公孙丑说："(父母死了,)守孝一年,不是还比完全不守孝强些吗?"孟子说："这好比有一个人在扭他哥哥的胳膊,你却对他说,暂且慢慢地扭吧。(这算什么呢?)只是教导他以孝父母敬兄长便行了。"王子有死了母亲的,王子的师傅替他请求守孝几个月。公孙丑问道:"像这样的事,怎么样?"孟子答道:"这个是由于王子想要把三年的丧期守完而办不到,那么(我上次所讲,)纵使多守孝一天也比不守孝好,是对那些没有人禁止他守孝自己却不去守孝的人说的。"

孟子说:"君子教育的方式有五种:有像及时雨那样沾溉万物的,有成全品德的,有培养才能的,有解答疑问的,还有以流风余韵为后人所私自学习的。这五种便是君子教育的方式。"

公孙丑说:"道是很高很好,几乎像登天一般,似乎高不可攀,为什么不使它变成可以有希望攀求的因而叫别人每天去努力呢?"孟子说:"高明的工匠不因为拙劣工人改变或者废弃规矩,羿也不因为拙劣射手变更拉开弓的标准。君子(教导别人正如射手,)张满了弓,却不发箭,作出跃跃欲试的样子。他在正确道路之中站住,有能力的便跟随着来。"

孟子说:"天下清明,君子便施行他的'道';天下黑暗,君子则不惜为'道'而死;没有听说过牺牲'道'来迁就别人的。"

公都子说:"滕更在您门下的时候,似乎该在以礼相待之列,可是您却不回答他,为什么呢?"孟子说:"倚仗着自己的权势而来发问,倚仗着自己贤能而来发问,倚仗着自己年纪大而来发问,倚仗着自己有功劳而来发问,倚仗着自己是老交情而来发问,都是我所不回答的。(在这五条里面)滕更占了两条。"

孟子说:"对于不可以停止的工作却停止了,那没有什么不可以停止的了;对于应厚待的人却去薄待他,那没有谁不可以薄待的了。前进太猛的人,后退也会快。"

孟子说:"君子对于万物,爱惜它,却不用仁德对待它;对于百姓,用仁德对待他,却不亲爱他。君子亲爱亲人,因而仁爱百姓;仁爱百姓,因而爱惜万物。"

孟子说:"智者没有不该知道的,但是急于当前的重要工作;仁者没有不爱的,但是务必先爱亲人和贤者。尧舜的智慧不能完全知道一切事物,因为他急于知道首要任务;尧舜的仁德不能普遍爱一切人,因为他急于爱亲人和贤者。如果不能够实行三年的丧礼,却对于缌麻三月、小功五月的丧礼仔细讲求,在尊长之前用餐,大口吃饭,大口喝汤,(没有礼貌,)却讲求不要用牙齿啃断干肉,这个叫做不识大体。"

尽心章句下

【原文】

孟子曰:"不仁哉梁惠王也!仁者以其所爱及其所不爱,不仁者以其所不爱及其所爱。"公孙丑问曰:"何谓也?""梁惠王以土地之故,糜烂其民而战之,大败。将复之,恐不能胜,故驱其所爱子弟以殉之,是之谓以其所不爱及其所爱也。"

孟子曰:"春秋无义战。彼善于此,则有之矣。征者,上伐下也,敌国不相征也。"

孟子曰:"尽信《书》,则不如无《书》。吾于《武成》,取二三策而已矣。仁人无敌于天下,以至仁伐至不仁,而何其血之流杵也?"

孟子曰:"有人曰:'我善为陈,我善为战。'大罪也。国君好仁,天下无敌焉。南面而征,北狄怨;东面而征,西夷怨。曰:'奚为后我?'武王之伐殷也,革车三百两,虎贲三千人。王曰:'无畏!宁尔也,非敌百姓也。'若崩厥角稽首。征之为言正也,各欲正己也,焉用战?"

孟子曰:"梓匠轮舆能与人规矩,不能使人巧。"

梁惠王

孟子曰:"舜之饭糗茹草也,若将终身焉。及其为天子也,被袗衣,鼓琴,二女果,若固有之。"

孟子曰:"吾今而后知杀人亲之重也。杀人之父,人亦杀其父;杀人之兄,人亦杀其兄。然则非自杀之也,一间耳。"

孟子曰:"古之为关也,将以御暴;今之为关也,将以为暴。"

孟子曰:"身不行道,不行于妻子;使人不以道,不能行于妻子。"

孟子曰:"周于利者凶年不能杀,周于德者邪世不能乱。"

孟子曰:"好名之人能让千乘之国,苟非其人,箪食豆羹见于色。"

孟子曰:"不信仁贤,则国空虚;无礼义,则上下乱;无政事,则财用不足。"

孟子曰:"不仁而得国者有之矣,不仁而得天下者未之有也。"

孟子曰:"民为贵,社稷次之,君为轻。是故得乎丘民而为天子,得乎天子为诸

侯，得乎诸侯为大夫。诸侯危社稷，则变置。牺牲既成，粢盛既絜，祭祀以时，然而旱干水溢，则变置社稷。"

孟子曰："圣人，百世之师也，伯夷、柳下惠是也。故闻伯夷之风者，顽夫廉，懦夫有立志；闻柳下惠之风者，薄夫敦，鄙夫宽。奋乎百世之上，百世之下，闻者莫不兴起也。非圣人而能若是乎？而况于亲炙之者乎？"

孟子曰："仁也者，人也。合而言之，道也。"

孟子曰："孔子之去鲁，曰：'迟迟吾行也。'去父母国之道也。去齐，接淅而行，去他国之道也。"

孟子曰："君子之厄于陈、蔡之间，无上下之交也。"

貉稽曰："稽大不理于口。"孟子曰："无伤也。士憎兹多口。《诗》云：'忧心悄悄，愠于群小。'孔子也。'肆不殄厥愠，亦不陨厥问。'文王也。"

孟子曰："贤者以其昭昭，使人昭昭；今以其昏昏，使人昭昭。"

孟子谓高子曰："山径之蹊，间介然用之而成路，为间不用，则茅塞之矣。今茅塞子之心矣。"

高子曰："禹之声尚文王之声。"孟子曰："何以言之？"曰："以追蠡。"曰："是奚足哉？城门之轨，两马之力与？"

齐饥。陈臻曰："国人皆以夫子将复为发棠，殆不可复。"孟子曰："是为冯妇也。晋人有冯妇者，善搏虎，卒为善士。则之野，有众逐虎。虎负嵎，莫之敢撄。望见冯妇，趋而迎之。冯妇攘臂下车。众皆悦之，其为士者笑之。"

孟子曰："口之于味也，目之于色也，耳之于声也，鼻之于臭也，四肢之于安佚也，性也。有命焉，君子不谓性也。仁之于父子也，义之于君臣也，礼之于宾主也，知之于贤者也，圣人之于天道也，命也。有性焉，君子不谓命也。"

浩生不害问曰："乐正子何人也？"孟子曰："善人也，信人也。""何谓善？何谓信？"曰："可欲之谓善，有诸己之谓信，充实之谓美，充实而有光辉之谓大，大而化之之谓圣，圣而不可知之之谓神。乐正子，二之中、四之下也。"

孟子曰："逃墨必归于杨，逃杨必归于儒。归，斯受之而已矣。今之与杨、墨辩者，如追放豚，既入其苙，又从而招之。"

孟子曰："有布缕之征，粟米之征，力役之征。君子用其一，缓其二。用其二而民有殍，用其三而父子离。"

孟子曰："诸侯之宝三：土地、人民、政事。宝珠玉者，殃必及身。"

盆成括仕于齐，孟子曰："死矣盆成括！"盆成括见杀，门人问曰："夫子何以知其将见杀？"曰："其为人也小有才，未闻君子之大道也，则足以杀其躯而已矣。"

孟子之滕，馆于上宫。有业屦于牖上，馆人求之弗得。或问之曰："若是乎从者之廋也？"曰："子以是为窃屦来与？"曰："殆非也。夫子之设科也，往者不追，来者不拒。苟以是心至，斯受之而已矣。"

孟子曰："人皆有所不忍，达之于其所忍，仁也；人皆有所不为，达之于其所为，

义也。人能充无欲害人之心，而仁不可胜用也；人能充无穿窬之心，而义不可胜用也；人能充无受尔汝之实，无所往而不为义也。士未可以言而言，是以言餂之也；可以言而不言，是以不言餂之也。是皆穿窬之类也。"

孟子曰："言近而指远者，善言也；守约而施博者，善道也。君子之言也，不下带而道存焉。君子之守，修其身而天下平。人病舍其田而芸人之田——所求于人者重，而所以自任者轻。"

孟子曰："尧、舜，性者也。汤、武，反之也。动容周旋中礼者，盛德之至也。哭死而哀，非为生者也。经德不回，非以干禄也。言语必信，非以正行也。君子行法，以俟命而已矣。"

孟子曰："说大人则藐之，勿视其巍巍然。堂高数仞，榱题数尺，我得志，弗为也。食前方丈，侍妾数百人，我得志，弗为也。般乐饮酒，驱骋田猎，后车千乘，我得志，弗为也。在彼者，皆我所不为也，在我者，皆古之制也，吾何畏彼哉？"

孟子曰："养心莫善于寡欲。其为人也寡欲，虽有不存焉者，寡矣；其为人也多欲，虽有存焉者，寡矣。"

曾皙嗜羊枣，而曾子不忍食羊枣。公孙丑问曰："脍炙与羊枣孰美？"孟子曰："脍炙哉！"公孙丑曰："然则曾子何为食脍炙而不食羊枣？"曰："脍炙所同也，羊枣所独也。讳名不讳姓，姓所同也，名所独也。"

万章问曰："孔子在陈曰：'盍归乎来！吾党之小子狂简，进取，不忘其初。'孔子在陈，何思鲁之狂士？"孟子曰："孔子'不得中道而与之，必也狂狷乎！狂者进取，狷者有所不为也'。孔子岂不欲中道哉？不可必得，故思其次也。""敢问何如斯可谓狂矣？"曰："如琴张、曾皙、牧皮者，孔子之所谓狂矣。""何以谓之狂也？"曰："其志嘐嘐然，曰：'古之人，古之人。'夷考其行，而不掩焉者也。狂者又不可得，欲得不屑不絜之士而与之，是獧也，是又其次也。孔子曰：'过我门而不入我室，我不憾焉者，其惟乡原乎！乡原，德之贼也。'"曰："何如斯可谓之乡原矣？"曰："'何以是嘐嘐也？言不顾行，行不顾言，则曰古之人，古之人。行何为踽踽凉凉？生斯世也，为斯世也，善斯可矣'。阉然媚于世也者，是乡原也。"万子曰："一乡皆称原人焉，无所往而不为原人，孔子以为德之贼，何哉？"曰："非之无举也，刺之无刺也。同乎流俗，合乎污世。居之似忠信，行之似廉絜，众皆悦之，自以为是，而不可与入尧、舜之道，故曰'德之贼'也。孔子曰：'恶似而非者，恶莠，恐其乱苗也；恶佞，恐其乱义也；恶利口，恐其乱信也；恶郑声，恐其乱乐也；恶紫，恐其乱朱也；恶乡原，恐其乱德也。'君子反经而已矣。经正则庶民兴，庶民兴，斯无邪慝矣。"

孟子曰："由尧、舜至于汤，五百有馀岁。若禹、皋陶，则见而知之；若汤，则闻而知之。由汤至于文王，五百有馀岁。若伊尹、莱朱，则见而知之；若文王，则闻而知之。由文王至于孔子，五百有馀岁。若太公望、散宜生，则见而知之；若孔子，则闻而知之。由孔子而来至于今，百有馀岁，去圣人之世，若此其未远也，近圣人之居，若此其甚也，然而无有乎尔，则亦无有乎尔。"

【译文】

　　孟子说："太不仁义了，梁惠王这个人呀！仁人把他对待所喜爱者的恩德推而及于他所不爱的人，不仁者却把他加给所不喜爱者的祸害推而及于他所喜爱的人。"公孙丑问道："这话是什么意思呢？"答道："梁惠王为了争夺土地的缘故，驱使他的百姓去作战，使他们（暴尸郊野，）骨肉糜烂。被打得大败了，预备再战，怕不能得胜，又驱使他所喜爱的子弟去死战，这个便叫做把他加给所不喜爱者的祸害推而及于他所喜爱的人。"

　　孟子说"春秋时代没有正义战争。那一国的君主比这一国的君主好一点，那是有的。但是征讨的意思是上级讨伐下级，同等级的国家是不能互相征讨的"。

　　孟子说："完全相信《书》，那不如没有《书》。我对于《武成》一篇，所取的不过两三页罢了。仁人在天下没有敌手，凭周武王这极为仁道的人来讨伐商纣这极为不仁的人，怎么会使血流得（那么多，甚至）把捣米用的长木槌都漂流起来了呢？"

　　孟子说："有人说，'我善于布阵，我善于作战。'其实这是大罪恶。一国的君主如果喜爱仁德，普天之下不会有敌手。（商汤）征讨南方，北方便怨恨；征讨东方，西方便怨恨，说：'为什么晚到我这里来？'周武王讨伐殷商，兵车三百辆，勇士三千人。武王（对殷商的百姓）说：'不要害怕！我是来安定你们的，不是同你们为敌的。'百姓便都把额角触地叩起头来。征的意思是正，各人都希望端正自己，那又何必要战争呢？"

　　孟子说："木工以及专做车轮或者车箱的人能够把制作的规矩准则传授给别人，却不能够使别人一定具有高明的技巧（，那是要自己去寻求的）。"

　　孟子说："舜吃干粮啃野菜的时候，似乎准备终身如此；等他做了天子，穿着麻葛单衣，弹着琴，尧的两个女儿侍候着，又好像这些本来是有了的。"

　　孟子说："我今天才知道杀戮别人亲人的严重性了；杀了别人的父亲，别人也就会杀他的父亲；杀了别人的哥哥，别人也就会杀他的哥哥。那么，（虽然父亲和哥哥）不是被自己杀掉的，但也相差不远了。"

　　孟子说："古代设立关卡是打算抵御残暴，今天设立关卡却是打算实行残暴。"

　　孟子说："本人不依道而行，道在妻子儿女身上都行不通；使唤别人不合于道，要去使唤妻儿女都不可能。"

　　孟子说："财利富足的人荒年都不受窘困，道德高尚的人乱世都不会迷惑。"

　　孟子说："好名的人可以把有千辆兵车国家的君位让给别人，但是，若不是他要让的人，就是要他让一筐饭，一碗汤，脸上也会显出不高兴的神色。"

　　孟子说："不信任仁德贤能的人，那国家就会空虚；没有礼义，上下的关系就会混乱；没有好的政治，国家的用度就会不够。"

　　孟子说："不仁道却能得着一个国家的，有这样的事；不仁道却能得到天下的，这样的事就不曾有过。"

孟子说:"百姓最为重要,土谷之神为次,君主为轻。所以得着百姓的欢心便做天子,得着天子的欢心便做诸侯,得着诸侯的欢心便做大夫。诸侯危害国家,那就改立。牺牲既已肥壮,祭品又已洁净,也依一定时候致祭,但是还遭受旱灾水灾,那就改立土谷之神。"

孟子说:"圣人是百代的老师,伯夷和柳下惠便是这样的人,所以听到伯夷风操的人,贪得无厌的人清廉起来了,懦弱的人也有独立不屈的意志了;听到柳下惠风操的人,刻薄的人也厚道起来了,胸襟狭小的人也宽大起来了。他们在百代以前发奋而为,在百代而后,听到的人没有不为之感动奋发的。不是圣人,能够像这样吗?(百代以后还如此,)何况亲自接受熏陶的人呢?"

孟子说:"'仁'的意思就是'人','仁'和'人'合并起来说,便是'道'。"

孟子说:"孔子离开鲁国,说:'我们慢慢走吧,这是离开祖国的态度。'离开齐国,便不等把米淘完,漉干就走——这是离开别国的态度。"

孟子说:"孔子被困在陈国、蔡国之间,是由于对两国的君臣没有交往的缘故。"

貉稽说:"我被人家说得很坏。"

孟子说:"没有关系。士人便厌恶这种多嘴多舌。《诗》说过:'烦恼沉沉压在心,小人当我眼中钉。'孔子可以说是这样的人。又说:'不消灭别人的怨恨,也不失去自己的名声。'这说的是文王。"

孟子说:"贤人(教导别人,)必先使自己彻底明白了,然后才去使别人明白;今天的人(教导别人,)自己还模模糊糊,却用这些模模糊糊的东西去使别人明白。"

孟子对高子说道:"山坡上的小路,经常去走它就变成了一条路;只要有一个时候不去走它,又会被茅草堵塞了。现在茅草也把你的心堵塞了。"

高子说:"禹的音乐比文王的音乐好。"孟子说:"这样说有什么根据呢?"答曰:"因为禹传下来的钟钮都快断了。"孟子说:"这个何足以证明呢?城门下车迹那样深,难道只是几匹马的力量吗?(是由于日子长久车马经过多的缘故。禹的钟钮要断绝了,也是由于日子长久了的关系呢。)"

齐国遭了饥荒,陈臻对孟子说:"国内的人都以为老师会再度劝请齐王打开棠地的仓库来赈济灾民,大概不可以再这样做吧。"孟子说:"再这样做便成了冯妇了。晋国有个人叫冯妇的,善于和老虎搏斗。后来变好了,(不再打虎了,)士人都拿他做榜样。有次野地里有许多人正追逐老虎。老虎背靠着山角,没有人敢于去追近它。他们望到冯妇了,便快步向前去迎接。冯妇也就捋起袖子,伸出胳膊,走下车来。大家都高兴他,可是作为士的那些人却在讥笑他。"

孟子说:"口的对于美味,眼的对于美色,耳的对于好听的声音,鼻的对于芬芳的气味,手足四肢的喜欢舒服,这些都是人的天性使然,但是得到与否,却属于命运,所以君子不把它们认为是天性的必然,(因此不去强求。)仁对于父子之间,义对于君臣之间,礼对于宾主之间,智慧的对于贤者,圣人的对于天道,能够实现与否,属于命运,但也是天性的必然,所以君子不把它们认为是该属于命运的(,因而努力去顺

从天性，求其实现）。"

浩生不害问道："乐正子是怎样的人？"孟子答道："好人，实在人。""怎么叫好？怎么叫实在？"

答道："那人值得喜欢便叫做'好'；那些好处实际存在于他本身便叫做'实在'；那些好处充满于他本身便叫做'美'；不但充满，而且光辉地表现出来便叫做'大'；既光辉地表现出来了，又能融化贯通，便叫做'圣'；圣德到了神妙不可测度的境界便叫做'神'。乐正子是介于'好'和'实在'两者之中，'美'、'大'、'圣'、'神'四者之下的人物。"

孟子说："逃离墨子一派的，一定归入杨朱这一派来；逃离杨朱一派的，一定回到儒家来。回来，这就接受他算了。今天同杨、墨两家相辩论的人，好像追逐已走失的猪一般，已经送回猪圈里了，还要把它的脚绊住（，生怕它再走掉）。"

孟子说："有征收布帛的赋税，有征收谷米的赋税，还有征发人力的赋税。君子于三者之中，采用一种，那两种便暂时不用。如果同时用两种，百姓便会有饿死的；如果同时用三种，那父子之间便只能离散互不相顾了。"

冯妇，选自《清刻历代画像传》。

孟子说："诸侯的宝贝有三样：土地、百姓和政治。以珍珠美玉为宝贝的，祸害一定会到他身上来。"

盆成括在齐国做官，孟子说："盆成括要死了！"盆成括被杀，学生问道："老师怎么知道他会被杀？"答道："他这个人有点小聪明，但是不曾知道君子的大道，那便足以惹来杀身之祸。"

孟子到了滕国，住在上宫。有一双没有织成的草鞋放在窗台上，旅馆中人去取，却不见了。有人便问孟子说："像这样，是跟随你的人把它藏起来了吧！"孟子说："你以为他们是为着偷草鞋而来的吗？"答道："大概不是的。（不过）你老人家开设的课程，（对学生的态度是）去的不追问，来的不拒绝，只要他们怀着学习的心来，便也接受了（，那难免良莠不齐呢）。"

孟子说:"每个人都有不忍心干的事,把它延伸到所忍心干的事上,便是仁;每个人都有不肯干的事,把它延伸到所肯干的事上,便是义。(换句话说,)人能够扩充不想害人的心,仁便用不尽了;人能够扩充不挖洞跳墙的心,义便用不尽了;人能够扩充不受鄙视的言行举止,(以至所言所行都不会遭到鄙视,)那随便到哪里都合于义了。(怎样叫做挖洞跳墙呢?譬如)一个士人,不可以同他谈论却去同他谈论,这是用言语来挑逗他,以便自己取利;可以同他谈论却不同他谈论,这是用沉默来挑逗他,以便自己取利,这些都是属于挖洞跳墙这一类型的。"

孟子说:"言语浅近而意义深远的,这是'善言';操守简单,效果却广大的,这是'善道'。君子的言语,讲的虽是常见的事情,可是'道'就在其中;君子的操守,从修养自己开始,(然后去影响别人,)从而使天下太平。有些人的毛病就在于放弃自己的田地,却去替别人耘田——要求别人的很重,自己负担的却很轻。"

孟子说:"尧舜的美德是出于本性,汤武则经过修身来恢复本性。动作容貌无不合于礼的,是美德中极高的了。哭死者而悲哀,不是给生者看的。依据道德而行,不致违礼,不是为了谋求官职。言语一定信实,不是为了让人知道我行为端正。君子只是依法度而行,来等待命运罢了。"

孟子说:"游说诸侯,就要藐视他,不要把他高高在上的地位放在眼里。殿堂的基础两三丈高,屋檐几尺宽,我如果得志,不这样干。菜肴满桌,姬妾几百,我如果得志,不这样干。饮酒作乐,驰驱畋猎,跟随的车子千把辆,我如果得志,不这样干。他所干的,都是我所不干的;我所干的,都符合古代制度,那我为什么要怕他呢?"

孟子说:"修养心性的方法没有比减少物质欲望更好的。他的为人,欲望不多,善性纵使有所丧失,也不会多;他的为人,欲望很多,善性纵使有所保存,也是极少的了。"

曾皙喜欢吃羊枣,曾子因而舍不得吃羊枣。公孙丑问道:"炒肉末同羊枣哪一种好吃?"孟子答道:"炒肉末呀!"公孙丑又问:"那么,曾子为什么吃炒肉末却不吃羊枣?"答道:"炒肉末是大家都喜欢吃的,羊枣只是个别人喜欢吃的。就好比父母之名应该避讳,姓却不避讳一样;因为姓是大家相同的,名却是他一个人的。"

万章问道:"孔子在陈国说:'何不回去呢!我那些学生们志大而狂放,进取而不忘本。'孔子在陈国,为什么思念鲁国这些狂放的人?"孟子答道:"孔子说过,不能结交中行之士,那一定只能结识狂放之人和狷介之士吧。狂放之人进取心强,狷介之士有所不为。孔子难道不想中行之士吗?不能一定得到,所以只想次一点的了。""请问,怎么样的人才能叫做狂放的人?"

孟子答道:"像琴张、曾皙、牧皮这类人就是孔子所说的狂放的人。""为什么说他们是狂放的人呢?"答道:"他们志大而好夸夸其谈,总是说:'古人呀!古人呀!'可是一考察他们的行为,却不和言语相吻合。这种狂放的人还得不到的话,便想和不屑于做坏事的人来交友,这又是狷介之士,这又是次一等的。孔子说:'从我家大门经过,却不进到我屋里来,我也并不遗憾的,那只有好好先生吧。好好先生,是戕害道

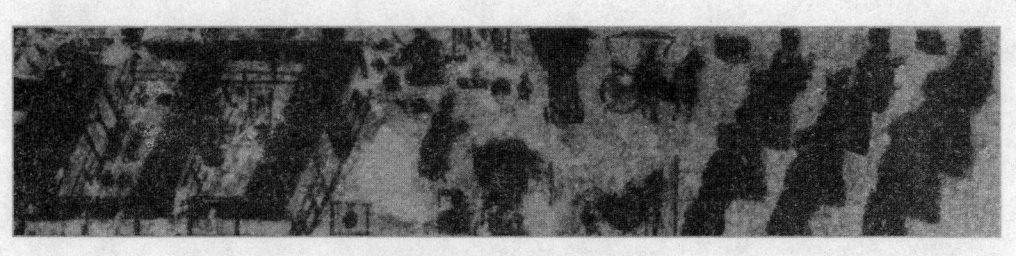
贵族豪强家居出行图,汉画像石。

德的贼人。'"问道:"怎样的人才可以管他叫好好先生呢?"答道:"(好好先生批评狂放之人说,)'为什么这样志气高扬,谈吐夸张呢?实在是言语不能和行为相照应,行为也不能同言语相照应,就只说古人呀,古人呀。'(又批评狷介之士说,)'又为什么这样落落寡合呢'?(又说,)'生在这个世界上,为这个世界做事,只要过得去便行了。'八面玲珑,四面讨好的人就是好好先生。"万章说:"全乡的人都说他是老好人,他也到处表现出是一个老好人,孔子竟把他看作戕害道德的贼人。为什么呢?"答道:"这种人,要非难他。却又举不出什么大错误来;要讥刺他,却也没什么可讥刺,他只是同流合污,为人好像忠诚老实,行为好像清正廉洁,大家也都喜欢他,他自己也以为正确,但是与尧舜之道完全违背,所以说他是戕害道德的贼人。孔子说过厌恶那种似是而非的东西:厌恶狗尾草,因为怕它把禾苗搞乱了;厌恶不正当的才智,因为怕它把义搞乱了;厌恶巧舌如簧,因为怕它把信实搞乱了;厌恶郑国的淫曲,因为怕它把雅乐搞乱了;厌恶紫色,因为怕它把大红色搞乱了;厌恶好好先生,就因为怕它把道德搞乱了。君子使一切事物回到经常正道便行了。经常正道不被歪曲,老百姓就会兴奋积极;老百姓兴奋积极,就没有邪恶了。"

  孟子说:"从尧舜到汤,经历了五百多年,像禹、皋陶那些人便是亲自看见尧舜之道而知其道的;像汤,便是只听到尧舜之道而知其道的。从汤到文王,又有五百多年,像伊尹、莱朱那些人,便是亲自看见而知其道的,像文王,便只是听到而知其道的。从文王到孔子,又有五百多年,像太公望、散宜生那些人,便是亲自看见而知其道的;像孔子,便只是听到而知其道的。从孔子一直到今天,有一百多年了,离开圣人的年代像这样的不远,距离圣人的家乡像这样的近,但是没有承继的人,那就是没有承继的人了。"

周易

【导读】

《周易》历来被推崇为群经之首、大道之源,对我国的哲学、史学、文学、艺术以及天文、乐律、兵法、算术都产生过巨大影响,是我国古代一部重要的文化典籍。内容分经、传两部分。经包括六十四卦的符号,以及与这些符号相关的卦辞、爻辞。传凡七种,包括《文言》、《彖传》上下、《象传》上下、《系辞传》上下、《说卦传》、《序卦传》、《杂卦传》,共十篇。十篇传文,均为《经》文大义的阐释与发挥,犹如羽翼之辅助鹏鸟飞翔,故又称《十翼》。《易传》对《易经》的解释,各有其不同的角度和方法。《文言》分前后两节,分别解释乾、坤两卦的卦辞和爻辞,前节称《乾文言》,后节称《坤文言》。《彖传》共六十四节,解释六十四卦的卦名、卦义及卦辞。彖的意思是断,即断定一卦之义,它往往以卦象、爻象为本,简括该卦主旨。《象传》共四百五十条,其中六十四条释卦名、卦义,称《大象传》,三百八十六条释爻辞,称《小象传》。释卦名卦义者,以卦象为依据,释爻辞者,以爻象(包括爻位)为依据,所以称之为《象传》。《系辞传》是一篇《易经》概论,以论述《经》文含义及功用为主,兼及《周易》筮法、八卦起源等等,并选释了十九条爻辞。《说卦传》是解释八卦所象事物的。它所说的八卦的基本象例:乾为天、坤为地、震为雷、巽为风、坎为水、离为火、艮为山、兑为泽,以及相应的八种性质:乾健、坤顺、震动、巽入、坎陷、离丽、艮止、兑悦,对于理解《易经》六十四卦的构成原理,以及《彖》、《象》等六种《易传》,都大有裨益。《序卦传》是解说六十四卦的编排次序,揭示诸卦相承的意义。《杂卦传》把六十四卦顺序打乱,重新分成两两对举的三十二组,以精要的语言概括卦旨。它所说有以卦象为依据的,还有以卦名为依据的,从中可以看出作者对卦形结构的认识。

《易经》的形成有一个漫长的过程,并非出自一人之手。八卦和六十四卦的创成,当在西周甚至商代以前。《易传》七种的作者,一般认为是孔子。此说司马迁倡之于前,班固应之于后。今人或谓《易传》作于战国,或谓《易传》作于秦代,或谓《易传》作于秦汉之间,或谓《易传》作于西汉,尚无定论。

乾

【原文】

☰乾下乾上　乾。元亨利贞。初九：潜龙勿用。九二：见龙在田，利见大人。九三：君子终日乾乾，夕惕若厉，无咎。九四：或跃在渊，无咎。九五：飞龙在天，利见大人。上九：亢龙有悔。用九：见群龙无首，吉。

《彖》曰：大哉乾元！万物资始，乃统天。云行雨施，品物流形。大明终始，六位时成，时乘六龙以御天。乾道变化，各正性命。保合大和乃利贞，首出庶物，万国咸宁。

《象》曰：天行健，君子以自强不息。"潜龙勿用"，阳在下也。"见龙在田"，德施普也。"终日乾乾"，反复道也。"或跃在渊"，进无咎也。"飞龙在天"，大人造也。"亢龙有悔"，盈不可久也。"用九"，天德不可为首也。

《文言》曰：元者，善之长也；亨者，嘉之会也；利者，义之和也；贞者，事之干也。君子体仁足以长人，嘉会足以合礼，利物足以和义，贞固足以干事。君子行此四德者，故曰："乾元亨利贞。"初九曰"潜龙勿用"，何谓也？子曰："龙，德而隐者也。不易乎世，不成乎名；遁世无闷，

飞龙在天，利见大人。

不见是而无闷。乐则行之，忧则违之，确乎其不可拔：潜龙也。"九二曰"见龙在田，利见大人"，何谓也？子曰："龙，德而正中者也。庸言之信，庸行之谨，闲邪存其诚，善于而不伐，德博而化。《易》曰'见龙在田，利见大人'，君德也。"九三曰"君子终日乾乾，夕惕若，厉无咎"，何谓也？子曰："君子进德修业；忠信，所以进德也。修辞立其诚，所以居业也。知至至之，可与几也；知终终之，可与存义也。是故，居上位而不骄；在下位而不忧。故乾乾因其时而惕，虽危无咎矣。"九四曰"或跃在渊，无咎"，何谓也？子曰："上下无常，非为邪也；进退无恒，非离群也。君子进德修业，欲及时也。故无咎。"九五曰"飞龙在天，利见大人"，何谓也？子曰："同声相应，同气相求。水流湿，火就燥。云从龙，风从虎。圣人作而万物睹。本乎天者亲上，本乎

地者亲下，则各从其类也。"上九曰"亢龙有悔"，何谓也？子曰："贵而无位，高而无民，贤人在下，位而无辅，是以动而有悔也。"

"潜龙勿用"，下也。"见龙在田"，时舍也。"终日乾乾"，行事也。"或跃在渊"，自试也。"飞龙在天"，上治也。"亢龙有悔"，穷之灾也。乾元"用九"，天下治也。

"潜龙勿用"，阳气潜藏。"见龙在田"，天下文明。"终日乾乾"，与时偕行。"或跃在渊"，乾道乃革。"飞龙在天"，乃位乎天德。"亢龙有悔"，与时偕极。乾元用九，乃见天则。

乾"元"者，始而亨者也。"利贞"者，性情也。乾始，能以美利利天下，不言所利，大矣哉，大哉乾乎！刚健中正，纯粹精也。六爻发挥，旁通情也。"时乘六龙"，以御天也。"云行雨施"，天下平也。君子以成德为行，日可见之行也。"潜"之为言也，隐而未见，行而未成，是以君

《周易原旨》书影

子弗用也。君子学以聚之，问以辨之，宽以居之，仁以行之。《易》曰："见龙在田，利见大人，君德也。九三重刚而不中，上不在天，下不在田，故乾乾因其时而惕，虽危无咎矣。九四重刚而不中，上不在天，下不在田，中不在人，故"或"之；或之者，疑之也，故无咎。夫大人者，与天地合其德，与日月合其明，与四时合其序，与鬼神合其吉凶，先天而天弗违，后天而奉天时。天且弗违，而况于人乎！况于鬼神乎！"亢"之为言也，知进而不知退，知存而不知亡，知得而不知丧。其唯圣人乎？知进退存亡而不失其正者，其唯圣人乎！

【译文】

周厉王恢复王位会大为顺利，凭着天道循环的正确得到好处。

初九　像一条潜伏着的龙，不能随便活动。

九二　像出现一条龙在田野里，天下臣民都由于看见这样的大人得到好处。

九三　周厉王整天不停地努力奋斗，到晚上仍然提高警惕，这样尽管还有危险，却没有坏处。

九四　周厉王有的时候像一条龙在深潭里跳跃，这没有坏处。

九五　周厉王像一条飞着的龙在天空翱翔，天下臣民都以看见这样的大人得到好处。

上九　飞得过高的龙，会有悔恨。

把本卦六个阳爻总起来看，像出现一群龙没有带头的，这样就吉利。

《象传》说：伟大啊杰出的乾卦，万物依靠它产生，它是统率天的。云流动着，雨降下来了，宇宙间各种东西都发展成形。太阳照射着它们的终始，象征事物变化的六个爻位应时出现，这像随时驾驭六条龙在控制天似的。乾的作用变化无穷，能使万物

各自端正属性和寿命，保持极端和谐，凭着正确得到好处。乾凌驾于万物之上，使天下万国都安宁。

《象传》说：天的运行是刚健有力的，周厉王凭着向天学习，自己奋发图强，绝不停止。

"像潜伏的龙，不能有活动"，是由于阳还在下面。

"像出现一条龙在田野里"，是大人恩德普遍施于人民。

"一天到晚努力不懈"，是大人翻来覆去用道提高自己。

"有时像一条龙在潭里跳跃"，是大人前进没有坏处。

飞龙在天，汉画像石。

"像一条龙在天上飞翔"，是大人达到最高目的。

"像飞得太高的龙，会有悔恨"，是说凡事过了头不能长久。

"通观六条阳爻"，发现乾卦虽然具备天德却不可以充当为首的。

《文言》说："元"是善良中最突出的，"亨"是美好的集中表现，"利"是义的应和（即合于义然后有利），"贞"是做好事情的主干（即依据）。君子体现仁就能做别人尊长，把美好集中起来就能合于礼义，有利于万物就能与义相合，把正确原则坚持下去就能办好事情。君子实践这四种德行，所以说乾卦是讲元、亨、利、贞的。

初九　说："像潜伏着的龙，不能有活动"，是说什么？有人说：这是指具备龙的品德却隐居着的人。他不随一般人轻易改变思想，不追求成名成家，即使脱离人类社会也没有苦闷，不被肯定也没有苦闷。高兴就干，忧虑就走，肯定的不可动摇，这就是潜龙。

九二　说："像出现一条龙在田野里，一般人都以能见到这样的大人得到好处"，是说什么？有人说：这是指具备龙的品德，从爻位看又居于中爻的人。他要求自己把一般的话都说得正确，把一般的行动都做得慎重，防止邪恶，保存诚心，对世界上的人做了许多好事却不自我夸张，道德广博，能教化世人。《周易》说："像出现一条龙在田野里，一般人都以能见到这样的大人得到好处"，就是指具备君王品德的人。

九三　说："君子整天努力奋斗，到晚上还提高警惕，即使危险，也没有坏处"，是说什么？有人说：君子应该提高品德，搞好事业，忠贞和信用，是提高品德，写文章反映真实，是对待事业。知道要达到什么水平就力求达到什么水平，这可以与他谈论事情的微妙，知道事情应该终了就予以了结，这可以与他谈论坚持原则。因此像这种人处于尊显地位却不骄傲，处于低下地位也不忧虑，总是努力随时提高警惕，即使

危险也没有坏处。

九四　说："龙有时在深潭里跳跃，没有坏处"，是说什么？有人说：龙在深潭里或跳跃向上，或跳跃向下，没有一定，但不是为了邪恶。或跳跃前进，或跳跃后退，没有一定，但不是要脱离群体。这些都是君子提高品德、搞好事业要及时，因此没有坏处。

九五　说："像飞着的龙在天空翱翔，天下人都以看见这样的大人得到好处"，是说什么？有人说：同一种声音互相应和，同一类气味互相寻求，水向湿处流，火向干处烧，云跟随着龙，风跟随着虎，德才很杰出的人出现了，一切都会被看得清楚明白。把天做根本的亲近天，把地做根本的亲近地，一切事物都各以其类相从。

上九　说："像飞得太高的龙，会有悔恨"，是说什么？有人说：是说虽然尊贵却没有地位，虽然崇高却没有人民，由于贤人处于卑下地位没有人辅佐，所以一有行动就会有悔恨。

"像一条潜伏着的龙，不能有活动"，是说地位处于最下面。"像一条龙出现在田野里"，是说暂时在田野里待着。一天到晚努力不懈，是说要干工作。"像一条龙有时候在深潭里跳跃"，是说自己试一下看是否能行。"像一条飞着的龙在天上翱翔"，是说居于上位治理天下。"像一条飞得太高的龙会有悔恨"，是说这是穷困的灾祸。杰出的乾卦提出"用九"，是说天下太平。

"像潜伏着的龙，不能有活动"，是说阳气潜伏或隐藏。"像出现一条龙在田野里"，是大人事业开始有成就。"从早到晚努力不懈"，是大人随着时代前进。"龙有时候在深潭里跳跃"，是大人事业（"乾道"）进入新阶段。"像飞着的龙在天上翱翔"，是大人有很高的品德和高地位。"成为飞得过高的龙会有悔恨"，是大人随着时代发展却过了头。杰出的乾卦提出"用九"，是体现了循环的自然规律。

杰出的乾卦，一开始就顺利。凭着正确得到好处，是它的本性和实情。它一开始就能用美好的利益使天下人得到好处，但不说怎样让别人得到好处，真是伟大啊！伟大啊乾卦，它是刚强、劲健、居中、守正，纯粹而不混杂的。它的六爻运动变化是广泛贯通于一切事物的。这好像随时乘着六条龙去驾御天，从而云流动着，雨降下来，天下一切都好极了。

君子把完成品德修养作为自己的行动，每天都可以表现在实践上。潜讲的是隐藏而没有表现，实践而没有成就，因此君子是不这样做的。

君子通过学习来积累知识，通过询问来辨别知识，以胸怀宽广来包容知识，以存心仁厚来实践知识。《周易》说："像出现一条龙在田野里，天下人都以看见大人得到好处"，是说大人具备了君王的品德。

九三　是重叠着的阳刚，又不是下乾中爻，向上它不是"飞龙在天"，向下它不是"见龙在田"，由于没有依傍，所以努力随时提高警惕，即使危险也没有坏处。

九四　是重叠着的阳刚，又不是上乾中爻，向上看它不在天，向下看它不在地，向中看它不在人，真是全无依傍，所以行动犹豫不决。行动犹豫不决是有怀疑，从而

一切采取慎重态度，所以没有坏处。

　　大人啊，他的品德与天地一样，他的明智与日月一样，他工作秩然有序，与春、夏、秋、冬四时前后替代一样，他能事先发现吉凶，与神妙莫测的鬼神一样。他先于天行动，天不违背他，后于天行动，也能遵奉天时。天尚且不违背他，更何况于人？何况于鬼神呢？

　　亢讲的是，只知道前进却不知道后退，只知道存在却不知道消亡，只知道获得却不知道丧失，该只有愚蠢的人才这样吧？懂得前进后退存在消亡却又不失去正确态度的，该只有圣明的人吧？

坤

【原文】

　　☷坤下坤上　坤。元，亨。利牝马之贞。君子有攸往，先迷后得主。利。西南得朋，东北丧朋。安贞吉。

　　《彖》曰：至哉坤元！万物资生，乃顺承天。坤厚载物，德合无疆。含弘光大，品物咸亨。"牝马"地类，行地无疆。柔顺利贞。"君子"攸行，先迷失道，后顺得常。"西南得朋"，乃与类行；"东北丧朋"，乃终有庆。"安贞"之"吉"，应地无疆。

　　《象》曰：地势坤，君子以厚德载物。

　　初六：履霜，坚冰至。《象》曰："履霜，坚冰"，阴始凝也。驯致其道，至坚冰也。

　　六二：直方大。不习无不利。《象》曰：六二之动，直以方也。"不习无不利"，地道光也。

　　六三：含章可贞。或从王事，无成有终。《象》曰："含章可贞"，以时发也。"或从王事"，知光大也。

　　六四：括囊。无咎无誉。《象》曰："括囊无咎"，慎不害也。

　　六五：黄裳。元吉。《象》曰："黄裳，元吉"，文在中也。

　　上六：龙战于野。其血玄黄。《象》曰："龙战于野"，其道穷也。

　　用六：利永贞。《象》曰："用六"永贞，以大终也。

　　《文言》曰：坤至柔而动也刚，至静而德方。后得主而有常，含万物而化光。坤道其顺乎！承天而时行。积善之家，必有余庆；积不善之家，必有余殃。臣弑其君，子弑其父，非一朝一夕之故，其所由来者渐矣，由辩之不早辩也。《易》曰"履霜，坚冰至"，盖言顺也。直，其正也；方，其义也。君子敬以直内，义以方外，敬义立而德不孤。"直方大。不习无不利"，则不疑其所行也。阴虽有美，含之以从王事，弗敢成也。

地道也，妻道也，臣道也。地道无成，而代有终也。天地变化，草木蕃；天地闭，贤人隐。《易》曰："括囊。无咎无誉。"盖言谨也。君子黄中通理，正位居体。美在其中，而畅于四支，发于事业，美之至也。阴疑于阳必"战"，为其嫌于无阳也，故称"龙"焉；犹未离其类也，故称"血"焉。夫"玄黄"者，天地之杂也，天玄而地黄。

【译文】

　　王后帮助周厉王恢复王位将非常顺利，像凭着母马柔顺的正确得到好处。王后有行动，如果先于厉王就会迷失方向，只有后于厉王才会得到厉王肯定，并有好处。往西南炎热地方会得到阳做朋友，去东北寒冷地方会失去阳做朋友。要安于以阴从阳的正道才是吉利的。

　　《象传》说：极端崇高啊杰出的坤，一切东西依靠它生长，是柔顺地承奉着天的。坤以厚重载万物，品德无穷美好，包含弘阔广大，各种东西都依靠它繁荣昌盛。母马是柔顺的，属于地一类，能走极远的路。它以柔顺的正确得到好处，这就是君子的行为。坤如果抢在乾的前面就迷失道路，只有在后面随顺着才正常。往西南会有阳做朋友，与它相伴随而行。往东北会失去阳这个朋友，能终于有好处吗？只有安于正道才吉利，与地的无边辽阔相适应。

　　《象传》说：地的情况是柔顺的，君子凭着这种品德容载万物。

　　初六　走在霜上面，坚硬的冰块就要到来了。

　　《象传》说：走在霜上面，是阴开始凝结。顺着这条道路发展，会出现坚硬的冰块。

　　六二　王后品德端直、方正、弘大，虽然不习惯于流放，也没有不吉利的。

　　《象传》说：六二的行动是端直而且方正。不习惯也没有不利，是地道的广大。

　　六三　具备着美好品德，可以得到使王业中兴的正确结果。尽管有时为厉王事业出力，没有成就，也一定要干到底。

　　《象传》说："具备着美好的品德，可以得到使王业中兴的正确结果"，是看准了时机行动。"有时为厉王事业出力"，是智慧广大。

　　六四　像结扎着的口袋，不随便说话，既没有坏处，也没有称誉。

软侯妻墓·升天图

《象传》说："像结扎着的口袋，没有坏处"，是谨慎不会坏事。

六五　王后穿着黄色下裙，非常吉利。

《象传》说："王后穿着黄色下裙，非常吉利"，是文采存在于服饰之中。

上六　龙在野外战斗，淌着黑黄色的血。

《象传》说："龙在野外战斗"，是路子不通。

通观本卦六条阴爻，都以永远随从乾卦的正确得到好处。

《象传》说：通观本卦六条阴爻都以永远随从乾卦的正确得到好处，由此会有伟大结果。

《文言》说：坤非常柔顺但动起来却刚强，非常文静但品德却端方。在后面随顺着会得到主人肯定，一切正常，同时还包含万物，化育广大。坤的性质该是柔顺，它顺承着天，按时行动。

积累着善良的人家，必然有多余的喜庆。积累着不善良的人家，必然有多余的祸殃。臣下杀死君主，儿子杀死父亲，不是一个早上或一个晚上的原因，它发展的过程是逐渐的，是由于要辨别却不早去辨别。《周易》说："走在霜上面，坚硬的冰块就会到来"，大概是说人做事要小心吧。

端直是正确。方正是合理。君子认真地使内心端直，合理地使行为方正，认真与合理树立了品德就不会差。"端直，方正，弘大，不习惯也没有不好"，是对于自己的行为不怀疑。

阴虽然有美好品德，但具备这种美好品德去从事王的事业，却不敢把成功归于自己。这是做地的道理，做妻的道理，做臣的道理，"地道"没有成功，只是代替君王取得结果。

天地变化，草木茂盛；天地闭塞，贤人隐退。《周易》说："结扎着口袋，没有过失，没有称誉"。大概是说要谨慎吧。

君子有美好的内心并通达道理，处于正确地位并居于重要位置，美善尽在他心中，还畅通于全身，表现于事业，真是美到极点了。

阴对阳有怀疑必然产生斗争。由于阴被阳统率着，所以也叫做龙。由于还没有离开它的同类，所以又叫做血。青色和黄色是天地相互错杂的颜色，天是青色，地是黄色。

屯

【原文】

☳震下坎上　屯。元亨，利贞。勿用有攸往。利建侯。

《彖》曰：屯，刚柔始交而难生。动乎险中，大亨贞。雷雨之动满盈。天造草昧，宜建侯而不宁。

《象》曰：云雷屯，君子以经纶。

初九：磐桓。利居贞，利建侯。《象》曰：虽"磐桓"，志行正也。以贵下贱，大得民也。

六二：屯如邅如，乘马班如。匪寇婚媾。女子贞不字，十年乃字。《象》曰：六二之难，乘刚也。"十年乃字"，反常也。

六三：即鹿无虞，惟入于林中。君子几，不如舍。往吝。《象》曰："即鹿无虞"，以从禽也。君子舍之，往吝穷也。

六四：乘马班如，求婚媾。往吉无不利。《象》曰："求"而往，明也。

九五：屯其膏。小贞吉，大贞凶。《象》曰："屯其膏"，施未光也。

上六：乘马班如，泣血涟如。《象》曰："泣血涟如"，何可长也？

【译文】

周厉王恢复王位会很顺利，将凭着以退为进和以后取先的正确策略得到好处。不利于有冒昧前进行为，却利于先建立一个侯国。

《彖传》说：屯卦是表明震雷和坎水开始接触困难就产生了。震雷在坎险之中运动将大为顺利，并凭着以退为进和以后取先的正确策略得到好处。震雷和坎雨的动荡充满宇宙，是天在创造新世界，应该乘这个时机先建立一个侯国，而不苟且偷安。

《象传》说：坎云压抑着震雷形成屯卦，君子看到这个卦象就应该去规划和安排伟大事业。

初九　徘徊不前进，凭着守着以退为进和以后取先的正确策略得到好处，先去建立一个侯国是有利的。

《象传》说：虽然徘徊，但思想和行动都正确。以王的尊贵下居侯的贱位，会很得到人民的拥护。

六二　娶亲的人聚集起来了啊，走在路上转来转去啊，骑马的人也徘徊不进啊，这一伙人不是盗贼，是去娶亲的。但女郎却要守住迟一点嫁人的正道暂时不肯许嫁给人，要一个相当长的时间以后才会首肯。

《象传》说："六二"的困难，是由于阴爻凌驾在初九这个阳爻之上。女郎要长时

伏羲女娲图

间才许嫁给人，是违反了常理。

六三　捕捉野鹿没有虞人帮助，只是白白走进树林里去。君王去追逐不如丢开，因为去了只有坏处。

《象传》说：捕捉野鹿没有虞人帮助也去，是由于想追捕鸟兽。君王应该丢开这件事，因为去了会有坏处。

六四　骑着马徘徊不前是心里有顾虑，由于是与厉王搞好亲戚般关系，去了就吉利，没有不吉利的。

《象传》说：要求与厉王搞好关系而去，是明智的行为。

六五　把雨水聚集起来，如果聚集得少，就合于正道而吉利；如果聚集得多，就即使合于正道也凶险。

《象传》说：把雨水聚集起来，是施与不广大。

上六　骑着马徘徊，眼睛哭出了血，像滴水一样接连不断。

《象传》说："眼睛哭出了血，像滴水一样接连不断"，这怎样可以长久呢？

蒙

【原文】

☲坎下艮上　蒙。亨。匪我求童蒙，童蒙求我。初筮告，再三渎，渎则不告。利贞。

《彖》曰：蒙，山下有险险而止，蒙。蒙"亨"，以亨行时中也。"匪我求童蒙，童蒙求我"，志应也。"初筮告"，以刚中也。"再三渎，渎则不告"，渎蒙也。蒙以养正，圣功也。

《象》曰：山下出泉，蒙。君子以果行育德。

初六：发蒙。利用刑人，用说桎梏。以往吝。《象》曰："利用刑人"，以正法也。

九二：包蒙吉。纳妇吉，子克家。《象》曰："子克家"，刚柔接也。

六三：勿用取女，见金夫不有躬。无攸利。《象》曰："勿用取女"，行不顺也。

六四：困蒙，吝。《象》曰："困蒙"之"吝"，独远实也。

六五：童蒙，吉。《象》曰："童蒙"之"吉"，顺以巽也。

上九：击蒙。不利为寇，利御寇。《象》曰："利用御寇"，上下顺也。

【译文】

周厉王恢复王位会顺利。武人说："不是我有求于周厉王这个蒙昧儿童，是蒙昧儿童来求我。第一次来询问还告诉他，再三询问是亵慢我，就不告诉他了。"武人很顽

固,但周厉王还将凭着与他搞好关系的正确行动得到好处。

《象传》说:山下有一股泉水,泉水被阻止了,无法进入江河,成为一种蒙昧状态。"蒙昧能够顺利",是由于实践了随时都合于中道的理论。"不是我有求于蒙昧儿童,是蒙昧儿童有求于我",这是由于思想相通。"初次询问还告诉",是由于九二以阳刚得中,"再三询问是怠慢,怠慢就不告诉",是由于受忽视于蒙昧儿童。当儿童处于蒙昧状态就培养正确方向,是使他们成为圣人的工作。

《象传》说:山下流出一股泉水,由于受到山的阻止流不出去,便处于蒙昧状态。君子看到这种情况,就联想到应该行动果敢,品德高尚。

初六 周厉王要摆脱蒙昧,凭着像囚犯由于脱掉脚镣手铐那样得到好处,此外都不好。

《象传》说:"凭着像囚犯得到好处",是说要端正法制。

九二 周厉王内部要团结,才能吉利,还要与武人搞好关系,会更吉利,其成果像是生下一个儿子能够持家一样。

《象传》说:"生下一个儿子能够持家",是说男女交接有成果。

六三 不要另外去娶一个女郎。如果拿出聘金,要去另娶,这个丈夫就会有杀身之祸,没有好处。

百子图,清代刺绣。

《象传》说:"不要另外去娶一个女郎",因为行为不合理。

六四 困住蒙昧儿童周厉王,这是不好的。

《象传》说:困住蒙昧儿童不好,是由于独自远离实际。

六五 应该让蒙昧儿童周厉王吉利。

《象传》说:蒙昧儿童吉利,是由于柔顺和驯服。

上九 要打击蒙昧儿童周厉王么?去侵犯周厉王不利,要为周厉王抵御寇贼才有利。

《象传》说:"去抵御寇贼有利",是上下的关系搞好了。

需

【原文】

☰ 乾下坎上　需。有孚，光亨，贞吉。利涉大川。

《彖》曰：需，须也。险在前也，刚健而不陷，其义不困穷矣。"需。有孚，光亨，贞吉"，位乎天，位以正中也。"利涉大川"，往有功也。

《象》曰：云上于天，需。君子以饮食宴乐。

初九：需于郊。利用恒，无咎。《象》曰："需于郊"，不犯难行也。"利用恒，无咎"，未失常也。

九二：需于沙，小有言，终吉。《象》曰："需于沙"，衍在中也。虽"小有言"，以吉终也。

九三：需于泥。致寇至。《象》曰："需于泥"，灾在外也。自我"致寇"，敬慎不败也。

六四：需于血，出自穴。《象》曰："需于血"，顺以听也。

九五：需于酒食，贞吉。《象》曰："酒食，贞吉"，以中正也。

上六：入于穴，有不速之客三人来，敬之终吉。《象》曰："不速之客"来，"敬之终吉"，虽不当位，未大失也。

周厉王讨伐叛臣

【译文】

周厉王由于内心有诚，复国事业会大为顺利，凭着以君王讨伐叛臣的正确而吉利，将以战胜困难得到好处。

"需"是等待，是由于有险阻在前面。刚健的下乾不陷入坎险之中，从道理说不会困穷。"等待，有诚，大为顺利，合于正道而吉利"，是说上坎的"九"居于"五"这个"天位"既得正，又得中。"凭着战胜困难得到好处"，是向前进就有功。

云升上了天，这就是等待。君子看到这种卦象就去饮酒享乐。

初九　在郊野里等待，要凭着经常等待得到好处，没有坏处。

《象传》说:"在郊野里等待",是不冒着生命危险进军。"要凭着经常等待得到好处,没有坏处",是没有失去常态。

九二 部队在沙滩上等待,为对河敌人发现,因而有所议论,但终将是吉利的。

《象传》说:"部队在沙滩上等待",沙滩是平坦的。即使敌人有议论,但终将以吉利告终。

九三 在河边泥泞地里驻扎,把寇贼引过来了。

《象传》说:"在河边泥泞地里驻扎",是敌人就在对面河岸上。尽管由我把寇贼引过来,但认真、谨慎就不会失败。

六四 武人在极端危险的处境当中等待着厉王讨伐,并将倾巢出动。

《象传》说:"武人在极端危险处境中等待着厉王讨伐",能顺从并且听话吗?

九五 武人只能在筵席前等待厉王,才合于正道而吉利。

《象传》说:"在筵席前等待厉王就合于正道而吉利",是由于既得中,又得正。

上六 逃进了窟穴,可是却有不请自来的三个客人跟踪追进来,只有好好款待,才会终于吉利。

《象传》说:"没有经过邀请的客人来了,只有好好款待,才会终于吉利",是说本爻虽然所处位置不当,还没有大的失误。

讼

【原文】

☵ 坎下乾上 讼。有孚窒惕,中吉终凶。利见大人,不利涉大川。

《彖》曰:讼,上刚下险。险而健,讼。"讼。有孚窒惕,中吉",刚来而得中也。"终凶",讼不可成也。"利见大人",尚中正也。"不利涉大川",入于渊也。

《象》曰:天与水违行,讼。君子以作事谋始。

初六:不永所事,小有言,终吉。《象》曰:"不永所事",讼不可长也。虽"小有言",其辩明也。

九二:不克讼,归而逋。其邑人三百户,无眚。《象》曰:"不克讼,归〔而〕逋,"窜也。自下讼上,患至掇也。

六三:食旧德,贞厉,终吉。或从王事,无成。《象》曰:"食旧德",从上吉也。

九四:不克讼,复即命渝,安贞,吉。《象》曰:"复即命渝,安贞",不失也。

九五:讼,元吉。《象》曰:"讼,元吉",以中正也。

上九:或锡之鞶带,终朝三褫之。《象》曰:以讼受服,亦不足敬也。

【译文】

　　武人有了进犯厉王的事实，这会行不通。只有引起警惕，改正错误，才能中途吉利。如果一意孤行，将终于凶险。武人应该去朝见厉王得到好处，冒着大的危险是不会有好处的。

桥上战争，东汉画像石，苍山县前姚村出土。

　　《象传》说：战争啊，上面是刚健的乾卦，下面是凶险的坎卦，凶险的坎卦冲击刚健的乾卦，就形成了战争。"战争啊，有了犯上作乱的事实，会行不通，只有引起警惕，改正错误，才能中途吉利"，这些是说阳爻九三下降居二得了中位。"终于会凶险"，是说这场战争打不赢。"去朝见大人得到好处"，是把居中得正的上乾九五看得很尊贵。"徒涉过大河不利"，是说将要陷入深潭之中。

　　《象传》说：上乾的天与下坎的水各自向着相反方向发展就出现了战争。君子看到这种卦象做事在刚开始的时候就要慎重考虑。

　　初六　武人部属不追随武人把进犯厉王的事长时期干下去，尽管武人对他们有一些责骂，但终将是吉利的。

　　《象传》说："武人部属不追随武人把进犯厉王的事长时期干下去"，说明这种战争不可长久进行。即使"武人对他们有一些责骂"，但一般是能辨别是非的。

　　九二　打不赢这场战争，回去就逃走了，可是他采邑中的许多家人却没有灾祸。

　　《象传》说："打不赢这场战争"，回去就逃窜了。从下面去攻打上面，祸患的到来会像拾取一样。

　　六三　背弃武人的所谓旧恩德，虽然正确，却也危险，但终将吉利。如果跟着武人从事于反对厉王的事，会一事无成。

　　《象传》说："背弃武人的所谓旧恩德"，要顺从上乾才吉利。

　　九四　厉王部下与武人队伍交兵没取得胜利，回去接受厉王指示，改变了原来的错误打法，就以安于作战的正道而吉利了。

　　《象传》说："回去接受指示，改变原来打法，就以安于作战的正道而吉利"，是不再犯错误了。

　　九五　战斗，大吉大利。

　　《象传》说："战斗，大吉大利"，是本爻既得中又得正。

上九　有时候厉王对有功部属赐给牛皮大带作为奖励，但由于接连犯错误，在极短时间内大带又被几次褫夺。

《象传》说：凭着战斗立功受到命服赏赐，也是不能敬佩的。

师

【原文】

☷☵ 坎下坤上　师。贞，丈人吉。无咎。

《彖》曰："师"众也。"贞"正也。能以众正，可以王矣。刚中而应，行险而顺，以此毒天下，而民从之，吉，又何咎矣！

《象》曰：地中有水，师。君子以容民畜众。

初六：师出以律，否臧凶。《象》曰："师出以律"，失律凶也。

九二：在师中，吉，无咎。王三锡命。《象》曰："在师中，吉"，承天宠也。"王三锡命"，怀万邦也。

六三：师或舆尸，凶。《象》曰："师或舆尸"，大无功也。

六四：师左次，无咎。《象》曰："左次，无咎"，未失常也。

六五：田有禽。利执言，无咎。长子帅师，弟子舆尸。贞凶。《象》曰："长子帅师"，以中行也。"弟子舆尸"，使不当也。

上六：大君有命，开国承家，小人勿用。《象》曰："大君有命"，以正功也。"小人勿用"，必乱邦也。

【译文】

出兵讨伐武人是正确的，派老成持重的人当统帅是吉利的，没有坏处。

《象传》说：师是大众。贞是正确。能统率大众使天下归于正确的人，可以做君王。下坎九二以阳刚居于中位，与上坤六五相应，通过下坎的险阻达到上坤的顺利，凭着这些就能平定天下，使人民顺从，这是吉利，还有什么坏处？

《象传》说：地里面有水构成师卦。君子看到这个卦象就去保护和养活民众。

初六　部队出动要有纪律，纪律不好是危险的。

《象传》说："部队出动要有纪律"，在纪律上有失误是危险的。

九二　"丈人"在部队中当统帅吉利，没有坏处，厉王对他多次颁发嘉奖令。

《象传》说："'丈人'在部队中当统帅吉利"，是得到君王宠信。"君王多次颁发嘉奖令"，是要使天下各国归顺。

六三　部队有的时候用车子拉尸体，可凶险。

《象传》说:"部队有的时候用车子拉尸体",是很没有战功。

六四 武人部队向后面撤退,再驻扎下来,这没有坏处。

《象传》说:把部队向后面撤退,再驻扎下来,没有坏处,是由于没有失去以臣对君的正常道理。

六五 打猎有许多鸟兽,捕获了会得到好处,即使别人有议论,也没有坏处。现在派大儿子统兵,接着二儿子用车子拉尸体回来,即使正确也凶险。

《象传》说:"大儿子统兵",是正确行为。"二儿子用车子拉尸体回来",是用人不当。

上六 君王有命令:"无论是开国,或者是承家,小人都不能用。"

《象传》说:"君王有命令",是要正确对待有功劳的人。"德才都差的人不能用",是因为这些人一定会搞乱国家。

短兵相接,汉画像石。

比

【原文】

☷坤下坎上　比,吉。原筮。元永贞,无咎。不宁方来,后夫凶。

《象》曰:比,吉也。比,辅也,下顺从也。"原筮。元永贞,无咎",以刚中也。"不宁方来",上下应也。"后夫凶",其道穷也。

《象》曰:地上有水,比。先王以建万国,亲诸侯。

初六:有孚比之,无咎。有孚盈缶,终来有它,吉。《象》曰:比之初六,有它吉也。

六二:比之自内,贞吉。《象》曰:"比之自内",不自失也。

六三:比之匪人。《象》曰:"比之匪人",不亦伤乎!

六四:外比,贞吉。《象》曰:外比于贤,以从上也。

九五:显比。王用三驱失前禽。邑人不诫,吉。《象》曰:"显比"之吉,位正中也。舍逆取顺,"失前禽"也。"邑人不诫",上使中也。

上六:比之无首,凶。《象》曰:"比之无首",无所终也。

【译文】

与武人搞好关系是吉利的。研究情况作出判断以后,必须发扬光大"孚"这个永

远正确的品德去亲比武人，才没有坏处。这样犯上作乱的武人将来朝见厉王，后到的便会受到诛戮。

《象传》说：亲比就吉利。亲比是辅佐，是下坤顺从上坎。说"研究判断，发扬光大永远正确的品德，没有坏处"，是由于阳爻"九"居于"五"这个中间位置。说"不安宁的国家将来朝"，是上下卦五个阴爻都顺应九五这个阳爻。说"后到的人凶险"，是这些人没有出路。

《象传》说：地面上有水，是地与水亲比。先王像地与水亲比那样去建立万国，安抚诸侯。

初六　厉王有诚心去与武人亲比，没有坏处。有诚心像装满一个瓦罐子那样充分，到头来还会有别的好处。

《象传》说：比卦初六，是说还有别的好处。

六二　厉王从朝廷之内去与武人亲比，是合于正道而吉利的。

《象传》说："从朝廷之内去与武人亲比"，是自己不犯错误。

六三　与不应该亲比的人亲比。

《象传》说："与不应该亲比的人亲比"，不正是一种悲哀吗？

六四　从朝廷之外来与厉王亲比，就合于正道而吉利。

《象传》说：从朝廷之外去与贤者亲比，这是顺从君上。

九五　武人表面上与厉王亲比，以致厉王多次追求达不到目的。武人要不责备部属，这才吉利。

《象传》说："显比"的吉利，是由于九五得正得中。天子"舍逆取顺"，以致失掉前面禽兽。"对部属不责备"，是上面用人合于中道。

上六　与厉王亲比却没有带头的，这就凶险。

《象传》说："亲比却没有带头的"，这就不会有结果。

小畜

【原文】

☰乾下巽上　小畜。亨，密云不雨，自我西郊。

《彖》曰：小畜，柔得位而上下应之，曰小畜。健而巽，刚中而志行，乃"亨"。"密云不雨"，尚往也。"自我西郊"，施未行也。

《象》曰：风行天上，小畜。君子以懿文德。

初九：复自道，何其咎？吉。《象》曰："复自道"，其义吉也。

九二：牵复，吉。《象》曰："牵复"在中，亦不自失也。

九三：舆说辐，夫妻反目。《象》曰："夫妻反目"，不能正室也。
六四：有孚，血去惕出，无咎。《象》曰："有孚"，"惕出"，上合志也。
九五：有孚挛如。富以其邻。《象》曰："有孚挛如"，不独富也。
上九：既雨既处。尚德载。妇贞厉。月几望，君子征凶。《象》曰："既雨既处"，德积载也。"君子征凶"，有所疑也。

【译文】

中兴复国事业会顺利进行，就像浓密云层从西方郊外涌来，暂时不下雨，终归会下起大雨一样。

《象传》说：小畜是六四这个阴爻居于正位，上下卦五个阳爻都顺应着它。由于阴是小，阳是大，这是以小畜大，所以叫小畜。下乾是健，上巽是顺，下乾九二以阳刚得中，志向会实现，于是就亨通了。"密云不雨"，是要再过一段时间。"自我西郊"，是雨还没有下起来。

《象传》说：风在天上吹，叫小畜。君子看到这个卦象就要使自己的文章和品德美好。

初九　从循环的道路回来，有什么坏处？很吉利嘛。

《象传》说："从循环的道路回来"，按道理说是吉利的。

九二　相牵连着回来，这也吉利。

《象传》说：相牵连着回来，在下乾的正中，这不会使自己受损失。

九三　车子脱掉伏兔，车身和车轴朝相反方向分开，像夫妻有了争吵，各自朝相反方向看。

《象传》说：夫妻各自朝相反方向看，不能搞好家庭关系。

六四　武人归顺厉王要有诚心，应该放弃反对厉王的危险立场，才能小心地脱离危险，没有坏处。

《象传》说："具备诚心，警惕地脱离危险"，这是要与君王同心。

九五　有了诚心还不断加强，是由于相邻的六四帮助。

《象传》说："有了诚心还不断加强"，是不愿意单独富裕。

上九　已经下雨了，雨又已经停止了，是大畜达成了却难以持续，但武人还是应该用柔顺之德去承奉厉王。武人像妇人一样尽管暂时正确，终归危险，到了不老实的时候，厉王又会糟糕了。

《象传》说："已经下雨了，又已经停止了"，是说柔顺的品德应该积累去承奉君王。"君子发展下去凶险"，是对事情有怀疑。

履

【原文】

☱兑下乾上　履。履虎尾，不咥人。亨。

《彖》曰：履，柔履刚也。说而应乎乾，是以"履虎尾，不咥人。亨"。刚中正，履帝位而不疚，光明也。

《象》曰：上天下泽，履。君子以辩上下，定民志。

初九：素履，往无咎。《象》曰："素履"之往，独行愿也。

九二：履道坦坦，幽人贞吉。《象》曰："幽人贞吉"，中不自乱也。

六三：眇能视，跛能履。履虎尾，咥人，凶。武人为于大君。《象》曰："眇能视"，不足以有明也；"跛能履"，不足以与行也。"咥人"之凶，位不当也。"武人为于大君"，志刚也。

九四：履虎尾，愬愬终吉。《象》曰："愬愬终吉"，志行也。

九五：夬履，贞厉。《象》曰："夬履，贞厉"，位正当也。

上九：视履考详，其旋元吉。《象》曰："元吉"在上，大有庆也。

【译文】

像老虎尾巴被踩着却不去咬人，这样事情就会顺利。

《彖传》说：踩，是下兑踩上乾。和悦地与上乾相呼应，因此"踩了老虎尾巴，老虎也不咬人，而且事业还会顺利"。阳爻居上乾中间的阳位，是阳刚之爻得中得正，这就是登上了帝王的位置而没有坏处，前途是光明的。

《象传》说：上卦是乾天，下卦是兑泽，构成履卦。君子看到这个卦象就去辨明上下，稳定人民思想。

初九　照平常那样走，发展下去没有坏处。

《象传》说：照平常那样走，是要单独实现自己的愿望。

九二　走在非常平正通达的大道上（指与大道相合），即使囚犯也会合于正道而吉利。

《象传》说："即使囚犯也会合于正道而吉利"，指内心不被自己搞乱。

六三　眼睛瞎了却要能看见，脚瘸了却要能行走，怀着非分之想去踩老虎尾巴，老虎会咬人，这很凶险。武人做了君王，情况正是这样。

《象传》说："眼睛瞎了却要能看见"，殊不知已经没有视力。"脚瘸了却要能行走"，殊不知已经不能行走。有咬人的凶险，是阴爻"六"居于阳位"三"，位置不恰

老虎噬人，选自《聊斋志异图咏》。

当。"武人做了君王"，是阴爻"六"居于阳位"三"，意志刚强。

九四　厉王受到武人干犯像老虎尾巴被踩着，要小心谨慎，不立即反击，才会终于吉利。

《象传》说："小心谨慎，终于吉利"，是希望意志实现。

九五　如果把踩老虎尾巴的人撕得碎裂，即使正确也危险。

《象传》说："把踩老虎尾巴的人撕得碎裂，即使正确也危险"，是说阳爻"九"居于阳位"五"，位置正好恰当。

上九　看着有人来踩，研究好的对付办法，得出的结论是要回过头折而向下，才大为吉利。

《象传》说：大为吉利在最上面（指上九爻辞有"元吉"，上九是最上面一爻），是大有喜庆的。

泰

【原文】

☷☰乾下坤上　泰，小往大来，吉亨。

《彖》曰："泰小往大来，吉亨"，则是天地交而万物通也；上下交而其志同也。内阳而外阴，内健而外顺。内君子而外小人，君子道长，小人道消也。

《象》曰：天地交，泰。后以财成天地之道，辅相天地之宜，以左右民。

初九：拔茅茹，以其汇。征吉。《象》曰："拔茅"、"征吉"，志在外也。

九二：包荒，用冯河，不遐遗。朋亡，得尚于中行。《象》曰："包荒"，"得尚于中行"，以光大也。

九三：无平不陂，无往不复。艰贞无咎。勿恤其孚，于食有福。《象》曰："无往不复"，天地际也。

六四：翩翩，不富，以其邻。不戒以孚。《象》曰："翩翩，不富"，皆失实也。"不戒以孚"，中心愿也。

六五：帝乙归妹，以祉元吉。《象》曰："以祉元吉"，中以行愿也。

上六：城复于隍。勿用师，自邑告命。贞吝。《象》曰："城复于隍"，其命乱也。

【译文】

上坤离开原来上卦位置去到下卦，下乾离开原来下卦位置来到上卦，天地恢复了本来样子，否塞变成通泰，于是一切都吉利、亨通了。

《象传》说："泰卦说，小往大来，吉利，亨通"，这是天地相交，万物相通，上下相交，其志相同。本卦内卦是乾阳，外卦是坤阴，内卦是乾卦的刚健，外卦是坤卦的柔顺，内卦乾卦是君子，外卦坤卦是小人，君子正气在上长，小人邪气在消亡。

《象传》说：天和地相交，成为通泰。君王看到这种卦象就去调节自然规律，帮助自然演化，并保护人民。

初九　拔起了茅草，由于根相互牵连就牵动了同类，茅草被拔动离开地面向上是吉利的。

《象传》说：拔动茅草离开地面向上吉利，是志趣在外面。

九二　包容着初九和九三，一起去徒涉过河，不把两个朋友远远丢开，即使没有收获，也将以行为合于中道，被人看重。

《象传》说：包容宽广，能以中道为人看重，德才是杰出的。

九三　没有平地不变成斜坡，没有去了却不回头，只要艰苦遵循循环的正道就没

有坏处。不要担心循环的事实,循环会得到大福。

《象传》说:"没有去了却不回头",是说天和地相交接。

六四　像鸟那样翩翩飞翔,折而向下,是自己的自觉行动,不是由于邻人帮助;不因为有了循环事实就停止循环,而是要循环下去。

《象传》说:翩翩飞翔,不要帮助,这些都与事实不合。"不因为有了循环事实停止循环",这是内心的愿望。

六五　殷帝乙把女儿嫁给周文王很有福气,非常吉利。

《象传》说:有福气非常吉利,是实现了内心的愿望。

上六　筑城墙的土回到干涸的护城河是回到原处,不必动员许多人去加以改变。如果从都邑传下命令,要改变这种状况,即使正确也不好。

《象传》说:"要把筑城墙的土倾回到干涸的护城河里去",是命令错乱。

否

【原文】

䷋坤下乾上　〔否。〕否之匪人,不利君子贞。大往小来。

《象》曰:"否之匪人,不利君子贞。大往小来",则是天地不交而万物不通也,上下不交而天下无邦也。内阴而外阳,内柔而外刚,内小人而外君子。小人道长,君子道消也。

《象》曰:天地不交,否。君子以俭德辟难,不可荣以禄。

初六:拔茅茹,以其汇。贞吉亨。《象》曰:"拔茅","贞吉",志在君也。

六二:包承。小人吉,大人否亨。《象》曰:"大人否亨",不乱群也。

六三:包羞。《象》曰:"包羞",位不当也。

九四:有命无咎,畴离祉。《象》曰:"有命无咎",志行也。

九五:休否,大人吉。其亡,其亡!系于苞桑。《象》曰:"大人"之吉,位正当也。

上九:倾否,先否后喜。《象》曰:否终则倾,何可长也?

【译文】

对于不应该否的人却让他否,这不利于君子的正道,上乾往下去,下坤向上来。

《象传》说:"对于不应该否的人却让他否,这不利于君子的正道,大的去了,小的来了",于是就天地不相交,万物不相通,上下不相交,天下没有邦。内卦是阴,外卦是阳,内卦是柔顺,外卦是刚强,内卦是小人,外卦是君子,是小人邪气上升,君

子正道消亡。

《象传》说:"天和地不相交通,成为否塞",君子看到这种卦象就想到要具备节俭的品德去逃避灾难,不接受俸禄的光荣。

初六　拔起茅草连着根,从而拔起了它的同类,这合于正道而声利,事情将会是顺利的。

《象传》说:拔起茅草合于正道而吉利,是因为志向在于君王。

六二　本爻向下包容着承奉于下的初六,向上包容着承奉于上的六三,一起升而向上,进行循环,从天在上、地在下的泰,转化成地在上、天在下的否,于是小人吉利,大人否塞。但由于否还将转化为泰,并凝定而不移(参看本卦九五),因此大人终将是顺利的。

《象传》说:大人否塞了还会顺利,是不搞乱群体。

六三　包含着羞耻。

《象传》说:六三包含着羞耻,是所处的爻位不当。

九四　有天命保佑,没有坏处,同类的人还会得到好处。

《象传》说:"有天命保佑,没有坏处",是志向实现了。

九五　多么美好的否!由于否将变成泰,所以对于大人是吉利的。在否变为泰以后,难道还会失去?难道还会失去?像拴在一丛桑树根上那样牢固。

《象传》说:大人的吉利,是由于爻位正好恰当。

上九　把否给毁掉,从而先是否,随后就是喜了。

《象传》说:否到最后就毁掉了,哪能长久呢?

同人

【原文】

☲离下乾上　〔同人。〕同人于野,亨,利涉大川。利君子贞。

《彖》曰:同人,柔得位得中而应乎乾,曰同人。同人曰"同人于野,亨,利涉大川",乾行也。文明以健,中正而应。君子正也,唯君子为能通天下之志。

《象》曰:天与火,同人。君子以类族辩物。

初九:同人于门,无咎。《象》曰:出门"同人",又谁咎也?

六二:同人于宗,吝。《象》曰:"同人于宗",吝道也。

九三:伏戎于莽。升其高陵,三岁不兴。《象》曰:"伏戎于莽",敌刚也。"三岁不兴",安行也。

九四:乘其墉,弗克攻,吉。《象》曰:"乘其墉",义弗克也。其"吉",则困而

反则也。

九五：同人。先号咷而后笑。大师克相遇。《象》曰：同人之"先"，以中直也。"大师"相遇，言相克也。

上九：同人于郊，无悔。《象》曰："同人于郊"，志未得也。

【译文】

在广大原野上集合人去打击武人，周厉王中兴复国会顺利，还将以战胜困难得到好处，从而有利于他的正当事业。

《象传》说：集合人，阴爻六居于下离第二个爻位是得位，在下离中间是得中，这样与上乾九五相呼应，叫做"同人"，"同人"说："在广大原野集合人事业会顺利，还将以战胜困难得到好处。"这是上乾的行为。离的文明加上乾的刚健，六二得正得中加上与九五呼应，都表现了君子的正道。只有君子能够通晓天下人的志愿。

《象传》说：上乾的天与下离的火形成同人卦。君子看到这个卦象就去分门别类地把事物的相同或相异辨别清楚。

初九　只在一家之内动员人，成不了大气候，因此没有坏处。

《象传》说：在一家的范围之外去动员人，又能把坏处归于谁呢？

六二　在一个宗族之内集合人，加强了犯上作乱力量，这不好。

《象传》说："在一个宗族之内集合人"，是不好的。

九三　武人把部队埋伏在深草丛中，还登上高山瞭望，却好多年不敢起来反对厉王。

《象传》说："把部队埋伏在深草丛中，是要与刚健的上乾为敌。多年不敢起来反对厉王"，是因为这样的事不能行。

九四　厉王大军登上武人城墙，暂时没能攻下，但终将吉利。

《象传》说：只说"登上城墙"，是从道理上讲还不能攻下。其所以吉利，是碰上困难以后却去研究事物的规律。

九五　集合人，先放声大哭，后来才笑，因为开始虽然不理想，后来还能与广大群众结合。

《象传》说：集合人的开始，凭着内心的正直。与广大群众结合，是说将要战胜武人。

上九　在郊外广大原野集合人，没有悔恨。

《象传》说："在郊外广大原野集合人"，是志趣没能实现。

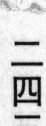

大有

【原文】

☰乾下离上　大有，元亨。

《彖》曰：大有，柔得尊位，大中而上下应之，曰大有。其德刚健而文明，应乎天而时行，是以"元亨"。

《象》曰：火在天上，大有。君子以遏恶扬善，顺天休命。

初九：无交害，匪咎。艰则无咎。《象》曰：大有初九，无交害也。

九二：大车以载，有攸往，无咎。《象》曰："大车以载"，积中不败也。

九三：公用亨于天子，小人弗克。《象》曰："公用亨于天子"，小人害也。

九四：匪其彭，无咎。《象》曰："匪其彭，无咎"，明辩晢也。

六五：厥孚交如，威如，吉。《象》曰："厥孚交如"，信以发志也。"威如"之吉，易而无备也。

上九：自天佑之。吉，无不利。《象》曰：大有上吉，自天佑也。

【译文】

由于打垮了武人，厉王一切都将大为顺利。

《彖传》说：无所不有，是柔顺的阴爻"六"得到了爻位"五"这个尊贵的位置，并在伟大的中间，上下卦五个阳爻都与它相应，这就叫无所不有。下乾的品德刚健，上离的品德文明，上离顺应着下乾而按时运行，所以一切都很顺利。

《象传》说：上离的火在下乾的天之上形成大有卦。君子看到这个卦象就去制止罪恶的事情，发扬善良的行为，顺着天意，求得命运美好。

初九　不要去损害上离厉王，才不是过错，要艰苦保持做臣下的正道，才没有过错。

《象传》说：大有卦的初九一爻，讲的是不要去损害别人。

九二　用大车子装着东西，这样去，没有坏处。

《象传》说：用大车子装着东西，东西堆积在车子里不会损失。

九三　武人中诚心归降的大头目以投降受到周厉王宴享，那些顽抗到底的小人不能有这样待遇。

《象传》说："武人中诚心归降的大头目以投降受到周厉王宴享"，那些顽抗到底的小人不会有好结果。

九四　不是那么盛气凌人，没有坏处。

《象传》说:"不是那么盛气凌人,没有坏处",是明白地辨析问题达到了明智的程度。

六五　他内心的诚充分,而且威严,这是吉利的。

《象传》说:"他内心的诚充分",是有信在激发志气。"威严吉利",是轻易而没有准备。

上九　由于天来保佑他,就吉利而没有不吉利的。

《象传》说:大有卦上爻吉利,是由于有天来保佑。

谦

【原文】

䷎艮下坤上　谦,亨,君子有终。

《彖》曰:谦"亨":天道下济而光明,地道卑而上行。天道亏盈而益谦,地道变盈而流谦,鬼神害盈而福谦,人道恶盈而好谦。谦尊而光,卑而不可逾,"君子"之"终"也。

《象》曰:地中有山,谦。君子以裒多益寡,称物平施。

初六:谦谦君子,用涉大川,吉。《象》曰:"谦谦君子",卑以自牧也。

六二:鸣谦,贞吉。《象》曰:"鸣谦,贞吉",中心得也。

九三:劳谦,君子有终,吉。《象》曰:"劳谦"君子,万民服也。

六四:无不利,㧑谦。《象》曰:"无不利,㧑谦",不违则也。

六五:不富以其邻。利用侵伐,无不利。《象》曰:"利用侵伐",征不服也。

上六:鸣谦。利用行师,征邑国。《象》曰:"鸣谦",志未得也,可用"行师征邑国"也。

【译文】

由于精心地运用了以退为进和以后取先的策略,厉王中兴事业将非常顺利,"君子"是会有好结果的。

《象传》说:谦退能使事业顺利。属于天的规律是向下使万物成长,大地一片光明,属于地的规律是虽然卑下却向上发展,去补天的规律的不足。天的规律是使满盈受到亏损,使谦退得到好处,地的规律是改变满盈现状,使谦退流传,鬼神是损害满盈而降福谦退的,人们是厌恶满盈而爱好谦退的。谦退是尊显光荣的,要说卑下却是不可逾越的,是君子的归宿。

《象传》说:地里面有山,是谦退的象征。君子见到这个卦象就去取有余,补不

足，权衡事物，公平施与。

初六　谦退又谦退的君子，凭着谦退战胜困难，是吉利的。

《象传》说："谦退又谦退的君子"，用卑下来控制自己。

六二　用谦退宣扬自己，合于正道而吉利。

《象传》说："用谦退宣扬自己，合于正道而吉利"，内心是高兴的。

九三　因谦退而劳累，君子会有好结果，是吉利的。

《象传》说：因谦退而劳累的君子，所有的人都会服从他。

六四　没有不吉利，叫大家都装作谦退的样子。

《象传》说："没有不吉利，叫大家都装作谦退的样子"，这不违背原则。

六五　不依靠别人帮助就有力量，厉王凭着以退为进和以后取先策略就能击败武人，得到好处，没有任何不好。

《象传》说："凭着侵伐得到好处"，是征讨不服从的国家。

上六　用谦退宣扬自己，凭着这样就可以出兵讨伐武人的都邑和国家，得到好处。

《象传》说："用谦退宣扬自己"，是志向没有能够实现。可以用兵，去征讨都邑和国家。

豫

【原文】

☷坤下震上　豫，利建侯行师。

《彖》曰：豫，刚应而志行。顺以动，豫。豫顺以动，故天地如之，而况"建侯行师"乎！天地以顺动，故日月不过而四时不忒。圣人以顺动，则刑罚清而民服。豫之时义大矣哉！

《象》曰：雷出地奋，豫。先王以作乐崇德，殷荐之上帝，以配祖考。

初六：鸣豫，凶。《象》曰：初六"鸣豫"，志穷凶也。

六二：介于石。不终日，贞吉。《象》曰："不终日，贞吉"，以中正也。

六三：盱豫，悔，迟有悔。《象》曰："盱豫"，"有悔"，位不当也。

九四：由豫，大有得。勿疑，朋盍簪。《象》曰："由豫，大有得"，志大行也。

六五：贞疾，恒不死。《象》曰：六五"贞疾"，乘刚也。"恒不死"，中未亡也。

上六：冥豫成，有渝无咎。《象》曰："冥豫"在上，何可长也？

【译文】

利于先建立一个诸侯国作为恢复王朝的根据，然后派兵去消灭武人。

《象传》说：快乐是由于九四这个阳爻与初六这个阴爻相应，因而志趣能够实现。顺着情理去动，于是就快乐了。快乐是顺着情理动，因此天地也像这样，何况是建立侯国派兵出征呢？天地由于顺着情理动，所以日月没有过失，四时不会发生差错，圣人由于顺着情理动，因而刑罚清明，人民服从。在研究豫卦的时候意义可重大啊！

雷从地底下冲出去很有力量，这构成了豫卦。先王看见这个卦就去制作乐曲，尊崇道德，隆重地献于上帝，还请祖考来配合上帝一起享受。

初六　以快乐自鸣得意，必有凶险。

《象传》说：初六讲以快乐自鸣得意，是志意穷极，必有凶险。

六二　武人要像被石块夹住那样老老实实，不乱说乱动，在不太长的时间内，就会以合于正道而吉利，是因为既得中，又得正。

六三　武人如果不老老实实，还傲慢放肆，就会有悔恨；如果再迟迟不改正，更会有悔恨。

《象传》说：以豫乐而张大眼睛，傲慢自得，以致有悔恨，是本爻所处的地位不恰当。

九四　从快乐中大有收获，不要怀疑朋友会聚集拢来很快地帮助你。

《象传》说："从快乐中大有收获"，是志趣在很大程度上实现了。

六五　周厉王即使为了维护王权受挫折，经常也不会死去。

《象传》说："六五以正致疾，是以阴爻居于阳爻上面。"其所以经常不会死，是由于得中才没有死亡。

上六　快乐不让别人看出来，即使成就有变化，也没有坏处。

《象传》说：尽管快乐不让人看出来，但居于上位，又如何能长久呢？

随

【原文】

䷐震下兑上　随，元亨利贞。无咎。

《彖》曰：随，刚来而下柔，动而说，随。大"亨"，贞"无咎"，而天下随时。随时之义大矣哉！

《象》曰：泽中有雷，随。君子以向晦入宴息。

初九：官有渝，贞吉。出门交有功。《象》曰："官有渝"，从正吉也。"出门交有功"，不失也。

六二：系小子，失丈夫。《象》曰："系小子"，弗兼与也。

六三：系丈夫，失小子。随有求得。利居贞。《象》曰："系丈夫"，志舍下也。

九四：随有获，贞凶。有孚在道以明，何咎？《象》曰："随有获"，其义凶也。"有孚在道"，明功也。

九五：孚于嘉，吉。《象》曰："孚于嘉，吉"，位正中也。

上六：拘系之，乃从维之。王用亨于西山。《象》曰："拘系之"，上穷也。

【译文】

要中兴事业大为亨通，只有运用正确策略才能得到好处，没有坏处。

《彖传》说：随卦是震卦的阳刚来居于阴柔的兑卦下面，震卦运动，兑卦以和悦随从，这就是随卦。随卦凭着正确大为亨通，没有过失，天下人都顺着这种时机，顺着这种时机的意义很重大啊。

《象传》说：湖泊中有雷潜伏着，这构成了随卦。君子看到这个卦象，到傍晚时候就回到家里休息。

初九　功能要有变化，才合于正道而吉利，出去以后一切都会有成就。

《象传》说："功能要有变化"，才合于正道而吉利。"出去以后一切都会有成就"，是没有过失。

六二　是拴住小孩，失去大人吗？

《象传》说："拴住小孩"，是不能大人和小孩同时得到，所得到的只能是小孩。

六三　是拴住大人，失去小孩。只要追逐着去求就会得到，凭着合于以退为进和以后取先的正确策略得到好处。

《象传》说："拴住大人"目的是要丢掉小孩。

九四　追逐着有了收获，即使正确也凶险。要有孚存在于内心，大道才会彰明，这还有什么坏处？

《象传》说："追逐而有收获"，从道理看是凶险的。"有孚存在于道路上"，会使成功显得明确。

九五　武人有归顺诚心的，被厉王表扬，这就吉利。

《象传》说："有诚心被表扬，就吉利"，是本爻既得正，又得中。

上六　周厉王把武人首领抓住捆起来，又随着捆了几转，于是大功告成，到歧山去祭祀神灵。

《象传》说："抓住捆起来"，是处于上位而穷困。

蛊

【原文】

䷑巽下艮上　蛊，元亨。利涉大川。先甲三日，后甲三日。

《彖》曰：蛊，刚上而柔下，巽而止，蛊。蛊"元亨"，而天下治也。"利涉大川"，往有事也。"先甲三日，后甲三日"，终则有始，天行也。

《象》曰：山下有风，蛊。君子以振民育德。

初六：干父之蛊。有子考，无咎。厉终吉。《象》曰："干父之蛊"，意承考也。

九二：干母之蛊，不可贞。《象》曰："干母之蛊"，得中道也。

九三：干父之蛊，小有悔，无大咎。《象》曰："干父之蛊"，终无咎也。

六四：裕父之蛊，往见吝。《象》曰："裕父之蛊"，往未得也。

六五：干父之蛊，用誉。《象》曰："干父之蛊，用誉"，承以德也。

上九：不事王侯，高尚其事。《象》曰："不事王侯"，志可则也。

【译文】

厉王中兴复国事业会大为顺利，凭着战胜困难得到好处，这符合"七日来复"的自然规律。

《彖传》说：蛊卦，是阳刚的艮卦在上面，阴柔的巽卦在下面，柔顺而静止，就是蛊卦。蛊卦是能使事业大为顺利而天下得到治理的。"凭着战胜困难得到好处"，是向前会有收获。"先甲三日，后甲三日"是结束了又开始，这是自然规律。

《象传》说：艮山下面有风吹来，形成蛊卦。君子看到这个卦象就去教育人民，培养他们德行。

初六　去掉父亲的错误，有好儿子，父亲没有坏处。即使暂时有危险，也终归吉利。

《象传》说："去掉父亲的错误"，意思是要继承父亲的事业。

九二　去掉母亲的错误，不可以算是正确。

《象传》说："去掉母亲的错误"，是合于"中道"的。

九三　去掉父亲的错误，会小有悔恨，但没有大坏处。

《象传》说："去掉父亲的错误"，终归没有坏处。

六四　父亲发展了自己错误，往后会遭到不幸。

《象传》说："发展了父亲的错误"，往后不会得到什么。

六五　父亲把自己错误去掉了，会以此受到称誉。

《象传》说："去掉父亲错误而得到称誉"，是用良好品德继承父亲。

上九　不去从事王侯的工作，还认为这种事是高尚的。

《象传》说："不去从事王侯的工作"，是志趣可以作为法则。

临

【原文】

☷☱ 兑下坤上　临，元亨利贞，至于八月有凶。

《彖》曰：临，刚浸而长，说而顺。刚中而应。大亨以正，天之道也。"至于八月有凶"，消不久也。

《象》曰：泽上有地，临。君子以教思无穷，容保民无疆。

初九：咸临，贞吉。《象》曰："咸临，贞吉"，志行正也。

九二：咸临，吉，无不利。《象》曰："咸临，吉，无不利"，未顺命也。

六三：甘临，无攸利。既忧之，无咎。《象》曰："甘临"，位不当也。"既忧之"，咎不长也。

六四：至临，无咎。《象》曰："至临，无咎"，位当也。

六五：知临，大君之宜，吉。《象》曰："大君之宜"，行中之谓也。

上六：敦临，吉，无咎。《象》曰："敦临"之吉，志在内也。

【译文】

中兴事业将大为顺利，凭着德治的正确得到好处。如果像夏日炎炎似火烧那样施行暴政就会有凶险。

《彖传》说：临卦，是下兑的两个阳爻在逐步向上长，态度和悦而合理，九二这个阳爻居于下兑中间与上坤六五这个阴爻呼应，凭着正确治理使事业大为亨通，是自然规律。"到了八月有凶"，是暴政的消亡不会长久。

《象传》说：湖泊上有一片广大土地，构成临卦。君子看到这个卦象就想到对人民进行教育的思想是永恒的，对人民加以包容和保护也是永恒的。

初九　广大人民感觉到厉王在治理他们，这合于正道而吉利。

《象传》说："感觉到厉王在治理，合于正道而吉利"，说明人民的思想和行为都正确。

九二　人民感觉到厉王在治理他们，这就吉利，没有不吉利的。

《象传》说："人民感觉到厉王在治理他们，这就吉利，没有不吉利的"，是说不顺从上面的命令。

六三　只一味赞美厉王的治理好，这没有好处。到了已经替厉王的治理担忧，才没有坏处。

《象传》说："只一味赞美治理好"，是六这个阴爻居于三这个阳位而位置不当。

"已经替治理担忧"，就坏不到哪里去。

六四　周厉王亲自到朝堂上去受理政事，没有坏处。

《象传》说："亲自到朝堂上去受理政事，没有坏处"，是六这个阴爻居于阴位四，位置恰当。

六五　运用智慧去治理人民，是天子应该做的事，这样就吉利。

《象传》说："天子应该做的事"，是指阴爻居于上坤中间。

上六　对人民进行德治，就吉利，没有坏处。

《象传》说："德治"的吉利，是本爻在思想上注意着内卦下兑的两个阳爻初九和九二。

观

【原文】

☷坤下巽上　观。盥而不荐。有孚颙若。

《彖》曰：大观在上，顺而巽，中正以观天下，观。"盥而不荐。有孚颙若"，下观而化也。观天之神道，而四时不忒。圣人以神道设教，而天下服矣。

《象》曰：风行地上，观。先王以省方观民设教。

初六：童观，小人无咎，君子吝。《象》曰："初六：童观"，小人道也。

六二：窥观，利女贞。《象》曰："窥观"，"女贞"，亦可丑也。

六三：观我生进退。《象》曰："观我生进退"，未失道也。

六四：观国之光。利用宾于王。《象》曰："观国之光"，尚宾也。

九五：观我生，君子无咎。《象》曰："观我生"，观民也。

上九：观其生，君子无咎。《象》曰："观其生"，志未平也。

【译文】

在宗庙帮助祭祀先洗干净手，可奉上祭神食品还不奉上，表现为很有诚心和严肃认真的样子。

按：这条卦辞是用比喻说明，大臣帮助周厉王观察问题是慎之又慎，严肃认真的。

《象传》说：伟大的观卦在上面，它的性质是顺而又顺，六二和九五都以居中得正观察天下。观卦卦辞"盥而不荐。有孚颙若"，是说下面的人看到这条卦辞会受到深刻教育。看到天的神秘规律从而春、夏、秋、冬四时的次序不会发生差错，圣人用神秘规律建立教化，天下人都会服从。

《象传》说：风吹在地面上构成观卦，先王看到这个卦象就去巡视各国，了解民

情，建立教化。

初六　像儿童那样观察问题，狭隘，肤浅，片面，对小人说还没有坏处，对君子说就不好了。

《象传》说：初六讲的"童观"，是小人观察问题的那一套。

六二　像从缝隙中观察，视野狭小，只有利于妇女的正道。

《象传》说：像从缝隙中观察，只合于妇女的正道，是可丑的事。

六三　观察我这一辈子，为了前进就得后退。

《象传》说："观察我这一辈子，为了前进就得后退"，这不会犯原则错误。

六四　能观察国家大事，以在王那里做宾客得到好处。

《象传》说："能观察国家大事"，成为厉王的宾客。

九五　观察我这一辈子，作为一个帮助厉王观察问题的君子，没有坏处。

《象传》："观察我这一辈子"，是在观察人民。

上九　观察周厉王这一辈子，作为一个君子没有坏处。

《象传》说："观察他这一辈子"，思想不能平定。

噬嗑

【原文】

䷔震下离上　噬嗑，亨。利用狱。

《彖》曰：颐中有物，曰噬嗑。"噬嗑"而"亨"，刚柔分，动而明。雷电合而章。柔得中而上行，虽不当位，"利用狱"也。

《象》曰：雷电噬嗑，先王以明罚敕法。

初九：屦校灭趾，无咎。《象》曰："屦校灭趾"，不行也。

六二：噬肤灭鼻，无咎。《象》曰："噬肤灭鼻"，乘刚也。

六三：噬腊肉，遇毒，小吝无咎。《象》曰："遇毒"，位不当也。

九四：噬干胏，得金矢。利艰贞吉。《象》曰："利艰贞吉"，未光也。

六五：噬干肉，得黄金。贞厉无咎。《象》曰："贞厉无咎"，得当也。

上九：何校灭耳，凶。《象》曰："何校灭耳"，聪不明也。

【译文】

中兴事业会顺利，以治狱得到好处。

《象传》说：口里有东西在咀嚼叫噬嗑。噬嗑有亨通的道理，下震的刚和上离的柔是分开的，下震运动，上离光明，下震的雷和上离的电合起来很灿烂辉煌，六二居下

震中间，向上运动成为六五，虽然不当位，却会以治狱得到好处。

《象传》说：震下离上构成噬嗑卦。先王看到这个卦象就去修明赏罚，严格刑法。

初九　在鞋子上面套上木枷，遮住脚趾，没有坏处。

《象传》说："在鞋子上面套上木枷，遮住脚趾"，不能行走。

六二　吃肉遮住了鼻子，没有坏处。

《象传》说："吃肉遮住了鼻子"，是凌驾于阳爻上面。

六三　吃干肉碰上了毒，是小问题，没有坏处。

《象传》说："碰上毒"，是阴爻居阳位，位置不当。

九四　吃带着骨头的干肉，碰上里面有黄铜箭头，要艰苦坚持正道才有好处，还会吉利。

《象传》说："要艰苦坚持正道才有好处，还会吉利"，是没有抓住大问题。

六五　吃干肉，碰上许多黄铜颗粒，尽管正确，却也危险，但终归没有坏处。

《象传》说："尽管正确，却也危险，但终归没有坏处"，是由于处理得当。

上九　戴着木枷遮住耳朵，这是凶险的。

《象传》说："戴着木枷遮住耳朵"，使听觉不清楚。

贲

【原文】

䷕离下艮上　贲，亨。小利有攸往。

《彖》曰：贲"亨"，柔来而文刚，故"亨"；分刚上而文柔，故"小利有攸往"，天文也。文明以止，人文也。观乎天文，以察时变，观乎人文，以化成天下。

《象》曰：山下有火，贲。君子以明庶政，无敢折狱。

初九：贲其趾，舍车而徒。《象》曰："舍车而徒"，义弗乘也。

六二：贲其须。《象》曰："贲其须"，与上兴也。

九三：贲如濡如，永贞吉。《象》曰："永贞"之"吉"，终莫之陵也。

六四：贲如皤如。白马翰如，匪寇婚媾。《象》曰：六四当位，疑也。"匪寇婚媾"，终无尤也。

六五：贲于丘园，束帛戋戋。吝终吉。《象》曰：六五之吉，有喜也。

上九：白贲，无咎。《象》曰："白贲，无咎"，上得志也。

【译文】

事业会顺利，发展下去还将有些小的好处。

《象传》说：文饰，有亨通的可能。泰卦上六的柔向下来取代下乾九二，成为六二，以文饰下乾这个刚卦，所以亨通。分出泰卦九二的刚向上去取代上六，成为上九，以文饰上坤这个柔卦，所以发展下去小有好处。上艮的刚和下离的柔交错在一起，这是天文。下离的文明遇着上艮的静止，这是人文。观看天文去察觉时代变化，观看人文去教化天下。

《象传》说：艮山下面有离火，这构成了包含文饰意义的贲卦。君子看到这个卦象就去处理好一般政事，但不敢治狱。

初九　把脚趾打扮得漂漂亮亮，丢掉车子去步行。

《象传》说："丢掉车子去步行"，是从道理上说不应该坐车。

六二　把胡须修饰一番。

《象传》说："把胡须修饰一番"，是与上兴也。

九三　修饰啊！用水洗干净啊，这才永远合于正道而吉利。

《象传》说："永远合于正道的吉利"，是没有人超过。

六四　先打扮得花花绿绿啊，但必须洗成一片纯白啊，像白马那样一片纯白啊，这样才不是来为寇贼，而是来结为婚姻。

《象传》说：六四，既当位，又可疑。"不是来为寇贼，而是来结为婚姻"，会终于没有过错。

六五　对山坡上的园子进行文饰，但只用了很少的几束帛，这样也不好，但终于吉利。

《象传》说：六五的吉利，是由于有喜庆的事。

上九　把文饰洗成一片素白，才没有坏处。

《象传》说："把文饰洗成一片素白，才没有坏处"，是说君王会如意称心。

剥

【原文】

☷☶ 坤下艮上　剥，不利有攸往。

《彖》曰：剥，剥也，柔变刚也。"不利有攸往"，小人长也。顺而止之，观象也。君子尚消息盈虚，天行也。

《象》曰：山附于地，剥。上以厚下安宅。

初六：剥床以足，蔑。贞凶。《象》曰："剥床以足"，以灭下也。

六二：剥床以辨，蔑。贞凶。《象》曰："剥床以辨"，未有与也。

六三：剥之，无咎。《象》曰："剥之，无咎"，失上下也。

六四：剥床以肤，凶。《象》曰："剥床以肤"，切近灾也。

六五：贯鱼以宫人宠，无不利。《象》曰："以宫人宠"，终无尤也。

上九：硕果不食。君子得舆，小人剥庐。《象》曰："君子得舆"，民所载也。"小人剥庐"，终不可用也。

【译文】

有所前进就不好。

《象传》说：剥是打击，是下坤的柔要改变上艮的刚的性质。"有所前进就不利"，是由于小人在成长。一定要顺着道理停止下来，不去胡作非为，才算是看准了本卦卦象。君子重视事物的消灭，生长，满盈，空虚，因为这是自然规律。

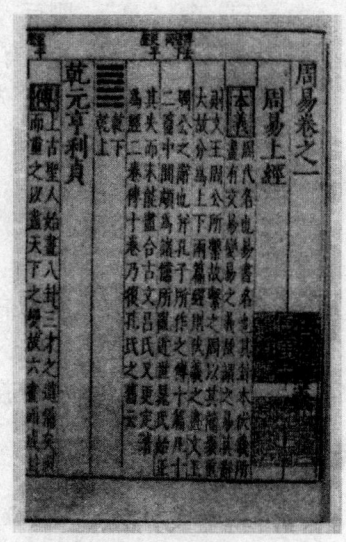

《周易》书影

《象传》说：山附着在地面上构成剥卦。君王看到这个卦象就去厚待人民，安定国家。

初六　用脚去踢床，不合于正道，是凶险的。

《象传》说："用脚去踢床"，是从下面去消灭上面。

六二　用膝头去撞击床，不合于正道，是凶险的。

《象传》说："用膝头去撞击床"，是由于没有人帮助。

六三　去进行撞击，能没有坏处吗？

《象传》说："进行撞击，没有坏处"，是失去上下相处的原则。

六四　用身体去撞击床，是凶险的。

《象传》说："用身体去撞击床"，与灾难是切近的。

六五　带着宫人去接受厉王宠幸，像一群鱼连贯而行，没有不利的。

《象传》说："带着宫人去接受宠幸"，终归没有错误。

上九　像一个大果子不被吃掉，君子得到车子，小人毁掉草房子。

《象传》说："君子得到车子"，是老百姓要乘坐的。"小人毁掉草房子"，是终归不会有用的。

复

【原文】

☳震下坤上　复，亨。出入无疾，朋来无咎。反复其道，七日来复。利有攸往。

《彖》曰：复"亨"，刚反。动而以顺行，是以"出入无疾，朋来无咎"。"反复其道，七日来复"，天行也。"利有攸往"，刚长也。复，其见天地之心乎！

《象》曰：雷在地中，复。先王以至日闭关，商旅不行，后不省方。

初九：不远复。无祇，悔，元吉。《象》曰："不远"之"复"，以修身也。

六二：休复，吉。《象》曰："休复"之吉，以下仁也。

六三：频复，厉无咎。《象》曰："频复"之"厉"，义无咎也。

六四：中行独复。《象》曰："中行独复"，以从道也。

六五：敦复，无悔。《象》曰："敦复，无悔"，中以自考也。

上六：迷复。凶，有灾眚。用行师，终有大败。以其国君凶。至于十年不克征。

《象》曰："迷复"之凶，反君道也。

【译文】

恢复王位将是顺利的。王位的恢复像孤阳的出于剥卦入于本卦，没有毛病，像朋友的相互聚会，没有坏处，像在循环道路上反复运行，只要不多的时间就能回到原处，前途是美好的。

《彖传》说：回来是顺利的，阳爻从剥卦的上回到本卦的初。循环运动是合理的，因此阳爻出于剥卦入于本卦没有毛病，像朋友的来没有坏处，反来复去在循环道路上运行，每一次循环经历七个爻位，这些都合乎自然规律。"前途是美好的"，是阳爻在向前运行。从本卦该看出大自然的倾向吧？

《象传》说：雷隐藏在地下面构成复卦。先王看到这个卦象就在冬至那一天关闭城门，君王也不去巡视各邦。

初九　出去不远就回来了，不会有灾祸和悔恨，更没有坏处。

《象传》说：出去不远就回来了，是由于能够修身。

六二　美好的复，是吉利的。

《象传》说：美好的复之所以吉利，是由于愿意处在仁者的下面。

六三　接连不断地复会有危险吗？回答是没有坏处。

《象传》说：接连不断地复会有危险吗？从道理上看是没有坏处的。

六四　完全合理，孤阳单个儿在复。

《象传》说："完全合理，孤阳单个儿在复"，是由于合乎道理。

六五　重视复，没有悔恨。

《象传》说："重视复，没有悔恨"，是自己在内心研究问题。

上六　如果不继续复下去，就会有灾祸，在这种情况下出兵打仗一定会有大的失败，使国君遭到凶险，以至于长期不能出征。

《象传》说：不继续复的凶险，是由于违反了做君的道理。

无妄

【原文】

☳震下乾上　无妄，元亨利贞。其匪正，有眚，不利有攸往。

《彖》曰：无妄，刚自外来而为主于内。动而健，刚中而应，大亨以正，天之命也。"其匪正，有眚，不利有攸往"，无妄之往，何之矣？天命不佑，行矣哉！

《象》曰：天下雷行，物与无妄。先王以茂对时，育万物。

初九：无妄，往吉。《象》曰："无妄"之往，得志也。

六二：不耕获，不菑畬，则利有攸往。《象》曰："不耕获"，未富也。

六三：无妄之灾，或系之牛，行人之得，邑人之灾。《象》曰："行人"得牛，"邑人"灾也。

九四：可贞，无咎。《象》曰："可贞，无咎"，固有之也。

九五：无妄之疾，勿药有喜。《象》曰："无妄"之药，不可试也。

上九：无妄行有眚，无攸利。《象》曰："无妄"之行，穷之灾也。

烧畲开荒，清人绘。

【译文】

周厉王中兴复国事业会十分顺利，凭着有孚的正确得到好处。如果不正确而与孚相反就会有灾祸，不利于复国。

《彖传》说：无妄卦是阳爻九从讼卦的二来到本卦的初，是从外到内，并成为内震的主爻，无妄卦是运动而健行的，其上乾九五以刚居中，与下震六二相应，这样事业会凭着正确大为顺利，也是天的意志。如果不合于正道就有灾祸，

不利于事业向前发展。"无妄"会离开，是到哪里去呢？天命不保佑无妄，无妄离开算了吧？

《象传》说：天的下面有雷在运行，象征着把无妄赋予所有的物。先王看见这个卦象就用美好思想对待时代，抚育万物。

初九　有诚的人，到哪里去都吉利。

《象传》说：有诚的人出去，会达到目的。

六二　不耕种就要有收获，不开荒就要有熟地，难道真有这种好事情吗？

《象传》说："不通过耕种的收获"，是不能致富的。

六三　有孚或有诚的人的灾祸是：有一个人拴着一头牛，被过路人牵走了，却成为某一个城里人的灾祸。

《象传》说：过路的人牵走了牛，却成为某一个城里人的灾祸。

九四　无妄的人可以合于正道，没有坏处。

《象传》说："可以合于正道，没有坏处"，是无妄或有孚有诚的人本来就如此的。

九五　没有任何虚妄的人生了病，不吃药也会好。

《象传》说：对于无妄的人下药，是不可以轻易尝试的。

上九　无妄的人将会有灾祸吗？没有任何好处吗？

《象传》说：没有任何虚妄的人的行动，是穷困的灾祸。

大畜

【原文】

☰乾下艮上　大畜，利贞。不家食，吉。利涉大川。

《彖》曰：《大畜》，刚健笃实辉光，日新其德，刚上而尚贤，能止健，大正也。"不家食，吉"，养贤也。"利涉大川"，应乎天也。

《象》曰：天在山中，大畜。君子以多识前言往行，以畜其德。

初九：有厉，利已。《象》曰："有厉，利已"，不犯灾也。

九二：舆说輹。《象》曰："舆说輹"，中无尤也。

九三：良马逐，利艰贞。曰闲舆卫，利有攸往。《象》曰："利有攸往"，上合志也。

六四：童牛之牿，元吉。《象》曰：六四"元吉"，有喜也。

六五：豮豕之牙，吉。《象》曰：六五之"吉"，有庆也。

上九：何天之衢，亨。《象》曰："何天之衢"，道大行也。

【译文】

要凭着为厉王服务的正确行动得到好处，是食禄于朝，而不是享用于家就吉利，这样才有利于度过困难。

《象传》说：大畜卦的下乾是刚健，笃实，辉光，并且一天天在提高品德。大畜卦的上艮是以刚强居于上。好像贤人受到尊重，还能控制下乾的刚健，因而是伟大正确的。"不在家里吃饭就吉利"，这是说明要供养贤人。"战胜困难就有利"，这是合于天道的。

《象传》说：天藏在山中，构成大畜卦。君子看到这个卦象就要多多记住前人的格言和卓越的行为，来培养并提高他的品德。

初九　控制武人是一件有危险的事，不能一往直前，而利于有停顿，有节制。

《象传》说："有危险，利于有停顿"，是要不犯灾祸。

九二　车子脱掉了从车轴去钩住车箱的木钩子，车子会翻掉。

《象传》说："车子脱掉了从车轴去钩住车箱的木钩子"，是由于本爻居于下乾中间没有过失。

九三　用好马驾着车子去追击，以艰苦保持正道取得胜利，一定要整顿好车队的护卫队，这样去追击才会有利。

《象传》说："发展下去有好处"，是由于与上九志同道合。

六四　要像小牛的角稚嫩不伤人，才大为吉利。

车骑出行，汉画像石。

《象传》说：六四说大吉，是由于有喜庆的事。

六五　要像被阉割公猪的牙齿不咬人，这才吉利。

《象传》说：六五说吉利，是由于有喜庆的事。

上九　为什么天空这么辽阔，一派兴旺发达气象。

《象传》说："为什么天空这么辽阔"，是说原则在很大程度上得到实行。

颐

【原文】

☷震下☶艮上　颐，贞吉。观颐，自求口实。

《彖》曰：颐"贞吉"，养正则吉也。"观颐"，观其所养也。"自求口实"，观其自养也。天地养万物，圣人养贤以及万民。颐之时大矣哉！

《象》曰：山下有雷，颐。君子以慎言语，节饮食。

初九：舍尔灵龟，观我朵颐，凶。《象》曰："观我朵颐"，亦不足贵也。

六二：颠颐，拂经于丘颐。征凶。《象》曰：六二"征凶"，行失类也。

六三：拂颐，贞凶，十年勿用，无攸利。《象》曰："十年勿用"，道大悖也。

六四：颠颐，吉。虎视眈眈，其欲逐逐，无咎。《象》曰："颠颐"之"吉"，上施光也。

六五：拂经，居贞吉，不可涉大川。《象》曰："居贞"之吉，顺以从上也。

上九：由颐，厉吉。利涉大川。《象》曰："由颐，厉吉"，大有庆也。

【译文】

其所以含手正道而吉利，是看到一个人腮帮子在动，口里食物是自己找来的。

《象传》说："腮帮子动起来，合于正道而吉利"，是用正道养活自己就吉利。"看腮帮子动"，是看他养的情况。"自己去找食物"，是看他自己养活自己。天地养活万物，圣人养活贤人和万民，养的意义是重大的。

《象传》说：艮山下面有震雷，构成了颐卦。君子看到这个卦象就要谨慎言语，节制饮食。

初九　丢掉你自己美味的乌龟肉不吃，却来看着我因咀嚼食物而隆起的腮帮子，这样舍己从人是凶险的。

《象传》说："看着我隆起的腮帮子"，是不可取的。

六二　颠倒和违反了求食的常道，以致到山坡上去寻求食物，这样下去是凶险的。

《象传》说："六二这一爻之所以发展下去有凶险，是因为所作所为失去了原则。

六三　违反自力更生寻求食物的常道，即使正确也凶险，永远不能这么办，因为是没有好处的。

《象传》说："之所以永远不能这么办"，是由于与原则完全违反。

六四　颠倒求食的常道就吉利。而求食即使像老虎看得那么聚精会神，而且欲望无穷，也没有坏处。

《象传》说：颠倒求食的常道之所以吉利，是由于上面教育的广泛。

六五　违反求食常道，合于正道而吉利，但还不能克服大困难。

《象传》说：其所以合于正道而吉利，是由于驯顺地服从着上面。

上九　顺着臣下求食的常道，即使有危险，也会终于吉利，而且还可以战胜困难，得到好处。

《象传》说："顺着臣下求食的常道，即使有危险，也会终于吉利"，是说大有喜庆的事。

大过

【原文】

䷛巽下兑上　大过，栋桡。利有攸往，亨。

《彖》曰：大过，大者过也。"栋桡"本末弱也。刚过而中，巽而说行。"利有攸往"乃"亨"。大过之时大矣哉！

《象》曰：泽灭木，大过。君子以独立不惧，遁世无闷。

初六：藉用白茅，无咎。《象》曰："藉用白茅"，柔在下也。

九二：枯杨生梯，老夫得其女妻，无不利。《象》曰："老夫""女妻"，过以相与也。

九三：栋桡，凶。《象》曰："栋桡"之"凶"，不可以有辅也。

九四：栋隆吉，有它吝。《象》曰："栋隆"之"吉"，不桡乎下也。

九五：枯杨生华，老妇得其士夫，无咎无誉。《象》曰："枯杨生华"，何可久也！"老妇""士夫"，亦可丑也！

上六：过涉灭顶，凶。无咎。《象》曰："过涉"之"凶"，不可咎也。

【译文】

屋梁被压弯，发展下去有好处，中兴事业会顺利达成。

《象传》说："大过"，是号称为"大"的阳爻多了。"栋桡"，是号称为"弱"的阴爻一居于本，一居于末。阳爻太多而得中，下巽逊顺而上兑悦乐，动起来，发展下去有好处，事业会顺利，"大过"的意义是重大的。

《象传》说：大湖泊淹没了木头，这太过分了。君子看到这个卦象就要独立于人世而不惧怕，甚至遁逃于人世之外也没有苦闷。

初六　祭祀的铺垫用了白茅草，没有坏处。

《象传》说："祭祀的铺垫用了白茅草"，是说柔软的东西铺在下面。

九二　枯槁的杨树长出了柔嫩叶子，年老的丈夫得到了年轻妻子，这没有不好的。
《象传》说：年老的丈夫和年轻的妻子，是错误地相结合。
九三　屋梁会弯曲吗？有凶险吗？
《象传》说：屋梁弯曲的凶险，是由于不可以有一根作为辅助的木头支撑着。
九四　把屋梁升高就吉利，有别的搞法都不好。
《象传》说：屋梁升高之所以吉利，是由于不变直为曲去俯就下面。
九五　枯槁的杨树生出了花朵，年老的妇人得到年轻的丈夫，既没有坏处，也没有称誉。
《象传》说："枯槁的杨树生出了花朵"，如何可以长久？"年老的妇人配上年轻的丈夫"，这也可丑。
上六　过河因徒涉被水淹没，凶险；如果改弦易辙，就没有坏处。
《象传》说：过河因徒涉遭到凶险，不可以认为是坏处。

坎

【原文】

䷜坎下坎上　习坎，有孚。维心亨，行有尚。
《彖》曰：习坎，重险也。水流而不盈，行险而不失其信。"维心亨"，乃以刚中也。"行有尚"，往有功也。天险，不可升也。地险，山川丘陵也。王公设险以守其国。坎之时用大矣哉！
《象》曰：水洊至，习坎。君子以常德行，习教事。
初六：习坎，入于坎窞，凶。《象》曰："习坎"入坎，失道凶也。
九二：坎有险，求小得。《象》曰："求小得"，未出中也。
六三：来之坎坎，险且枕。入于坎窞，勿用。《象》曰："来之坎坎"，终无功也。
六四：樽酒簋贰用缶，纳约自牖，终无咎。《象》曰："樽酒簋贰"，刚柔际也。
九五：坎不盈，祗既平，无咎。《象》曰："坎不盈"，中未大也。
上六：系用徽纆，置于丛棘，三岁不得，凶。《象》曰：上六失道，凶"三岁"也。

【译文】

只要有诚存在于内心，中兴事业就会顺利，所作所为都会有很高成就。
《象传》说：习坎是重重叠叠的险。水在流动却不满盈，通过险阻却不失去信用。心啊，事业顺利啊，是由于阳刚之爻居于上下卦的中间。"所作所为有很高成就"，是

发展下去有成绩。天险是不可攀登的。地险是山川丘陵。王公设立险阻来防守他们的国家。险的作用是很大的。

《象传》说：水再至，构成了"习坎"卦。君子看到这个卦象就要经常保持美好德行，学习教诲人的事。

初六　重重叠叠的坑，跌进了一个坑又跌进了一个坑，是凶险的。

《象传》说：重重叠叠的坑，不断跌进坑，是由于没有看清道路遇到凶险。

九二　坑里有危险，但进行追求还是会小有所得。

《象传》说："追求会小有所得"，是由于没有越出中爻的位置。

六三　来到坑边，坑危险而且重叠。跌进了一个坑再跌进一个坑，但这样是不会的。

《象传》说：来到一些坑边，终于没有功绩。

六四　一壶酒，两碗饭，用瓦器盛着，从窗户挤着送进去，终于没有坏处。

《象传》说："一壶酒，两碗饭"，是阳刚和阴柔相连接。

九五　坑难道还没有填满吗？小山坡是已经挖平了，这没有坏处。

《象传》说："坑没有填满"，是由于阳爻虽然居于中间，但还没有弘大。

上六　用绳索捆绑着，投进监狱里，长期不能解脱，是凶险的。

《象传》说：上六在原则上有失误，凶险是长期的。

离

【原文】

☲离下离上　离，利贞，亨。畜牝牛吉。

《彖》曰：离，丽也。日月丽乎天，百谷草木丽乎土。重明以丽乎正，乃化成天下。柔丽乎中正，故"亨"。是以"畜牝牛吉"也。

《象》曰：明两作，离。大人以继明照于四方。

初九：履错然，敬之无咎。《象》曰："履错"之"敬"，以辟咎也。

六二：黄离，元吉。《象》曰："黄离，元吉"，得中道也。

九三：日昃之离。不鼓缶而歌，则大耋之嗟，凶。《象》曰："日昃之离"，何可久也！

九四：突如其来如。焚如，死如，弃如。《象》曰："突如其来如"，无所容也。

六五：出涕沱若，戚嗟若。吉。《象》曰：六五之吉，离王公也。

上九：王用出征，有嘉折首。获匪其丑，无咎。《象》曰："王用出征"，以正邦也。

【译文】

　　守着柔退的正道就有利，中兴事业将顺利进行，养着母牛是吉利的。

　　《象传》说：离是依附。日月依附着天空，百谷草木依附着土地，下离和上离两重光明依附着中正，就能教化天下。柔顺依符着中正，所以亨通，因此养母牛是吉利的。

　　《象传》说：光明两次出现，成为离卦。根据卦象启示，天子要用正确措施去安定天下。

　　初九　走起路来很莽撞，要认真改正，才没有坏处。

　　《象传》说：对于走路莽撞要认真改正，是为了避免犯错误。

　　六二　掌握了柔退原则，大吉大利。

　　《象传》说："掌握了柔退原则，大吉大利"，是由于本爻居于下离中间。

　　九三　碰上太阳偏西，不敲打着陶土乐器唱歌，那些年纪很大的老人就会叹气，这是凶险的。

　　《象传》说："碰上太阳偏西"，这怎样可以长久？

　　九四　突然杀来啊，烧房子啊，杀死人啊，丢弃尸体啊。

　　《象传》说："突然杀来啊"，是说没有容身之地。

　　六五　流着眼泪像下大雨啊，悲痛地叹着气啊！但终将是吉利的。

　　《象传》说：六五的吉利，是由于居于王公位置，在上离中间。

　　上九　周厉王凭着柔退策略出征武人，极为可喜地杀掉了首恶，还俘获了那些同类的人，这没有坏处。

　　《象传》说："王去出征"，是为了把国家引上正轨。

咸

【原文】

　　☱艮下兑上　咸，亨，利贞。取女吉。

　　《象》曰：咸，感也。柔上而刚下，二气感应以相与，止而说，男下女，是以"亨，利贞。取女吉"也。天地感而万物化生，圣人感人心而天下和平。观其所感，而天地万物之情可见矣！

　　《象》曰：山上有泽，咸。君子以虚受人。

　　初六：咸其拇。《象》曰："咸其拇"，志在外也。

　　六二：咸其腓，凶，居吉。《象》曰：虽"凶，居吉"，顺不害也。

　　九三：咸其股，执其随，往吝。《象》曰："咸其股"，亦不处也。志在随人，所执

下也。

九四：贞吉悔亡。憧憧往来，朋从尔思。《象》曰："贞吉悔亡"，未感害也。"憧憧往来"，未光大也。

九五：咸其脢，无悔。《象》曰："咸其脢"，志末也。

上六：咸其辅颊舌。《象》曰："咸其辅颊舌"，滕口说也。

【译文】

中兴事业会顺利达成，凭着寻求贤臣的正确行动得到好处，有了贤臣帮助是吉利的。

《象传》说：咸是感动。兑以阴柔居于上卦，艮以阳刚居于下卦，于是阴阳二气以感应而相互结合。艮为止，兑为悦，是"止而悦"。艮为男，兑为女，是"男下女"。这样事业才会顺利，凭着求女的正确得到好处，以有贤臣帮助而一切吉利，天地相互交感而万物产生，圣人感动人心而天下太平，看了这些交感或感动的情况，天地万物的情况都可以看到了。

《象传》说：山上有一个湖泊构成咸卦。君子看到这个卦象就想到要以谦虚待人。

初六　动了脚大拇指。

《象传》说："动了脚大拇指"，是想要到外面去。

六二　动了小腿，凶险。只有不动，才会吉利。

《象传》说：虽然动起来凶险，但停下来却吉利，顺着道理做不会有害处。

九三　动了大腿，牵动了腰部，这样发展下去不好。

《象传》说："动了大腿"，是动个不停。一心只想跟随别人，是所具备的水平低下。

九四　贤臣要有归于周厉王的正确态度才吉利，悔恨也就没有了。贤臣要不停地归于周厉王，像朋友归于贤主人一样。

《象传》说："以态度正确而吉利，悔恨就没有了"，是不感到有害处。不停地往来"，是没有广大。

九五　动了脊背上的肉，没有悔恨。

《象传》说："动了脊背上的肉"，说明志向渺小。

上六　动了面颊和舌头。

《象传》说：动了面颊和舌头，是滔滔不绝地在说。

恒

【原文】

☴巽下震上　恒，亨。无咎，利贞。利有攸往。

《彖》曰：恒，久也。刚上而柔下，雷风相与，巽而动；刚柔皆应，恒。"恒，亨，无咎，利贞"，久于其道也。天地之道，恒久而不已也。"利有攸往"，终则有始也。日月得天而能久照，四时变化而能久成。圣人久于其道，而天下化成。观其所恒，而天地万物之情可见矣。

《象》曰：雷风恒。君子以立不易方。

初六：浚恒，贞凶，无攸利。《象》曰："浚恒"之凶，始求深也。

九二：悔亡。《象》曰：九二"悔亡"，能久中也。

九三：不恒其德，或承之羞。贞吝。《象》曰："不恒其德"，无所容也。

九四：田无禽。《象》曰：久非其位，安得禽也！

六五：恒其德。贞，妇人吉，夫子凶。《象》曰："妇人"贞吉，从一而终也。"夫子"制义，从妇凶也。

上六：振恒，凶。《象》曰："振恒"在上，大无功也。

【译文】

大臣要柔顺地事奉君王，才会亨通，没有过失，还将凭着以柔顺事君的正道得到好处，做什么都顺利。

《彖传》说：恒的意义是永久。卦象是阳刚的震雷在上，阴柔的巽风在下，雷与风相联系，巽顺而震动，阳刚的爻与阴柔的爻都相互呼应，这些构成了恒卦。恒卦卦辞说，"亨通，没有坏处，凭着正确得到好处"，是长久保持恒久之道的结果。天地的情况是恒久而不停止的。"发展下去有好处"，是才完结又开始，不断循环。日月高高地在天上能永远照耀大地，春、夏、秋、冬四时不断变化能永远使万物成长，只要观察研究恒久之道，对天地万物的情况都可以清楚了。

《象传》说：上震的雷和下巽的风构成恒卦。君子看到这个卦象就去建立不可改变的原则。

初六　如果损害了以柔顺事君的常道，即使正确也凶险，没有任何好处。

《象传》说：损害恒常之道之所以凶险，是因为开始追求刻深。

九二　悔恨没有了。

《象传》说：九二之所以悔恨没有了，是因为长久居于下巽的中间。

九三　不经常保持以柔顺事君的品德，有时候会蒙受耻辱，即使正确也不好。

《象传》说："不经常保持那种品德"，就无所容于天地之间。

九四　打猎没有得到鸟兽。

《象传》说：很久都不是居于应该居的位置，如何能得到鸟兽呢？

六五　恒常的品德是柔顺，对妇人吉利，对男子凶险。

《象传》说：妇人以柔顺的正确而吉利，是因为要跟男人过一辈子。男人必须用正确原则处理事情，如果什么事都顺从妇人，那就凶险了。

上六　动摇了柔退的恒常之道，那就凶险。

《象传》说：在本卦的最上面动摇了恒常之道，不会有一点好处。

遁

【原文】

☶艮下乾上　遁，亨，小利贞。

《彖》曰：遁"亨"，遁而亨也。刚当位而应，与时行也。"小利贞"，浸而长也。遁之时义大矣哉！

《象》曰：天下有山，遁。君子以远小人，不恶而严。

初六：遁尾，厉，勿用有攸往。《象》曰："遁尾"之"厉"，不往何灾也？

六二：执之用黄牛之革，莫之胜说。《象》曰：执"用黄牛"，固志也。

九三：系遁，有疾厉。畜臣妾吉。《象》曰："系遁"之厉，有疾惫也。"畜臣妾吉"，不可大事也。

九四：好遁，君子吉，小人否。《象》曰：君子"好遁"，"小人否"也。

九五：嘉遁，贞吉。《象》曰："嘉遁，贞吉"，以正志也。

上九：肥遁，无不利。《象》曰："肥遁，无不利"，无所疑也。

【译文】

处境会顺利，凭着停止遁逃的正确得到小的好处。

《彖传》说："遁亨"是说遁逃会顺利，是由于阳爻九居于阳位五，还与六二呼应，是顺应着时机发展。"小利贞"，是指下面两个阴爻在逐渐成长。遁卦的意义是重大的。

《象传》说：乾卦天下面有一个艮卦山，构成遁卦。君子看到这个卦象就想到要远远离开小人，虽不凶恶，却很严厉。

初六　遁逃在最后面也有危险，最好是不遁逃。

《象传》说：遁逃在最后面危险，不遁逃还有什么灾难？

六二　好像用黄牛皮带子捆绑住，不能解脱。

《象传》说：好像用黄牛皮带子捆绑住，是坚定了不遁逃的思想。

九三　停止遁逃，尽管有坏处而且危险，但能养着一些奴隶，还是吉利的。

《象传》说：停止遁逃的危险，好像生了病感到疲乏。"养着一些奴隶还是吉利"，是说不能在大事上有成就。

九四　君子喜爱遁逃者，君子吉利，小人不吉利。

《象传》说：君子喜爱遁逃者，小人不吉利。

九五：君子赞美遁逃者，这合于正道而吉利。

《象传》说:"赞美遁逃者合于正道而吉利",是要端正遁逃者的思想,使他们不遁逃。

上九　使遁逃者宽裕自得,没有什么不好。

《象传》说:"使遁逃者宽裕自得,没有什么不好",是对遁逃者没有怀疑。

大壮

【原文】

☰乾下震上　大壮,利贞。

《彖》曰:大壮,大者壮也。刚以动,故壮。大壮"利贞",大者正也。正大而天地之情可见矣。

《象》曰:雷在天上,大壮。君子以非礼弗履。

初九:壮于趾。征凶有孚。《象》曰:"壮于趾",其"孚"穷也。

九二:贞吉。《象》曰:九二"贞吉",以中也。

九三:小人用壮,君子用罔。贞厉。羝羊触藩,羸其角。《象》曰:"小人用壮",君子罔也。

九四:贞吉悔亡。藩决不羸,壮于大舆之輹。《象》曰:"藩决不羸",尚往也。

六五:丧羊于易,无悔。《象》曰:"丧羊于易",位不当也。

上六:羝羊触藩,不能退,不能遂。无攸利,艰则吉。《象》曰:"不能退,不能遂",不详也。"艰则吉",咎不长也。

【译文】

厉王要凭着正确条件才能挫败武人,得到好处。

《彖传》说:大壮,大的东西强壮。乾刚而震动,所以强壮。大壮凭正确得到好处,是指大的东西正确。从正确和壮大可以看出天地情况。

《象传》说:雷在天上轰鸣,构成大壮卦。君子看到这个卦象就想到不合礼的事不能干。

初九　足趾强壮有力,大步前进有凶险。只有有孚,才能解决问题。

《象传》说:"足趾强壮有力",是孚没有了。

九二　由于正确,所以吉利。

《象传》说:九二以正确而吉利,是因为位置在下乾中间。

九三　小人用强暴欺人,君子凭无为取胜。小人即使用意正确也危险,将像公羊被关在羊圈里,还用角去撞篱笆,结果会损坏它的角。

《象传》说：小人用强暴，君子凭无为。

九四 以合于正道而吉利，悔恨就没有了。好像公羊撞篱笆，篱笆破了角却没有坏，又好像车箱下面钩住车轴的木钩子那样坚实。

《象传》说："篱笆破了角却没有坏"，是说还可以前进。

六五 由于马虎失掉了羊，但没有悔恨。

《象传》说："由于马虎失掉了羊"，是因为本爻所处爻位不恰当。

上六 像公羊用角撞篱笆，不能后退，不能前进，没有好处。要艰苦克制才吉利。

《象传》说："不能后退，不能前进"，这不吉祥。"要艰苦克制才吉利"，这样碰上困难才不会长久。

长角公羊，汉画像石。

晋

【原文】

☷坤下☲离上　晋，康侯用锡马蕃庶，昼日三接。

《彖》曰：晋，进也。明出地上，顺而丽乎大明。柔进而上行，是以"康侯用锡马蕃庶，昼日三接"也。

《象》曰："明出地上"，晋。君子以自昭明德。

初六：晋如摧如，贞吉。罔孚。裕无咎。《象》曰："晋如摧如"，独行正也。"裕无咎"，未受命也。

六二：晋如愁如。贞吉。受兹介福，于其王母。《象》曰："受兹介福"，以中正也。

六三：众允，悔亡。《象》曰："众允"之志，上行也。

九四：晋如鼫鼠，贞厉。《象》曰："鼫鼠，贞厉"，位不当也。

六五：悔亡，矢得勿恤。往吉，无不利。《象》曰："矢得勿恤"，往有庆也。

上九：晋其角，维用伐邑。厉吉无咎。贞吝。《象》曰："维用伐邑"，道未光也。

【译文】

　　值得赞美的侯由于受到周厉王教育大有提高，一天之内为周厉王多次接见。

　　晋是向上面前进。上离光明出现在下坤地面上，下坤的柔顺依附着上离伟大的光明。观卦六四向上运动与九五交换位置，因此"值得赞美的侯凭着天子所教导的柔顺大有提高，一天之内受到天子多次接见"。

　　《象传》说：上离光明升出下坤地面，成为晋卦。君子看到这个卦象就去提高自己的美好品德。

　　初六　躁进啊，变成柔退啊，才正确而吉利，即使没有孚（诚）也将从容自得，没有坏处。

　　《象传》说："从躁进变成柔退"，是独行正道。"从容自得而没有坏处"，是没有接受王命。

　　为从躁进变成柔退是独行正道，有得于卦义。"裕无咎"是柔退而"独行正"所得到的好处，《象传》说成"未受命"是不对的。

　　六二　躁进啊，令人发愁啊，这合于正道而吉利，还将从天子祖母那里接受大福。

　　《象传》说："接受大福"，是由于既得中，又得正。

　　六三　大家都信任周厉王，悔恨就没有了。

　　《象传》说：大家都有信任的思想，上面的目的就达到了。

　　九四　躁进啊就会像五技鼠那样一无可取，即使正确也危险。

　　《象传》说：五技鼠正确也危险，是由于所处的位置不恰当。

　　六五　悔恨没有了，无论是损失或者收获都不用忧虑，发展下去会吉利，没有不吉利的。

　　《象传》说："无论是损失或者收获都不用忧虑"，是由于发展下去有好处。

　　上九　把角伸出触人，派兵攻打别人城邑，这些都危险，能够吉利？没有坏处？看来即使正确也是不好的。

　　《象传》说："派兵攻打别人城邑"，是接人待物的原则还不弘大。

明夷

【原文】

　　☷离下坤上　明夷，利艰贞。

　　《彖》曰：明入地中，"明夷"。内文明而外柔顺，以蒙大难，文王以之。"利艰贞"，晦其明也。内难而能正其志，箕子以之。

《象》曰：明入地中，明夷。君子以莅众，用晦而明。

初九：明夷于飞垂其翼。君子于行，三日不食。有攸往，主人有言。《象》曰："君子于行"，义不食也。

六二：明夷（夷）于左股。用拯马壮吉。《象》曰：六二之"吉"，顺以则也。

九三：明夷于南狩，得其大首。不可疾贞。《象》曰："南狩"之志，乃大得也。

六四：入于左腹。获明夷之心于出门庭。《象》曰："入于左腹"，获心意也。

六五：箕子之明夷，利贞。《象》曰："箕子"之贞，明不可息也。

上六：不明晦。初登于天，后入于地。《象》曰："初登于天"，照四国也；"后入于地"，失则也。

【译文】

要艰苦守住为君的正道才有利。

《象传》说：光明进入地里面，是光明受到损害。内部保持着文明品德，外面表现为柔顺态度，去遭受大灾难。周文王有这种情况。以艰苦保持正道得到好处，把光明品德隐蔽起来，在朝廷内遭到灾难，但能够端正思想，箕子有这种情况。

《象传》说：光明进入地里面，是光明受到损害。君子看到这个卦象，治理人民就要从黑暗转向光明。

初九　光明的品德受到损害，像一个正在飞的鸟儿却垂下了翅膀。"君子"正在路途中行走，已经有很多天没吃上饭。只要一向别处去，"主人"就会骂起来。

《象传》说："君子正在路途中行走"，按道理是不吃饭的。

六二　光明的品德受到损害，还伤了左边的大腿，但只要援救的人得力，还是吉利的。

《象传》说：六二的吉利，是由于顺乎情势，合于道理。

九三　尽管光明品德受到损害，但一旦解脱，就能南征楚国，俘获楚王，只是不能以刚猛之道用兵，才完全正确。

《象传》说：有了南征思想，就会大有收获。

六四　用刀子刺进左边腹部，取出光明品德受到损害的人的心，走出了大门。

《象传》说："用刀子刺进左边腹部"，得到了心。

六五　箕子的光明品德受到损害，要立场正确，才有好处。

《象传》说：箕子的正确，说明光明品德不能没有。

上六　不能走向光明，反而进入黑暗，开始好像登上了天堂，后来却坠入了地底。

《象传》说："开始好像登上了天堂"，光辉照耀着天下所有的国家。"后来坠入了地底"，是由于失去原则。

家人

【原文】

☲☴离下巽上　家人，利女贞。

《彖》曰：家人，女正位乎内，男正位乎外。男女正，天地之大义也。家人有严君焉，父母之谓也。父父、子子、兄兄、弟弟、夫夫、妇妇，而家道正。正家，而天下定矣。

《象》曰：风自火出，家人。君子以言有物而行有恒。

初九：闲有家，悔亡。《象》曰："闲有家"，志未变也。

六二：无攸遂。在中馈，贞吉。《象》曰：六二之"吉"，顺以巽也。

九三：家人嗃嗃，悔厉吉。妇子嘻嘻，终吝。《象》曰："家人嗃嗃"，未失也；"妇子嘻嘻"，失家节也。

六四：富家，大吉。《象》曰："富家，大吉"，顺在位也。

九五：王假有家，勿恤，吉。《象》曰："王假有家"，交相爱也。

上九：有孚威如。终吉。《象》曰："威如"之"吉"，反身之谓也。

【译文】

"家人"以有贤内助正确帮助得到好处。

《彖传》说：就一家人来说，女的应该在家内搞好工作，男的应该在家外搞好工作，这是天地间的大原则。一家人有严厉的家长，是说父母。做父亲的要像父亲，做儿子的要像儿子，做哥哥的要像哥哥，做弟弟的要像弟弟，做丈夫的要像丈夫，做妻子的要像妻子，这样家里就会搞好，搞好一家天下也就搞好了。

《象传》说：风从火出来，构成了家人卦。君子看到这个卦象就要说话有内容，做事有恒心。

初九　把伟大的家庭治理好，悔恨就没有了。

《象传》说："把伟大的家庭治理好"，是思想没有改变。

六二　即使没有什么成就，只要能在家里搞好膳食，就合于正道而吉利。

《象传》说：六二的吉利，是由于非常柔顺。

九三　家长严厉，会有悔恨，也有危险，但总是吉利。妇子不严肃，终归不好。

《象传》说："家长严厉"，没有过失。"妇子不严肃"，丧失治家原则。

六四　妇子能使家庭富裕，大大吉利。

《象传》说："妇子能使家庭富裕，大大吉利"，是顺从家长，站在治家的岗位上。

九五　厉王由于有贤臣帮助回到朝廷，不用忧虑，一切都会吉利。

《象传》说："王由于有贤臣帮助回到朝廷"，他们会互相喜爱。

上九　有了诚，很威严，终归吉利。

《象传》说：威严吉利，是说严格要求自己。

睽

【原文】

☲兑下离上　睽，小事吉。

《彖》曰：睽，火动而上，泽动而下，二女同居，其志不同行。说而丽乎明，柔进而上行，得中而应乎刚。是以"小事吉"。天地睽而其事同也，男女睽而其志通也，万物睽而其事类也。睽之时用大矣哉！

《象》曰：上火下泽，睽。君子以同而异。

初九：悔亡。丧马勿逐，自复。见恶人，无咎。《象》曰："见恶人"，以辟咎也。

九二：遇主于巷，无咎。《象》曰："遇主于巷"，未失道也。

六三：见舆曳，其牛掣其人。天且劓，无初有终。《象》曰："见舆曳"，位不当也。"无初有终"，遇刚也。

九四：睽孤遇元夫。交孚厉无咎。《象》曰："交孚"，"无咎"，志行也。

六五：悔亡。厥宗噬肤，往何咎？《象》曰："厥宗噬肤"，往有庆也。

上九：睽孤。见豕负涂，载鬼一车。先张之弧，后说之弧。匪寇婚媾。往遇雨，则吉。《象》曰："遇雨"之吉，群疑亡也。

【译文】

只有做点小事才吉利。

《象传》说：本卦的矛盾表现为下离的火向上烧，上兑的水向下注，又像离和兑这两个女即使同住在一起，但思想上却不愿意走在一起。下兑的和悦依附着上离的光明，下离六二这个阴爻前进向上运动，阴爻六五居于上兑中间，与下兑九二阳爻相呼应，因此"做小事情吉利"。天和地矛盾可是作用相同，男和女矛盾可是思想相通，万物矛盾重重，可是也都有共同点，矛盾的意义是巨大的。

《象传》说：上卦是离火，下卦是兑泽，构成睽卦。君子看到这个卦象就要从相同看出不同。

初九　悔恨没有了，失掉了马，不去寻找自己会回来；碰上凶恶的人，没有坏处。

《象传》说："碰上凶恶的人"，会躲开灾祸。

九二　在"永巷"中碰上厉王，没有坏处。

《象传》说："在永巷中碰上主人"，说明还没有失去营救的途径。

六三　看见车子向后拉，那头牛却往前拖，拉车的人很狼狈，好像受了黥刑和劓刑，但没有好开头，却有好结果。

《象传》说："见舆曳"，是本爻所处爻位不恰当。"无初有终"，是本爻以阴柔碰上九四阳刚。

九四　周厉王在睽违孤独之中，碰上一个大夫。互相信任，这样即使有危险，有贤臣指点，目的就能达到，没有问题。

六五　悔恨没有了，厉王到宗庙，吃着用于祭祀的肉，这样下去有什么坏处？

《象传》说："到宗庙吃祭祀肉"，这样下去有好处。

上九　在睽违孤独之中，神情恍惚，好像看见猪背上沾满了泥，又好像看见装来一车鬼。先拉开木弓想用箭射，后来放下木弓不射了，原来这些奇形怪状像鬼的人不是来劫掠的，是来求亲的。发展下去会像旱苗得雨那样吉利。

《象传》说：遇雨吉利，一切疑虑都没有了。

蹇

【原文】

艮下坎上　蹇，利西南，不利东北。利见大人。贞吉。

《彖》曰：蹇，难也，险在前也。见险而能止，知矣哉！蹇"利西南"，往得中也；"不利东北"，其道穷也。"利见大人"，往有功也。当位"贞吉"，以正邦也。蹇之时用大矣哉！

《象》曰：山上有水，蹇。君子以反身修德。

初六：往蹇来誉。《象》曰："往蹇来誉"，宜待也。

六二：王臣蹇蹇，匪躬之故。《象》曰："王臣蹇蹇"，终无尤也。

九三：往蹇来反。《象》曰："往蹇来反"，内喜之也。

六四：往蹇来连。《象》曰："往蹇来连"，当位实也。

九五：大蹇朋来。《象》曰："大蹇朋来"，以中节也。

上六：往蹇来硕。吉，利见大人。《象》曰："往蹇来硕"，志在内也。"利见大人"，以从贵也。

【译文】

利于流往平坦的西南方，不利于流往险峻的东北方。天下人都将以能看到解脱了

的周厉王得到好处，这是合于正道而吉利的。

《象传》说：蹇是困难，是危险在前面。看见险阻就能停下来，是够聪明的！说蹇卦"利于向西南发展"是小过九四变成九五，居于上坎当中。说蹇卦"不利于向东北发展"，是路子走不下去。"以见到大人为有利"，是发展下去有好处。本卦二、三、四、五爻各当其位，得正而吉，凭这些就能把国家治理好。蹇卦的作用是大的。

《象传》说：下卦是艮山，上卦是坎水，构成蹇卦。君子看到这个卦象就回过头来检查自己，提高品德。

初六　如果背离厉王，就会有困难，只有回来为厉王服务，才能有称誉。

《象传》说："去有困难，来有称誉"，应该等待时机。

六二　武人困难很大，却不是自己的缘故。

《象传》说："王臣困难很大"，但终于没有过失。

九三　如果背离厉王，就有困难，只有回来服务于厉王。

《象传》说："背离有困难，只有回来"，这是说内心喜欢回来。

六四　如果径行离开，不去安抚武人，就会有困难，只有回来与武人联系，做好他们的工作。

《象传》说："离开会有困难，只有回来联系他们"，说明当位是实际情况。

九五　在碰上大困难的时候，朋友会来帮助。

《象传》说："在碰上大困难的时候，朋友会来帮助"，是由于本爻以阳爻居于阳位，是当位的。

上六　离开会有困难，只有回来安抚，才大为吉利。天下人都将以见到大人得到好处。

《象传》说："离开会有困难，只有回来才大为吉利"，是想与内卦九三呼应。"以看见大人得到好处"，是由于追随着九三这个贵人。

解

【原文】

☵☳坎下震上　解，利西南，无所往。其来复吉。有攸往夙吉。

《彖》曰：解，险以动，动而免乎险，解。解"利西南"，往得众也。"其来复吉"，乃得中也。"有攸往夙吉"，往有功也。天地解而雷雨作，雷雨作而百果草木皆甲坼。解之时义大矣哉！

《象》曰：雷雨作，解。君子以赦过宥罪。

初六：无咎。《象》曰：刚柔之际，义"无咎"也。

九二：田获三狐，得黄矢，贞吉。《象》曰：九二"贞吉"，得中道也。
六三：负且乘，致寇至。贞吝。《象》曰："负且乘"，亦可丑也；自我致戎，又谁咎也！
九四：解而拇，朋至斯孚。《象》曰："解而拇"，未当位也。
六五：君子维有解，吉。有孚于小人。《象》曰：君子"有解"，小人退也。
上六：公用射隼于高墉之上，获之。无不利。《象》曰："公用射隼"，以解悖也。

【译文】

利于到西南平坦的地方去。即使没有去的地方，回来也吉利。如果有了去的地方，更会很早就吉利。

《象传》说：解卦卦象是坎险和震动相结合，震雷以运动离开坎水的险阻，这就是解脱。解卦"利于向西南方向发展"，去了会得到群众。"回来也吉利"，是由于九二在下坎当中。"有去的地方，很早会吉利"，是指去了有成就。天地解脱，雷雨产生，一切果实的甲壳都会裂开，表现为一派生机。解卦的意义是重大的。

《象传》说：雷雨产生，形成解卦。君子看到这种卦象就要免除对人民的惩罚并宽恕人民的罪过。

初六　没有坏处。

《象传》说：刚与柔相交接，从道理说没有坏处。

九二　打猎得到很多狐狸，从狐狸身上得到黄铜箭头，这合于正道而吉利。

《象传》说：九二合于正道而吉利，是由于得中。

六三　背着东西还去坐车，会招来别人谴责，即使正确也不好。

《象传》："背着东西还去坐车"，是可丑的事。是由自己招来别人谴责，又能怪哪个呢？

九四　把你脚大拇指上系的绳子解脱，朋友来了会相信你。

《象传》："把你脚大拇指上系的绳子解脱"，是由于本爻所处的位置不恰当。

六五　周厉王有解脱的一天，将为一般人所信服。

《象传》说：君子有解脱的一天，一般人都会退避。

上六　公在高高的城墙上射那凶残的隼，得到了它，没有不利的。

《象传》说："公射凶残的隼"，是除去乱臣贼子。

损

【原文】

䷨兑下艮上　损，有孚。元吉，无咎，可贞。利有攸往。曷之用二簋？可用享。

《彖》曰：损，损下益上，其道上行。损而"有孚。元吉，无咎，可贞。利有攸往。曷之用二簋？可用享"，二簋应有时，损刚益柔有时。损益盈虚，与时偕行。

《象》曰：山下有泽，损。君子以惩忿窒欲。

初九：已事遄往。无咎，酌损之。《象》曰："已事遄往"，尚合志也。

九二：利贞，征凶。弗损益之。《象》曰：九二"利贞"，中以为志也。

六三：三人行则损一人；一人行则得其友。《象》曰："一人"行，"三"则疑也。

六四：损其疾，使遄有喜，无咎。《象》曰："损其疾"，亦可喜也。

六五：或益之十朋之龟，弗克违，元吉。《象》曰：六五"元吉"，自上祐也。

上九：弗损益之，无咎，贞吉。利有攸往。得臣无家。《象》曰："弗损益之"，大得志也。

【译文】

有了诚，就大为吉利，没有坏处，可以合于正道，发展下去，还有好处。用什么祭祀？有两碟子食物就可以了。

《彖传》说：抑损下面，增益上面，原则是给上面以好处。损卦是讲"有诚心就大为吉利，没有坏处，可以合于正道，发展下去还有好处，用什么去祭祀？用两碟祭品就可以了"。用两碟祭品应该在必要的时候，抑损阳刚增益阴柔有一定的时候。或损抑，或增益，或满盈，或空虚，是随着时间一起发展的。

《象传》说：艮山下面有泽水，形成损卦。君子看到这个卦象就要制止忿怒，去掉嗜欲。

初九　放下事情不做，急急忙忙去，没有坏处，因为是考虑要去掉周厉王的骄矜之气。

《象传》说："放下事情不做，急急忙忙去"，还能与志向相合。

九二　凭着谏正厉王得到好处，发展下去有危险，如果不是抑损而是增益的话。

《象传》说：九二以正确得到好处，因为是以居中作为志愿。

六三　三个人走就会失去一个人，一个人走会得到朋友。

《象传》说：一个人可以行走，三个人就有怀疑。

六四　去掉疾病，使自己很快好起来，没有坏处。

《象传》说："去掉疾病"，也是可喜的事情。

六五　有人把价值十朋的大乌龟壳赠给我，不能推辞，大为吉利。

《象传》说：六五的大为吉利，是由于有上帝保佑。

上九　如果不是抑损，而是增益，要没有坏处，可以合于正道，发展下去还有好处，都只是一句空话。

《象传》说："不是抑损，而是增益"，会在很大程度上达到目的。

益

【原文】

☰震下巽上　益，利有攸往，利涉大川。

《彖》曰：益，损上益下，民说无疆。自上下下，其道大光。"利有攸往"中正有庆；"利涉大川"，木道乃行。益动而巽，日进无疆；天施地生，其益无方。凡益之道，与时偕行。

《象》曰：风雷益。君子以见善则迁，有过则改。

初九：利用为大作，元吉无咎。《象》曰："元吉无咎"，下不厚事也。

六二：或益之十朋之龟，弗克违。永贞吉。王用享于帝，吉。《象》曰："或益之"，自外来也。

六三：益之用凶事，无咎。有孚中行，告公用圭。《象》曰：益"用凶事"，固有之也。

六四：中行告公从。利用为依迁国。《象》曰："告公从"，以益志也。

九五：有孚惠心，勿问元吉，有孚惠我德。《象》曰："有孚惠心"，勿问之矣。"惠我德"，大得志也。

上九：莫益之，或击之。立心无恒，凶。《象》曰："莫益之"，偏辞也。"或击之"，自外来也。

【译文】

发展下去有好处，碰上巨大困难能克服。

《彖传》说：益卦是抑损上面，增益下面，人民的喜悦说不完。从上面屈居在下级下面，他的为政之道得到大发扬。"发展下去有好处"，是六二和九五居中得正，意味着有喜庆的事。"碰上巨大困难能克服"，是上巽的作用在实现。益卦下震为动，上巽为顺，动而顺理，时刻前进，达到无穷无尽。这些是天之所施，地之所生，好处没有法子讲。总而言之，增益是随着时间一起发展的。

《象传》说：上巽的风和下震的雷构成益卦。君子见到这个卦象看到好的就学习，有了过错就改正。

初九　凭着贤臣帮助去干大事业，大为吉利，没有坏处。

《象传》说："大为吉利，没有坏处"，是下面不努力干。

六二　有人用价值十串贝壳的大宝龟来帮助，不能推辞，这永远合于正道而吉利。周厉王凭着这种帮助去向上帝进行祭祀，也是吉利的。

《象传》说："有人来帮助",是从外面来的。

六三　即使把凶险的事加于他,也不会有坏处。他内心有诚,凡事正确,还用瑞玉为信物叫贤臣来帮助。

《象传》说:把凶险的事相加,是本来就有凶险的事。

六四　周厉王告诉贤臣跟随他,要把贤臣的国家作为依靠迁都的国家,以得到好处。

《象传》说："告诉贤臣跟随着",是要提高贤臣思想。

九五　上天把它所具有的诚加惠于我的心,不用问都大为吉利,上天是把它的诚来提高我的品德的。

《象传》说："上天用诚加惠于我的心",不用问都好得很。"上天用诚来提高我的品德",会凡事如意。

上九　没有人帮助周厉王,有些人还要打击周厉王,这是居心不善,必然凶险。

《象传》说："没有人帮助他",是"偏辞"。"有些人打击他",是从外面来的。

夬

【原文】

䷪乾下兑上　夬,扬于王庭。孚号有厉。告自邑,不利即戎,利有攸往。

《彖》曰:夬,决也。刚决柔也。健而说,决而和。"扬于王庭",柔乘五刚也。"孚号有厉",其危乃光也。"告自邑,不利即戎",所尚乃穷也。"利有攸往",刚长乃终也。

《象》曰:泽上于天,夬。君子以施禄及下,居德则忌。

初九:壮于前趾。往不胜为咎。《象》曰:"不胜"而往,咎也。

九二:惕号,莫夜有戎,勿恤。《象》曰:"有戎,勿恤",得中道也。

九三:壮于頄,有凶。君子夬夬,独行遇雨,若濡有愠,无咎。《象》曰:"君子夬夬",终无咎也。

九四:臀无肤。其行次且。牵羊悔亡,闻言不信。《象》曰:"其行次且",位不当也。"闻言不信",聪不明也。

九五:苋陆夬夬,中行无咎。《象》曰:"中行无咎",中未光也。

上六:无号,终有凶。《象》曰:"无号"之凶,终不可长也。

【译文】

周厉王在朝廷上公开宣告,要用诚号召,因为情况很危险。还从京城宣告,不利

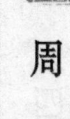

于用兵，这样下去才有利。

《象传》说："夬"的意义是冲开，是阳爻在冲击阴爻。本卦是刚健而和悦，虽然冲决，却又很和乐。"在朝廷上公开宣告"，是因为一个阴爻凌驾于五个阳爻之上。"情况很危险，用诚号召"，是因为危险在加大。"从京城宣告，不利于用兵"，是因为所崇尚的武力会导致穷困。"发展下去有好处"，是阳爻向上冲击有好结果。

《象传》说：兑泽上于乾天，构成夬卦。君子看见这个卦象就要把俸禄给予下面，忌讳以德自居。

初九　脚强壮有力，去了不能胜利，反而成为灾祸。

《象传》说：不能胜利却去了，这就是灾祸。

九二　只要警惕地号召，即使傍晚或黑夜有敌人进犯，都不必担忧。

《象传》说："有敌人进犯""不必忧虑"，是合于中道的。

九三　绷紧了面孔，有凶险。厉王要去掉那些必须去掉的对象，会像一个人走路碰上下雨弄湿衣服，将很不高兴，但没有坏处。

《象传》说：君子要去掉他所要去掉的对象，终于没有坏处。

九四　屁股上没有肉，走路歪歪斜斜。要投降才没有悔恨，不要听了这种话却不相信。

《象传》说："行走困难"，是本爻所处位置不恰当。听了话不相信，是听觉不好。

九五　柔脆的小草要冲开压在它上面的东西，只有合于中道才不会有坏处。

《象传》说："要合于中道才没有坏处"，是说中道还没有光大发扬。

上六　没有去号召投降周厉王，终将有凶险。

《象传》说："没有人号召"的凶险，是终归不会长久的。

姤

【原文】

☴巽下乾上　姤，女壮，勿用取女。

《彖》曰：姤，遇也，柔遇刚也。"勿用取女"，不可与长也。天地相遇，品物咸章也。刚遇中正，天下大行也。姤之时义大矣哉！

《象》曰：天下有风，姤。后以施命诰四方。

初六：系于金柅，贞吉。有攸往，见凶。羸豕孚蹢躅。《象》曰："系于金柅"，柔道牵也。

九二：包有鱼，无咎，不利宾。《象》曰："包有鱼"，义不及宾也。

九三：臀无肤，其行次且，厉无大咎。《象》曰："其行次且"，行未牵也。

九四：包无鱼，起凶。《象》曰："无鱼"之"凶"，远民也。

九五：以杞包瓜，含章，有陨自天。《象》曰：九五"含章"，中正也。"有陨自天"，志不舍命也。

上九：姤其角，吝，无咎。《象》曰："姤其角"，上穷吝也。

【译文】

女人太强壮了，不能娶来做妻子。

《彖传》说：姤是碰上，是一个柔碰上五个刚。"不要娶那个女人"，是不能与她长久相处。天与地遇合，各种物都明显地成长。阳爻得中得正，天下一切都大为顺利。姤卦的意义是重大的。

《象传》说：天下面有风，构成姤卦。国王看见这个卦象就发布命令，告诉全国。

初六　像拴在金属止车工具上不动，才合于正道而吉利。如果前进就会碰上凶险，要像一头瘦弱母猪那样确实徘徊不前进才好。

《象传》说："像拴在金属止车工具上不动"，是具备柔道的初六被牵住了。

九二　厨房里有鱼，没有坏处，但是不利于客人。

《象传》说："厨房里有鱼"，从道理上说不能用来招待客人。

九三　屁股上没有肉，走起路来歪歪斜斜，有危险；但是没有大坏处。

《象传》说："走起路来歪歪斜斜"，是对行走没有加以牵制，仍然在行走。

九四　厨房里没有鱼，要起来对付客人就凶险。

《象传》说：没有鱼的凶险，是由于远远离开人民。

九五　用坚硬的杞柳包裹柔脆的瓜，即使有美好用心，瓜也会损坏，像从天上狠狠地摔下来一样。

《象传》说：九五美好，是由于居中得正。"从天上狠狠地摔下来"是"志不舍命"。

上九　姤碰上野兽的角，不好，但是没有坏处。

《象传》说："碰上野兽的角"，是本爻以阳爻居于最上面那个阴位而穷困。

萃

【原文】

䷬坤下兑上　萃，亨。王假有庙。利见大人，亨利贞。用大牲吉。利有攸往。

《彖》曰：萃，聚也。顺以说，刚中而应，故聚也。"王假有庙"，致孝享也。"利见大人，亨"，聚以正也。"用大牲吉。利有攸往"，顺天命也。观其所聚，而天地万物

之情可见矣!

《象》曰：泽上于地，萃。君子以除戎器，戒不虞。

初六：有孚不终，乃乱乃萃。若号，一握为笑。勿恤，往无咎。《象》曰："乃乱乃萃"，其志乱也。

六二：引吉无咎，孚乃利用禴。《象》曰："引吉无咎"，中未变也。

六三：萃如嗟如，无攸利，往无咎，小吝。《象》曰："往无咎"，上巽也。

九四：大吉，无咎。《象》曰："大吉，无咎"，位不当也。

九五：萃有位，无咎。匪孚，元永贞，悔亡。《象》曰："萃有位"，志未光也。

上六：赍咨涕洟，无咎。《象》曰："赍咨涕洟"，未安上也。

【译文】

周厉王到太庙主持祭祀，天下人都以见到这样的大人得到好处。中兴复国事业顺利了，凭着斗争策略正确得到好处，用牛祭祀是吉利的，发展下去是很好的。

按：卦辞设想周厉王已经取得决定性胜利，到太庙祭祀祖宗，告以成功，西周王业将亿万斯年，是《周易》作者最美好的设想。

《象传》说：萃是聚集。下坤柔顺，上兑和悦，九五以阳刚居中，与六二相应，所以聚集。"王到太庙去"，表示孝顺地进行祭祀。以"见到大人得到好处，而且亨通"，是由于以正确途径聚集。"用牛祭祀吉利，发展下去有好处"，是顺从天命。看到这种聚集的情况，天地万物的实际情况就可以看到了。

《象传》说：湖泊上升在地面上，构成萃卦。君子看到这个卦象就去修理兵器，防备料想不到的事情。

初六　即使有诚心事奉厉王，但不能到头，坏事就会集中。如果向厉王号呼请求原谅，厉王会与他一度握手欢笑，发展下去没有坏处。

《象传》说："坏事集中"，是由于思想混乱。

六二　永远吉利，没有坏处，有了诚心，尽管薄祭也好。

《象传》说："永远吉利，没有坏处"，是由于思想没有改变。

六三　如果聚集在厉王身边只是叹气，就没有好处，但发展下去却没有坏处，只有小不好。

《象传》说："发展下去没有坏处"，是由于对上面服从。

九四　大为吉利，没有坏处。

《象传》说："大为吉利，没有坏处"，是本爻所处的位置不恰当。

九五　厉王登上王位，没有坏处。即使不是事实，只要发扬光大永远正确的品德，悔恨也就没有了。

《象传》说："登上大位"，是思想不开展。

上六　叹气啊，流眼泪啊，流鼻涕啊，但没有坏处。

《象传》说："叹气，流眼泪鼻涕"，是没有安然居于上位。

升

【原文】

☴巽下坤上　升，元亨。用见大人，勿恤。南征吉。

《彖》曰：柔以时升，巽而顺，刚中而应，是以大亨。"用见大人，勿恤"，有庆也。"南征吉"，志行也。

《象》曰：地中生木，升。君子以顺德，积小以高大。

初六：允升，大吉。《象》曰："允升，大吉"，上合志也。

九二：孚乃利用禴，无咎。《象》曰：九二之"孚"，有喜也。

九三：升虚邑。《象》曰："升虚邑"，无所疑也。

六四：王用亨于岐山。吉，无咎。《象》曰："王用亨于岐山"，顺事也。

六五：贞吉，升阶。《象》曰："贞吉，升阶"，大得志也。

上六：冥升，利于不息之贞。《象》曰："冥升"在上，消不富也。

【译文】

中兴事业将大为顺利，天下人都以见到这样的大人得到好处。不用忧虑，向南方荆楚用兵是吉利的。

《象传》说：解卦六三这个柔爻按时上升，成为下巽上坤，九二与六五相应，因此大为亨通。"见到大人，不用担忧"，这是有了喜庆。"向南方用兵吉利"，这是志向得到实行。

《象传》说：地里面长出树木，构成升卦。君子见到这个卦象就要努力提高道德，从微小积累，以至发展到高大。

《象传》说："肯定上升，大为吉利"，是与上面志趣相合。

九二　只要有诚，就是用薄祭也会得到好处，没有坏处。

《象传》说：九二的诚，会有喜庆。

九三　树木上长，超过了山坡上的城邑。

《象传》说："树木上长，超过了山坡上的城邑"，这没有可以怀疑的。

六四　周厉王在岐山举行祭祀，吉利，没有坏处。

《象传》说："王在岐山举行祭祀"，是顺利的事。

六五　凭着正确而吉利，又上升了一个台阶。

《象传》说："凭着正确而吉利，又上升了一个台阶"，是大大满足了愿望。

上六　在不知不觉中上升，凭着不间断的正确（一贯正确）得到好处。

《象传》说：不知不觉升到了上面，可以消除不富有。

本爻肯定厉王中兴复国为一贯正确，充分体现了《周易》作者的思想感情。《象传》的"消不富"指摆脱贫困，脱离倒霉环境，对爻辞有领会。

困

【原文】

☱☵坎下兑上　困，亨。贞大人吉，无咎。有言不信。

《彖》曰：困，刚掩也。险以说，困而不失其所。"亨"，其唯君子乎！"贞大人吉"，以刚中也。"有言不信"，尚口乃穷也。

《象》曰：泽无水，困。君子以致命遂志。

初六：臀困于株木，入于幽谷，三岁不觌。《象》曰："入于幽谷"，幽不明也。

九二：困于酒食。朱绂方来，利用享祀。征凶，无咎。《象》曰："困于酒食"，中有庆也。

六三：困于石，据于蒺藜。入于其宫，不见其妻，凶。《象》曰："据于蒺藜"，乘刚也。"入于其宫，不见其妻"，不详也。

九四：来徐徐。困于金车，吝有终。《象》曰："来徐徐"，志在下也。虽不当位，有与也。

九五：劓刖。困于赤绂，乃徐有说，利用祭祀。《象》曰："劓刖"，志未得也。"乃徐有说"，以中直也。"利用祭祀"，受福也。

上六：困于葛藟，于臲卼。曰动悔有悔，征吉。《象》曰："困于葛藟"，未当也。"动悔有悔"，吉行也。

【译文】

中兴复国会顺利，是由于事业的正义性，周厉王这个大人会吉利，没有坏处。这些话你们听了不相信吗？

《象传》说：困难，是由于上兑的柔掩盖了下坎的刚。凶险却又和悦，处境困难却又不丧失达到顺利的途径，该只有君子能这样吧？正确的大人吉利，是由于阳爻处于上下卦的正当中。"有话不能使人相信"，是重视口说会穷困。

《象传》说：湖泊里没有水，构成了困卦。君子见到这个卦象就要用舍弃生命去达成志愿。

初六　屁股跌在树桩子上，还跌进黑暗的深谷里，以致多年看不见天日。

《象传》说："跌进了黑暗的深谷"，黑暗而不光明。

九二　武人醉饱过度，厉王恰好来对他们进行安抚。武人如果接受安抚，就能参与祭祀，得到好处；如果别有行动，就有凶险；但终将痛改前非，所以没有坏处。

《象传》说："醉饱过度"，是居于中爻有喜庆。

六三　被困在乱石堆里，撑拒在蒺藜丛中，回到家里，看不见妻子，很凶险。

《象传》说："撑拒在蒺藜丛中"，是阴爻凌驾阳爻。"回到家里，看不见妻子"，是不吉祥。

九四　缓慢地走来，为武人所困扰，情况不妙，但却有好结果。

《象传》说："慢慢地走来"，是注意力集中在下面。虽然所处爻位不恰当，但还是有与之联系的。

九五　周厉王受到武人打击，好像受到割鼻子和取膝盖的酷刑，并长期为武人所困扰。要慢慢地才能复位中兴，以进入太庙主持祭祀得到好处。

《象传》说："如同受劓刖之刑"，是目的不能达到。"慢慢会很高兴"，是由于居中得正。"到太庙主持祭祀得到好处"，是享了福。

上六　被葛藤缠住，被小木桩围住，一动就有悔恨，而且有很大悔恨，但发展下去却是吉利的。

《象传》说："被葛藤缠住"，是处境不好。"一动就有悔恨，而且有很大悔恨"，是吉利的行动。

井

【原文】

☴下☵上　井，改邑不改井。无丧无得。往来井井。汔至，亦未繘井。羸其瓶，凶。

《彖》曰：巽乎水而上水，井。井养而不穷也。"改邑不改井"，乃以刚中也。"汔至，亦未繘井"，未有功也。"羸其瓶"，是以凶也。

《象》曰：木上有水，井。君子以劳民劝相。

初六：井泥不食，旧井无禽。《象》曰："井泥不食"，下也。"旧井无禽"，时舍也。

九二：井谷射鲋，瓮敝漏。《象》曰："井谷射鲋"，无与也。

九三：井渫不食，为我心恻。可用汲，王明并受其福。《象》曰："井渫不食"，行恻也。求"王明"，受福也。

六四：井甃，无咎。《象》曰："井甃，无咎"，修井也。

九五：井洌，寒泉食。《象》曰："寒泉"之食，中正也。

上六：井收勿幕。有孚元吉。《象》曰："元吉"在上，大成也。

【译文】

城邑改变了，井却不改变，没有丧失，没有收获，时间往来不停，井还是井。快要走到井边，还没有把系着汲水瓶子的绳子放进井里去，就打破了汲水瓶子，这是凶险的。

《象传》说：鼓动着水使水向上冒，就成为井。井水养活万民，没有穷尽。"城邑改变，井水不改变"，是九二和九五各以阳爻得中。"快到井边，没把汲绳放进井里去"，是没有成就。"打破了汲水瓶子"，因此凶险。

《象传》说：木上有水，构成井卦。君子见到这个卦象就要去慰劳人民，劝他们互相帮助。

初六　井里填满泥土不能饮用，废旧的井里没有禽兽。

《象传》说："井里填满泥土不能饮用"，是由于处境低下。"废旧的井里没有禽兽"，是由于在当时井已舍弃不用。

九二　到井里有水的地方去射小鱼，反而打破了装水的瓦罐子。

《象传》说："到井里有水的地方去射小鱼"是射不中的。

九三　如果井里淘干净了却不饮用，将使我心里难受。井水可以汲上来了（比喻国事可以大有作为），厉王如果英明，我们都会得到好处。

《象传》说："如果井里淘干净了却不饮用"，将要难过。要求王英明，是希望得到好处。

六四　把井壁用砖砌好，没有坏处。

《象传》说："把井壁用砖砌好，没有坏处"，是说在修井。

九五　井里的水很清亮，寒冷的泉水可以喝。

《象传》说：寒冷的泉水可以喝，是由于本爻既得中，又得正。

上六　到了傍晚，把井绳从井里收上来，不用盖上幕布。因为有诚，一切都会大为吉利。

《象传》说：大吉在上爻，是伟大的成功。

革

【原文】

䷰离下兑上　革，己日乃孚，元亨。利贞，悔亡。

《彖》曰：革，水火相息，二女同居，其志不相得，曰革。"己日乃孚"，革而信

之。文明以说，大亨以正。革而当，其悔乃亡。天地革而四时成。汤武革命，顺乎天而应乎人。革之时大矣哉！

《象》曰：泽中有火，革。君子以治历明时。

初九：巩用黄牛之革。《象》曰："巩用黄牛"，不可以有为也。

六二：己日乃革之。征吉，无咎。《象》曰："己日"，"革之"，行有嘉也。

九三：征凶，贞厉，革言三就，有孚。《象》曰："革言三就"，又何之矣？

九四：悔亡，有孚改命。吉。《象》曰："改命"之吉，信志也。

九五：大人虎变，未占有孚。《象》曰："大人虎变"，其文炳也。

上六：君子豹变，小人革面。征凶，居贞吉。《象》曰："君子豹变"，其文蔚也。"小人革面"，顺以从君也。

【译文】

改革要经过一段时间才会为人相信。改革能使中兴事业大大顺利，凭着正确得到好处，从而悔恨也就没有了。

《彖传》说：水与火相互熄灭，两个女郎同住在一起，思想不协调，这些都会发生变革。"过一段时间才能相信"，是变革得到人们肯定。文明而且和悦，大为亨通凭着正道，从而变革恰当，悔恨就没有了。天地以改革而四时出现，汤武以改革而顺乎天、应乎人。改革的意义是十分重大的。

《象传》说：湖泊下面有火燃烧，构成革卦。君子看到这个卦象就去修治历法、明确四时。

初九　用黄牛皮带子紧紧捆着。

《象传》说：用黄牛皮带子紧紧捆着，不可以有作为。

六二　准备一段时间才改革，发展下去会吉利，没有坏处。

《象传》说：准备一段时间才改革，干起来会有好成绩。

九三　发展下去凶险，即使正确也危险。只有按改革计划取得很多成就，人们才会很相信。

《象传》说：按改革计划取得很多成就，又还有什么说的呢？

九四　悔恨没有了，还很为人们相信，改革是吉利的。

《象传》说：改革吉利，是由于信志。

九五　厉王从事改革像老虎变得毛色斑斓，没有通过占筮也很为人们相信。

《象传》说："君王从事改革像老虎变化"，它的文采是显著的。

上六　周厉王进行改革像豹子变化。坏人只是表面搞改革，发展下去凶险，要守住正道，真搞改革才吉利。

《象传》说："君王进行改革像豹子变化"，它的文采是华美的。"坏人表面搞改革"，是随顺着君王。

鼎

【原文】

☰巽下离上　鼎，元吉亨。

《彖》曰：鼎，象也。以木巽火，亨饪也。圣人亨以享上帝，而大亨以养圣贤。巽而耳目聪明。柔进而上行，得中而应乎刚。是以元亨。

《象》曰：木上有火，鼎。君子以正位凝命。

初六：鼎颠趾，利出否。得妾以其子，无咎。《象》曰："鼎颠趾"，未悖也。"利出否"，以从贵也。

九二：鼎有实。我仇有疾，不我能即，吉。《象》曰："鼎有实"，慎所之也。"我仇有疾"，终无尤也。

九三：鼎耳革，其行塞，雉膏不食。方雨亏悔，终吉。《象》曰："鼎耳革"，失其义也。

九四：鼎折足，覆公𫗧。其形渥，凶。《象》曰："覆公𫗧"，信如何也？

六五：鼎黄耳，金铉。利贞。《象》曰："鼎黄耳"，中以为实也。

上九：鼎玉铉，大吉无不利。《象》曰："玉铉"在上，刚柔节也。

【译文】

改革大吉，亨通。

《彖传》说：鼎是一种物象。把木柴放进火里去，为的是烹饪。圣人用烹饪祭祀上帝。用美好的筵席供养圣贤。巽有离在上，离为明，这象征着人的耳目聪明；巽卦六四这个柔爻向上去；在成为六五以后就居中与九二相呼应；因此大为亨通。

《象传》说：木上面烧起火，构成鼎卦。君子看到这个卦象就要摆正自己位置，完成上级命令。

初六　把鼎的脚颠倒过来，有利于倒出腐败食物。得了一个侍妾和她的儿子。这些都没有坏处。

《象传》说："把鼎的脚颠倒过来"，这没有违背什么。"要清除坏东西才好"，是为了跟从贵人。

九二　鼎里面有吃的东西，我的仇人有病，不能来接近我把食物抢走，这就吉利。

《象传》说："鼎里面有吃的东西"，为了守住，到哪里去都要谨慎。"我的仇人有病"，不能来夺走食物，所以终于没有坏处。

九三　鼎的耳朵脱掉了，鼎的活动停止了，鼎里煮的野鸡肉由于鼎无法移动被烧

焦不能吃。这时候恰好下了雨把火灭掉才减轻损失，终于吉利。

《象传》说："鼎的耳朵脱掉"，失去了应有的作用。

九四　鼎折断了脚，把公的稀粥倾掉了，那种样子是湿漉漉、水汪汪的，可凶险。

《象传》说："把公的稀饭倾掉了"，真该怎么办呢？

六五　鼎是用黄铜做的耳朵，用黄铜做的扛鼎或移动鼎的棍子，将以正确得到好处。

《象传》说："鼎是用黄铜做的耳朵"，居中而充实。

上九　鼎是玉做的贯耳器具，大为吉利，没有不利的。

《象传》说：玉铉在最上面一爻，于是刚和柔得到调节。

震

【原文】

䷲震下震上　震，亨。震来虩虩，笑言哑哑。震惊百里，不丧匕鬯。

《彖》曰："震，亨。震来虩虩"，恐致福也；"笑言哑哑"，后有则也。"震惊百里"，惊远而惧迩也。出可以守宗庙社稷，以为祭主也。

《象》曰：洊雷，震。君子以恐惧修省。

初九：震来虩虩，后笑言哑哑，吉。《象》曰："震来虩虩"，恐致福也。"笑言哑哑"，后有则也。

六二：震来厉。亿丧贝，跻于九陵，勿逐，七日得。《象》曰："震来厉"，乘刚也。

六三：震苏苏，震行无眚。《象》曰："震苏苏"，位不当也。

九四：震遂泥。《象》曰："震遂泥"，未光也。

六五：震往来厉。亿，无丧有事！《象》曰："震往来厉"，危行也。其事在中，大无丧也。

上六：震索索，视矍矍。征凶，震不于其躬。于其邻，无咎。婚媾有言。《象》曰："震索索"，未得中也。虽凶无咎，畏邻戒也。

【译文】

中兴事业会顺利达成。霹雳震响起来武人战战兢兢，周厉王却谈笑自若。霹雳吓坏了百里以内的敌人，周厉王却镇定地没有倾出勺子里祭神的香酒。

《象传》说：震卦是讲中兴事业会亨通的。"霹雳响起来很可怕"，但恐惧会得到好处。"谈笑哑哑自若"，是君王自有原则。"霹雳惊动百里以内"，是使远近的人都害怕。

"不倾出勺子里的香酒",出去可以守住宗庙社稷,做祭祀的主人。

《象传》说:下卦震雷与上卦震雷相重,构成震卦。君子看到这个卦象就恐惧害怕,认真修身,省察过错。

初九　霹雳响震起来,武人战战兢兢,周厉王却谈笑自若,这是吉利的。

《象传》说:"霹雳响震起来很可怕",但恐惧会得到好处。"谈笑哑哑自若",是君王自有道理。

六二　霹雳来得很猛烈,可能会有损失,但只要登上高山,不用寻找,到时候损失自然会弄回来。

《象传》说:"霹雳来得很猛烈",是柔爻凌驾于刚爻之上。

六三　霹雳响震起来使武人畏惧不安,但仍然响震下去,不会有任何损失。

《象传》说:"巨雷响震使人害怕",是本爻所处位置不恰当。

九四　霹雳坠入泥土之中。

《象传》说:"霹雳坠入泥土之中",是威力还不大。

六五　霹雳往来迅猛,没有损失,不过还有些事情要做。

《象传》说:"霹雳往来迅猛",是危险行为。事情发生在正当中,完全没有损失。

上六　霹雳使武人颤抖,惊惧四顾,发展下去凶险。霹雳不打在厉王本人身上,却击中武人,这样没有坏处,尽管武人还有怪话讲。

《象传》说:"霹雳使人颤抖",是由于本爻没有得中。虽然凶险,却没有坏处,只是害怕邻居戒备。

艮

【原文】

☶艮下艮上　〔艮。〕艮其背,不获其身。行其庭不见其人,无咎。

《彖》曰:艮,止也。时止则止,时行则行,动静不失其时,其道光明。艮其止,止其所也。上下敌应,不相与也,是以"不获其身。行其庭不见其人,无咎"也。

《象》曰:兼山,艮。君子以思不出其位。

初六:艮其趾,无咎。利永贞。《象》曰:"艮其趾",未失正也。

六二:艮其腓,不拯其随,其心不快。《象》曰:"不拯其随",未退听也。

九三:艮其限,列其夤,厉薰心。《象》曰:"艮其限",危薰心也。

六四:艮其身,无咎。《象》曰:"艮其身",止诸躬也。

六五:艮其辅,言有序,悔亡。《象》曰:"艮其辅",以中正也。

上九:敦艮,吉。《象》曰:"敦艮"之"吉",以厚终也。

【译文】

停止了背部活动就全身都不能活动，走在院子里看不见一个人，这些都没有坏处。

《象传》说：艮的意义是停止或静止。该什么时候止就止，该什么时候动就动，动和静都不失其时，前途才会光明。停止背部活动，是停止应该活动的地方。上下卦阴爻和阴爻，阳爻和阳爻相应，都是敌应，不能发生关系，因此全身不能活动，走在院子里也看不见人，但却是没有坏处的。

《象传》说：山重山，构成艮卦。君子看见这个卦象就把思考停止在应该思考的问题上。

初六　停止脚趾活动，不但没有坏处，还将以静止的永远正确得到好处。

《象传》说："停止脚趾活动"，是没有失去正常状态。

六二　停止小腿的活动，却不帮助相随的大腿也停止活动，他心里不畅快。

《象传》说："不帮助相随的大腿停止活动"，是"未退听"。

九三　停止腰部活动，腰部两边的肉像要裂开似的，又像恶臭气体在熏灼心。

《象传》说："停止腰部活动"，危险在熏灼心。

六四　停止胸部活动，没有坏处。

《象传》说："停止胸部活动"，就是止住他弯腰。

六五　停止嘴巴活动，说话有顺序，悔恨就没有了。

《象传》说："停止嘴巴活动"，是由于既得中，又得正。

上九　坚决静止，一切吉利。

《象传》说："坚决静止的吉利，是以美好告终。

渐

【原文】

䷴艮下巽上　渐，女归吉，利贞。

《彖》曰：渐之进也，女归吉也。进得位，往有功也。进以正，可以正邦也。其位，刚得中也。止而巽，动不穷也。

《象》曰：山上有木，渐。君子以居贤德善俗。

初六：鸿渐于干，小子厉，有言无咎。《象》曰："小子"之"厉"，义无咎也。

六二：鸿渐于磐，饮食衎衎，吉。《象》曰："饮食衎衎"，不素饱也。

九三：鸿渐于陆。夫征不复，妇孕不育，凶。利御寇。《象》曰："夫征不复"，离群丑也。"妇孕不育"，失其道也。"利用御寇"，顺相保也。

六四：鸿渐于木。或得其桷，无咎。《象》曰："或得其桷"，顺以巽也。

九五：鸿渐于陵。妇三岁不孕，终莫之胜，吉。《象》曰："终莫之胜，吉"，得所愿也。

上九：鸿渐于陆，其羽可用为仪，吉。《象》曰："其羽可用为仪，吉"，不可乱也。

演易坊遗迹

【译文】

女子出嫁会吉利，以辅佐丈夫的正确行为得到好处。

《彖传》说：渐是缓慢前进，渐卦是说女子嫁出去会吉利。本卦从涣卦或旅卦变来，涣卦九二上升成为九三，旅卦九四上升成为九五，都各当其位，这样发展下去会吉利。前进当位就是前进得正，这样可以治理好国家。而九五是既得位，又得中的。下艮静止，上巽柔顺，这样动起来就没有穷尽了。

《象传》说：山上有树木，构成渐卦。君子看见这个卦象就要积累美好品德去改善风俗。

初六　雄鸿缓慢地飞到岸边。周厉王有危险，武人对他寻求贤臣有责怪的话，但终于没有坏处。

《象传》说：小子危险，但从道理上看没有坏处。

六二　雄鸿缓慢地飞到水边高地，像喝酒吃饭那么快乐，是吉利的。

《象传》说："像喝酒吃饭那么快乐"，是不白吃闲饭。

九三　雄鸿慢慢地飞到了陆地上，遭遇可不好，像丈夫出门不能回家，又像妇人

怀孕不能生育，情况是凶险的。但抗击敌寇会得到好处。

《象传》说："丈夫出门不能回家"，是碰上一群坏人。"妇人怀孕不能生育"，是在生活道路上犯了错误。"以抗击敌寇得到好处"，是顺乎情理保护自己。

六四　雌鸿从空中慢慢地落在树上，可能踩着方形树枝，没有坏处。

《象传》说："可能踩着方形树枝"，很顺利。

九五　雌鸿从树上慢慢地飞到了山坡上，可能碰上了困难，像妇人多年不怀孕，但终于不能困扰它，还是吉利的。

《象传》说："终于不能困扰它，还是吉利"，是能够达到愿望。

上九　雌鸿从坡上慢慢飞到高而平的地方，它的羽毛可以做仪仗队的装饰品，这是吉利的。

《象传》说："羽毛可以做仪仗队的装饰品"，是不能搞乱。

归妹

【原文】

兑下震上　归妹。征凶，无攸利。

《彖》曰：归妹，天地之大义也。天地不交而万物不兴。归妹，人之终始也。说以动，所归妹也。"征凶"，位不当也。"无攸利"，柔乘刚也。

《象》曰：泽上有雷，归妹。君子以永终知敝。

初九：归妹以娣。跛能履。征吉。《象》曰："归妹以娣"，以恒也。"跛能履"，吉相承也。

九二：眇能视，利幽人之贞。《象》曰："利幽人之贞"，未变常也。

六三：归妹以须，反归以娣。《象》曰："归妹以须"，未当也。

九四：归妹愆期，迟归有时。《象》曰："愆期"之志，有待而行也。

六五：帝乙归妹。其君之袂，不如其娣之袂良。月几望，吉。《象》曰："帝乙归妹"，"不知其娣之袂良也"。其位在中，以贵行也。

上六：女承筐，无实。士刲羊，无血。无攸利。《象》曰：上六"无实"，承虚筐也。

【译文】

再下去有危险，没有好处。

《象传》说：嫁女是宇宙间的大事情。天与地不相交万物就不能出现。嫁女是人的终了和开始（指童年终了，成年开始）。和悦地动，是嫁出去的女郎。"再下去有危

险"，是九二、六三、九四、六五所处的爻位不恰当。"没有好处"，是柔爻六三在九二刚爻之上，柔爻六五在刚爻九四之上。

《象传》说：湖泊上面有雷在轰鸣，构成归妹卦。君子看到这个卦象就要对择配偶谨慎从事，以永其终，还要认真研究，以知其弊。

初九　嫁女把妹妹嫁出去了，像这样要跛子能走路，发展下去才吉利。

《象传》说："嫁女把妹妹嫁出去了"，是照着常规办事。要像跛子能走路才吉利，是承接着"归妹以娣"说。

九二　嫁女把妹妹嫁出去了，像这样要瞎子能看见，才会凭着囚犯所谓的正确得到好处。

《象传》说："凭着囚犯的所谓正确得到好处"，是没有改变一般的道理。

六三　嫁女应该把姐姐嫁出去，反而把妹妹嫁出去了。

《象传》说："嫁女把姐姐嫁出去"，是不恰当的。

九四　嫁女错过了日期，迟一点嫁总还是有时候的。

《象传》说：有推迟日期的思想，是由于要有所等待才成行。

六五　殷帝乙嫁女，姐姐的衣袖不及妹妹的衣袖好，要快到一个月的十五日，才会吉利。

《象传》说：殷帝乙嫁女，姐姐的衣袖不及妹妹的衣袖好。本爻爻位在上震中间，是高贵的行为。

上六　女的头上顶着筐，里面却空无所有，男的在宰杀羊，却不见流出血来，都没有好处。

《象传》说：上六说"无实"，是顶着空筐。

丰

【原文】

☲☳离下震上　丰，亨。王假之，勿忧，宜日中。

《彖》曰：丰，大也。明以动，故丰。"王假之"，尚大也。"勿忧，宜日中"，宜照天下也。日中则昃，月盈则食，天地盈虚，与时消息，而况于人乎！况于鬼神乎！

《象》曰：雷电皆至，丰。君子以折狱致刑。

初九：遇其配主，虽旬无咎。往有尚。《象》曰："虽旬无咎"，过旬灾也。

六二：丰其蔀，日中见斗。往得疑疾。有孚发若吉。《象》曰："有孚发若"，信以发志也。

九三：丰其沛，日中见沫。折其右肱，无咎。《象》曰："丰其沛"，不可大事也。

"折其右肱"，终不可用也。

九四：丰其蔀，日中见斗。遇其夷主，吉。《象》曰："丰其蔀"，位不当也。"日中见斗"，幽不明也。"遇其夷主"，吉行也。

六五：来章，有庆誉。吉。《象》曰：六五之"吉"，有庆也。

上六：丰其屋，蔀其家。窥其户，阒其无人。三岁不觌，凶。《象》曰："丰其屋"，天际翔也。"窥其户，阒其无人"，自藏也。

【译文】

周厉王来到贤臣当中，不用担忧，到了时机成熟贤臣就会为厉王所用。

《象传》说：丰的意义是巨大。有着光辉品德去处理政务，所以能建立巨大功业。"王来到贤臣当中"，是尊重大人物。"不用担忧，以太阳当中为相宜"，是说在这个时候太阳最便于普照天下。太阳正中就会偏西，月亮满盈就会亏损，天地的充实和空虚，随着时间变化而或消亡（指"虚"），或生长（指"盈"），又何况是人呢？何况是鬼神呢？

《象传》说：雷和电都来到了，构成了本卦。君子看到这个卦象就要很好地断决狱讼，使用刑罚。

初九　贤臣将碰上能相互配合的君主周厉王，即使迟一点时间也不要紧，往下去情况将是美好的。

《象传》说：爻辞"虽旬无咎"，是说过了一旬就有灾难。

八二　把覆盖在屋顶上的小草席子加大，屋里一片漆黑，到中午能看见北斗星。这样下去会得精神病，要有诚才能去掉。

《象传》说："有孚发若"，是说要用信启发思想。

九三　把幕布加大，屋里越发漆黑，到中午还能看见小星星。在摸索中折断右臂，但终于没有坏处。

《象传》说："把幕布加大"，是不能成大事。"折断右臂"，是终于不可用。

九四　把覆盖在屋顶上的小草席子加大，屋里一片漆黑，到中午还能看见北斗星。在这种情况下碰上平易近人的君主周厉王，是吉利的。

《象传》说："把覆盖在屋顶上的小草席子加大"，是本爻所处地位不恰当。"中午看见北斗星"，是屋里黑暗不光明。"碰上平易近人的君主"，是吉利的事。

六五　取得美好政绩，有值得庆贺和赞扬的，这就吉利。

《象传》说：爻辞六五的吉利，是有喜庆的事。

上六　屋很大，室内漆黑，从门户里看，静悄悄地没有人，以后很多年也将看不见人，这是凶险的。

《象传》说："屋很大"，好像在天边飞翔，"从门户里看，静悄悄地没有人"，是自己藏起来了。

旅

【原文】

☶艮下离上　旅，小亨。旅贞吉。

《彖》曰：旅"小亨"，柔得中乎外而顺乎刚，止而丽乎明，是以"小亨。旅贞吉"也。旅之时义大矣哉！

《象》曰：山上有火，旅。君子以明慎用刑而不留狱。

初六：旅琐琐，斯其所取灾。《象》曰："旅琐琐"，志穷灾也。

六二：旅即次，怀其资，得童仆，贞。《象》曰："得童仆，贞"，终无尤也。

九三：旅焚其次，丧其童仆，贞厉。《象》曰："旅焚其次"，亦以伤矣。以旅与下，其义丧也。

九四：旅于处，得其资斧。我心不快。《象》曰："旅于处"，未得位也。"得其资斧"，心未快也。

六五：射雉，一矢亡，终以誉命。《象》曰："终以誉命"，上逮也。

上九：鸟焚其巢。旅人先笑后号咷，丧牛于易，凶。《象》曰：以旅在上，其义焚也。"丧牛于易"，终莫之闻也。

【译文】

中兴事业仍然有一线胜利希望，因流放而寄居于彘的周厉王将凭着他的正确而吉利。

《彖传》说：羁旅之人有一线胜利希望，是由于阴爻在外卦得中并顺从着阳爻，还由于停止下来依附着光明，因此将"小有亨通"，还将"凭着羁之人的正确而吉利"。旅卦的意义是巨大的。

《象传》说：艮山上面有离火，构成旅卦。君子看到这个卦象对于使用刑罚就要明察谨慎，不能拖延要办的案子。

初六　成为羁旅之人的周厉王渺小不识大体，这就是他招来放逐灾祸的原因。

《象传》说："羁旅之人不识大体"，志意穷困，自取灾祸。

六二　成为羁旅之人的周厉王到了在彘所居住的地方，还收藏着黄钺，得到臣民的正确对待。

《象传》说："得到臣民的正确对待"，终于没有悔恨。

九三　成为羁旅之人的周厉王被烧掉了他在彘所居住的地方，失去了臣民的正确对待，情况危险。

《象传》说:"羁旅之人被烧掉住的地方",已经值得悲伤。凭着羁旅之人的身份对待属下,从道理说会失去臣民的拥护。

九四 成为羁旅之人的周厉王找到了住处,又得到了齐斧,但是我心里却不愉快。

《象传》说:"羁旅之人找到了住处",是阳爻九没有得到阳位五,却得到阴位四。"得到了齐斧",心里不愉快。

六五 射野鸡,尽管一枝箭失掉了,但终于凭这一点得到人的称赞和天的保佑。

《象传》说:"终于凭这一点得到人的称赞和天的保佑",是向上达到了很高的程度。

上九 鸟烧掉了巢,作为羁旅之人的周厉王先还嬉笑,后来才放声大哭,由于马虎大意遭到重大损失,处境是凶险的。

《象传》说:阳爻在旅卦居于上位,从道理看会被焚烧。"由于马虎大意遭到重大损失",自己却终于不知道。

巽

【原文】

☴巽下巽上　巽,小亨。利有攸往,利见大人。

《彖》曰:重巽以申命,刚巽乎中正而志行,柔皆顺乎刚,是以"小亨。利有攸往,利见大人"。

《象》曰:随风,巽。君子以申命行事。

初六:进退,利武人之贞。《象》曰:"进退",志疑也。"利武人之贞",志治也。

九二:巽在床下。用史巫纷若。吉,无咎。《象》曰:"纷若"之"吉",得中也。

九三:频巽,吝。《象》曰:"频巽"之"吝",志穷也。

六四:悔亡,田获三品。《象》曰:"田获三品",有功也。

九五:贞吉悔亡,无不利。无初有终,先庚三日,后庚三日。吉。《象》曰:九五之"吉",位正中也。

上九:巽在床下,丧其资斧。贞凶。《象》曰:"巽在床下",上穷也。"丧其资斧",正乎凶也。

【译文】

武人如果能归顺服从于周厉王,就会小有亨通,发展下去还会有好处,更将以朝见周厉王得到赏赐。

《象传》说:本卦是把巽卦两个经卦重叠起来,用巽卦意义是顺伏说明对于命令要

服从。象征大人的阳爻九五进入既得中又得正的位置使意志施行，初六和六四两个阴爻分别随顺着九二和九五两个阳爻，就"会小有亨通，发展下去还有好处，并将以朝见大人得到赏赐"。

《象传》说：两个象征风的巽卦基本卦相互跟随，成为巽卦。君子看到这个卦象就想到要服从命令和推行政事。

初六　冒进了就还得后退，这样才会以武人的正道得到好处。

《象传》说："或进或退"，是思想上有疑虑。"以武人正道得到好处"，是思想上向往天下太平。

九二　武人害怕得蜷伏在床下，请史和巫多次去向厉王求情，这样才吉利，没有坏处。

《象传》说：多次求情吉利，是由于本爻居于下巽中间。

九三　如果以归顺服从于周厉王而皱着眉头，就有坏处。

《象传》说：为了归顺服从于周厉王而皱着眉头的坏处，是心情不舒畅。

六四　悔恨没有了，还有很大收获，像打猎得到多种鸟兽。

《象传》说："打猎得到多种鸟兽"，是有成就的。

九五　武人如果归顺服从于周厉王，就合于正道而吉利，没有悔恨，没有不好，尽管以前篡夺是没有好开头，现在顺伏却是有了好结果。这合于"七日来复"的结束不好过去，开展美好未来的自然规律，是吉利的。

《象传》说：九五这一爻的吉利，是由于既得正又得中。

上九　武人害怕得蜷伏在床下面，把窃去的天子权力奉还周厉王，这样很正确，难道还有凶险？

《象传》说："蜷伏在床下面"，是受到上面压制。"失去了资斧"，正是凶险的。

兑

【原文】

☱兑下兑上　兑，亨，利贞。

《彖》曰：兑，说也。刚中而柔外，说以利贞，是以顺乎天而应乎人。说以先民，民忘其劳；说以犯难，民忘其死。说之大，民劝矣哉！

《象》曰：丽泽，兑。君子以朋友讲习。

初九：和兑，吉。《象》曰："和兑"之"吉"，行未疑也。

九二：孚兑，吉，悔亡。《象》曰："孚兑"之"吉"，信志也。

六三：来兑，凶。《象》曰："来兑"之"凶"，位不当也。

九四：商兑未宁，介疾有喜。《象》曰：九四之"喜"，有庆也。
九五：孚于剥，有厉。《象》曰："孚于剥"，位正当也。
上六：引兑。《象》曰：上六"引兑"，未光也。

【译文】

中兴事业将顺利达成，周厉王与武人都以一本于孚的正道相互怡悦得到好处。

《象传》说：兑的意义是和悦，它的卦象是阳爻九二和九五分别居于下兑和上兑的中间，阴爻六三和上六分别在下兑和上兑的外面。凭着正确道理得到好处的和悦，是顺应着天道和人心的。用和悦态度使人民抢在前面干工作，人民会忘记他们的劳累。用和悦态度使人民冒着困难工作，人民会忘记他们的死去。和悦的意义重大，人民可受到鼓舞啊！

《象传》说：连接着的两个泽，构成兑卦。君子看到这个卦象就要促进朋友之间的相互研究和学习。

初九　恰到好处的相互怡悦，是吉利的。

《象传》说：恰到好处相互怡悦的吉利，是对于相互怡悦没有怀疑。

九二　要一本于诚去相互怡悦，才会吉利，没有悔恨。

《象传》说：一本于诚相互怡悦的吉利，是由于具有诚信的思想。

六三　走过来就相互怡悦，凶险。

《象传》说：走过来相互怡悦的凶险，是由于本爻所处的爻位不恰当。

九四　尽管考虑如何相互怡悦还没有定下来，却已经像大病痊愈了。

《象传》说：九四的喜悦，是有值得庆贺的事。

九五　诚被损害，就有危险。

《象传》说："诚被损害"，是本爻所处的爻位正确恰当。

上六　要永远相互怡悦下去，和好下去。

《象传》说：上六的永远和好下去，是事业还不够大。

涣

【原文】

☵坎下巽上　涣，亨。王假有庙。利涉大川，利贞。

《彖》曰：涣，亨，刚来而不穷，柔得位乎外而上同。"王假有庙"，王乃在中也。"利涉大川"，乘木有功也。

《象》曰：风行水上，涣。先王以享于帝立庙。

初六：用拯马壮，吉。《象》曰：初六之"吉"，顺也。
九二：涣奔其机，悔亡。《象》曰："涣奔其机"，得愿也。
六三：涣其躬，无悔。《象》曰："涣其躬"，志在外也。
六四：涣其群，元吉。涣有丘，匪夷所思。《象》曰："涣其群，元吉"，光大也。
九五：涣汗其大号。涣王居，无咎。《象》曰："王居，无咎"，正位也。
上九：涣其血，去逖出，无咎。《象》曰："涣其血"，远害也。

【译文】

中兴事业将顺利达成，周厉王在恢复王位以后将到太庙祭祀祖先，从而克服巨大困难，凭着正确行动得到好处。

《象传》说：涣卦有亨通的可能，原因是渐卦的刚爻九从三来到二，从而艮变为坎。坎为险，但刚爻却不为险所困穷，还由于柔爻六居于阴位四而得位，并向上顺从九五，与九五同进退。"王到了太庙"，是王到了太庙之中。以渡过大河得到利益，是坐船有好处。

《象传》说：风在水面上吹拂着，构成涣卦。君子看到这个卦象就要向上帝进行祭祀，并建立上帝的庙。

初六　去拯救厉王的力量很强大，因而吉利。

《象传》说：初六的吉利，是由于以阴爻顺从阳爻。

九二　冲走了他那用来在死后抬尸体的床，悔恨就没有了。

《象传》说："冲走了他那用来在死后抬尸体的床"，算是达成了愿望。

六三　水冲洗着他的身体，没有悔恨。

《象传》说："水冲洗着他的身体"，是志意在外。

六四　冲干净了许多人的身体，这大为吉利。冲干净了高大山坡，这不是一般人想得到的。

《象传》说："冲干净了许多人身体，大为吉利"，这表现了冲洗范围广大。

九五　水呼拉轰隆地像人在大声号叫，把厉王居住的地方冲得干干净净，没有坏处。

《象传》说："冲干净王的住处，没有坏处"，是由于本爻既得中，又得位。

上九　冲掉那些血，而且冲得远远的，没有坏处。

《象传》说："冲掉那些血"，以远远离开祸害。

节

【原文】

☱兑下坎上　节，亨。苦节，不可贞。

《彖》曰：节"亨"，刚柔分而刚得中。"苦节，不可贞"，其道穷也。说以行险，当位以节，中正以通。天地节而四时成。节以制度，不伤财，不害民。

《象》曰：泽上有水，节。君子以制数度，议德行。

初九：不出户庭，无咎。《象》曰："不出户庭"，知通塞也。

九二：不出门庭，凶。《象》曰："不出门庭，凶"，失时极也。

六三：不节若，则嗟若。无咎。《象》曰：不节之嗟，又谁咎也？

六四：安节，亨。《象》曰："安节"之"亨"，承上道也。

九五：甘节，吉。往有尚。《象》曰："甘节"之"吉"，居位中也。

上六：苦节，贞，凶。悔亡。《象》曰："苦节，贞，凶"，其道穷也。

【译文】

由于武人受到控制，中兴事业会顺利达成。武人如果认为受到厉王控制是痛苦，那就不合于正道。

《彖传》说：节卦之所以有亨通的可能，是由于上坎的刚和下兑的柔分开，而且上坎九五和下兑九二都分别居于坎和兑的中间。"认为受到节制是痛苦，不合于正道"，是为人处世的道理都没有了。本卦是用和悦的态度，通过险阻，上坎各爻都各当其位而受到节制，而且九五还既得中，又得正，以达到亨通的。天地由于受到节制而成为春、夏、秋、冬，制定法度对社会进行节制，既不伤财，也不害民。

《象传》说："湖泊中容纳着水，构成节卦。"君子看到这个卦象就要去建立制度，研究人们的品德和行为。

初九　不走出房门和厅堂，没有坏处。

《象传》说："不走出房门和厅堂"，就知道事情顺利不顺利。

九二　只是不走出大门和院子，这就凶险。

《象传》说："不走出大门和院子，凶险"，是失去时机的恰到好处。

按：只是不走出大门和院子，是已经在较大范围内活动，从而保密不够。本爻是用比喻指出，周厉王控制武人如果为武人察觉，就会引起反感，遭到反对，是从反面说要严格保密。《象传》没有涉及这些。

六三　周厉王如果不控制武人啊，就会唉声叹气啊。由于对武人进行了控制，于

是就没有坏处。

《象传》说:"由于不控制而叹气",又能怪谁呢?

六四　安于受控制,就会顺利。

《象传》说:"安于受控制的顺利",是由于本爻以柔爻服从上面九五这个刚爻。

九五　认为受控制快乐,这就吉利,发展下去还会有很多好处。

《象传》说:"以受控制为乐的吉利",是由于所居爻位在上坎的正当中。

上六　以受控制为苦,即使正确也凶险;以终于接受控制,悔恨就没有了。

《象传》说:"以受控制为苦,即使正确也凶险",是原则没有了。

中孚

【原文】

兑下巽上　中孚,豚鱼,吉。利涉大川,利贞。

《彖》曰:中孚,柔在内而刚得中。说而巽。孚乃化邦也。"豚鱼,吉",信及豚鱼也。"利涉大川",乘木舟虚也。中孚以利贞,乃应乎天也。

《象》曰:泽上有风,中孚。君子以议狱缓死。

初九:虞吉。有它不燕。《象》曰:初九"虞吉",志未变也。

九二:鸣鹤在阴,其子和之。我有好爵,吾与尔靡之。《象》曰:"其子和之",中心愿也。

六三:得敌,或鼓或罢,或泣或歌。《象》曰:"或鼓或罢",位不当也。

六四:月几望,马匹亡,无咎。《象》曰:"马匹亡",绝类上也。

九五:有孚挛如,无咎。《象》曰:"有孚挛如",位正当也。

上九:翰音登于天,贞,凶。《象》曰:"翰音登于天",何可长也!

【译文】

内心有诚能使豚鱼吉利,还能以克服巨大困难得到好处,更能以处处正确而吉利。

《象传》说:中孚卦是两个柔爻在内、四个刚爻分别居于下兑和上巽,卦的性质和悦而谦逊,于是孚就能化及邦国了。"豚鱼吉",是诚信达到了豚鱼。"以徒涉过大河得到好处",是由于乘坐着空虚的木舟。内心有诚而且凭着正确得到好处,这就与上天相呼应了。

《象传》说:湖泊上面有风在吹拂,构成中孚卦。君子看到这个卦象就要研究怎样办案子和从宽处理死囚。

初九　要安于接受孚的感化才吉利,有别的考虑就不好。

《象传》说：初九说要安于接受孚的感化才吉利，是指乐意接受孚的感化的思想没有改变。

九二　叫着的白鹤栖息在树荫里，那些小白鹤都跟着它叫。我有一杯美酒，与你一起喝干。

《象传》说："那些小白鹤跟着叫"，是出于内心的意愿。

六三　俘虏了敌人：有的人还能鼓起勇气，有的人却已经疲倦不堪，有的人在悲哀哭泣，有的人在高兴歌唱。

《象传》说："有的人能鼓起勇气，有的人疲倦不堪"，是由于所处的爻位不恰当。

六四　一个月快要接近十五，马匹丢掉了，但是没有坏处。

《象传》说："马匹丢掉了"，是"绝类上"。

九五　有诚很充分，没有坏处。

《象传》说："有诚很充分"，是由于本爻既得正，又得中。

上九　鸡飞上了天，即使正确也凶险。

《象传》说："鸡飞上了天"，这怎么可以长久呢？

小过

【原文】

䷽艮下震上　小过，亨，利贞。可小事，不可大事。飞鸟遗之音，不宜上宜下，大吉。

《象》曰：小过，小者过而"亨"也。过以"利贞"，与时行也。柔得中，是以"小事"吉也。刚失位而不中，是以"不可大事"也。有飞鸟之象焉，"飞鸟遗之音，不宜上宜下，大吉"，上逆而下顺也。

《象》曰：山上有雷，小过。君子以行过乎恭，丧过乎哀，用过乎俭。

初六：飞鸟以凶。《象》曰："飞鸟以凶"，不可如何也！

六二：过其祖，遇其妣。不及其君，遇其臣。无咎。《象》曰："不及其君"，臣不可过也。

九三：弗过防之，从或戕之。凶。《象》曰："从或戕之"，凶如何也？

九四：无咎。弗过遇之，往厉必戒。勿用永贞。《象》曰："弗过遇之"，位不当也。"往厉必戒"，终不可长也。

六五：密云不雨，自我西郊。公弋取彼在穴。《象》曰："密云不雨"，已上也。

上六：弗遇过之，飞鸟离之。凶。是谓灾眚。《象》曰："弗遇过之"，已亢也。

【译文】

　　中兴复国事业会顺利，凭着战略和策略的正确得到好处。肯定小事情，不肯定大事情。好像飞着的鸟在叫，宜于在低处叫，不宜于在高处叫。这样就大为吉利。

　　《象传》说：小过是小者超过而亨通。凭着合于正道得到好处而超过，是随顺着时机发展的。柔爻居于上下卦中间，因此小事情吉利。刚爻失去应有位置又不居于上下卦中间，因此干起大事情来就不顺利。说"飞鸟遗之音，不宜上宜下，大吉"，是由于六五在九五之上，以柔乘刚而逆于上，六二在九三之下，以柔承刚而顺于下的缘故。

　　《象传》说：山上面有雷在轰鸣，构成小过卦。君子看到这个卦象就要行为更恭敬一些，居丧更悲哀一些，用钱更节俭一些。

　　初六　飞着的鸟就凶险。

　　《象传》说："飞着的鸟就凶险"，是无可奈何。

　　六二　去访问祖父，却碰上祖母；没遇着君，却碰上臣：这些都没有坏处。

　　《象传》说："见不着君"，臣也不可去访问。

　　九三　不努力防止刚强取先，从而有人来杀害他，这就凶险。

　　《象传》说："从而有人来杀害他"，凶到了什么样子！

　　九四　没有坏处，只要不努力追求刚强取先。刚强取先发展下去有危险，一定要防止。只有无为，才永远正确。

　　《象传》说："不努力追求刚强取先"，是所处的爻位不恰当。"发展下去有危险，一定要防止"，是说危险终于不会长久。

　　六五　密布着的云层还没有下雨，但已经从我西方郊外拥来，尊贵的"公"在这个时候把那藏在洞穴深处的野兽猎取到手了。

　　《象传》说："密布着的云层还没有下雨"，是云层太高了。

　　上六　不柔弱取后，却刚强得先，就会像飞鸟投入罗网，遭到凶险，这叫做灾祸。

　　《象传》说："不柔弱取后，却刚强得先"，这太突出了。

既济

【原文】

　　☲☵ 离下坎上　既济，亨小，利贞。初吉终乱。

　　《象》曰：既济"亨"，小者亨也。"利贞"，刚柔正而位当也。"初吉"，柔得中也。终止则乱，其道穷也。

　　《象》曰：水在火上，既济。君子以思患而预防之。

初九：曳其轮，濡其尾。无咎。《象》曰："曳其轮"，义无咎也。

六二：妇丧其茀，勿逐，七日得。《象》曰："七日得"，以中道也。

九三：高宗伐鬼方，三年克之。小人勿用。《象》曰："三年克之"，惫也。

六四：繻有衣袽，终日戒。《象》曰："终日戒"，有所疑也。

九五：东邻杀牛，不如西邻之禴祭，实受其福。《象》曰："东邻杀牛"，不如西邻之时也。"实受其福"，吉大来也。

上六：濡其首，厉。《象》曰："濡其首，厉"，何可久也？

【译文】

中兴事业会成功，但凭着正确的战略策略却只能得到小的好处，而且还是开始吉利，最后糟糕。

《象传》说：既济亨通，是小的事业亨通。凭着正确得到好处，是由于阳爻阴爻都各得其位。开始吉利，是由于阴爻居于下离中间。终止就混乱，说明处世之道穷困。

《象传》说：坎水在离火上面，形成既济卦。君子看到这个卦象就想到有祸患并要加以豫预防。

初九　把车轮向后面拉，车尾被水沾湿，但没有坏处。

《象传》说："把车轮向后面拉"，从道理上看没有坏处。

六二　妇人失掉了她的首饰，不要去寻找，七天就会得到。

《象传》说："七日就会得到"，是由于本爻居于下离中间。

九三　殷高宗征伐鬼方，用了三年时间才打赢，小人不能任用。

《象传》说："用了三年时间才打赢"，非常疲乏。

六四　有一件穿着的棉衣被水弄湿了，整天小心翼翼的。

《象传》说："整天小心翼翼"，是有所怀疑。

九五　东方邻国殷纣王杀牛祭祀，不及西方邻国周文王用饭菜祭祀，真得到的好处多。

《象传》说：东方邻国殷纣王杀牛祭祀，不及西方邻国周文王的薄祭好。真得到好处，是吉祥大量降临。

上六　水沾湿了车头，很危险。

《象传》说："水沾湿了车头，很危险。"这怎么可以长久呢？

未济

【原文】

☵☲坎下离上　未济，亨。小狐汔济，濡其尾。无攸利。

《象》曰：未济"亨"，柔得中也。"小狐汔济"，未出中也。"濡其尾。无攸利"，不续终也。虽不当位，刚柔应也。

《象》曰：火在水上，未济。君子以慎辨物居方。

初六：濡其尾，吝。《象》曰："濡其尾"，亦不知极也。

九二：曳其轮，贞吉。《象》曰：九二"贞吉"，中以行正也。

六三：未济，征凶。利涉大川。《象》曰："未济，征凶"，位不当也。

九四：贞吉，悔亡。震用伐鬼方，三年有赏于大国。《象》曰："贞吉，悔亡"，志行也。

六五：贞吉无悔，君子之光，有孚。吉。《象》曰："君子之光"，其晖吉也。

上九：有孚于饮酒，无咎。濡其首，有孚失是。《象》曰：饮酒"濡首"，亦不知节也。

【译文】

中兴事业将要成功，但目前还像小狐狸在渡河快要渡过的时候沾湿了尾巴，没有好处。

《象传》说："虽然没有成功，却还能够亨通"，是由于阴爻六五居于上离的正当中。"小狐狸快要渡过河"，是由于阴爻六五没有越出上离的正当中。"弄湿了尾巴，没有好处"，是不能继续渡河，达到终点。本卦的各个爻所处的位置虽然都不恰当，但却是刚与柔相应的。

《象传》说：离火在坎水上面，形成未济卦。君子看到这个卦象就要审慎地去分辨一切事物，并自居于恰当地位。

初六　弄湿了尾巴，不好。

《象传》说："弄湿了尾巴"，是不知道什么是正确。

九二　把车轮向后面拉，因包含着正道而吉利。

《象传》说：九二这一爻包含着正道而吉利，是由于在下坎正当中而履行正道。

六三　事情没有成功，发展下去凶险；但又将以克服重大困难得到好处。

《象传》说："事情没有成功，发展下去凶险"，是由于本爻所处的位置不恰当。

九四　因归于既济就合于正道而吉利，未济的悔恨就没有了。大将赫然震怒征伐鬼方，三年把它打败，从大国殷得到赏赐。

《象传》说："合于既济的正道而吉利，悔恨就没有了"，是说目的达到了。

六五　以合于既济的正道而吉利，没有悔恨，周厉王是伟大的。周厉王有孚，能变未济为既济而吉利。

《象传》说："君子伟大"，他的光辉（影响）是好的。

上九　周厉王有孚，即使喝酒，也没有坏处。水沾湿了脑袋，如果有孚，怎么会有这种失误？

《象传》说："喝酒，水沾湿脑袋"，都是不知道自己控制自己。

系辞上

【原文】

　　天尊地卑，乾坤定矣。卑高以陈，贵贱位矣。动静有常，刚柔断矣。方以类聚，物以群分，吉凶生矣。在天成象，在地成形，变化见矣。是故刚柔相摩，八卦相荡。鼓之以雷霆，润之以风雨；日月运行，一寒一暑。乾道成男，坤道成女。乾知大始，坤作成物。乾以易知，坤以简能。易则易知，简则易从。易知则有亲，易从则有功。有亲则可久，有功则可大。可久则贤人之德，可大则贤人之业。易简而天下之理得。天下之理得而成位乎其中矣。

　　圣人设卦，观象系辞焉而明吉凶，刚柔相推而生变化。是故吉凶者，失得之象也；悔吝者，忧虞之象也；变化者，进退之象也；刚柔者，昼夜之象也。六爻之动，三极之道也。是故君子所居而安者，《易》之序也；所乐而玩者，爻之辞也。是故君子居则观其象而玩其辞，动则观其变而玩其占。是以自天佑之，吉无不利。

　　彖者，言乎象者也。爻者，言乎变者也。吉凶者，言乎其失得也。悔吝者，言乎其小疵也。无咎者，善补过也。是故列贵贱者存乎位，齐小大者存乎卦，辩吉凶者存乎辞，忧悔吝者存乎介，震无咎者存乎悔。是故卦有小大，辞有险易。辞也者，各指其所之。

　　《易》与天地准，故能弥纶天地之道。仰以观于天文，俯以察于地理，是故知幽明之故。原始反终，故知死生之说。精气为物，游魂为变，是故知鬼神之情状。与天地相似，故不违。知周乎万物而道济天下，故不过。旁行而不流，乐天知命，故不忧。安土敦乎仁，故能爱。范围天地之化而不过，曲成万物而不遗，通乎昼夜之道而知，故神无方而《易》无体。

　　一阴一阳之谓道，继之者善也，成之者性也。仁者见之谓之仁，知者见之谓之知，百姓日用而不知，故君子之道鲜矣！显诸仁，藏诸用，鼓万物而不与圣人同忧，盛德大业至矣哉！富有之谓大业，日新之谓盛德。生生之谓易，成象之谓乾，效法之谓坤，极数知来之谓占，通变之谓事，阴阳不测之谓神。

　　夫《易》广矣大矣！以言乎远则不御，以言乎迩则静而正，以言乎天地之间则备矣。夫乾，其静也专，其动也直，是以大生焉。夫坤，其静也翕，其动也辟，是以广生焉。广大配天地，变通配四时，阴阳之义配日月，易简之善配至德。

　　子曰："《易》其至矣乎！夫《易》，圣人所以崇德而广业也。知崇礼卑。崇效天，卑法地。天地设位而《易》行乎其中矣！成性存存，道义之门。"圣人有以见天下之赜，而拟诸其形容，象其物宜，是故谓之象。圣人有以见天下之动，而观其会通，以

行其典礼，系辞焉以断其吉凶，是故谓之爻。言天下之至赜而不可恶也，言天下之至动而不可乱也。拟之而后言，议之而后动，拟议以成其变化。

"鸣鹤在阴，其子和之。我有好爵，吾与尔靡之。"子曰："君子居其室，出其言善，则千里之外应之，况其迩者乎？居其室，出其言不善，则千里之外违之，况其迩者乎？言出乎身，加乎民；行发乎迩，见乎远。言行，君子之枢机；枢机之发，荣辱之主也。言行，君子之所以动天地也，可不慎乎？"

"同人，先号咷而后笑。"子曰："君子之道，或出或处，或默或语。二人同心，其利断金。同心之言，其臭如兰。"

"初六：藉用白茅，无咎。"子曰："苟错诸地而可矣，藉之用茅，何咎之有？慎之至也。夫茅之为物薄，而用可重也，慎斯术也以往，其无所失矣！"

"劳谦，君子有终。吉。"子曰："劳而不伐，有功而不德，厚之至也。语以其功下人者也。德言盛，礼言恭；谦也者，致恭以存其位者也。"

"亢龙有悔。"子曰："贵而无位，高而无民，贤人在下，位而无辅，是以动而有悔也。"

"不出户庭，无咎。"子曰："乱之所生也，则言语以为阶。君不密则失臣，臣不密则失身，几事不密则害成。是以君子慎密而不出也。"

子曰："作《易》者其知盗乎！《易》曰：'负且乘，致寇至。'负也者，小人之事也；乘也者，君子之器也。小人而乘君子之器，盗思夺之矣；上慢下暴，盗思伐之矣。慢藏诲盗，冶容诲淫。《易》曰'负且乘，致寇至'，盗之招也。"

〔天一，地二。天三，地四。天五，地六。天七，地八。天九，地十。天数五，地数五；五位相得而各有合。天数二十有五，地数三十，凡天地之数五十有五。此所以成变化而行鬼神也。〕大衍之数五十，其用四十有九。分而为二以象两，挂一以象三，揲之以四以象四时，归奇于扐以象闰；五岁再闰，故再扐而后挂。天数五，地数五，五位相得而各有合。天数二十有五，地数三十，凡天地之数五十有五，此所以成变化而行鬼神也。乾之策，二百一十有六；坤之策，百四十有四。凡三百有六十，当期之日。二篇之策，万有一千五百二十，当万物之数也。是故四营而成《易》，十有八变而成卦，八卦而小成。引而伸之，触类而长之，天下之能事毕矣。显道神德行，是故可与酬酢，可与佑神矣。子曰："知变化之道者，其知神之所为乎！"

《易》有圣人之道四焉：以言者尚其辞，以动者尚其变，以制器者尚其象，以卜筮者尚其占。是以君子将有为也，将有行也，问焉而以言，其受命也如响。无有远近幽深，遂知来物。非天下之至精，其孰能与于此！参伍以变，错综其数；通其变，遂成天地之文；极其数，遂定天下之象。非天下之至变，其孰能与于此！《易》无思也，无为也，寂然不动，感而遂通天下之故。非天下之至神，其孰能与于此！夫《易》，圣人之所以极深而研几也。唯深也，故能通天下之志；唯几也，故能成天下之务；唯神也，故不疾而速，不行而至。子曰"《易》有圣人之道四焉"者，此之谓也。

天一，地二，天三，地四，天五，地六，天七，地八，天九，地十。子曰："夫

《易》何为者也？夫《易》，开物成务，冒天下之道，如斯而已者也。"是故圣人以通天下之志，以定天下之业，以断天下之疑。是故蓍之德圆而神，卦之德方以知，六爻之义易以贡。圣人以此洗心，退藏于密，吉凶与民同患。神以知来，知以藏往，其孰能与于此哉？古之聪明睿知、神武而不杀者夫。是以明于天之道，而察于民之故，是兴神物以前民用。圣人以此斋戒，以神明其德夫。是故阖户谓之坤，辟户谓之乾；一阖一辟谓之变，往来不穷谓之通；见乃谓之象，形乃谓之器；制而用之谓之法，利用出入、民咸用之谓之神。是故《易》有太极，是生两仪，两仪生四象，四象生八卦，八卦定吉凶，吉凶生大业。是故法象莫大乎天地，变通莫大乎四时，县象著明莫大乎日月，崇高莫大乎富贵。备物致用，立成器以为天下利，莫大乎圣人。探赜索隐，钩深致远，以定天下之吉凶，成天下之亹亹者，莫大乎蓍龟。是故天生神物，圣人则之；天地变化，圣人效之；天垂象，见吉凶，圣人象之。河出图，洛出书，圣人则之。《易》有四象，所以示也。系辞焉，所以告也，定之吉凶，所以断也。

《易》曰："自天佑之，吉无不利。"子曰："'佑'者助也。天之所助者顺也，人之所助者信也。履信思乎顺，又以尚贤也，是以'自天佑之，吉无不利'也。"

子曰："书不尽言，言不尽意。"然则圣人之意，其不可见乎？子曰："圣人立象以尽意，设卦以尽情伪，系辞焉以尽其言，变而通之以尽利，鼓之舞之以尽神。"乾坤，其《易》之缊邪！乾坤成列，而《易》立乎其中矣。乾坤毁，则无以见《易》。《易》不可见，则乾坤或几乎息矣。是故形而上者谓之道，形而下者谓之器，化而裁之谓之变，推而行之谓之通，举而错之天下之民谓之事业。是故夫象，圣人有以见天下之赜，而拟诸其形容，象其物宜，是故谓之象。圣人有以见天下之动，而观其会通，以行其典礼，系辞焉以断其吉凶，是故谓之爻。极天下之赜者存乎卦，鼓天下之动者存乎辞，化而裁之存乎变，推而行之存乎通，神而明之存乎其人，默而成之，不言而信，存乎德行。

【译文】

天尊显，地卑下，乾和坤的位置就定下来了。地卑天高的情况在明摆着，贵和贱就可以区分开了。天运动，地静止，有一定的规律，于是天刚强，地柔和，就是肯定的了。人以同类相聚，物以异群相分，于是吉和凶就产生了。在天上形成天象，在地面形成地形，于是千变万化的情况也就表现出来了。

因此乾和坤相互矛盾，八经卦也相互矛盾。还用雷霆去鼓动，用风雨去润泽。岁月流行，寒暑相间。乾的本质是产生男，坤的本质是产生女。乾掌握着生成人类的第一步，坤干着长养万物的工作。

乾以平易作为智慧，坤以简单作为功能。平易就容易理解，简单就容易遵从。容易理解就会有亲切之感，容易遵从就会有功业出现。有亲切之感就可以维持关系于长久，有功业出现就可以不断扩大其事业。可以维持关系于长久是贤人的德行，可以不断扩大其事业是贤人的业绩。掌握了平易和简单的乾坤之理对于天下的真理就掌握了，

掌握了天下的真理就一切在真理当中得到安排了。

古代圣人画出八卦并且观察卦象，还写上一些话来说明什么是吉，什么是凶，从阳爻阴爻相互推移所出现的爻的变化就产生了卦的变化。

因此或吉利或凶险，表现为或有所失或有所得的卦象。或不幸或困难，表现为或忧虑或惊恐的卦象。变化不定，表现为或进或退的卦象。阳刚阴柔，表现为或如白昼或如黑夜的卦象。在一卦当中六个爻的变动包含着天、地、人的根本情况。

因此君子平常严格遵守的是《周易》的卦象，所高高兴兴研究的是爻辞。因此君子平常就观察卦象研究爻辞，有行动就观察变爻变卦去研究占筮的结果，因此"天老爷保佑他们，就吉利而没有不吉利的"。

卦辞是讲卦象的。爻辞是讲变化的。吉凶是讲或失或得的。不幸和困难是讲有小毛病的。没有坏处是讲善于弥补过失的。

因此排列出爻的或贵或贱在于爻位的具体情况，定出卦的或小或大在于卦的具体情况，辨明事情的或吉或凶在于变爻爻辞，为不幸和困难担忧在于注意小事情，行动起来没有过失在于能够悔改。因此卦是有小大的，爻辞是有凶险或平易的；爻辞是要各指出它所要指出的内容的。

《周易》所讲明的道理与天地所表现的情况相同，所以能够包括天地间的一切。写作《周易》的人抬起头去观察天上面的情况，低着头去观察地面上的情况，所以能够了解宇宙间或隐蔽或明显的事物。他考察事物的开始，寻求事物的结果，所以懂得死和生的原因。他知道精粹的气成为物体，游动的灵魂只是一种变态，所以对于鬼神的情状也弄清楚了。他的胸怀与天地相类似，所以不会违背天地。他的智慧高，能遍知万物，原则强，能兼济天下，所以不犯错误。他广泛有所作为而不流于邪辟，既乐天，又知命，所以不忧愁。他安于所居的地方，还非常仁厚，所以能泛爱一切的人。

《易》道，包括天地的变化而恰到好处，普通生成万物而无所遗漏，贯通阴阳而具有高度智慧，所以神妙的《易》道没有一定的范围，也不拘于不变的模式。

一种阴和一种阳的矛盾统一叫做道。随顺着道而发展就美好，使道成为道的是事物的必然性。仁厚的人见了道叫它做仁，聪明人见了道叫它做智，一般人每天都在运用道却不知道是在运用道，因此体现着阴阳矛盾统一并概括着宇宙真理的"君子之道"就很少看到了。

道显示出它的仁厚，隐藏着它的作用，产生万物却不与圣人同忧虑（道生万物，全是自然，与圣人有心于天下而忧虑天下不同，道在圣人之上）。道具备盛德，完成大业，真是非常了不起啊！无所不有叫做大业，随时发展叫做盛德，生生不已叫做《易》道。生出各种物象的叫乾，使各种物象表现为一定形态的叫坤。穷尽数字筮知未来叫占，通晓事物变化叫事，阴阳变化不可测度叫神。

《易》道是广大的，从远处来说它畅通无阻，从近处来说它精审正确，从天地之间来说它就包罗万象了。

乾啊，它静止的时候专一，运动的时候直达，因此大就产生了。坤啊，它静止的

时候闭拢，运动的时候张开，因此广就产生了。《易》道以它的广大配合天地，以它的变通配合四时，以它阴阳的含义配合日月，以它易简的美善配合至德。

孔子说："《易》道该是最了不起吧？《易》道是圣人用来提高品德和扩大事业的。圣人智慧崇高，礼节谦卑，崇高效法天，谦卑效法地，天地设立它的上下之位，《易》道就运行在它的中间了。《易》道能成就人的本性，能保存人所应该保存的美德，从而成为进入道义的大门。

圣人有能力认清楚天下复杂的事物，并表明它们的形态，说明它们的物性之所宜，因此把画出来的卦叫做象。圣人有能力认清楚天下复杂事物的运动，并观察它们的内在联系，来指导重要行动，还加上一些话来断定它们的吉或凶，因此把画出来的卦画叫做爻。圣人写作《周易》是说明天下最复杂的事物不可厌恶，是说明天下最变动的事物不可搞乱。圣人对宇宙万物是通过研究然后说，通过研究然后动，用研究来完成宇宙万物变化的阐述的。

"叫着的白鹤在树荫里，它的一群小白鹤跟随着它叫。我有好酒，我和你把它喝干。"孔子说："君子住在他的房子里，讲出来的话好，千里以外的人都会响应，何况那些近处的人呢？讲出来的话不好，千里以外的人都会反对，何况那些近处的人呢？话从口里说出来，进入别人耳朵，行动从本身表现出来，远处的人也会看见。讲话和行动是君子的重要行为，它的表现是光荣和耻辱的主要根据。讲话和行动是君子用来感动天地的，可以不慎重吗？"

"集合人，先号啕大哭，然后哈哈大笑。"孔子说："君子的原则，不论是出去活动或者呆着不动，也不论是默默不言或者发表意见，都只要是两个人一条心，就会像锋利的刀能截断黄铜，而且同心的人所说出来的话，它的气味像兰草一样芳香。"

"初六，把白色茅草垫在祭品下面，没有坏处。"孔子说："只要安放在地面上就可以了，现在还用白色茅草垫在下面，有什么坏处，是慎重到极点了。白茅作为一种东西来说是不算什么，但作用却可以重大，把这种原则发展下去，该没有什么过失了。"

"以谦虚而劳累，这样的君子有好结果，是吉利的。"孔子说："劳累了却不自我吹嘘，有功劳都不自以为德行好，是厚道到了极点，是讲有功德却愿意居于人之下的。德行而求其美好，礼节而求其恭敬，谦虚啊，是以极端恭敬来保存地位的。"

"飞得太高的龙会有悔恨。"孔子说："这是由于虽然尊贵却没有地位，虽然高贵却没有人民，贤臣又屈居于下位而没有辅佐，所以一有行动就有悔恨。"

"像一个人一样，不走出内户和厅堂，深深地藏起来，这没有坏处。"孔子说："祸乱之所以发生，是讲话不慎重引起的。君不能保守机密就会失去臣的支持，臣不能保守机密就会有杀身的危险，机密事不能保守机密就会酿成灾祸，因此君子是谨慎严密不乱说话的。"

孔子说："写作《周易》的人该懂得盗贼吧？《周易》说：'背着东西去乘车，会招来盗贼的劫夺。因为背东西是小人的事情，所乘坐的车子是君子的器具，小人去乘坐君子的器具，盗贼就会想到要对他进行劫夺了。上面马虎，下面残暴，盗贼就会想

到要对他们进行攻打了。把东西随便收藏着等于教诲盗贼夺取，把模样弄得很漂亮等于教诲人们淫乱。"《周易》说："背着东西去乘车，会招来盗贼的劫夺。"这确实会引来盗贼啊。

天数是一，地数是二，天数是三，地数是四，天数是五，地数是六，天数是七，地数是八，天数是九，地数是十。

天数一共有五个（一、三、五、七、九），地数一共有五个（二、四、六、八、十），天数地数累计相加各有它的和，天数的和是二十五，地数的和是三十，天数地数的总和是五十五。这五十五根蓍草就是用来完成变化和驱使鬼神的。

供伟大运算的数字是五十五个，但用于运算时只取四十九个。把四十九根蓍草分成两部分，一部分放在上面，一部分放在下面，这是象征天地；再取一根蓍草挂在上下两部分蓍草的中间，这一根蓍草和原来上下两部分蓍草加在一起象征天地人；再把上下两部分蓍草以四为一组来数，这象征一年之中有春、夏、秋、冬四时；数了以后把剩余下来的蓍草夹在手指中间用来象征闰月，五年有两次闰月，所以再一次"归奇于扐"以后就把构成卦的工作停止下来。

构成乾卦的蓍草根数是二百一十六，构成坤卦的蓍草根数是一百四十四，一共三百六十根蓍草，合得上一年的天数。上下经六十四卦的蓍草根数是一万一千五百二十，合得上万物的数目。

因此经过四次营运就成了易卦的一个爻，再经过一十八次变化就成了一个卦。八卦是基础，是小成，要在这个基础上引申发展，触类旁通，构成六十四卦，才算大成，才算把天下神妙的事情都做完了。《易》道显示出神的道德和行为，因此通过《易》卦就可以与神应对往来，甚至可以对神进行帮助了。孔子说："了解变化之道的人，该了解神在做什么吧？"

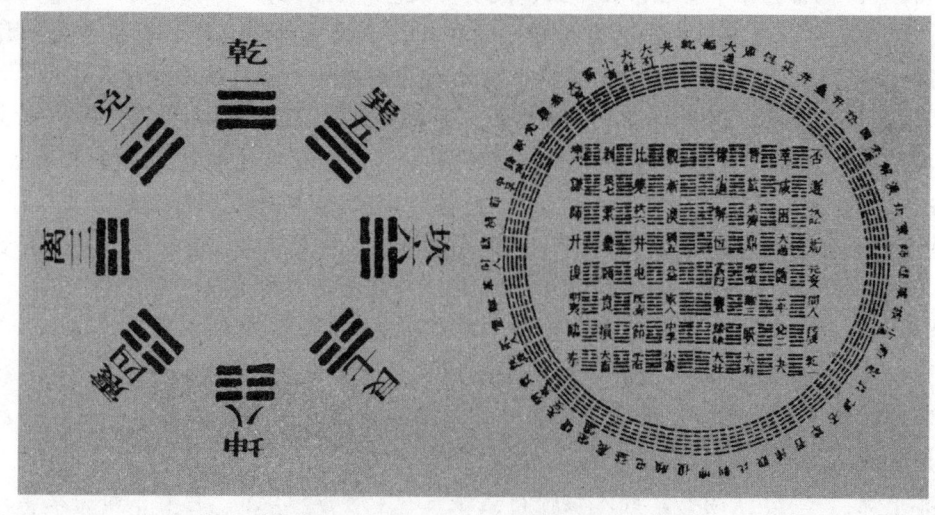

伏羲八卦方位与六十四卦方位

《周易》体现圣人的重要行动有四个方面：研究语言的圣人重视它的文辞，注意活

动的圣人重视它的变化，留心制造器物的圣人重视它的图像，进行卜筮的圣人重视它的占卜。

因此君子要有所作为，要有所行动，用话去询问《易》卦，《易》卦接受询问，如响应声，不存在什么遥远、邻近、幽隐、深邃的问题，都会知道即将出现的事物是什么情况。不是天下最精妙的东西，该有谁还能达到这个水平呢？

《周易》各个卦的爻或三或五在变，出现了错综复杂的数字。弄通了爻画或三或五在变的所以然，就能断定天下疑难的事情。完全明确了爻的数目在变化的原因，就能认清天下复杂的现象。不是天下最善于变化的东西，该有谁还能达到这个水平呢？

《易》卦看起来是没有思想，没有行动的，它们静悄悄地一动也不动，可是为占筮者所感动就能通晓天下事物。不是天下最神奇的东西，该有谁还能达到这个水平呢？

《周易》，是圣人用来穷极深隐研究几微的。由于《易》道深隐，所以能贯通天下人的思想。由于《易》道几微，所以能断定天下人的事情。由于《易》道神奇，所以能不疾速而疾速，不行动而达到。孔子说"《周易》体现圣人的重要行动有四个方面"，就是讲这些。

孔子说："《周易》是干什么的？《周易》指导人们揭开事物隐秘，完成工作任务，能包括天下一切，像这样也就算差不多了。"因此圣人用《周易》来沟通天下人的思想，来完成天下人的事业，来断定天下人的疑惑。因此蓍草的形体是圆的，而性质却神，八卦的形体是方的，而性质却智（蓍与卦能预知未来，所以神智），至于六爻的作用则是把变化告诉人们的。圣人用《周易》指导思想，把占筮结果藏在隐秘地方，作为未来的指导。圣人通过以《周易》为占筮，就能神奇地知道未来，聪明地记住以往，有谁能达到这个水平，该是古代的聪明通达，神武而不残暴的圣人吧！"

因此通过以《周易》为占筮，就能把天的一切弄明白，把民的情况弄清楚，圣人是取蓍草这种神奇的东西，叫民摆在行动之前的（指每次行动之前必须占筮）。圣人是用占筮严格要求自己，使自己的品德神而明之的。

因此关上门户叫做坤卦，打开门户叫做乾卦，一关上一打开叫做变化，这样往来不停叫做通达。卦体出现了就叫做形象，成形了就叫做器物，掌握起来加以运用叫做法则。人利用占筮，或这样或那样，不拘一格，使民都能运用就叫做神妙。

因此《周易》有太极，太极产生出阴阳，阴阳产生出老阴、老阳、少阴、少阳，老阴、老阳、少阴、少阳产生出乾、坤、坎、离、震、巽、艮、兑等八个卦，通过占筮，从八个卦可以决定吉凶，从吉凶的矛盾变化中能产生出伟大的事业。因此具备法则的形象没有超过天地的，讲变化交通没有超过春、夏、秋、冬的，悬挂形象显示光明没有超过日月的，讲崇高没有超过富贵的。准备东西发挥作用，建立功业制成器物，使天下人得到好处，没有超过圣人的。探求天下复杂隐蔽的事物，摸索天下深奥幽远的道理，来决定天下人的吉凶，促成天下人的奋力前进，没有超过蓍草的。

因此天产生出神奇的东西，圣人用于占筮来作为判断事物的准则。天地有变化，圣人用卦象仿效着它的变化。天出现一些情况，表现出吉凶，圣人仿效着作六十四卦，

也有吉有凶。黄河浮现出龙马所背的图，洛水浮现出神龟背上的书，圣人也以之为准则，从而画出八卦，写出《尚书》。《周易》有老阴、老阳、少阴、少阳四象，是用来显示情况的。在各个卦各个爻都写上几句话，是用来告诉道理的。把吉凶定下来，是用来进行判断的。

《周易》说："由天来帮助他，就吉利，没有不吉利的。"孔子说："佑是帮助。天所帮助的是顺理而行的人，人所帮助的是讲求信用的人。既履行信用，又想要顺理而行，并且尊重贤者，因此，由上天来帮助他，就吉利，没有不吉利的。"

孔子说："写的文字不能完全表达要讲的话，讲的话不能完全表达思想。"那么圣人的思想难道就不可以认识了吗？孔子说："圣人设立卦象把思想和一切情况都加以表现，并用一些话把所要讲的话讲清楚，还从卦象的变化和沟通当中尽量取得好处，从而鼓舞欢呼来尽量歌颂《易》的神妙。"

乾和坤该是《周易》的内涵吧？乾和坤相并成列，《易》道就贯穿在它们当中了。乾和坤如果毁灭了就无法看到《易》道，《易》道无法看到那么乾和坤就可能毁灭了。

因此存在于形体以上的叫做道，表现为有形体的叫做器。对有形体的事物加以变化改造叫做变，对变化改造了的事物加以推行叫做通，把变通了的事物拿来用于天下的人叫做事业。

因此卦象，是圣人有能力认识清楚天下复杂的事物，并且表明它们的形态，象征地说明它们的物性之所宜，因此叫做卦象。圣人有能力认识清楚天下的运动，并且能看出它们的内在联系，来指导重要行动，还加上几句话断定吉凶，因此叫做爻。包罗天下复杂事物的在于卦，能发动天下人的在于卦爻辞，把天下事物消化并加以控制的在于爻的变化，能推动实行在于精通《易》理，能心领神会在于一定的人，默默地完成了对于《易》道的理解，不说话也能使别人相信，在于有高尚的德行。

系辞下

【原文】

八卦成列，象在其中矣；因而重之，爻在其中矣；刚柔相推，变在其中矣；系辞焉而命之，动在其中矣。吉凶悔吝者，生乎动者也；刚柔者，立本者也；变通者，趣时者也。吉凶贞，贞胜者也；天地之道，贞观者也；日月之道，贞明者也；天下之动，贞夫一者也。夫乾确然，示人易矣；夫坤隤然，示人简矣。爻也者，效此者也；象也者，像此者也。爻象动乎内，吉凶见乎外；功业见乎变，圣人之情见乎辞。天地之大德曰生，圣人之大宝曰位。何以守位？曰仁。何以聚人？曰财。理财、正辞、禁民为非，曰义。

古者包牺氏之王天下也，仰则观象于天，俯则观法于地，观鸟兽之文，与地之宜，近取诸身，远取诸物，于是始作八卦，以通神明之德，以类万物之情。作结绳而为罔罟，以佃以渔，盖取诸《离》。包牺氏没，神农氏作，斲木为耜，揉木为耒，耒耨之利，以教天下，盖取诸《益》。日中为市，致天下之民，聚天下之货，交易而退，各得其所，盖取诸《噬嗑》。神农氏没，黄帝、尧、舜氏作，通其变，使民不倦，神而化之，使民宜之。易穷则变，变则通，通则久。是以"自天佑之，吉无不利"。黄帝、尧、舜垂衣裳而天下治，盖取诸《乾》《坤》。刳木为舟，剡木为楫，舟楫之利，以济不通，致远以利天下，盖取诸《涣》。服牛乘马，引重致远，以利天下，盖取诸《随》。重门击柝，以待暴客，盖取诸《豫》。断木为杵，掘地为臼，臼杵之利，万民以济，盖取诸《小过》。弦木为弧，剡木为矢。弧矢之利，以威天下，盖取诸《睽》。上古穴居而野处，后世圣人易之以宫室，上栋下宇，以待风雨，盖取诸《大壮》。古之葬者，厚衣之以薪，葬之中野，不封不树，丧期无数，后世圣人易之以棺椁，盖取诸《大过》。上古结绳而治，后世圣人易之以书契，百官以治，万民以察，盖取诸《夬》。

是故《易》者，象也；象也者，像也。彖者，材也；爻也者，效天下之动者也。是故吉凶生而悔吝著也。

阳卦多阴，阴卦多阳。其故何也？阳卦奇，阴卦耦。其德行何也？阳一君而二民，君子之道也；阴二君而一民，小人之道也。

《易》曰："憧憧往来，朋从尔思。"子曰："天下何思何虑？天下同归而殊途，一致而百虑，天下何思何虑？日往则月来，月往则日来，日月相推而明生焉；寒往则暑来，暑往则寒来，寒暑相推而岁成焉。往者屈也，来者信也，屈信相感而利生焉。尺蠖之屈，以求信也；龙蛇之蛰，以存身也。精义入神，以致用也；利用安身，以崇德也。过此以往，未之或知也；穷神知化，德之盛也。"

《易》曰："困于石，据于蒺藜，入于其宫，不见其妻，凶。"子曰："非所困而困焉，名必辱；非所据而据焉，身必危。既辱且危，死期将至，妻其可得见邪？"

《易》曰："公用射隼于高墉之上，获之，无不利。"子曰："隼者，禽也；弓矢者，器也；射之者，人也。君子藏器于身，待时而动，何不利之有？动而不括，是以出而有获。语成器而动者也。"

子曰："小人不耻不仁，不畏不义，不见利不劝，不威不惩。小惩而大戒，此小人之福也。《易》曰：'屦校灭趾，无咎。'此之谓也。""善不积不足以成名，恶不积不足以灭身。小人以小善为无益而弗为也，以小恶为无伤而弗去也，故恶积而不可掩，罪大而不可解。《易》曰：'何校灭耳，凶。'"

子曰："危者，安其位者也；亡者，保其存者也；乱者，有其治者也。是故君子安而不忘危，存而不忘亡，治而不忘乱。是以身安而国家可保也。《易》曰：'其亡其亡，系于苞桑。'"

子曰："德薄而位尊，知小而谋大，力小而任重，鲜不及矣！《易》曰：'鼎折足，覆公𫗧，其形渥，凶。'言不胜其任也。"

子曰："知几其神乎？君子上交不谄，下交不渎，其知几乎！几者'动之微，吉之先见者也。君子见几而作，不俟终日。《易》曰：'介于石，不终日，贞吉。'介如石焉，宁用终日？断可识矣！君子知微知彰，知柔知刚，万夫之望。"

子曰："颜氏之子，其殆庶几乎！有不善，未尝不知；知之，未尝复行也。《易》曰：'不远复，无祇悔，元吉。'"

"天地絪缊，万物化醇。男女构精，万物化生。《易》曰：'三人行，则损一人；一人行，则得其友。'言致一也。"

子曰："君子安其身而后动，易其心而后语，定其交而后求；君子修此三者，故全也。危以动，则民不与也；惧以语，则民不应也；无交而求，则民不与也；莫之与，则伤之者至矣。《易》曰："莫或益之，或击之，立心勿恒，凶。'"

子曰："乾坤，其《易》之门邪？乾，阳物也；坤，阴物也。阴阳合德而刚柔有体，以体天地之撰，以通神明之德。其称名也，杂而不越，于稽其类，其衰世之意邪？"夫《易》，彰往而察来，而微显阐幽，开而当名，辨物，正言，断辞，则备矣。其称名也小，其取类也大；其旨远，其辞文；其言曲而中，其事肆而隐。因贰以济民行，以明失得之报。

《易》之兴也，其于中古乎？作《易》者，其有忧患乎？是故《履》，德之基也；《谦》，德之柄也；《复》，德之本也；《恒》，德之固也；《损》，德之修也；《益》，德之裕也；《困》，德之辨也；《井》，德之地也；《巽》，德之制也。《履》，和而至；《谦》，尊而光；《复》，小而辨于物；《恒》，杂而不厌；《损》，先难而后易；《益》，长裕而不设；《困》，穷而通；《井》，居其所而迁；《巽》，称而隐。《履》以和行；《谦》以制礼；《复》以自知；《恒》以一德；《损》以远害；《益》以兴利；《困》以寡怨；《井》以辨义；《巽》以行权。

《易》之为书也不可远，为道也屡迁。变动不居，周流六虚，上下无常，刚柔相易，不可为典要，唯变所适。其出入以度外内，使知惧，又明于忧患与故。无有师保，如临父母。初率其辞，而揆其方，既有典常。苟非其人，道不虚行。

《易》之为书也，原始要终以为质也。六爻相杂，唯其时物也。其初难知，其上易知：本末也。初辞拟之，卒成之终。若夫杂物撰德，辨是与非，则非其中爻不备。噫！亦要存亡吉凶，则居可知矣。知者观其彖辞，则思过半矣。二与四同功而异位，其善不同：二多誉，四多惧，近也。柔之为道，不利远者；其要无咎，其用柔中也。三与五同功而异位：三多凶，五多功，贵贱之等也。其柔危，其刚胜邪？

《易》之为书也，广大悉备：有天道焉，有地道焉，有人道焉。兼三才而两之，故六。六者，非它也，三才之道也。道有变动，故曰爻；爻有等，故曰物；物相杂，故曰文；文不当，故吉凶生焉。

《易》之兴也，其当殷之末世，周之盛德邪？当文王与纣之事邪？是故其辞危。危者使平，易者使倾；其道甚大，百物不废。惧以终始，其要无咎，此之谓《易》之道也。

夫乾，天下之至健也，德行恒易以知险；夫坤，天下之至顺也，德行恒简以知阻。能说诸心，能研诸（侯之）虑，定天下之吉凶，成天下之亹亹者。是故变化云为，吉事有祥；象事知器，占事知来。天地设位，圣人成能。人谋鬼谋，百姓与能。八卦以象告，爻彖以情言。刚柔杂居，而吉凶可见矣。变动以利言，吉凶以情迁。是故爱恶相攻而吉凶生，远近相取而悔吝生，情伪相感而利害生。凡《易》之情，近而不相得则凶。或害之，悔且吝。将叛者，其辞惭；中心疑者，其辞枝；吉人之辞寡；躁人之辞多；诬善之人，其辞游；失其守者，其辞屈。

【译文】

八卦排成行列，并加以重叠，于是卦象和爻象都包括在各个卦的当中了。阳刚之爻和阴柔之爻相互推移，并写几句话加以说明，于是变动就体现在各个卦的当中了。吉凶悔吝产生于卦和爻的变动。阳刚之爻和阴柔之爻是所要建立的根本，爻的变化则应顺应着占筮时的要求。人事的或吉或凶要由卦象和爻象所表现出来的正确与否决定。天地之道是以正确昭示于人。日月之道是以正确产生光明。天下事物的变动是以正确达成一致。

乾卦刚劲地示人以平易，坤卦柔顺地示人以简约。爻象表现这些，卦象也表现这些，爻象和卦象在一卦之内变动，吉和凶就在外面表现出来。人们所建立的功业由变爻变卦表现，圣人的实际情况由卦辞和爻辞表现。

天地的伟大德行在于生长一切。圣人的伟大宝物在于拥有权位。凭什么守住权位，只有凭仁厚。凭什么把人聚集起来，只有凭财物。管理财物，端正法律，禁止人民干坏事就是义。

古代包牺氏在做天下君王的时候，抬起头往天上看天象，低着头从地面看地理，观察鸟兽身上的花纹和地上所宜于生长的东西，近从本身取象，远从外物取象，于是开始画出八卦，用来探索宇宙真理，概括万物情况。

把绳子结起来做成网，去打猎去捕鱼，这大概是取象于离卦。

包牺氏死了，神农氏起来做天下君王，把木头削成锄头，把木头弄弯作为犁头上的木把，用耕种的好处来教导天下人，大概是取象于益卦。

在正午做生意，招来天下的人，聚集天下的货物，做完买卖就回去，每一个人都满足了要求，这大概是取象于噬嗑卦。

神农氏死了，黄帝和尧舜起来做君王，研究器物的变化，不断更新，使人民不感到厌倦，还把器物做得特别好，以至出神入化，使人民感到用起来很适宜。这就是《周易》所主张的困穷了就会变化，变化了就会畅通，畅通了就会长久。因此"由上天保佑他们，很吉利，没有不吉利的"。

黄帝和尧舜都拖着衣裳使天下太平，衣裳大概是取象于乾坤的。

挖空了一根树木做船，削尖了一些树枝做桨，船和桨的好处是渡过本来通不过的水域，达到远方，使天下人得到利益，这大概是取象于涣卦。

驾着牛马，拉着重东西达到远方，使天下人得到好处，这大概是取象于随卦。

关上几层门还敲着梆子巡更，来防备盗贼，这大概是取象于随卦。

斩断木头做成杵，掘开地面作为臼，杵和臼的作用让万民得到好处，这大概是取象于小过卦。

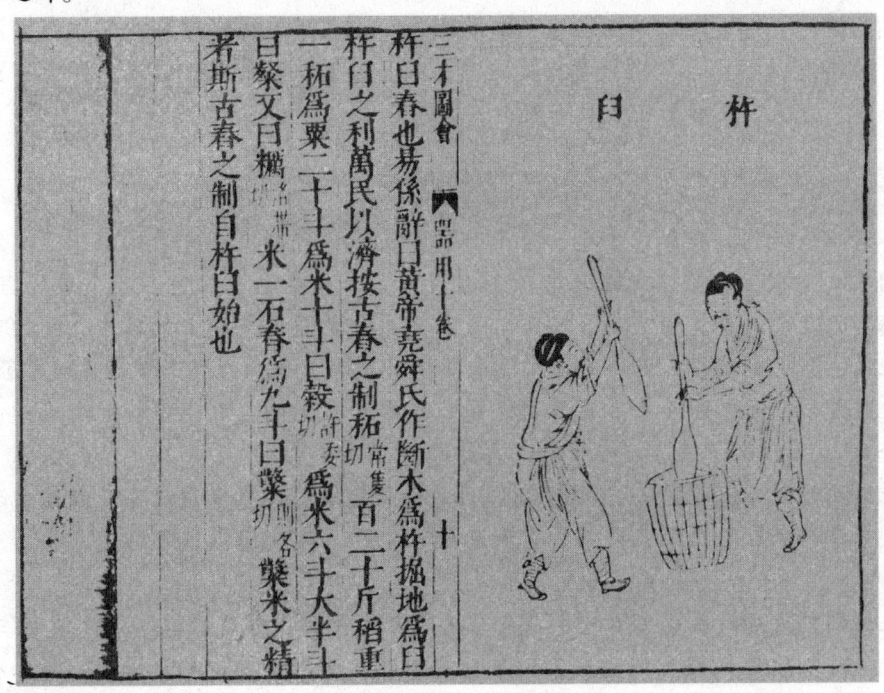

厂杵、臼，选自《三才图会》。

把弓弦加在木条上做成弓，把树枝削尖做成箭，弓和箭的锋利能威慑天下的人，这大概是取象于睽卦。

上古时候人们住在洞里呆在野外，后代圣人造成房屋改变了这种情况，房屋有屋梁屋檐，能防御风雨，这大概是取象于大壮卦。

古时候把要埋葬的人用柴草厚厚地包起来，埋葬在野外，不垒土做坟，不种植树木，服丧日期没有一定的天数。后代圣人用内棺外椁改变了这种葬法，这大概是取象于大过卦。

上古时候用把绳子打结来记事，后代圣人用文字改变这种情况，去治理百官，考察万民，这大概是取象于夬卦。

因此《周易》是由卦象构成的。卦象是用图像表达的。卦辞是说明每一个卦的内容的。爻象是表现天下事物的变动的，于是吉凶因之而产生，悔吝也因之而显著了。

阳卦多阴爻，阴卦多阳爻，原因是什么呢？是由于阳卦的爻画是单数，阴卦的爻画是偶数。

阳卦和阴卦的情况怎么样呢？阳卦一个阳爻为君，两个阴爻为民，是君子的情况。阴卦两个阳爻为君，一个阴爻为民，是小人的情况。

《周易》成卦九四说:"不停顿地往来,朋友都要跟随着你啊。"孔子说:"天下有什么非思虑不可的?天下人同时到达一个地方可以走不同的道路,取得同样成果可以通过不同的思考,天下人有什么非思虑不可的?"

太阳去了就月亮来,月亮去了就太阳来,太阳和月亮相互推移光明就产生了。寒冷去了就炎热来,炎热去了就寒冷来,寒冷和炎热相互推移一年就完成了。去是屈抑,来是伸张,屈抑和伸张相互交感利益就产生了。

尺蠖虫的弯曲,是为了伸开。龙和蛇的冬眠,是为了保存自己。精研义理到达神妙,是为了得到运用。使工作有利身体安康,是为了提高品德。除了这些以外,就不可能知道什么。要穷极神奇懂得造化,才是德的最高水平。

《周易》说:"被困在乱石堆里,撑拒在蒺藜从中,走进家里,看不见妻子,这是凶险的。"孔子说:"不是应该受到困厄的时候却受到困厄,名声必然受到污辱。不是应该撑拒的地方却去撑拒,本人必然会有危险。已经受到污辱而且还有危险,是死亡的日子将要到了,妻子难道还可能见到吗?"

《周易》说:"公在高高的城墙上射隼鸟,得到了,没有不利的。"孔子说:"隼是鸟类。弓箭是器物。射隼鸟的是人。君子把器物藏在身上,等待着时机行动,有什么不利的?行动不停止,因此出去就有收获,这是说有一系列本领去行动的人。"

孔子说:"小人不认为不仁可耻,不认为不义可怕,不见利益不努力,不见威严不害怕。如果在小问题上害怕又在大问题上警惕,这就是小人的福气。《周易》说:'鞋子上面套上木枷遮住脚趾,没有坏处。'讲的就是这些。"

"好处不积累不能成就名誉,坏处不积累不能消灭自身。小人认为小的好处无益就不去做,认为小的坏处无害就不去管,因此罪恶积累到多得无法掩盖,大得无法解脱。《周易》说:'颈子套上木枷遮住耳朵,这是凶险的。'"

孔子说:"目前处于危险当中的人,是曾经安于其位的人。目前处于灭亡当中的国家,是曾经保持着存在的国家。目前经历着动乱的社会,是曾经有过太平日子的社会。因此君子处于平安却不忘记危险,保持存在却不忘记灭亡,处于太平却不忘记动乱,于是本人平安,国家也可以保存。《周易》说:'难道会灭亡吗?难道会灭亡吗?像拴在一丛桑树上面那样牢靠。'"

孔子说:"品德差却地位高,智慧小却谋虑大,力量少却负担重,很少不陷入危险的。《周易》说:'鼎断了脚,把贵人稀饭倾了,样子又沾又湿,够凶险了。'是说这只鼎不能完成它的任务。"

孔子说:"知道事物将要出现的苗头,该是神人吧?君子与上面的人相交不奉承,与下面的人相交不轻慢,该是知道事物将要出现的苗头吧?苗头是动得很微小的,是吉凶首先表现出来的。《周易》说:'泥土被石块夹住,服服帖帖,还不要一天,就合于正道而吉利。'像泥土被石块夹住,其服服帖帖,哪里要一整天?这是肯定可以知道的。君子懂得微小,也懂得彰明,懂得柔弱,也懂得刚强,是许多人所仰望的。"

孔子说:"姓颜的那个人大概差不多吧?有缺点错误没有不知道,知道以后就不再

犯。《周易》说：'不远就回头，没有大悔恨，还非常吉利。'"

天地之间阴阳二气交感，万物就产生了。男和女交合，万物就出现了。《周易》说："三个人走就损失一个人，一个人走就得到朋友。"这是说要专一。

孔子说："君子站稳脚跟才动，心平气和才讲，有了交情才请求。君子做到这三点，所以安全。如果处于危险还去动，人们不会赞同。提心吊胆还去讲，人们不会理睬。没有交情还去请求，人们不会答应。没有人答应他，那么伤害他的人就来了。《周易》说：'没有人帮助，却有人打击，这种人居心不善，是凶险的。'"

孔子说："乾卦和坤卦该是《周易》的门户吧？乾卦所表现的是阳刚事物，坤卦所表现的是阴柔事物。阴和阳统一形成或刚或柔事物，能表示天地间复杂情况，并显示其神妙高明品德。《周易》的用辞，反映了复杂内容，但并不杂乱，考察一下它的内容，该是衰败时代的思想吧？"

"《周易》明确已往，洞察未来，能显示细微，阐明幽隐。打开《周易》可以看到对名词和事物有正确的辨别和判断，而且很完备。《周易》所讲的事情小，但所包含的意义大，它内容深远，文辞华美，所论曲折而又中肯，所陈直遂而又隐约。就着人们有疑惑去帮助他们，并说明或失或得的缘故。"

《周易》的出现，该是在殷周之际的中古时期吧？写作《周易》的人该是有担心和害怕吧？

因此履是德的基础，谦是德的关键，复是德的根本，恒是德的巩固，损是德的修补，益是德的提高，困是德的辨别，井是德的依据，巽是德的节制。

履卦是和顺达到极点，谦卦是尊贵伟大的品德，复卦是事物还细微就能辨别，恒卦是虽然处于邪正相杂也能长守正道而不厌，损卦体现了先难后易，益卦是要人们长时期有助于人，毫无虚假，困卦是虽然穷困，却能通达，井卦是停止在一个地方不动，巽卦是虽然明白，却不显露。

履能使行为和顺，谦能规定礼，复能了解自己，恒能使品德专一，损能远离灾害，益能得到好处，困能减少怨恨，井能辨别义理，巽能运用权术。

《周易》作为一种书来说不可以远离身边，它所体现的道理在于经常变动，它的爻运动不停，周遍流转于六个空着的爻位。爻的变化或者在上卦，或者在下卦，没有一定，或者阳爻变阴爻或者阴爻变阳爻，不可以设下固定法则。只是趋向于变罢了。

变爻出于本卦入于之卦有一定的规律，观察本卦联系之卦从变爻变卦中受到启示，能知所惕惧，还知道忧患与一些事情。虽然没有师氏和保氏的教诲，也如同面临父母的训示。一开始研究《周易》卦爻辞而体会其义理，都有一定的规律。如果不是有贤明的人，《易》道是不会凭空实行的。

《周易》作为一本书，它推原事物的开始，探求事物的终了，形成一个整体，在一卦之中，六爻相互错杂，所说的都是一定时间内的事物。对于一个卦，如果只看初爻，难以知道全卦，要看了上爻，才容易知道全卦，因为既有本，也有末，表现了一件事的全过程。初爻只能拟议事物的开始，要到上爻才能决定事物的终了。至于错杂其事

物，具列其德性，辨别其是非，没有中间四爻就不完备。唉，用《周易》去探求人事的存亡吉凶，那么坐着不动就可以知道了。聪明的人只要看卦辞，要思考的已经超一半了。

第二爻和第四爻同在偶次但位置不同，因而情况也不同，第二爻以得中多称誉，第四爻以在初多恐惧，更由于接近君王。柔顺作为一种原则，不利于建立远大事业，但终归没有坏处，因为它的作用是柔顺和适中。第三爻和第五爻同在奇次但位置不同，第三爻以在下卦之上多凶险，第五爻以在上卦之中多成就，这其间还有贵贱的差别（三为贱，五为贵）。该是阴柔就危险，该是阳刚就很好吧？

《周易》作为一本书，广阔和伟大都具备了，里面有关于天的道理，有关于人的道理，有关于地的道理，把天、地、人统摄起来各用两个爻表示，所以一共要六个爻。这六个爻不是别的，就是讲的天、地、人的道理。

道理有变动，所以叫做爻。爻有类别，所以叫做物。物相错杂，所以叫做文，文不恰当，所以吉凶就产生了。

《周易》的出现，应该是在殷朝末代，或周朝具备美盛德业的时候吧？应该与文王和纣王的事情相关吧？

因此它的话表现为栗栗危惧，知道危惧就会转为平安，掉以轻心必然倾覆。《周易》的内容很广阔，一切事物都不能在外。它以栗栗危惧贯穿终始，但终于没有问题。这些就叫做《周易》的规律。

乾卦是天下最刚健的，性质经常是简易却懂得艰险。坤卦是天下最柔顺的，性质经常是简易却懂得险阻。乾卦和坤卦能让人心里欢悦，能在思想上考虑，还能决定天下的吉凶，促成天下人奋勉前进。

因此《周易》以变化而有作为，好事情不断出现。取象于事就知道制造器物，以事为占筮就知道未来情况。天地设上下尊卑之位，圣人成就修齐治平之能。《周易》无论是谋于人（讲人事），谋于鬼（讲占筮），一般人都能掌握。八卦是用卦象告诉人们情况的，爻辞卦辞是就着事情说的。一卦之内阳爻阴爻交错在一起，吉凶就可以看到了。卦爻的变化是要趋利避害，或吉或凶随情况转移。因此人们以喜爱或憎恨的感情相攻击吉凶就出现了，以亲疏或远近的关系相争取悔吝就出现了，以真实或虚伪的行为相感触利害就出现了。从《周易》实际情况看，两个爻在一起如果不和谐就凶险，有时甚至进行戕害，从而既悔且吝。将要背叛的人他的话表现出惭愧，内心有疑虑的人他的话表现出枝蔓，好人的话少，浮躁的人话多，把好事讲成坏事的人他的话游移不定，丧失操守的人他的话屈而不伸。

说卦

【原文】

　　昔者圣人之作《易》也，幽赞于神明而生蓍，参天两地而倚数，观变于阴阳而立卦，发挥于刚柔而生爻，和顺于道德而理于义，穷理尽性以至于命。昔者圣人之作《易》也，将以顺性命之理。是以立天之道，曰阴与阳；立地之道，曰柔与刚；立人之道，曰仁与义。兼三才而两之，故《易》六画而成卦；分阴分阳，迭用柔刚，故《易》六位而成章。天地定位，山泽通气，雷风相薄，水火不相射，八卦相错。数往者顺，知来者逆，是故《易》逆数也。

　　雷以动之，风以散之，雨以润之，日以烜之，艮以止之，兑以说之，乾以君之，坤以藏之。

　　帝出乎震，齐乎巽，相见乎离，致役乎坤，说言乎兑，战乎乾，劳乎坎，成言乎艮。万物"出乎震"，震，东方也。"齐乎巽"，巽，东南也。齐也者，言万物之絜齐也。离也者，明也，万物皆相见，南方之卦也。圣人南面而听天下，向明而治，盖取诸此也。坤也者，地也，万物皆致养焉，故曰"致役乎坤"。兑，正秋也，万物之所说也，故曰"说言乎兑"。"战乎乾"，乾，西北之卦也，言阴阳相薄也。坎者，水也，正北方之卦也；劳卦也，万物之所归也，故曰"劳乎坎"。艮，东北之卦也，万物之所成终而所成始也，故曰"成言乎艮"。

　　"神"也者，妙万物而为言者也。动万物者莫疾乎雷，桡万物者莫疾乎风，燥万物者莫熯乎火，说万物者莫说乎泽，润万物者莫润乎水，终万物始万物者莫盛乎艮。故水火相逮，雷风不相悖，山泽通气，然后能变化，既成万物也。

　　乾，健也；坤，顺也；震，动也；巽，入也；坎，陷也；离，丽也；艮，止也；兑，说也。

　　乾为马，坤为牛，震为龙，巽为鸡，坎为豕，离为雉，艮为狗，兑为羊。

　　乾为首，坤为腹，震为足，巽为股，坎为耳，离为目，艮为手，兑为口。

　　乾，天也，故称乎父；坤，地也，故称乎母。震，一索而得男，故谓之长男；巽，一索而得女，故谓之长女。坎，再索而得男，故谓之中男；离，再索而得女，故谓之中女。艮，三索而得男，故谓之少男；兑，三索而得女，故谓之少女。

　　乾为天、为圜、为君、为父、为玉、为金、为寒、为冰、为大赤、为良马、为老马、为瘠马、为驳马、为木果。

　　坤为地、为母、为布、为釜、为吝啬、为均、为子母牛、为大舆、为文、为众、为柄。其于地也为黑。

震为雷、为龙、为玄黄、为旉、为大涂、为长子、为决躁、为苍筤竹、为萑苇。其于马也为善鸣、为馵足、为作足、为的颡。其于稼也为反生。其究为健、为蕃鲜。

巽为木、为风、为长女、为绳直、为工、为白、为长、为高、为进退、为不果、为臭。其于人也为寡发、为广颡、为多白眼。为近利市三倍。其究为躁卦。

坎为水、为沟渎、为隐伏、为矫鞣、为弓轮。其于人也为加忧、为心病、为耳痛、为血卦、为赤。其于马也为美脊、为亟心、为下首、为薄蹄、为曳。其于舆也为多眚。为通、为月、为盗。其于木也为坚多心。

离为火、为日、为电、为中女、为甲胄、为戈兵。其于人也为大腹。为干卦。为鳖、为蟹、为蠃、为蚌、为龟。其于木也为科上槁。

艮为山、为径路、为小石、为门阙、为果蓏、为阍寺、为指、为狗、为鼠、为黔喙之属。其于木也为坚多节。

兑为泽、为少女、为巫、为口舌、为毁折、为附决。其于地也为刚卤。为妾、为羊。

【译文】

以前圣人在写作《周易》的时候，由于有神人在幽冥中帮助生出了蓍草，以三为天数，以二为地数，得出了卦爻的数目。观察阴阳的变化建立了卦，发挥刚柔的性质产生了爻，八卦温和顺从于道德并为义所控制，穷尽事物的道理和人的本性去达到与天命的统一。

以前圣人在写作《周易》的时候，要把《周易》写得顺应着自然规律。建立天的规律的是阴和阳，建立地的规律的是柔和刚，建立人的规律的是仁和义，每一卦包括天地人，而且是两次，因此《周易》要六画才成为一卦。爻既然分阴分阳，又接着用柔用刚，因此《周易》要六个爻位才成为一卦。

天和地定出上下位置，山和泽彼此沟通声气，雷和风相互逼迫，水和火相互激射。八卦是相互交错的。

计算过去要顺着数，预知未来要倒着数（《周易》是预知未来的），因此《周易》是要倒着数的。

雷（震）能振奋鼓动万物，风（巽）能散布流通万物。雨（坎）能滋润万物，日（离）能晒干万物。艮（山）能留住万物，兑（泽）能欣悦万物。乾（天）能君临万物，坤（地）能储藏万物。

天帝在震产生万物，万物发展到巽就整齐了，发展到离就彼此相见了，发展到坤就各自取得帮助了，发展到兑都喜悦了，发展到乾都在阴阳搏斗之中了，发展到坎都疲劳了，发展到艮都成长了。

万物到正春四十五日阶段都生出来了。震是东方的卦，万物到春末夏初四十五日阶段都长整齐了。巽是东南方的卦。齐是万物长得整齐。离是光明，属于正夏四十五日阶段，这时候万物盛长，彼此相见。离是南方的卦。圣人面朝南治理天下，就是对

离卦意义有所吸取。坤象征地，万物都从土地中得到营养，所以说"从坤得到帮助"。兑是正秋四十五日阶段，这时候万物都以长成而喜悦，所以说"到了兑就喜悦了"。"到了乾就阴阳搏斗"，乾是西北方的卦，并属于秋末冬初这四十五日阶段，这时候阴和阳是相互搏斗的。坎象征水，是正北方的卦，并属于正冬四十五日阶段，这时候万物都已经疲劳，因而坎为劳卦，是万物归藏的地方，所以说"到了坎一切都疲劳了"。艮是东北方的卦，属于冬末春初四十五日阶段，这时候万物既完成了终结，又完成了开始，所以说"到了艮就完成了"。

　　神是从比万物都更加神妙说的。鼓动万物没有比雷更迅猛的，倒伏万物没有比风更疾速的，干燥万物没有比火更炎热的，欣悦万物没有比泽更和悦的，滋润万物没有比水更湿润的，最终成就万物又重新萌生万物没有比艮更美盛的。所以水火是相互联系的，雷风是不相违背的，山泽是彼此通气的，这样以后才能在变化之中使万物都产生出来。

　　乾卦是刚健的，坤卦是柔顺的。震卦是震动万物的，巽卦是进入万物的。坎卦意味陷没，离卦意味附丽。艮卦表示静止，兑卦表示和悦。

　　乾卦象征马，坤卦象征牛，震卦象征龙，巽卦象征鸡，坎卦象征猪，离卦象征野鸡，艮卦象征狗，兑卦象征羊。

　　乾卦象征脑袋，坤卦象征肚子，震卦象征脚，巽卦象征大腿，坎卦象征耳朵，离卦象征眼睛，艮卦象征手，兑卦象征口。

　　乾是天，所以叫父亲。坤是地，所以叫母亲。震卦求之于第一爻是个阳爻，算是"得男"，由于第一爻是阳爻，所以叫"长男"。巽卦求之于第一爻是个阴爻，算是"得女"，由于第一爻是阴爻，所以叫"长女"。坎卦求之于第二爻是个阳爻，算是"得男"，由于第二爻是阳爻，所以叫"中男"。离卦求之于第二爻是个阴爻，算是"得女"，由于第二爻是阴爻，所以叫

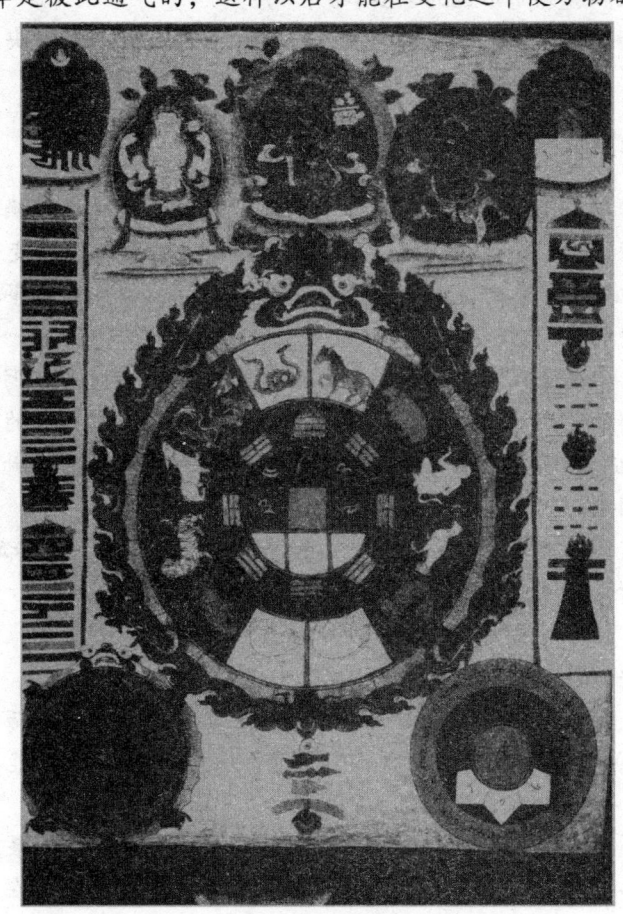

八卦与十二生肖，清代唐卡。

"中女"。艮卦求之于第三爻是个阳爻，算是"得男"，由于第三爻是阳爻，所以叫"少男"。兑卦求之于第三爻是个阴爻，算是"得女"，由于第三爻是阴爻，所以叫"少女"。

乾是天，是圆，是君，是父，是玉，是金，是寒，是冰，是太阳，是好马，是老马，是瘦马，是花马，是木果。

坤是地，是母亲，是布帛，是锅子，是吝啬，是平均，是子牛和母牛，是大车子，是文采，是群众，是手柄，对于地来说是黑色。

震是雷，是龙，是青黄色，是花朵，是大路，是大儿子，是有力地动，是又青又嫩的竹子，是蒹葭。作为马来说是会叫的，是左后脚白色的，是跳起脚来的，是白额头的。作为庄稼来说是种子顶着甲壳生的。归根到底是强健，是茂盛鲜明。

巽是木，是风，是大女儿，是引绳取直，是工，是长，是高，是或进或退，是没有结果，是一种气味。对于人来说是少头发，是宽额头，是白眼球多，是接近利益为市场上的三倍。归根到底是躁动的卦。

坎是水，是沟河，是隐藏，是矫揉，是弓和轮。对于人来说，是增加忧虑，是心病，是耳病，是血卦，是红色。对于马来说，是好的背脊，是亟心，是下首，是薄蹄，是拖曳。对于车子来说，是多毛病，是通达，是月亮，是盗贼。对于树木来说，是坚多心。

离是火，是太阳，是电光，是中女，是铠甲和头盔，是戈这一类武器。对于人来说，是大肚子，是干燥的卦，是甲鱼，是螃蟹，是田螺，是蚌壳，是乌龟。对于树木来说，是枝桠上部枯槁。

艮是山，是小路，是小石头，是门楼，是木本和草本植物果实，是太监，是指头，是狗，是老鼠，是黑嘴巴野兽之类。对于树木来说是坚硬多节的。

兑是湖泊，是年轻的女子，是女巫，是多口多舌，是冲毁折断，是傍着岸冲开。对于地来说是坚硬贫瘠。是小妻，是羊。

序卦

【原文】

有天地，然后万物生焉。盈天地之间者唯万物，故受之以屯。屯者盈也，屯者物之始生也。物生必蒙，故受之以蒙。蒙者蒙也，物之稚也。物稚不可不养也，故受之以需。需者饮食之道也。饮食必有讼，故受之以讼。讼必有众起，故受之以师。师者众也。众必有所比，故受之以比。比者，比也。比必有所畜，故受之以小畜。物畜然后有礼，故受之以履。履而泰，然后安，故受之以泰。泰者，通也。物不可以终通，

故受之以否。物不可以终否，故受之以同人。与人同者，物必归焉，故受之以大有。有大者不可以盈，故受之以谦。有大而能谦必豫，故受之以豫。豫必有随，故受之以随。以喜随人者必有事，故受之以蛊。蛊者，事也。有事而后可大，故受之以临。临者，大也。物大然后可观，故受之以观。可观而后有所合，故受之以噬嗑。嗑者，合也。物不可以苟合而已，故受之以贲。贲者，饰也。致饰然后亨则尽矣，故受之以剥。剥者，剥也。物不可以终尽，剥穷上反下，故受之以复。复则不妄矣，故受之以无妄。有无妄然后可畜，故受之以大畜。物畜然后可养，故受之以颐。颐者，养也。不养则不可动，故受之以大过。物不可以终过，故受之以坎。坎者，陷也。陷必有所丽，故受之以离。离者，丽也。

　　有天地然后有万物，有万物然后有男女，有男女然后有夫妇，有夫妇然后有父子，有父子然后有君臣，有君臣然后有上下，有上下然后礼义有所错。夫妇之道，不可以不久也，故受之以恒。恒者，久也。物不可以久居其所，故受之以遁。遁者，退也。物不可以终遁，故受之以大壮。物不可以终壮，故受之以晋。晋者，进也。进必有所伤，故受之以明夷。夷者，伤也。伤于外者必反于家，故受之以家人。家道穷必乖，故受之以睽。睽者，乖也。乖必有难，故受之以蹇。蹇者，难也。物不可以终难，故受之以解。解者，缓也。缓必有所失，故受之以损。损而不已必益，故受之以益。益而不已必决，故受之以夬。夬者，决也。决必有所遇，故受之以姤。姤者，遇也。物相遇而后聚，故受之以萃。萃者，聚也。聚而上者谓之升，故受之以升。升而不已必困，故受之以困。困乎上者必反下，故受之以井。井道不可不革，故受之以革。革物者莫若鼎，故受之以鼎。主器者莫若长子，故受之以震。震者，动也。物不可以终动，止之，故受之以艮。艮者，止也。物不可以终止，故受之以渐。渐者，进也。进必有所归，故受之以归妹。得其所归者必大，故受之以丰。丰者，大也。穷大者必失其居，故受之以旅。旅而无所容，故受之以巽。巽者，入也。入而后说之，故受之以兑。兑者，说也。说而后散之，故受之以涣。涣者，离也。物不可以终离，故受之以节。节而信之，故受之以中孚。有其信者必行之，故受之以小过。有过物者必济，故受之以既济。物不可穷也，故受之以未济终焉。

【译文】

　　有了天地然后万物才产生。充满天地之间的只有万物，所以用屯卦承接着象征天地的乾坤卦，屯是充满的意思。屯卦又表示万物开始产生，万物在开始产生的时候一定蒙昧幼稚，所以用蒙卦承接着，蒙是蒙昧幼稚的意思。蒙是蒙昧，是物的幼稚，物在幼稚的时候不可不喂养，所以用需卦承接着，需卦是讲饮食情况的。饮食必然会有争讼，所以用讼卦承接着。争讼必然会有许多人起来，所以用师卦承接着，师是许多人。人多了必然有联系，所以用比卦承接着，比是联系的意思。人们有联系必然有积蓄，所以用小畜卦承接着。有了东西积蓄然后才有礼让，所以用履卦承接着。能够礼让就会通泰，然后归于安定，所以用泰卦承接着，泰是通畅的意思。事物不可以永

远通畅下去，所以用否卦承接着。事物不可以永远否塞下去，所以用同人卦承接着。与人和同（搞好关系）的人别人一定会归向他，所以用大有卦承接着。有大收获的人不可以骄盈自满，所以用谦卦承接着。有大收获又能谦虚必然快乐，所以用豫卦承接着。快乐一定有人跟随，所以用随卦承接着。以喜悦心情跟随别人的人一定有事情，所以用蛊卦承接着，蛊是事情的意思。有事情然后可以壮大，所以用临卦承接着，临是壮大的意思。东西大了然后可以观察，所以用观卦承接着。可以观察然后有所遇合，所以用噬嗑卦承接着，嗑是遇合的意思。事物不可以随便不讲原则相合，所以用贲卦承接着，贲是修饰之使合于原则的意思。尽量修饰然后亨通就会归于穷尽，所以用剥卦承接着，剥是剥落的意思。事物不可以终归于穷尽，剥落穷于上就会返于下，所以用复卦承接着。能回复到正道就不会虚妄，所以用无妄卦承接着。没有虚妄的境界然后可以畜外物，所以用大畜卦承接着。外物被畜了然后可以养，所以用颐卦承接着，颐是养的意思。不养就不可动，所以用大过卦承接着。物不可以总是过分，所以用坎卦承接着，坎是陷落的意思。陷落必须要有所依附，所以用离卦承接着，离是依附的意思。

有了天和地然后世界上才有一切的物，有了一切的物然后才有男人和女人，有了男人和女人然后才有丈夫和妻子，有了丈夫和妻子然后才有父亲和儿子，有了父亲和儿子然后才有君主和臣下，有了君主和臣下然后才有上和下的区别，有了上和下的区别然后礼义才有安排。丈夫和妻子的结合是不可不长久的，所以用恒卦承接着，恒是长久的意思。任何东西都不可以长久停留在一个地方，所以用遁卦承接着，遁是退下来的意思。任何东西都不可以老是在退，所以用大壮卦承接着。任何东西都不可以老是在壮，所以用晋卦承接着，晋是前进的意思。前进必然会受到伤害，所以用明夷卦承接着，夷是伤害的意思。在外面受到伤害的人必然要回到他的家里，所以用家人卦承接着。家道困穷必然会颠倒错乱，所以用睽卦承接着，睽是违背的意思。颠倒错乱必然有困难，所以用蹇卦承接着，蹇是困难的意思。任何东西都不可以老是困难，所以用解卦承接着，解是缓解的意思。缓解必然会有损失，所以用损卦承接着。损失不停止必然会增加，所以用益卦承接着。增加不停止必然会破裂，所以用夬卦承接着，夬是破裂的意思。破裂必然会有遭遇，所以用姤卦承接着，姤是遭遇的意思。任何东西相遭遇就会聚集在一起，所以用萃卦承接着，萃是聚集的意思。聚集着向上叫做升，所以用升卦承接着。上升不停止必然会有困难，所以用困卦承接着。困在上面的必然回到下面，所以用井卦承接着。井的情况不可以不变革，所以用革卦承接着。变革事物的没有比鼎更好，所以用鼎卦承接着。主持鼎器的人没有比大儿子更好，所以用震卦承接着，震是动的意思。任何东西不可以老是在动，要停止下来，所以用艮卦承接着，艮是停止的意思。任何东西不可以老是在静止，所以用渐卦承接着，渐是前进的意思。前进必然会有归宿，所以用归妹卦承接着。得到归宿地方的必然盛大，所以用丰卦承接着，丰是盛大的意思。穷极盛大的人必然会失去住的地方，所以用旅卦承接着。当旅客却没有容身之地，所以用巽卦承接着，巽是进去的意思。进去以后就高兴，

所以用兑卦承接着，兑是高兴的意思。高兴就会散失，所以用涣卦承接着，涣是离散的意思。任何东西都不会永远离散，所以用节卦承接着。有节制然后可以相信，所以用中孚卦承接着。有信用的人一定会去做，所以用小过卦承接着。有超过外物本领的人必然成功，所以用既济卦承接着。任何东西都不会穷尽，所以用未济卦承接着作为终结。

杂卦

【原文】

乾刚坤柔。比乐师忧。临观之义，或与或求。屯见而不失其居，蒙杂而著。

震，起也；艮，止也。损、益，盛衰之始也。大畜，时也；无妄，灾也。萃聚而升不来也。谦轻而豫怠也。噬嗑，食也；贲，无色也。兑见而巽伏也。随，无故也；蛊则饬也。

剥，烂也；复，反也。〔解，缓也。蹇，难也。〕晋，昼也，明夷，诛也。井通而困相遇也。咸，速也；恒，久也。涣，离也；节，止也。解，缓也；蹇，难也。

睽，外也；家人，内也。否、泰，反其类也。大壮则止，遁则退也。

大有，众也；同人，亲也。革，去故也；鼎，取新也。小过，过也；中孚，信也。

丰，多故也；亲寡旅也。离上而坎下也。小畜，寡也；履，不处也。需，不进也；讼，不亲也；大过，颠也。姤，遇也，柔遇刚也。

渐，女归待男行也。颐，养正也；既济，定也。归妹，女之终也。未济，男之穷也。夬，决也，刚决柔也。君子道长，小人道忧也。

【译文】

乾卦刚健，坤卦阴柔。比卦快乐，师卦忧愁。临卦和观卦的意义，或者是给与，或者是请求。屯卦是万物开始出现，各不丧失其位置，蒙卦是万物杂处而显著。震卦是奋起。艮卦是静止。损卦和益卦是盛大和衰微的开始。大畜卦是讲时机。无妄卦是讲灾祸。萃卦是聚集，升卦是不来。谦卦是轻浮，豫卦是懈怠。噬嗑是吃东西。贲卦是没有颜色。兑卦是看见，巽卦是逊伏。随卦是无缘无故。蛊卦是整顿治理。剥卦是烂掉。复卦是回去。晋卦是白天。明夷卦是诛杀。井卦是水通于地上，困卦是彼此相逢。咸卦是迅速。恒卦是永久。涣卦是离散。节卦是制止。解卦是缓和。蹇卦是困难。睽卦是讲外面，家人卦是讲家里。否卦和泰卦将变得各自与它的同类相反。大壮卦是停止。遁卦是后退。大有卦讲得到众人支持。同人卦讲与众人亲近。革卦是去掉旧的。

鼎卦是取得新的。小过卦是讲小有过失。中孚卦是讲要有信用。丰卦是讲多事。旅卦是讲亲近的人少。离卦是火向上升。坎卦是水向下降。小畜卦是讲少。履卦是讲不停止。需卦是不前进。讼卦是不相亲。大过卦是讲颠倒。姤卦是讲碰上，是阴柔碰上阳刚。渐卦是女子出嫁要等待男子亲迎才走。颐卦是培养正气。既济卦是已经成功。归妹卦是女郎的终了。未济卦是男子的穷困。夬卦是冲开，是阳刚冲开阴柔，是君子之道不断上升，小人之道不断下降。

尚书

【导读】

　　《尚书》是我国古代最早的一部历史文献汇编。最初只称为《书》，后来所加的"尚"字，其义为"上"，即指上古以来的书，故名《尚书》。书中记事内容上起原始时代的尧舜时期，下到春秋时期的秦穆公为止。《尚书》各篇，按时代先后，分为《虞夏书》、《商书》、《周书》几个部分。《虞夏书》不可能是当时的实录，而只能是后人根据传说整理或改写而成的。《商书》和《周书》各篇，大部分是当时的作品，也有一些篇目写成于春秋战国时期。它所保存的商、周时期的诰、誓等材料，是历史学家研究历史不可或缺的依据，其中的一些述古之作，由于写作时代甚早而具有极高价值。它还保存了我国上古时代思想和文化发展的材料，为思想史、文化史的研究者所重视。

　　《尚书》作为一部历史文献汇编，既不写定于一时，也非出于一人之手，而是经过很长时期的汇集和流传，到春秋战国时才定型成书。通行本的《尚书》五十九篇中，有二十五篇伪作（加上书序，共二十六篇），所余三十三篇中，《舜典》合于《尧典》，《益稷》合于《皋陶谟》，《盘庚》上、中、下三篇合为一篇，《康王之诰》合于《顾命》，这样便成为二十八篇，与汉代伏生所传今文《尚书》篇目相合。这二十八篇是学术界一致公认的可靠资料。《虞夏书》中的《尧典》记尧、舜、禹"禅让"之事，反映了原始时代权位继承情况。《皋陶谟》是舜、禹、皋陶议事的记录，可以说是《尧典》的姊妹篇。《禹贡》是我国最早的地理著作，对古代九州的划分、制度、山川、物产、土壤等都有记载。《甘誓》是夏君与有扈氏战于甘地时的誓师之辞。《商书》包括《汤誓》、《盘庚》、《高宗肜日》、《西伯戡黎》、《微子》五篇，其中价值最高的是《盘庚》篇。《盘庚》篇虽然其中可能有后人训诂改字的地方，但其内容则无可怀疑的是商朝遗文。在《尚书》各部分中，以《周书》数量最大，包括了自《牧誓》以下的十九篇。《牧誓》一篇，虽然其文字不如周诰古奥，但其所记史实则是有根据的。在《周书》中，周初八诰尤为人们所重视。这八篇是《大诰》、《康诰》、《酒诰》、《梓材》、《召诰》、《洛诰》、《多士》、《多方》。其内容记载了周初东征、营建洛邑、封邦建国等重要历史事件，反映了周王朝征服东土、加强对殷遗民统治的历史过程。此外，《无逸》、《君奭》、《立政》是周初统治集团内部的论政之作；《顾命》记载了成王临终时的遗命，以及成王去世后的丧礼、康王即位的仪节；《吕刑》记载了周代刑律的条目及审理案件的方法。《周书》中的《洪范》一篇的著作时代较晚，可能是战国时期的人依据商、周以来的资料纂集写作而成。它是研究我国古代历史，特别是研究我国古代哲学

思想、政治思想的重要文献资料。《文侯之命》一篇一般认为作于周平王时期，是周平王念晋文侯助王平定乱事之功，而锡命之辞，是两周之际的一篇重要文献。《费誓》一篇的写作时代聚讼未决，《史记·鲁世家》和书序认为这一篇是伯禽讨伐淮夷时的誓辞，不少学问家则认为这一篇是春秋时期鲁僖公将伐淮夷、誓师于费而作。《秦誓》是秦穆公派军偷袭郑国遭到惨败以后，沉痛总结失败教训之作，对于研究春秋史有一定的价值。

虞 书

尧 典

【原文】

曰若稽古帝尧，曰放勋，钦、明、文、思、安安。允恭克让。光被四表，格于上下。克明俊德，以亲九族；九族既睦，平章百姓；百姓昭明，协和万邦；黎民于变时雍。

乃命羲和，钦若昊天历象——日月星辰，敬授民时。分命羲仲宅嵎夷曰旸谷，寅宾出日，平秩东作。日中、星鸟，以殷仲春。厥民析，鸟兽孳尾。申命羲叔宅南交，平秩南为，敬致。日永、星火，以正仲夏。厥民因，鸟兽希革。分命和仲宅西曰昧谷，寅饯纳日，平秩西成。宵中、星虚，以殷仲秋。厥民夷，鸟兽毛毨。申命和叔宅朔方曰幽都，平在朔易。日短、星昴，以正仲冬。厥民隩，鸟兽氄毛。帝曰："咨汝羲暨和，期三百有六旬有六日，以闰月定四时成岁。"允厘百工，庶绩咸熙。

帝曰："畴咨若时登庸？"放齐曰："胤子朱启明。"帝曰："吁！嚚讼可乎？"

帝曰："畴咨若予采？"驩兜曰："都！共工方鸠僝功。"帝曰："吁！静言庸违，象恭滔天。"

帝曰："咨！四岳。汤汤洪水方割，荡荡怀山襄陵，浩浩滔天，下民其咨，有能俾乂？"金曰："于！鲧哉。"帝曰："吁！咈哉，方命圮族。"岳曰："异哉！试可乃已。"帝曰："往，钦哉！"九载，绩用弗成。

帝曰："咨！四岳。朕在位七十载，汝能庸命巽朕位。"岳曰："否德，忝帝位。"曰："明明扬侧陋。"师锡帝曰："有鳏在下，曰虞舜。"帝曰："俞！予闻，如何？"岳曰："瞽子，父顽母嚚，象傲；克谐以孝，烝烝乂，不格奸。"帝曰："我其试哉！"女

于时，观厥刑于二女，厘降二女于妫汭，嫔于虞。帝曰："钦哉！"

【译文】

查考往事。帝尧名叫放勋。他敬事节俭，明照四方，善治天地，道德纯备，温和宽容。他忠实不懈，又能让贤，光辉普照四方，至于天地。他能发扬大德，使各氏族亲密和睦。各氏族和睦以后，又辨明其他各族的政事。众族的政事辨明了，又协调万邦诸侯，天下众民也相递变化而友好和睦起来。

（他）于是命令羲氏与和氏，敬慎地遵循天数，推算日月星辰运行的规律，制定出历法，敬慎地把天时节令告诉人们。分别命令羲仲，住在东方的旸谷，恭敬地迎接日出，辨别测定太阳东升的时刻。昼夜长短相等，南方朱雀七宿黄昏时出现在天的正南方，依据这些确

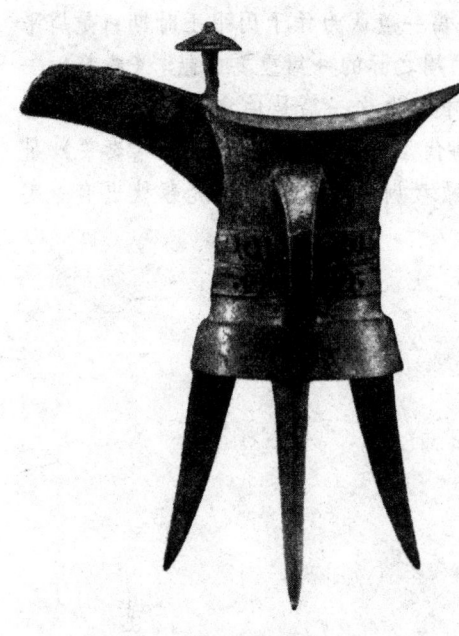

商·青铜爵

定仲春时节。这时，人们分散在田野，鸟兽开始生育繁殖。又命令羲叔，住在南方的交趾，辨别测定太阳往南运行的情况，恭敬地迎接太阳向南回来。白昼时间最长，火星黄昏时出现在南方，依据这些确定仲夏时节。这时，人们住在高处，鸟兽的羽毛稀疏。又命令和仲，住在西方的昧谷，恭敬地送别落日，辨别测定太阳西落的时刻。昼夜长短相等，虚星黄昏时出现在天的正南方，依据这些确定仲秋时节。这时，人们又回到平地上居住，鸟兽换生新毛。又命令和叔，住在北方的幽都，辨别观察太阳往北运行的情况。白昼时间最短，昴星黄昏时出现在正南方，依据这些确定仲冬时节。这时，人们住在室内，鸟兽长出了柔软的细毛。尧说："啊！你们羲氏与和氏啊，一周年是三百六十六天，要用加闰月的办法确定春夏秋冬四季而成一岁。由此规定百官的事务，许多事务都会兴办起来。"

尧帝说："善治四时之职的是谁啊？我要提升任用他。"

放齐说："您的嗣子丹朱很开明。"

尧帝说："唉！他说话虚妄，又好争辩，可以吗？"

尧帝说："善于处理我们政务的是谁呢？"

驩兜说："啊！共工防救水灾已具有成效啊。"

尧帝说："唉！他善言而赏邪僻，貌似恭谨，而怀疑上天。"

尧帝说："啊！四方诸侯之长，滔滔的洪水普遍危害人们，水势奔腾包围了山岭，淹没了丘陵，浩浩荡荡，弥漫接天。臣民百姓都在叹息，有能使洪水得到治理的吗？"

人们都说："啊！鲧吧。"

尧帝说:"唉!错了啊!他不服从命令,危害族人。"

四方诸侯之长说:"起用吧!试试可以,就用他。"

尧帝说:"去吧,鲧!要谨慎啊!"可是过了九年,仍然成效不好。

尧帝说:"啊!四方诸侯之长!我在位七十年,你们能用我之命,升任我的帝位吧!"

四方诸侯之长说:"我们德行鄙陋,不配升任帝位。"

尧帝说:"可以明察贵戚,也可以推举地位低微的人。"

众人提议说:"在下面有一个穷困的人,名叫虞舜。"

尧帝说:"是的,我也听说过,这个人怎么样呢?"

四方诸侯之长回答说:"他是乐官瞽叟的儿子。他的父亲心术不正,后母说话不诚,弟弟象傲慢不友好,而舜能同他们和谐相处。因他的孝心美厚,治理国务不至于坏吧!"

尧帝说:"我试试吧!把我的两个女儿嫁给舜,从这两个女儿那里观察舜的治家之法。"于是命令两个女儿下到妫水湾,嫁给虞舜。

尧帝说:"敬慎地处理政务吧!"

尧,佚名绘,台北故宫博物院藏。

舜典

【原文】

(曰若稽古:帝舜曰重华,协于帝。濬哲文明,温恭允塞。玄德升闻,乃命以位。)

慎徽五典,五典克从。纳于百揆,百揆时叙。宾于四门,四门穆穆。纳于大麓,烈风雷雨弗迷。

帝曰："格汝舜，询事考言，乃言厎可绩，三载。汝陟帝位。"舜让于德弗嗣。

正月上日，受终于文祖。在璇玑玉衡，以齐七政。肆类于上帝，禋于六宗，望于山川，遍于群神，辑五瑞。既月乃日，觐四岳群牧，班瑞于群后。

岁二月，东巡守，至于岱宗，柴。望秩于山川，肆觐东后。协时月、正日，同律、度、量、衡。修五礼、五玉、三帛、二生、一死贽，如五器。卒乃复。五月南巡守，至于南岳，如岱礼。八月西巡守，至于西岳，如初。十有一月朔巡守，至于北岳，如西礼。归，格于艺祖，用特。五载一巡守，群后四朝。敷奏以言，明试以功，车服以庸。

肇十有二州，封十有二山，浚川。象以典刑。流宥五刑，鞭作官刑，扑作教刑，金作赎刑。眚灾肆赦，怙终贼刑。"钦哉，钦哉，惟刑之恤哉！"流共工于幽（洲）〔州〕，放驩兜于崇山，窜三苗于三危，殛鲧于羽山，四罪而天下咸服。

二十有八载，帝乃殂落。百姓如丧考妣。三载，四海遏密八音。

月正元日，舜格于文祖。询于四岳，辟四门，明四目，达四聪。

"咨，十有二牧！"曰："食哉惟时！柔远能迩，惇德允元，而难任人，蛮夷率服。"

舜曰："咨，四岳！有能奋庸熙帝之载，使宅百揆亮采，惠畴？"佥曰："伯禹作司空。"帝曰："俞！"咨禹："汝平水土，惟时懋哉！"禹拜稽首，让于稷、契暨皋陶。帝曰："俞，汝往哉！"

帝曰："弃，黎民阻饥，汝后稷，播时百谷。"

帝曰："契，百姓不亲，五品不逊，汝作司徒，敬敷五教，在宽。"

帝曰："皋陶，蛮夷猾夏，寇贼奸宄。汝作士。五刑有服，五服三就；五流有宅，五宅三居。惟明克允！"

帝曰："畴若予工？"佥曰："垂哉！"帝曰："俞，咨垂："汝共工。"垂拜稽首，让于殳斨暨伯与。帝曰："俞，往哉！汝谐。"

帝曰："畴若予上下草木鸟兽？"佥曰："益哉！"帝曰："俞，咨益："汝作朕虞。"益拜稽首，让于朱、虎、熊、罴。帝曰："俞，往哉！汝谐。"

帝曰："咨四岳，有能典朕三礼？"佥曰："伯夷！"帝曰："俞，咨伯："汝作秩宗，夙夜惟寅，直哉惟清。"伯拜稽首，让于夔、龙。帝曰："俞，往，钦哉！"

帝曰："夔！命汝典乐，教胄子，直而温，宽而栗，刚而无虐，简而无傲。诗言志，歌永言，声依永，律和声。八音克谐，无相夺伦，神人以和。"（夔曰："於！予击石拊石，百兽率舞。"）

帝曰："龙！朕堲谗说殄行，震惊朕师。命汝作纳言，夙夜出纳朕命，惟允！"

帝曰："咨汝（二）〔三〕十有二人，钦哉！惟时亮天功。"三载考绩，三考，黜陟幽明，庶绩咸熙。分北三苗。

舜生三十征庸，（三）〔二〕十在，位五十载，陟方乃死。

【译文】

查考往事。舜帝名叫重华，与尧帝合志。他有深远的智慧，而又文明、温恭、诚

实。他的潜德上传被朝廷知道后，尧帝于是授给了官位。

舜慎重地赞美父义、母慈、兄友、弟恭、子孝五种常法，人们都能顺从。舜总理百官，百官都能承顺。舜在明堂四门迎接四方宾客，四方宾客都肃然起敬。舜担任守山林的官，在暴风雷雨的恶劣天气也不迷误。

尧帝说："来吧！舜啊。我同你谋划政事，又考察你的言论，你提的建议用了可以成功，已经三年了，你登上帝位吧！"舜要让给有德的人，不肯继承。

正月的一个吉日，舜在尧的太庙接受了禅让的册命。他观察了北斗七星，列出了七项政事。于是向天帝报告继承帝位的事，又祭祀了天地四时，祭祀山川和群神。又聚敛了诸侯的五种圭玉，选择吉月吉日，接受四方诸侯君长的朝见，把圭玉颁发给各位君长。

这年二月，舜到东方巡视，到达泰山，举行了柴祭。对于其他山川，都按地位尊卑依次举行了祭祀，然后，接受了东方诸侯君长的朝见。协调春夏秋冬四时的月份，确定天数，统一音律、度、量、衡。制定了公侯伯子男朝聘的礼节和五种瑞玉、三种不同颜色的丝绸、二生一死的礼物制度。而五种瑞玉，朝见完毕后，仍然还给诸侯。五月，舜到南方巡视，到达南岳，所行的礼节同在泰山时一样。八月，舜到西方巡视，到达西岳，所行的礼节同当初一样。十一月，舜到北方巡视，到达北岳，所行的礼节同在西岳一样。回来后，到尧的太庙祭祀，用一头牛作祭品。

舜，佚名绘，台北故宫博物院藏。

以后，每五年巡视一次，诸侯在四岳朝见。普遍地使他们报告政务，然后考察他们的政绩，赏赐车马衣物作为酬劳。

舜划定十二州的疆界，在十二州的名山上封土为坛举行祭祀，又疏通了河道。

舜又在器物上刻画五种常用的刑罚。用流放的办法宽恕犯了五刑的罪人，用鞭打作为官的刑罚，用木条打作为学校的刑罚，用铜作为赎罪的刑罚。因过失犯罪，就赦免他；有所依仗终不悔改，就要施加刑罚。舜告诫说："谨慎啊，谨慎啊，刑罚要慎重啊！"

于是把共工流放到幽州，把驩兜流放到崇山，把三苗驱逐到三危，把鲧流放到羽山。这四个人处罚了，天下的人都心悦诚服。

舜辅助尧帝二十八年后，尧帝逝世了。群臣好像死了父母一样地悲痛，三年间，全国上下停止了乐音。明年正月的一个吉日，舜到了尧的太庙，与四方诸侯君长谋划政事，打开明堂四门宣布政教，使四方见得明白，听得通彻。

"啊，十二州的君长！"舜帝说："生产民食要依时！安抚远方，爱护近邻，亲厚有德，信任善良，而又拒绝邪佞的人，这样，边远的外族都会服从。"

舜帝说："啊！四方诸侯的君长！有谁能奋发努力、发扬光大尧帝的事业，使居百揆之官辅佐政事呢？"

都说："伯禹现在做司空。"

舜帝说："好啊！禹，你曾经平定水土，还要努力做好百揆这件事啊！"禹跪拜叩头，让给稷、契和皋陶。

舜帝说："好啦，还是你去吧！"

舜帝说："稷，人们忍饥挨饿，你主持农业，教人们播种各种谷物吧！"

舜帝说："契，百姓不亲，父母兄弟子女不和顺。你做司徒吧，谨慎地施行五常教育，要注意宽厚。"

舜帝说："皋陶，外族侵扰我们中国，抢劫杀人，造成外患内乱。你做狱官之长吧，五刑各有使用的方法，五种用法分别在野外、市、朝三处执行。五种流放各有处所，分别住在三个远近不同的地方。要明察案情，能够公允！"

舜帝说："谁能当好掌管我们百工的官？"

都说："垂啊！"

舜帝说："好啊！垂，你掌管百工的官吧！"垂跪拜叩头，让给殳、斨和伯与。

舜帝说："好啦，去吧！你们一起去吧！"

舜帝说："谁掌管我们的山丘草泽的草木鸟兽呢？"

都说："益啊！"

舜帝说："好啦，啊！益，你担任我的虞官吧。"益跪拜叩头，让给朱、虎和熊、罴。

舜帝说："好啦，去吧！你们一起去吧！"

舜帝说："啊！四方诸侯的君长，有谁能主持我们祭祀天神、地祇、人鬼的三礼呢？"

都说："伯夷！"

舜帝说："好啦，啊！伯夷，你做掌管祭祀的礼官吧，要早晚恭敬行事，又要正直、清明。"伯夷跪拜叩头，让给夔和龙。

舜帝说："好啦，去吧！要敬慎啊！"

舜帝说："夔！任命你主持乐官，教导年轻人，使他们正直而温和，宽大而坚栗，刚毅而不粗暴，简约而不傲慢。诗是表达思想感情的，歌是唱出来的语言，五声要根据所唱而选定，六律要和谐五声。八类乐器的声音能够调和，不使它们乱了次序，那么神和人都会因此而和谐了。"

夔说："啊！我愿意敲击着石磬，使扮演各种兽类的舞队依着音乐舞蹈起来。"

舜帝说："龙！我厌恶谗毁的言论和危害的行为，会使我的民众震惊。我任命你做纳言的官，早晚传达我的命令，转告下面的意见，应当真实！"

舜帝说："啊！你们二十二人，要敬慎啊！要好好领导天下大事啊！"

舜帝三年考察一次政绩，考察三次后，罢免昏庸的官员，提拔贤明的官员，于是，许多工作都兴办起来了。

又分别对三苗之族作了安置。

舜三十岁时被征召，施政二十年，在帝位五十年，在巡狩南方时才逝世。

大禹谟

【原文】

曰若稽古：大禹曰文命，敷于四海，祗承于帝。曰："后克艰厥后，臣克艰厥臣，政乃乂，黎民敏德。"帝曰："俞！允若兹，嘉言罔攸伏，野无遗贤，万邦咸宁；稽于众，舍己从人；不虐无告，不废困穷，惟帝时克。"

益曰："都，帝德广运，乃圣乃神，乃武乃文。皇天眷命，奄有四海，为天下君。"禹曰："惠迪吉，从逆凶，惟（影）〔景〕响。"

益曰："吁，戒哉！儆戒无虞，罔失法度。罔游于逸，罔淫于乐。任贤勿贰，去邪勿疑。疑谋勿成，百志惟熙。罔违道以干百姓之誉，罔咈百姓以从己之欲。无怠无荒，四夷来王。"禹曰："於，帝念哉！德惟善政，政在养民。水、火、金、木、土、谷，惟修。正德、利用、厚生，惟和。九功，惟叙。九叙，惟歌。戒之用休，董之用威，劝之以九歌，俾勿坏。"帝曰："俞！地平天成，六府三事允治，万世永赖，时乃功。"

帝曰："格，汝禹！朕宅帝位三十有三载，耄期，倦于勤。汝惟不怠，总朕师。"禹曰："朕德罔克，民不依。皋陶迈种德，德乃降，黎民怀之。帝念哉！念兹在兹，释兹在兹，名言兹在兹，允出兹在兹，惟帝念功。"

帝曰："皋陶！惟兹臣庶，罔或干予正。汝作士，明于五刑以弼五教，期于予治，刑期于无刑，民协于中，时乃功，懋哉！"皋陶曰："帝德罔愆，临下以简，御众以宽；罚弗及嗣，赏延于世。宥过无大，刑故无小；罪疑惟轻，功疑惟重；与其杀不辜，宁失不经；好生之德洽于民心，兹用不犯于有司。"帝曰："俾予从欲以治，四方风动，惟乃之休。"

帝曰："来，禹！降水儆予。成允成功，惟汝贤。克勤于邦，克俭于家，不自满假，惟汝贤。汝惟不矜，天下莫与汝争能。汝惟不伐，天下莫与汝争功。予懋乃德，嘉乃丕绩。天之历数在汝躬，汝终陟元后。人心惟危，道心惟微。惟精惟一，允执厥中。无稽之言勿听，弗询之谋勿庸。可爱非君？可畏非民？众非元后何戴？后非众罔与守邦。钦哉！慎乃有位，敬修其可愿，四海困穷，天禄永终。惟口出好兴戎，朕言不再。"禹曰："枚卜功臣，惟吉之从。"帝曰："禹！官占惟（先）〔克〕蔽志，昆命

于元龟。朕志先定，询谋佥同，鬼神其依，龟筮协从。卜不习吉！"禹拜稽首，固辞。帝曰："毋！惟汝谐！"

正月朔旦，受命于神宗，率百官，若帝之初。

帝曰："咨，禹！惟时有苗弗率，汝徂征。"禹乃会群后，誓于师，曰："济济有众，咸听朕命。蠢兹有苗，昏迷不恭，侮慢自贤，反道败德；君子在野，小人在位；民弃不保，天降之咎。肆予以尔众士，奉辞（罚）〔伐〕罪。尔尚一乃心力，其克有勋。"

三旬，苗民逆命。益赞于禹曰："惟德动天，无远弗届。满招损，谦受益，时乃天道。帝初于历山，往于田，日号泣于旻天，于父母；负罪引慝，祗载见瞽瞍，夔夔齐慄，瞽亦允若。至诚感神，矧兹有苗！"禹拜昌言，曰"俞！"班师振旅。帝乃诞敷文德，舞干羽于两阶。七旬，有苗格。

【译文】

稽考古事。大禹名叫文命，他对四海进行治理之后，又敬慎地辅助帝舜。他说："君主能够知道做君主的艰难，臣下能够知道做臣下不容易，政事就能治理，众民就能勉力于德行了。"

舜帝说："对！真像这样，善言无所隐匿，朝廷之外没有被遗弃的贤人，万国之民就都安宁了。政事同众人研究，舍弃私见以依从众人，不虐待无告的人，不放弃困穷的事，只有尧帝能够这样。"

伯益说："啊！尧德广远，这样圣明，这样神妙，这样英武，这样华美：于是上天顾念，使他尽有四海之内，而做天下的君主。"

禹说："顺从善就吉，顺从恶就凶，就像影和响顺从形体和声音一样。"

伯益说："啊！要戒慎呀！警戒不要失误，不要放弃法度，不要优游于逸豫，不要放恣于安乐。任用贤人不要怀疑，罢去邪人不要犹豫。可疑之谋不要实行，各种思虑应当广阔。不要违背治道来取得百姓的称赞，不要违背百姓来顺从自己的私心。对这些不要懈怠，不要荒忽，四方各民族的首领就会来朝见天子了。"

禹说："啊！帝要深念呀！帝德应当使政治美好，政治在于养民。水、火、金、木、土、谷六种生活资料应当治理，正德、利用、厚生三件大事应当宣扬，这九件事应当理顺，九事理顺了应当歌颂。要用休庆规劝臣民，用威罚监督臣民，用九歌勉励臣民，使政事不会败坏。"

舜帝说："对！水土平治，万物成长，六府和三事真实办好了，是万世永利的事业，这是您的功勋。"

舜帝说："您来呀，禹！我居帝位，三十三年了，年岁老耄被勤劳的事务所苦。您当努力不怠，总统我的众民。"

禹说："我的德不能胜任，人民不会依归。皋陶勤勉树立德政，德惠能下施于民，众民怀念他。帝当思念他呀！念德的在于皋陶，悦德的在于皋陶，宣扬德的在于皋陶，

诚心推行德的也在于皋陶。帝要深念他的功绩呀!"

舜帝说:"皋陶!这些臣民没有人干犯我的政事,因为您做士官,能明五刑以辅助五常之教,合于我们的治道。施刑期待达到无刑的地步,人民都能合于中道。这是您的功劳,做得真好呀!"

皋陶说:"帝德没有失误。用简约治民,用宽缓御众;刑罚不及于子孙,奖赏扩大到后代;宽宥过失不论罪多大,处罚故意犯罪不问罪多小;罪可疑时就从轻,功可疑时就从重;与其杀掉无罪的人,宁肯自己陷于不常的罪。帝爱生命的美意,合于民心,因此人民就不冒犯官吏。"

舜帝说:"使我依从人民的愿望来治理,四方人民像风一样鼓动,是您的美德。"

舜帝说:"来,禹!洪水警戒我们的时候,实现政教的信诺,完成治水的工作,只有你贤;能勤劳于国,能节俭于家,不自满自大,只有你贤。你不自以为贤,所以天下没有人与你争能;你不夸功,所以天下没有人与你争功。我赞美你的德行,嘉许你的大功。上天的大命落到你的身上了,你终当升为大君。人心危险,道心精微,要精研要专一,又要诚实保持着中道。无信验的话不要听,独断的谋划不要用。可爱的不是君主吗?可畏的不是人民吗?众人除非大君,他们拥护什么?君主除非众人,没有跟他守国的人。要

禹,宋马麟绘,台北故宫博物院藏。

恭敬啊!慎重对待你的大位,敬行人民可愿的事。如果四海人民困穷,天的福命就将永远终止了。虽然口能说好说坏,但是我的话不再改变了。"

禹说:"请逐个卜问有功的大臣,然后听从吉卜吧!"

舜帝说:"禹!官占的办法,先定志向,而后告于大龟。我的志向先已定了,询问商量的意见都相同,鬼神依顺,龟筮也协合、依从,况且卜筮的办法不须重复出现吉兆。"

禹跪拜叩首,再辞。

舜帝说:"不要这样!只有你适合啊!"

正月初一早晨,禹在尧庙接受舜帝的任命,像舜帝受命之时那样统率着百官。

舜帝说:"嗟,禹!这些苗民不依教命,你前去征讨他们!"

禹于是会合诸侯，告诫众人说："众位军士，都听从我的命令！蠢动的苗民，昏迷不敬。侮慢常法，妄自尊大，违反正道，败坏常德。贤人在野，小人在位。人民抛弃他们不予保护，上天也降罪于他。所以我率领你们众士，奉行帝舜的命令，讨伐苗民之罪。你们应当同心同力，就能有功。"

经过三十天，苗民还是不服。伯益会见了禹，说："施德可以感动上天，远人没有不来的。盈满招损，谦虚受益，这是自然规律。舜帝先前到历山去耕田的时候，天天向上天号泣，向父母号泣，自己负罪引咎。恭敬行事去见瞽瞍，诚惶诚恐庄敬战瞍。瞽瞍也信任顺从了他。至诚感通了神明，何况这些苗民呢？"

禹拜谢伯益的嘉言，说："对！"

还师回去后，舜帝于是大施文教，又在两阶之间拿着干盾和羽翳跳着文舞。经过七十天，苗民不讨自来了。

大禹治水，东汉画像石，山东嘉祥武梁祠。

皋陶谟

【原文】

曰若稽古

皋陶曰："允迪厥德，谟明弼谐。"禹曰："俞！如何？"皋陶曰："都！慎厥身修，思永。惇叙九族，庶明厉翼，迩可远在兹。"禹拜昌言，曰："俞。"

皋陶曰："都！在知人，在安民。"禹曰："吁！咸若时，惟帝其难之。知人则哲，能官人；安民则惠，黎民怀之。能哲而惠，何忧乎驩兜，何迁乎有苗，何畏乎巧言令色孔壬？"

皋陶曰："都！亦行有九德，亦言其人有德。"乃言曰："载采采。"禹曰："何？"皋陶曰："宽而栗，柔而立，愿而恭，乱而敬，扰而毅，直而温，简而廉，刚而塞，强而义。彰厥有常，吉哉！日宣三德，夙夜浚明有家，日严祗敬六德，亮采有邦。翕受敷施，九德咸事，俊乂在官。百僚、师师、百工惟时，抚于五辰，庶绩其凝。无教逸

欲有邦，兢兢业业，一日二日万几。无旷庶官，天工，人其代之。天叙有典，敕我五典五惇哉；天秩有礼，自我五礼有庸哉；同寅协恭和衷哉！天命有德，五服五章哉；天讨有罪，五刑五用哉；政事懋哉懋哉！天聪明，自我民聪明；天明畏，自我民明威。达于上下，敬哉有土！"

皋陶曰："朕言惠可厎行？"禹曰："俞，乃言厎可绩。"皋陶曰："予未有知，思曰赞赞襄哉。"

【译文】

查考往事。皋陶说："诚实地履行其德行，就会决策英明，群臣同心协力。"

禹曰："是啊！怎样履行呢？"

皋陶说："啊！要谨慎其身，自身的修养要坚持不懈。使近亲敦厚顺从，使贤人勉力辅佐，由近及远，在于从这里做起。"

禹听了这番精当的言论，拜谢说："对呀！"

皋陶说："啊！还在于理解臣下，安定民心。"

禹说："咳！都像这样，连尧帝都会认为困难了。理解臣下就显得明智，能够任人。安定民心就受人爱戴，百姓都会怀念他。能做到明智和受人爱戴，怎么会担心驩兜？怎么会流放三苗？怎么会畏惧巧言、善色、奸佞的人呢？"

皋陶说："啊！检验人的行为有九种美德。检验了言论，如果那个人有德，就告诉他说，可开始做点工作。"

禹问："什么是九德呢？"

皋陶说："宽宏而又坚栗，柔顺而又卓立，谨厚而又严恭，多才而又敬慎，驯服而又刚毅，正直而又温和，简易而又方正，刚正而又笃实，坚强而又良善。要表彰那些具有九德的好人啊！

"天天表现出三德，早晚认真努力于家的人，天天庄严地重视六德，辅助政事于国的人，一同接受，普遍任用。具有九德的人都担任官职，那么在职的官员就都是才德出众的人了。各位官员互相效法，他们都想处理好政务，而且顺从君王，这样，各种工作都会办成。

"治理国家的人不要贪图安逸和私欲，

皋陶，选自《历代名臣像解》。

要兢兢业业，因为情况天天变化万端。不要虚设百官，上天命定的工作，人应当代替完成。上天规定了人与人之间的常法，要告诫人们用父义、母慈、兄友、弟恭、子孝的办法，把这五者敦厚起来啊！上天规定了人的尊卑等级，推行天子、诸侯、卿大夫、士和庶人这五种礼制，要经常啊！君臣之间要同敬、同恭，和善相处啊！上天任命有德的人，要用天子、诸侯、卿、大夫、士五等礼服表彰这五者啊！上天惩罚有罪的人，要用墨、劓、剕、宫、大辟五种刑罚处治五者啊！政务要努力啊！要努力啊！

"上天的视听依从臣民的视听。上天的赏罚依从臣民的赏罚。天意和民意是相通的，要谨慎啊，有国土的君王！"

皋陶问："我的话可以实行吗？"

禹说："当然！你的话可以实行并且可以成功。"

皋陶说："我没有别的考虑，只想赞助赞助帝德啊！"

夏书

益稷

【原文】

　　帝曰："来，禹！汝亦昌言。"禹拜，曰："都！帝，予何言？予思日孜孜。"皋陶曰："吁！如何？"禹曰："洪水滔天，浩浩怀山襄陵，下民昏垫。予乘四载，随山刊木，暨益奏庶鲜食。予决九川距四海，浚畎浍距川。暨稷播，奏庶艰食鲜食。懋迁有无，化居。烝民乃粒，万邦作乂。"皋陶曰："俞！（师）〔斯〕汝昌言。"

　　禹曰："都！帝。慎在位。"帝曰："俞！"禹曰："安汝止，惟几惟康。其弼（直）〔德〕，惟动丕应。徯志以昭受上帝〔命〕，天其申命用休。"帝曰："吁！臣哉邻哉！邻哉臣哉！"禹曰："俞！"

　　帝曰："臣作朕股肱耳目。予欲左右有民，汝翼。予欲宣力四方，汝为。予欲观古人之象，日、月、星辰、山、龙、华虫，作会；宗彝、藻、火、粉米、黼、黻，绨绣，以五采彰施于五色作服，汝明。予欲闻六律、五声、八音，七始咏，在治忽，以出纳五言，汝听。予违，汝弼。汝无面从，退有后言。钦四邻！"庶顽谗说，若不在时，侯以明之，挞以记之，书用识哉，欲并生哉！"工以纳言，时而扬之，格则承之庸之，否则威之。"

禹曰："俞哉！帝光天之下，至于海隅苍生，万邦黎献，共惟帝臣，惟帝时举。敷纳以言，明庶以功，车服以庸。谁敢不让，敢不敬应？帝不时，敷同日奏罔功。"

帝曰："无若丹朱傲，惟慢游是好，敖虐是作，罔昼夜頟頟。罔水行舟，朋淫于家，用殄厥世。予创若时！"

〔禹曰："予〕娶涂山，辛壬癸甲。启呱呱而泣，予弗子，惟荒度土功。弼成五服，至于五千。州十有二师，外薄四海，咸建五长，各迪有功。苗顽弗即工，帝其念哉。"

帝曰："迪朕德，时乃功惟叙。皋陶方祗厥叙，方施象刑惟明。"

夔曰："戛击鸣球、搏拊、琴、瑟以咏。"祖考来格，虞宾在位，群后德让。下管鼗鼓，合止柷敔，笙镛以间，鸟兽跄跄。《箫韶》九成，凤凰来仪。夔曰："於！予击石拊石，百兽率舞，庶尹允谐！"帝庸作歌曰："敕天之命，惟时惟几。"乃歌曰："股肱喜哉！元首起哉！百工熙哉！"

皋陶拜手稽首飏言曰："念哉！率作兴事，慎乃宪，钦哉！屡省乃成，钦哉！"乃赓载歌曰："元首明哉，股肱良哉！庶事康哉！"又歌曰："元首丛脞哉！股肱惰哉！万事堕哉！"帝拜曰："俞，往钦哉！"

【译文】

舜帝说："来吧，禹！你也发表高见吧。"禹拜谢说："啊！君王，我说什么呢？我只想每天努力工作罢了。"皋陶说："啊！究竟怎么样呢？"禹说："大水弥漫接天，浩浩荡荡地包围了山顶，漫没了丘陵，老百姓沉没陷落在洪水里。我乘坐四种运载工具，沿着山路砍削树木作为路标，同伯益一起把新杀的鸟兽肉送给百姓们。我疏通了九州的河流，使它们流到四海，挖深疏通了田间的大水沟，使它们流进大河。同后稷一起播种粮食，把百谷、鸟兽肉送给老百姓。让他们调剂馀缺，迁徙居积的货物。于是，百姓们就安定下来了，各个诸侯国开始得到了治理。"

皋陶说："好啊！这是你的高见啊。"

禹说："啊！舜帝。你要诚实地对待你的在位的大臣。"舜帝说："是啊！"

禹说："要安静你的心意，考虑天下的安危。用正直的人做辅佐，只要你行动，天下就会大力响应。依靠有德的人指导接受上帝的命令，上天就会再三用休美赐予你。"

舜帝说："唉！大臣是至亲至近的啊！至亲至近的是大臣啊！"

禹说："对呀！"

舜帝说："大臣作我的股肱耳目。我想帮助百姓，你辅佐我。我想用力治理好四方，你帮助我。我想显示古人衣服上的图像，用日、月、星辰、山、龙、雉六种图形绘在上衣上；用虎、水草、火、白米、黑白相间的斧形花纹、黑青相间的'己'字花纹绣在下裳上，用五种颜料明显地做成五种色彩，制成礼服，你要做好。我要听六种乐律、五种声音、八类乐器的演奏，从声音的哀乐考察治乱，取舍各方的意见，你要听清，我有过失，你就辅助我。你不要当面顺从，背后又去议论。要敬重左右辅弼的近臣！至于一些愚蠢而又喜欢谗毁、谄媚的人，如果不能明察做臣的道理，要用射侯

之礼明确地教训他们，用鞭打警戒他们，用刑书记录他们的罪过，要让他们共同上进！任用官吏要根据他所进纳的言论，好的就称颂宣扬，正确的就进献上去以便采用，否则就要惩罚他们。"

禹说："好啊！舜帝，普天之下，至于海内的众民，各国的众贤，都是您的臣子，您要善于举用他们。依据言论广泛地接纳他们，依据工作明确地考察他们，用车马衣服酬劳他们。这样，谁敢不让贤，谁敢不恭敬地接受您的命令？帝不善加分别，好的坏的混同不分，虽然天天进用人，也会劳而无功。

"不要像丹朱那样傲慢的，只喜欢懒惰逸乐，只作戏谑，不论白天晚上都不停止。洪水已经退了，他还要乘船游玩，又成群地在家里淫乱，因此不能继承尧的帝位。我为他的这些行为感到悲伤。我娶了涂山氏的女儿，结婚四天就治水去了。后来，启生下来呱呱地啼哭，我顾不上慈爱他，只忙于考虑治理水土的事。我重新划定了五种服役地带，一直到五千里远的地方。每一个州征集三万人，从九州到四海边境，每五个诸侯国设立一个长，各诸侯长领导治水工作。只有三苗顽抗，不肯接受工作任务，舜帝您要为这事忧虑啊！"

舜帝说："宣扬我们的德教，依时布置工役，三苗应该会顺从。皋陶正敬重那些顺从的，对违抗的，正示以刑杀的图像警戒他们，三苗的事应当会办好。"

夔说："敲起玉磬，打起搏拊，弹起琴瑟，唱起歌来吧！"先祖、先父的灵魂降临了，我们舜帝的宾客就位了，各个诸侯国君登上了庙堂互相揖让。庙堂下吹起管乐，打着小鼓，合乐敲着柷，止乐敲着敔，笙和大钟交替演奏。扮演飞禽走兽的舞队踏着节奏跳舞，韶乐演奏了九次以后，扮演凤凰的舞队出来表演了。"

夔说："唉！我轻敲重击着石磬，扮演百兽的舞队都跳起舞来，各位官长也合着乐曲一同跳起来吧！"

舜帝因此作歌，说："勤劳天命，这样子就差不多了。"于是唱道："大臣欢悦啊，君王奋发啊，百事发达啊！"

皋陶跪拜叩头继续说："要念念不忘啊！统率起兴办的事业，慎守你的法度，要认真啊！经常考察你的成就，要认真啊！"于是继续作歌说："君王英明啊！大臣贤良啊！诸事安康啊！"又继续作歌说："君王琐碎啊！大臣懈怠啊！诸事荒废啊！"

舜帝拜谢说："对啊！我们去认真干吧！"

禹贡

【原文】

禹敷土，随山刊木，奠高山大川。

冀州：既载壶口，治梁及岐。既修太原，至于岳阳。覃怀厎绩，至于衡漳。厥土：惟白壤，厥赋：惟上上，错。厥田惟中中。恒卫既从，大陆既作。鸟夷皮服，夹右碣石入于河。

济、河惟兖州。九河既道，雷夏既泽，灉、沮会同。桑土既蚕，是降丘宅土。厥土：黑坟，厥草惟繇，厥木惟条。厥田：惟中下。厥赋：贞。作十有三载，乃同。厥贡：漆、丝，厥篚织文。浮于济、漯，达于河。

海、岱惟青州。嵎夷既略，潍、淄其道。厥土：白坟，海滨广斥。厥田：惟上下。厥赋：中上。厥贡：盐、絺、海物惟错，岱畎丝、枲、铅、松、怪石，莱夷作牧，厥篚檿丝。浮于汶，达于济。

海、岱及淮惟徐州。淮、沂其乂，蒙、羽其艺。大野既猪，东原厎平。厥土：赤埴坟，草木渐包。厥田：惟上中。厥赋：中中。厥贡：惟土五色，羽畎夏翟，峄阳孤桐，泗滨浮磬，淮夷蚌珠暨鱼，厥篚玄纤缟。浮于淮、泗，达于菏。

淮、海惟扬州。彭蠡既猪，阳鸟攸居。三江既入，震泽厎定。篠荡既敷，厥草惟夭，厥木惟乔。厥土惟涂泥，厥田惟下下，厥赋下上上错。厥贡惟金三品，瑶、琨、篠荡、齿、革、羽、毛，惟木。岛夷卉服，厥篚织贝，厥包橘柚锡贡。沿于江、海，达于淮、泗。

荆及衡阳惟荆州。江、汉朝宗于海，九江孔殷，沱、潜既道，云梦土作乂。厥土惟涂泥，厥田惟下中，厥赋上下。厥贡羽、毛、齿、革，惟金三品，杶干栝柏，砺砥砮丹，惟箘簵楛，三邦厎贡厥名，包匦菁茅，厥篚玄纁玑组，九江纳锡大龟。浮于江、沱、潜、汉，逾于洛，至于南河。

荆、河惟豫州。伊、洛、瀍、涧既入于河，荥波既猪，导菏泽，被孟猪。厥土惟壤，下土坟垆。厥田惟中上，厥赋错上中。厥贡漆、枲、絺、纻，厥篚纤纩，锡贡磬错。浮于洛，达于河。

华阳、黑水惟梁州。岷、嶓既艺，沱、潜既道，蔡、蒙旅平，和夷厎绩。厥土青黎，厥田惟下上，厥赋下中三错。厥贡璆、铁、银、镂、砮、磬、熊、罴、狐、狸织皮。西倾因桓是来。浮于潜，逾于沔，入于渭，乱于河。

黑水、西河惟雍州。弱水既西，泾属渭汭，漆、沮既从，沣水攸同。荆、岐既旅，终南惇物，至于鸟鼠。原隰厎绩，至于猪野。三危既宅，三苗丕叙。厥土惟黄壤，厥田惟上上，厥赋中下，厥贡惟球琳琅玕。浮于积石，至于龙门、西河，会于渭汭。织皮昆仑析支渠搜，西戎即叙。

导岍及岐，至于荆山，逾于河，壶口、雷首，至于太岳；厎柱、析城，至于王屋；太行、恒山，至于碣石，入于海；西倾、朱圉、鸟鼠，至于太华；熊耳、外方、桐柏，至于陪尾。导嶓冢，至于荆山；内方，至于大别；岷山之阳，至衡山，过九江，至于敷浅原。

导弱水，至于合黎，馀波入于流沙。导黑水，至于三危，入于南海。导河积石，至于龙门，南至于华阴，东至于厎柱，又东至于孟津，东过洛汭，至于大伾，北过降

水，至于大陆，又北，播为九河，同为逆河，入于海。嶓冢导漾，东流为汉，又东为沧浪之水，过三澨，至于大别，南入于江，东汇泽为彭蠡，东为北江，入于海。岷山导江，东别为沱，又东至于澧，过九江，至于东陵，东迤北会于汇，东为中江，入于海。导沇水，东流为济，入于河，溢为荥；东出于陶丘北，又东至于菏，又东北会于汶，又北，东入于海。导淮自桐柏，东会于泗、沂，东入于海。导渭自鸟鼠同穴，东会于沣，又东会于泾；又东过漆、沮，入于河。导洛自熊耳，东北会于涧、瀍，又东会于伊，又东北入于河。

九州攸同，四隩既宅，九山刊旅，九川涤源，九泽既陂。四海会同。六府孔修，庶土交征，厎慎财赋，咸则三壤，成赋中邦。锡土姓，祗台德先，不距朕行。

五百里甸服：百里赋纳总，二百里纳铚，三百里纳秸服，四百里粟，五百里米。

五百里侯服：百里采，二百里男邦，三百里诸侯。

五百里绥服：三百里揆文教，二百里奋武卫。

五百里要服：三百里夷，二百里蔡。

五百里荒服：三百里蛮，二百里流。

东渐于海，西被于流沙，朔南暨，声教讫于四海。禹锡玄圭，告厥成功。

【译文】

禹分别划定九州的疆界，行走高山砍削树木作为路标，以高山大河奠定界域。

冀州：从壶口开始施工以后，就治理梁山和它的支脉。太原治理好了以后，又治理到太岳山的南面。覃怀一带的治理取得了成效，又到了横流入河的漳水。那里的土是白壤，那里的赋税是第一等，也夹杂着第二等，那里的田地是第五等。恒水、卫水已经顺着河道而流，大陆泽也已治理了。岛夷用皮服来进贡，先接近右边的碣石山，再进入黄河。

济水与黄河之间是兖州：黄河下游的九条支流疏通了，雷夏也已经成了湖泽，灉水和沮水会合流进了雷夏泽。栽种桑树的地方都已经养蚕，于是人们从山丘上搬下来住在平地上。那里的土质又黑又肥，那里的草是茂盛的，那里的树是修长的。那里的田地是第六等，赋税是第九等，耕作了十三年才与其他八个州相同。那里的贡物是漆和丝，还有那竹筐装着的彩绸。进贡的船只行于济水、漯水到达黄河。

渤海和泰山之间是青州：嵎夷治理好以后，潍水和淄水也已经疏通了。那里的土又白又肥，海边有一片广大的盐碱地。那里的田是第三等，赋税是第四等。那里进贡的物品是盐和细葛布，海产品多种多样。还有泰山谷的丝、大麻、锡、松和奇特的石头。莱夷一带可以放牧。进贡的物品是那筐装的柞蚕丝。进贡的船只行于汶水达到济水。

黄海、泰山及淮河之间是徐州：淮河、沂水治理好以后，蒙山、羽山一带已经可以种植了，大野泽已经停聚着深水，东原地方也获得治理。那里的土是棕色的，又黏又肥，草木不断滋长而丛生。那里的田是第二等，赋税是第五等。那里的贡品是五色

土、羽山山谷的大山鸡，峄山南面的特产桐木，泗水边上的可以做磬的石头，淮夷之地的蚌珠和鱼。还有那筐子装着的黑色的绸和白色的绢。进贡的船只行于淮河、泗水，到达与济水相通的荷泽。

淮河与黄海之间是扬州：彭蠡泽已经汇集了深水，南方各岛可以安居。三条江水已经流入大海，震泽也获得了安定。小竹和大竹已经遍布各地，那里的草很茂盛，那里的树很高大。那里的土是潮湿的泥。那里的田是第九等，那里的赋是第七等，杂出第六等。那里的贡品是青铜、白铜、赤铜、美玉、美石、小竹、大竹、象牙、犀皮、鸟的羽毛、旄牛尾和木材。东南沿海各岛的人穿着草编的衣服。这一带把那筐装的贝锦，那包裹的橘柚作为贡品。进贡的船只沿着长江、黄海到达淮河、泗水。

荆山与衡山的南面是荆州：长江、汉水像诸侯朝见天子一样奔向海洋，洞庭湖的水系大定了。沱水、潜水疏通以后，云梦泽一带可以耕作了。那里的土是潮湿的泥，那里的田是第八等，那里的赋是第三等。那里的贡物是羽毛、旄牛尾、象牙、犀皮和黄铜、青铜、红铜、椿树、柘树、桧树、柏树、粗磨石、细磨石、造箭镞的石头、丹砂和美竹、楛木。三个诸侯国进贡他们的名产，包裹好了的杨梅、菁茅，装在筐子里的彩色丝绸和一串串的珍珠。九江进贡大龟。这些贡品经长江、沱水、潜水、汉水，到达汉水上游，改走陆路到洛水，再到南河。

荆山、黄河之间是豫州：伊水、瀍水和涧水都已流入洛水，又流入黄河，荥波泽已经停聚了大量的积水。疏通了菏泽，并在孟猪泽筑起了堤防。那里的土是柔软的壤土，低地的土是肥沃的黑色硬土。那里的田是第四等，那里的赋税是第二等，杂出第一等。那里的贡物是漆、麻、细葛、纻麻，那筐装的绸和细绵，又进贡治玉磬的石头。进贡的船只行于洛水到达黄河。

华山南部到怒江之间是梁州：岷山、嶓冢山治理以后，沱水、潜水也已经疏通了。峨眉山、蒙山治理后，和夷一带也取得了治理的功效。那里的土是疏松的黑土，那里的田是第七等，那里的赋税是第八等，还杂出第七等和第九等。那里的贡物是黄金、铁、银、镂钢、作箭镞的石头、磬、熊、马熊、狐狸、野猫。织皮和西倾山的贡物沿着桓水而来。进贡的船只行于潜水，然后离船上岸陆行，再进入沔水，进到渭水，最后横渡渭水到达黄河。

黑水到西河之间是雍州：弱水疏通已向西流，泾河流入渭河之湾，漆沮水已经会合洛水流入黄河，沣水也向北流同渭河会合。荆山、岐山治理以后，终南山、惇物山一直到鸟鼠山都得到了治理。原隰的治理取得了成绩，至于猪野泽也得到了治理。三危山已经可以居住，三苗就安定了。那里的土是黄色的，那里的田是第一等，那里的赋税是第六等。那里的贡物是美玉、美石和珠宝。进贡的船只从积石山附近的黄河，行到龙门、西河，与从渭河逆流而上的船只会合在渭河以北。织皮的人民定居在昆仑、析支、渠搜三座山下，西戎各族就安定顺从了。

开通了岍山和岐山的道路，到达荆山，越过黄河。又开通壶口山、雷首山，到达太岳山。又开通柱山、析城山，到达王屋山。又开通太行山、恒山，到达碣石山，从

这里进入渤海。

开通西倾山、朱圉山、鸟鼠同穴山,到达华山。又开通熊耳山、外方山、桐柏山,到达陪尾山。

开通蟠冢山到达荆山。开通内方山到达大别山。开通岷山的南面到达衡山,过洞庭湖到达庐山。

疏通弱水到合黎山,下游流到沙漠。

疏通黑水到三危山,流入南海。

疏导黄河,从积石山开始,到达龙门山;再向南到达华山的北面;再向东到达厎柱山;又向东到达孟津;又向东经过洛水与黄河会合的地方,到达大伾山;然后向北经过降水,到达大陆泽;又向北,分成九条支流,再会合成一条逆河,流进大海。

从蟠冢山开始疏导漾水,向东流成为汉水;又向东流,成为沧浪水;经过三澨水,到达大别山,向南流进长江。向东,来汇的水叫彭蠡泽;向东,称为北江,流进大海。

从岷山开始疏导长江,向东另外分出一条支流称为沱江;又向东到达澧水;经过洞庭湖,到达东陵;再向东斜行向北,与淮河会合;向东称为中江,流进大海。

疏导沇水,向东流就称为济水,流入黄河,河水溢出成为荥泽;又从定陶的北面向东流,再向东到达菏泽县;又向东北,与汶水会合;再向北,转向东,流进大海。

从桐柏山开始疏导淮河,向东与泗水、沂水会合,向东流进大海。

从鸟鼠同穴山开始疏导渭水,向东与沣水会合,又向东与泾水会合;又向东经过漆沮水,流入黄河。

从熊耳山开始疏导洛水,向东北,与涧水、瀍水会合;又向东,与伊水会合;又向东北,流入黄河。

九州由此统一了:四方的土地都已经可以居住了,九条山脉都伐木修路可以通行了,九条河流都疏通了水源,九个湖泽都修筑了堤防,四海之内进贡的道路都畅通无阻了。水火金木土谷六府都治理得很好,各处的土地都要征收赋税,并且规定慎重征取财物赋税,都要根据土地的上中下三等来确定它。中央之国赏赐土地和姓氏给诸侯,敬重以德行为先,又不违抗我的措施的贤人。

国都以外五百里叫做甸服。离国都最近的一百里缴纳连秆的禾;二百里内的,缴纳禾穗;三百里内的,缴纳带稃的谷;四百里内的,缴纳粗米;五百里内的缴纳精米。

甸服以外五百里是侯服。离甸服最近的一百里替天子服差役;二百里内的,担任国家的差役;三百里内的,担任侦察工作。

侯服以外五百里是绥服。内三百里的,考虑推行天子的政教;外二百里的,奋扬武威保卫天子。

绥服以外五百里是要服。内三百里的,约定和平相处;外二百里的,约定遵守条约。

要服以外五百里是荒服。内三百里的,维持隶属关系;外二百里的,进贡与否流动不定。

东方进至大海，西方到达沙漠，北方、南方同声教都到达外族居住的地方。于是禹被赐给玄色的美玉，表示大功告成了。

甘誓

【原文】

大战于甘，乃召六卿。王曰："嗟！六事之人，予誓告汝。有扈氏威侮五行，怠弃三正，天用剿绝其命。今予惟共行天之罚。左不攻于左，汝不共命；右不攻于右，汝不共命。御非其马之正，汝不共命。用命，赏于祖；不用命，戮于社。予则孥戮汝！"

【译文】

将在甘地进行大战，夏王启就召见了六军的将领。王说："啊！六军的将士们，我告诫你们：有扈氏轻慢洪范大法，废弃正德、利用、厚生三大政事，因此，上天要断绝他的国运。现在我只有奉行上天对他的惩罚。

战车，战国铜器纹饰，美国弗利尔美术馆藏。

"车左的兵士不好好完成战斗任务，你们就是不奉行我的命令；车右的兵士不好好完成战斗任务，你们也是不奉行我的命令；驾车的兵士违反驭马的规则，你们也是不奉行我的命令。服从命令的，我会在先祖的神位面前赏赐你们；不服从命令的，我会在社神的神位面前惩罚你们，我就会把你们降为奴隶，或者杀掉你们。"

五子之歌

【原文】

太康失邦，昆弟五人须于洛汭，作《五子之歌》。

太康尸位，以逸豫灭厥德，黎民咸贰。及盘游无度，畋于有洛之表，十旬弗反。有穷后羿因民弗忍，距于河。厥弟五人御其母以从，徯于洛之汭。五子咸怨，述大禹之戒以作歌。

其一曰："皇祖有训：民可近，不可下。民惟邦本，本固邦宁。予视天下，愚夫愚妇一能胜予。一人三失，怨岂在明？不见是图。予临兆民，懔乎若朽索之驭六马。为人上者，奈何不敬？"

其二曰："训有之：内作色荒，外作禽荒。甘酒嗜音，峻宇雕墙。有一于此，未或不亡。"

其三曰："惟彼陶唐，有此冀方。今失厥道，乱其纪纲，乃厎灭亡。"

其四曰："明明我祖，万邦之君。有典有则，贻厥子孙。关石和钧，王府则有。荒坠厥绪，覆宗绝祀。"

其五曰："呜呼曷归？予怀之悲。万姓仇予，予将畴依？郁陶乎予心，颜厚有忸怩。弗慎厥德，虽悔可追？"

【译文】

太康失国，兄弟五人在洛水之曲等待着太康，（五子怨恨，于是追述大禹的教戒，）写了一组诗歌，名叫《五子之歌》。

太康处在尊位而不理事，又喜好安乐，丧失君德，众民都怀着二心；竟至盘乐游猎没有节制，到洛水的南面打猎，百天还不回来。有穷国的君主羿，因人民不能忍受，在河北抵御太康，不让他回国。太康的弟弟五人，侍奉他们的母亲以跟随太康，在洛水湾等待他。这时五人都埋怨太康，因此叙述大禹的教导而写了歌诗。

其中一首说："伟大的祖先曾有明训，人民可以亲近而不可看轻；人民是国家的根本，根本牢固，国家就安宁。我看天下的人，愚夫愚妇都能对我取胜。一人多次失误，民怨难道要等它显明？应当考虑它还未形成。我治理兆民，恐惧得像用坏索子驾着六匹马；做君主的人，怎么能不敬不怕？"

其中第二首说："禹王的教诲是这样：在内迷恋女色，在外游猎翱翔；喜欢喝酒和爱听音乐，高高建筑大殿又雕饰宫墙。这些事只要有一桩，就没有人不灭亡。"

其中第三首说："那陶唐氏的尧皇帝，曾经据有冀州这地方。现在废弃他的治道，

紊乱他的政纲，就是自己导致灭亡！"

其中第四首说："我的辉煌的祖父，是万国的大君。有典章有法度，传给他的子孙。征赋和计量平均，王家府库丰殷，现在废弃他的传统，就断绝祭祀又危及宗亲！"

其中第五首说："唉！哪里可以回归？我的心情伤悲！万姓都仇恨我们，我们将依靠谁？我的心思郁闷，我的颜面惭愧。不愿慎行祖德，即使改悔又岂可挽回？"

胤征

【原文】

惟仲康肇位四海，胤侯命掌六师。羲、和废厥职，酒荒于厥邑。胤后承王命徂征，告于众曰：

"嗟，予有众：圣有谟训，明徵定保。'先王克谨天戒，臣人克有常宪。百官修辅，厥后惟明明。'每岁孟春，遒人以木铎徇于路：'官师相规，工执艺事以谏。其或不恭，邦有常刑。'

"惟时羲、和，颠覆厥德，沈乱于酒，畔官离次，俶扰天纪，遐弃厥司。乃季秋月朔，辰弗集于房，瞽奏鼓，啬夫驰，庶人走。羲、和尸厥官，罔闻知，昏迷于天象，以干先王之诛。

"《政典》曰：'先时者杀无赦，不及时者杀无赦。'今予以尔有众奉将天罚。尔众士同力王室，尚弼予钦承天子威命。火炎崑冈，玉石俱焚。天吏逸德，烈于猛火。歼厥渠魁，胁从罔治。旧染污俗，咸与惟新。呜呼！威克厥爱，允济；爱克厥威，允罔功。其尔众士，懋戒哉！"

【译文】

夏帝仲康开始治理四海，胤侯受命掌管夏王的六师。羲和放弃他的职守，在他的私邑嗜酒荒乱。胤侯接受王命，去征伐羲和。

胤侯告诫军众说："啊！我的众位官长。圣人有谟有训，明白有验，可以定国安邦：先王能谨慎对待上天的警戒，大臣能遵守常法，百官修治职事辅佐君主，君主就明而又明。每年孟春之月，宣令官员用木铎在路上宣布教令，官长互相规劝，百工依据他们从事的技艺进行谏说。他们有不奉行的，国家将有常刑。

"这个羲和颠倒他的行为，沉醉在酒中，背离职位，开始搞乱了日月星辰的运行历程，远远放弃他所司的事。前些时候季秋月的朔日，日月不会合于房，出现日食。乐官进鼓而击，啬夫奔驰取币以礼敬神明，众人跑着供役。羲和主管其官却不知道这件事，对天象昏迷无知，因此触犯了先王的诛罚。

"先王的《政典》说：历法出现先于天时的事，杀掉无赦，出现后于天时的事，杀掉无赦。现在我率领你们众长，奉行上天的惩罚。你等众士要对王室同心协力，辅助我认真奉行天子的庄严命令！火烧昆山，玉和石同样被焚烧；天王的官吏如有过恶行为，害处将比猛火更甚。消灭那个为恶的大首领，胁从的人不要惩治；旧时染有污秽习俗的人，都允许更新。"啊！严明胜过慈爱，就真能成功；慈爱胜过严明，就真会无功。你等众士要努力要戒慎呀！"

商书

汤誓

【原文】

王曰："格尔众庶，悉听朕言。非台小子敢行称乱，有夏多罪，天命殛之！"今尔有众，汝曰：'我后不恤我众，舍我穑事而割正夏。'予惟闻汝众言；夏氏有罪，予畏上帝，不敢不正。"今汝其曰：'夏罪其如台？'夏王率遏众力，率割夏邑。有众率怠弗协。曰：'时日曷丧？予及汝皆亡！'夏德若兹，今朕必往。

尔尚辅予一人，致天之罚，予其大赉汝。尔无不信，朕不食言。尔不从誓言，予则孥戮汝，罔有攸赦。"

【译文】

王说："来吧！你们众位，都听我说。不是我小子敢行作乱！因为夏国犯下许多罪行，天帝命令我去讨伐他。现在你们众人，你们说：'我们的君王不怜悯我们众人，荒废我们的农事，为什么要征伐夏国呢？'我虽然理解你们的话，但是夏氏有罪，我畏惧上帝，不敢不去征伐啊！现在你们会问：'夏的罪行究竟怎么样呢？'夏王耗尽民力，剥削夏国的人民。民众怠慢不恭，同他很不和协，他们说：'这个太阳什么时候消失呢？我们愿意同你一起灭亡。'夏的品德这样坏，现在我一定要去讨伐他。

"你们要辅佐我，实行天帝对夏的惩罚，我将重重地赏赐你们！你们不要不相信，我不会说假话。如果你们不听从誓言，我就会把你们降成奴隶，或者杀死你们，不会有所赦免。"

仲虺之诰

【原文】

成汤放桀于南巢,惟有惭德,曰:"予恐来世以台为口实。"仲虺乃作《诰》,曰:"呜呼!惟天生民有欲,无主乃乱。惟天生聪明,时乂。有夏昏德,民坠涂炭。天乃锡王勇智,表正万邦,缵禹旧服;兹率厥典,奉若天命。夏王有罪,矫诬上天以布命于下,帝用不臧。式商受命,用爽厥师。

"简贤附势,实繁有徒。肇我邦(予)〔于〕有夏,若苗之有莠,若粟之有秕,小大战战,罔不惧于非辜。矧予之德言足听闻?

"惟王不迩声色,不殖货利。德懋懋官。功懋懋赏。用人惟己,改过不吝。克宽克仁,彰信兆民。乃葛伯仇饷,初征自葛。东征西夷怨,南征北狄怨。曰:'奚独后予?'攸徂之民,室家相庆,曰:'徯予后,后来其苏。'民之戴商,厥惟旧哉!

"佑贤辅德,显忠遂良。兼弱攻昧,取乱侮亡。推亡固存,邦乃其昌。德日新,万邦惟怀;志自满,九族乃离。王懋昭大德,建中于民,以义制事,以礼制心,垂裕后昆!予闻曰:'能自得师者王,谓人莫己若者亡。'好问则裕,自用则小。呜呼!慎厥终,惟其始。殖有礼,覆昏暴。钦崇天道,永保天命!"

【译文】

成汤放逐夏桀使他住在南巢,于是有些惭愧。他说:"我怕后世拿我作为话柄。"仲虺于是向汤作了解释。

仲虺说:"啊!上天生养人民,人人都有情欲,没有君主,人民就会乱,因此上天又生出聪明的人来治理他们。夏桀行为昏乱,人民陷于泥涂火炭一样的困境;上天于是赋予勇敢和智慧给大王,使您做万国的表率,继承大禹长久的事业。您现在要遵循大禹的常法,顺从上天的大命!

"夏王桀有罪,假托上天的意旨,在下施行他的教命。上天因此认为他不善,要我商家承受王命,使他的众庶觉悟。简慢贤明依从权势的,这种人徒众很多。从前我商家立国于夏世,像苗中有莠草,

成汤

像粟中有秕谷一样。上下战栗恐惧，无不害怕陷入非罪；何况我商家的德和言都可听闻呢？

"大王不近声色，不聚货财；德盛的人用官职劝勉他，功大的人用奖赏劝勉他；用人之言像自己说的一样，改正过错毫不吝惜；能宽能仁，昭信于万民。从前葛伯跟馈食的人为仇，我们的征伐从葛国开始。大王东征则西夷怨恨，南征则北狄怨恨。他们说：怎么独独把我们摆在后面？我军过往的人民，室家互相庆贺。他们说：等待我们的君主，君主来临，我们就会复活了！天下人民爱戴我们商家，已经很久了啊！

"佑助贤德的诸侯，显扬忠良的诸侯；兼并懦弱的，讨伐昏暗的，夺取荒乱的，轻慢走向灭亡的。推求灭亡的道理，以巩固自己的生存，国家就将昌盛。

"德行日新不懈，天下万国就会怀念；志气自满自大，亲近的九族也会离散。大王要努力显扬大德，对人民建立中道，用义裁决事务，用礼制约思想，把宽裕之道传给后人。我听说能够自己求得老师的人就会为王，以为别人不及自己的人就会灭亡。爱好问，知识就充裕；只凭自己，闻见就狭小。

"啊！慎终要像它的开始。扶植有礼之邦，灭亡昏暴之国；敬重上天这种规律，就可以长久保持天命了。"

夏桀，汉画像石，山东嘉祥武氏祠。

汤诰

【原文】

王归自克夏，至于亳，诞告万方。王曰：

"嗟！尔万方有众，明听予一人诰。

"惟皇上帝，降衷于下民。若有恒性。克绥厥猷，惟后。

"夏王灭德作威，以敷虐于尔万方百姓。尔万方百姓罹其凶害，弗忍荼毒，并告无辜于上下神祇。天道福善祸淫，降灾于夏，以彰厥罪。肆台小子，将天命明威，不敢

赦。敢用玄牡，敢昭告于上天神后，请罪有夏。聿求元圣，与之戮力，以与尔有众请命。上天孚佑下民，罪人黜伏。天命弗僭，贲若草木，兆民允殖。

"俾予一人辑宁尔邦家。兹朕未知获戾于上下，慄慄危惧，若将陨于深渊。凡我造邦，无从匪彝，无即慆淫，各守尔典，以承天休。尔有善，朕弗敢蔽；罪当朕躬，弗敢自赦，惟简在上帝之心。其尔万方有罪，在予一人；予一人有罪，无以尔万方。呜呼！尚克时忱，乃亦有终。"

【译文】

汤王在战胜夏桀后回来，到了亳邑，大告万方诸侯。

汤王说："啊，你们万方众长，明白听从我的教导。伟大的上帝，降善于下界人民。顺从人民的常性，能使他们安于教导的就是君主。夏王灭弃道德滥用威刑，向你们万方百姓施行虐政。你们万方百姓遭受他的残害，痛苦不堪，普遍向上下神祇申诉无罪。天道福佑善人惩罚坏人，降灾于夏国，以显露他的罪过。所以我小子奉行天命明法，不敢宽宥。敢用黑色牡牛，敢向天神后土祷告，请求惩治夏桀。就邀请了大圣伊尹与我共同努力，为你们众长请求保全生命。

"上天保佑天下人民，罪人夏桀被废黜了。天道不差，灿然像草木的滋生繁荣，兆民真的乐于生活了。上天使我和睦安定你们的国家，这回伐桀我不知道得罪了天地没有，惊恐畏惧，像要落到深渊里一样。凡我建立的诸侯，不要施行非法，不要追求安乐；要各自遵守常法，以接受上天的福禄。你们有善行，我不敢掩盖；罪过在我自身，我不敢自己宽恕，因为这些在上帝心里都明明白白。你们万方有过失，原因都在于我；我有过失，不会连及你们万方诸侯。

"啊！但愿能够这样诚信不疑，也就会获得好的结局。"

伊训

【原文】

惟元祀十有二月乙丑，伊尹祠于先王，奉嗣王祗见厥祖。侯甸群后咸在，百官总己以听冢宰。伊尹乃明言烈祖之成德，以训于王，曰："呜呼！古有夏先后，方懋厥德，罔有天灾，山川鬼神亦莫不宁，暨鸟兽鱼鳖咸若。于其子孙弗率，皇天降灾，假手于我，有命：造攻自鸣条，朕哉自亳。

"惟我商王，布昭圣武，代虐以宽，兆民允怀。今王嗣厥德，罔不在初：立爱惟亲，立敬惟长；始于家邦，终于四海。

"呜呼！先王肇修人纪，从谏弗咈，先民时若。居上克明，为下克忠，与人不求

备，检身若不及，以至于有万邦，兹惟艰哉！敷求哲人，俾辅于尔后嗣。制官刑，儆于有位。曰：'敢有恒舞于宫，酣歌于室，时谓巫风。敢有殉于货色，恒于游畋，时谓淫风。敢有侮圣言，逆忠直，远耆德，比顽童，时谓乱风。惟兹三风十愆，卿士有一于身，家必丧；邦君有一于身，国必亡。臣下不匡，其刑墨。'具训于蒙士。

"呜呼！嗣王祇厥身，念哉！圣谟洋洋，嘉言孔彰。惟上帝不常：作善，降之百祥；作不善，降之百殃。尔惟德罔小，万邦惟庆；尔惟不德罔大，坠厥宗！"

【译文】

太甲元年十二月乙丑日，伊尹祭祀先王，侍奉嗣王恭敬地拜见他的祖先。侯服甸服的诸侯都在祭祀行列，百官率领自己的官员，听从太宰伊尹的命令。伊尹于是明白说明大功之祖成汤的盛德，来教导太甲。

伊尹，选自《历代名臣像解》。

伊尹说："啊！从前夏代的先君，当他勉力施行德政的时候，没有发生天灾，山川的鬼神也没有不安宁的，连同鸟兽鱼鳖各种动物的生长都很顺遂。到了他的子孙不遵循先人的德政，上天降下灾祸，借助于我汤王的手。上天有命，先从夏桀讨伐；我就从亳都执行。我商王宣明德威，用宽和代替暴虐，所以天下兆民相信我、怀念我。现在我王嗣行成汤的美德，不可不考虑开头！行爱于亲人，行敬于长上，从家和国开始，最终推广到天下。

"啊！先王努力讲求做人的纲纪，听从谏言而不违反，顺从前贤的话；处在上位能够明察，为臣下能够尽忠；结交人不求全责备，检点自己好像来不及一样。因此达到拥有万国，这是很难的呀！

"又普求贤智，使他们辅助你们后嗣。制订《官刑》来警戒百官。《官刑》上说：敢有经常在宫中舞蹈、在房中饮酒酣歌的，这叫做巫风。敢有贪求财货女色、经常游乐田猎的，这叫做淫风。敢有轻视圣人教训、拒绝忠直谏戒、疏远年老有德、亲近顽愚童稚的，这叫做乱风。这些三风十过，卿士身上有一种，他的家一定会丧失；国君

身上有一种,他的国一定会灭亡。臣下不匡正君主,其刑罚就是墨刑。这些要详细教导到下士。

"啊!嗣王当以这些教导警戒自身,念念不忘呀!圣谟美好,嘉训很明啊!上帝的眷顾不常在一家,作善事的,就赐给他百福;作不善的,就赐给他百殃。你修德不论多小,天下的人都会感到庆幸;你行不善,不论多大,也会丧失国家。"

太甲上

【原文】

惟嗣王不惠于阿衡,伊尹作书曰:

"先王顾諟天之明命,以承上下神祇,社稷宗庙罔不(祇)〔祗〕肃。天监厥德,用集大命,抚绥万方。惟尹躬克左右厥辟宅师,肆嗣王丕承基绪。惟尹躬先见于西邑夏,自周有终,相亦惟终。其后嗣王罔克有终,相亦罔终。嗣王戒哉!祗尔厥辟,辟不辟,忝厥祖。"

王惟庸,罔念闻。伊尹乃言曰:

"先王昧爽丕显,坐以待旦;旁求俊彦,启迪后人。无越厥命以自覆!

"慎乃俭德,惟怀永图。若虞机张,往省括于度,则释。钦厥止,率乃祖攸行,惟朕以怿,万世有辞。"

王未克变。伊尹曰:"兹乃不义,习与性成。予弗狎于弗顺!营于桐宫,密迩先王其训,无俾世迷。"

王徂桐宫居忧,克终允德。

【译文】

嗣王太甲对伊尹不顺从,伊尹作书给王说:"先王成汤顾念天的明命是正确的,因此供奉上下神祇、宗庙社稷无不恭敬严肃。上天看到汤的善政,因此降下重大使命,使他抚安天下。我伊尹亲身能辅助君主安定人民,所以嗣王就承受了先王的基业。我伊尹亲身先见到西方夏邑的君主,用忠信取得成就,辅相大臣也取得成就;他们的后继王不能取得成就,辅相大臣也没有成就。嗣王要警戒呀!应当敬重你做君主的法则,做君主而不尽君道,将会羞辱自己的祖先。"

王像往常一样不念不闻。伊尹就说:"先王在天将明未明的时刻,就思考国事,坐着等待天明。又遍求俊彦的臣子,开导后人。您不要忘记先祖的教导以自取灭亡。要慎行俭约的美德,怀着长久的计谋。好像虞人张开了弓,还要去察看箭尾与瞄准器才发射一样;您要重视自己的目的,遵行你的祖先的措施!这样我就高兴了,千秋万世

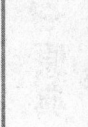

您将会得到美好的声誉。"

太甲未能改变。伊尹对群臣说:"嗣王这样就是不义。习惯将同生性相结合,我不能轻视不顺教导的人。要在桐营造宫室,使他亲近先王的教训,莫让他终身迷误。"

嗣王去桐宫,处在忧伤的环境,能够成就诚信的美德。

太甲中

【原文】

惟三祀十有二月朔,伊尹以冕服奉嗣王归于亳,作书曰:"民非后,罔克胥匡以生;后非民,罔以辟四方。皇天眷佑有商,俾嗣王克终厥德,实万世无疆之休。"

王拜手稽首,曰:"予小子不明于德,自厎不类。欲败度,纵败礼,以速戾于厥躬。天作孽,犹可违;自作孽,不可逭。既往背师保之训,弗克于厥初,尚赖匡救之德,图惟厥终!"

伊尹拜手稽首,曰:"修厥身,允德协于下,惟明后。先王子惠困穷,民服厥命,罔有不悦。并其有邦厥邻,乃曰:'徯我后,后来无罚。'王懋乃德,视乃厥祖,无时豫怠。奉先思孝,接下思恭。视远惟明,听德惟聪。朕承王之休无斁!"

【译文】

三年十三月朔日,伊尹戴着礼帽穿着礼服迎接嗣王太甲回到亳都。作书告王说:"人民没有君主,不能互相匡正而生活;君主没有人民,无法治理四方。上天顾念帮助商家,使嗣王能成就君德,实在是商家万代无疆之美啊!"

嗣王拜跪叩头说:"我小子不明于德行,自己招致不善。多欲就败坏法度,放纵就败坏礼制,因此给自身招来了罪过。上天造成的灾祸,还可回避;自己造成的灾祸,不可逃脱。以前我违背师保的教训,能谋求于开初;还望依靠您的匡救的恩德,谋求我的好结局。"

伊尹跪拜叩头,说:"修治自身,又用诚信的美德和谐臣下,就是明君。先王成汤慈爱穷困的人民,人民服从他的教导,没有不喜悦的。连他的友邦和邻国,也这样说:等待我们的君主吧,我们的君主来了,就没有祸患了。大王要勉力增进你的德行,效法你的烈祖,不可有顷刻的安乐懈怠。事奉先人,当思孝顺;接待臣下,当思恭敬。观察远方要眼明,顺从有德要耳聪。能够这样,我享受王的幸福就会没有止境。"

太甲下

【原文】

伊尹申诰于王，曰："呜呼！惟天无亲，克敬惟亲。民罔常怀，怀于有仁。鬼神无常享，享于克诚。天位艰哉！德惟治，否德乱。与治同道，罔不兴；与乱同事，罔不亡。终始慎厥与，惟明明后。先王惟时懋敬厥德，克配上帝。今王嗣有令绪，尚监兹哉。若升高，必自下；若陟遐，必自迩。无轻民事，惟难。无安厥位，惟危。慎终于始。有言逆于汝心，必求诸道。有言逊于汝志，必求诸非道。呜呼！弗虑胡获？弗为胡成？一人元良，万邦以贞。君罔以辩言乱旧政，臣罔以宠利居成功，邦其永孚于休！"

【译文】

伊尹向王反复告诫说："呀！上天没有经常的亲人，能敬天的天就亲近；人民没有经常归附的君主，他们归附仁爱的君主。鬼神没有经常的享食，享食于能诚信的人。处在天子的位置很不容易呀！

"用有德的人就治，不用有德的人就乱。与治者办法相同，没有不兴盛的；与乱者办法相同，没有不灭亡的。终和始都慎择自己的同事，就是英明的君主。

"先王因此勉力敬修自己的德行，所以能够匹配上帝。现在我王继续享有好的基业，希望看到这一点呀！

"如果升高，一定要从下面开始；如果行远，一定要从近处开始。不要轻视人民的事务，要想到它的难处；不要苟安君位，要想到它的危险。慎终要从开头做起啊！

"有些话不顺你的心意，一定要从道义来考求；有些话顺从你的心意，一定要从不道义来考求。

"啊呀！不思考，怎么收获？不做事，怎么成功？天子大善，天下因此而得正。君主不要使用巧辩扰乱旧政，臣下不要凭仗骄宠和利禄而安居成功。这样，国家将永久保持在美好之中。"

咸有一德

【原文】

伊尹既复政厥辟，将告归，乃陈戒于德，曰：

"呜呼！天难谌，命靡常。常厥德，保厥位。厥德匪常，九有以亡。夏王弗克庸德，慢神虐民。皇天弗保，监于万方，启迪有命，眷求一德，俾作神主。惟尹躬暨汤咸有一德，克享天心，受天明命，以有九有之师，爰革夏正。非天私我有商，惟天佑于一德；非商求于下民，惟民归于一德。德惟一，动罔不吉；德二三，动罔不凶。惟吉凶不僭，在人；惟天降灾祥，在德。

"今嗣王新服厥命，惟新厥德。终始惟一，时乃日新。任官惟贤才，左右惟其人。臣为上为德，为下为民，其难其慎，惟和惟一。德无常师，主善为师。善无常主，协于克一。俾万姓咸曰：'大哉王言。'又曰：'一哉王心。'克绥先王之禄，永底烝民之生。

"呜呼！七世之庙，可以观德。万夫之长，可以观政。后非民，罔使；民非后，罔事。无自广以狭人！匹夫匹妇不获自尽，民主罔与成厥功！"

【译文】

伊尹已经把政权归还给太甲，将要告老回到他的私邑，于是陈述修德的事，告诫太甲。

伊尹说："唉！上天难信，天命无常。经常修德，可以保持君位；修德不能经常，九州因此就会失掉。夏桀不能经常修德，怠慢神明，虐待人民。皇天不安，观察万方，开导佑助天命的人，眷念寻求纯德的君，使他作为百神之主。只有我伊尹自己和成汤都有纯一之德，能合天心，接受上天的明教，因此拥有九州的民众，于是革除了夏王的虐政。这不是上天偏爱我们商家，而是上天佑助纯德的人；不是商家求请于民，而是人民归向纯德的人。德纯一，行动起来无不吉利；德不纯一，行动起来无不凶险。吉和凶不出差错，虽然在人；上天降灾降福，却在于德啊！

"现在嗣王新受天命，要更新自己的德行；始终如一而不间断，这样就会日新。任命官吏当用贤才，任用左右大臣当用忠良。大臣协助君上施行德政，协助下属治理人民；对他们要重视，要慎重，当和谐，当专一。德没有不变之法，要以主善为法；善没有不变的准则，要协合于能一。要使万姓都说：君王的话，重要呀！又说：纯一野！君王的心。这样，就能安享先王的福禄，长久安定众民的生活。

"啊呀！供奉七世祖先的宗庙，可以看到功德；万夫的首长，可以看到行政才能。

君主没有人民就无人任用，人民没有君主就无处尽力。不可自大而小视人，平民百姓如果不得各尽其力；人君就没有人跟他建立功业。"

盘庚上

【原文】

盘庚迁于殷。民不适有居。率吁众戚出矢言。曰："我王来，既爰宅于兹，重我民，无尽刘。不能胥匡以生，卜稽曰其如台？先王有服，恪谨天命，兹犹不常宁；不常厥邑，于今五邦。今不承于古，罔知天之断命，矧曰其克从先王之烈！若颠木之有由蘖，天其永我命于兹新邑，绍复先王之大业，厎绥四方。"盘庚敩于民由乃在位，以常旧服正法度。曰："无或敢伏小人之攸箴！"

王命众悉至于庭。王若曰："格汝众，予告汝训汝，猷黜乃心，无傲从康。古我先王亦惟图任旧人共政。王播告之，修不匿厥指，王用丕钦；罔有逸言，民用丕变。今汝聒聒，起信险肤，予弗知乃所讼！"非予自荒兹德，惟汝含德，不惕予一人。予若观火，予亦拙谋作乃逸。""若网在纲，有条而不紊。若农服田力穑，乃亦有秋。汝克黜乃心，施实德于民，至于婚友，丕乃敢大言，汝有积德。乃不畏戎毒于远迩，惰农自安，不昏作劳，不服田亩，越其罔有黍稷。汝不和吉言于百姓，惟汝自生毒，乃败祸奸宄，以自灾于厥身。乃既先恶于民，乃奉其恫，汝悔身何及！相时憸民，犹胥顾于箴言，其发有逸口；矧予制乃短长之命！汝曷弗告朕而胥动以浮言，恐沉于众？若火之燎于原，不可向迩，其犹可扑灭。则惟汝众自作弗靖，非予有咎！

盘庚迁殷

迟任有言曰：'人惟求旧；器非求旧，惟新。'古我先王暨乃祖乃父胥及逸勤，予敢动用非罚？世选尔劳，予不掩尔善。兹予大享于先王，尔祖其从与享之。作福、作灾，予亦不敢动用非德。

予告汝于难，若射之有志。汝无侮老成人，无弱孤有幼。各长于厥居，勉出乃力，听予一人之作猷。无有远迩，用罪伐厥死，用德彰厥善。邦之臧，惟汝众；邦之不臧，

惟予一人有佚罚。""凡尔众，其惟致告：自今至于后日，各共尔事，齐乃位，度乃口。罚及尔身，弗可悔。"

【译文】

　　盘庚将把都城迁到殷。臣民不愿往那个处所，相率呼吁一些贵戚大臣出来，向他们陈述意见。臣民说："我们的君王迁来，既已改居在这里，是看重我们臣民，不使我们受到伤害。现在我们不能互相救助，以求生存，用龟卜稽考一下，将怎么样呢？先王有事，敬慎地遵从天命。这里还不能长久安宁吗？不能长久住在一个地方，到现在已经迁徙五个国都了！现在不继承先王敬慎天命的传统，就不知道老天将断绝我们的命运，更何况说能继承先王的事业呢？好像倒伏的树又长出了新枝、被砍伐的残余又发出嫩芽一样，老天将使我们的国运在这个新都奄邑延续下去，继续复兴先王的大业，安定天下。"

　　盘庚开导臣民，又教导在位的大臣遵守旧制、正视法度。他说："不要有人敢于凭借小民的谏诫，反对迁都！"于是，王命令众人，都来到朝廷。

　　王这样说："来吧，你们各位，我要告诉你们，开导你们。可克制你们的私心，不要傲上求安。从前我们的先王，也只是谋求任用旧臣共同管理政事。施行先王的教令，他们不隐瞒教令的旨意，先王因此敬重他们。他们没有错误的言论，百姓们因此也大变了。现在你们拒绝我的好意，自以为是，起来申说危害虚浮的言论，我不知道你们争辩的意图。

　　"并不是我自己放弃了任用旧人的美德，而是你们包藏好意而不施给我。我对当前形势像看火一样地清楚，我如果又不善于谋划和行动，那就错了。好像把网结在纲上，才能有条理而不紊乱；好像农民从事田间劳动，努力耕种，才会大有收成。你们能克制私心，把实际的好处施给百姓，以至于亲戚朋友，于是才敢扬言你们有积德，如果你们不怕远近会出现大灾害，像懒惰的农民一样自求安逸，不努力操劳，不从事田间劳动，就会没有黍稷。

　　"你们不向老百姓宣布我的善言，这是你们自生祸害，即将发生灾祸邪恶，而自己害自己。假若已经引导人们做了坏事，而又承受那些痛苦，你们悔恨自己又怎么来得及？看看这些小人吧，他们尚且顾及规劝的话，顾及发出错误言论，何况我掌握着你们或短或长的生命呢？你们为什么不告诉我，却用些无稽之谈互相鼓动，恐吓煽动民众呢？好像大火在原野上燃烧一样，不能面向，不能接近，还能够扑灭吗？这都是你们众人自己做了不好的事，不是我有过错。

　　"迟任说过：'人要寻求旧的，器物不要寻求旧的，要新。'过去我们的先王同你们的祖辈父辈共同勤劳，共享安乐，我怎么敢对你们施行不恰当的刑罚呢？世世代代都会说到你们的功劳，我不会掩盖你们的好处。现在我要祭祀我们的先王，你们的祖先也将跟着享受祭祀。赐福降灾，我也不敢动用不恰当的赏赐或惩罚。

　　"我在患难的时候告诉你们，要像射箭有箭靶一样，你们不能偏离我。你们不要轻

视成年人，也不要看不起年幼的人。你们各人领导着自己的封地，要努力使出你们的力量，听从我一人的所作所谋。没有远和近的分别，我用刑罚惩处那些坏的，用赏赐表彰那些好的。国家治理得好，是你们众人的功劳；国家治理得不好，是我有过有罪。

"你们众人，要思考我告诫的话：从今以后，各人履行你们的职务，摆正你们的职位，闭上你们的口，不许乱说。否则，惩罚到你们身上，后悔也不可能啊！"

盘庚中

【原文】

盘庚作，惟涉河以民迁，乃话民之弗率，诞告用亶。其有众咸造，勿亵在王庭。盘庚乃登进厥民，曰："明听朕言，无荒失朕命！呜呼！古我前后罔不惟民之承保，后胥戚鲜，以不浮于天时。殷降大虐，先王不怀厥攸作，视民利用迁。汝曷弗念我古后之闻？承汝俾汝，惟喜康共；非汝有咎，比于罚。予若吁怀兹新邑，亦惟汝故，以丕从厥志。今予将试以汝迁，安定厥邦。汝不忧朕心之攸困，乃咸大不宣，乃心钦，念以忧动予一人。尔惟自鞠自苦！若乘舟，汝弗济，臭厥载。尔沉不属，惟胥以沉。不其或稽，自怒曷瘳？汝不谋长，以思乃灾，汝诞劝忧。今其有今罔后，汝何生在上！今予命汝，一无起秽以自臭，恐人倚乃身，迁乃心。

予迓续乃命于天，予岂汝威！用奉畜汝众。"予念我先神后之劳尔先。予丕克羞尔，用怀尔。然！失于政，陈于兹，高后丕乃崇降罪疾，曰：'曷虐朕民？'汝万民乃不生生，暨予一人猷同心，先后丕降与汝罪疾，曰：'曷不暨朕幼孙有比，故有爽德？'自上其罚汝，汝罔能迪。"古我先后既劳乃祖乃父，汝共作我畜民。汝有戕则在乃心，我先后绥乃祖乃父；乃祖乃父乃断弃汝，不救乃死！兹予有乱政同位，具乃贝玉。乃祖乃父丕乃告我高后曰：'作丕刑于朕孙！'迪高后丕乃崇降弗祥！

呜呼！今予告汝不易！永敬大恤，无胥绝远！汝分猷念以相从，各设中于乃心！乃有不吉不迪，颠越不共，暂遇奸宄，我乃劓殄灭之，无遗育，无俾易种于兹新邑！往哉，生生！今予将试以汝迁，永建乃家。"

【译文】

盘庚做了君主以后，计划渡过黄河带领臣民迁移。于是，集合了那些不服从的臣民，用至诚普告他们。那些臣民都来了，还没有靠近王庭。盘庚于是登上高处，招呼他们靠前一些。

盘庚说："你们要听清楚我的话，不要忽视我的命令！啊！从前我们的先王，没有谁不想顺承和安定人民。君王清楚大臣也明白，因此没有被天灾所惩罚。从前上天盛

降大灾，先王不安于自己所作的都邑，考察臣民的利益而迁徙。你们为什么不想想我们先王的这些传闻呢？我顺从你们喜欢安乐和稳定的心愿，反对你们有灾难而陷入刑罚。我若呼吁你们安居在这个新都，也是关心你们的祸灾，并且永遵先王的意愿吗？

"现在我打算率领你们迁移，使国家安定。你们不忧虑我内心的困苦，你们的心竟然都很不和顺，很想用些不正确的话来动摇我。你们自己搞得走投无路，自寻烦恼，譬如坐在船上，你们不渡过去，这将会坏事。你们诚心不合作，那就只有一起沉下去。不能前进，只是自己怨怒，又有什么好处呢？你们不作长久打算，不想想灾害，你们普遍安于忧患。这样下去，将会有今天而没有明天了，你们怎么能生活在这个地面上呢？

"现在我命令你们同心同德，不要传播谣言来败坏自己，恐怕有人会使你们的身子不正，使你们心地歪邪。我向上天劝说延续你们的生命，我哪里是要虐待你们啊，我是要帮助你们、养育你们众人。

"我想到我们神圣的先王曾经烦劳你们祖先，我不能使你们前进以安定你们，而耽误政事，长久居住在这里，先王就会重重地降下罪疾，问道：'为什么虐待我的臣民？'你们万民如果不去谋生，不和我同心同德，先王也会对你们降下罪责，问道：'为什么不同我的幼孙亲近友好？'因此，有了过错，上天就将惩罚你们，你们不能长久。

"从前我们的先王已经烦劳你们的祖先和父辈，你们都作为我养育的臣民，你们内心却又怀着恶念！我们的先王将会告诉你们的祖先和父辈，你们的祖先和父辈就会断然抛弃你们，不会挽救你们的死亡。现在我有乱事的大臣，聚集财物。你们的祖先和父辈于是就会告诉我们的先王说：'对我们的子孙用大刑吧！'于是，先王就会重重地降下刑罚。

"啊！现在我告诉你们：不要轻举妄动！要永远警惕大的忧患，不要互相疏远！你们应当考虑顺从我，各人心里都要和善善。假如有人不善良，不走正道，违法不恭，欺诈奸邪，胡作非为，我就要断绝消灭他们，不留他们的后代，不让他们在这个新国都里延续种族。

"去吧，去谋生吧！现在我将率领你们迁徙，永久建立你们的家园。"

盘庚下

【原文】

盘庚既迁，奠厥攸居。乃正厥位。绥爰有众，曰："无戏怠，懋建大命！今予其敷心腹肾肠，历告尔百姓：于朕志，罔罪尔众，尔无共怒，协比谗言予一人。

古我先王将多于前功，适于山用降我凶，德嘉绩于朕邦。今我民用荡析离居，罔有定极。尔谓朕：'曷震动万民以迁？'肆上帝将复我高祖之德，乱越我家，朕及笃敬

共承民命，用永地于新邑。肆予冲人，非废厥谋，吊由灵各；非敢违卜，用宏兹贲。

呜呼！邦伯、师长、百执事之人，尚皆隐哉！予其懋简相尔，念敬我众。朕不肩好货，敢共生生，鞠人谋人之保居叙钦。今我既羞告尔，于朕志若否，罔有弗钦。无总于货宝，生生自庸。式敷民德，永肩一心。"

【译文】

盘庚迁都以后，定好住的地方，才决定宗庙朝廷的位置，然后告诫众人。

盘庚说："不要戏乐、懒惰，努力传达我的教命吧！现在我将披肝沥胆把我的意思告诉你们各位官员。我不会惩罚你们众人，你们也不要共同发怒，联合起来，毁谤我一个人。

"从前我们的先王想光大前人的功业，迁往山地。因此减少了洪水给我们的灾祸，在我国获得了好效果。现在我们的臣民由于洪水动荡奔腾而流离失所，没有固定的住处，你们反而问我为什么要惊动众人而迁徙！现在上帝要兴复我们高祖的美德，光大我们的国家。我急切、笃实、恭谨，奉命延续你们的生命，率领你们长远居住在新都。所以我这个年轻人，不是废弃你们的谋划，是要善于遵行上帝的考虑；不是敢于违背卜兆，是要发扬光大上帝这一美好的指示。

"啊！各位诸侯、各位官长以及全体官员，你们都要考虑考虑啊！我将要尽力考察你们惦念尊重我民众的情况。我不会任用贪财的人，只任用经营民生的人。对于那些能养育民众并能谋求他们安居的人，我将依次敬重他们。现在我已经把我心里的好恶告诉你们了，不要有不敬慎的！不要聚敛财宝，要经营民生以自立功勋！应当把恩惠施给民众，永远能够与我同心！"

说命上

【原文】

王宅忧亮阴，三祀。既免丧，其惟弗言。

群臣咸谏于王曰："呜呼！知之曰明哲，明哲实作则。天子惟君万邦，百官承式。王言惟作命，不言，臣下罔攸禀令。"

王庸作书以诰，曰："以台正于四方，惟恐德弗类，兹故弗言，恭默思道。梦帝赉予良弼，其代予言。"

乃审厥象，俾以形旁求于天下。说筑傅岩之野，惟肖；爰立作相。王置诸其左右，命之曰："朝夕纳诲，以辅台德。若金，用汝作砺；若济巨川，用汝作舟楫；若岁大旱，用汝作霖雨。启乃心，沃朕心。若药弗瞑眩，厥疾弗瘳；若跣弗视地，厥足用伤。

惟暨乃僚，罔不同心以匡乃辟，俾率先王，迪我高后，以康兆民。呜呼！钦予时命，其惟有终！"

说复于王，曰："惟木从绳则正，后从谏则圣。后克圣，臣不命，其承；畴敢不祇若王之休命？"

【译文】

高宗居父丧，信任冢宰默默不言，已经三年。免丧以后，他还是不论政事。群臣都向王进谏说："啊！通晓事理的叫做明哲，明哲的人实可制作法则。天子统治万邦。百官承受法式。王的话就是教命，王不说，臣下就无从接受教命。"

王因作书告谕群臣说："要我做四方的表率，我惟恐德行不好，所以不发言。我恭敬沉默思考治国的办法，梦见上帝赐给我贤良的辅佐，他将代替我发言。"于是详细画出了他的形象，使人拿着图像到天下普遍寻找。傅说在傅岩之野筑土，同图像相似。于是立他为相，王把他设置在左右。

王命令他说："请早晚进谏，以帮助我修德吧！比如铁器，要用你作磨石；比如渡大河，要用你作船和桨；比如年岁大旱，要用你作霖雨。敞开你的心泉来灌溉我的心吧！比如药物不猛烈，疾病就不

傅说，选自《历代名臣像解》，说一作兑，商朝贤臣。

会好，比如赤脚而不看路，脚因此会受伤。希望你和你的同僚，无不同心来匡正你的君主，使我依从先王，追随成汤，来安定天下的人民。

"啊！重视我的这个命令，要考虑取得成功！"

傅说向王答复说："木依从绳墨砍削就会正直，君主依从谏言行事就会圣明。君主能够圣明受谏，臣下不待教命犹将承意进谏，谁敢不恭敬顺从我王的美好教导呢？"

说命中

【原文】

惟说命总百官，乃进于王曰：

"呜呼！明王奉若天道，建邦设都，树后王君公，承以大夫师长，不惟逸豫，惟以乱民。

"惟天聪明，惟圣时宪，惟臣钦若，惟民从乂。

"惟口起羞，惟甲胄起戎，惟衣裳在笥，惟干戈省厥躬。王惟戒兹，允兹克明，乃罔不休。

"惟治乱在庶官。官不及私昵，惟其能；爵罔及恶德，惟其贤。

"虑善以动，动惟厥时。

"有其善，丧厥善；矜其能，丧厥功。

"惟事事，乃其有备，有备无患。

"无启宠、纳侮，无耻过、作非。惟厥攸居，政事惟醇。

"黩于祭祀，时谓弗钦。礼烦则乱，事神则难。"

王曰："旨哉，说！乃言惟服。乃不良于言，予罔闻于行。"

说拜稽首，曰："非知之艰，行之惟艰。王忱不艰，允协于先王成德，惟说不言，有厥咎。"

【译文】

傅说接受王命总理百官，于是向王进言说："啊！古代明王承顺天道，建立邦国，设置都城，树立侯王君公，又以大夫众长辅佐他们，这不是为了逸乐，而是用来治理人民。上天聪明公正，圣主效法它，臣下敬顺它，人民就顺从治理了。号令轻出会引起羞辱；甲胄轻用会引起战争；衣裳放在箱子里不用来奖励，会损害自己；干戈藏在府库里不用来讨伐，会伤害自身。王应该警戒这些！这些真能明白，政治就无不美好了。

"治和乱在于众官。官职不可授予亲近者，当授予那些能者；爵位不可赐给坏人，当赐给那些贤人。考虑妥善而后行动，行动当适合它的时机。夸自己美好，就会失掉其美好；夸自己能干，就会失去其事功。做事情，就要有准备，有准备才没有后患，不要开宠幸的途径而受侮辱；不要以改过为耻而形成大非。这样思考所担任的事，政事就不会杂乱。

"轻慢对待祭祀，这叫不敬。礼神烦琐就会乱，这样，事奉鬼神就难了。"

王说："好呀！傅说，你的话应当实行。你如果不善于进言，我就不能勉力去做了。"

傅说跪拜叩头，说道："不是知道它艰难，而是实行它艰难。王诚心不以实行为难，就真合于先王的盛德；我傅说如果不说，就有罪过了。"

说命下

【原文】

　　王曰："来，汝说！台小子旧学于甘盘，既乃遯于荒野，入宅于河。自河徂亳，暨厥终罔显。尔惟训于朕志。若作酒醴，尔惟麹糵；若作和羹，尔惟盐梅。尔交修予，罔予弃。予惟克迈乃训。"

　　说曰："王！人求多闻，时惟建事。学于古训，乃有获。事不师古以克永世，匪说攸闻。惟学逊志，务时敏，厥修乃来。允怀于兹，道积于厥躬。惟敩学半，念终始典于学，厥德修，罔觉。监于先王成宪，其永无愆。惟说式克钦承，旁招俊乂，列于庶位。"

　　王曰："呜呼！说！四海之内，咸仰朕德，时乃风。股肱惟人，良臣惟圣。昔先正保衡作我先王，乃曰：'予弗克俾厥后惟尧舜。'其心愧耻，若挞于市。一夫不获，则曰'时予之辜'。佑我烈祖，格于皇天。尔尚明保予，罔俾阿衡专美有商。惟后非贤不乂，惟贤非后不食。其尔克绍乃辟于先王，永绥民！"

　　说拜稽首，曰："敢对扬天子之休命！"

【译文】

　　王说："来呀！你傅说。我旧时候向甘盘学习过，不久就出巡到荒野，入居于河洲，又从河洲回到亳都，到后来学习没有显著进展。你当顺从我想学的志愿，比如作甜酒，你就做曲糵；比如作羹汤，你就做盐和梅。你要多方指正我，不要抛弃我；我当能够履行你的教导。"

　　傅说说："王！人们要求增多知识，这是想建立事业。要学习古训，才会有得；建立事业不效法古训，而能长治久安的，这不是我傅说所知道的。学习要心志谦逊，务必时刻努力，所学才能增长。相信和记住这些，治道在自己身上将积累增多。教人是学习的一半，想到终和始常在于学习，道德的增长就会不知不觉了。借鉴先王的成法，将永久没有失误，我傅说因此能够敬承你的意旨，广求贤俊，把他们安排在各种职位上。"

　　王说："啊！傅说。天下的人都敬仰我的德行，是你的教化所致。手足完备就是成人，良臣具备就是圣君。从前先正伊尹使我的先王兴起，他这样说：我不能使我的君王做尧舜，我心惭愧耻辱，好比在闹市受到鞭打一样。一人不得其所，他就说：这是我的罪过。他辅助我的烈祖成汤受到皇天赞美。你要勉力扶持我，不要让伊尹专美于我商家！君主得不到贤人就不会治理，贤人得不到君主就不会被录用。你要能让你的

君主继承先王,长久安定人民。"

傅说跪拜叩头,说:"请让我报答宣扬天子的美好教导!"

高宗肜日

【原文】

高宗肜日,越有雊雉。

祖己曰:"惟先格王,正厥事。"乃训于王曰:"惟天监下民,典厥义。降年有永有不永。非天夭民,民中绝命,民有不若德,不听罪。天既孚命正厥德,乃曰其如台!呜呼!王司敬民,罔非天胤,典祀无丰于昵。"

【译文】

又祭高宗的那一天,有一只野鸡在鼎耳上鸣叫。祖己说:"要先宽解君王的心,然后纠正他祭祀的事。"于是开导祖庚。

祖己说:"上天监视下民,赞美他们合宜行事。上天赐给人的年寿有长有短,并不是上天使人夭折,而是有些人自己断绝自己的性命。有些人有不好的品德,有不顺从天意的罪过。上天已经发出命令纠正他们的品德,可有人竟然说能把我怎么样呢?"

"啊!先王继承帝位被百姓敬重,无非都是老天的后代,常祭的时候,近亲中的祭品不要过于丰厚啦!"

姬昌,选自《历代古人像赞》。

西伯戡黎

【原文】

西伯既戡黎，祖伊恐，奔告于王曰："天子！天既讫我殷命，格人元龟，罔敢知吉。非先王不相我后人，惟王淫戏用自绝，故天弃我，不有康食，不虞天性，不迪率典。今我民罔弗欲丧，曰：'天曷不降威！'大命不挚，今王其如台？"

王曰："呜呼！我生不有命在天？"

祖伊反，曰："呜呼！乃罪多参在上，乃能责命于天？殷之即丧，指乃功，不无戮于尔邦！"

【译文】

周文王打败了黎国以后，祖伊恐慌，跑来告诉纣王。

祖伊说："天子，天意恐怕要终止我们殷商的国运了！贤人和神龟都不能觉察出吉兆。不是先王不扶助我们后人，而是大王淫荡嬉戏自绝于天。所以上天将抛弃我们，不让我们得到糟糠之食。大王不揣度天性，不遵循法律。如今百姓没有谁不希望大王灭亡，他们说：'老天为什么不降威罚呢？'天命不再归向我们了，现在大王将要怎么办呢？"

纣王说："啊哈！我的一生不有福命在天吗？"

祖伊反驳说："唉！您的过失很多，又懒惰懈怠，高高在上，难道还能向上天祈求福命吗？殷商行将灭亡，要指示它的政事，不可不为您的国家努力啊！"

微子

【原文】

微子若曰："太师、少师，殷其弗或乱正四方！我祖厎遂陈于上，我用沉酗于酒，用乱败厥德于下。殷罔不小大好草窃奸宄。卿士师师非度。凡有辜罪，乃罔恒获。小民方兴，相为敌雠。今殷其沦丧，若涉大水，其无津涯。殷遂丧越至于今？"

曰："太师、少师，我其发出狂？吾家耄逊于荒，今尔无指告予？颠隮若之何其？"

太师若曰："王子！天毒降灾荒殷邦，方兴沉酗于酒；乃罔畏畏，咈其耇长旧有位

人。今殷民乃攘窃神祇之牺牷用，以容将食无灾。降监殷民，用乂雠敛，召敌雠不怠。罪合于一，多瘠罔诏。商今其有灾，我兴受其败；商其沦丧，我罔为臣仆。诏王子出，迪我旧云刻子。王子弗出，我乃颠隮。自靖！人自献于先王。我不顾行遁！"

【译文】

微子这样说："太师、少师！殷商恐怕不能治理好天下了。我们的先祖成汤制定了常法在先，而纣王沉醉在酒中，因淫乱而败坏成汤的美德在后。殷商的大小臣民无不喜爱抢夺偷盗、犯法作乱，官员们都违反法度。凡是有罪的人，竟不用常法，小百姓一齐起来，同我们结成仇敌。现在殷商恐怕要灭亡了，就好像要渡过大河，几乎找不到渡口和河岸。殷商法度丧亡，竟到了这个地步！"

微子又说："太师、少师，我将被废弃而出亡在外呢？还是住在家中安然避居荒野呢？现在你们不指点我，我殷商就会灭亡，怎么办啊？"

太师这样说："王子！老天重降大灾空虚了我们殷商，而君臣都喜沉醉在酒中，却不惧怕老天的威力，违背年高德劭的旧时大臣。现在，臣民竟然偷盗祭祀天地神灵的牺牲和祭器，把它们藏起来，或是饲养，或是吃掉，都没有罪。再向下看看殷民，他们用杀戮和重刑横征暴敛，招致民怨也不放宽。罪人聚合在一起，众多的受害者无处申诉。

"殷商现在或许会有灾祸呢，我们起来承受灾难；殷商或许会灭亡呢，我不做敌人的奴隶。我劝告王子出去，我早就说过，箕子和王子不出去，我们殷商就会灭亡。自己拿定主意吧！人人各自去对先王作出贡献，我不再顾虑了，将要出走。"

微子，选自《历代名臣像解》。

周书

泰誓上

【原文】

惟十有三年春，大会于孟津。王曰：

"嗟！我友邦冢君越我御事、庶士，明听誓。

"惟天地万物父母，惟人万物之灵，亶聪明作元后，元后作民父母。今商王受弗敬上天，降灾下民，沈湎冒色，敢行暴虐；罪人以族，官人以世；惟宫室、台榭、陂池、侈服，以残害于尔万姓；焚炙忠良，刳剔孕妇。皇天震怒，命我文考肃将天威，大勋未集。肆予小子发以尔友邦冢君，观政于商。惟受罔有悛心，乃夷居，弗事上帝神（祇）〔祇〕，遗厥先宗庙弗祀，牺牲粢盛既于凶盗，乃曰'吾有民有命'，罔惩其侮。

"天佑下民，作之君，作之师，惟其克相上帝，宠绥四方。有罪无罪，予曷敢有越厥志？'同力度德，同德度义。'受有臣亿万，惟亿万心。予有臣三千，惟一心。商罪贯盈，天命诛之。予弗顺天，厥罪惟钧。予小子夙夜祇惧，受命文考，类于上帝，宜于冢土，以尔有众厎天之罚。天矜于民，民之所欲天必从之。尔尚弼予一人，永清四海，时哉弗可失！"

【译文】

周武王十三年春天，诸侯大会于孟津。

武王说："啊！我的友邦大君和我的治事大臣、众士们，请清楚地听取我的誓言。天地是万物的父母，人是万物中的灵秀。真聪明的人就做大君，大君做人民的父母。现在商王纣不尊敬上天，降祸灾给下民。他嗜酒贪色，敢于施行暴虐，用灭族的严刑惩罚人，凭世袭的方法任用人。富室呀，台榭呀，陂池呀，奢侈的衣服呀，他用这些东西来残害你们万姓人民。他烧杀忠良，解剖孕妇。皇天动了怒，命令我的文考文王严肃进行上天的惩罚，可惜大功没有完成。从前我小子姬发和你们友邦大君到商邦考察政治，商纣没有悔改的心，他竟然傲慢不恭，不祭祀上帝神祇，遗弃他的祖先宗庙

而不祭祀。牺牲和粢盛等祭物，也被凶恶盗窃的人吃尽了。他却说：'我有人民有天命！'不改变他侮慢的心意。

"上天帮助下民，为人民建立君主和师长，应当能够辅助上帝，爱护和安定天下。对待有罪和无罪的人，我怎么敢违反上天的意志呢？力量相同就衡量德，德相同就衡量义。商纣有臣亿万，是亿万条心；我有臣子三千，只是一条心。商纣的罪恶，像穿物的串子已经穿满了，上天命令我讨伐他；我如果不顺从上天，我的罪恶就会跟商纣相等。

"我小子早夜敬慎忧惧。在文考庙接受了伐商的命令，我又祭告上帝，祭祀大社，于是率领你们众位，进行上天的惩罚。上天怜悯人民，人民的愿望，上天一定会依从的。你们辅助我吧！要使四海之内永远清明。这个时机啊，不可失去呀！"

泰誓中

【原文】

惟戊午，王次于河朔，群后以师毕会。王乃徇师而誓，曰：

"呜呼！西土有众，咸听朕言！我闻吉人为善，惟日不足；凶人为不善，亦惟日不足。今商王受力行无度，播弃犁老，昵比罪人，淫酗肆虐；臣下化之，朋家作仇，胁权相灭；无辜吁天，秽德彰闻。惟天惠民，惟辟奉天。有夏桀弗克若天，流毒下国，天乃佑命成汤降黜夏命。惟受罪浮于桀，剥丧元良，贼虐谏辅，谓己有天命，谓敬不足行，谓祭无益，谓暴无伤。厥鉴惟不远，在彼夏王。天其以予乂民！朕梦协朕卜，袭于休祥，戎商必克。受有亿兆夷人，离心离德；予有乱（臣）十人，同心同德。虽有周亲，不如仁人。天视自我民视，天听自我民听。百姓有过，在予一人。今朕必往！

"我武惟扬，侵于之疆。取彼凶残，我伐用张。于汤有光！

"勖哉夫子！罔或无畏，宁执非敌。百姓懔懔，若崩厥角。呜呼！乃一德一心，立定厥功，惟克永世！"

【译文】

一月二十八日戊午，周武王驻兵在黄河之北，诸侯率领他们的军队都会合了。武王于是巡视军队并且告诫他们。

武王说："啊！西方各位诸侯，请都听我的话。我听说好人做好事，整天地做还是时间不够；坏人做坏事，也是整天地做还是时间不够。现在商王纣，力行不合法度的事，放弃年老的大臣，亲近有罪的人，过度嗜酒，放肆暴虐。臣下也受到他的影响，各结朋党，互为仇敌；挟持权柄，互相诛杀。无罪的人呼天告冤，秽恶的行为公开传

闻。

"上天惠爱人民，君主尊奉上天。夏桀不能顺从天意，流毒于天下。上天于是佑助和命令成汤，使他降下废黜夏桀的命令。纣的罪恶超过了夏桀，他伤害善良的大臣，杀戮谏争的辅佐，说自己有天命，说敬天不值得实行，说祭祀没有益处，说暴虐没有害处。他的鉴戒并不远，就在夏桀身上。上天该使我治理人民，我的梦符合我的卜兆，吉庆重叠出现，讨伐商国一定会胜利。商纣有亿兆平民，都离心离德；我有拨乱的大臣十人，都同心同德。纣虽有至亲的臣子，比不上我周家的仁人。

"上天的看法，出自我们人民的看法，上天的听闻，出自我们人民的听闻。老百姓对我有所责难，今天我一定要前往讨伐。

"我们的武力要发扬，要攻到商国的疆土上，捉到那些豺狼；我们的讨伐要进行，这比成汤的事业还辉煌！

"努力吧！将士们。不可出现不威武的情况，宁愿你们保持没有对手的思想。百姓危惧不安，他们向我们叩头就像山崩一样呀！啊！你们一心一德建功立业，就能够长久安定人民。"

泰誓下

【原文】

时厥明，王乃大巡六师，明誓众士。王曰：

"呜呼！我西土君子：天有显道，厥类惟彰。今商王受狎侮五常，荒怠弗敬；自绝于天，结怨于民；斮朝涉之胫，剖贤人之心；作威杀戮，毒痛四海；崇信奸回，放黜师保；屏弃典刑，囚奴正士；郊社不修，宗庙不享；作奇技淫巧以悦妇人。上帝弗顺，祝降时丧。尔其孜孜，奉予一人，恭行天罚。

"古人有言曰：'抚我则后，虐我则雠。'独夫受洪惟作威，乃汝世雠。'树德务滋，除恶务本。'肆予小子，诞以尔众士殄歼乃雠。尔众士其尚迪果毅，以登乃辟。功多有厚赏，不迪有显戮。

"呜呼！惟我文考若日月之照临，光于四方，显于西土。惟我有周诞，受多方。予克受，非予武，惟朕文考无罪；受克予，非朕文考有罪，惟予小子无良。"

【译文】

时间是戊午的明天，周武王大规模巡视六军，明告众将士。

王说："啊！我们西方的将士。上天有明显的常理，它的法则应当显扬。现在商王纣轻慢五常，荒废怠惰无所敬畏，自己弃绝于上天，结怨于人民。斫掉冬天清晨涉水

者的脚胫，剖开贤人的心，作威作恶，杀戮无罪的人，毒害天下。崇信奸邪的人，逐退师保大臣，废除常法，囚禁和奴役正士。祭天祭社的大礼不举行，宗庙也不享祀。造作奇技荒淫新巧的事物来取悦妇人。上帝不依，断然降下这种丧亡的诛罚。你们要努力帮助我，奉行上天的惩罚！

"古人有言说：'抚爱我的就是君主，虐待我的就是仇敌。'独夫商纣大行威虐，是你们的大仇。建立美德务求滋长，去掉邪恶务求除根，所以我小子率领你们众将士去歼灭你们的仇人。你们众将士要用果敢坚毅的精神来成就你们的君主！功劳多的将有重赏，不用命的将有明显的惩罚。

"啊！我文考文王的明德，像日月的照临一样，光被于四方，彰明在西土，因此我们周国广泛亲近了众方诸侯。这次如果我战胜了纣，不是我勇武，是因为我文考没有过失；如果纣战胜了我，不是我文考有过失，是因为我这小子不好。"

牧誓

【原文】

时甲子昧爽，王朝至于商郊牧野，乃誓。王左杖黄钺，右秉白旄以麾曰："逖矣！西土之人！"王曰："嗟！我有邦冢君、御事、司徒、司马、司空、亚旅、师氏、千夫长、百夫长，及庸、蜀、羌、髳、微、卢、彭、濮人，称尔戈，比尔干，立尔矛，予其誓。"

王曰："古人有言曰：'牝鸡无晨；牝鸡之晨，惟家之索。'今商王受惟妇言是用，昏弃厥肆祀弗答，昏弃厥遗王父母弟不迪；乃惟四方之多罪逋逃是崇、是长、是信、是使，是以为大夫卿士，俾暴虐于百姓，以奸宄于商邑。

今予发，惟共行天之罚。今日之事，不愆于六步、七步，乃止齐焉。夫子勖哉！不愆于四伐、五伐、六伐、七伐，乃止，齐焉。勖哉夫子！尚桓桓如虎、如貔、如熊、如罴，于商郊弗御克奔，以役西土。勖哉夫子！尔所弗勖，其于尔躬有戮！"

【译文】

在甲子日的黎明时刻，周武王率领军队来到商国都城郊外的牧野，于是誓师。武王左手拿着黄色大斧，右手拿着白色旄牛尾指挥，说："远劳了，西方的人们！"武王说："啊！我们友邦的国君和办事的大臣，司徒、司马、司空、亚旅、师氏、千夫长、百夫长，以及庸、蜀、羌、髳、微、卢、彭、濮的人们，举起你们的戈，排列好你们的盾，竖起你们的矛，我要宣誓了。"

武王说："古人有话说：'母鸡没有早晨啼叫的；如果母鸡在早晨啼叫，这个人家

商周牧野之战作战经过示意图

就会衰落。'现在商王纣只是听信妇人的话，轻视对祖宗的祭祀不问，轻视并遗弃他的同祖的兄弟不用。竟然只对四方重罪逃亡的人，就推崇，就尊敬，就信任，就使用，用他们做大夫、卿士的官。使他们残暴老百姓，在商国作乱。现在，我姬发奉行老天的惩罚。今天的战事，行军时，不超过六步、七步，就要停下来整齐一下。将士们，要努力啊！刺击时，不超过四次、五次、六次、七次，就要停下来整齐一下。努力吧，将士们！希望你们威武雄壮，像虎、貔、熊、罴一样，前往商都的郊外。不要禁止能够跑来投降的人，以便帮助我们周国。努力吧。将士们！你们如果不努力，对你们自身就会有惩罚！"

武成

【原文】

惟一月壬辰旁死魄，越翼日癸巳，王朝步自周，于征伐商。（厥四月哉生明，王来自商，至于丰。乃偃武修文，归马于华山之阳，放牛于桃林之野，示天下弗服。丁未祀于周庙，邦甸侯卫骏奔走，执豆笾；越三日庚戌，柴望，大告武成。既生魄，庶邦冢君暨百工受命于周。王若曰："呜呼，群后！惟先王建邦启土，公刘克笃前烈，至于大王肇基王迹，王季其勤王家。我文考文王克成厥勋，诞膺天命，以抚方夏；大邦畏

其力，小邦怀其德；惟九年，大统未集。予小子其承厥志。"）

底商之罪，告于皇天后土、所过名山大川，曰："惟有道曾孙周王发，将有大正于商。今商王受无道，暴殄天物，害虐烝民，为天下逋逃主、萃渊薮。予小子既获仁人，敢祗承上帝以遏乱略，华夏蛮貊罔不率俾。（恭天成命，肆予东征，绥厥士女。惟其士女，篚厥玄黄，昭我周王。天休震动，用附我大邑周。）惟尔有神，尚克相予，以济兆民，无作神羞！"

既戊午，师逾孟津。癸亥，陈于商郊，俟天休命。甲子昧爽，受率其旅若林，会于牧野，罔有敌于我师。前徒倒戈，攻于后以北，血流漂杵。一戎衣，天下大定。乃反商政，政由旧。释箕子囚，封比干墓，式商容闾，散鹿台之财，发钜桥之粟，大赉于四海，而万姓悦服。

〔厥四月哉生明，王来自商，至于丰。乃偃武修文，归马于华山之阳，放牛于桃林之野，示天下弗服。丁未，祀于周庙，邦甸侯卫骏奔走，执豆笾。越三日庚戌，柴望，大告武成。既生魄，庶邦冢君暨百工受命于周。〕〔王若曰："呜呼！群后：惟先王建邦启土，公刘克笃前烈，至于大王肇基王迹，王季其勤王家。我文考文王克成厥勋，诞膺天命，以抚方夏；大邦畏其力，小邦怀其德；惟九年，大统未集。予小子其承厥志，恭天成命。肆予东征，绥厥士女。惟其士女，篚厥玄黄，昭我周王；天休震动，用附我大邑周。"〕列爵惟五，分土惟三。建官惟贤，位事惟能。重民五教，惟食、丧、祭。惇信明义，崇德报功，垂拱而天下治。

【译文】

一月壬辰日，月亮大部分无光。到明天癸巳日，武王早晨从周京出发，前往征伐殷国。四月间，月亮开始放出光辉，武王从商国归来，到了丰邑。于是停止武备，施行文教，把战马放归华山的南面，把牛放回桃林的旷野，向天下表示不用它们。

四月丁未日，武王在周庙举行祭祀，建国于甸服、侯服、卫服的诸侯都忙于奔走，陈设木豆、竹笾等祭器。到第三天庚戌日，举行柴祭来祭天，举行望祭来祭山川，大力宣告伐商武功的成就。

月亮已经生出光辉的时候，众国诸侯和百官都到了周京接受王命。

武王这样说："啊！众位君侯。我的先王建立国家开辟疆土，公刘能修前人的功业。到了太王，开始经营王事。王季勤劳王家。我文考文王能够成就其功勋，大受天命，安抚四方和中夏。大国畏惧他的威力，小国怀念他的恩德。诸侯归附九年而卒，大业没有完成。我小子将继承他的意愿。我把商纣的罪恶，曾经向皇天后土以及所经过的名山大川禀告说：'有道的曾孙周王姬发，对商国将有大事。现在商王纣残暴无道，弃绝天下百物，虐待众民。他是天下逃亡罪人的主人和他们聚集的渊薮。我小子得到了仁人志士以后，冒昧地敬承上帝的意旨，以制止乱谋。华夏各族和蛮貊的人民，无不遵从。我奉了上天的美命，所以我向东征讨，安定那里的士女。那里的士女，用竹筐装着他们的黑色黄色的丝绸，求见我周王。他们被上天的休美震动了，因而归附

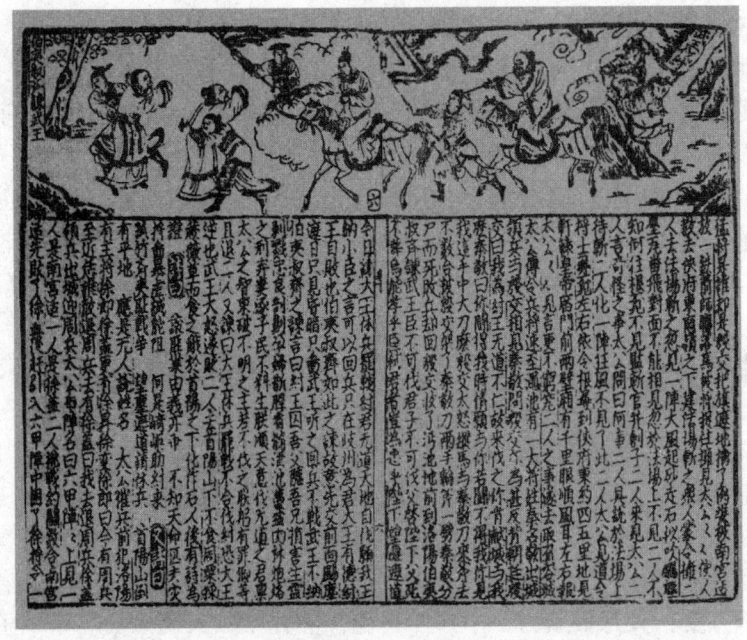

武王伐纣，元刻本。

了我大国周啊！你等神明庶几能够帮助我，来救助亿万老百姓，不要发生神明羞恶的事！'

"到了戊午日，军队渡过孟津。癸亥日，在商郊布好军阵，等待上天的美命。甲子日清早，商纣率领他如林的军队，来到牧野会战。他的军队对我军没有抵抗，前面的士卒反戈向后面攻击，因而大败，血流之多简直可以漂起木杵。一举讨伐殷商，而天下大安了。我于是反掉商王的恶政，政策由旧。解除箕子的囚禁，修治比干的坟墓，致敬于商容的里门。散发鹿台的财货，发放巨桥的粟，向四海施行大赏，天下万民都心悦诚服。"

武王设立爵位为五等，区分封地为三等。建立官长依据贤良，安置众吏依据才能。注重人民的五常之教和民食、丧葬、祭祀。重视诚信，讲明道义；崇重有德的，报答有功的。于是武王垂衣拱手而天下安治了。

洪范

【原文】

惟十有三祀，王访于箕子。王乃言曰："呜呼！箕子。惟天阴骘下民，相协厥居。我不知其彝伦攸叙？"箕子乃言曰："我闻在昔，鲧陻洪水，汩陈其五行，帝乃震怒，

不畀洪范九畴，彝伦攸斁。鲧则殛死，禹乃嗣兴，天乃锡禹洪范九畴，彝伦攸叙。

"初一，曰五行。次二，曰敬用五事；次三，曰农用八政；次四，曰协用五纪；次五，曰建用皇极；次六，曰乂用三德；次七，曰明用稽疑；次八，曰念用庶征，次九，曰向用五福，威用六极。

"一，五行：一曰水，二曰火，三曰木，四曰金，五曰土。水曰润下，火曰炎上，木曰曲直，金曰从革，土爰稼穑。润下作咸，炎上作苦，曲直作酸，从革作辛，稼穑作甘。

"二，五事：一曰貌，二曰言，三曰视，四曰听，五曰思。貌曰恭，言曰从，视曰明，听曰聪，思曰睿。恭作肃，从作乂，明作哲，聪作谋，睿作圣。

"三，八政：一曰食，二曰货，三曰祀，四曰司空，五曰司徒，六曰司寇，七曰宾，八曰师。

"四，五纪：一曰岁，二曰月，三曰日，四曰星辰，五曰历数。

"五，皇极：皇建其有极。"敛时五福，用敷锡厥庶民；惟时厥庶民于汝极，锡汝保极。凡厥庶民，无有淫朋，人无有比德，惟皇作极。凡厥庶民，有猷、有为，有守，汝则念之。不协于极，不罹于咎，皇则受之，而康而色，曰'予攸好德'，汝则锡之福。时人斯其惟皇之极。无虐茕独，而畏高明。人之有能有为，使羞其行，而邦其昌。凡厥正人，既富方谷；汝弗能使有好于而家，时人斯其辜。于其无好，汝虽锡之福，其作汝用咎。无偏无颇，遵王之义。无有作好，遵王之道。无有作恶，遵王之路。无偏无党，王道荡荡。无党无偏，王道平平。无反无侧，王道正直。会其有极！归其有极！曰皇极之敷言，是彝是训，于帝其训。凡厥庶民极之敷言，是训是行，以近天子之光。曰天子作民父母，以为天下王！

"六，三德：一曰正直，二曰刚克，三曰柔克。平康，正直，强弗友，刚克，燮友，柔克。沈潜，刚克；高明，柔克。惟辟作福，惟辟作威，惟辟玉食。臣无有作福、作威、玉食。臣之有作福、作威、玉食，其害于而家，凶于而国，人用侧颇僻，民用僭忒。

"七，稽疑：择建立卜筮人，乃命卜筮，曰雨，曰霁，曰（驿）〔圛〕，曰（蒙）〔雺〕，曰克，曰贞，曰悔，凡七。卜五，占用二，衍忒。立时人作卜筮。三人占，则从二人之言。汝则有大疑，谋及乃心，谋及卿士，谋及庶人，谋及卜筮。"汝则从，龟从，筮从，卿士从，庶民从，是之谓大同。身其康强，子孙其逢，吉。汝则从，龟从，筮从，卿士逆，庶民逆，吉。卿士从，龟从，筮从，汝则逆，庶民逆，吉。庶民从，龟从，筮从，汝则逆，卿士逆，吉。汝则从，龟从，筮逆，卿士逆，庶民逆，作内，吉；作外，凶。龟筮共违于人，用静，吉，用作，凶。

"八，庶征：曰雨，曰旸，曰燠，曰寒，曰风。曰时五者来备，各以其叙，庶草蕃庑。一极备，凶；一极无，凶。曰休征：曰肃，时雨若；曰乂，时旸若；曰晢，时燠若；曰谋，时寒若；曰圣，时风若。曰咎征：曰狂，恒雨若；曰僭，恒旸若；曰舒，恒燠若；曰急，恒寒若；曰蒙，恒风若。曰：王省惟岁，卿士惟月，师尹惟日。岁月

日时无易，百谷用成，乂用明，俊民用章，家用平康。日月岁时既易，百谷用不成，乂用昏不明，俊民用微，家用不宁。庶民惟星：星有好风，星有好雨。日月之行，则有冬有夏；月之从星，则以风雨。

"九，五福：一曰寿，二曰富，三曰康宁，四曰攸好德，五曰考终命。六极：一曰凶短折，二曰疾，三曰忧，四曰贫，五曰恶，六曰弱。"

【译文】

周文王十三年，武王询问箕子。武王就说道："啊！箕子，上帝庇荫安定下民，使他们和睦相处，我不知道那治国常道的制定方法。"

箕子就回答说："我听说从前，鲧堵塞洪水，胡乱处理了水、火、木、金、土五种用物。上帝震怒，不赐给鲧九种大法，治国的常道因此败坏了。后来，鲧被流放死了，禹于是继承兴起。上帝就把九种大法赐给了禹，治国的常道因此定了下来。

"第一是五行。第二是认真做好五事。第三是努力施行八种政务。第四是合用五种记时方法。第五是建事依据皇极。第六是治理使用三德。第七是尊用卜考疑的方法。第八是审察政事利用各种征兆。第九是凭五福鼓励臣民，凭六极警戒臣民。

"一、五行：一是水，二是火，三是木，四是金，五是土。水向下润湿，火向上燃烧，木可以弯曲、伸直。金属可以顺从人意改变形状，土壤可以种植百谷。向下润湿的水产生咸味，向上燃烧的火产生苦味，可曲可直的木产生酸味，顺从人意而改变形状的金属产生辛味，种植的百谷产生甜味。

"二、五事：一是容仪，二是言论，三是观察，四是听闻，五是思考。容仪要恭敬，言论要正当，观察要明白，听闻要广远，思考要通达。容仪恭敬就能严肃，言论正当就能治理，观察明白就能昭晰，听闻广远就能善谋，思考通达就能圣明。

"三、八种政务：一是管理民食，二是管理财货，三是管理祭祀，四是管理居民，五是管理教育，六是治理盗贼，七是管理朝觐，八是管理军事。

"四、五种记时方法：一是年，二是月，三是日，四是星辰的出现情况，五是日月运行所经历的周天度数。

"五、君王的中道：君王建立政事要有中道。采取这五福以为教导，用来普遍施给臣民，这样，庶民就会尊重您的中道。贡献您保持中道的方法：凡是庶民没有邪党，臣下没有私相比附的行为，只有君王执行中道。凡是臣下有计谋有作为有操守的，您就审察他们。行为不合法则，但没有陷入罪恶的人，您就成就他们；您和颜悦色地说："我任用美德。"然后，您就赐给爵禄给他们，于是，臣民就会思念君王的中道了。不虐待鳏寡而又不畏显贵的人，和臣下有才能有作为的人，让他献出他的才能，国家就会繁荣昌盛。凡那些百官之长，既然富有经常的俸禄，您不能使他们对国家有好处，于是臣民就要责怪您了。对于那些没有好德行的人，您即使赐给他们爵禄，将会使您受到危害。不要不平，不要不正，要遵守王令；不要作私好，要遵守王道；不要作威恶，要遵行正路。不要行偏，不要结党，王道坦荡；不要结党，不要行偏，王道平平；

箕子，选自《历代名臣像解》。

不要违反，不要倾侧，王道正直。团结那些中道之臣，归附那个中道之君。君王，对于皇极所保之言，要宣扬教导，天帝就顺心了。凡是庶民，对于皇极所陈之言，要遵守实行，用来接近天子的光辉。天子做臣民的父母，因此成为天下的君王。

"六、三种治德：一是正直，二是刚克，三是柔克。和平安顺的人，就用正直对待；强不可亲的人，就用刚克制；和顺可亲的人，就用柔克制。乱臣贼子，就用刚克制，显贵大臣，就用柔克制。只有君王才能作福，只有君王才能作威，只有君王才能享用美物。臣子不许有作福、作威、美食的情况。假若臣子有作福、作威、美食的情况，就会害及您的家，乱及您的国。百官将因此倾侧不正，百姓也将因此发生差错和疑惑。

"七、用卜决疑：选择建立掌管卜筮的官员，教导他们卜筮的方法。龟兆有的叫做雨，有的叫做霁，有的叫做蒙，有的叫做驿，有的叫做克；卦象有的叫做贞，有的叫做悔，共计有七种。龟兆用前五种，占筮用后两种，根据这些推演变化，决定吉凶。设立这种官员进行卜筮。三个人占卜，就听从两个人的说法。你若有重大的疑难，你自己要考虑，再与卿士商量，再与庶民商量，再与卜筮官员商量。你赞同，龟卜赞同，蓍筮赞同，卿士赞同，庶民赞同，这叫大同。这样，自身会康强，子孙会昌盛，很吉利。你赞同，龟卜赞同，蓍筮赞同，而卿士反对，庶民反对，也吉利。卿士赞同，龟卜赞同，蓍筮赞同，你反对，庶民反对，也吉利。庶民赞同，龟卜赞同，蓍筮赞同，你反对，卿士反对，也吉利。你赞同，龟卜赞同，蓍筮反对，卿士反对，庶民反对，在国内行事就吉利，在国外行事就不吉利。龟卜、蓍筮都与人意相违，不做事就吉利，做事就凶险。

"八、一些征兆：一叫雨，一叫晴，一叫暖，一叫寒，一叫风。一年中这五种天气齐备，各根据时序发生，百草就茂盛。一种天气过多就不好；一种天气过少，也不好。君王行为美好的征兆：一叫肃敬，就像及时降雨的喜人；一叫修治，就像及时晴朗的喜人；一叫明智，就像及时温暖的喜人；一叫善谋，就像及时寒冷的喜人；一叫通圣，就像及时刮风的喜人。君王行为坏的征兆：一叫狂妄，就像久雨的愁人；一叫不信，就像久晴的愁人；一叫逸豫，就像久暖的愁人；一叫严急，就像久寒的愁人；一叫昏昧，就像久风的愁人。君王视察的职责，就像一年包括四时；卿士就像月，统属于岁；

商代记日食卜骨，河南安阳市出土。

众尹就像日，统属于月。假若岁、月、日、时的关系没有改变，百谷就因此成熟，政治就因此清明，杰出的人才因此显扬，国家因此太平安宁。假若日、月、岁、时的关系全都改变，百谷就因此不能成熟。政治就因此昏暗不明，杰出的人才因此不能重用，国家因此不得安定。百姓好比星星，有的星喜欢风，有的星喜欢雨。太阳和月亮的运行，就有冬天和夏天以成岁功。月亮顺从星星，就要用风和雨润泽人民。

"九、五种幸福：一是长寿，二是富贵，三是健康安宁，四是遵行美德，五是高寿善终。六种不幸的事：一是早死，二是疾病，三是忧愁，四是贫穷，五是邪恶，六是不壮毅。"

旅獒

【原文】

惟克商，遂通道于九夷八蛮。西旅厎贡厥獒，太保乃作《旅獒》，用训于王。曰：

"呜呼！明王慎德，四夷咸宾，无有远迩，毕献方物惟服食器用。王乃昭德之致于异姓之邦，无替厥服；分宝玉于伯叔之国，时庸展亲。人不易物，惟德其物。

"德盛不狎侮。狎侮君子，罔以尽人心；狎侮小人，罔以尽其力。不役耳目，百度惟贞。玩人丧德，玩物丧志。志以道宁，言以道接。不作无益害有益，功乃成；不贵异物贱用物，民乃足。犬马非其土性不畜，珍禽奇兽不育于国。不宝远物，则远人格；所宝惟贤，则迩人安。

"呜呼！夙夜罔或不勤！不矜细行，终累大德。为山九仞，功亏一篑。允迪兹，生民保厥居，惟乃世王！"

【译文】

武王胜商以后，便向众多的民族国家开通了道路。西方旅国来贡献那里的大犬，太保召公于是写了《旅獒》，用来劝谏武王。

召公说："啊！圣明的王敬重德行，所以四周的民族都来归顺。不论远近，都贡献些各方的物产，只是些可供衣食器用的东西。明王于是昭示这些贡品给异姓的国家，使他们不要荒废职事；分赐宝玉给同姓的国家，用这些东西展示亲爱之情。人们并不轻视那些物品，只以德意看待那些物品。

"德盛的人不轻易侮慢。轻易侮慢官员，就不可以使人尽心，轻易侮慢百姓，就不可以使人尽力。不被歌舞女色所役使，百事的处理就会适当。戏弄人就丧德，戏弄物就丧志。意志要依道来安宁；言论要依道来接物。不做无益的事来妨害有益的事，事就能成；不重视珍奇物品，百姓的用物就能充足。犬马不是土生土长的不养，珍禽奇兽不收养于国。不宝爱远方的物品，远人就会来；所重的是贤才，近人就安了。

"啊！早晚不可有不勤德的时候。不注重细行，终究会损害大德，比如筑九仞高的土山，工作未完只在于一筐土。真能实行这些诫言，则人民就安其居，而周家就可以世代为王了。"

金縢

【原文】

既克商二年，王有疾，弗豫。二公曰："我其为王穆卜？"周公曰："未可以戚我先王。"

公乃自以为功：为三坛，同墠；为坛于南方，北面，周公立焉，植璧秉珪，乃告太王、王季、文王。史乃册祝曰："惟尔元孙某遘厉虐疾；若尔三王是有丕子之责于天，以旦代某之身。予仁若考，能多材多艺，能事鬼神。乃元孙不若旦多材多艺，不

能事鬼神。"乃命于帝庭，敷佑四方，用能定尔子孙于下地，四方之民罔不祗畏。呜呼！无坠天之降宝命，我先王亦永有依归！今我即命于元龟。尔之许我，我其以璧与珪，归俟尔命。尔不许我，我乃屏璧与珪。"乃卜三龟，一习吉。启籥见书，乃并是吉。公曰："体，王其罔害。予小子新命于三王，惟永终是图。兹攸俟，能念予一人。"公归，乃纳册于金縢之匮中。王翌日乃瘳。

武王既丧，管叔及其群弟乃流言于国，曰："公将不利于孺子！"周公乃告二公曰："我之弗辟，我无以告我先王。"周公居东二年，则罪人斯得。于后，公乃为诗以贻王，名之曰《鸱鸮》。王亦未敢诮公。

秋，大熟，未获，天大雷电以风。禾尽偃，大木斯拔，邦人大恐。王与大夫尽弁，以启金縢之书，乃得周公所自以为功代武王之说。二公及王乃问诸史与百执事。对曰："信。噫公命，我勿敢言。"王执书以泣曰："其勿穆卜！昔公勤劳王家，惟予冲人弗及知。今天动威以彰周公之德，惟朕小子其新逆，我国家礼亦宜之。"

王出郊，天乃雨，反风，禾则尽起。二公命邦人，凡大木所偃，尽起而筑之。岁则大熟。

【译文】

周战胜商后的第二年，武王生了重病，身体不安。太公、召公说："我们为王恭敬地卜问吉凶吧！"周公说："不可以向我们先王祷告吗？"周公就把自身作为抵押，清除一块土地，在上面筑起三座祭坛。又在三坛的南方筑起一座台子，周公面向北方站在台上，放着玉，拿着圭，就向太王、王季、文王祷告。

周公摄政辅成王，汉画像石，山东嘉祥武氏祠。

史官就写了策书，祝告说："你们的长孙姬发，遇到险恶的病。假若你们三位先王这时在天上有助祭的职责，就用我姬旦代替他的身子吧！我柔顺巧能，多才多艺，能奉事鬼神。你们的长孙不如我多才多艺，不能奉事鬼神。而且他在天帝那里接受了任命，普遍取得了四方，因此能够在人间安定你们的子孙。天下的老百姓也无不敬畏他。唉！不要丧失上帝降给的宝贵使命，我们的先王也就永远有所归依。现在，我来听命于大龟，你们允许我，我就拿着璧和珪归向你们，等待你们的命令；你们不允许我，我就收藏璧和珪，不敢再请了。"

于是卜问三龟，都重复出现吉兆。打开竹简看书，竟然都是吉利。周公说："根据

兆形，王会没有危险。我新向三位先王祷告，只图国运长远；现在期待的，是先王能够俯念我谋国长远的诚心。"周公回去，把册书放进金属束着的匣子中。第二天，周武王的病就好了。

武王死后，管叔和他的几个弟弟就在国内散布谣言。说："周公将会对成王不利。"周公就告诉太公、召公说："我不摄政，我将无辞告我先王。"周公留在东方两年，罪人就捕获了。后来，周公写了一首诗送给成王，叫它为《鸱鸮》。成王只是不敢责备周公。

秋天，百谷成熟，还没有收获，天空出现雷电与大风。庄稼都倒伏了，大树都被拔起，国人非常恐慌。周成王和大夫们都戴上礼帽，打开金属束着的匣子，于是得到了周公以自身为质请代武王的祝辞。太公、召公和成王就询问众史官以及众多办事官员。他们回答说："确实的。唉！周公告诫我们不能说出来。"

成王拿着册书哭泣，说："不要等待卜了！过去，周公勤劳王室，我这年轻人来不及了解。现在上天动怒来表彰周公的功德，我小子要亲自去迎接，我们国家的礼制也应该这样。"成王走出郊外。天就下着雨，风向也反转了，倒伏的庄稼又全部伸起来。太公、召公命令国人，凡大树所压的庄稼，要全部扶起来，又培好根。这一年却大丰收了。

大诰

【原文】

王若曰："猷大诰尔多邦越尔御事，"弗吊天降割于我家，不少延。洪惟我幼冲人嗣无疆大历服，弗造哲，迪民康，矧曰其有能格知天命？

"已！予惟小子若涉渊水，予惟往求朕攸济。敷贲，敷前人受命，兹不忘大功。予不敢于闭。"天降威，用宁王遗我大宝龟绍天明。即命曰：'有大艰于西土，西土人亦不静，越兹蠢殷小腆，诞敢纪其叙！天降威，知我国有疵，民不康，曰："予复！"反鄙我周邦，今蠢今翼，日民献有十夫予翼，以于敉宁、武图功。我有大事！休？'朕卜并吉！

"肆予告我有邦君越尹氏、庶士、御事曰：予得吉卜，予惟以尔庶邦，于伐殷逋播臣！"尔庶邦君越庶士、御事罔不反，曰：'艰大，民亦不静，亦惟在王宫、邦君室，越予小子考翼，不可征。王害不违卜？'"肆予冲人永思艰，曰：乌虖！允蠢，鳏寡，哀哉！予造天役遗，大投艰于朕身。越予冲人不卬自恤，义尔邦君越尔多士、尹氏、御事绥予曰：'无毖于恤！不可不成乃宁考图功！'

"已！予惟小子不敢僭上帝命。天休于宁王，兴我小邦周，宁王惟卜用，克绥受兹

命。今天其相民，矧亦惟卜用？呜呼！天明畏，弼我丕丕基！"

王曰："尔惟旧人，尔丕克远省？尔知〔文〕王若勤哉！天闷毖我成功所，予不敢不极卒文王图事。肆予大化诱我友邦君：天棐忱，辟，其考我民，予害其不于前文人图功攸终！天亦惟用勤毖我民，若有疾，予害敢不于前文人攸受休毕！"

王曰："若昔朕其逝，朕言艰日思。若考作室，既厎法，厥子乃弗肯堂，矧肯构；厥考翼其曰：'予有后，弗弃基？'厥父菑，厥子乃弗肯播，矧肯获；厥考翼其肯曰：'予有后，弗弃基？'肆予害敢不越卬敉文王大命！"若兄考，乃有伐厥子，民养其观弗救？"

王曰："呜呼！肆我告尔庶邦君，越尔御事：爽邦由哲，亦惟十人迪知上帝命越天棐忱，尔时罔敢易定；矧今天降戾于周邦，惟大艰人诞以胥伐于厥室，尔亦不知天命不易。"予永念曰：天惟丧殷，若穑夫，予害敢不终朕亩！天亦惟休于前文人，予害其极卜？敢弗于从率文人有旨疆土，矧今卜并吉！肆朕诞以尔东征！天命不僭，卜陈惟若兹。"

【译文】

王这样说："哟！遍告你们众国君主和你们的办事大臣。不幸啊！上帝给我们国家降下灾祸，不稍间断。我这个幼稚的人继承了远大悠久的王业。没有遇到明哲的人，指导老百姓安定下来，何况说会有能度知天命的人呢？

"唉！我小子像渡过深渊，我应当前往寻求我渡过去的办法。大宝龟帮助前人接受天命，至今不能忘记它的大功。在上天降下灾难的时刻我不敢把它闭藏着，用文王留给我们的大宝龟，卜问天命。我向大龟祷告说：'在西方有大灾难，西方人也不安静，现在也蠢动了。殷商的小主竟敢组织他的残余力量。天帝降下灾祸，他们知道我们国家有困难，民不安静。他们说：我们要复国！反而图谋我们周国，现在他们动起来飞起来了。这些天有十位贤者来帮助我，我要和他们前往完成文王、武王所谋求的功业。我们将有战事，会吉利吗！'我的卜兆全都吉利。

"所以我告诉我的各邦国君和各位大臣说：'我现在得到了吉卜，打算和你们众国去讨伐殷商那些叛乱的罪人。'你们各位国君和各位大臣没有不反对说：'困难很大，老百姓不安宁，也有在王室和邦君室的人。我们这些小子考虑，不可征讨吧！大王为什么不违背龟卜呢？'

"现在我深深地考虑着艰难，我说：'唉！确实惊扰了苦难的人民，真痛心啊！我受天命的役使，天帝把艰难的事重托给我，我不暇只为自身忧虑。你们众位邦君与各位大臣应该安慰我说：'不要被忧患吓倒，不可不完成您文王的大业！'

"唉！我小子不敢废弃天命。天帝嘉惠文王，振兴我们小小的周国，当年文王只使用龟卜，能够承受这天命。现在天帝要帮助老百姓，何况也是使用龟卜呢？啊！天命可畏，请辅助我们伟大的事业吧！"

王说："你们是老臣，你们多能远知往事，你们知道文王是如何勤劳的啊！天帝慎

重地告诉我们成功的办法，我不敢不快速完成文王的大业。现在我劝导我们友邦的君主：天帝用诚信的话帮助我们，要成全我们的百姓，我们为什么不对前文王的大业谋求完成呢？天帝也想勤劳我们老百姓，好像有疾病，我们怎敢不对前文王所受的好好攘除呢？"

王说："像往日讨伐纣王一样，我将要前往，我想说些艰难日子里的想法。好像父亲建屋，已经确定了办法，他的儿子却不愿意打地基，又愿意盖屋吗？他的父亲新开垦了田地，他的儿子却不愿意播种，又愿意收获吗？这样，他的父亲考虑以后，难道愿意说，我们有后人不会废弃我的基业吗？所以我怎敢不在我自己身上完成文王伟大的使命呢？又好比兄长死了，却有人群起攻击他的儿子，为民长上的难道能够相劝不救吗？"

王说："啊！努力吧，你们诸位邦君和各位官员。使国家清明要用明智的人，现在也有十个人引导我们知道天命和天帝辅助诚信的道理，你们不能轻视这些！何况现在天帝已经给周国降下了定命呢？那些发动叛乱的大罪人，勾结邻国，同室操戈，你们也不知天命不可改变吗？

"我长时间考虑着：天帝要灭亡殷国，好像农夫一样，我怎敢不完成我的田亩工作呢？天帝也想嘉惠我们先辈文王，我们怎能放弃吉卜呢？怎敢不前去重新巡视文王美好的疆土呢？更何况今天的占卜都是吉兆呢？所以我要率领你们东征，天命不可不信，卜兆的指示应当遵从呀！"

微子之命

【原文】

王若曰："猷，殷王元子！惟稽古崇德象贤，统承先王；修其礼物，作宾于王家；与国咸休，永世无穷。

"呜呼！乃祖成汤，克齐圣广渊。皇天眷佑，诞受厥命，抚民以宽，除其邪虐，功加于时，德垂后裔。尔惟践修厥猷，旧有令闻：恪慎克孝，肃恭神人。予嘉乃德，曰笃不忘。上帝时歆，下民祗协。庸建尔于上公，尹兹东夏。

"钦哉！往敷乃训，慎乃服命，率由典常，以蕃王室。弘乃烈祖，律乃有民，永绥厥位，毗予一人；世世享德，万邦作式，俾我有周无斁。呜呼！往哉惟休，无替朕命！"

【译文】

成王这样说："哟！殷王的长子。稽考古代，尊崇盛德、效法先贤的人，继承先王

的传统，施行他的礼制文物，做王家的贵宾，跟王家同样美好，世代绵长，无穷无尽。

"啊呀！你的祖先成汤，能够肃敬、圣明、广大、深远，被皇天顾念佑助，承受了天命。他用宽和的办法安治臣民，除掉邪恶暴虐之徒。功绩施展于当时，德泽流传于后裔。

"你履行成汤的治道，老早有美名。谨慎能孝，恭敬神和人。我赞美你的美德，以为淳厚而不可忘。上帝对这种美德很欣喜。下民对你敬爱和睦，因此立你为上公，治理这块东夏地区。

"要敬重呀！前去发布你的政令。真诚对待你的上公职位与使命，遵循常法，以保卫周王室。弘扬你烈祖的治道，规范你的人民，长久安居上公之位，辅助我一人。这样，你的世世子孙会享受你的功德，万邦诸侯会以你为榜样，服从我周王室而不厌倦。

"啊！前去吧，要好好地干！不要废弃我的诰命。"

康诰

【原文】

惟三月哉生魄，周公初基作新大邑于东国洛，四方民大和会。侯、甸、男邦，采卫、百工、播民，和见士于周。周公咸勤，乃洪大诰治。

王若曰："孟侯，朕其弟小子封。惟乃丕显考文王克明德慎罚，不敢侮鳏寡，庸庸，祗祗，威威显民。用肇造我区夏，越我一二邦，以修我西土。惟时怙冒闻于上帝。帝休，天乃大命文王殪戎殷，诞受厥命越厥邦厥民。惟时叙，乃寡兄勖。肆汝小子封在兹东土。"

王曰："呜呼！封，汝念哉！今民将在祗遹乃文考，绍闻衣德言。往敷求于殷先哲王，用保乂民。汝丕远惟商耇成人，宅心知训；别求闻由古先哲王，用康保民。宏于天若德，裕乃身不废在王命。"

王曰："呜呼！小子封，恫瘝乃身，敬哉！天畏棐忱，民情大可见，小人难保。往尽乃心，无康好逸，乃其乂民。我闻曰：'怨不在大，亦不在小。'惠不惠，懋不懋。已！汝惟小子，乃服惟弘。王应保殷民，亦惟助王宅天命，作新民。"

王曰："呜呼！封，敬明乃罚。人有小罪，非眚，乃惟终，自作不典，式尔；有厥罪小，乃不可不杀。乃有大罪，非终，乃惟眚灾，适尔；既道极厥辜，时乃不可杀。"

王曰："呜呼！封，有叙时，乃大明服，惟民其勑懋和。若有疾，惟民其毕弃咎。若保赤子，惟民其康乂。非汝封刑人杀人，无或刑人杀人；非汝封又曰劓刵人，无或劓刵人。"

王曰："外事，汝陈时臬司，师兹殷罚有伦。"又曰："要囚，服念五六日，至于旬

时，丕蔽要囚。"

王曰："汝陈时臬事，罚蔽殷彝，用其义刑义杀，勿庸以次汝封。乃汝尽逊，曰时叙，惟曰未有逊事。已！汝惟小子，未其有若汝封之心。朕心朕德，惟乃知。凡民自得罪，寇攘奸宄，杀越人于货，暋不畏死，罔弗憝。"

王曰："封！元恶大憝，矧惟不孝不友。子弗祗服厥父事，大伤厥考心；于父不能字厥子，乃疾厥子。于弟弗念天显，乃弗克恭厥兄；兄亦不念鞠子哀，大不友于弟。惟吊兹不于我政人得罪，天惟与我民彝大泯乱。曰：乃其速由文王作罚，刑兹无赦。"不率大戛，矧惟外庶子、训人惟厥正人越小臣诸节；乃别播敷，造民大誉，弗念弗庸，瘝厥君，时乃引恶，惟朕憝。已！汝乃其速由兹义率杀。亦惟君惟长不能厥家人越厥小臣外正，惟威惟虐，大放王命，乃非德用乂，汝亦罔不克敬典乃由。裕民惟文王之敬忌，乃裕民曰：'我惟有及。'则予一人以怿。"

王曰："封！爽惟民迪吉康，我时其惟殷先哲王德用康乂民作求；矧今民罔迪，不适不迪，则罔政在厥邦。"

王曰："封！予惟不可不监，告汝德之说于罚之行。今惟民不静，未戾厥心，迪屡未同；爽惟天其罚殛我，我其不怨，惟厥罪无在大，亦无在多，矧曰其尚显闻于天？"

王曰："呜呼！封，敬哉！无作怨，勿用非谋非彝蔽时忱，丕则敏德，用康乃心，顾乃德，远乃猷，裕乃以民宁，不汝瑕殄。"

王曰："呜呼！肆汝小子封，惟命不于常，汝念哉！无我殄享。明乃服命，高乃听，用康乂民。"

王若曰："往哉！封！勿替敬，典听朕诰，汝乃以殷民世享。"

【译文】

三月初，周公开始计划在东方的洛水旁边建造一个新的大城市，四方的臣民都同心来会。侯、甸、男的邦君、采卫的百官、殷商的遗民都来会见，为周王室服务。周公普遍慰劳他们，于是代替成王大诰治殷的方法。

王这样说："诸侯之长，我的弟弟，年轻的封啊！你的伟大光明的父亲文王，能够崇尚德教，慎用刑罚；不敢欺侮无依无靠的人，任用当用的人，尊敬当敬的人，威慑应当威慑的人，用这些显示于人民，因而开始造就了我们小夏，和我们的几个友邦共同治理我们西方。文王这种重大努力，被上帝知道了，上帝很高兴，就降大命给文王。灭亡大国殷，接受上帝的大命和殷国殷民，继承文王的基业，是长兄武王努力所致，所以你这年轻人才封在这东土。"

王说："啊！封，你要考虑啊！现在殷民将观察你恭敬追随文王，努力听取殷人的好意见。你去殷地，要遍求殷代圣明先王用来保养百姓的方法，你还要深长思考殷商长者安定民心的明智教导，还要另求遗闻于古时圣明帝王以安保百姓。要比天还宏大，用和顺的美德指导自己，不停地去完成王命！"

王说："啊！年轻的封，治理国家像病痛在你的身上，要认真啊！天道辅助诚信的

人，民情大致可以看出，百姓难于安定。你去殷地要尽你的心意，不要苟安贪图逸乐，才会治理好百姓。我听说：'民怨不在于大，也不在于小。要使不顺从的顺从，不努力的努力。'啊！你是个年轻人，你的职责就是宽大对待王家所接受保护的殷民，也是辅佐王家确定天命，革新殷民。"

王说："啊！封，要认真通晓那些刑罚。人有小罪，不是过失，而是经常；自作不法，因此这样，即使他的罪行小，却不可不杀。若有大罪，不是经常，而是过失；偶然这样，他已经说尽了他的罪过，这个人就不可杀。"

王说："啊！封。能够顺从这样去做，就都会明晓上意而心悦诚服；人民就会互相告诫，努力和顺相处。好像自己有病一样，看待臣民犯罪，臣民就会完全抛弃咎恶；好像保护小孩一样，保护臣民，臣民就会康乐安定。"

"不是你姬封刑人杀人，没有人敢刑人杀人；不是你姬封有令要割鼻断耳，没有人敢施行割鼻断耳的刑罚。"

王说："判断案件，你要宣布这些法则管理狱官，这样，殷人的刑罚就会有条理。"王又说："囚禁的犯人，必须考虑五六天，至于十天，才判决他们。"

王说："你宣布这些法律进行惩罚。判断案件，要依据殷人的常法，采用适宜的刑杀条律，不要顺从你的心意。假如完全顺从你的意志断案才叫承顺，应当说不会有承顺的事。唉！你是年轻人，不可顺从你姬封的心意。我的心意，请你理解。"

"老百姓凡因这些行为犯罪：偷窃、抢夺、内外作乱、杀远人取财货，强横不怕死。这些罪行没有人不怨恨。"

王说："封啊，首恶招人大怨，也有些是不孝顺不友爱的。儿子不认真治理他父亲的事，大伤他父亲的心；父亲不能爱怜他的儿子，反而厌恶儿子；弟弟不顾天伦，不尊敬他的哥哥；哥哥也不顾念小弟弟的痛苦，对小弟弟极不友爱。父子兄弟之间竟然到了这种地步，不由行政人员去惩罚他们，上帝赋予老百姓的常法就会大混乱。我说，就要赶快使用文王制定的刑罚，惩罚这些人，不要赦免。

"不遵守国家大法的，也有诸侯国的庶子、训人和正人、小臣、诸节等官员。竟然另外发布政令，告谕百姓，大大称誉不考虑不执行国家法令的人，危害国君；这就助长了恶人，我怨恨他们。唉！你就要迅速根据这些条例捕杀他们。

"又诸侯不能教育好他们的家人和内外官员，作威肆虐，完全放弃王命；这些人就不可用德惠去治理。

"你也不要不能崇重法令。前往教导臣民，要思念文王的赏善罚恶；前往教导臣民说：'我们只求继承文王。'那么，我就高兴了。"

王说："封啊，老百姓受到教化才会善良安定，我们时时要思念着殷代圣明先王的德政，用来安治殷民，作为法则。并且现在的殷民不加教导，就不会善良；不加教导，就没有善政保存殷国。"

王说："封啊，我们不可不看清这些，我要告诉你施行德政的意见和招致责罚的道理。现在老百姓不安静，没有安定他们的心，教导屡屡，仍然不曾和同，上天将要责

罚我们，我们不可怨恨。他们的罪过不在于大，也不在于多，何况还被上天明显地听到呢？"

王说："唉！封，要谨慎啊！不要制造怨恨，不要使用不好的计谋，不要采取不合法的措施，以蔽塞你的诚心。于是努力施行德政，以安定殷民的心；顾念他们的善德，宽缓他们的徭役，丰足他们的衣食；人民安宁了，上天就不会责备和抛弃你了。"

王说："啊，努力吧！你这年轻的姬封。天命不只帮助一家，你要记住啊！不要抛弃我的教导。要明确你的职责和使命，敬慎对待你的听闻，用来安治老百姓。"

王这样说："去吧！姬封啊，不要放弃警惕，经常听取我的教导，你就可以和殷民世世代代享有殷国。"

酒诰

【原文】

王若曰："明大命于妹邦！乃穆考文王肇国在西土，厥诰毖庶邦庶士越少正御事，朝夕曰：'祀兹酒！惟天降命，肇我民，惟元祀。天降威，我民用大乱丧德，亦罔非酒惟行；越小大邦用丧，亦罔非酒惟辜。'文王诰教小子：'有正、有事，无彝酒；越庶国，饮惟祀，德将无醉；惟曰我民迪。'小子！惟土物爱，厥心臧，聪听祖考之彝训，越小大德。小子！惟一妹土，嗣尔股肱，纯其艺黍稷，奔走事厥考厥长；肇牵车牛远服贾，用孝养厥父母。厥父母庆，自洗腆致用酒。庶士、有正越庶伯、君子！其尔典听朕教！尔大克羞耈惟君，尔乃饮食醉饱。丕惟曰：尔克永观省，作稽中德，尔尚克羞馈祀，尔乃自介用逸。兹乃允惟王正、事之臣，兹亦惟天若元德，永不忘在王家！"

王曰："封！我西土棐徂，邦君、御事、小子，尚克用文王教，不腆于酒，故我至于今，克受殷之命。"

王曰："封！我闻惟曰：在昔殷先哲王，迪畏天显小民，经德秉哲。自成汤咸至于帝乙，成王畏相。惟御事厥棐有恭，不敢自暇自逸，矧曰其敢崇饮。越在外服：侯、甸、男、卫邦伯；越在内服，百僚、庶尹、惟亚、惟服、宗工，越百姓、里君：罔敢湎于酒。不惟不敢，亦不暇。惟助成王德显，越尹人、祗辟。我闻亦惟曰：在今后嗣王酗身厥命，罔显于民祗，保越怨不易。诞惟厥纵淫泆于非彝，用燕丧威仪，民罔不尽伤心。惟荒腆于酒，不惟自息乃逸。厥心疾很，不克畏死。辜在商邑越殷国灭无罹。弗惟德馨香、祀登闻于天，诞惟民怨，庶群自酒，腥闻在上，故天降丧于殷，罔爱于殷，惟逸。天非虐，惟民自速辜！"

王曰："封！予不惟若兹多诰。古人有言曰：'人无于水监，当于民监。'今惟殷坠厥命，我其可不大监抚于时！予惟曰：汝劼毖殷献臣，侯、甸、男、卫；矧太史友、

内史友越献臣百宗工；矧惟尔事，服休、服采；矧惟若畴，圻父薄违，农父若保，宏父定辟，矧汝刚制于酒。厥或诰曰'群饮'，汝勿佚，尽执拘以归于周，予其杀。又惟殷之迪诸臣惟工乃湎于酒，勿庸杀之，姑惟教之。有斯明享，乃不用我教，辞惟我一人弗恤、弗蠲乃事，时同于杀。"

王曰："封！汝典听朕毖，勿辩乃司民湎于酒！"

【译文】

王这样说："要在卫国宣布一项重大教命。当初，穆考文王在西方创立国家。他早晚告诫各国诸侯、各位卿士和各级官员说：'祭祀时才饮酒。'上帝降下福命，劝勉我们臣民，只在大祭时才饮酒。上帝降下惩罚，我们臣民所以大乱失德，也没有不是以酗酒为辞的；大小国家所以灭亡，也没有不是以酗酒为罪的。

"文王还告诫在王朝担任大小官职的子孙，不要经常饮酒。告诫在诸侯国任职的子孙，只在祭祀时饮酒，要用德扶持，不要喝醉了。还告诫我们的臣民要教导子孙珍惜粮食，使他们的思想善良。我们要听清祖考的常训，发扬大大小小的美德！

"殷民要专心住在卫国，用你们的手足，专心种植黍稷，勤劳奉事你们的父兄。农事完毕以后，勉力牵牛赶车，到外地去从事贸易，孝顺赡养父母；父母高兴，自己办

宴饮，选自《清史图典》。

了丰盛的膳食，可以饮酒。

"各级官员们，要经常听从我的教导！你们大都能进献酒食给老人和君主，你们就能醉饱。我想，你们能够长久地观察自己，行动符合中正的美德，你们还能够参加国君举行的祭祀。你们如果自己限制行乐饮酒，这样就能长期成为王家的治事官员。这就是上帝所赞赏的大德，在王家将永远不会失去禄位。"

王说："封啊，我们西土辅助诸侯和官员，常常能够遵从文王的教导，不多饮酒，

所以我们到今天，能够接受治殷的使命。"

王说："封啊，我听到有人说：'过去，殷的先人明王畏惧天命和百姓，施行德政，保持恭敬。从成汤延续到帝乙，明君贤相都考虑着治理国事。他们的辅臣很敬慎，不敢自己安闲逸乐，何况敢聚众饮酒呢？在外地的侯、甸、男、卫的诸侯，在朝中的各级官员、宗室贵族以及退住在家的官员，没有人敢酗乐在酒中。不但不敢，他们也没有闲暇，他们只想助成王美德显扬，助成长官重视法令。'

"我听到也有人说：'在近世的商纣王，好酒，以为有命在天，不明白臣民的痛苦，安于怨恨而不改。他大作淫乱，游乐在非法的活动之中，因宴乐而丧失了威仪，臣民没有不悲痛伤心的。他只想放纵于酒，不想自己制止其淫乐。他心地狠恶，不能以死来畏惧他。他在商都作恶，对于殷国的灭亡，没有忧虑过。没有明德芳香的祭祀升闻于上天；只有臣民的怨气、只有群臣私自饮酒的腥气升闻于上。所以，上帝对殷邦降下了灾祸，不喜欢殷国，就是淫乐的缘故。上帝并不暴虐，是殷民自己招来了罪罚。'"

王说："封啊，我不想如此多告了。古人有话说：'人不要只从水中察看，应当从民情上察看。'现在殷商已丧失了他的福命，我们难道可以不特地省察这个事实！我想告诉你要慎重告诫殷国的贤臣，侯、甸、男、卫的诸侯，又朝中记事记言的史官，贤良的大臣和许多尊贵的官员，还有你的治事官员，管理游宴休息和祭祀的近臣，还有

酿酒，汉画像砖，四川新都。

你的三卿，讨伐叛乱的圻父，顺保百姓的农父，制定法度的宏父，向他们说：'你们要强行断绝饮酒！'

"假若有人报告说：'有人群聚饮酒。'你不要放纵他们，要全部逮捕起来送到周京，我将杀掉他们。又殷商的辅臣百官酗乐在酒中，不用杀他们，暂且先教育他们。有这样明显的劝诫，若还有人不遵从我的教令，我不会怜惜，不会赦免，处治这类人，要与杀戮相同。"

王说:"封啊,你要经常听从我的告诫,不要使你的官员酗乐在酒中。"

梓材

【原文】

　　王曰:"封,以厥庶民暨厥臣达大家,以厥臣达王,惟邦君。汝若恒越曰:'我有师师:司徒、司马、司空、尹、旅!'曰:'予罔厉杀人!亦厥君先敬劳,肆徂厥敬劳。肆往奸宄、杀人、历人宥,肆亦见厥君事戕人宥。'"王启监,厥乱为民。曰:"无胥戕!无胥虐!至于敬寡,至于属妇,合由以容。王其效邦君越御事:厥命曷以,引养、引恬?自古王若兹监,罔攸辟。"

　　惟曰:"若稽田,既勤敷菑,惟其陈修,为厥疆畎。若作室家,既勤垣墉,惟其涂墍茨。若作梓材,既勤朴斫,惟其涂丹雘。"

　　今王惟曰:"先王既勤用明德怀,为夹庶邦享作。兄弟方来,亦既用明德。后式典集,庶邦丕享。皇天既付中国民越厥疆土于先王,肆王惟德用和怿先后迷民,用怿先王受命。已!若兹监。"惟曰:"欲至于万年,惟王子子孙孙永保民。"

【译文】

　　王说:"封啊,从殷的庶民和它的臣子到卿大夫,从它的臣子到诸侯和国君,你要顺从常典。"

　　"告诉我们的各位官长、司徒、司马、司空、大夫和众士说:'我们要不滥杀无罪的人。'也要各邦君长以敬劳为先,努力去帮助他们施行敬劳的事吧!"

　　"往日,内外作乱的罪犯、杀人的罪犯、虏人的罪犯,要宽宥;往日,泄露国君大事的罪犯、残坏人体的罪犯,也要宽宥。"

　　"王者建立诸侯,大率是为人民。他说:'不要残害他们,不要暴虐他们,至于鳏夫寡妇,至于孕妇,要同样教导和宽容。'王者教导诸侯和诸侯国的官员,他的诰命是用什么呢?就是'长养百姓,长安百姓'。自古君王都像这样监督,不要有所偏差!"

　　"我想:好像作田,既已勤劳地开垦、播种,就应当考虑整治土地,修筑田界和开挖水沟,好比造房屋,既已勤劳地筑起了墙壁,就应当考虑完成涂泥和盖屋的工作。好比制作梓木器具,既已勤劳地剥皮砍削,就应当考虑完成彩饰的工作。"

　　"现在我们王家考虑:先王既已努力施行明德,来作洛邑,众国都来进贡任役,兄弟邦国也都来了。也是已经施行了明德,诸侯因此常安,众国才来进贡。"

　　"上天既已把中国的臣民和疆土都付给先王,今王也只有施行德政,来和悦、教导殷商那些迷惑的人民,用来完成先王所受的使命。唉!像这样治理殷民,我想你将传

三九四

到万年,同王的子子孙孙永远保有殷民。"

召诰

【原文】

惟二月既望,越六日乙未,王朝步自周,则至于丰。惟太保先周公相宅。越若来三月,惟丙午朏,越三日戊申,太保朝至于洛,卜宅;厥既得卜,则经营。越三日庚戌,太保乃以庶殷攻位于洛汭。越五日甲寅,位成。若翼日乙卯,周公朝至于洛,则达观于新邑营。越三日丁巳,用牲于郊,牛二。越翼日戊午,乃社于新邑,牛一,羊一,豕一。越七日甲子,周公乃朝用书,命庶殷侯、甸、男邦伯。厥既命殷庶,庶殷丕作。太保乃以庶邦冢君出取币,乃复入锡周公。周公曰:"拜手稽首,旅王若公。诰告庶殷越自乃御事:呜呼,皇天上帝改厥元子,兹大国殷之命,惟王受命,无疆惟休,亦无疆惟恤。呜呼,曷其奈何勿敬!天既遐终大邦殷之命,兹殷多先哲王在天。越厥后王后民,兹服厥命,厥终,智藏,瘝在!夫知保抱携持厥妇子以哀吁天,徂,厥亡,出执!呜呼,天亦哀于四方民,其眷命用懋!王其疾敬德!

"相古先民有夏,天迪从子保;面稽天若,今时既坠厥命。今相有殷,天迪格保;面稽天若,今时既坠厥命。今冲子嗣则无遗寿耇,曰:'其稽我古人之德,矧曰其有能稽谋自天。'呜呼!有王虽小,元子哉。其丕能諴于小民!今休,王不敢后,用顾畏于民碞。王来绍上帝,自服于土中。旦曰:'其作大邑,其自时配皇天。毖祀于上下,其自时中乂。'王厥有成命治民,今休。王先服殷御事,比介于我有周御事,节性惟日其迈。王敬作所,不可不敬德!

"我不可不监于有夏,亦不可不监于有殷。我不敢知曰有夏服天命惟有历年,我不敢知曰不其延,惟不敬厥德乃早坠厥命。我不敢知曰有殷受天命惟有历年,我不敢知曰不其延,惟不敬厥德乃早坠厥命。今王嗣受厥命,我亦惟兹二国命,嗣若功。

"王乃初服!呜呼,若生子,罔不在厥初生,自贻哲命!今天其命哲,命吉凶,命历年。知今我初服,宅新邑,肆惟王其疾敬德!王其德之,用祈天永命!其惟王勿以小民淫用非彝,亦敢殄戮,用乂民若有功。其惟王位在德元,小民乃惟刑用于天下,越王显。上下勤恤,其曰我受天命,丕若有夏历年,式勿替有殷历年!欲王以小民受天永命!"

拜手稽首曰:"予小臣敢以王之雠民、百君子越友民保受王威命明德!王末有成命,王亦显。我非敢勤,惟恭奉币,用供王能祈天永命!"

【译文】

二月十六日以后,到第六天乙未,成王早晨从镐京步行,到了丰邑。

太保召公在周公之前，到洛地视察可居的地址。到了下三月丙午，新月初现光辉。到了第三天戊申，太保早晨到达了洛地，卜问所选的地址。太保已经得了吉兆，就规划起来。到第三天庚戌，太保便率领众多殷民，在洛水与黄河汇合的地方划定邑居的位置。到第五天甲寅，位置确定了。

到了第二天乙卯，周公早晨到达洛地，就全面视察新邑的区域。到第三天丁巳，在南郊用牲祭祀上帝，用了两头牛。到第二天戊午，又在新邑举行祭地的典礼，用了一头牛、一头羊和一头猪。到第七天甲子，周公就在早晨用诰书命令殷民以及侯、甸、男各国诸侯分配任务。已经命令了殷民之后，殷民就大举动工。

太保于是同众国君长出来取了币帛，再入内进献给周公。太保说："跪拜叩头报告我王，请顺从周公的意见告诫殷民和任用殷商的旧臣。

"啊！皇天上帝改变了天下的元首，结束了大国殷的福命。大王接受了天命，美好无穷无尽，忧患也无穷无尽。啊！怎么能够不敬慎啊！

"上帝早已要结束大国殷的福命，这个殷国许多圣明的先王都在天上，因此殷商后来的君王和臣民，才能够享受着天命。到了纣王的末年，明智的人隐藏了，害民的人在位。人们只知护着、抱着、牵着、扶着他们的妻子儿女、悲哀地呼告上天，诅咒纣王灭亡，企图脱离困境。啊！上帝也哀怜四方的老百姓，它眷顾的福命因此改变了。大王要赶快认真施行德政呀！

"观察古时候的先民夏族，上帝教导顺从慈保，努力考求天意，现在已经丧失了王命。现在观察殷商，上帝教导顺从嘉保，努力考求天意，现在也已经丧失了王命。当今你这年轻人继承了王位，没有多馀的老成人，考求我们古代先王的德政，何况说有能从天意考求的人呢？

"啊！王虽然年轻，却是元首啊！要特别能够和悦老百姓。现在可喜的是：王不敢迟缓来到洛邑，由于顾畏殷民的艰难险阻；王来卜问上帝，打算亲自在洛邑治理他们。

"姬旦对我说：'要营建洛邑，要从这里匹配皇天，谨慎祭祀天地，要从这个中心地方统治天下；王已经有定命治理殷民了。'现在可喜的是：王重视使用殷商治事官员，使他们亲近我们周王朝的治事官员，他们和睦的感情就会一天天地增长。

"王重视造作邑居，不可以不重视行德。

"我们不可不鉴戒夏代，也不可不鉴戒殷代。我不敢知道，夏接受天命有长久时间；我也不敢知道，夏的国运不会延长。我只知道他们不重视行德，才过早失去了他们的福命。

"我不敢知道，殷接受天命有长久时间；我也不敢知道，殷的国运不会延长。我只知道他们不重视行德，才过早失去了他们的福命。现今大王继承了治理天下的大命，我们也该思考这两个国家的命运，继承他们的功业。

"王是初理政事。啊！好像教养小孩一样，没有不在他初受教养时，就亲自传给他明哲的教导的。现今上帝该给予明哲，给予吉祥，给予永年；因为上帝知道我王初理国事时，住到了新邑。现在王该快些重视行德！王该用德政，向上帝祈求长久的福命。

"愿王不要让老百姓肆行非法的事,也不要用杀戮,用此治理老百姓,才会有功绩。愿王立于德臣之首,让老百姓效法施行于天下,发扬王的美德。君臣上下勤劳忧虑,也许可以说,我们接受的大命会像夏代那样久远,应当不止殷代那样久远,愿君王和臣民共同接受上帝的永久大命。"

召公跪拜叩头说:"我这小臣率领殷的臣民以及友好的臣民,会安然接受王的威命和明德。王终会有好命,王也会光显的。我不敢慰劳王,只想恭敬奉上币帛,以供王去好好祈求上帝的永久福命。"

洛诰

【原文】

周公拜手稽首曰:"朕复子明辟:王如弗敢及,天基命定命,予乃胤保大相东土,其基作民明辟。予惟乙卯朝至于洛师。我卜河朔黎水。我乃卜涧水东,瀍水西,惟洛食。我又卜瀍水东,亦惟洛食。伻来以图及献卜。"

王拜手稽首曰:"公不敢不敬天之休,来相宅,其作周匹。休公既定宅,伻来,来视予卜休恒吉,我二人共贞。公其以予万亿年敬天之休!拜手稽首诲言。"

周公曰:"王肇称殷礼,祀于新邑,咸秩无文。予齐百工,伻从王于周,予惟曰:'庶有事。'今王即命曰:'记功宗,以功作元祀。'惟命曰:'汝受命笃弼,丕视功载,乃汝其悉自教工。'孺子其朋,孺子其朋,其往!无若火始焰焰,厥攸灼,叙弗其绝厥若。彝及抚事如。予惟以在周工往新邑,伻向即有僚,明作有功,惇大成裕,汝永有辞。"

公曰:"已!汝惟冲子,惟终。汝其敬识百辟享,亦识其有不享。享多仪,仪不及物,惟曰不享,惟不役志于享。凡民惟曰不享,惟事其爽侮。乃惟孺子颁,朕不暇听。朕教汝于棐民彝,汝乃是不蘉,乃时惟不永哉。笃叙乃正、父,罔不若予,不敢废乃命。汝往敬哉!兹予其明农哉!彼裕我民,无远用戾。"

王若曰:"公,明保予冲子。公称丕显德,以予小子扬文武烈,奉答天命,和恒四方民居师。惇宗将礼,称秩元祀,咸秩无文。惟公德明光于上下,勤施于四方,旁作穆穆,御衡不迷,文武勤教,予冲子夙夜毖祀!"王曰:"公功棐迪笃,罔不若时。"

王曰:"公,予小子其退,即辟于周,命公后。四方迪乱,未定于宗礼,亦未克敉公功。迪将其后,监我士、师、工,诞保文武受民,乱为四辅。"王曰:"公定,予往已公功肃将祗欢,公无困哉我!惟无斁其康事,公勿替刑,四方其世享。"

周公拜手稽首曰:"王命予来,承保乃文祖受命民,越乃光烈考武王弘朕。恭孺子来相宅,其大惇典殷献民,乱为四方新辟,作周恭先。曰其自时中乂,万邦咸休,惟

王有成绩。予旦以多子越御事笃前人成烈，荅其师，作周孚先。考朕昭子刑，乃单文祖德。伻来毖殷，乃命宁予，以秬鬯二卣，曰：'明禋，拜手稽首休享。'予不敢宿，则禋于文王武王；'惠笃叙，无有遘自疾，万年猒于乃德，殷乃引考。'王伻殷，乃承叙，万年其永观朕子怀德。"

戊辰，王在新邑，烝祭岁。文王骍牛一，武王骍牛一。王命作册逸祝册，惟告周公其后。王宾，杀禋，咸格，王入太室裸。王命周公后，作册逸诰，在十有二月。

惟周公诞保文武受命，惟七年。

【译文】

周公跪拜叩头说："我告诉您治理洛邑的办法。王似乎不敢参预上帝先前告诉的安定天下的指示，我就继太保之后，全面视察了洛邑，就商定了鼓舞老百姓的治理洛邑的办法。

"我在乙卯这天，早晨到了洛邑。我先占卜了黄河北方的黎水地区，我又占卜了涧水以东、瀍水以西地区，仅有洛地吉利。我又占卜了瀍水以东地区，也仅有洛地吉利。于是请您来商量，且献上卜兆。"

成王跪拜叩头，回答说："公不敢不敬重上帝赐给的福庆，亲自勘察地址，将营建与镐京相配的新邑，很好啊！公既已选定地址，使我来，我来了，又让我看了卜兆，我为卜兆并吉而高兴。让我们二人共同承当这一吉祥。愿公与我永远敬重上帝的福庆！跪拜叩头接受我公的教诲。"

周公说："王啊，开始举行殷礼接见诸侯，在新邑举行祭祀，都已安排得有条不紊了。我率领百官，使他们在镐京听取王的意见，我想道：'您或许将有祭祀的事。'现在王命令道：'记下功绩，宗人率领功臣举行大祀。'王又有命令道：'你接受先王遗命，督导辅助，你全面查阅记功的书，然后你要悉心亲自指导这件事。'

"孺子要振奋，孺子要振奋，要到洛邑去！不要像火刚开始燃烧时那样气势微弱，那燃烧的馀火，不可让它熄灭。您要像我一样顺从常法，汲汲主持政事，率领在镐京的官员到洛邑去。使他们去就官职，勉力建立功勋，重视大事，完成大业。您就会永远获得美誉。"

周公说："唉！您是个年轻人，该考虑完成先王未竟的功业。您应该认真考察诸侯

姬旦，佚名绘，台北故宫博物院藏。

的享礼，也要考察其中也有不享的。享礼注重礼节，假如礼节赶不上礼物，应该叫做不享。因为诸侯对享礼不用心，臣民就会认为不要享了。这样，政事将会错乱怠慢。我急想您来颁布政务，我不代听了。

"我教给您辅导百姓的法则，您假如不努力办这些事，您的善政就不会推广啊！全像我一样监督诠叙您的官长，他们就不敢废弃您的命令了。您到新邑去，要认真啊！现在我们要奋发努力啊！去教导好我们的臣民，远方的人因此也就归附了。"

王这样说："公努力保佑我这年轻人。公发扬伟大光显的功德，使我继承文王、武王的事业，奉答上帝的教诲，使四方百姓和悦，居在洛邑；隆重举行大礼，办理大祭，都有条不紊。公的功德光照天地，勤劳施于四方，普遍推行美好的政事，虽遭横逆的事而不迷乱。文武百官努力实行您的教化，我这年轻人就早夜慎重进行祭祀好了。"

王说："公善于辅导，我真的无不顺从。"

王说："公啊！我这年轻人就要回去，在镐京就位了，请公继续治洛。四方经过教导治理，还没有安定，宗礼也没有完成，公善于教导扶持，要继续监督我们的各级官员，安定文王、武王所接受的殷民，做我的辅佐大臣。"

王说："公留下吧！我要往镐京去了。公要妥善迅速进行敬重和睦殷民的工作，公不要以为困难呀！我当不懈地学习政事，公要不停地示范，四方诸侯将会世世来享了。"

周公跪拜叩头说："王命令我到洛邑来，继续保护您的先祖文王所受的殷民，宣扬您光明有功的父亲武王的宏大，我奉行命令。王来视察洛邑的时候，谋求使殷商贤良的臣民都敦厚守法，制定治理四方的新法，作周法的先导。我曾经说过：'该从这九州的中心进行治理，万国都会喜欢，王也会有功绩。我姬旦率领众位卿大夫和治事官员，经营先王的成业，集合众人，作修建洛邑的先导。'实现我告诉您的这一办法，就能发扬光大先祖文王的美德。

"您派遣使者来洛邑慰劳殷人，又送来两卣黍香酒问候我。使者传达王命说：'明洁地举行祭祀，要跪拜叩头庆幸地献给文王和武王。'我不敢过夜，就向文王和武王祭礼了。我祈祷说：'愿我很顺遂，不要遇到罪疾，万年饱受您的德泽，殷事能够长久成功。''愿王使殷民能够顺从万年，将长久看到王的安民的德惠。'"

戊辰这天，成王在洛邑举行冬祭，向先王报告岁事，用一头红色的牛祭文王，也用一头红色的牛祭武王。成王命令作册官名字叫逸的宣读册文，报告文王、武王，周公将继续住在洛邑。助祭诸侯在杀牲祭祀先王的时候都来到了，成王进入太室，酌酒献神。成王命令周公继续治理洛邑，作册官名字叫逸的告谕天下，在十二月。周公留居洛邑担任文王、武王所受的大命，在成王七年。

多士

【原文】

惟三月，周公初于新邑洛用告商王士。王若曰："尔殷遗多士！弗吊旻天大降丧于殷；我有周佑命，将天明威致王罚敕，殷命终于帝。肆尔多士，非我小国敢弋殷命，惟天不畀，允罔，固乱弼我；我其敢求位！惟帝不畀，惟我下民秉为，惟天明畏。

"我闻曰：上帝引逸，有夏不适逸则，惟帝降格向于时。夏弗克庸帝，大淫泆有辞。惟时天罔念闻，厥惟废元命，降至罚。乃命尔先祖成汤革夏，俊民甸四方。自成汤至于帝乙，罔不明德恤祀，亦惟天丕建，保乂有殷；殷王亦罔敢失帝，罔不配天，其泽。在今后嗣王诞罔显于天，矧曰其有听念于先王勤家；诞淫厥泆，罔顾于天显民祗。惟时上帝不保，降若兹大丧。惟天不畀，不明厥德，凡四方小大邦丧，罔非有辞于罚。"

王若曰："尔殷多士！今惟我周王丕灵承帝事，有命曰'割殷'。告敕于帝。惟我事不贰适，惟尔王家我适。予其曰：惟尔洪无度，我不尔动，自乃邑。予亦念天即于殷大戾，肆不正。"

王曰："猷告尔多士！予惟时其迁居西尔，非我一人奉德不康宁，时惟天命，无违！朕不敢有后，无我怨！惟尔知：惟殷先人有册有典，殷革夏命。今尔又曰：'夏迪简在王庭，有服在百僚。'予一人惟听用德，肆予敢求尔于天邑商。予惟率肆矜尔。非予罪，时惟天命！"

王曰："多士！昔朕来自奄，予大降尔四国民命。我乃明致天罚，移尔遐逖，比事臣我宗，多逊。"

王曰："告尔殷多士！今予惟不尔杀，予惟时命有申。今朕作大邑于兹洛，予惟四方；罔攸宾，亦惟多士攸服，奔走臣我，多逊。尔乃尚有尔土，尔乃尚事宁干止。尔克敬，天惟畀矜尔；尔不克敬，尔不啻不有尔土，予亦致天之罚于尔躬！今尔惟时宅尔邑，继尔居，尔厥有干有年于兹洛。尔小子乃兴，从尔迁。"

王曰又曰："时予，乃或言尔攸居。"

【译文】

周成王七年三月，周公初往新都洛邑，用成王的命令告诫殷商的旧臣。

王这样说："你们殷商的众臣们！纣王不敬重上天，把灾祸大降给殷国。我们周国佑助天命，奉行上天的明威，执行王者的诛罚，宣告殷的国命被上天终绝了。现在，你们众位官员啊！不是我们小小的周国敢于取代殷命，是上天不把大命给予那信诳怙

恶的人，而辅助我们，我们岂敢擅求王位呢？正因为上天不把大命给予信诬怙恶的人，我们下民的所作所为，应当敬畏天命。

"我听说：'上帝制止游乐。'夏桀不节制游乐，上帝就降下教令，劝导夏桀，他不能听取上帝的教导，大肆游乐，而又怠慢不敬。因此，上帝也不念不问，而考虑废止夏的大命，降下大罚；上帝于是命令你们的先祖成汤代替夏桀。命令杰出的人才治理四方。

"从成汤到帝乙，没有人不力行德政，慎行祭祀。也因为上天树立了安治殷国的贤人，殷的先王也没有人敢于违背天意，所以没有人不配合上天的恩泽。当今后继的纣王，很不明白上天的意旨，何况说他又能听从、考虑先王勤劳家国的训导呢？他大肆淫游泆乐，不顾天意和民困，因此，上帝不保佑了，降下这样的大灾祸。

"上帝不把大命给予不勉行德政的人，凡是四方小国大国的灭亡，无人不是怠慢了上帝的责罚。"

王这样说："你们殷国的众臣，现在只有我们周王善于奉行上帝的使命，上帝有命令说：'夺取殷国，并报告上天。'我们讨伐殷商，不把别人作为敌人，只把你们王家作为我的敌人。我怎么会料想到你们众官员太不守法，我并没有动你们，动乱来自你们的封邑。我也考虑到天意仅仅在于夺取殷国，于是在殷乱大定之后，便不治你们的罪。"

王说："啊！告诉你们众官员，我因此将把你们迁居西方，并不是我执德不安定，这是天命。不可违背天命，我不敢迟缓，你们不要怨恨我。

"你们知道，殷人的祖先有书册有典籍，记载着殷国革了夏国的命。现在你们又说：'当年夏的官员被选在殷的王庭，在百官之中都有职事。'我只接受、使用有德的人。现在我从大邑商招来你们，我是宽大和爱惜你们。这不是我的差错，这是天命。"

王说："殷的众臣，从前我从奄地来，对你们管、蔡、商、奄四国臣民特地下达过命令。我然后明行上天的惩罚，把你们从远方迁徙到这里，近来你们服务和臣属我们周族很恭顺。"

王说："告诉你们殷商的众臣，现在我不杀害你们，我想重申这个命令。现在我在这洛地建成了一座大城市，我是考虑四方诸侯没有地方朝贡，也是考虑你们服务奔走臣属我们很恭顺的缘故。

"你们还可以保有你们的土地，你们还会安宁下来。你们能够敬慎，上天将会对你们赐给怜爱；你们假如不能敬慎，你们不但不能保有你们的土地，我也将会把老天的惩罚加到你们身上。

"现在你们应当好好地住在你们的城里，继续做你们的事业。你们在洛邑会有安乐会有丰年的。从你们迁来洛邑开始，你们的子孙也将兴旺发达。"

王说："顺从我！顺从我！才能够谈到你们长久安居下来。"

无逸

【原文】

　　周公曰："呜呼！君子所其无逸！先知稼穑之艰难乃逸，则知小人之依。相小人，厥父母勤劳稼穑，厥子乃不知稼穑之艰难，乃逸，乃谚，既诞，否则侮厥父母曰：'昔之人无闻知！'"

　　周公曰："呜呼！我闻曰，昔在殷王中宗，严恭寅畏，天命自度，治民祗惧，不敢荒宁。肆中宗之享国七十有五年。其在高宗，时旧劳于外，爰暨小人；作其即位，乃或亮阴，三年不言，其惟不言，言乃雍；不敢荒宁，嘉靖殷邦，至于小大，无时或怨。肆高宗之享国五十有九年。其在祖甲，不义惟王，旧为小人。作其即位，爰知小人之依，能保惠于庶民，不敢侮鳏寡。肆太宗之享国三十有三年。自时厥后立王，生则逸，生则逸，不知稼穑之艰难，不闻小人之劳，惟耽乐之从。自时厥后亦罔或克寿，或十年，或七八年，或五六年，或四三年。"

　　周公曰："呜呼！厥亦惟我周，太王、王季克自抑畏。文王卑服，即康功田功；徽柔懿恭，怀保小民，惠鲜于鳏寡；自朝至于日中、昃，不遑暇食，用咸和万民。文王不敢盘于游田，以庶邦惟正之供。文王受命惟中身，厥享国五十年。"

　　周公曰："呜呼！继自今嗣王则其无淫于观，于逸，于游，于田，以万民惟正之供。无皇曰：'今日耽乐。'乃非民攸训，非天攸若，时人丕则有愆。无若殷王受之迷乱，酗于酒德哉！"

　　周公曰："呜呼！我闻曰，古之人犹胥训告，胥保惠，胥教诲，民无或胥诪张为幻。此厥不听，人乃训之，乃变乱先王之正刑，至于小大，民否则厥心违怨，否则厥口诅祝。"

　　周公曰："呜呼！自殷王中宗及高宗及祖甲，及我周文王，兹四人迪哲。厥或告之曰：'小人怨汝詈汝。'则皇自敬德。厥愆，曰：'朕之愆！'允若时，不啻不敢含怒。此厥不听，人乃或诪张为幻，曰：'小人怨汝詈汝！'则信之。则若时，不永念厥辟，不宽绰厥心，乱罚无罪，杀无辜，怨有同，是丛于厥身！"

　　周公曰："呜呼！嗣王其监于兹！"

【译文】

　　周公说："啊！君子在位，可不要安逸享乐。先了解耕种收获的艰难，然后处在逸乐的境地，就会知道老百姓的痛苦。看那些老百姓，他们的父母勤劳地耕种收获，他们的儿子却不知道耕种收获的艰难，便安逸，便不恭。已经久了，于是就轻视侮慢他

们的父母说：'老人们没有知识。'"

周公说："啊！我听说：过去殷王中宗，庄正敬畏，以天命制约自己，治理百姓，敬慎恐惧，不敢荒废、安逸。所以中宗在位七十五年。

"在高宗，这个人长期在外服役，惠爱老百姓。等到他即位，便又听信冢宰沉默不言，三年不轻易说话。因为他不轻易说话，有时说出来就能使人和悦。他不敢荒废、安逸，善于安定殷国。从老百姓到群臣，没有怨恨他的。所以高宗在位五十九年。

"在祖甲，他以为代兄称王不合情理。逃亡民间，做过很久的平民百姓。等到他即位后，就知道老百姓的痛苦，能够安定和爱护众民，对于鳏寡无依的人也不敢轻慢。所以祖甲在位三十三年。

"从这以后，在位的殷王生来就安闲逸乐，生来就安闲逸乐，不知耕种收获的艰难，不知老百姓的劳苦，只是追求过度的逸乐。从这以后，在位的殷王也没有能够长寿的。有的十年，有的七、八年，有的五、六年，有的三、四年。"

周公说："啊！只有我们周家的太王、王季能够谦让敬畏。文王做卑下的工作，从事过开通道路、耕种田地的劳役。他和蔼、仁慈、善良、恭敬，使百姓和睦、安定，爱护亲善孤苦无依的人。从早晨到中午，到下午，他没有闲暇吃饭，要使万民生活和谐。文王不敢乐于嬉游、田猎，不敢使众国只是进献赋税，供他享乐。文王中年受命为君，在位五十年。"

周公说："啊！从今以后的继位君王，就不可沉迷在观赏、安逸、嬉游和田猎之中，不可只是使老百姓进献赋税供他享乐。不要自我宽解说：'今天快乐快乐。'这样子，就不是老百姓所顺从的，也不是上天所嘉许的，这样的人就有罪过了。不要像商纣王那样迷惑昏乱，把酗酒作为酒德啊！"

周公说："啊！我听说：'古时的人还能互相劝导，互相爱护，互相教诲，所以老百姓没有互相欺骗、互相诈惑的。'不依照这样，官员就会顺从自己的意愿，就会变乱先王的正法，以至于大大小小的法令。老百姓于是就内心怨恨，就口头诅咒了。"

周公说："啊！从殷王中宗、到高宗、到祖甲、到我们的周文王，这四位君王领导很明智。有人告诉他们说：'老百姓在怨恨你咒骂你。'他们就更加敬慎自己的行为；有人举出他们的过错，他们不但不敢怀怨，还说：'我的过错确实像这样。'不依照这样，人们就会互相欺骗、互相诈惑。有人说老百姓在怨恨你咒骂你，你就会相信，就会像这样：不多考虑国家的法度，不放宽自己的心怀，乱罚没有罪过的人，乱杀没有罪过的人。民怨汇合，就会集中到你的身上啊！"周公说："啊！继王要鉴戒这些啊！"

君奭

【原文】

周公若曰:"君奭!弗吊,天降丧于殷。殷既坠厥命,我有周既受,我不敢知曰厥基永孚于休。若天棐忱,我亦不敢知曰其终出于不祥。呜呼!君已曰时我,我亦不敢宁于上帝命,弗永远念天威越我民。罔尤违,惟人在!我后嗣子孙大弗克恭上下,遏佚前人光在家,不知天命不易,天难谌,乃其坠命,弗克经历嗣前人恭明德。在今予小子旦,非克有正,迪惟前人光,施于我冲子。"又曰:"天不可信,我道惟宁王德延,天不庸释于文王受命。"

公曰:"君奭!我闻在昔成汤既受命,时则有若伊尹,格于皇天。在太甲,时则有若保衡。在太戊,时则有若伊陟、臣扈,格于上帝;巫咸乂王家。在祖乙,时则有若巫贤。在武丁,时则有若甘盘。率惟兹有陈,保乂有殷,故殷礼陟配天,多历年所。天惟纯佑命,则商实百姓、王人,罔不秉德明恤。小臣、屏侯、甸,矧咸奔走。惟兹惟德称,用乂厥辟,故一人有事于四方,若卜筮,罔不是孚。"

公曰:"君奭!天寿平格,保乂有殷,有殷嗣,天灭威。今汝永念,则有固命,厥乱明我新造邦。"

公曰:"君奭!在昔上帝割申劝宁王之德,其集大命于厥躬?惟文王尚克修和我有夏,亦惟有若虢叔,有若闳夭,有若散宜生,有若泰颠,有若南宫括。

"又曰无能往来兹迪彝教,文王蔑德降于国人。亦惟纯佑秉德,迪知天威,乃惟时昭文王迪见,冒闻于上帝,惟时受有殷命哉!武王,惟兹四人,尚迪有禄。后暨武王诞将天威,咸刘厥敌。惟兹四人昭武王惟冒,丕单称德。今在予小子旦,若游大川,予往暨汝奭其济,小子同未,在位,诞无我责,收罔勖不及,耇造德不降,我则鸣鸟不闻,矧曰其有能格!"

公曰:"呜呼!君,肆其监于兹,我受命无疆惟休,亦大惟艰,告君乃猷裕我,不以后人迷。"

公曰:"前人敷乃心,乃悉命汝,作汝民极。曰,汝明勖偶王在!亶乘兹大命。惟文王德,丕承无疆之恤。"

公曰:"君!告汝,朕允保奭,其汝克敬以予监于殷丧大否,肆念我天威。予不允惟若兹诰。予惟曰:'襄我二人,汝有合哉!'言曰:'在时二人,天休兹至。'惟时二人弗戡。其汝克敬德,明我俊民在!让后人于丕时。呜呼!笃棐时二人,我式克至于今日休。我咸成文王功于不怠,丕冒海隅出日,罔不率俾。"

公曰:"君!予不惠若兹多诰,予惟用闵于天越民。"

公曰："呜呼！君！惟乃知民德，亦罔不能厥初，惟其终。祗若兹。往敬用治"。

【译文】

周公这样说："君奭！商纣王不敬重上天，给殷国降下了大祸，殷国已经丧失了福命，我们周国已经接受了。我不敢认为王业开始的时候，会长期保持休美。顺从上天，任用诚信的人为辅佐，我也不敢认为王业的结局会出现不吉祥。

"啊！您曾经说过：'依靠我们自己，我们不敢安于上帝的福命，不去永远顾念上天的威严和我们的人民；没有过错和违失，只在人。考察我们的后代子孙，很不能够恭顺上天和下民，把前人的光辉限制在我们国家之内，不知道天命难得，上帝难信，这就会失去天命，不能长久。继承前人，奉行明德，就在今天。'

"您的看法，我小子姬旦不能有什么改正，我想把前人的光美传给我们的后代。您还说过：'上天不可信赖。'我只想把文王的美德加以推广，上天将不会废弃文王所接受的福命。"

周公说："君奭！我听说从前成汤既已接受天命，当时就有这个伊尹得到上天的嘉许。在太甲，当时就有这个保衡。在太戊，当时就有这个伊陟和臣扈，得到上天的嘉许，又有巫咸治理王国。在祖乙，当时就有这个巫贤。在武丁，当时就有这个甘盘。

"这些有道的人，安定治理殷国，所以殷人的制度，君王死后，他们的神灵都配天称帝，经历了许多年代。上天赐给贤良，于是，殷商异姓和同姓的官员们，确实没有人不保持美德，知道谨慎，君王的小臣和诸侯的官员，也都奔走效劳。这些官员推举贤德，辅助他们的君王，所以君王对四方施政，如同卜筮一样，没有人不相信。"

周公说："君奭！上天赐给中正和平的官员，安治殷国，于是殷王世世继承着，上天也不降给惩罚。现在您深长地考虑这些，就掌握了一定不移之命，将治好我们这个新建立的国家。"

周公说："君奭！过去上帝为什么

召公，佚名绘。

一再嘉勉文王的品德，降下大命在他身上呢？因为文王常常能够治理、和谐我们中国，也因为有这个虢叔，有这个闳夭，有这个散宜生，有这个泰颠，有这个南宫括。

"有人说：这些贤臣不能奔走效劳，努力施行常教，文王也就没有恩德降给国人了。也因为这些贤臣保持美德，了解上天的威严，因为这些人辅助文王治道光显，进而被上帝知道了，因此，文王才承受了殷国的大命啊。

"武王的时候，文王的贤臣只有四人还活着。后来，他们和武王奉行上天的惩罚，消灭了他们的敌人。也因为这四人辅助武王很努力，于是天下普遍赞美武王的恩德。

"现在我小子姬旦好像游于大河，我和您一起前往谋求渡过。我恫昧少知却居大位，您不督责，纠正我，就没有人勉力指出我的不够了。您这年高有德的人不指示治国的法则，就连凤凰的鸣声都会听不到，何况说将又能被上天嘉许呢？"

周公说："啊！您现在应该看到这一点！我们接受的大命，有无限的喜庆，也有无穷的艰难。请求您，急于教导我，不要使后人迷惑呀！"

周公说："武王表明他的心意，详尽地告诉了您，要做老百姓的表率。武王说：您努力辅助成王，在于诚心承受这个大命，继承文王的功德，还会有无穷的忧患啊！"

周公说："君奭！请求您，我所深信的太保奭。希望您能警惕地和我一起看到殷国丧亡的大祸，长久使我们不忘上天的惩罚。我不但这样告请，我还想说：'除了我们二人，您有志同道合的人吗？'您会说：'在于我们这两个人。'上天赐予的休美越来越多，仅仅是我们两人不能胜任了。希望您能够敬重贤德，提拔杰出的人才，终归帮助我们后人去承受它。

"啊！真的不是这两个人，我们还能达到今天的休美境地吗？我们共同来成就文王的功业吧！不懈怠地加倍努力，要使那海边日出的地方，没有人不顺从我们。"

周公说："君奭啊！我不这样多多劝告了，我们要忧虑天命和民心。"

周公说："啊！君奭！您知道老百姓的行为，没有不善始的，要善其终啊！我们要依照这些，前往敬慎地施行治理啊！"